图像研究与编排　　　　安娜·迈尔斯（Anna Myers）

设计者　　　　　　　　安娜·迈尔斯（Anna Myers）

封面艺术设计　　　　　莉莎·克拉克（Lisa Clark）

编制与索引　　　　　　新源成像系统公司（Newgen Imaging Systems, Inc.）

印刷者　　　　　　　　汤姆森 - 肖尔公司（Thomson-Shore, Inc.）

中文版主编　　　　　　陈　恒　俞金尧　刘　健　郭子林　黄艳红　刘文明

项目主持　　　　　　　王秦伟　成　华

译校者

第一卷　　　　陈　恒　蔡　萌　刘招静　焦汉丰　屈伯文
　　　　　　　张忠祥　常　程　李　月　赵文杰　张译丹

第二卷　　　　俞金尧　陈黎黎　尹建龙　侯　波

第三卷　　　　刘　健　邢　颖　李　军　王超华

第四卷　　　　郭子林　毛　悦　张　瑾

第五卷　　　　黄艳红　马行亮　王　超　赵挹彬

第六卷　　　　刘文明　王晓辉　高照晶　邢　科　汪　辉
　　　　　　　李磊宇　魏孝稷　刘凌寒　张小敏　张娟娟

BERKSHIRE
ENCYCLOPEDIA
of
WORLD HISTORY

宝库山
世界历史
研究指南

第一卷

生活·讀書·新知 三联书店

图书在版编目(CIP)数据

宝库山世界历史研究指南/(美)威廉·麦克尼尔主编;陈恒译.—北京：生活·读书·新知三联书店,2024.1
ISBN 978-7-108-07348-8

Ⅰ.①宝… Ⅱ.①威…②陈… Ⅲ.①世界史—研究 Ⅳ.①K107

中国版本图书馆 CIP 数据核字(2022)第 016005 号

项目主持　王秦伟　成　华
责任编辑　成　华
特约审读　吴雅仙　商晓燕　刘毅强　林益明
封面设计　有品堂_刘　俊
出版发行　生活·讀書·新知 三联书店
　　　　　(北京市东城区美术馆东街 22 号)
邮　　编　100010
印　　刷　上海雅昌艺术印刷有限公司
版　　次　2024 年 1 月第 1 版
　　　　　2024 年 1 月第 1 次印刷
开　　本　787 毫米×1092 毫米　1/16　印张　180
插　　页　1
字　　数　5596 千字
定　　价　1980.00 元
审图号:GS(2021)2983 号

本书主编威廉·H.麦克尼尔（右）与时任美国总统奥巴马

译者前言

当代史学家眼中的世界历史知识谱系

陈　恒

一、历史学的专业化

　　大卫·休谟(1711—1776)在1748年曾说："无论何时何地,人类本性都是相同的,就此而言,历史并没有告诉我新鲜或奇特的事情。"就18世纪以来史学发展来看,这句话是不太符合实际情况的。

　　1719年,爱丁堡大学设置了"普世史和古希腊罗马研究"教授职位;1724年,牛津大学、剑桥大学设立王室任命的现代史教授职位。1734年建立的哥廷根大学也于1757年设立历史讲座教授职位,该校很快成为德意志启蒙运动的思想中心与历史研究重镇,这所大学的伽特勒(Johann Christian Gatterer, 1727—1799)、施洛塞尔(August Schlözer, 1735—1809)、斯毕特勒(Ludwig Spittler, 1752—1810)、赫伦(Arnold Heeren, 1760—1842)等人第一次组成了一个知识共同体,借用马比荣(Jean Mabillon, 1632—1707)的史料批判方法,辅以伏尔泰(1694—1778)、吉本(1737—1794)的历史观念撰写世界史,制定了历史写作的基本方法——强调文献整理、提倡批判精神、倡导主题研究、重视辅助学科,从而使历史写作有别于其他写作形式,奠定了历史作为"科学"的地位。1777年,哥廷根大学授予了第一个历史学博士学位,历史学自此在知识体系中占有一席之地。因此,可以说哥廷根大学是现代历史科学的发源地。

　　这些历史学家雄心勃勃,著述甚广,涉及区域史、社会史、经济史等领域,涌现出一批著名学者,如《圣经》学家米凯利斯(Johann Michaelis, 1717—1791)、法律史家皮特(Johann Pütter, 1725—1807)、古典学家海恩(C. G. Heyne, 1729—1812)、历史学家迈纳斯(Christoph Meiners, 1747—1810)、东方学家艾科恩(Johann Eichhorn, 1752—1827)、人类学家和生理学家布卢门巴赫(Johann Blumenbach, 1752—1840)、中世纪史家博默(Johann Böhmer, 1795—1863)等,这批人被称为哥廷根学派,他们给这所大学带来了世界性声望,也为日后的历史研究科学化打下了坚实基础。但民族主义的兴起打断了这一进程。

　　19世纪的民族主义既决定了欧洲政治走向,也决定了未来两个世纪欧洲文化的发展趋势。民族主义的寄托一般都是通过历史主义的手段来达到的,两者相互依存,成为19世纪欧洲学术界的两根重要支柱。伴随1809年柏林大学的建立,学术也变得越来越职业化、专业化、制度化了,兰克强调"如实直书",则使得史学发生彻底转型,历史主义成为学术研究的指南,职业化的历史主义与政治化的民族主义完美地结合在一起。兰克著述甚多,但其任何一部作品的重要性都比不上著作本身所蕴藏的象征意义。积极备战的民族主义情绪无处不在，甚至在课堂里也是如此，柏林大学的特赖奇克（Heinrich Treitschke，1834—1896）认为，支持祖国就是他写作和教学的动力，他美化德国战争行为的演讲得到学生和军官的欢呼：没有战争就没有国家；我们所知的一切都出自战争，由武装力量来保护国家公民仍是其首要的和基本的任务；因此，只要存在多个国家，战争就会持续到历史的终结。

在法国大革命与拿破仑战争的余波中，在知识界对启蒙理性所做出的浪漫回应中，形成了民族浪漫主义，这种思潮有一种自我意识，那就是从历史记忆中挖掘出民族认同乃至政治认同。因此，学术研究也成为一种爱国行为，19世纪的欧洲各国政府通过资助学者，让他们整理历史文献，从历史中寻找合法性，从而表达政治独立的渴望。在此背景下，出版了诸如《日耳曼历史文献》《希腊铭文集成》《拉丁铭文集成》《匈牙利历史文献》等大型文献丛书。毫无疑问，这些行为规范了历史研究的基本原则，更直接地促进了历史研究的职业化。

职业化的一个重要表现是欧洲各国纷纷建立研究机构、创办刊物、出版丛书与百科全书，大学开始设立院系等。19世纪后期，欧洲学术研究出现了高速制度化的历程，出现了地方的、区域的、国家的，乃至国际层面的研究机构、协会等，如1854年匈牙利科学院历史委员会建立，1866年成立的帝俄历史学会，1868年英国建立皇家历史协会，1900年成立了影响至今的国际历史科学大会等。

这些机构创办高水平的专业期刊，发行单一学科的专业杂志，积极推进史学的职业化，丹麦的《历史杂志》创办于1840年，是最早的民族史学杂志。德意志在历史研究的欧洲化方面更是先驱，于1859年创办了《历史杂志》，被誉为"第一本具有普遍意义和普遍性的史学刊物"。各国都在创办自己的史学杂志，芬兰1866年创办《历史档案》，法国1876年创办《历史杂志》，意大利1884年创办《意大利历史杂志》，英国1886年创办《英国历史评论》，美国也于1892年创办《威廉玛丽季刊》，1895创办《美国历史评论》。史学的职业化通过创办杂志初步完成了自身的话语平台系统，成为培养人才的一个重要纽带。

一系列官方出版物的问世，奠定了以后专业史学著作出版的基本模式。法国出版了12卷本的《世界通史》，英国出版了14卷本的《剑桥近代史》、8卷本的《剑桥中世纪史》、12卷本的《剑桥古代史》，形成了所谓的"剑桥三史"，开创了自身品牌，成为当代史学写作的一种重要模式。

普及历史教育的书籍以指南形式呈现在公众面前。这其中获得巨大成功的当数《历史研究导论》（1897），该书基于索邦大学的一整套课程，由研究中世纪的专家、后来成为国家档案馆馆长的朗格卢瓦（Charles Victor Langlois，1863—1929）和研究19世纪政治史的历史学家瑟诺博斯（Charles Seignobos，1854—1942）编辑出版，不久便被译成多种语言，对中国也产生了巨大影响。

近代百科全书性质的世界史也出现于19世纪。德国学者普洛兹（Karl Julius Ploetz，1819—1881）深信按照年代、地理编排的历史著作便于学生、读者使用，他于19世纪60年代出版了《德国和中欧史参考手册》，1883年该书由提林哈斯特（William Tillinghast，1854—1913）翻译为英文，钱宁（Edward Channing，1856—1931）编辑扩充了英国、美国内容的《古代、中世纪、现代史摘要》，1915年提林哈斯特又出版了修订版《通史手册》，1925年，巴恩斯（Harry Elmer Barnes，1889—1968）、提林哈斯特等人又再次修订《通史手册》。著名的《世界历史百科全书》（*Encyclopedia of World History*，1940）就是在此基础上不断演进的，该书第1—5版的主编是哈佛大学兰格教授（William L. Langer，1896—1977），生活・读书・新知三联书店在1978年出版了兰格主编、高望之等翻译的《世界史编年手册》"现代部分"，1981年又出版刘绪贻等翻译的"古代和中世纪部分"。该书从第6版起由斯特恩斯教授(Peter Stearns,1936—)担任主编,可以说该书是数字化时代之前英语世界影响最大的一部世界历史百科全书。

二、 我们时代的历史精神

20世纪注定是一个伟大的时代,史学发展也深受其惠。无论战争岁月还是和平年代,都催进了这一时期实践知识、理论知识的迅速增长,分支学科成倍增加,科技已成为现代工业文明的一根支柱,人文则始终屹立为人类的精神支柱。科技是"立世之基",而人文为"处世之本",两者互动互补,相协相生,共同推动着人类文明的发展。科技在实证的基础上,通过计算、测量来研究整个自然界,它揭示一切现象与过程的实质及规律,为人类利用和改造自然(包括人的自然生命)提供工具理性。人文则立足于"人"的视角,思考人无法被工具理性所规范的生命体验和精神超越。它引导人在面对无孔不入的科技时审视内心,保持自身的主体地位,防止科技被滥用,确保精神世界不被侵蚀与物化。在过去半个世纪里,历史研究领域发展出许多令人欣喜的分支学科,诸如性别史、情感史、种族史、环境史、城市史、医疗社会史、大历史、全球史、跨国史等,都得益于这个时代的快速发展。但无论如何,这些分支学科所研究的对象依然是我们理解社会的核心主题:经济、权力、宗教、思想、人口、医学等。这一切都需要史学界不断回顾,时常反思,进行总结。

6卷本的《宝库山世界历史研究指南》在序言里开宗明义地指出:世界历史古老而常新。这句话不仅从历史的意义,而且从历史学的意义上,精辟地概括了"世界历史"的发展和演进历程。谓之古老是因为自人类文明在世界各地开始萌发成长,世界历史的进程便已开启;历史学家们也很早便开始记录他们所知的世界的历史。而谓之常新是因为世界历史在人类文明进程中一直处于发展变动当中,从孤立分散逐渐走向彼此交往联系;文人学者们对世界历史概念的理解和书写世界历史的方法路径也在不断地调整更新。

今天,整个世界已经进入一个交往联系空前频密、相互依存不断深化的全球化时代,"世界历史"研究亦随之成为史学研究中新兴的重要潮流之一。这股新潮流的显著特征是强调从立体的"全球"视角,俯瞰世界各个区域和各种文明之间联系互动的过程。"文明互动"是它的核心理念,也即全球视角下的世界历史,考察的是"不同地域、不同民族、不同文化的人群通过接触,在经济、政治、文化等多重领域实现的互动",并说明这些交往机制对人类发展的推动作用。(刘新成语)

这种新兴的史学观念,始现于20世纪中叶之后。1955年,英国历史学家巴勒克拉夫(Geoffrey Barraclough,1908—1984)在《处于变动世界中的历史学》中首提"全球史观"的概念,1963年美国学者麦克尼尔(William McNeill,1917—2016)的《西方的兴起:人类共同体史》面世,标志着全球史作为一个学术领域正式兴起。在20世纪的最后20年里,从全球的视角观察世界历史,在当时的世界超级大国美国率先兴起进而影响到其他国家。1982年成立的专门性学术组织——世界历史协会(WHA),其宗旨就是致力于跨越地区、文化和政治界限的人类共同体历史的研究,促进世界历史教学课程在中学和大学的发展。1995年的"国际历史科学大会"以"全球史是否可能"作为大会主题,就全球史研究的对象、方法和路径展开讨论。至此,全球联系互动的视角逐渐为各国各领域的史学家们所重视,全球史遂成为国际史学研究中一股新兴的潮流。中国以全球史为视野的世界史研究也正是在这个时期取得了长足的发展,以首都师范大学为重镇的全球史研究近10年来取得了有目共睹的成就。

　　这种新史观之所以在 20 世纪末兴起并流行开来，与战后世界现实的急剧变动有着直接而紧密的关系：20 世纪 50 年代以来技术变革和经济发展支撑之下的全球化急剧发展，无疑是最重要的动力之源；伴随着西方殖民帝国的瓦解，曾经压抑在帝国体系下的世界突然以独立的面貌出现在人们的眼前；而它自 90 年代之后呈日益兴盛之势，并成为根本助推力量，同样是因为世界格局的新演化，冷战的结束与全球一体化向纵深发展。然而，促成这种史学观念形成和发展的动力并非仅止于此，自古至今人类漫长的史学撰述和思考累积下来的成果，以及平等主义思想在近代世界的稳固进步和深入人心——从关注一国一民之平等扩展到对整个人类共同体平等的认同——都为西方学者思考当今世界提供了不可或缺的文化底蕴，为当代全球史视野兴起提供了不可或缺的智识资源。

三、麦克尼尔们的百科全书

　　2005 年出版的《宝库山世界历史研究指南》无疑是这种新兴史学潮流的重要组成部分之一。编者在"读者指南"里明确地指出了编纂这部大部头工具书的目的和意图所在，也即要呈现"那些塑造世界的运动、互动和变化"，"持续关注那些已逝岁月和跨越时空的联系与运动"。该书刚一出版就被誉为"大师之作……未来的历史百科全书（应该要）以此为参考标准"（《书单》杂志），"对历史是怎样形成的做了引人入胜分析的一本著作"（《选择》杂志）。为进一步完善全书知识体系，第一主编威廉·麦克尼尔马上组织人马进行全面修订，于 2011 年出版该书第二版。全书以联系的观念看待世界历史的发展；注重宏大主题与传统主题之综合的、跨学科的解释；既注重文献资料，也注重视觉材料的使用；图片由第一版的 499 张增加到 1200 张左右。这一系列举措使这套百科全书不仅可以查阅，而且便于教学、阅读。

　　首先，该书是当代西方史学界对人类历史认知的最新反映，突破了以往百科全书大而全、面面俱到、蜻蜓点水式的写作方式，而是择其要者，突出叙述新知识、新观念、新方法。皇皇 6 大卷近 300 万字的著作所选词条只有 577 条。乡土建筑、制图学、词典与百科全书、边疆与边境、书信与通信、音乐与政治抗议、书写系统和材料等都成为入选条目。反映学术界前沿理论的概念也没有被忽略，出现了诸如盖娅理论（认为地球的物理和生物演进过程与其维持可居住性的自我调节系统息息相关）、大历史（将人类和地球的历史置于宇宙之内尽可能大的环境下进行研究）、人类世（地球如今已脱离了纯粹自然地理的阶段，并正在快速进入一个更少生物多样化，更少植被覆盖，更加温暖，可能也更为湿润和更多风暴的气候状态）等词条。

　　其次，把世界各种文化放在一个交流系统中进行观察，系统梳理了各自对人类文明所做出的贡献。人类有自我意识以来，其认知观念也不断处于变化之中，对自我的、对他者的、对社会的、对自然的、对信仰的，莫不如此。生活在古代希腊、罗马世界的人并没有西方集体人这类观念，不过到公元 1 世纪、7 世纪，随着基督教和伊斯兰教的传播，不同文明的观念在希腊、罗马以及伴随罗马帝国扩张后的那些土地上悄然产生微妙变化。人们开始认识到他们自身不只是某一城邦的公民或帝国的臣民，更是共同信仰群体中的一员。伴随地理大发现，殖民扩张而来是"他者"的发现，逐渐形成了今天"地球村"的概念。因此宇宙起源、生物交换、环境承载力、草原同盟国等词条就入选了，成为读者了解过往历史的内在意义。

再次，该书更新了我们的世界史教学内容与体系，不仅有利于一般读者查询，而且便于专家研读。世界历史不再仅仅是对各文明、各民族、地区史、编年史、政治史、经济史和"伟人"的孤立研究，它还成了交流、碰撞、联系和交换——人类、其他生物、观念和货物的交流、联系和交换——的超越时空的重要性的动态学术领域，研究各文化之间的相互激活，这种激活正是人类不断进步的动力。我们相信，今日的世界史家会采取一种日益具有比较性的研究方法，并由此而帮助我们理解生活为什么在各个地方、各个时候并不总是一样的，也因此体会到这种文化差异性所带来的魅力。因此，贸易、艺术、革命、战争等都成为编者特别关注的内容，读者会在此类条目下发现人类历史上与此相关的大量内容。

最后，该书条目编排独具匠心、自成体系、交互检索、便于阅读。编者说他们的"目标一直是呈现出这样一套知识体——其核心是那些塑造了世界的运动、互动和变化。我们持续关注的是那些已逝岁月和跨越时空中的联系与运动，在此基础上我们设计了一份"读者指南"。读者指南有 35 个主题，如冲突与战争、文化交流和关系、日常生活、外交与和平、学科和研究领域、环境和生态、健康和病害、国际和地区组织、模式和进程、宗教和信仰制度、研究方法、社会和政治运动、技术和科学、妇女和性别等，每个主题下面列举了所有相关内容，特别突出的是同一个词条可以在不同的主题下出现。比如 Textiles(纺织品)这个词，既可以表明一个民族的审美情趣和审美发展，也可以提供对一个民族的社会经济、政治和文化方面的洞见。因此，"Textiles"这个标题，在"文学与艺术""商业-货物和产品"和"日常生活"这些类别下面均有出现。

中国近代意义上的百科全书始于语文性的《辞源》，真正完善于综合性的《辞海》。1949 年后，《辞海》的单行本之一《世界史·考古学》曾多次印刷，十分畅销。新编的《大辞海》也有《世界历史》单行本。靳文翰、郭圣铭、孙道天三位教授主编的《世界历史词典》由上海辞书出版社于 1985 年出版，在当时产生很大影响。《中国大百科全书》的《世界历史卷》出了第一版、第二版。上述诸书反映了当时中国学术界对世界历史研究的状况，在普及世界历史知识方面功不可没，它们的一个共同的特点是检索方便。相信本书对于当下正在编撰的《中国大百科全书·世界历史》第三版会有一定借鉴意义。

本书主编麦克尼尔被称为"20 世纪美国学院派领袖"，他出生于加拿大温哥华，在芝加哥大学和康奈尔大学学习，1947 年于康奈尔大学获得博士学位，毕业后一直在芝加哥大学任教。麦克尼尔是一位多产作家，认为研究人类过往经验目的在于提升实践智慧，他把主题研究与宏大叙事完美地结合在一起，其作品涉及面非常广泛。因其杰出贡献，2010 年 2 月 25 日，美国总统奥巴马授予其"国家人文科学奖章"，奖章上镌刻的文字是"扩展了我们对于世界的理解"。《西方的兴起：人类共同体史》《世界史：从史前到 21 世纪全球文明的互动》《人类之网：鸟瞰世界历史》《瘟疫与人》《追求真理：威廉·麦克尼尔回忆录》《竞逐富强：公元 1000 年以来的技术、军事与社会》等著作已有中文译本。

2017 年 4 月 10 日
于光启国际学者中心

中文版前言

这套百科全书可以让中国读者比以往更容易、更多地加入世界史的讨论氛围中。我欢迎中文版读者,希望并相信我们的相遇将为所有相关方带来丰硕的成果。

本书的编者和作者专长不同,观点各异,但他们创作这些文本的目的是为了体现世界范围内的知识网络和共同关注的问题,这些知识和问题将我们大家联系在一起。

我们将努力为您介绍孔子和儒家思想,以及作为古老而杰出的中国学问传统的继承者——中国历代王朝的历史,以及使今日中国如此强大的改革开放经济政策。

但是,我们也邀请你们看看世界其他地方——非洲、欧洲、美洲、澳大利亚和海洋上的岛屿以及海洋本身——它们曾经是一道屏障,但在 1500 年之后变成了最宽广的交汇之路。因为世界是圆的,人类的交流网络是全球性的,在许多方面也是瞬时的,而且越来越强烈地影响着每个人、每个地方。

因此,我们需要了解自己和他人的很多事情,阅读下面的文章是一个很好的开端。你们中的一些人可能会选择先看看我写给不了解中国的美国读者关于中国的内容;那么,我欢迎你们从亲身经历中批评我的言论。其他人可能希望看看其他作者写的关于美国的文章。但还有数以百计的其他文章可供探讨和评价。我们要成为教导自己的人。

这样一套百科全书的优势在于,每位作者都有自己的声音,就像训练有素的合唱团一样和谐。而让他们和谐一致、保持同一音调的,是对理性、知识和真理的信仰——就易犯错的人类而言,是要追求这些理想的。

最后,再次欢迎大家参加这场学习的盛宴;愿你们每一个人都加入这支合唱队,在力所能及的范围内与我们其他人一起合唱。

威廉·H. 麦克尼尔 文

陈恒 译

总 目

序 言

　　世界历史既非常新，又非常古老。谓之"新"，是因为它进入高中和大学课堂不过是最近 55 年的事情；谓之"古老"，是因为它可以追溯到最早的历史学家那里，这些历史学家尝试以非常多的、不同的方式回答一个古老的问题：世界是怎样变成现在的样子的？对这个问题最显白的回答是创世故事，而且，在我们最远的祖先当中普遍流行的很可能就是种种创世故事。究其原因是因为创世故事足以解释万事万物，只要人们相信世界会像其诞生时那样，只有季节和其他方式（比如生生死死）的循环反复。

　　不过，在公元前 1 千纪下半叶，世界上 3 个不同的地方发生了极为迅速和明白无误的社会与政治变迁，由此使得以色列、希腊和中国的一些个体率先实践了我们所说的历史创作。犹太《圣经》中的历史是由人们在摆脱"巴比伦之囚"返归后（公元前 539 年之后）编纂而成，详细地记述了上帝对从亚伯拉罕时代以后（更概观地来说，从创世时的伊甸园时代以后）的历史的普遍旨意。稍后不久，希腊历史学家希罗多德（前 484—前 425）开始将"应有的荣耀奖赏"加给希腊人和蛮族的功业；其所述的地理范围，南至埃及，北达斯基泰（Scythia，今乌克兰），东及印度，西接地中海岸。约 3 个世纪后，中国历史学家司马迁（约前 145—约前 90）将已有的大量历史记述按人们可以理解的顺序编排起来，他所使用的方法是写作一部内容同样广泛的中国历代记。这些记述从王朝的开端写起，其内容包括了王朝与周边广大蛮族邻居的关系。希罗多德笔下记有住在斯基泰以外某个地方的神秘民族，人们在这里已探查到有关中国、地中海这两个世界联系的蛛丝马迹。尽管如此，从实际上说，中国、希腊的史学编纂传统及《圣经》的记述在许多个世纪的时间里是互不相干的。

　　到 5 世纪，奥古斯丁（354—430）和其他人奠定了一种延续了很长时间的基督教版的世界历史。此种世界历史建筑在犹太先例的基础之上，并经过了基督牺牲以拯救世人信仰的改造，它所期盼的是上帝将世界带向终点的末日审判。历经接下来的许多个世纪，这都是基督徒心中标准的世界历史。在奥古斯丁后不久，以同样的故事为基础的穆斯林版的世界历史与基督教版的世界历史同台共竞。前者也以创世为开端、以末日审判为结尾，不过此种"创世""结尾"是穆罕默德的启示推出的全新版本。

　　在中国，对世界史的建构围绕着王朝兴衰展开。此种历史建构方式由司马迁开端，并一直在儒家学者中维持着不受挑战的地位直至 20 世纪。不过在西方世界，早在 14 世纪，犹太人、基督徒和穆斯林的宗教叙述就开始面临挑战了，人们对古代和异教的波斯、希腊、罗马历史学家重新产生了兴趣。日益加速的社会变迁无法轻易与宗教愿景取得协调，这同样扰乱了旧有的观念。在此种情势下，一些思想家提出了新的世界历史观念。伊本·赫勒敦（Ibn Khaldun，1332—1406）是穆斯林中的杰出人士，他发展出了一种彻底世俗化的、循环的、有着突出原创性的社会变迁理论。基督徒中最给人启发的思想家可能是维科（1668—1744），他开始将基督教、异教的历史学传统融入他所说的有关社会变迁的"新科学"中，此种"新科学"同样以循环论为特色。不过，这样激进的新观念仍属凤毛麟角。几乎所有人仍满足于在口头上信服他们所熟悉的有关上帝计划（从创世到末日审判）的宗教教义。哪怕到穆斯林诗人复活了作为一种赞颂（赞颂古代异教的骑士精神）工具的波斯语，以及基督徒中间对希腊、罗马经典作家（包括历史学家）的研究开始向学校和大学渗透时，情况仍然如此。

不过，到19世纪早期，当中世纪史及近代历史首次进入德意志顶尖大学的课程体系中时，自由主义、民族主义的观念主宰了一些人的思想；这些人着手通过对国家档案、中世纪编年史的调查，探索"历史上真实发生的事情"。这些学者希望通过仔细的史料批判工作抛弃迷信和其他错误。他们还用心于细节问题，提出所有真实的、经过验证的历史事实会自己说话的观点。它们的确自己说话了，对其有塑造之功的是与民族历史有关的一些问题；这些问题是力图理解德意志诸邦为何在近代远远落后于法国的热心研究者提出的。

与此同时，史料批判破天荒地开始挑战基督教版的世界历史；《圣经》文本被看作人为的产物，它们和古代其他常常被抄写出来的手稿一样容易出错。此种历史研究风格迅速从德意志传播到英语世界，1870年后还渗透到法国。随着新起的次级研究专题广泛传播，新资料无穷无尽地涌现出来，人们可以获得的材料数量稳步增长。尽管如此，到19世纪末，阿克顿勋爵（1834—1902）和其他人——他们在很大程度上依赖于古代先例——创造了一种包罗万象的自由主义历史解释传统。此种传统很好地迎合了法国人、英国人、美国人的民族情感，以致其很快在这些国家的教学中取得了统治地位。

以漫画手法做一冒昧描述，则上述自由主义-民族主义版的世界历史可概括如下：它认为在过去具有重要地位的是自由的历史，因为凭个人意愿行动的自由人在战争与和平中是更有效力的；这些人由此而能在完满获得个人自由之外，还获得集体的权力与财富。由是，欧洲，更具体地说是西欧，就是历史（也就是有意义的历史）发生的地方；而在其他地方，占主导地位的不过是无穷无尽、无意义的老套历史的循环。基于此，在自己的9卷本《世界史》（*World History*，1882—1888）中，兰克（1795—1886，他是他那个时代最有名望的德国历史学家）可以放言：对穆斯林来说，历史在1258年就已随着蒙古人对巴格达的洗劫结束了，因为到那时为止，穆斯林已完成了他们将重要的希腊文本传输给中世纪欧洲人的世界历史使命！

这些文本具有重要地位，因为它们能显示古代希腊人与共和时代的罗马人是如何开启自由的历史的。不过，古代的自由并未延续下来，需要在中世纪早期的西欧通过蛮族入侵恢复活力。尾随蛮族入侵的是缓慢而不稳定的宪政和法律革新，还有时不时打断这些创新的零星反叛运动。所有这一切都旨在限制施行暴政的政府和奉行教条的宗教。到19世纪，在代议制政府和宗教信仰自由上得到体现的自由诸原则已变得一览无余；在英帝国、法国以及美国所享有（美国是潜在地享有）的超越他国的权力和财富中，人们可以清楚地看到这些原则所结出的硕果。不过，德国和俄国同样是"伟大"（greatness）的热切追求者。正是不同国家相互冲突的野心，在时机成熟时点燃了第一次世界大战的战火。

以上就是20世纪二三十年代的老师教给我的历史观，尽管他们几乎忘记了为什么在课堂上如此关注这种历史观。然而，第一次世界大战已极大地挑战了以宪政完满为目的的"进步"主题，上述那种幼稚的民族中心主义版的人类历史就是以此为基础的。自由在战壕中受苦受难、走向死亡，人们对自由主义进步观达到的这个高潮充满了疑虑。1929年后爆发的长期性大萧条（紧随其后的是第二次世界大战）更让人们对以下观念生出怀疑：宪政统治形式（它在世界小部分地方的少数民族国家实行）在近代的兴起将"意义"带给了整个人类的过去。

和往常一样，一些忧心天下的思想家对上述情势做了回应，其中最富盛名者当数德国的斯宾格勒（1880—1936）和英国的汤因比（1889—1975）。这两位思想家都对古代的兴衰循环观念做了深入阐述，他们将西方文明当作数个平行文明当中的一个，这些文明遵循着相似（甚至可能是相同）的成长、衰亡律。通过为不断变幻的世界事务走向提供一种新的解释，斯宾格勒和汤因比都吸引了大量读者。不过，学院派历史学家却很少关注这些，因为他们正忙于讨论更多有关过去某些特定时代、地域的热点问题。

他们的探索范围在"二战"以后几乎扩展到了全世界。那时，亚洲、非洲和世界的其他角落开始吸引专业历史学家做研究工作。与此同时，考古学家、人类学家正探索着未见诸文字记载的更深层次的过去。结果，人们所获得的总信息量迅速增加。此种情势让一些雄心勃勃的世界史家能发展出更具包容性、更丰富多彩的有关整个人类历史的历史形式。在美国，随着美国卷入海外事务的态势变得越来越明显，认真教授世界史的行动也在"二战"后开始走进高中课堂。学院和大学虽落后一步，但它们中有许多后来也开始教授这门课程。

该强调什么、该排除什么，仍然是一个关键问题。因为和其他规格的历史一样，明白易懂的世界史要求人们对纷繁复杂的已知事实给予选择性的关注。一些世界史家选择围绕文明的兴衰编排自己的著作，正如斯宾格勒和汤因比所做的那样；一些人采取的是分大洲进行叙述的方法。而一个马克思主义学派对世界体系做了强调，在该体系中，组织状况良好的中心国家剥削外围民族以自肥；不过这样的世界体系是起于古代还是直到近代资本主义兴起时才产生，对这个问题的争论将该学派又分成了相互论争的几个小派别。此外，还有人提出，合作比剥削更重要，而让新技术、新观念能在地理、生态界线内传播的交流是占据统治地位的世界历史形式。

写作和研究世界史的独一妙法尚未出现，以后也永不会出现。因为有着不同遗产、不同地域情况的不同民族肯定会继续保持彼此不同的态势，哪怕全球化在未来持续进行并得到强化。不过，看似可以确定的是，只要世界不同地方的纠缠像今日一样不可避免，国家、地区的历史就不足以解释"万事万物是怎样变成今天这样子的"。就此而言，这个古老的问题肯定会继续要求教师和学者提出某种形式的世界史，用以回答这个问题。

这套先驱性的著作《宝库山世界历史研究指南》现在已出第二版，它旨在帮助初学者和专家以当代的最佳研究成果为样本，通过将特殊的地区史与更广阔的世界历史相联系，了解人类的过去。本书的撰稿者们观点不一，不过就文章的选择、各篇分量的轻重而言，本书的编撰过程旨在达到包容性效果并启发人们的深思。我们能取得多大成功，任凭读者论断。对于我们这些携起手来编撰这部巨著的人来说，将我们凝聚在一起的唯一力量是这样一个信念：作为一个整体的人类历史是值得人们研究、思考的重要事物，因为对我们生活于其中的这个拥挤世界而言，真正具有包容性的世界历史是极其有用乃至不可缺少的指南。

威廉·麦克尼尔（William H. McNeill）

于康涅狄格州科尔布鲁克（Colebrook）

屈伯文　译　陈恒　校

第二版导言

我们相信,《宝库山世界历史研究指南》是第一部真正意义上的"百科全书式的"世界历史著作。我们选择"百科全书式的"这个形容词,是为了反映"百科全书"的语源——"包罗万象的学问之圈"。确实,从概念出发,我们希望这本百科全书包含大量的知识,其核心内容是塑造今日所知世界的运动、交流和变化。从第一版(2005 年)开始,本百科全书就采取一种动态的世界史视角看待问题,展示了不同时空条件下通过贸易、战争、人口迁徙、宗教和外交展开的联系与交流。在大卫·克里斯蒂安(David Christian)所写的介绍性文字中,他阐释了人类历史上的三个时期——狩猎-采集时代、农业时代、现代(这些论述业已成为一本广受欢迎的著作《转瞬即逝的世界:人类简史》(*This Fleeting World:A Short History of Humanity*)。在以下的文章中,总计 330 位来自全世界的历史学家、考古学家、人类学家、社会学家、地理学家和其他专家考察了一些重要的主题和人类活动方式,比如政府、科学和艺术,并对历史过程、运动,一些地区、事件和人做了更贴近的审视。

早先的评论赞扬本书第一版为"大师之作……未来的历史百科全书(应该要)以此为参考标准"(《书单》杂志),"对历史是怎样形成的做了引人入胜分析的一本著作"(《选择》杂志)。高中或大学的学生、老师,还有学者、专家,以本书阐扬了相互联系的、整体的世界历史观——讲述了人类及其在地球上的地位的故事——而将第一版奉为权威之作。

6 年以后的今天,我们深感自豪地出版经过修订的 6 卷本第二版。本书一如既往地强调那些能帮助学生在世界史领域找到方向的宏观主题,并在更大程度上关注了研究一些传统科目——生物与自然科学、经济学、视觉艺术——的跨学科方法。

从出版本百科全书第一版以来,宝库山出版集团还做了许多雄心勃勃的大项目,包括 4 卷本的《宝库山世界体育百科全书》(*Berkshire Encyclopedia of World Sport*,2005)、5 卷本的《宝库山中国百科全书》(*Berkshire Encyclopedia of China*,2009)以及 10 卷本的《宝库山可持续发展百科全书》(*Berkshire Encyclopedia of*

在 2010 年 2 月的颁奖仪式上,美国总统奥巴马将国家人文科学奖章授予威廉·麦克尼尔。麦氏获奖的理由是:"(他)扩展了我们对于世界的理解"。就他一生对学术研究、教学的奉献而言,这确为恰当的赞词

2009 年的世界历史协会会议上，威廉·麦克尼尔（右一）与杰里·本特利以及一个学生在一起

Sustainability）。我们同样启动了"我们的世界"的出版工程，即一套包含多部小书、讨论宏大历史专题的系列书，包括大卫·克里斯蒂安的《转瞬即逝的世界：人类简史》（第三次印刷的版本，该版有比尔·盖茨的赞语）、《这就是中国》（*This Is China*，该书内容是从《中国百科全书》杰出的撰稿者的著作中提炼出来的），还有将在《这就是伊斯兰》（*This Is Islam*，作者是一位著名的伊斯兰学者）之后出版的《美丽的地球：数百年来的可持续发展》（*This Good Earth：Sustainability Through the Centuries*），以及即将出版的《中国人物传记辞典》（*Dictionary of Chinese Biography*），该书通过介绍杰出的男性和女性人物（并不全是名人或"公认"的）——他们的努力帮助塑造了中国数千年的历史——来为人们讲述中国的"故事"。不过，给我们的作品出第二版是我们以前从未做过的一件事情。我们要从何做起呢？

一、 把西方文明放在后面

首先，我们更新了世界史教学内容。世界史不再仅仅是对各文明、地区史、编年史和"伟人"的研究，它还成了承认交流、联系和交换——人类、其他生物、观念和货物的交流、联系和交换——的超越时空的重要性的动态学术领域。我们相信，今日的世界史家会采取一种日益具有比较性的研究方法（此种方法考察不同地方在同一时间发生的事情），并由此而帮助我们理解生活为什么在所有地方、各个时候并不总是一样的。

历史学家通过不同的路径进入这个领域。威廉·麦克尼尔曾在一次采访中指出，他是在 20 世纪 30 年代受人类学家克拉克·威斯勒（Clark Wissler，1870—1947）的影响而对世界历史感兴趣的，后者对在平原印第安人中间发生的社会变迁所做的研究树立了一个文化变迁的有趣的研究典范。我们的另一位主编大卫·克里斯蒂安将目光朝向世界历史的目的是为了寻找答案，以回答他的学生提出的非常基本、明智的问题：历史是从何时开始的？他的追寻引领他进入考古学、古人类学、天文学和生物学的领域，结果导致了看似不相干的那些学科在他创造的"大历史"领域内的融合，"大历史"是在最大的背景即宇宙下研究人类、地球历史的一个科目。

二、 编辑团队再聚集

本书第一版的编辑队伍以及推动、支持第二版工作的核心团体汇聚在威廉·麦克尼尔麾下。20 世纪 90 年代晚期，其时在做另一个世界历史项目的杰出美国总统研究史家罗伯特·费雷尔（Robert

2002 年 10 月，一群历史学家在大巴灵顿聚集，规划《宝库山世界历史研究指南》。照片摄于在埃格蒙特酒店举行的午宴后，图中人物为朱迪思·津泽、海蒂·鲁普、约翰·麦克尼尔、伊丽莎白·麦克尼尔、威廉·麦克尼尔、大卫·克里斯蒂安、大卫·列文森（David Levinson）、格罗泽尔以及安德烈。 XLIX

Ferrell，1921—　）建议我联系比尔（即威廉·麦克尼尔——译者注）。比尔已退休在家，住的地方离马萨诸塞州西部宝库山出版集团的所在地不远。从一开始，比尔就惠赐我们许多建议。他总是那样慷慨。有时，这些建议会是一些劝诫。多年来，伴随着我们为其他出版社准备的一些书的出版，他一直关注着宝库山前进的脚步。在我们宣布独立地出版印刷一部世界历史百科全书的计划时，我们成功出品的《现代亚洲百科全书》（Encyclopedia of Modern Asia，Scribner 公司 2002 年出版）可能让他相信我们有出版世界历史百科全书的能力。

比尔明白交流之网能激发人去创造和创新，他启动的种种关系反过来让这项引人注目的工程成为可能（第一、二版都如此）。他介绍我们认识《相互联系的世界史》（World History Connected）电子杂志的创建者海蒂·鲁普（Heidi Roupp），还有《时间地图：大历史入门》（Maps of Time：An Introduction to Big History，2004）的作者大卫·克里斯蒂安（2002 年 8 月，在康涅狄格州科尔布鲁克比尔家的走廊，克里斯蒂安与比尔之子约翰·麦克尼尔一道参加了一个会议，我们深情地称之为世界历史百科全书的首次正式会议）。那时担任我们的《世界环境史百科全书》（Encyclopedia of World Environmental History，Routledge 公司 2004 年出版）总编的约翰已建议我联系杰里·本特利——《世界史杂志》（Journal of World History）的主编。这样，我们建立起了在这个领域的关系网。

2002 年 10 月，我们为编辑们开了一个小会，那算是带人到宝库山地方的理想时节。宝库山以其乡村的美丽风光特别是 19 世纪以来的丰富文化景观闻名。与会者开了两天的会，勾勒了百科全书的框架，弄出了一份"任务书"，并对一些具有重要意义的争论领域做了探讨。朱迪思·津泽（Judith

Zinsser)加入了我们,她在女性世界史领域有所擅长,这让她成为我们编辑团队的一员干将。成为我们当中一员的还有来自维多利亚大学的格罗泽尔(Ralph G. Groizier,他在那时是世界历史协会的主席),以及来自佛蒙特大学的安德烈(Alfred J. Andrea,他于2010年成为世界历史协会主席)。

不到7年,当我们邀请我们第一版《世界历史百科全书》的编辑们再编第二版时,他们的反应极为热烈。格罗泽尔与比尔、约翰、大卫和杰里正式受聘,格罗泽尔身上承担着扩展和深化我们的艺术板块的特殊使命(考虑到视觉,也就是非文献研究开始在我们怎样看待世界历史上发挥越来越大的作用)。诸公不仅快速地提出一些新增的主题并推荐顶尖学者惠赐相关文章,如包括杰森·汤普森(Jason Thompson)的《埃及》、伊丽莎白·艾森斯坦(Elizabeth L. Eisenstein)的《印刷术》、奥利弗·拉克姆(Oliver Rackham)的《树》、托马斯·本德(Thomas Bender)的《美利坚合众国》,他们自己也做出了新的贡献:大卫写了《人类世》(Anthropocene)、《大历史》,比尔写了《经济循环》《恐怖主义》和许多其他文章,约翰写了《人口和环境》,格罗泽尔写了《世界历史与艺术》。

三、 有选择的再编排

在编排本书第一版时,我们感觉到一种忠实于世界史指导原则的强烈需要,不过,我们同样希望书中的内容通俗易懂。当我们在2002年的首次规划会议上讨论这个问题时,大卫·克里斯蒂安担心在一本书中编排以历史上的运动、交流、变化为重心的大量知识可能并不容易。

基于此,我们将传统的编年史方法放在一边。此种方法是先对历史进行分期,而后据此将文章划到它们下面去。如果我们使用编年框架的话,那我们该将"生物灭绝"的文章放在哪里呢?这篇文章将读者带回35亿年前生命在地球上出现之时,而后以其对第6次生物大灭绝(由全球变暖引起)的思考把读者带到未来。世界史家通常对于怎样进行历史分期没有一致意见;他们知道,各个时代并不简单地在时间之流中的某一个点开始或结束,一个特定时代的起讫日期可能在各个地方有着极大的差异,而跨越不同时代的变迁通常是人们要讲述的历史的关键所在。

按照地理范围(比如非洲、欧洲)组织书籍内容的"民族、文化"框架,我们同样弃之不用。此种方法既不忠实于世界历史,也对使用者没有帮助。我们许多的词条(如《印度洋贸易模式》,或者《英帝国》),就不仅仅跨越了地域范

《转瞬即逝的世界:人类简史》的作者大卫·克里斯蒂安与威廉·麦克尼尔讨论《西方的兴起:人类共同体史》与其他著作

围,而且跨越了多个主题。"民族、文化"框架看起来并不合适还有另一个原因,也就是它推动了约翰·麦克尼尔所说的历史"赛马"现象:把不同的文明摆在竞争的位置上。

最终,我们决定将字母排序法——这是百科全书通常采用的最好的方法——与主题法相结合。以字母排序法编排书籍可让读者很容易找到词条;而在书中安排足够的互参词条有助于产生运动和联系的感觉(在大卫·克里斯蒂安看来,此种感觉对我们的百科全书工程来说是至关重要的)。我们的"读者指南"包含35类专题,每类专题下我们都罗列了所有相关词条。这样的"指南"进一步强调了一个特定主题有着多种多样的方式能被应用到一个以上的大的研究领域中。以《纺织》为例,它就显示了一个民族的审美意识及其发展,它还为我们提供了对一个民族社会经济、政治、文化的深入思考。由是,《纺织》这篇文章就出现在"艺术与文学""商业——货物与产品""日常生活"这三类专题下面。

我们的"读者指南"中还有其他一些跨范围的专题类别,比如"健康与疾病""科学与技术""宗教与信仰体系"。这些专题类别本身包含了11篇由知名学者写作的"概述"文章,比如马丁·马蒂(Martin Marty)写宗教、大卫·克里斯蒂安写科学、丹尼尔·黑德里克(Daniel R. Headrick)写技术、威廉·麦克尼尔写疾病。有关世界历史上这些重要主题、生活方式的内容是本百科全书的一个突出特色,它们为学生和教师预备了专家对一些问题如宗教法或萨满教、炼金术或冶金、风能或水能以及疟疾或艾滋病等的看法。

基于我们对不同时空条件下以及跨越时空的联系、运动的强调,本百科全书还能让使用者看到不同文章之间的联系,让他们能轻松自如地在百科全书上来往穿梭,并找到更多文献以供深入或专门的研究。载明卷数、页码的"索引"也极大地方便了读者。580篇文章,每篇文章后面都有供学生、教师查阅的参考文献(即"进一步阅读书目"部分。

2008年我们在《宝库山·中国百科全书》上采取了两项做法,我们将它们应用到了我们所有的百科全书上去。本百科全书第二版就反映了这两项做法。其一,就所有为我们撰稿的学者、专家的签名来说,我们对他们的姓做了大写处理,这在国际学术界是一种习见做法;在一部包含众多亚洲、非西方作者的著作中,此种做法尤显可贵。其二,我们为每个条目提供了内容提要(这项决定促使我们重新思考我们的书籍样式,由此,我们让每个条目都在新的、边上留有大量空白的页上起始。对想要影印文章用于上课或布置家庭作业的老师来说,此项设计富有美感并很实用)。我们相信,内容提要将为我们的读者提供即时性的文章背景,使之熟悉文章主题,或者促使初学者对文章主题进行探索。总之,无论是出现在精装印刷本上,还是以与文章分开的方式出现在在线书籍或在线读者指南中,内容提要都在读者对一篇文章的第一印象中起了积极作用。

四、 方法再评估,内容再拓展

对我们第一版的作者们来说,他们所面临的主要挑战是以我们所说的"世界历史视角"来写作。对他们(或对我们)来说,这其中所隐含的精确意义并不总是十分清楚。我们相信,理想的文章会让人看到它所述的主题是怎样在历史长河中变化的;会说明该主题与其他概念、时代、地方的联系;会记述该主题对现在的重要性(以及影响)。而为了让人们弄清楚真正的成功之作是什么样子的,我们有必要举一些具体的例子,而不是做抽象的讨论。那就让我们看看书中的一个条目《玻璃》的故

much of this scholarship.) Lauren Arnold describes in detail one particular "Silk Road journey" in her book *Princely Gifts and Papal Treasures: The Franciscan Mission to Asia 1250–1350 and Its Influence on the Art of the West*. For influence flowing the other way, Arnold has shown how the image of the Virgin Mary with the baby Jesus, brought to China by fourteenth-century Franciscan missionaries, was transferred into Chinese portrayals of the child-giving goddess, Guan Yin.

The question of Chinese contributions to European Renaissance art is still contentious with most art historians not accepting Arnold's views or those postulating Chinese influence on Giotto published earlier by the Japanese art historian, Hidemichi Tanaka. But mainstream Western art history has recognized that the Renaissance was not entirely a European affair as several well-received books have appeared in the last decade or so showing the connections in art, architecture and culture between Italy, particularly Venice, and its Eastern Mediterranean trading partners in Istanbul, Cairo, and elsewhere. (See Jerry Brotton's *Renaissance Bazaar*, 2002, and his collaboration with Lisa Jardine,

Lauren Arnold, author of *Princely Gifts and Papal Treasures*, noticed a striking similarity between a scroll (left) signed by Tang Yin (1470–1523) and the famous eighth-century painting (right), *Salus Populi Romani*, in Rome's Santa Maria Maggiore. Most likely missionaries had carried a copy of the iconic Roman work to China, where Tang Yin was inspired to adapt the image of the goddess Guan Yin in his portrayal of the Virgin Mary. *Nishio Conservation Studio.*

Global Interests: Renaissance Art between East and West, 1996).

In the ensuing age of European maritime expansion these cross-cultural contacts expand beyond the Silk Roads and the Mediterranean to become global, especially with the spread of the Jesuit mission. *Art and the Jesuit Missions in Asia and Latin America, 1542–1773*, by Gauvin Alexander Bailey (2001), and *The Jesuits and the Arts*, edited by Bailey and John W. O'Malley, deal with the visual arts in this premodern occurrence of globalization. Another art historian, Michael Sullivan (1973), looks beyond the Jesuits and brings the interchange between European and East Asian art (Japan as well as China) up to the twentieth century in his pioneering study *The Meeting of Eastern and Western Art*.

In the four decades since Sullivan's broad-gauged survey, other art historians have conducted more focused research on particular cases of East–West contact and intra-Asian interactions. One example is the work of Aida Wong, now a resident in the United States but significantly from Hong Kong, that meeting place of international and transnational influences. Wong's recent book, *Parting the Mists: Discovering Japan and the Rise of National-Style Painting in China* (2006), internationalizes the art history and cultural history of twentieth-century East Asia. A shorter work of Wong's, "Landscapes of Nandal Bose (1882–1966): Japanism and Populism in Modern India," published in *Shadows of the Past: Okakura Tenshin and Pan-Asianism* and edited by Brij Tankha, is even more clearly world history, or world history through art, with its revelations of how pan-Asian thought arose in reaction to Western colonial dominance.

Later in the globalized twentieth century, these connections are even more obvious. To take just three of many art histories dealing with East–West artistic interchange in the last century, there is Shiji Takashima and Thomas Rimer's *Paris in Japan*, published by the Japan Foundation in 1987; Partha Mitter's *Art and Nationalism in Modern India* (1995), and Liliane Karnouk's 2004 study *Modern Egyptian Art, 1910–2003*.

Utagawa Sadahide (1807–1873). This *ukiyo-e* style Japanese print shows a Dutch family along the shoreline in Yokohama; a Dutch ship is at anchor in the background. As an example of a European subject rendered in traditional Japanese style, the print attests to the East-West cultural exchange. *Library of Congress.*

Such studies can contribute significantly to world historian's efforts to trace the emergence of global styles, global culture, and the complex questions of cultural identity they produce. This is also the area where visual and cultural studies may be most useful, and world historians should not ignore the work on small societies by cultural anthropologists well represented in the essay collection, *Exploring World Art* (Ventrux et al. 2006). Beyond the small societies and tourist art described in those essays, there are other examples of globally circulating pop culture and art, such as the

这些页面上的图片来自格罗泽尔《世界历史与艺术》一文,它展示了整个历史(从罗马到中国,从尼德兰到日本)在绘画中存在的跨文化影响

事吧。

提交给我们的那个条目就玻璃对历史、对科学革命、对家庭卫生的影响谈了很多,而有关玻璃本身的历史的内容相对较少,这样的文章是很符合我们的世界历史研究方法的要求的。不过,我们富有经验的编辑团队期望该文能将有关玻璃是怎样制造的包含进去,或者谈谈玻璃制造上的技术改进。我们认识到,在已获得我们想要的东西——玻璃的世界史的基础之上,请作者再增补一些细节,会给我们(和我们的读者)带来更多的收获。在决定一个条目是否合乎我们的要求(或者至少是有潜力的)时,经过修订的《玻璃》一文成为我们的试金石。通过《玻璃》一文得到这样清楚的认识实在是一笔意外的收获,或者如历史学家所说的那样是(由《玻璃》一文带来的)"共时性产物"。

五、 世界历史上的艺术

到处理"世界历史与艺术"的问题时,我们请拉尔夫·格罗泽尔惠赐高见。格氏鼓励我们对书中的内容做平衡、交叉处理,按它们所属的领域以跨文化的联系将它们编排起来。"联系与对比——是新的世界历史的基础结构",拉尔夫在本百科全书的早期规划阶段写道,"仅仅叙说什么地方发生了什么事的库克(James Cook)旅行见闻是不够的。"以普尔(Robert Poor)的《艺术——东亚和欧洲的纽带》一文为例,该文从商品贸易将中国丝绸带到罗马织工手上的时代,也就是约公元100年前后开始说起,继而叙述其后成百上千年的历史以考察东西方之间的其他联系,比如两位著名的日本版画家葛饰北斋和安藤广重怎样使用了一种西式画技——单点透视法(one-point perspective)。

维尔弗里德·凡·达默(Wilfried Van Damme)的《旧石器时代艺术》是本书另一篇新增的重要

文章。它解释了非洲新近的考古发现如何促使学者在日益增多的学科中重新生出对旧石器时代艺术的兴趣,由是而打开了有关世界史基本问题的争论大门,这些问题包括:人类艺术创作的起源;令人类艺术创作成为可能的自然、精神、社会、文化条件;艺术创作得以长期延续下来并日益成为人类生存的组成部分的事实。在《世界艺术研究》一文中,凯瑟琳·金柏尔(Kathleen I. Kimball)探讨了对从古至今人类所使用的物品和技术的研究(即世界艺术)是如何采用了一种与以上相似的跨学科方法,此种方法所涉及的学科领域有考古学、人类学、艺术史,以及可能会让人感到惊奇但却具有重要作用的神经生物学等。

郭适贡献的词条《世界历史与艺术》说明了始自20世纪60年代的视觉研究与世界历史研究的逐渐脱离(与此相伴的是历史学家日渐增加了对贸易、技术传播、环境效应问题的关注)。而后,他提出了发人深省的问题:艺术是图像还是内容?在世界历史研究中,艺术的位置在哪里?拉尔夫问道,如果世界历史永远没有学科化,也就是说没有被限制在正规的学院派历史的框框内,而是从文化人类学、自然科学甚至经济学那里借取材料和观念,则其他学科有望将更多的视觉内容带给世界历史吗?拉尔夫为我们解释了这个希望怎样在一定程度上得到了实现。

六、 世界历史中的环境

除身为宝库山出版集团的创建者、出版人以外,我还是一位环境问题作家,写过的著作从1989年的《家庭生态学》(*Home Ecology*)到最近的《空头环保主义者》(*Armchair Environmentalist*)。我

4 · BERKSHIRE ENCYCLOPEDIA OF WORLD HISTORY

OIL SPILLS · 5

Scientists measure a dead Kemp's ridley sea turtle on the Gulf Coast of Mississippi. This endangered species is especially at risk in an oil spill because it feeds indiscriminately and has no behavioral mechanism for avoiding oiled waters. National Oceans and Atmospheric Administration.

After the *Exxon Valdez* spill in Prince William Sound, workers attempted to clean the shoreline using high-pressure, hot-water washes in which oil is hosed within floating booms, and then skimmed from the surface of the water. National Oceans and Atmospheric Administration.

the largest crude carriers that will "fit" through the Panama and Suez canals, respectively. Recent requirements and conventions, such as the International Maritime Organization's International Convention for the Prevention of Pollution from Ships, dictate that only double-hulled ships can ply international waters; this should decrease the number of tanker spills in the future, although not all regulations and conventions are legally binding. Oil spill-susceptible single-hulled ships are due to be taken out of service worldwide by 2010, although it remains to be seen whether this will happen or not.

Although the large oil spills receive media attention, only about 4 percent of oil entering the oceans comes from tanker accidents. Another 25 percent enters from tanker operations, 14 percent from other transport accidents, and 34 percent from rivers and estuaries. About 11 percent of the oil entering the oceans comes from natural seeps.

Major Spills

Since 1978 there has been a steady increase in the number of small spills, whereas the number of large spills has remained relatively constant. One to three spills of over 38 million liters happen each year. One or two catastrophic accidents in any given year can substantially increase the amount of oil spilled onto the land and into the oceans. The small spills of less than 378,000 liters apiece add up to about 38 million liters a year worldwide. Even without major disasters, large quantities of oil spill into marine and inland habitats.

The largest spill on record dumped 907 million liters into the Persian Gulf in 1991 as Iraqi forces sabotaged hundreds of wells, oil terminals, and tankers when they withdrew from their position in Kuwait during the Gulf War, but most spills are smaller. The 1970s were the worst decade on record in terms of both numbers of oil spills and quantities of oil spilled, according to the International Tanker Owners Pollution Federation (ITOPF). Other large spills have included the oil well Ixtoc-1 in Mexico (529 million liters, 1979), Norwruz Field in Arabia (302 million liters, 1980), Fergana Valley in Uzbekistan (302 million liters, 1992), *Castillo de Bellver* off South Africa (294 million liters, 1983), and the *Amoco Cadiz* off France (257 million liters,

1978). All other spills were less than 189 million liters each. The *Exxon Valdez* spill of 1989 in Alaska was twenty-eighth on the list, with 41 million liters, although the spill was particularly devastating because of the fragile nature of the affected sub-Arctic ecosystem. Because the 2010 Gulf of Mexico spill is not yet fully contained at this writing, nearly three months after the explosion of the *Deepwater Horizon* platform—and because the estimates of how much oil spilled per day varied so dramatically, depending on the source—determining its place in this spill hierarchy is premature. According to Kayvan Farzaneh, writing in the 30 April 2010 issue of *Foreign Policy*, the Gulf spill would clearly dwarf the *Exxon Valdez* disaster, however, based on average estimates of 5,000 barrels spilled a day for 90 days, or about 75 million liters.

Effects of Oil Spills

Animals and plants and the nonliving parts of ecosystems are not equally vulnerable to oil spills. Some plants are fragile and have narrow habitat ranges, and they grow only in isolated sites. Some animals are very specialized, living in only a few places or eating only a few kinds of foods. Such species are

particularly vulnerable to even small oil spills. Plants and animals in Arctic environments are fragile because of the limited growing season, limited diversity, and slow decay of the oil itself.

Other species are generalists, with wide tolerances for different environmental conditions, broad food requirements, and large geographical distributions. Such animals and plants are very adaptable and often can recover quickly from an oil spill, although the initial death toll may be high. Still other animals, such as some birds, fish, and mammals, can move away from a spill if its spread is slow.

Factors that determine whether an oil spill has devastating effects on plants and animals include size of the spill, type of oil, time of the spill (particularly in relation to the lifecycle of the organism), vulnerability of particular plants and animals, and the vulnerability of particular ecosystems. Location of a spill can determine effects. In spills in intertidal marshes or estuaries where there is little tidal flow, there is a reduced opportunity for the oil to be carried out to sea, where dilution can blunt the effects. Oil often concentrates at the edge of marshes where there is also a high concentration of invertebrates, young fish, and foraging birds. Many invertebrates

在我们准备将本书付型时,我们请《溢油》一文的作者伯格(Joanna Burger)对文章内容进行更新,以反映墨西哥湾的"深水地平线"钻井平台爆炸灾难,以及在地球另一边的大连(一个重要的中国海岸旅游城市)同时发生的一次溢油事故

优先考虑的问题之一是,不仅仅出版全书只谈环境问题的雄心勃勃的多卷本著作《宝库山世界环境史百科全书》和《宝库山可持续发展百科全书》,而且要使环境论题融入我们所有的出版物中(读者可在《人机互动》[Human-Computer Interaction]中发现讨论电子垃圾的内容;在《我们所爱的图书馆》[Libraries We Love]中找到对一座西雅图图书馆的描述,该图书馆带有意在减少雨水流失的"绿色屋顶")。由此,毫无疑问的是,在《宝库山世界历史研究指南》中,我们会扩展对环境有影响的主题的内容,比如森林砍伐、核能以及人口增长,并增加对某些环境(通常是脆弱的环境)本身的叙述,比如亚马孙河流域、南极洲、土著澳大利亚以及大洋洲等。詹姆斯·洛夫洛克(James Lovelock)为我们贡献了一篇谈《盖娅理论》(Gaia Theory)的词条,在理解作为一个活的有机体的地球——"生物与非生物部分协调运作,产生一个持续适于生命成长的环境"——方面,此种理论是一股主要的力量。本百科全书谈到了供养我们的农作物如谷类作物、甜马铃薯、树薯;此外,还有《动植物的驯养》(条目),谈的是对文明、社会发展具有关键意义的骆驼、绵羊、山羊等生物。

就本书第二版而言,我们的另一个目标是更新《地震》《溢油》这类条目,从而让我们能竭尽全力在一部百科全书中反映对生物圈造成影响的自然或人为灾难。约在"深水地平线"钻井平台爆炸事故发生 90 天后(其时本书即将付型),我们请本书《溢油》一文的作者赶紧增添些内容,尽管那时尚不清楚(现在仍然不清楚)墨西哥湾的溢油是否得到了控制。

LIV

七、视图内容

本百科全书第二版包含了 1200 多幅插图、照片和地图。在地图中,有 60 幅是专为本百科全书画的,有 30 幅是历史上的地图。它们每一幅都是很有意义的,因为它们不仅显示了历史的某个方面,而且其本身是历史的组成部分。老地图告诉我们许多关于制图匠、政府官员、探险家(地图是为他们制作的)怎样看待世界及他们在其中的地位的内容。举例来说,《非洲》一条中的一系列地图让我们看到了,随着欧洲人与非洲大陆及其人民有了更频繁、更广泛的联系,欧洲人对这块大陆的看法怎样随着时间的推移而改变。

本书的许多图片取自老资料(18 和 19 世纪的资料),基于此,它们和老地图一样,其本身是历史的组成部分。正如我们在一些"时代"插图的说明文字中所指出的,当时一些描画其他民族、地方的高度程式化、浪漫化的图像能让读者对一些事物作深刻的洞察,比如欧洲探险家、殖民主义者是怎样感知他们在美洲遭遇到的那些民族的。我们从一些材料库里提取了许多新图片,这些材料库包括国家档案馆、国会图书馆、纽约公共图书馆以及世界电子图书馆等。除以上外,作者也为我们提供了一

LV

些独一无二的照片,以及他们个人收藏的和取自公共储藏单位(如罗得岛大学织物、衣物收藏库)的其他图片资料。可用于课堂补充阅读的在线、PDF 版本将包含全彩色的图片。

在我们将第二版中的视图内容增加近一倍时,我们想办法将图片用在出人意料、发人深省的一些背景下。举例来说,《溢油》一条考察了石油在历史上的应用(还有从它的应用而来的自然和人为的泄漏);我们认为,除此以外,同样重要的是选取一些能反映今日溢油所造成的危害的照片(如墨西哥湾一只受到威胁的肯氏龟[Kemp's ridley sea turtle],另有一张是工人在"埃克森·瓦尔迪兹"号[Exxon Valdez]漏油事件后在威廉王子湾用高压热水液冲洗海滩的照片),以及一些能让人们看到石油在古代的实际应用的图片。基于此,我们选择了一幅已包含在另一个条目《摩西》中的图片,即

肯尼斯·柯蒂斯(Kenneth Curtis)写的关于奥拉达·艾奎亚诺(Olaudah Equiano)的词条,后者是一位非洲作家和废奴主义者。该词条包含的一幅历史图像来首次出版于1789年的艾奎亚诺自传的卷首抽图

劳伦斯·阿尔玛-塔德玛爵士(Sir Lawrence Alma-Tadema)绘于1904年的精美《圣经》画作——《寻见摩西》(*The Finding of Moses*),在画中,结队出游的法老之女及其侍从在尼罗河中发现了"涂沥青的"芦苇篮中的摩西(沥青是石油的一种黏性衍生物,由古代美索不达米亚人挖出的矿产自然地渗透而出,美索不达米亚人用它来涂船防止渗水);苏美尔人将沥青用作珠宝制作和马赛克的"黏合剂",由此,我们在本书中还收入了从苏美尔乌尔城(Ur)皇家陵墓中挖掘出来的珍宝图片,该图展示的是用黄金、白银、天青石、铜、石灰石"塑造出来的"一只山羊,而所有这些材料是用沥青黏合起来的。这些事例显示了我们不变的兴趣,也就是为读者提供穿越不同时空、文化的趣味盎然的视觉材料。

八、 从封面看本书:"包罗万象的学问之圈"

我们希望这本人类历史百科全书的封面能传达出人类经验在历史上的"广度"的效果,而不仅仅是简单地将取自一些特定时代、地点的画面拼凑在一起。威廉·麦克尼尔提出,洞穴绘画可能会激发出这样的效果。有一天,在进行会面并享用他总是准备好的午餐后,我们站在他家的走廊上。他说,"洞穴艺术能做到这一点"。他想知道我们是否可以利用一个洞穴艺术主题表现人类历史上的主要时代。此项艰难任务实难完成,但它激发了设计师丽莎·格拉克(Lisa Glark)的灵感,令她画出一面以宇宙为背景——为人类历史准备的背景——的洞穴墙壁。丽莎"画"在那面墙壁上的多幅图像,使我们从狩猎-采集时代穿越农业时代,再进入现代。

就本书第二版来说,我们意图使其面貌焕然一新,而新面容除能保存原版的理念——跨越时间的运动、变迁和联系以外,还能将圈形设计元素包含在内。在我们最近出版的两部多卷本著作中,我

LVI

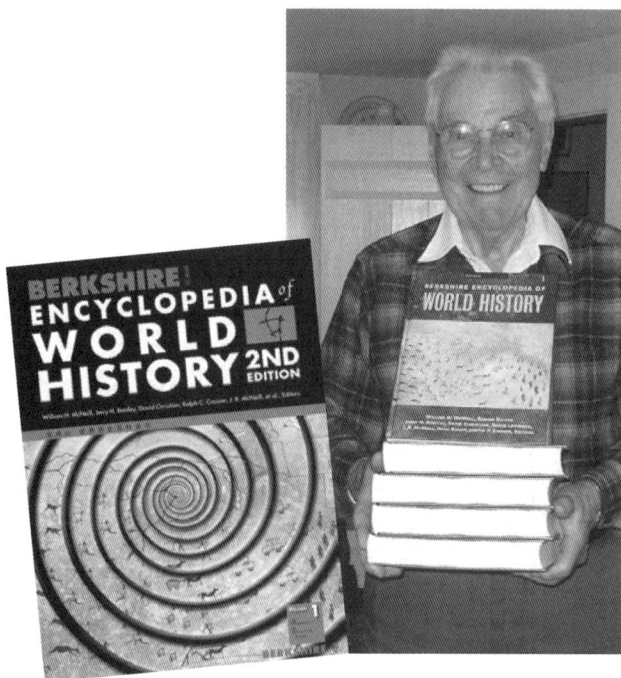

威廉·麦克尼尔手上拿着第一版《宝库山世界历史研究指南》。第二版封面见前图

们或多或少无意识地采用了此种设计元素。就《宝库山中国百科全书》来说，我们使用了一面开扇；就《宝库山可持续发展百科全书》来说，我们选择了茁壮生长的蕨类植物。就本百科全书第二版来说，安娜·迈尔斯（Anna Myers）在丽莎第一版的洞穴设计上加了一幅鹦鹉螺化石图。结果，我相信，宝库山构建"包罗万象的学问之圈"（这些"学问之圈"永远开放着，但又要满足既有用又美观的要求）的勃勃雄心会从中得到反映。

当然，这份雄心不仅仅属于宝库山出版集团，它是出版商、图书馆员、作者和教师的共同追求。除了最好的学术信息管理传统，这项共同的事业还需借助新兴的网络工具。它能够与谷歌和维基百科（它们是令人兴奋、原生态的集市，里面既充满了渣滓，又充盈着神奇之物）和谐共存。我们的工作目的是创造像中国古代传统茶寮那样的东西，是一个喧闹世界中的一片宁静天地；在这里，读者和研究者能发现精神食粮、灵感，还有自己的知音。

沈凯伦（Karen Christensen）
宝库山出版集团创建者兼 CEO
(Founder and CEO, Berkshire Publishing Group)
马萨诸塞州大巴灵顿
(Great Barrington)
屈伯文 译　陈恒 校

关于本书第一、二版主编威廉·麦克尼尔

LVII

威廉·麦克尼尔是负有盛名的世界史家,著述超过20种,是美国芝加哥大学历史系米利康席荣休教授(Robert A. Millikan Distinguished Service Professor Emeritus)。1996年,基于对欧洲文化研究所做的贡献,他被授予伊拉斯谟奖。下图摄于2010年2月25日,时年麦克尼尔92岁。该图显示的是他从巴拉克·奥巴马(Barack Obama,1961—)总统那里领取国家人文科学奖章的场景。奖章上镌刻的文字是"扩展了我们对于世界的理解"。这些评论文字对麦克尼尔来说是再合适不过了,因为麦克尼尔将自己漫长的一生奉献给了学术研究(他获得了20个荣誉奖项)和教学工作。

2010年威廉·麦克尼尔从奥巴马总统手上领取国家人文科学奖章

麦克尼尔曾在第二次世界大战期间服役,战后于1947年获康奈尔大学博士学位。他的博士论题——马铃薯——既显示了他对园艺(麦克尼尔总是用自己种的东西款待客人)的热心,也显示了他投身全球史范式研究的志向。为了解释今日世界的种种变迁,麦克尼尔喜欢指出中国现在是一种蔬果的最大生产国和消费国;此种蔬果源于南美安第斯山区,它改变了欧洲战争的进程,并在19世纪的大饥馑时期与爱尔兰紧密地联系起来。《宝库山世界历史研究指南》第二版的读者将有幸品读麦克尼尔的奇文——《马铃薯》,它引人入胜地介绍了"安第斯山区的马铃薯"如何到达欧洲及欧洲以外的地区。

LVIII

麦克尼尔是一位多产作家,其作品涵盖人类兴趣、成就的许多方面。他的著述包括:《西方的兴起:人类共同体史》(*The Rise of the West:A History of the Human Community*,1991,第9版),该书荣获国家图书奖和戈登·朗(Gordon J. Laing)图书奖,《瘟疫与人》(*Plagues and Peoples*,修订版,1998),《竞逐富强》(*The Pursuit of Power*,1982),《协调一致:人类历史上的舞蹈与操练》(*Keeping Together in Time:Dance & Drill in Human History*,1995),《人类之网:鸟瞰世界历史》(*The Human Web:A Birdseye View of World History*,2003,与其子约翰·麦克尼尔合著)等。他的自传《追求真理》(*The Pursuit of Truth*)于2005年出版。

纵观其一生,麦克尼尔曾在许多委员会中任职。他是《不列颠百科全书》编委会的成员(1981—1998),哥伦布登陆美洲500周年纪念委员会的副主席(1985—1993),国家社会科学研究委员会项目的副主席(1987—1989),国家历史标准委员会的副主席(1992—1994);他还曾担任美国历史协会主席。他为《纽约书评》写过大量文章。

麦克尼尔住在康涅狄格州科尔布鲁克,其住所是麦氏亡妻伊丽莎白从家族那里继承来的。麦氏的许多亲属在夏季和圣诞节时与他相聚。他自己写下的访爱德华王子岛祖父母的故事已经出版,即《夏季琐忆:祖父的农庄和祖母的厨房》(*Summers Long Ago:On Grandfather's Farm and in Grandmother's Kitchen*)。

屈伯文 译　陈恒 校

撰稿人

A

Adas, Michael
Rutgers University
Race and Racism

Afsaruddin, Asma
Indiana University
Islamic World
Rumi

Agoston, Gabor
Georgetown University
Warfare-lslamic World

Ahluwalia, Sanjam
Northern Arizona University
Birth Control

Alexander, William H.
Norfolk State University
Rnynnl, Abbé Guillrmme

Ali, Omar H.
University of North Carolina, Greensboro
Labor Union Movements

Anderson, Atholl
Australian National University
Pacific, Settlement of

Andrea, Alfred J.
University of Vermont, Emeriws
Byzautine Empire
Crusades. The

Arkenberg, Jerome
California State University, Fullerton
Coustautiue the Great

Arora, Manda kini
Center for American Education, Singapore
Asoka

Austen, Ra lph A.
University of Chicago
'l'm. rUng Pattrrns, 7'm!l. ~-Sahamn

B

Baek, Ok-kyoung
Ewha Womans University, Seoul
Korea

Baer, Hans A.
University of Melbourne
Pentecostalism

Bagchi, Kaushik
Goucher College
Ethnocentrism

Bainbridge, William Sims
National Science Foundation
Technology-Computer

Banerji, Debashish
University of California, Los Angeles
Art-South Asia

Bard, Mitchell G.
American-Israeli Cooperative Enterprise
Holocaust

Barfield, Thomas J.
Boston University
Pastoral Nomadic Societies

Barkin, J. Samuel
University of Florida

Intenational Organizations

Bartlett, Kenneth R.
University of Toronto
Leonardo da Vinci
Renaissance

Bazinet, Ryan
The Graduate Center, City University of New York
Music-Overview

Beach, Timothy
Georgetown University
Erosion

Beasley, Edward
San Diego State University
British Empire

Beck, Roger B.
Eastern Illinois University
Apartheid
Missionaries
Tutu, Desmoud

Bender, Thomas
New York University
United States of America

Benjamin, Craig
Grand Valley State Uni, ersity
Art-Central Asia
Kushan Empire

Berdan, Frances
California State University, San Bernardino
Aztec Empire
History, *Oral*
Trading Patterns, Mesoamerican

Berg, Herbert
University of North Carolina Wilmington
Islamic Law

Berglund, Bruce
Calvin College
Europe, Eastern

Berry, Brian
University of Texas. Dallas
Urbanization

Biltoft, Carolyn N.
Princeton University
Interrwar Years (1918—1939)

Black, Brian
Pennsylvania State University
Nuclrar Power

Blitz, Mark
Claremont-McKenna College
Government

Blockmans, Wim P.
Netherlands Institute for Advanced Study
Charles V

Blom, Ida
University of Bergen
Women's and Gender History

Boeck, Brian J.
DePaul University
Frontiers vs. Borders

Bouchard, Carl
Université de Montréal
Peace Projects

Bourke, R. M.
Australia National University
Potato, Sweet

Breiner, David M.
Philadelphia University
Architecture

Broers, Michael
Oxford University
Napoleonic Empire

Brooks, Christopher A.
Virginia Commonwealth University
Africa—Postcolonial

Broom, John T.
Park University *and* Metropolitan
Community Colleges
*Warfare—Post-Columbian North
America to 1775*

Broude, Gwen J.
Vassar College
Adolescence
Initiation and Rites of Passage

Brown, Cynthia Stokes
Dominican University of California
Education

Burger, Joanna
Rutgers University
Oil Spills

Burgh, Theodore W.
University of North Carolina
Wilmington
Archaeology
Moses
Ramses II

Burstein, Stanley M.
California State University, Los
Angeles
Aksum
Alexander the Great
Herodotus
Macedonian Empire
Mëoe

Buschmann, Rainer F.
California State University, Channel
Islands
German Empire
Museums

Buzzanco, Robert
University of Houston
American Empire

C

Campbell, Gary
Michigan Technological University
Gold

Capet, Antoine
Université de Rouen, France
Comintern
League of Nations
North Atlantic Treaty Organization(NATO)

Carrillo, Elisa A.
Marymount College of Fordham
University
Augustine, Saint
Galileo Galilei
Joan of Arc
Machiavelli, Niccolò
Roman Catholicism

Carton, Adrian
Macquarie University, Sydney
Food

Castleman, Bruce A.
San Diego State University
*Warfare—Post-Columbian Latin
America*

Catlos, Brian A.
University of California, Santa Cruz
Harun al-Rashid
Saladin
'Umar ibn al-Khattab

Cavalli-Sforza, Luigi Luca
Stanford University, Emeritus
National Research Council Institute of Molecular
Genetics, University of Pavia, Italy
Genetics

Centeno, Miguel A.
Princeton University
Globalization—Modern Conceptions
International Trade Networks
Revolution—Cuba

Chan, Wellington K.
Occidental College
Hong Merchants

Chapple, Christopher Key
Loyola Marymount University
Jainism
Philosophy—Asian

Charlston, Jeffery A.
University of Maryland
Military Strategy and Tactics

Chew, Sing C.
Humboldt State University
Timber

Chick, Garry
Pennsylvania State University

Games and Play
Leisure

Christian, David
Macquarie University, Sydney
Ewha Womans University, Seoul
Alcoholic Beverages
Anthropocene
Big History
Creation Myths
Eurasia, Inner
Periodization
Population Growth
Science—Overview
Steppe Confederations
Universe, Origins of

Cioc, Mark
University of California, Santa Cruz
Railroad
Rivers

Clossey, Luke
Simon Fraser University
Early Modern World
Mathematics
Portuguese Empire

Cohen, Joan Lebold
Independent scholar, Fairbank Center
for East Asian Studies
Art—China

Cohen, Mark Nathan
State University of New York,
Plattsburgh
Carrying Capacity

Coleman, Simon M.
Centre for the Study of Religion,
University of Toronto
Pilgrimage

Colli, Andrea
Università Bocconi, Italy
Corporations, Multinational

Collinson, David L.
Lancaster University
Elizabeth I

Collinson, Margaret
Lancaster University
Elizabeth I

Conrad, David
State University of New York,
Oswego, Emeritus
Mali
Songhai

Conrad, Stephen A.
University of North Florida
Citizenship

Cooper, Robyn
University of Leicester
Tourism

Courtwright, David T.
University of North Florida
Drugs, Psychoactive

Croizier, Ralph C.
University of Victoria
Art—China
Art—World History and Art
Confucius
Qin Shi Huangdi
Revolution—China

Crosby, Alfred W.
University of Texas, Austin
Columbian Exchange
Ecological Imperialism

Cumo, Christopher M.
Independent scholar, Canton, Ohio
da Gama, Vasco
Diseases—Plant
Magellan, Ferdinand

Curran, Cynthia
Saint John's University / College of
Saint Benedict
Women's Emancipation Movements

Curtis, Kenneth R.
California State University, Long
Beach
Africa—Colonial
Equiano, Olaudah

Curtis, Valerie A.
London School of Hygiene & Tropical
Medicine
Hygiene

Czarra, Fred
St. Mary's College of Maryland
Spices

D

Dai, Yingcong
William Paterson University
Taiping Rebellion

Daniels, Peter, T.
Independent scholar, Jersey City, New
Jersey
Script Decipherment

Darwin, John G.
University of Oxford
Decolonization

Daryaee, Touraj
University of California, Irvine
Cyrus the Great

Persian Empire
Sasanian Empire
Zoroastrianism

Davis, Derek H.
University of Mary Hardin-Baylor
Religious Freedom

Davis, Donald G., Jr.
University of Texas at Austin
Libraries

Davis, Stacy
Saint Mary's College, Notre Dame,
Indiana
Paul, Saint

Den Beste, Michelle
California State University, Fresno
Cold War

Dendy, David
Okanagan University College
Cereal Grains

Deng, Kent G.
London School of Economics
Exploration, Chinese

Denny, Walter B.
University of Massachusetts, Amherst
Art—West Asia

Dickson, D. Bruce
Texas A&M University
Domestication, Plant and Animal
Extinctions

Dimand, Robert W.
Brock University
International Monetary Systems
Trade Cycles

Dobbs, Charles M.
Iowa State University
Organization of American States
(OAS)
Warfare—China
Warfare—Japan and Korea
World War II

Doerr, Paul W.
Acadia University
Congress of Vienna
Containment
Détente
Diplomacy

Doumanis, Nicholas
University of New South Wales
Trading Patterns, Mediterranean

Duara, Prasenjit
University of Chicago
Nation-State

Dudley, Wade G.
East Carolina University
Warfare—Naval

Duncan, Carol B.
Wilfrid Laurier University
Matriarchy and Patriarchy

Dunn, Ross E.
San Diego State University
Afro-Eurasia
Ibn Battuta

E

Eagleton, Catherine
British Museum
Scientific Instruments

Ebbesen, Martha
Instituto Tecnológico y de Estudios

Superiores de Monterrey
British East India Company
Hudson's Bay Company
Smith, Adam

Ehret, Christopher
University of California, Los Angeles
Africa—Equatorial and Southern
(4000 BCE – 1100 CE)
Nubians

Eisenstein, Elizabeth L.
University of Michigan, Emerita
Printing

Emerson, Thomas E.
University of Illinois, Urbana-
Champaign
Mississippian Culture

Emmer, Pieter C.
University of Leiden
Dutch Empire

Erickson, Patricia E.
Canisius College
Civil Disobedience

Ezra, Kate
Columbia College, Chicago
Art—Africa

F

Fahey, David M.
Miami University
Churchill, Winston
Newton, Isaac

Faruqui, Munis
University of California—Berkley
Akbar
Aurangzeb

Feder, Kenneth
Central Connecticut State University
Dating Methods, Archeological and
Historical

Feldman, Jerome
Hawaii Pacifi c University
Art—Southeast Asia

Feldstein, Lori A.
Independent scholar, Philadelphia,
Pennsylvania
Catherine the Great

Finlay, Robert
University of Arkansas
Porcelain
Yongle Emperor
Zheng He

Firestone, Reuven
Hebrew Union College
Abraham
Judaism

Flynn, Dennis O.
University of the Pacific
Trading Patterns, Pacific

Ford, Charles Howard
Norfolk State University
Absolutism
Slave Trades

Ford, Richard
University of Michigan
Ethnobotany

Franceschetti, Donald R.
University of Memphis
Cosmology
Industrial Revolution

Frank, Andre Gunder
Deceased, formerly of Northeastern
University
Eurocentrism
Long Cycles

G

Gabaccia, Donna R.
University of Pittsburgh
Diasporas

Garciá Latorre, Juan
Association for Landscape Research in
Arid Zones
Deserts

Gelzer, Christian
NASA Dryden Flight Research Center
Aviation

Georg, Stefan
University of Leiden
Language, Classification of
Language, Standardization of

Gillis, John
Rutgers University
Europe
Islands

Gilson, Tom
College of Charleston
Dictionaries and Encyclopedias

Giráldez, Arturo
University of the Pacific
Trading Patterns, Pacific

Glazier, Stephen D.
University of Nebraska, Lincoln
*African American and Caribbean
Religions*
Du Bois, W. E. B.

Religious Syncretism

Golden, Peter B.
Rutgers University
Turkic Empire

Goldstein, Eli
Bar-Ilan University, Israel
Natural Gas

Goldstone, Jack A.
George Mason University
Capitalism

Goudie, Andrew S.
St. Cross College
Desertification

Goudsblom, Johan
University of Amsterdam
Anthroposphere
Fire

Griset, Pascal
Paris-Sorbonne University
Internet

Grim, John A.
Yale University
Native American Religions

H

Hagelberg, G. B.
Independent scholar, Canterbury,
Kent, United Kingdom
Sugar

Halper, Donna L.
Lesley University
Arab League
Gay and Lesbian Rights Movement
Mass Media

Hammerl, Christa
Central institute for Meteorology and
Geodynamics
Earthquakes

Harpham, Edward J.
University of Texas, Dallas
Locke, John

Hardy, Grant
University of North Carolina at
Asheville
Sima Qian

Hart, John M.
University of Houston
Revolution—Mexico

Hassig, Ross
Independent scholar, Tucson, Arizona
*Warfare—Pre-Columbian
Mesoamerica and North America*

Headrick, Daniel R.
Roosevelt University, Emeritus
*Communication Media, Human
Technology—Overview
Telegraph and Telephone*

Holm, Poul
Trinity College, Dublin
Oceans and Seas

Hornborg, Alf
Lund University, Sweden
*Ecology, Cultural
Warfare—Pre-Columbian South
America*

Horowitz, Richard
California State University, Northridge
Sun Yat-sen

Huehnergard, John
University of Texas
Hammurabi

Hughes, J. Donald
University of Denver
Environmental Movements

Hughes, Lindsey
Deceased, formerly of School of
Slavonic and East European Studies
*Art—Russia
Peter the Great*

Hughes-Warrington, Marnie
Macquarie University, Sydney
*Postmodernism
World History, Writing of*

Huiza, Claudia M.
National University
Women and Literature

Hunt, Robert C.
Brandeis University
Water Management

Hwa, Lily
University of St. Thomas, Minnesota
*Han Wudi
Laozi
Tang Taizong*

I

Irby-Massie, Georgia L.
College of William and Mary
Philosophy, Greek and Roman

Ives, Jack D.
Carleton University
Mountains

J

Jennings, Justin
Royal Ontario Museum
Andean States
Inca Empire

Johnson, Ann
University of South Carolina
Automobile

Johnson, Denise R.
Southern Illinois University,
Carbondale
Women's Suffrage Movements

Johnson-Roullier, Cyraina
Notre Dame University
Modernity

Jones, Richard A.
Fellow of the Royal Entomological
Society
Darwin, Charles

Joslyn, Mauriel
Independent scholar, Sparta, Georgia
Warfare—Air

Joyner, Christopher C.
Georgetown University
Antarctica
General Agreement on Tariffs and
Trade (GATT)
Global Commons
Ice Ages
International Court of Justice

K

Kaser, Michael
Oxford University
Trading Patterns, Eastern European

Kea, Ray A.
University of California, Riverside
Kanem-Bornu
Wagadu Empire

Kellman, Jordan
University of Louisiana, Lafayette
Expeditions, Scientific
Sailing Ships

Kennedy, Dane K.
George Washington University
Empire

Khan, Karim
University of Hawaii, Leeward
al-Khwarizmi
Arab Caliphates
Muhammad

Kimball, Kathleen I.
Independent scholar, Barrington, New
Hampshire
Art—World Art Studies

Klenbort, Daniel
Morehouse College
Social Sciences

Klostermaier, Klaus
University of Manitoba
Hinduism

Koehler, Christiana
Macquarie University, Sydney
Hatshepsut

Kwok, Daniel W. Y.
University of Hawaii
Confucianism

L

LaBerge, Martin
University of Montreal, Northside
College
Peacemaking in the Modern Era

Laird, Peter F.
Independent scholar, Farmingdale,
New York
Shamanism

Lambden, Stephen
Ohio University
Bahá'í

Langer, Erick D.
Georgetown University
Frontiers
Indigenous Peoples
Labor Systems, Coercive

Langman, Lauren
Loyola University, Chicago
Marxism

Lauzon, Matthew J.
University of Hawaii, Manoa
Enlightenment, The

Lazich, Michael C.
Buffalo State College
Chinese Traditional Religion

Leadbetter, Bill
Edith Cowan University
Aristotle
Genocide
Jesus
Justinian I
Plato
Socrates
Trading Patterns, Ancient European

Leaf, Murray J.
University of Texas, Dallas
Agricultural Societies

Lefebure, Leo
Fordham University
Buddha

Levinson, David
Independent scholar, New Haven,
Connecticut
Colonialism
Ethnology
Foraging Societies, Contemporary
Mesoamerica
Revolution—Haiti
United Nations

Lewis, Frank D.
Queen's University
Fur Trade

Lewis, James G.
Independent scholar, Durham, North
Carolina
Einstein, Albert
King, Martin Luther, Jr.
Roosevelt, Eleanor
Roosevelt, Franklin Delano

Lewis, Martin
Stanford University
Cartography
Cultural Areas
Geographic Constructions of the World

Lide, James
History Associates Incorporated
Oceania, Ancient

Lockard, Craig A.
University of Wisconsin, Green Bay

Khmer Kingdom
Migration, Asian
Srivijaya

Long, Thomas Lawrence
University of Connecticut
HIV/AIDS
Utopia

Lopez, Maritere
California State University, Fresno
Daoism

López-Portillo, José-Juan
Queen Mary University of London
Americas, The

Lourandos, Harry
University of Queensland
Australia, Aboriginal

Lovelock, James
European Communities Information
Offi ce
Gaia Theory

Low, Michael C.
Columbia University
al-Razi
Ibn Khaldun
Mansa Musa

Lueker Zukas, Lorna
National University
Senghor, Léopold
Shaka Zulu

Lyons, John F.
Joliet Junior College
Jefferson, Thomas

M

Macfarlane, Alan
University of Cambridge
Glass
Tea

Madison, Mark
National Conservation Training
Center
Malthus, Thomas

Mahdavi, Farid
San Diego State University
Revolution—Iran

Mahoney, Justin
Vassar College
Rights, Property

Mallory, James P.
Queen's University
Migration, Indo-European

Mannion, A. M.
University of Reading
Manioc

Markham, J. David
International Napoleonic Society
Caesar, Augustus
Caesar, Julius
Napoleon

Márquez, Carlos E.
Independent scholar, Clarksville,
Arizona
Gregory VII
Isabella I
Urban II

Martin, Dorothea
Appalachian State University

Mao Zedong

Martin, Eric L.
Lewis-Clark State College, Idaho
Guevara, Che
Nkrumah, Kwame

Martin, Gerry
Deceased, formerly of Eurotherm, Ltd.
Glass

Marty, Martin E.
University of Chicago, Emeritus
Protestantism
Religion—Overview
Religious Fundamentalism

Maske, Andrew L.
University of Kentucky
Art—Japan

May, Timothy
North Georgia College and State
University
Chingghis Khan
Mehmed II
Mongol Empire
Osman I
Timur

McCallon, Mark
Abilene Christian University
Zionism

McCarthy, Joseph
Suffolk University
Warfare—Logistics

McChesney, Lea S.
Independent scholar, Rochester, New
York
Art—Native American

McComb, David G.
Colorado State University
Sports

McKeown, Adam M.
Columbia University
Migration—Overview

McNally, Mark
University of Hawaii
Shinto

McNeill, J. R.
Georgetown University
Biological Exchanges
Population and the Environment

McNeill, William H.
University of Chicago, Emeritus
Animism
Bows and Arrows
Child Nurture
China
Dance and Military Drill
Diseases—Overview
Economic Cycles
Engines of History
Globalization—Historical Perspectives
Greece, Ancient
Horses
Iron
Language
Plows
Population
Potatoes
Progress
Roads
Salt
Silver
State, The
Sumerian Civilization
Terrorism

Transportation—Overview
Tropical Gardening
Universities
Villages
Warfare—Europe
Western Civilization

McVay, Pamela
Ursuline College
Feminism

Mears, John
Southern Methodist University
Austro-Hungarian Empire
Human Evolution

Melosi, Martin V.
University of Houston
Waste Management

Mennell, Stephen
University College, Dublin
Sociology

Michael, Bernardo A.
Messiah College
Culture
Postcolonial Analysis

Mishra, Patit Paban
Sambalpur University
Delhi Sultanate
Mughal Empire

Mitchell, Dennis J.
Mississippi State University, Meridian
Victoria

Modelski, George
University of Washington
Cities

Mokyr, Joel
Northwestern University
Knowledge Economy

Moore, R. Scott
Indiana University of Pennsylvania
Hanseatic League

Morillo, Stephen
Wabash College
Charlemagne
Feudalism
Manorialism
Technology—Firearms
War and Peace—Overview
Warfare—Steppe Nomads

Morris, Peter
The Science Museum, London
Plastics
Rubber

Morzer Bruyns, Willem F. J.
Nederlands Scheepvaartmuseum
Navigation

Mossoff, Adam
George Mason University School of
Law
Law, Natural

Motavalli, Jim
E: The Environmental Magazine
Automobile

Muldoon, James
The John Carter Brown Library
Columbus, Christopher
European Expansion

N

Neill, Jeremy H.
Menlo University

Imperialism

Neumann, Caryn E.
Miami University of Ohio
International Criminal Court

Newton, Douglas
University of Western Sydney
Treaty of Versailles
World War I

Nguyen, Dieu T.
Temple University
Ho Chi Minh

Norwood, Vera
University of New Mexico
Nature

O

Oliver, Paul
University of Huddersfi eld
Architecture, Vernacular
Mysticism
Sikhism

Ordonez, Margaret
University of Rhode Island
Textiles

Osterhammel, Jürgen
University of Konstanz
Trading Patterns, China Seas

Owens, J. B.
Idaho State University
Spanish Empire

P

Page, Hugh R., Jr.
University of Notre Dame
Alchemy
Celts
Esperanto

Ugarit
Viking Society
Writing Systems and Materials

Page, Melvin E.
East Tennessee State University
African Union
Kenyatta, Jomo
Sokoto Caliphate
Warfare—Africa

Paine, Lincoln P.
Independent scholar, Portland, Maine
Henry the Navigator
History, Maritime
Homer
Piracy

Painter, David S.
Georgetown University
Oil

Palmer, Douglas
Emory University
Law, Contract
Law, Sacred

Parker, Bradley
University of Utah
Assyrian Empire

Paul, Chandrika
Shippensburg University
Women's Reproductive Rights
Movements

Penna, Anthony N.
Northeastern University
Climate Change

Perrins, Robert John
Acadia University

Kangxi Emperor
Mencius
Polo, Marco
Ricci, Matteo
Sui Wendi
Sui Yangdi

Pierce, Danielle L.
University of North Texas
Art—Pre-Columbian Central and
South America

Pierotti, Raymond
University of Kansas
Diseases—Animal

Plant, Ian
Macquarie University, Sydney
Thucydides

Podany, Amanda H.
California State Polytechnic
University, Pomona
Babylon
Mesopotamia

Pomeranz, Kenneth L.
University of California, Irvine
Economic Growth

Pomper, Philip
Wesleyan University
Lenin, Vladimir Ilyich
Stalin, Joseph

Poole, Ross
New School for Social Research
Nationalism—Overview

Poor, Robert J.
University of Minnesota
Art—East Asian and European

Connections

Possehl, Gregory L.
University of Pennsylvania Museum,
Emeritus
Harappan State and Indus Civilization

Prashad, Vijay
Trinity College
World Blocs—First, Second, third, and
Fourth

Pratt, Dorothy
Notre Dame University
Lincoln, Abraham

Q

Quataert, Donald
State University of New York,
Binghamton
Ottoman Empire

Quirin, James A.
Fisk University
Pan-Africanism

R

Racine, Karen
University of Guelph
Bolívar, Simón
Miranda, Francisco de

Rackham, Oliver
Corpus Christi College, Cambridge,
United Kingdom
Trees

Ragan, Elizabeth
Salisbury University
Bands, Tribes, Chiefdoms, and States

Redles, David
Cuyahoga Community College
Fascism

Reeves, Caroline
Emmanuel College
Red Cross and Red Crescent Movement

Renick, Timothy M.
Georgia State University
Manichaeism
Religion and War

Reynolds, Jonathan
Northern Kentucky University
Africa

Rhodes, Robin F.
University of Notre Dame
Art—Ancient Greece and Rome

Richter, Daniel D. , Jr.
Duke University
Salinization

Roshwald, Aviel
Georgetown University
Nationalism, Ethnic

Ryan, Michael A.
Perdue University
Trading Companies, Iberian
Travel Guides

Salamone, Frank A.
Iona College and University of
Phoenix
African Religions
Festivals
Hausa States

S

Sánchez-Picón, Andrés
University of Almeria
Coal

Satterfi eld, George
Hawaii Pacifi c University
Süleyman

Sawan, Douglas
Independent scholar, West Roxbury,
Massachusetts
Warfare—Southeast Asia

Sax, Boria
Mercy College
Sheep and Goats

Sayegh, Sharlene S.
California State University, Long Beach
Letters and Correspondence

Schaefer, Richard
State University of New York, Collegeat
Plattsburgh
Philosophy, Modern

Schafer, Valérie,
Paris-Sorbonne University
Internet

Schechter, Ronald
College of William and Mary
Revolution—France

Schmidt, Heike I.
Florida State University
Kongo
Zimbabwe, Great

Segal, Daniel A.
Pitzer College
Anthropology
Civilization, Barbarism, and Savagery

Sellmann, James D.
University of Guam

Philosophy, Asian

Sethia, Tara
California State Polytechnic University
Gandhi, Mohandas
Mahavira
Nonviolence

Sewell, Elizabeth A.
Brigham Young University
Latter-Day Saints
Religion and Government

Shapiro, Warren
Rutgers University
Kinship

Sheedy, Kenneth
Macquarie University, Sydney
Barter
Currency

Sherratt, Andrew
Deceased, formerly of Oxford
University
Secondary-Products Revolution

Simmons, I. G.
University of Durham, United Kingdom
Geography

Simonetto, Michele
ISTRESCO, Italy
Guilds

Smil, Vaclav
University of Manitoba
Energy
Water Energy
Wind Energy

Smith, Allyne L. , Jr.
St. Joseph Center
Christian Orthodoxy

Smith, Anthony
Magdalen College, Oxford University
Television

Smith, Michael E.
Arizona State University
Motecuhzoma II
Trading Patterns, Ancient American

Smith, Richard J.
Rice University
I Ching (Classic of Changes)

Sneh, Itai
John Jay College of Criminal Justice, CUNY
Democracy, Constitutional
Law, Civil
Parliamentarianism

Starr, Kristen
Auburn University
Space Exploration

Stavig, Ward
University of South Florida
Túpac Amaru

Stearns, Peter N.
George Mason University
Childhood
Consumerism
History, Social
Mercantilism
Revolution—United States

Sterling, Christopher
George Washington University
Radio

Stillman, Peter G.
Vassar College
Rights, Property

Stockwell, Foster
Independent scholar, Des Moines, Washington
Information Storage and Recovery

Stokes, Gale
Rice University
Warsaw Pact

Strayer, Robert W.
State University of New York, Brockport
Communism and Socialism
Revolution—Russia
Revolutions—Communist

Streets, Heather
Washington State University
Imperialism and Gender

Stremlin, Boris
Independent scholar, Ithaca, New York
Russian Soviet Empire

Stuchtey, Benedikt
German Historical Institute
Orientalism

Sundaram, Chandar S.
United Service Institution of India
Warfare—South Asia

Sutton, John
Macquarie University, Sydney
Descartes, René

T

Tarver, H. Micheal
Arkansas Tech University
Gregory VII
Isabella I

Urban II

Tattersall, Ian
American Museum of Natural History
Paleoanthropology

Teisch, Jessica B.
University of California, Berkeley
Tobacco

Tent, James F.
University of Alabama, Birmingham
Hitler, Adolf

Thompson, Jason
Colby College
Egypt

Tishken, Joel
Columbus State University, Georgia
Benin

Topik, Steven
University of California, Irvine
Coffee

Tschudin, Peter F.
The Basel Paper Mill, Swiss Museum of Paper
Paper

Tyrrell, Ian
University of New South Wales
Australia

U

Uriarte Ayo, R.
Universidad del País Vasco (Basque Country University, Spain)
Metallurgy

V

Van Dyke, Jon
University of Hawaii
Human Rights

Law, International

Van Damme, Wilfried
Leiden University
Ghent University
Art—Paleolithic

Van Sant, John E.
University of Alabama, Birmingham
Japanese Empire

Vink, Markus
State University of New York, Fredonia
Dutch East India Company

Vlahakis, George N.
Independent scholar, Maroussi, Greece
Electricity
Scientific Revolution

Voll, John O.
Georgetown University
Islam

W

Wallerstein, Immanuel
Yale University
Liberalism

Ward, Kerry
Rice University
Trading Patterns, Indian Ocean

Warrington, Bruce
National Measurement Laboratory
Time, Conceptions of

Watt, John R.
Independent scholar, Cambridge, Massachusetts
Asia
Zhu Yuanzhang

Webb, Adam K.
Princeton University
Ecumenicism
Political Thought

Webb, James L. A., Jr.
Colby College
Camels
Caravan
Cinchona
Gum Arabic
Malaria
Quinine

Weeks, Theodore R.
Southern Illinois University
Ethnicity

Wells, Scott C.
California State University, Los Angeles
Roman Empire
Thomas Aquinas, Saint

Wendelken, Rebecca
Methodist University
Clothing and Costume

Wesseling, Henk L.
Leiden University
Berlin Conference
French Empire

Wessinger, Catherine
Loyola University
Millennialism

Westwood, David
Independent scholar, Derbyshire, United Kingdom
Military Engineering
Military Training and Discipline

Wheatcroft, Stephen
University of Melbourne
Famine

Whigham, Phillip
Georgia Military College
Buddhism

Whitehead, Neil
University of Wisconsin, Madison
Amazonia

Wiesner-Hanks, Merry
University of Wisconsin, Milwaukee
Sex and Sexuality

Williams, Michael
Deceased, formerly of Oriel College
Deforestation

Witzling, Mara R.
University of New Hampshire
Art—Europe

Wong, R. Bin
University of California, Los Angeles
Comparative History

Wood, Alan T.
University of Washington, Bothell
Freedom

Y

Yoffee, Norman
University of Michigan
State Societies, The Emergence of

Young, Kanalu G. Terry
University of Hawaii, Manoa
Kamehameha I

Z

Zachman, Randall
University of Notre Dame
Luther, Martin

Zukas, Alexander M.
National University
Green Revolution
Marx, Karl
Music and Political Protest

Zyla, Benjamin
Centre for International Relations, Queen's University, Ottawa
Centre for International Policy Studies, University of Ottawa
European Union

图片提供者

图片提供者

本书中的线条画和版画来自宝库山的历史图片档案，它们中的大多数是从 18、19 和 20 世纪的书籍及其他出版物中挑选出来的。

Tony Alkhoury (www.morguefile.com)

American Museum of Natural History

Philip Baguet Collection

Beinecke Rare Book and Manuscript Library, Yale University

Bentley Historical Library, University of Michigan

Bibliotheca Alexandrina

Bibliothèque Nationale de France

David Breiner

Brigham Young University, L. Tom Perry Special Collections, Harold B. Lee Library

British Museum

Michael Broadway

Elisa Carrillo

Garry Chick

Karen Christensen

Thomas H. Christensen

Joan Lebold Cohen

Kevin Connors (www.morguefile.com)

David Courtwright

Simon Coleman

Arturo Delfin (www.morguefile.com)

Klaus Dierks

Du Bois Central, UMass Amherst Library.

Daisy Durham

The Egyptian Museum, Cairo

Farleigh House, Farleigh Wallop, Hampshire

Fitzwilliam Museum at the University of Cambridge

Jeff Frame

Todd Franklin

Franklin Delano Roosevelt Library

Galleria Nazionale d'Artel Antica, Rome

Hannes Galter

Francis Geius — Mission SFDAS 2001 (photographer — B. N. Chagny)

Christian Gelzer

George Grantham Bain Collection, Library of Congress

German National Library

Germanisches National Museum, Nuremberg

Benny Gool

Sara Gouveia

Gilbert H. Grosvenor Collection, Prints and Photographs Division, Library of Congress

Tom Habibi

Haggerty Museum of Art at Marquette University, Milwaukee, WI.

Donna Halper

Hongkong and Shanghai Banking Corporation Limited

Chris Howell

Isabella Stewart Gardner Museum

Jack Ives

Jules Jain

Justin M. Jennings

Eugenia Kim

KITLV/Royal Netherlands Institute of Southeast Asian and Caribbean Studies, Leiden

Karim Khan

Klaus Klostermaier

Alberto Korda

Kunsthistorisches Museum, Vienna

Peter Laird

K. Lanzetta (SUNY). Artwork: A. Schaller (STScI)

Jona Lendering (Livius. org)

Library of Congress

James Lide

Louvre, Paris

David Markham

Maximilianeum Foundation in Munich

Mark McNally

Metropolitan Museum of Art

Musée des Beaux-Arts (Bordeaux)

Museo degli Argenti, Florence, Italy

Nationaal Archief, Netherlands

National Aeronautics and Space Administration (NASA)

The National Anthropological Archives, Smithsonian Institution

National Archaeological Museum, Athens

National Archives, Print and Records Administration

National Gallery of Art, Washington, D.C.

National Gallery, London

National Gallery, Turin, Italy

National Library of Brazil

National Library of China

National Maritime Museum, London

National Oceanic and Atmospheric Administration (NOAA)

National Palace Museum, Taipei

National Portrait Gallery, London

National Resources Conservation Service (NRCS)

Clara Natoli, (www. morguefile. com)

New York Central Railroad

New York Public Library

Marie-Lan Nguyen

Paul and Bernice Noll

Office of the White House

Ursa P. (Melby Photography)

Melvin E. Page

Fred Pellons

Danielle L. Pierce

Rockox House, Antwerp

Emily Roesly (www. morguefile. com)

The Royal Ontario Museum

Jane M Sawyer (www. morguefile. com)

Boria Sax

Schomburg Center for Research in Black Culture/Manuscripts, Archives, and Rare Books Division

Sean M. Scully

Kenneth Sheedy

Ajay Singh

Smithsonian Institution Archives

Smithsonian Institution Libraries

Staatsgalerie, Germany

Stanza della Segnatura, Palazzi Pontifici, Vatican

Sterling and Francine Clark Art Institute

Wolfgang Stuck

Jiří Svoboda

Toledo Museum of Art, Toledo, Ohio

Topkapi Palace Museum, Istanbul, Turkey

Tyrrell Photographic Collection, Powerhouse Museum

United States National Museum, Washington

United States Navy

University of Missouri

The University Museum, Philadelphia, Pennsylvania

University of Rhode Island Historic Textile and Costume Collection, Whitlock Collection

Textiles

University of Toronto Wenceslaus Hollar Digital Collection

William Vann (www.edupic.net)

Luc Viatour

Victoria and Albert Museum

Wallace Collection, London

John Watson

引语提供者

下列人物慷慨地提供了我们在书中为充实文本而使用的引语（大多数用于历史人物），也有一部 分从那些富有洞见的无名材料中抽取而来。特别要感谢大卫·克里斯蒂安，他最喜爱的"个人收藏" 引语启发了我们对世界历史的无限思考。

Brian J. Boeck

Erve Chambers

David Christian

Luke Clossey

Mark Cohen

Paul Doerr

Lori A. Feldstein

Donna Gabaccia

Thomas V. Gilson

Andre Gunder Frank

Terry Jones

Ben Kerschberg

Kathleen I. Kimball

Leo Lefebre

J. David Markham

Martin Marty

David McComb

J. R. McNeill

Peter Morris

Adam Mossoff

Hugh Page Jr.

Melvin E. Page

Andrew Sherratt

Peter G. Stillman

Chandar Sundaram

如何拼与说——世界历史上的 100 个重要人名、地名和术语

　　美国作家爱默生（Ralph Waldo Emerson，1803—1882）曾说过："愚蠢的一致性是见识短浅的妖怪。"每当宝库山出版集团开始制作百科全书，我们便回顾关于如何表现那些在历史长河中已经发生变化，或因语言嬗变后的人名与术语的指南。我们追求一致性，却不是爱默生所警告的那种愚蠢的一致性。

　　语言和地理术语不断发展，有时一些术语保持目前的样子，但这并不意味着我们必须保持这样的一致性。更加难的是许多语言中的词汇并非建立在拉丁字母之上（比如中文、日文、阿拉伯文、希伯来文），而必须进行音译，即在另一种字母表中拼写或通过"罗马化"来进入英语世界。并且在同一种语言中，音译系统也在变化。许多学着中文威氏拼音（Wade-Giles system of Chinese romanization）［比如 Peking（北京）和 Mao Tse-tung（毛泽东）这样的拼法］长大的人，必须变得习惯阅读 20 世纪 50 年代以来介绍使用的拼音系统（新的拼法如 Beijing 和 Mao Zedong）。

　　大体而言，我们以《韦氏大学词典》（*Merriam-Webster's Collegiate Dictionary*）第 11 版（常以缩略的 M-W 11 表现）作为拼写标准，以《韦氏传记词典》（*Merriam-Webster's Biographical Dictionary*）和《韦氏地理词典》（*Merriam-Webster's Geographic Dictionary*）第 3 版作为前者没能收录的术语的拼写标准。但有时我们不得已而放弃韦氏的拼写。例如，历史学家罗斯·邓恩（Ross E. Dunn），他为本百科写了条目《伊本·白图泰》（Ibn Battuta）（邓恩是一名研究 14 世纪阿拉伯学者的权威专家），较之韦氏词典的写法去掉了"Battutah"末尾的字母

"h"。另一个例子是，西非城镇廷巴克图（Timbuktu）以这样的拼法而为我们熟知，而韦氏词典更偏向拼写为"通布克图"（Tomboctou）。

　　最后还有用于区别语音和含义的变音符号使用的问题：法语中的重音(ˋ)和轻音(ˊ)；西班牙语中区分某些同音异义词的重音符号；一些语族中常见的元音变音(¨)和长音符号(ˉ)；省略符号与非省略符号用来代替"ayn"和"Hamza"（阿拉伯语中的辅音与拉丁字母表中的并不相同）……这些只是例子。尽管英文排版软件正在使这些变音符号在文字处理软件中转换得更容易，但我们在出版包含大量从不同语言文字译介而来的出版物时，仍然保守地使用这些工具。同时，在我们篇幅较小的书，比如《这就是中国》（*This Is China*）和《这就是伊斯兰》（*This Is Islam*）中，我们为那些想要更熟悉这些特定语言的读者添加了变音符号。于此，对那些使用英语的读者最熟悉的名称和术语中，你将找到最初使用的变音符号。

　　我们认为，提供一个我们编辑所建议的，包含另一种拼法和名称的"100 个最常用术语"非常有用（且有趣）。我们也列出了那些非英语姓名和术语的读法（单词中的第一个音节要读出重音；然而，请注意中文和一些其他语言并不着重读单个的音节）。

表　100 个重要人名、地名和术语

常见用法	读音	其他用法
人名		
Alexander the Great（亚历山大大帝）		Alexander, Alexander of Macedon（亚历山大，马其顿亚历山大）LXIV

续　表

常见用法	读音	其他用法
Asoka （阿育王）	a-SHO-ka	Ashoka （阿育王）
Augustine, Saint （圣奥古斯丁）		Augustine of Hippo （希波的奥古斯丁）
Aurangzeb （奥朗则布）	or-ang-ZEB	'Alamgir （奥朗则布）
Buddha （佛陀）		Siddhartha Gautama （乔达摩·悉达多）
Caesar, Augustus （奥古斯都·恺撒）		Augustus Caesar, Caesar Augustus （奥古斯都·恺撒，恺撒·奥古斯都）
Chiang kai-shek （蒋介石）	chang kye-shek	Jiang Jieshi （蒋介石）
Chinggis Khan （成吉思汗）	CHEN-gis kon	Chinghis, Chinghiz, Chingiz, Genghis （成吉思汗）
Confucius （孔子）	con-FYU-shus	Kong Fuzi, K'ung Fu-tzu （孔夫子）
Da Gama, Vasco （瓦斯科·达·伽马）		not Gama, Vasco da
Gandhi, Mohandas （莫汉达斯·甘地）	GHAN-dee, mo-HAN-des	Gandhi, Mahatma （圣雄甘地）
Galileo Galilei （伽利雷·伽利略）	ga-li-LAY-o ga-li-LAY	not Galilei, Galileo
Han Wudi （汉武帝）	hon woot-dee	Han Wu Di, Han Wu-ti （汉武帝）
Ibn Battuta （伊本·白图泰）	ib-un ba-TOO-ta	Ibn Battutah （伊本·白图泰）

续　表

常见用法	读音	其他用法
Jesus （耶稣）		Jesus Christ, Jesus of Nazareth （耶稣基督，拿撒勒的耶稣）
Kangxi emperor （康熙皇帝）	kong-hsee	K'ang-his （康熙）
Khubilai Khan （忽必烈可汗）	KOO-blah kon	Kublai, Qubilai （忽必烈）
Laozi （老子）	laud-zuh	Lao-tzu, Lao Tzu （老子）
Lenin, Vladimir Ilyich （弗拉基米尔·伊里奇·列宁）		Lenin, Vladimir Ilich （弗拉基米尔·伊里奇·列宁）
Leonardo Da Vinci （莱昂纳多·达·芬奇）	lee-o-NAR-do da-VIN-chee	Leonardo （莱昂纳多）
Mao Zedong （毛泽东）	mao zeh-DON	Mao Tse-tung （毛泽东）
Mencius （孟子）	MEN-chee-us	Mengzi, Meng-tzu, Meng Tzu （孟子）
Montecuhzoma II （蒙特祖马二世）	mo-tek-w-ZO-ma	Montezuma II; Moctezuma （蒙特祖马二世）
Muhammad （穆罕默德）	mo-HA-med	Mohammad, the Prophet Muhammed, Mehemet （先知穆罕默德）
Napoleon （拿破仑）	na-POLE-eon	Napoléon Bonaparte （拿破仑·波拿巴）
Qin Shi Huangdi （秦始皇）	chin sher hwang-dee	Ch'in Shih Huang-ti （秦始皇）

续　表

常见用法	读音	其他用法
Saladin （萨拉丁）	SAL-a-den	Salah al-Din, Selahedin （萨拉丁）
Sima Qian （司马迁）	suma chee-en	Ssu-ma Ch'ien （司马迁）
Sui Yangdi （隋炀帝）	sway yahng-dee	Sui Yang-ti （隋炀帝）
Süleyman （苏莱曼）	soo- lay-MON	Süleyman the Magnificant, Süleyman I, Suleiman the Lawgiver （华贵者苏莱曼，苏莱曼一世，立法者苏莱曼）
Sun Yat-sen （孙中山）	soon yat-sen	Sun Yixian （孙中山）
Tang Taizong （唐太宗）	tahng taizong	T'ang T'ai-tsung （唐太宗）
Thomas Aquinas, Saint （圣·托马斯· 阿奎那）	a- KWY-nas	not Aquinas, Thomas
Timur （帖木儿）	TEE-more	Timur Lenk, Tamerlane, Tamburlaine （帖木儿）
Urban II （乌尔班二世）		Otho, also Otto, Odo, Eudes — of Lagery （奥托）
Yongle emperor （永乐皇帝）		Zhu Di （朱棣）
Zheng He （郑和）	jeng huh	Cheng Ho （郑和）
Zhu YuanZhang （朱元璋）	joo you- ahn-jahng	Chu Yüan-chang （朱元璋）

续　表

常见用法	读音	其他用法
地名		
Afro-Eurasia （亚非欧）		Afroeurasia；Africa, Europe, and Asia （欧亚非）
Aksum （阿克苏姆）		Axum （阿克苏姆）
Beijing （北京）	bay-jin	Peking （北京）
Anatolia （安纳托利亚）		Asia Minor （小亚细亚）
Bukhara （布哈拉）	boo- KAR-a	Bokhara, Boukhara （布哈拉）
Cambodia （柬埔寨）		Khmer Republic, Kampuchea （高棉共和国）
Central Asia （中亚）		Inner Asia （内陆亚洲）
Czech Republic and Slovakia （捷克共和国和 斯洛伐克）	chek, slow-VA- kee-a	Czechoslovakia （捷克斯洛伐克）
East Indies （东印度群岛）		Insular Southeast Asia （东南亚群岛）
Egypt （埃及）		United Arab Republic （阿拉伯联合共和国）
Guangzhou （广州）	gwang-joe	Canton （广州）
Habsburg （哈布斯堡）		Hapsburg （哈布斯堡）
Huang River （黄河）	hwang	Huang He, Yellow River （黄河）

LXV

续　表

常见用法	读音	其他用法
Iran （伊朗）		Persia （波斯）
Iraq （伊拉克）		Mesopotamia （美索不达米亚）
Istanbul （伊斯坦布尔）	iss- tan-BULL	Constantinople, Byzantium （君士坦丁堡、拜占庭）
Kandahar （坎大哈）	KON- da-har	Qandahar （坎大哈）
Kazakhstan （哈萨克斯坦）	kah- zak-stan	Khazakstan （哈萨克斯坦）
Khwarizm （花剌子模）	KWA- ra-zem	Kwarezm, Khwarazm, Khuwarizm （花剌子模）
Kongo （刚果）		Congo （刚果）
Mesoamerica （中美洲）		Middle America, Central America （中美洲）
Mumbai （孟买）	MUM-bye	Bombay （孟买）
Myanmar （缅甸）	MY- AN-mar	Burma （缅甸）
Samarqand （撒马尔罕）	SA- mar-kand	Samarkand （撒马尔罕）
Shilla Kingdom （新罗王国）	shil-la	Silla Kingdom （新罗王国）
Songhai （桑海）	SOHNG- hi	Songhay （桑海）
Sri Lanka （斯里兰卡）	shree LAN-ka	Ceylon （锡兰）
Thailand （泰国）	TIE-land	Siam （暹罗）

续　表

常见用法	读音	其他用法
Timbuktu （廷巴克图）	tim- BUCK-too	Timbukto, Tombouctou （廷巴克图）
Vietnam, Laos, Cambodia （越南、老挝、柬埔寨）		formerly known as Indochina （曾被叫作印度支那）
宗教、政治、文化术语		
al-Jazeera （半岛电视台）	al-jah- ZEER-a	Al Jazeera, Al-Jazeera （半岛电视台）
al-Qaeda （基地组织）	al-KAY-da	Al Qaeda, al-queda （基地组织）
Analects of Confucius （论语）		Sayings of Confucius （论语）
Bhagavad Gita （薄伽梵歌）	ba-ga-vad- GEE-ta	Bhagavadgita （薄伽梵歌）
Bible （圣经）		The Old and New Testaments （旧约圣经、新约圣经）
Brahma （梵天）		Brahman, Brahmin （梵天）
Czar （沙皇）		Tsar （沙皇）
Daoism （道教）	dow-ism	Taoism （道教）
I Ching （易经）	ye-chang	Yijing （易经）
Indigenous Peoples （原住民）		primitive, native, nonindustrial （土著）

续 表

常见用法	读音	其他用法
Kushan Empire （贵霜王国）	koosh-an	Kushana，Kusana （贵霜）
Latter- Day Saints （摩门教徒）		Mormons （摩门教徒）
Mughal Empire （莫卧儿帝国）		Moghol，Mogol （莫卧儿）
Muslim （穆斯林）		Moslem （穆斯林）
Native Americans （美洲土著）		American Indians （美洲印第安人）
Persian Empire （波斯帝国）		Achaemenian Empire （阿契美尼德帝国）
Qing Dynasty （清朝）	ching	Ch'ing dynasty （清朝）
Qur'an （古兰经）	kor-ahn	Quran，Koran （古兰经）
Sasanian Empire （萨珊帝国）		Sassanian，Sasanid， Sassanid Empire （萨珊帝国）
Sati （殉夫自焚）		suttee （殉夫自焚）
Shi'a （什叶派）	SHEE-a	Shia （什叶派）

续 表

常见用法	读音	其他用法
Sharia （伊斯兰法）	sha-REE-a	shari'a，Islamic law （伊斯兰法）
Siva （湿婆）	SHEE-va	Shiva （湿婆）
Song dynasty （宋朝）	sueng	Sung dynasty （宋朝）
Tang Dynasty （唐朝）	tong	T'ang dynasty （唐朝）
Torah （律法）		Five Books of Moses （摩西五经）
Vodun （伏都教）	voo-DOO	voodoo，vodou （伏都教）
Wagadu Empire （韦加度帝国）		Ghana （加纳）
World War I （第一次世界大 战）		First World War， The Great War （第一次世界大战， 大战）
World War II （第二次世界大 战）		Second World War （第二次世界大战）

LXVII

杨涵 译　陈恒 校

读者指南

从最初计划这部百科全书到第二版的实现,我们的目标一直在于呈现这样一套知识体,其核心是那些运动、互动和变化对世界的塑造。我们持续关注的是那些已逝岁月和跨越时空的联系与运动,在此基础上我们设计了这份读者指南。在该指南的 35 个按照主题字母排序的类别下,我们列举了所有与各类别相关的内容——突出了一个特定的词条可以在不止一个研究领域内运用。举例来说,Textiles(纺织品)这个词,既可以表明一个民族的审美情趣和审美发展,也可以提供对于一个民族社会经济、政治和文化方面的洞见。因此,"Textiles"这个标题,在"艺术与文学""商业——货物和产品""日常生活"这些类别下面均有出现。

这些类别自身也反映出一些重要主题,以此作为镜头,我们亦可看到历史某些特殊的方面,例如"冲突与战争"(Conflict and War)、"外交与和平"(Diplomacy and Peace)这些主题。一些类别以地理结构为基础而划分,而另一些则以政权或国家划分。在过去的几个世纪里,还存在其他大量的过程、模式或力量左右着历史。在外面的"传记"(Biography)类别下,我们把一些人的名字"分散"开来,这是为了指出这些人物在不同领域主要或最初的影响,和(尽可能地)表现他们所影响的领域、学科或特定的主题。举例来说,英国政治经济学家托马斯·马尔萨斯(Thomas Malthus, 1766—1834),最早警告人口过剩危险的学者之一,出现在"环境与生态""欧洲""哲学""观念、思想""人口"这些类别下。同时,我们把非裔作家和废奴主义者奥拉达·艾奎亚诺(Olaudah Equiano, 1745—1797)列在了"非洲""美洲"和"社会、政治抗议运动"这些类别下。

我们把读者指南列在这里,作为一种有价值的资源提供给学生、教师、课程设计者,以及一般的读者。

杨涵 译　陈恒 校

读者分类指南

Slave Trades(奴隶贸易)

Sugar(糖)

Trading Patterns，Ancient American(古代美洲贸易模式)

Trading Patterns，Mesoamerican(中美洲贸易模式)

Túpac Amaru(图帕克·阿马鲁)

Warfare — Post-Columbian Latin America(后哥伦布时代拉丁美洲战争)

Warfare — Post-Columbian North America to 1775(北美后哥伦布时代至 1775 年的战争)

Warfare — Pre-Columbian Mesoamerica and North America(前哥伦布时代中美洲和北美的战争)

Warfare — Pre-Columbian South America(前哥伦布时代南美战争)

Western Civilization(西方文明)

Arts and Literature(艺术和文学)

Architecture(建筑)

Architecture，Vernacular(乡土建筑)

Art — Africa(非洲艺术)

Art — Ancient Greece and Rome(古代希腊和古代罗马艺术)

Art — Central Asia(中亚艺术)

Art — China(中国艺术)

Art — East Asian and European Connections(艺术——东亚与欧洲的纽带)

Art — Europe(欧洲艺术)

Art — Japan(日本艺术)

Art — Native North America(北美土著艺术)

Art — Paleolithic(旧石器时代艺术)

Art — Pre-Columbian Central and South America(前哥伦布时代中南美洲艺术)

Art — Russia(俄罗斯艺术)

Art — South Asia(南亚艺术)

Art — Southeast Asia(东南亚艺术)

Art — West Asia(西亚艺术)

Art — World Art Studies(艺术——世界艺术研究)

Art — World History and Art(艺术——世界历史与艺术)

Creation Myths(创世神话)

Dance and Military Drill(舞蹈与军事训练)

Dictionaries and Encyclopedias(词典和百科全书)

Enlightenment，The(启蒙运动)

I Ching（*Classic of Changes*）(《易经》)

Leonardo da Vinci(莱昂纳多·达·芬奇)

Letters and Correspondence(书信与通信)

Libraries(图书馆)

Museums(博物馆)

Music — Overview(音乐概述)

Music and Political Protest(音乐和政治抗议)

Paper(纸)

Porcelain(瓷器)

Printing(印刷术)

Renaissance(文艺复兴)

Textiles(纺织品)

Women and Literature(妇女与文学)

Writing Systems and Materials(书写系统和材料)

World History，Writing of(世界历史的书写)

Asia(亚洲)

Afro-Eurasia(亚非欧大陆)

Akbar(阿克巴)

al-Razi(拉齐斯)

Art — Central Asia(中亚艺术)

Art — China(中国艺术)

Art — East Asian and European Connections(艺术——东亚与欧洲的纽带)

Art — Japan(日本艺术)

Art — South Asia(南亚艺术)

Darwin, Charles (1809—1882)（查理·达尔文，1809—1882）

Descartes, René (1596—1650)（勒内·笛卡儿，1596—1650）

Du Bois, W. E. B. （1868—1963）（杜波伊斯，1868—1963）

Einstein, Albert (1879—1955)（阿尔伯特·爱因斯坦，1879—1955）

Elizabeth I （1533—1603）（伊丽莎白一世，1533—1603）

Equiano, Olaudah (c. 1745—1797)（奥拉达·艾奎亚诺，约 1745—1797）

Galileo Galilei (1564—1642)（伽利雷·伽利略，1564—1642）

Gandhi, Mohandas (1869—1948)（莫汉达斯·甘地，1869—1948）

Gregory VII (c. 1020—1085)（格列高利七世，约 1020—1085）

Guevara, Che （1928—1967）（切·格拉瓦，1928—1967）

Hammurabi (d. 1750 BCE)（汉谟拉比，前 1750 年去世）

Han Wudi (156—87 BCE)（汉武帝，前 156—前 87）

Harun al-Rashid (766? —809 CE)（哈伦·拉希德，约 766—809）

Hatshepsut (reigned c. 1503 — c. 1482 BCE)（哈特舍普苏特，约前 1503—约前 1482 年在位）

Henry the Navigator (1394—1460)（航海家亨利，1394—1460）

Herodotus (c. 484—425 BCE)（希罗多德，约前 484—前 425）

Hitler, Adolf (1889—1945)（阿道夫·希特勒，1889—1945）

Ho Chi Minh （1890—1969）（胡志明，1890—1969）

Homer (9th - 8th? century BCE)（荷马，前 9 世纪—约前 8 世纪）

Ibn Battuta (1304—1368/1369)（伊本·白图泰，1304—1368/1369）

Ibn Khaldun （1332—1406）（伊本·赫勒敦，1332—1406）

Isabella I (1451—1504)（伊莎贝拉一世，1451—1504）

Jefferson, Thomas (1743—1826)（托马斯·杰斐逊，1743—1826）

Jesus (c. 6 BCE — c. 30 CE)（耶稣，约前 6—约公元 30 年）

Joan of Arc （1412? —1431）（圣女贞德，约 1412—1431）

Justinian I （483—565 CE）（查士丁尼一世，483—565）

Kamehameha I (1758? —1819)（卡美哈梅哈一世，约 1758—1819）

Kangxi Emperor （1654—1722）（康熙皇帝，1654—1722）

Kenyatta, Jomo (1891? —1978)（乔莫·肯雅塔，约 1891—1978）

King, Martin Luther, Jr. (1929—1968)（马丁·路德·金，1929—1968）

Laozi (6th century BCE)（老子，前 6 世纪）

Lenin, Vladimir Ilyich (1870—1924)（弗拉基米尔·伊里奇·列宁，1870—1924）

Leonardo da Vinci (1452—1519)（莱昂纳多·达·芬奇，1452—1519）

Lincoln, Abraham （1809—1865）（亚伯拉罕·林肯，1809—1865）

Locke, John (1632—1704)（约翰·洛克，1632—1704）

Luther, Martin （1483—1546）（马丁·路德，1483—1546）

Machiavelli, Niccolò (1469—1527)（尼科洛·马基雅维利，1469—1527）

Magellan, Ferdinand（1480—1521）（费迪南·麦哲伦，1480—1521）

Mahavira（c. 599—527 BCE）（摩诃毗罗，约前599—前527）

Malthus, Thomas（1766—1834）（托马斯·马尔萨斯，1766—1834）

Mansa Musa（d. c. 1337）（曼萨·穆萨，约卒于1337）

Mehmed II（1432—1481）（穆罕默德二世，1432—1481）

Mencius（c. 371 — c. 289 BCE）（孟子，约前371—约前289）

Miranda, Francisco de（1750—1816）（弗朗西斯科·德·米兰达，1750—1816）

Moses（c. 13th century BCE）（摩西，约前13世纪）

Motecuhzoma II（1467—1520）（蒙特祖玛二世，1467—1520）

Napoleon（1769—1821）（拿破仑，1769—1821）

Newton, Isaac（1642/43—1727）（艾萨克·牛顿，1642/1643—1727）

Nkrumah, Kwame（1909—1972）（夸梅·恩克鲁玛，1909—1972）

Osman I（c. 1258 — c. 1326）（奥斯曼一世，约1258—约1326）

Paul, Saint（10—67? CE）（圣保罗，10—约67）

Peter the Great（1672—1725）（彼得大帝，1672—1725）

Plato（c. 427—347 BCE）（柏拉图，约前427—前347）

Polo, Marco（1254—1324）（马可·波罗，1254—1324）

Qin Shi Huangdi（c. 259—210 BCE）（秦始皇，约前259—前210）

Ramses II（reigned 1304—1237 BCE）（拉美西斯二世，1304—1237年在位）

Raynal, Abbé Guillaume（1713—1796）（阿贝·纪尧姆·雷纳尔，1713—1796）

Ricci, Matteo（1713—1796）（利玛窦，1713—1796）

Roosevelt, Eleanor（1884—1962）（埃莉诺·罗斯福，1884—1962）

Roosevelt, Franklin Delano（1882—1945）（富兰克林·德拉诺·罗斯福，1882—1945）

Rumi（1207—1273）（鲁米，1207—1273）

Saladin（1137/38—1193）（萨拉丁，1137/1138—1193）

Senghor, Léopold（1906—2001）（利奥波德·桑戈尔，1906—2001）

Shaka Zulu（1787—1828）（夏卡·祖鲁，1787—1828）

Sima Qian（c. 145—86 BCE）（司马迁，约前145—前86）

Smith, Adam（1723—1790）（亚当·斯密，1723—1790）

Socrates（c. 470—399 BCE）（苏格拉底，约前470—前399）

Sui Wendi（541—604 CE）（隋文帝，541—604）

Sui Yangdi（569—617 CE）（隋炀帝，569—617）

Süleyman（1494—1566）（苏莱曼，1494—1566）

Tang Taizong（599—649 CE）（唐太宗，599—649）

Thomas Aquinas, Saint（c. 1225—1274）（圣托马斯·阿奎那，约1225—1274）

Thucydides（d. c. 401 BCE）（修昔底德，约卒于前401年）

Timur（1336—1405）（帖木儿，1336—1405）

Túpac Amaru（c. 1742—1781）（图帕克·阿马鲁，约1742—1781）

Tutu, Desmond（b. 1931）（德斯蒙德·图图，生于1931年）

'Umar ibn al-Khattab（c. 586—644 CE）（欧麦尔·伊本·哈塔卜，约586—644）

Urban II（c. 1035—1099）（乌尔班二世，约

Gold(黄金)

Gum Arabic(阿拉伯树胶)

Iron(铁)

Manioc(树薯)

Natural Gas(天然气)

Oil(石油)

Paper(纸)

Plastics(塑料)

Porcelain(瓷器)

Quinine(奎宁)

Rubber(橡胶)

Salt(盐)

Silver(银)

Slave Trades(奴隶贸易)

Spices(香料)

Sugar(糖)

Tea(茶)

Textiles(纺织品)

Timber(木材)

Communication(传播)

Communication Media(传播媒介)

Dictionaries and Encyclopedias(词典和百科全书)

Esperanto(世界语)

Internet(互联网)

Language(语言)

Language，Classification of(语言分类)

Language，Standardization of(语言的标准化)

Letters and Correspondence(书信与通信)

Libraries(图书馆)

Mass Media(大众媒体)

Radio(无线电)

Telegraph and Telephone(电报与电话)

Television(电视)

Writing Systems and Materials(书写系统和材料)

Conflict and War(冲突与战争)

Bows and Arrows(弓箭)

Civil Disobedience(非暴力反抗)

Cold War(冷战)

Crusades，The(十字军东征)

Genocide(种族灭绝)

Holocaust(大屠杀)

Military Engineering(军事工程)

Military Strategy and Tactics(军事战略和战术)

Military Training and Discipline(军事训练和纪律)

Music and Political Protest(音乐和政治抗议)

Religion and War(宗教和战争)

Revolution — France(法国革命)

Revolution — Haiti(海地革命)

Revolution — Mexico(墨西哥革命)

Revolution — Russia(俄国革命)

Revolution — United States(美国革命)

Technology — Firearms(火器技术)

Terrorism(恐怖主义)

War and Peace — Overview(战争与和平概述)

Warfare — Africa(非洲战争)

Warfare — Air(空战)

Warfare — Europe(欧洲战争)

Warfare — Japan and Korea(日本和朝鲜的战争)

Warfare — Logistics(战争后勤)

Warfare — Naval(海战)

Warfare — Post-Columbian Latin America(后哥伦布时代拉丁美洲战争)

Warfare — Post-Columbian North America to 1775(北美后哥伦布时代至 1775 年的战争)

Warfare — Pre-Columbian Mesoamerica and North America(前哥伦布时代中美洲和北美的战争)

Warfare — Pre-Columbian South America(前哥伦布时代南美战争)

Warfare — South Asia(南亚战争)

Warfare — Southeast Asia(东南亚地区战争)

Warfare — Steppe Nomads(草原游牧战争)

World War I(第一次世界大战)

World War II(第二次世界大战)

Cultural Contact and Relations(文化交流和关系)

Apartheid(种族隔离)

Barter(物物交换)

Colonialism(殖民主义)

Columbian Exchange(哥伦布大交换)

Cultural Areas(文化区域)

Culture(文化)

Decolonization(去殖民化)

Diasporas(流散族群)

Ethnicity(种族)

Ethnocentrism(民族中心主义)

Ethnology(民族学)

Eurocentrism(欧洲中心主义)

European Expansion(欧洲扩张)

Expeditions，Scientific(科学考察)

Exploration，Chinese(中国航海探险)

Frontiers(边界)

Frontiers vs. Borders(边疆与边境)

History，Maritime(海洋史)

History，Oral(口述史)

History，Social(社会史)

Indigenous Peoples(土著)

Mercantilism(重商主义)

Migration — Overview(移民概述)

Migration，Asian(亚洲移民)

Migration，Indo-European(印欧人的移民)

Missionaries(传教士)

Nationalism，Ethnic(种族民族主义)

Navigation(航海)

Orientalism(东方主义)

Pilgrimage(朝觐)

Race and Racism(种族和种族主义)

Silk Roads(丝绸之路)

Slave Trades(奴隶贸易)

Space Exploration(空间探索)

Time，Conceptions of(时间概念)

Tourism(旅游业)

Travel Guide(旅行指南)

World History，Writing of(世界历史的书写)

Daily Life(日常生活)

Adolescence(青春期)

Barter(物物交换)

Birth Control(节育)

Child Nurture(儿童养育)

Childhood(童年)

Cities(城市)

Clothing and Costume(服装)

Consumerism(消费主义)

Dance and Military Drill(舞蹈与军事训练)

Education(教育)

Festivals(节庆)

Food(食物)

Games and Play(游戏和比赛)

Hygiene(卫生学)

Initiation and Rites of Passage(成人与过渡仪式)

Kinship(亲属关系)

Leisure(闲暇)

Sex and Sexuality(性与性别)

Sports(体育)

Textiles(纺织品)

Villages(乡村)

Diplomacy and Peace Making(外交与和平)

Berlin Conference(柏林会议)

Cold War(冷战)

Congress of Vienna(维也纳会议)

Containment(遏制)

Détente(缓和战略)

Diplomacy(外交)

International Court of Justice(国际法庭)

Interwar Years（1918－1939）(两次世界大战之间,1918—1939)

League of Nations(国际联盟)

Nonviolence(非暴力)

North Atlantic Treaty Organization（NATO）(北大西洋公约组织[北约])

Peace Projects(和平计划)

Peacemaking in the Modern Era(现代国际社会调停)

Treaty of Versailles(《凡尔赛和约》)

War and Peace — Overview(战争与和平概述)

Warsaw Pact(华沙条约组织)

Disciplines and Fields of Study(学科和研究领域)

Anthropology(人类学)

Archaeology(考古学)

Art — World Art Studies(艺术——世界艺术研究)

Big History(大历史)

Cartography(制图学)

Colonialism(殖民主义)

Comparative History(比较史学)

Cosmology(宇宙学)

Dating Methods, Archaeological and Historical(考古学和历史学的测年方法)

Ecology, Cultural(文化生态学)

Ethnobotany(民族植物学)

Ethnology(民族学)

Genetics(遗传学)

Geography(地理学)

History, Maritime(海洋史)

History, Oral(口述史)

History, Social(社会史)

Mathematics(数学)

Museums(博物馆)

Paleoanthropology(古人类学)

Philosophy, Asian(亚洲哲学)

Philosophy, Greek and Roman(希腊罗马哲学)

Philosophy, Modern(现代哲学)

Postmodernism(后现代主义)

Science — Overview(科学概述)

Social Sciences(社会科学)

Sociology(社会学)

Women's and Gender History(妇女史和性别史)

Environment and Ecology(环境和生态)

Anthropocene(人类世)

Anthroposphere(人类圈)

Biological Exchanges(生物交换)

Carrying Capacity(环境承载力)

Climate Change(气候变化)

Columbian Exchange(哥伦布大交换)

Deforestation(森林砍伐)

Desertification(荒漠化)

Deserts(沙漠)

Earthquakes(地震)

Ecological Imperialism(生态帝国主义)

Energy(能源)

Environmental Movements(环保运动)

Erosion(侵蚀)

Ethnobotany(民族植物学)

Extinctions(物种灭绝)

Famine(饥荒)

Fire(火)

Gaia Theory(盖娅理论)

Green Revolution(绿色革命)

Ice Ages(冰期)

Islands(岛屿)

Mountains(山地)

Natural Gas(天然气)

Nature(自然)

Oceans and Seas(海洋)

Oil Spills(溢油)

Population and the Environment(人口和环境)

Rivers(河流)

Roads(道路)

Salinization(盐渍化)

Timber(木材)

Trees(树)

Water(水)

Water Energy(水能)

Water Management(水资源管理)

Wind Energy(风能)

Eras, Empires, States, and Societies(时代、帝国、国家和社会)

Africa — Colonial(非洲——殖民时代)

Africa — Equatorial and Southern (4000 BCE—1100 CE)(赤道非洲和南部非洲,前 4000—公元 1100)

Africa — Postcolonial(非洲——后殖民时代)

African Union(非洲联盟)

Agricultural Societies(农业社会)

Aksum(阿克苏姆)

American Empire(美帝国)

Americas,The(美洲)

Andean States(安第斯国家)

Arab Caliphates(阿拉伯哈里发)

Assyrian Empire(亚述帝国)

Austro-Hungarian Empire(奥匈帝国)

Aztec Empire(阿兹特克帝国)

Babylon(巴比伦)

Bands, Tribes, Chiefdoms, and States(营居群、部落、酋邦和国家)

Benin(贝宁)

British Empire(英帝国)

Byzantine Empire(拜占庭帝国)

Celts(凯尔特人)

China(中国)

Delhi Sultanate(德里苏丹国)

Dutch Empire(荷兰帝国)

Early Modern World(早期近代世界)

Egypt(埃及)

Europe,Eastern(东欧)

European Expansion(欧洲扩张)

European Union(欧洲联盟)

Foraging Societies,Contemporary(当代狩猎-采集社会)

French Empire(法兰西帝国)

German Empire(德意志帝国)

Greece,Ancient(古代希腊)

Harappan State and Indus Civilization(哈拉帕国家和印度河文明)

Hausa States(豪萨城邦)

Inca Empire(印加帝国)

Islamic World(伊斯兰世界)

Japanese Empire(日本帝国)

Kanem-Bornu(卡内姆-博尔努王国)

Khmer Kingdom(高棉王国)

Kongo(刚果)

Korea(朝鲜)

Kushan Empire(贵霜帝国)

Macedonian Empire(马其顿帝国)

Mali(马里)

Meroë(麦罗埃)

Mesoamerica(中美洲)

Mesopotamia(美索不达米亚)

Mississippian Culture(密西西比文化)

Mongol Empire(蒙古帝国)

Mughal Empire(莫卧儿帝国)

Napoleonic Empire(拿破仑帝国)

Nubians(努比亚人)

Ottoman Empire(奥斯曼帝国)

Pastoral Nomadic Societies(游牧社会)

Persian Empire(波斯帝国)

Portuguese Empire(葡萄牙帝国)

Roman Empire(罗马帝国)

Sasanian Empire(萨珊帝国)

Sokoto Caliphate(索科托哈里发国)

Songhai(桑海)

Spanish Empire(西班牙帝国)

Srivijaya(室利佛逝)

State Societies，Emergence of(国家社会组织的
出现)

State，The(国家)

Steppe Confederations(草原同盟国)

Sumerian Civilization(苏美尔文明)

Turkic Empire(突厥帝国)

Ugarit(乌加里特)

United States of America(美利坚合众国)

Utopia(乌托邦)

Viking Society(维京社会)

Wagadu Empire(韦加度帝国)

Zimbabwe，Great(大津巴布韦)

Europe(欧洲)

Afro-Eurasia(亚非欧大陆)

Alexander the Great(亚历山大大帝)

Aristotle(亚里士多德)

Art — Ancient Greece and Rome(古代希腊和古
代罗马艺术)

Art — East Asian and European Connections(艺
术——东亚和欧洲的纽带)

Art — Europe(欧洲艺术)

Art — Russia(俄罗斯艺术)

Augustine，Saint(圣奥古斯丁)

Austro-Hungarian Empire(奥匈帝国)

Berlin Conference(柏林会议)

British East India Company(英属东印度公司)

British Empire(英帝国)

Caesar，Augustus(奥古斯都·恺撒)

Caesar，Julius(尤里乌斯·恺撒)

Catherine the Great(叶卡捷琳娜大帝)

Celts(凯尔特人)

Charlemagne(查理曼)

Charles V(查理五世)

Christian Orthodoxy(东正教)

Churchill，Winston(温斯顿·丘吉尔)

Cities(城市)

Columbian Exchange(哥伦布大交换)

Columbus，Christopher(克里斯托弗·哥伦布)

Congress of Vienna(维也纳会议)

Constantine the Great(君士坦丁大帝)

Crusades，The(十字军东征)

da Gama，Vasco(瓦斯科·达·伽马)

Darwin，Charles(查理·达尔文)

Decolonization(去殖民化)

Descartes，René(勒内·笛卡儿)

Détente(缓和战略)

Dutch East India Trading Company(荷属东印度
贸易公司)

Dutch Empire(荷兰帝国)

Early Modern World(早期近代世界)

Elizabeth I(伊丽莎白一世)

Enlightenment，The(启蒙运动)

Eurocentrism(欧洲中心主义)

Europe(欧洲)

Europe，Eastern(东欧)

European Expansion(欧洲扩张)

European Union(欧洲联盟)

Fascism(法西斯主义)

Feudalism(封建主义)

French Empire(法兰西帝国)

Galileo Galilei(伽利雷·伽利略)

German Empire(德意志帝国)

Greece，Ancient(古代希腊)

Fourth（世界集团——第一、第二、第三、第四集团）

World War I（第一次世界大战）

World War II（第二次世界大战）

Evolutions（演化）

Anthropocene（人类世）

Anthroposphere（人类圈）

Biological Exchanges（生物交换）

Carrying Capacity（环境承载力）

Cosmology（宇宙学）

Creation Myths（创世神话）

Dating Methods，Archaeological and Historical（考古学和历史学的测年方法）

Extinctions（物种灭绝）

Human Evolution（人类进化）

Paleoanthropology（古人类学）

Universe，Origins of（宇宙的起源）

Government，Politics，and Law（政府、政治和法律）

Absolutism（专制主义）

Arab Caliphates（阿拉伯哈里发）

Bands，Tribes，Chiefdoms，and States（营居群、部落、酋邦和国家）

Citizenship（公民）

Civil Disobedience（非暴力反抗）

Confucianism（儒学）

Democracy（民主）

Fascism（法西斯主义）

Feudalism（封建主义）

Global Commons（全球共有）

Government（政府）

Human Rights（人权）

Imperialism（帝国主义）

Imperialism and Gender（帝国主义与性别）

Islamic Law（伊斯兰法）

Law，Civil（民法）

Law，Contract（合同法）

Law，International（国际法）

Law，Natural（自然法）

Law，Sacred（神圣法）

Liberalism（自由主义）

Manorialism（庄园制度）

Nationalism — Overview（民族主义概述）

Nationalism，Ethnic（种族民族主义）

Nation-State（民族国家）

Parliamentarianism（代议制政体）

Religion and Government（宗教和政府）

Utopia（乌托邦）

Zionism（犹太复国运动）

Health and Disease（健康和病害）

Alchemy（炼金术）

Alcoholic Beverages（酒精饮料）

Biological Exchanges（生物交换）

Cinchona（金鸡纳树）

Diseases — Animal（动物疾病）

Diseases — Overview（疾病概述）

Diseases — Plant（植物疾病）

Drugs，Psychoactive（精神药物）

Food（食物）

HIV/AIDS（艾滋病）

Hygiene（卫生学）

Malaria（疟疾）

Quinine（奎宁）

International and Regional Organizations（国际和地区组织）

African Union（非洲联盟）

Arab League（阿拉伯联盟）

European Union（欧洲联盟）

International Court of Justice（国际法院）

International Criminal Court（国际刑事法院）

International Organizations(国际组织)

Labor Union Movements(工会运动)

League of Nations(国际联盟)

North Atlantic Treaty Organization（NATO）
（北大西洋公约组织[北约]）

Organization of American States（OAS）(美洲
国家组织)

Red Cross and Red Crescent Movement(红十字
和红新月运动)

United Nations(联合国)

Migration(移民)

Africa — Equatorial and Southern（4000 BCE -
1100 CE）(赤道非洲和南部非洲,前 4000—公
元 1100)

Caravan(商队)

Cities(城市)

Columbian Exchange(哥伦布大交换)

Diasporas(流散族群)

European Expansion(欧洲扩张)

Expeditions，Scientific(科学考察)

Exploration，Chinese(中国航海探险)

Interregional Trade Networks(区域贸易网络)

Migration — Overview(移民概述)

Migration，Asian(亚洲移民)

Migration，Indo-European(印欧人的移民)

Pacific，Settlement of(移居太平洋)

Pastoral Nomadic Societies(游牧社会)

Population and the Environment(人口和环境)

Population Growth(人口增长)

Urbanization(城市化)

Viking Society(维京社会)

Models and Processes(模式和进程)

Decolonization(去殖民化)

Democracy(民主)

Empire(帝国)

Engines of History(历史发展的动力)

Feudalism(封建主义)

Globalization — Historical Perspectives（全 球
化——历史视野）

Globalization — Modern Conceptions（全 球
化——现代观念）

Government(政府)

Hammurabi(汉谟拉比)

Imperialism(帝国主义)

Interregional Trade Networks(区域贸易网络)

Labor Systems，Coercive(强制劳动制度)

Law，Civil(民法)

Law，Contract(合同法)

Law，International(国际法)

Law，Natural(自然法)

Law，Sacred(神圣法)

Long Cycles(长周期)

Manorialism(庄园制度)

Matriarchy and Patriarchy(母权制与父权制)

Migration — Overview(移民概述)

Nationalism — Overview(民族主义概述)

Nation-State(民族国家)

Parliamentarianism(代议制政体)

Progress(发展)

State Societies，The Emergence of(国家社会组
织的出现)

State，The(国家)

Steppe Confederations(草原同盟国)

Time，Conceptions of(时间概念)

Trade Cycles(贸易周期)

Utopia(乌托邦)

War and Peace — Overview(战争与和平概述)

World Blocs — First，Second，Third，and Fourth
（世界集团——第一、第二、第三、第四集团）

Periodization(历史分期)

Anthropocene(人类世)

Civilization，Barbarism，Savagery(文明、野蛮和蒙昧)

Dating Methods，Archaeological and Historical(考古学和历史学的测年方法)

Long Cycles(长周期)

Periodization(历史分期)

Philosophy，Thought，and Ideas(哲学、思想和观念)

al-Razi(拉齐斯)

Anthroposphere(人类圈)

Aristotle(亚里士多德)

Civilization，Barbarism，Savagery(文明、野蛮和蒙昧)

Confucianism(儒学)

Confucius(孔子)

Culture(文化)

Descartes，René(勒内·笛卡儿)

Enlightenment，The(启蒙运动)

Freedom(自由)

Gandhi，Mohandas(莫汉达斯·甘地)

Herodotus(希罗多德)

I Ching（*Classic of Changes*）(《易经》)

Laozi(老子)

Locke，John(约翰·洛克)

Malthus，Thomas(托马斯·马尔萨斯)

Mencius(孟子)

Modernity(现代性)

Orientalism(东方主义)

Philosophy，Asian(亚洲哲学)

Philosophy，Greek and Roman(希腊罗马哲学)

Philosophy，Modern(现代哲学)

Plato(柏拉图)

Political Thought(政治思想)

Postcolonial Analysis(后殖民分析)

Postmodernism(后现代主义)

Progress(发展)

Smith，Adam(亚当·斯密)

Socrates(苏格拉底)

Time，Conceptions of(时间概念)

Western Civilization(西方文明)

Places(地方)

Africa(非洲)

Afro-Eurasia(亚非欧大陆)

Aksum(阿克苏姆)

Amazonia(亚马孙河流域)

Americas，The(美洲)

Antarctica(南极洲)

Asia(亚洲)

Australia(澳大利亚)

Australia，Aboriginal(澳大利亚原住民)

Babylon(巴比伦)

Benin(贝宁)

Cities(城市)

Deserts(沙漠)

Egypt(埃及)

Eurasia，Inner(欧亚内陆)

Europe(欧洲)

Europe，Eastern(东欧)

Frontiers(边界)

Frontiers vs. Borders(边疆与边境)

Geographic Constructions of the World(世界地理构成)

Global Commons(全球共有)

Greece，Ancient(古代希腊)

Islands(岛屿)

Kongo(刚果)

Korea(朝鲜)

Mali(马里)

Meroë(麦罗埃)

Mesoamerica(中美洲)

Mesopotamia(美索不达米亚)

Mountains(山地)

Oceania，Ancient(古代大洋洲)

Oceans and Seas(海洋)

Pacific，Settlement of(移居太平洋)

Rivers(河流)

Srivijaya(室利佛逝)

Ugarit(乌加里特)

Utopia(乌托邦)

Villages(乡村)

Zimbabwe，Great(大津巴布韦)

Population(人口)

Birth Control(节育)

Carrying Capacity(环境承载力)

Cities(城市)

Malthus，Thomas(托马斯·马尔萨斯)

Population and the Environment(人口和环境)

Population Growth(人口增长)

Urbanization(城市化)

Religion and Belief Systems(宗教和信仰制度)

African American and Caribbean Religions(非裔
美洲人和加勒比地区的宗教)

African Religions(非洲宗教)

Animism(泛灵论)

Augustine，Saint(圣奥古斯丁)

Buddhism(佛教)

Chinese Traditional Religion(中国传统宗教)

Christian Orthodoxy(东正教)

Confucianism(儒学)

Creation Myths(创世神话)

Daoism(道教)

Ecumenicism(普世教会主义)

Hinduism(印度教)

Islam(伊斯兰教)

Jainism(耆那教)

Jesus(耶稣)

Judaism(犹太教)

Laozi(老子)

Latter-Day Saints(后期圣徒)

Law，Sacred(神圣法)

Mahavira(摩诃毗罗)

Missionaries(传教士)

Moses(摩西)

Mysticism(神秘主义)

Native American Religions(美洲印第安宗教)

Paul，Saint(圣保罗)

Pentecostalism(五旬节派)

Pilgrimage(朝觐)

Protestantism(新教)

Religion and Government(宗教和政府)

Religion and War(宗教和战争)

Religion — Overview(宗教概述)

Religious Freedom(宗教自由)

Religious Syncretism(宗教融合)

Roman Catholicism(罗马天主教)

Shamanism(萨满教)

Shinto(神道教)

Sikhism(锡克教)

Thomas Aquinas，Saint(圣托马斯·阿奎那)

Zionism(犹太复国主义)

Zoroastrianism(琐罗亚斯德教)

Research Methods(研究方法)

Cultural Areas(文化区域)

Dating Methods，Archaeological and Historical
(考古学和历史学的测年方法)

Ecology，Cultural(文化生态学)

Engines of History(历史发展的动力)

Geographic Constructions of the World(世界地
理构成)

Herodotus(希罗多德)

History，Oral(口述史)

History，Social(社会史)

Information Storage and Recovery(信息存储和

修复）

Knowledge Economy(知识经济)

Language，Standardization of(语言的标准化)

Malthus，Thomas(托马斯·马尔萨斯)

Paleoanthropology(古人类学)

Periodization(历史分期)

Postcolonial Analysis(后殖民分析)

Script Decipherment(解读文字)

Sima Qian(司马迁)

Thucydides(修昔底德)

World History，Writing of(世界历史的书写)

Writing Systems and Materials(书写系统和材料)

Social and Political Movements(社会和政治运动)

Apartheid(种族隔离)

Birth Control(节育)

Consumerism(消费主义)

Decolonization(去殖民化)

Du Bois，W. E. B.（杜波伊斯）

Environmental Movements(环保运动)

Equiano，Olaudah(奥拉达·艾奎亚诺)

Feminism(女性主义)

Gandhi，Mohandas(莫汉达斯·甘地)

Gay and Lesbian Rights Movement(同性恋权利运动)

Globalization — Historical Perspectives（全球化——历史视野）

Globalization — Modern Conceptions（全球化——现代观念）

Guevera，Che(切·格瓦拉)

Human Rights(人权)

Labor Union Movements(工会运动)

Lenin，Vladimir Ilyich(弗拉基米尔·伊里奇·列宁)

Music and Political Protest(音乐和政治抗议)

Nationalism，Ethnic(种族民族主义)

Nkrumah，Kwame(夸梅·恩克鲁玛)

Nonviolence(非暴力)

Pan-Africanism(泛非主义)

Peace Projects(和平计划)

Peacemaking in the Modern Era(现代国际社会调停)

Red Cross and Red Crescent Movement(红十字和红新月运动)

Revolution — France(法国革命)

Revolution — Haiti(海地革命)

Revolution — Mexico(墨西哥革命)

Revolution — Russia(俄国革命)

Revolution — United States(美国革命)

Senghor，Léopold(利奥波德·桑戈尔)

Taiping Rebellion(太平天国运动)

Terrorism(恐怖主义)

Tutu，Desmond(德斯蒙德·图图)

Women's Emancipation Movements(妇女解放运动)

Women's Reproductive Rights Movements(妇女生育权运动)

Women's Suffrage Movements(妇女参政运动)

Technology and Science(技术和科学)

Agricultural Societies(农业社会)

Alchemy(炼金术)

Architecture(建筑)

Architecture，Vernacular(乡土建筑)

Biological Exchange(生物交换)

Cartography(制图学)

Coal(煤炭)

Dating Methods，Archaeological and Historical（考古学和历史学的测年方法）

Electricity(电)

Energy(能源)

Enlightenment，The(启蒙运动)

Expeditions，Scientific(科学考察)

Horses(马)

Industrial Revolution(工业革命)

Information Storage and Recovery(信息存储和修复)

Internet(互联网)

Mathematics(数学)

Metallurgy(冶金术)

Navigation(航海)

Nuclear Power(核能)

Oil(石油)

Oil Spills(溢油)

Paper(纸)

Plows(犁)

Progress(发展)

Renaissance(文艺复兴)

Roads(道路)

Sailing Ships(帆船)

Science — Overview(科学概述)

Scientific Instruments(科学仪器)

Scientific Revolution(科学革命)

Script Decipherment(解读文字)

Secondary-Products Revolution(次级产品革命)

Technology — Computer(计算机技术)

Technology — Firearms(火器技术)

Technology — Overview(技术概述)

Telegraph and Telephone(电报与电话)

Television(电视)

Tropical Gardening(热带园艺)

Waste Management(废物管理)

Water Energy(水能)

Water Management(水资源管理)

Wind Energy(风能)

Transportation(运输)

Automobile(汽车)

Aviation(航空)

Camels(骆驼)

Caravan(商队)

Cartography(制图学)

History，Maritime(海洋史)

Horses(马)

Navigation(航海)

Railroad(铁路)

Roads(道路)

Sailing Ships(帆船)

Silk Roads(丝绸之路)

Space Exploration(空间探索)

Transportation — Overview(运输概述)

Ways of Living(生活方式)

Agricultural Societies(农业社会)

Cities(城市)

Foraging Societies，Contemporary(当代狩猎-采集社会)

Indigenous Peoples(土著)

Knowledge Economy(知识经济)

Migration — Overview(移民概述)

Pastoral Nomadic Societies(游牧社会)

Tropical Gardening(热带园艺)

Urbanization(城市化)

Utopia(乌托邦)

Villages(乡村)

Women and Gender(妇女和性别)

Birth Control(节育)

Child Nurture(儿童养育)

Childhood(童年)

Clothing and Costume(服装)

Feminism(女性主义)

Gay and Lesbian Rights Movement(同性恋权利运动)

HIV/AIDS(艾滋病)

Human Rights(人权)

Imperialism and Gender(帝国主义与性别)

Initiation and Rites of Passage（成人与过渡仪式）

Kinship(亲属关系)

Letters and Correspondence(书信与通信)

Matriarchy and Patriarchy(母权制与父权制)

Sex and Sexuality(性与性别)

Women and Literature(妇女与文学)

Women's and Gender History(妇女史和性别史)

Women's Emancipation Movements（妇女解放运动）

Women's Reproductive Rights Movements(妇女生育权运动)

Women's Suffrage Movements(妇女参政运动)

陈恒 译

地图索引

词　　条	地　图　名　称
阿育王	阿育王时代的孔雀王朝（前 273—前 232）
亚述帝国（2 幅）	
阿兹特克帝国	1520 年的阿兹特克帝国
拜占庭帝国	565 年的拜占庭帝国
十字军东征	1096 年第一次十字军东征
埃及	公元前 1000 年的古代埃及
欧洲	意大利城邦的贸易路线
欧洲	1280—1500 年欧洲主要贸易路线
法兰西帝国	法国在全球的勘探航线
古代希腊	公元前 500 年的希腊及其殖民地
汉萨同盟	汉萨同盟的贸易路线
哈拉帕国家和印度河文明	大印度河流域地区
豪萨城邦	豪萨城邦位于现今西非的地理位置
人类进化	从非洲重大的遗迹中发现人类的进化
印加帝国	1525 年的印加帝国
工业革命	1850 年欧洲工业化的中心
伊斯兰世界	1000 年伊斯兰世界的贸易路线
刚果王国	刚果王国（现今的西非）
马其顿帝国	亚历山大帝国（前 334—前 323）
马里	位于西非的马里
中美洲	中美洲的城邦
美索不达米亚	公元前 2500 年的美索不达米亚
密西西比文化	卡霍基亚土墩群（1050—1200 年）
拿破仑帝国	1812 年的拿破仑帝国
奥斯曼帝国	1566 年的奥斯曼帝国
波斯帝国	公元前 500 年的波斯帝国
葡萄牙帝国	葡萄牙在全球的勘探航线
新教	1600 年欧洲的新教地区
罗马帝国	117 年的罗马帝国
奴隶贸易	大西洋的奴隶贸易

词　　条	地　图　名　称
索科托哈里发国	索科托哈里发国（现今的西非）
西班牙帝国	西班牙在全球的勘探航线
国家	主要的古典国家的地理位置
韦加度帝国	韦加度帝国（现今的西非）
大津巴布韦	大津巴布韦（现今非洲的东南部）

词条条目

（以英文版顺序排列）

N

O

陈恒 译

A

Abraham　亚伯拉罕

3　　亚伯拉罕(Abraham，前 2000 年)在三大主要一神论宗教(犹太教、基督教和伊斯兰教)的经典中扮演着一个重要角色。他是第一个知晓并履行"神意"的人。他的象征性特点在每部经典中都有所体现——《圣经·旧约》中的服从，《圣经·新约》中的忠诚，《古兰经》中的顺从。如此所形成的潜在的相互矛盾的神学地位，影响着世界的世俗事务。

根据《圣经·旧约》《圣经·新约》《古兰经》以及它们各自的解释文献，亚伯拉罕是第一个知晓并履行"神意"的人。虽然出现在文献里(例如《吉尔伽美什史诗》[Gilgamesh epic]中的基本形象比希伯来《圣经》[《旧约全书》]更加古老)，但是已经被历史所遗忘，他只能是在考古学和解密的死语言中被重新发现。亚伯拉罕首次出现在《创世记》一书中，他作为最初的人类肯定并践行一神论。他的象征性意义和重要性在三大一神论宗教体系中是不一样的。

亚伯拉罕象征性的重要意义在《创世记》中首次被确立。在《圣经》的宗教信仰里，他是遵从神意的典范。他听从上帝的指示离开祖先传下来的家园前往一块未知的土地(《创世记》12 章)；作为与上帝盟约的一部分，他自己和他的男性子孙实行了割礼(《创世记》17 章)；驱逐他的大儿子以实玛利(《创世记》21 章)；最终，在他对神的绝对服从下，将唯一留在身边的孩子以撒当作祭品奉献给神(《创世记》22 章)。为了回报他对天意的顺从，上帝承诺通过神圣的盟约赐予他很多后代和一片土地，他的子孙后代将在这片土地上生存。

在基督教《圣经》(《新约全书》)中，亚伯拉罕的重要意义在于他坚定不移的信仰。根据《罗马书》第 4 章，亚伯拉罕的功绩在于他对上帝终极恩典的信仰，而不是对"神意"的服从。因为他的忠实，上帝选中他订立《圣约》；《圣约》成为一种信仰而不是简单的服从。因此，神圣契约的成员，必须是那些相信基督有拯救作用的人(《迦拉太书》4：21—5：1)。

在《古兰经》中，亚伯拉罕预示人类服从真主(2：127—128；37：103)。他反对盲目偶像

4

圭尔奇诺(Guercino)的《亚伯拉罕驱逐夏甲和以实玛利》(*Abraham Casting Out Hagar and Ishmael*，1657)。帆布油画。是对《创世记》21 章的图解，画中亚伯拉罕放逐了他的长子。米兰布雷拉美术馆(Pinacoteca di Brera，Milan)

崇拜(37：83—99)，履行真主的旨意(2：124)，将麦加(Mecca)培养和净化为真主家园的根基(2：125—132)，并在那里繁衍后代(13：37)。虽然古代的以色列宗教、基督教和犹太教先于伊斯兰教一神论出现，但他们没有继续忠于神的契约(5：12—14)，因为他们拒绝让自己完全顺从对神的绝对一致(9：30)。因此，"亚伯拉罕不是一个犹太教徒或基督徒，也不是一个盲目的偶像崇拜者，而是一个早期的一神论者、一位遵从神意的人(穆斯林)"(3：67)。亚伯拉罕的重要性在于他建立了牢固的《圣经·旧约》叙述故事的基础，在后来的经文中他也不能被忽视。每部经典都赋予了亚伯拉罕这个人物一种特殊的品质和人格意义。

山羊雕刻。发掘于古代苏美尔重要城市乌尔(Ur)的皇家墓地，常被称为"在灌木丛中抓到的山羊"(Ram Caught in a Thicket)。因为它与《圣经》里的形象(在《创世记》22：13里，亚伯拉罕随机找到一只山羊来代替他的儿子做祭品)非常相符。此雕像存于宾夕法尼亚州，费城大学博物馆(The University Museum, Philadelphia, Pennsylvania)

亚伯拉罕的领导本性在三部经典中的描述也各有不同。在《圣经·旧约》中，亚伯拉罕是一个有着缺点和弱点的文学角色，他试图在一个充满未知和有着大量偶像崇拜的世界里实现自己一神论的理想。当他为自己的生命担心时，他情愿以莎拉的幸福来冒险(《创世记》12：12—13；20：1—11)。他有时甚至质疑上帝的承诺(《创世记》17：15—18)。然而，直到《新约》问世，宗教人物有了更加坚实的、正义的特征：当希望渺茫时，他的信念是要成为民族之父，这与上帝告诉他的话一致："你的后裔是这样……"这就是为什么亚伯拉罕的信念是"为了正义来依靠他"。这些话不仅是写给亚伯拉罕一个人的，也是写给我们的。我们也应该依靠那些相信上帝的人——相信上帝使耶稣复活(《罗马书》4：18—24，英文《圣经》新译本)。在《古兰经》启示时代，《圣经》中的先知(其中也包括亚伯拉罕)被认为是正确无误的。因此，亚伯拉罕和大卫、所罗门及许多其他人物，在《古兰经》中是不容置疑的，并且被描述成不同的先知形象。亚伯拉罕的才智的力量证明了神的真正统一(《古兰经》6：74—79)，他从未怀疑过神意或真主的美德(《古兰经》37：83—113)。

因此，亚伯拉罕在世界历史中的角色是神话中的一神论创始人，他代表三个不同的且有争议的故事人物。而争议的叙述故事超越了亚伯拉罕本人，并且还增加了对他家庭成员的叙述，比如莎拉、夏甲、以撒、以实玛利和其他《圣经》中的人物及体系。不仅每个故事都是为神学地位辩护，而且还和其他神学制度的地位进行争论。这一点反过来证明和加强了历史上这三个一神论宗教之间持续的知识、经济、政治、军事上的竞争和冲突。

进一步阅读书目：

Delaney, C. (1998). *Abraham on Trial: The Social Legacy of Biblical Myth*. Princeton, NJ: Princeton University Press.

Feiler, B. (2002). *Abraham: A Journey to the Heart of Three Faiths*. New York: HarperCollins Publishers.

Firestone, R. (1990). *Journeys in Holy Lands: The Evolution of the Abraham-Ishmael Legends in Islamic Exegesis*. Albany, NY: State University of New York Press.

Firestone, R. (1991). Abraham's Association with the Meccan Sanctuary and the Pilgrimage in the pre-Islamic and Early Islamic Periods. *Le Museon Revue d'Etudes Orientales*, 104, 365–393.

Firestone, R. (2008). Patriarchy, Primogeniture, and Polemic in the Exegetical Traditions of Judaism and Islam. In D. Stern & N. Dohrmann (Eds.). *Jewish Biblical Interpretation in a Comparative Context*. Philadelphia: University of Pennsylvania Press.

Siker, J. (1991). *Disinheriting the Jews: Abraham in Early Christian Controversy*. Louisville, KY: Westminster/John Knox.

Van Seters, J. (1975). *Abraham in History and Tradition*. New Haven, CT: Yale University Press.

鲁文·费尔斯通(Reuven Fireston) 文

张译丹 译　张忠祥 校

Absolutism　专制主义

6　　　尽管专制主义在 17 世纪的欧洲才广泛传播，但早在 1500 年，专制主义就已存在于其他地方，那时候君主对太多的政治、宗教、社会动荡感到不安，因此，他们通过宣称君权神授来抚慰臣民。然而，和现代极权主义独裁者比较，虽然现在有复杂的监视和宣传手段，但专制统治者的权力却远远不及现代。

欧洲专制主义是在政治和宗教两级分化，需要一个秩序的背景下产生的。欧洲的专制君主意识到，宗教派别中持不同政见的人和贵族地主是隐藏在内战背后的罪魁祸首。君主通过宣称君权神授来和那些反对者做斗争。他们坚持宗教一致性，构建了大量民事和军事官僚机构来维护皇权。他们使贵族变得有名无实，具有很高的社会地位，但没有实际政治权力，并且向他们征收高额的消费税，但是这些税收不足以支付不断增加的官僚机构的支出和宫廷的日常开销。专制主义并不只存在于 17 世纪的欧洲，1500—1800 年间的中国、印度、非洲西部、奥斯曼帝国、萨菲波斯帝国，以及德川幕府时期的日本都被专制君主所统治。事实上，就欧洲而言，专制主义起源于 11—14 世纪。那时，英格兰和法国的君主通过对抗封建领主和教会来增强自己的力量。当西欧的新君主们本着文艺复兴的精神试图稳定政府并使之专业化时，他们的力量根基变得逐渐强大。宗教改革既弱化又加强了皇权集中的趋势。它既引发了人民群众对传统权威的不满（包括那些没有支持改革的国王），但也证实了君主万能而不是教皇万能的观念。君主决定国家的宗教事务，甚至在那些仍然信仰天主教的地方。17 世纪的欧洲专制主义是最近和最自觉的一次在宗教和世俗政策上把君主权力推向顶峰的努力。

君权神授和宗教不宽容

统治者宣称他们的统治来自上帝的恩典，只有这样他们才能获得信誉和信心。例如，法国国王路易十四(Louis XIV，1638—1715)通过宣称君权神授而不是依靠议会和教会代理来领导人民，平定了投石党叛乱(内战从1648年持续到1653年)。1661年，开始了他统治的最后一个阶段，他被称为太阳王(the Sun King)，有巨大的能量和力量。他的光辉远播各个省份，在没有他本人到场的情况下地方行政长官也能执行他的命令。即使在18世纪早期经过长期专制统治，最终以灾难性的战争和饥荒结束统治之后，路易十四的命令和要求仍然能得到全体人民的遵从。因为传统的信仰让人们相信他的错误背后有上帝的意志。启蒙运动的批判性思维开始于下一代，运动旨在渐进式地打破被动的服从。这是对未受启蒙的专制主义必须做的工作。然而，从全球视角来看，路易十四宣称的君权神授既不是最早的，做得也并不充分。1个世纪以前，奥斯曼帝国的苏莱曼大帝(Süleyman the Great)宣称，真主安拉给他施以膏油，让他做穆罕默德的直接代理人或哈里发以及其宗教的先知。和路易十四同一时代的中国康熙皇帝，即使他是一个满族人，同样延续由来已久的传统——"受命于天"。而贝宁和达荷美王国的君主穿着鞋子，站在离地面很高的地方，以避免尘土弄脏他们"半神"的脚。在这些君主看来，他们的神都坚持认为他们的方式是他们的人民崇拜神的最好方式。

统治者们通过坚持宗教一致性，希望通过成文法典的不宽容来实现。这是欧洲统治者经常使用的策略。特别是1685年，路易十四撤销了《南特赦令》(Edict of Nantes)。在这个过程中，他放逐胡格诺派教徒(Huguenot)或法国新教徒。而路易十四的祖父亨利四世(Henry IV)在1598年曾发布法令，希望通过在大部分的天主教法国地区授予胡格诺教徒有限的自治权来结束30年的内战。但路易十四认为，胡格诺派不管多么繁盛和被同化，都会是国家安全的一大危害。因为这些人和路易十四的敌人——英国人和荷兰人有相同的信仰，被路易十四看成是"第五纵队"。而对于英格兰和荷兰的新教徒来说，天主教教义和专制主义有内在联系。然而，新教君主也宣称，在德意志各邦和瑞典是绝对信仰新教的；可能正因那里的人们都坚持信仰，所以新教才成了他们的唯一信仰。相比之下，16世纪的穆斯林统治者曾经试图将宗教宽容政策作为领导的基石。在奥斯曼帝国，苏莱曼大帝继续执行早期伊斯兰宗教宽容政策，对一神论教如基督教和犹太教加以宽容。印度莫卧儿王朝的阿克巴大帝(Akbar the Great)——一个穆斯林——试图为他国家的多数印度教子民建造"桥梁"，从而融合印度教与伊斯兰教，然而这一举措并没有持续多久。到路易十四在法国掌权，奥斯曼人更加怀疑其基督教臣民。此外，阿克巴的曾孙奥朗则布(Aurangzeb)认为阿克巴的融合政策是亵渎神明，这让他的王朝在投机取巧的英国和法国冒险家到来之前就走向了灭亡。在所有专制君主中，欧洲以外最包容、最成功的君主是中国的康熙，他甚至和教皇派来的种族中心主义的使者划清了界限。

官僚统治

为了确保宗教一致性和国家安全，君主需要一些他们可以控制与信任的专业人士。通过构建只对自己负责的众多民事及军事官僚机构，君主比较依赖于忠诚的专家而不是反复无常的封臣。例如，普鲁士王国的弗里德里希·威廉(Frederick William)依靠官僚体系进行他的专制统治。普鲁士的军队和官员训练有素，并且有可靠的办事效率。同样，俄国的彼得大帝

所有政党都没有例外。当它们寻求权力时,就沦为不同类型的专制统治。

——皮埃尔-约瑟夫·蒲鲁东(1809—1865)

(Peter the Great)通过由他供养的统一军队而不是单个的波雅尔贵族骑兵来击败瑞典和奥斯曼帝国;从西班牙经奥地利到瑞典,有机构审查间谍信件,其中有一部分会是皇家工资单。这种专制主义的特征不仅存在于欧洲。中国清朝利用具有根深蒂固儒家思想观念的士大夫作为武器与本土士绅做斗争;奥斯曼帝国也延续长久以来拜占庭的高压政策来统治其形形色色的领土。

通过给予贵族有名无实的地位,君主成为惹人注目的大都市的主要赞助者。至 1700 年,被雇用的官僚们承担了地方和中央政府的大部分工作,这样就使得贵族有了更多的闲暇时间。路易十四的凡尔赛宫为精英聚会提供了臭名昭著的场所,所有的开销都是纳税人的钱。在凡尔赛,那些曾经为争夺各个省份而剑拔弩张的贵族,现在为争取参加国王的下一个社交聚会而面红耳赤。从马德里到维也纳再到圣彼得堡,巴洛克式和洛可可式的宫殿凸显了君主的财富与威严。事实上,在 1703 年,彼得大帝建造了圣彼得堡作为对凡尔赛宫浮华和盛大的回应;他向全世界宣示了俄国是一个对西方国家慷慨大方的专制主义欧洲国家。当然,慷慨援助的资金负担最终转到了那些缴纳层层关税和营业税的穷人身上。尤其是在法国,贵族和神职人员被免征大部分的税,君主以此来交换他们的忠诚和对王室挥霍的不闻不问。从全球视角来看,被剥夺最严重的纳税者当为德川幕府时期的日本百姓,当时的日本农民要拿出将近一半的收入来交税。

君主控制着国家的财富,通过对穷人征高额税收来补偿上层社会人士的忠心并让他们过上舒适的生活。这是真实的欧洲专制主义多样性。尽管法国是欧洲人口最多的国家,但是,路易十四留下了一个赤贫的法兰西。他留下的国家债务成为一个噩梦,为法国大革命埋下了种

子。金融家和政治家柯尔培尔(Jean Baptiste Colbert)本着重商主义的原则,认为财富通过太阳王及其所支持的垄断行业直至普通百姓利益均沾的方式获得,尤其主张发展国内丝织工业。不幸的是,对于他和他的王国而言,路易十四是一个失败的商人,也是一个失败的统帅。他保护的工业没有受到王室和官僚政治的保护,它们在全球范围内无法与那些富有企业家精神的英国及荷兰的自由职业者相竞争。亚当·斯密(Adam Smith)关于重商主义的漫画将路易十四比喻为一个怯懦的无能之辈,这离事实不是很远。

17 世纪的君主立宪制

在欧洲至少有三个专制主义的例外情况。这些国家很繁荣,是因为他们的统治者拥有很有限的行政权。波兰没有持续很长时间,因为它缺乏一个强有力的中央政府,并且到 1795 年被欧洲几个专制君主瓜分直至被消灭。荷兰、英格兰和苏格兰都很自豪自己是新教国家并且有一个相对自由的专制政体。在 1648 年,荷兰赢得了长期反对哈布斯堡王朝统治的对西班牙的战争后取得独立,荷兰共和国拥有了巨大的财富。政府把这些钱用到商业中,而不是贪婪臃肿的官僚机构上。17 世纪的英格兰和苏格兰的国王试图专制,但是他们失败了。一个国王在 1649 年被砍头,而他的一个儿子在 1688 年被议会废黜。然后,英格兰和苏格兰请来了荷兰的国王奥兰治的威廉(William of Orange),在议会的限制下统治国家,并发布 1689 年《权利法案》(Bill of Rights)。当英国(1707 年后是英格兰和苏格兰联邦)18 世纪在经济上超越荷兰后,它引用了荷兰关于银行、保险和证券交易的理念。这些理念同样在专制主义国家如奥地利、普鲁士和法国慢慢发展起来。

专制主义和启蒙运动

虽然欧洲其他地方的君主比起荷兰和英国君主更加平庸而缺乏活力,但他们在 18 世纪下半叶并没有完全保持沉寂。和同时期伊斯兰与中国帝王坚持墨守成规的传统相比,欧洲帝王是有所改变的。更重要的是,在欧洲,开明的专制主义使得国王变成启蒙运动者的拥趸。如普鲁士的腓特烈大帝(Frederick the Great),他是弗里德里希·威廉一世(Frederick William I)的儿子,他向伏尔泰(Voltaire)学习。比起他严格的父亲,他建立起更加专业的官僚管理队伍,并且行事少了一些武断。他的政府允许言论自由,使用较少的暴力,一切都本着理性时代的精神。他命令人们采用更加合理的耕种方法,甚至让人们改变种植传统农作物而改种美洲马铃薯。因此,腓特烈对改革的热爱充其量是有选择性的改革。但尽管腓特烈辞藻华丽地反对农奴制,他还是保留了自己的农奴。他也保留了官僚体系和容克地主的普鲁士贵族地主特权。俄国的叶卡捷琳娜大帝(Catherine the Great)在追求变革时是非常胆怯的。尽管她赞助社会活动并且同意启蒙运动的想法,但是她还是在新得到的土地上大量地扩充农奴,并且在 1785 年彻底降低了对贵族的征税。其他君主在管理人民的过程中,比腓特烈和叶卡捷琳娜变革得更多。西班牙的查理三世(Charles III)坚持启蒙运动的经济观点,他颁布了著名的 1778 年和 1789 年法令来鼓励自由贸易。他也结束了高价卖官的习惯做法,这样使得他的殖民官僚机构更有责任感、更加可靠。但不幸的是,他招来继承者很多的怨恨。波旁王朝在宗教自由的精神下进行矛盾的改革,其在一定程度上属于狭隘的宗教观;耶稣会士被看作前进道路上的绊脚石,而不是专制文明的拥护者,他们在 1767 年被西班牙驱逐。耶稣会士在 1759 年也被葡萄牙以开明专制的名义驱逐。但是,与之相反,奥地利的约瑟夫二世(Joseph II)在 18 世纪 80 年代废除了对新教教徒和犹太教教徒有歧视的条例,而且他没有驱逐耶稣会士,他甚至在 1781 年通过皇家法令废除了农奴制。

专制主义与极权主义

然而,开明专制主义不能和现代极权主义相混淆。专制国王远不如现代极权主义者权力大。阿道夫·希特勒(Adolf Hitler)和伊迪·阿明(Idi Amin)使用的监视和宣传手段,远不是路易十四、腓特烈和康熙所能相比的。专制君主宣称君权神授,但是极权主义独裁者却宣称国家主权来自大多数民众。法国大革命最彻底的阶段就是引进了更加有效的中央集权模式。拿破仑是最开明的专制君主,他在两种模式间相互转变。他很明智地选择了人民群众作为最坚实可靠的基础,而不是上帝。

进一步阅读书目:

Alexander, J. T. (1989). *Catherine the Great: Life and Legend*. Oxford, U. K. : Oxford University Press.

Berenstain, V. (1998). *India and the Mughal Dynasty*. New York: Henry N. Abrams.

Bulliet, R. , et al. (2001). *The Earth and Its Peoples: A Global History* (2nd ed.): Vol. 2. Since 1500. Boston: Houghton Mifflin.

Burke, P. (1994). *The Fabrication of Louis XIV*. New Haven, CT: Yale University Press.

Colley, L. (1992). *Britons: Forging the Nation, 1707 – 1837*. New Haven, CT: Yale University Press.

Imber, C. (2003). *The Ottoman Empire, 1300 – 1650: The Structure of Power*. New York: Palgrave Macmillan.

Ladurie, E. L. (1998). *The Ancient Regime: A History of France, 1610 – 1774* (M. Greengrass, Trans.). Oxford,

U.K. : Blackwell.

Lynch, J. (1989). *Bourbon Spain, 1700 - 1808*. Oxford, U.K. : Blackwell.

Massie, R.K. (1986). *Peter the Great: His Life and World*. New York: Ballantine Press.

Padover, S. (1967). *Joseph II of Austria: The Revolutionary Emperor*. North Haven, CT: Shoe String Press.

Rosenberg, H. (1958). *Bureaucracy, Aristocracy, and Autocracy: The Prussian Experience, 1660 - 1815*. Cambridge, MA: Harvard University Press.

Ogg, D. (1962). *Seventeenth-century Europe* (8th ed.). New York: Macmillan Press.

Wallerstein, I.M. (1980). *The Modern World System II: Mercantilism and the Consolidation of the European World*. San Diego, CA: Academic Press.

查理·霍华德·福特（Charles Howard Ford）文

张译丹 译 张忠祥 校

Adolescence　青春期

10　　在西方文化中,青春期是指童年和成年之间的转型阶段,涉及由发育所带来的相关生理、情感和动机上的变化。这个阶段是所有社会共有的,对于一个特定文化背景中的孩子来说,青春期剧变的持续时间和程度取决于其成长的环境。

青春期这个术语不仅用来表示人类生命周期中的一个特定阶段,也是心理学和行为上的一个特征,用来描述一个特定的人群。从时间顺序上来说,青春期是童年和成年之间的转型阶段。而从心理学和行为上来说,青春期是具有典型特征的人生阶段,其中有情感剧变、勇于冒险、打破规则、与父母的冲突加剧和自我认同危机,以及与日俱增的对于浪漫爱慕之情和性行为的兴趣。尽管所有已知的社会,无论是古代还是当代,都会将儿童和成人区分开来,但是青春期作为生命周期中的一个独立阶段并没有得到普遍承认。在英语世界,直到 19 世纪末,"青春期"这个词才被用作表示青春的术语。直到 20 世纪,青春期是一个特殊的发展阶段的理念才首次出现。

一些非西方社会也没有将青春期区分为一个独特的阶段。举例来说,南美洲亚马孙西北部的库比奥（Cubeo）部落,青春期就意味着成年,那里并没有公认的明显的青春期。在北美印第安人的克里（Cree）部落也只区分成年人和非成年人;或一个男孩是"小男人",而一个女孩就是"小女人"。甚至在那些为青春期男女保留特殊身份的社会,其所谓青春期的时间范围,与我们熟悉的关于青春期的定义也并没有什么交集。如在北美印第安人的齐佩瓦（Chippewa）部落中,青春期标志着人生中一个特殊阶段的开始,但是这个阶段要持续到他们孙子辈的出生。尽管如此,在不同的时代和地区,一个类似于青春期的阶段是普遍存在的。世界上 186 个文化几乎都承认在童年和成年之间存在着某个转型阶段。各个社会关于青春期看法最大的差别是,青春期的持续时间和其中青年们所经历的变化程度。不同时代和地区的社会几乎都有青春期的存在,这要归因于人类发展的某种普遍特征。而孩子成长环境的不同,可以解释其持续时间和性质上的差异,是成长环境决定了青春期在特定情况下的呈现方式。

青春期的普遍性

作为生命周期中的一个时间阶段,青春期大致与身体发育期相一致。发育期是一系列复杂的生理学过程,会引起个人生理、情感和动机上的改变。这些变化包括生殖系统的成熟,对异性和育儿兴趣的增加,同时伴有第二性征比如体形、身形和毛发的生长模式的成熟。内分泌系统的活动促成了这些变化。发育期还伴有某些大脑功能的成熟,进而影响青年人的动机和情感特征。发育期的大脑变化是某些心理特征和行为特征的基础,我们通常将这些特征与青春期联系起来,其中包括情绪化、渴望冒险和新奇事物、反社会行为以及与父母的冲突加剧。

因为发育期是人类的共同特征,故所有青少年都预期会显示出某种程度的生理、情感、动机和行为上的变化。发育期内分泌系统和大脑的变化导致了这些变化。

发展心理学家(Developmental psychologists)很早就发现发育期的变化有可能引发副效应。由于它们是发育期普遍过程的结果,这些副效应也具有普遍性。第一种副效应是,经历发育期的青少年如何看待自己。鉴于他们所经历的戏剧性的生理和动机上的变化,青少年不可避免地需要重新自我界定,而这种身份上的修正肯定会导致内心情感一定程度的剧变。同样不可避免的事实是,青少年现在会要求得到更多的权利和特权,这势必会普遍地导致他们和长辈之间的紧张关系。从社会大层面上来讲,老一辈很可能拒绝将自身的权威让与下一代。在任何时代和任何地区,随着孩子不再那么依赖父母,随着他们越来越有能力挑战父母的权威,父母和青少年之间的冲突都有可能进一步升级。

尽管在任何时代和任何地区,青春期的普遍过程可能不可避免地导致某些普遍的结果,

但是成长环境的差异可能影响青春期结束的方式。这种差异会增强或减弱青春期所经历的情感剧变和人际关系紧张的程度。

对青少年身份的重新定义

历史上很多社会通过举行一些成年仪式来对发育期中不可避免的问题做出回应,以公开承认发育过程中青少年的身份变化。对于男孩来说,这类仪式包括公开的割礼、苦力劳动和其他心理和生理上的挑战。对女孩来说,这类仪式通常与月经的初潮联系在一起。通常来说,仪式在授予成人身份时达到高潮。成人仪式代表着公众的认可,承认青少年已经达到了生理上的成熟,他们可以开始参与成人的事务了。这类成人仪式为青少年身份的重新定义提供了社会的支持,公开认可青少年已经成人了。在这类社会中,与身份重新定义相联系的变化显得相对温和。

在当代文化中,成人仪式不再那么普遍,或者说已经丧失了很多原始意义,特别是在复杂的多种族社会中。当人们不再对青春期的事实和影响公开承认时,青少年只有凭借自身努力实现青春期身份的转变。这个转变过程可能因此延长或者困难重重。将青春期视作大动荡时期的观念,以及青少年身份危机的概念,这两者都起源于没有成年仪式的西方文化,很可能不是巧合。在西方文化中,诸如受戒礼(bar mitzvah,犹太人的成人仪式承认参加仪式的男孩已经达到了履行宗教义务和责任的年龄)之类的仪式虽然仍流行,但是已不再保证年轻人会被视为成年人;而在以前,这是仪式的高潮部分。

人生选择的范围

青春期的经历同样也受到人生选择的影

响。这些人即将成年,必须选择以后要走的人生之路。选择的范围越广,适应新角色的任务就越艰巨,而选择所导致的变化也就越大。从理论上来说,在成人期来临之际,青少年的重要选择包括是否结婚、婚姻对象是谁、是否打算要孩子、职业生涯规划、倾向于何种政治和宗教信仰,以及定居于何处。从实践上来说,由于环境的原因或者文化传统上的因素,其中部分或全部的选择可能被排除在外。从历史上来看,由于潜在配偶选择范围的限制、有效避孕手段的缺乏、谋生的艰难和文化障碍等因素大大限制了配偶和工作等内容的自由选择。因此,对于自己的人生道路,他们所面临的选择很少。相反,在多种族社会、民主社会和富足的社会中,年轻人所面临和必须面对的选择有很多;这类选择将会产生重大的影响,为未来做决定的压力经常是同时存在的。因此,在这一类社会中,青春期以及之后的阶段青少年所承受的压力通常要大得多。由于环境和文化传统所造成的个体选择的限制,也许能解释直到中世纪晚期儿童和成人之间的区别一直被最小化的原因,更不用说是承认青春期是一个独立的人生阶段。

童年和成年之间的连续性

一个社会可以在某些场合强调或弱化童年和成年之间的差异,包括承担责任、参与性活动和直面死亡等。如果一个社会强调持续性,也就是说弱化两个阶段的差别,童年和成年之间的转型就很可能是短暂及平稳的过程。如果转型期青少年的期望与实际经历差异较大,从这个意义上来说,两个阶段的转型就有可能是漫长和困难的过程。从历史上看,儿童在较小的年龄就要融入成人生活之中。当代维持自给经济的传统型社会也是如此。这类社会中的儿童

在年幼时就要承担责任,其所承担的责任与他们的年龄和能力相一致,并且很有可能在较小的年纪就要为家庭的生计做出自己的贡献。在历史上,儿童经常要直面生命的事实,包括性和死亡。这种情况在全世界很多传统社会中仍然存在。在很多文化中,青少年已经完全过上了成人的生活。在世界范围内的 58 个文化样本中,52％的男孩 19 岁就已经结婚;而在世界范围内的 69 个文化中,96％的女孩在 20 岁之前就已经结婚。婚姻带来了成人的责任和特权,这些年轻人所经历的青春期转型也随之结束。

明确期望

与青少年的选择范围相联系的是关于青少

渴望冒险和新奇事物是青春期的特征之一。图为在印度的一个集市中青少年在乘坐和推动大转轮。克劳斯·克罗斯特迈尔(Klaus Klostermaier)摄

年行为的明确期望。而这些都是由老一辈人安排的。在很多社会中,生命周期的各个阶段与各个年龄段相联系。每一个年龄段包括特定年龄范围的人群,各自有一套相对应的详细的责任和特权。这种明确的程序,保证了人们脱离一个年龄段后进入下一个年龄段。如果一个社会存在年龄段的划分,青少年通常属于他们自己的年龄段。这就意味着青少年通常了解以后将要面对的情况。同样这也意味着青少年了解自己将于何时以及如何脱离青春期而进入成年阶段。

明确期望,这指明了青少年应该做什么和不应该做什么,包括他们将于何时以及如何被赋予成人身份,也意味着相对顺利和较少波动的青春期经历。而在没有这类明确期望的社会中,青少年必须自己去构建青春期,自己摸索着进入成年阶段,这通常意味着不稳定的青春期经历。那些让青少年自行前进的社会,也许并没有选择的余地,至少青少年生活中的某些特征的确如此。举例来说,在那些青少年人生选择范围较广的社会,在那些处于不断变化之中的社会,老一辈人无法预测年轻人为迎接成年必须了解什么和必须做什么,而成年阶段的各种机遇则是对青春期压力的回报。

青春期时间范围的历史变化

在任何时代和任何地区,生理和心理上的重要变化都发生在人类个体生命中的第二个 10 年。但是在这个时间范围内,儿童的成长环境会影响开始的细节和发育的时间。这样一来,在西方国家,从 19 世纪 70 年代开始,发育期的初始年龄平均每 10 年大约要减少 4 个月。到了 20 世纪中叶,这种趋势也在世界其他国家开始出现。这种近期初始发育年龄的下降过程被称为"世俗趋势",同时伴有更迅速的身体发育变化。初潮年龄和获得成人身份的年龄反映了这

种模式。因此,在城市人口中,世俗趋势最明显,女孩初潮的平均年龄为 12 岁;而在巴布亚新几内亚,则不太明显,当地女孩直到 18 岁才出现初潮。世俗趋势也以相似的方式影响了生长模式。在美国,初始发育年龄几十年来呈现稳定下降趋势,女孩达到成人身高的平均年龄为 13 岁,而男孩的平均年龄为 15 岁半。相比之下,东非基库尤人(Kikuyu)的青春期则来得较晚,女孩要接近 20 岁才能达到成年人的身高,而男孩则是 20 岁出头。发育期的开始年龄和持续时间与全体人口的生活水平相一致。特别是儿童染病率的下降、营养品质的改进以及孕妇健康水平的提高,这些因素似乎都是世俗趋势的原因。

世俗趋势对青春期经历有着重要意义,这其中有许多原因。显而易见的是,更早的初始发育年龄通常意味着与青春期相联系的心理和行为特征得到了更早的表现。不太明显的是,在世俗趋势的促进下,青春期的开始年龄虽然不断提前,但是社会对年轻人的期望可能跟不上生理上的变化。相较于前一代,如果年轻人在生理、性别和心理上过早地成熟了,但是在相同的年龄他们仍然被当作孩子看待,这样一来年轻人和其所在的社会都会经历困扰。

世俗趋势对青少年和社会还有另一个深远的影响。与青春期相联系的激素和大脑上的变化能够解释青少年的部分成熟现象,诸如规划能力、抑制冲动的能力和理解行为长期后果的能力等认知能力,随着年龄的增长变得越来越成熟,但是这些认知能力的发展又独立于激素和大脑的变化。因此,青春期生理和动机上的变化与思考性、自律性和前瞻性规划的认知能力的发展,而这前后两者是分开存在的。青春期年龄的提前并不会导致认知能力的提前成熟,因此随着青春期初始年龄的不断提前以及发育速度的不断加快,认知能力也会相对越来越落后

16 岁的我愚笨、困惑且优柔寡断。25 岁的我明智、自信、富有魅力且坚定。现在 45 岁的我愚笨、困惑且优柔寡断。谁会认为成熟仅仅是青春期中的一个短假?

——朱尔·费弗(Jules Feiffer, 1929—)

于生理上的变化。在世俗趋势出现之前,那些性发育成熟的青少年有着行事冲动、冒险、打破常规和猎奇的特点,但是这些都可以由不断发展的思考行为的意义和后果的能力进行弥补。而随着世俗趋势的出现,青少年有能力和意愿去实行那些有害的,甚至可能带来悲剧性后果的行为,但是他们通常没有认知能力来抑制这些行为。从历史观点说,我们似乎正在目睹两者之间的分离:青少年想做什么和有能力做什么,以及他们如何思考这些行为。

进一步阅读书目:

Aries, P. (1962). *Centuries of Childhood*. New York: Vintage Books.

Dahl, R. (2003). Beyond Raging Hormones: The Tinderbox in the Teenage Brain. *Cerebrum*, 5(3), 7 - 22.

Hall, G. S. (1904). *Adolescence*. New York: Appleton-Century-Crofts.

Schlegel, A., & Barry, H., III. (1991). *Adolescence: An Anthropological Inquiry*. New York: Free Press.

Worthman, C. (1999). Evolutionary Perspectives on the Onset of Puberty. In W. Trevathan, E. O. Smith, & J. McKenna (Eds.), *Evolutionary Medicine* (pp. 135 - 164). New York: Oxford University Press.

格温·布罗德(Gwen J. Broude) 文

焦汉丰 译 陈恒 校

Africa 非洲

16 　　非洲在世界历史上引起的争议随着不同的写作视角而变化。欧洲中心论把非洲看作一个很小的、孤立的角色。而非洲中心论则认为埃及的黑人文明在文化上有许多先进之处。非洲研究自从 20 世纪 50 年代以来,提供了许多关于非洲大陆历史的新视角,并且经常强调非洲与其他大陆和地区的内在联系性。

　　在世界历史写作中,非洲经常扮演许多自相矛盾的角色。确实,在现实中,世界上可能没有一个地区像非洲这样已经扮演了这么多有争议的角色。非洲被一些学者嘲笑与世界历史不相关,而也有人争辩说非洲就是人类历史的中心。第二种观点很大程度上基于古人类学公认的观点。根据考古学和人类学发现的证据,例如在埃塞俄比亚阿瓦什河谷(Awash Valley)发现的化石,认为人类起源于非洲,之后移居到世界各地。怎样才能够解释这些完全不相容的观点呢? 这一问题的答案就是非洲大陆本身的历史性。在过去几百年里,人们就已经通过不同的视角来观察非洲的历史。这些镜头深深地影响了人们理解非洲的方法。同样,由于近年来学术思想领域的不断扩大和多样化,所以又有了很多理解非洲的视角。我们应该看到这种情况是有益的,而不是简单地认为对非洲失败的历史有各种矛盾的观念。通过研究过去几百年中人们理解非洲的不同方法,我们有了显著而深刻的认识。非洲不仅是世界多样化的一部分,也是世界历史前进和发展的一部分。

非洲民族主义如果同时不是泛非主义，那它是毫无意义的、危险的，也是不合时宜的。

——尤里乌斯·尼雷尔（Julius K. Nyerere, 1922—1999）

非洲名称的起源

"非洲"这一名称的起源是有争议的。最常见的解释是，这个词来自罗马语"非洲土地"（Africa terra），或者是"阿法利（afri）的土地"，指那些柏柏尔人（Berber）群体，他们曾经居住在现在的突尼斯。还有一种解释就是，来自拉丁语阳光灿烂的地方"aprica"或腓尼基语尘埃"afar"。阿拉伯词语伊非利基亚（Ifriqiya）经常被假定来自罗马语，而一些人争论说这个拉丁词语来自阿拉伯。还有一些非洲中心论观点的人辩称这个词语实际上来自古代埃及的阿法利克（Af-Rui-Ka），意思是"开端的地方"。不管这个词语的起源是什么，总之，在 15 世纪的时候，"非洲"这个词取代了其他的词语，比如"埃塞俄比亚"（Ethiopia）和"利比亚"（Libya），成为这个大陆共同的标识符号。看 15—17 世纪非洲的地图会发现，"非洲"逐渐成为这个大陆的主导名称。非洲大陆名称的争议，预示着该大陆在世界历史中的意义和关联也有了更深的争议。

非洲早期的概念

今天我们所知道的历史学的领域，很大程度上是西方的产物。这应该不奇怪，因为最早试图写世界历史的人就是欧洲人自己。特别是在启蒙运动时期，欧洲的哲学家们试图了解对他们来说感到很新鲜的世界。欧洲人的航海探索和殖民扩张令人对宽广的世界有了更多的了解。早期的学者试图汇集起那些信息，来解释他们当时正在经历的那个世界。因此，正如新制图技术能绘制一幅越来越详细的非洲地理图片，这些学者也在试图解释非洲在世界历史中的地位。

值得注意的是，在现代之前，非洲没有被看作世界不同寻常的一部分。欧洲、非洲、中东在很久之前就有联系，它们一直以来就被看作单一世界的一部分，这在早期地图中可以发现证据。事实上，先是罗马帝国，然后是基督教，通过贸易的联系，曾经在环地中海地区创造了高度共享的文明和认同感，以至于非洲被看作罗马基督教世界的一部分，而欧洲北部和东部在当时还不是罗马基督教世界的一部分。这一遗产在经过罗马帝国覆灭和伊斯兰帝国崛起之后得以幸存，比如传说中的祭司王约翰（Prester John）——一个想象的基督教王，有时出现在亚洲的遥远地区，有时出现在非洲。然后很长一段时间，欧洲人经常把非洲人看作有某种程度相似性和共同性的人，与自己没什么区别。早期的伊斯兰旅行者和学者也是如此，他们最初将苏丹地区（Dar al-Sudan，黑人的土地）视为一个不同寻常的地方，但后来逐渐接受了这个地区是伊斯兰家园（Dar al-Islam，和平的土地）的一部分。

对非洲种族和文明的看法

启蒙历史学家对世界历史进程中非洲地位的认识，深受两个观点的影响。第一，他们认为历史的证据只是依照文献档案资料，但因为他们既无法翻译（例如古代埃及，直到 19 世纪初才破译了罗塞塔石碑[Rosetta Stone]），也不知道非洲起源的书面文献，这些学者就认为非洲没有历史。第二，或许更重要的是，他们深受日益增长的欧洲种族优越性的观念所影响。作为科技革命和新种植园经济出现的产物，残忍的奴隶制应运而生，当时的许多欧洲学者认为非白种人在本质上都是低劣的。

16

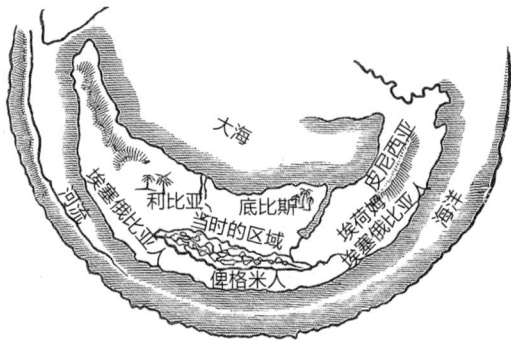

荷马世界中的非洲。这张地图及以下的地图反映了从荷马时代到 16 世纪欧洲对非洲的了解

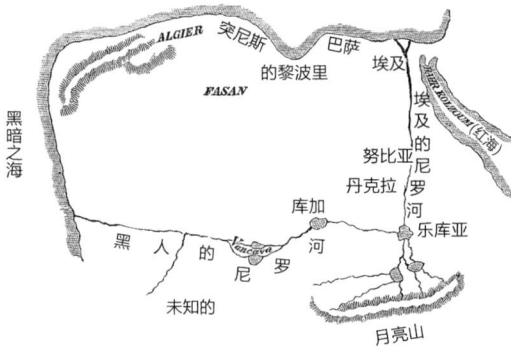

中非，据 1154 年爱德里希记载

黑格尔对非洲在世界历史中的特征描述包含了几个关键要素，而学术界沿用这几个关键要素定义非洲（或非洲人）超过百年。首先是非洲的种族分布。北非和埃及的人不是很黑，被定义为拥有历史；然而其他黑人被贬为未开化的、生活在原始状态、没有文化的人。第二，非洲本土被描述成与世界其他各地隔绝，因此是世界历史中无关紧要的部分。第三，非洲人被定义为幼稚的、没有完全成熟的人（和欧洲人相反）。而这一特征成为欧洲殖民者对非洲进行家长式统治辩护的关键因素，不论是在最初的奴隶贸易时期，还是后来的殖民统治时期。

赫卡泰乌斯地图中的非洲，公元前 500 年

19 世纪 20 年代，黑格尔的《世界历史的地理基础》（Geographical Basis of World History）也反映了同样的问题。他把非洲分成三部分：北非、埃及和"非洲本土"（Africa proper）。他是这样描述"非洲本土"这片区域的：

> 非洲本土是使这个大陆具有这样一种特征的部分：这里没有什么自己的历史上的关切，因为我们发现这里的居民都处在野蛮状态、未开化状态之中。在这里没有任何文化要素。从历史的早期时代起，非洲就处在与世界其他部分相隔绝的状态中，它是拘泥于自己内部的黄金国度，即远离自觉历史之光，是把自己裹在漫漫长夜的黑暗之中的幼稚国度。

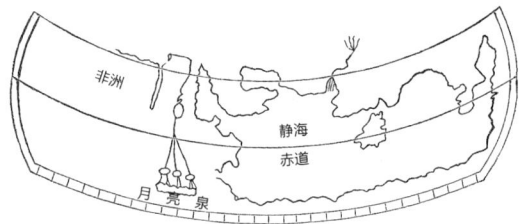

玛格丽塔哲学地图，1503 年

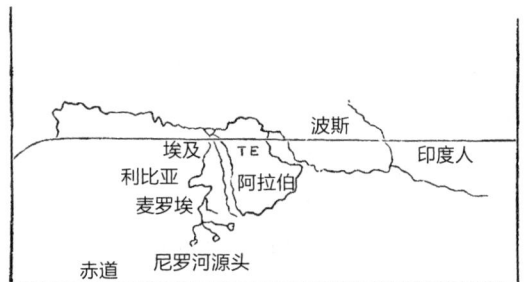

希帕库斯地图，公元前 100 年

18

在 20 世纪早期，一个有些偏执的世界历史种族观开始出现。这就是所谓文明的概念。这个时代的历史学家如韦尔斯（H. G. Wells）、阿诺德·汤因比（Arnold Toynbee）、詹姆斯·布雷斯特德（James Breasted），他们提出了关于假定某一文明的种族和文化连续性的分析和描述。毫不奇怪，这些学者把欧洲文明置于人类的顶点，而其他文明，例如中国文明和波斯文明则处在配角地位。而在他们之前，启蒙运动时期的历史学家认为非洲与世界毫不相干，主要是因为他们认为非洲缺乏文明的自然属性和历史文献记载。1937 年布雷斯特德的《文明征程》（*The Conquest of Civilization*，1937）一书认为，非洲被撒哈拉沙漠隔绝在"伟大的白色种族"之外，没有受到文明的影响。

> 正如今天一样，在西北象限仪南部分布着非洲众多的黑人族群。他们被广阔的撒哈拉沙漠与白人文明隔离开来。有时候内陆非洲人沿着尼罗河来到埃及，但那只是少数部落。因此他们被沙漠隔离，独自生活。他们没有受到北部文明的影响。

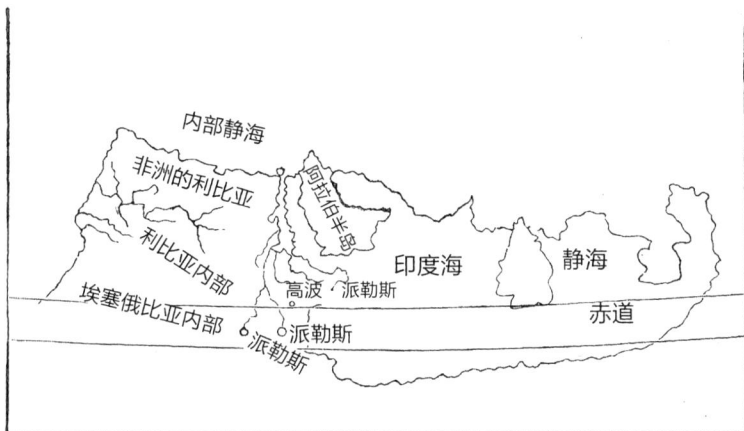

托勒密地图，150 年

20 世纪早期的黑人学术成就

然而，20 世纪见证了一系列早期世界历史学家提出的白人和文化概念的挑战。最初的挑战来自一些非裔美国学者。这些先锋人士包括卡特·伍德森（Carter G. Woodson）和杜波伊斯（W. E. B. DuBois），他们都是哈佛大学的博士，并且出版了很多关于撒哈拉沙漠以南非洲历史的论著。例如伍德森帮助创刊了《黑人历史杂志》（*The Journal of Negro History*）；杜波伊斯，那个时代多产的作家之一，他在《什么是文明》（*What is Civilization*，1926）一文中，直接挑战了西方文化优越论。两位学者都做出了很多努力来打破非洲没有历史的观点。

另一个有重要贡献的早期学者是塞内加尔科学家暨历史学家谢克·安塔·迪奥普（Cheikh Anta Diop），他在巴黎大学的博士论文在 20 世纪 50 年代引起了轰动。他认为古代埃及人是黑人而不是白人。迪奥普的论文成为非洲中心论的基本观点，他认为存在着一种连续不断的黑人文明，该文明构成了古代埃及文明的基础。非洲中心论逐渐和欧洲中心论相对立。事实上，其他非洲中心主义的学者如乔治·詹姆斯（George James），甚至深化了这个观点。他在《被盗的遗产》（*Stolen Legacy*，1954）里举例说，古代希腊文化是剽窃的古代埃及文化，而不是当地自己的创新。关于希腊和埃及关系的争论一直延续至今，例如《黑色雅典娜》（*Black Athena*）的作者马丁·伯尔纳（Martin Bernal）和《不是出自非洲：非洲中心主义者如何为将传说作为历史而

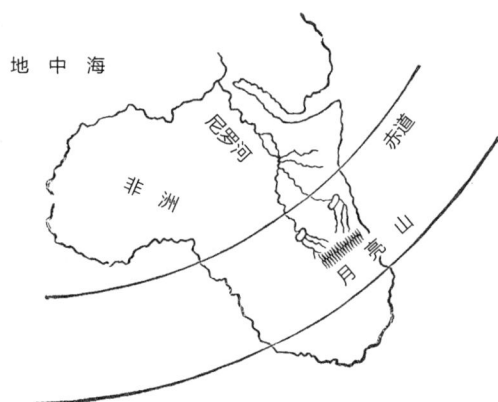

20

约翰·路希，1508 年

希罗尼穆斯·德·维拉扎诺，1529 年

希尔维纳斯地图，1511 年

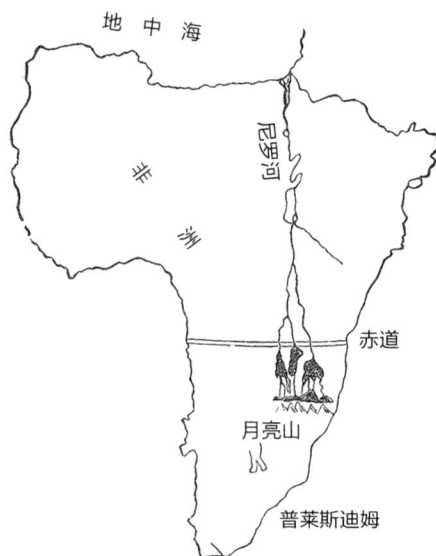

塞巴斯蒂安·卡波特的世界地图，16 世纪

开脱》（*Not Out of Africa：How Afrocentrism Became an Excuse to Teach Myth as History*）的作者玛丽·莱福克威兹（Mary Lefkowitz）之间广泛的争论。值得注意的是，尽管非洲中心主义的视角有助于颠覆白人至上的观点，但是它并没有与历史分析明显的种族观点决裂，而是接受了这种观点。事实上，更极端的非洲中心论观点认为，只有那些有非洲血统的人才可以真正理解学习或者研究非洲历史。学者们渐渐把种族看作一种社会建构，而这样的实在论的框架已经变得越来越不受欢迎。

区域研究的崛起

20 世纪 50 年代区域研究项目的崛起，更加有助于打破过时的世界历史欧洲中心论。在美国，一系列政府补贴的非洲研究项目，为系统研究非洲历史提供了制度基础。在 20 世纪五六十年代，非洲、美国和欧洲的新一代非洲研究专家开发了一种跨学科历史研究方法，不仅包括利用文献档案，还有口头历史、语言学和考古学资料，这些都成为重构非洲历史的几种材料。

在过去的几十年里,这项跨学科研究方法建立了一个丰富多样的史学。如此大量的历史知识令历史学家无法忽略其内容及价值,其结果是世界历史课本不再将非洲视为没有历史的大陆。

但区域研究模式并不是没有缺点。特别是世界不同地区、组织仍然是相互联系的(主要是根据大陆的划分),这使得种族和文明的古老概念不再精确。而且值得注意的是,世界历史教科书根据区域研究框架,也采用了新的章节结构,常常用"与此同时,在非洲"的方法来描述这个大陆。但这样一个框架并没有削弱非洲是孤立的这一旧观念,也没有破坏之前如黑格尔、布雷斯特德甚至杜波伊斯倡导的文明一致性观点。20世纪八九十年代,随着"区域互动"(zones of interaction)概念的崛起,非洲孤立的概念受到了挑战。区域互动概念强调了地区之间的联系,而不是地区间的不同。地区如"大西洋世界"或"印度洋世界",取代了大洲而作为分析的单位。正如近年来一个已经深深地影响了世界历史的非洲文化专家帕特里克·曼宁(Patrick Manning)在他2003年的著作《世界历史导航》(Navigating World History)中所言,是联系造就了世界历史,而不是分离。

因为这些新区域分析单位是建立在相互作用的区域基础上的,而不是建立在大洲或者文明基础上,所以,这些新区域分析单位预示着会拆散特有的区域研究框架,而这些框架已经深入地挖掘了非洲历史和其他以前被世界忽略的地区。这里的关键是要改变非洲的"观念",突出非洲本身就是一个结构,不亚于种族和文化。因此非洲的意义在于随着时间的流逝,它对不同的观者有不同的展现。一些可能是根据史实,还有一些可能更多的是根据文化和政治议程,但是却真正影响了观者对于世界历史的想法。非洲变化的观点强调了一个事实,那就是我们知道了非洲和世界在过去几百年间相互影响、不断变化。确实,这两者缺一不可。

进一步阅读书目:

Bates, R. H. , Mudimbe, V. Y. , & O'Barr, J. F. (Eds.). (1993). *Africa and the Disciplines: The Contributions of Research in Africa to the Social Sciences and Humanities.* Chicago: University of Chicago Press.

Bernal, M. (1987). *Black Athena: The Afroasiatic Roots of Classical Civilization.* 2 vols. London: Free Association Books.

Breasted, J. H. (1938). *The Conquest of Civilization.* New York: Literary Guild of America.

Diop, C. A. (1974). *The African Origins of Civilization: Myth or Reality.* New York: L. Hill.

Maeterlinck, M. , & Mukerji, D. G. (Eds.). (1926). *What is Civilization?* New York: Duffield.

Eckert, A. (2003). Fitting Africa into World History: A Historiographical Exploration. In B. Stuchtey and E. Fuchs (Eds.), *Writing World History 1800 - 2000* (pp. 255 - 270). New York: Oxford University Press.

Ehret, C. (2002). *The Civilizations of Africa: A History to 1800.* Charlottesville: University of Virginia Press.

Eze, E. C. (1997). *Race and the Enlightenment: A Reader* (pp. 33, 124). Cambridge, U. K. : Blackwell.

Gilbert, E. , & Reynolds, J. T. (2004). *Africa in World History: From Prehistory to the Present. Upper Saddle River.* NJ: Prentice Hall.

Manning, P. (2003). *Navigating World History: Historians Create a Global Past.* New York: Palgrave MacMillan.

Miller, J. (1998). History and Africa/Africa and History. *American Historical Review, 104*(1), 1 - 32.

Pakenham, T. (1992). *The Scramble for Africa.* London: Abacus.

Stringer, C. & R. McKie. (1996). *African Exodus: The Origins of Modern Humanity.* New York: Henry Holt.

Thornton, J. (1992). *Africa and Africans in the Making of the Atlantic World, 1400 - 1680*. New York: Cambridge University Press.

Vansina, J. (1994). *Living with Africa*. Madison: University of Wisconsin Press.

Waters, N. L. (Ed.). (2000). *Beyond the Area Studies Wars: Toward a New International Studies*. Hannover, NH: Middlebury College Press.

乔纳森·雷诺兹(Jonathan Reynolds) 文

张译丹 译 张忠祥 校

Africa — Colonial 非洲——殖民时代

19 世纪后期科技的进步为进入非洲内陆提供了便捷条件,欧洲列强竞相殖民该大陆。殖民当局诱骗和强迫非洲人生产用于出口的商品,这种状况一直到第二次世界大战后非洲士兵带回"自由"的观念才告结束。20 世纪后期,殖民统治在非洲宣告终结,但殖民主义带来的影响却仍然存在。

虽然殖民时期在非洲历史上相对短暂,但其在塑造 20 世纪非洲与世界的关系中起着决定性作用。现今殖民主义的遗产仍然广泛而深刻地影响着这一大陆。

殖民秩序的产生: 1880—1914

19 世纪晚期之前,几乎所有欧洲与非洲的交往活动都仅限于在非洲沿海展开,荷兰对开普敦的殖民不包括在内,那里的欧洲殖民地边界早在 17 世纪后期已经形成。到 19 世纪后期,一系列技术的采用使欧洲人对非洲内陆的征服成为可能,其中包括医疗技术(如奎宁作为治疗疟疾的预防性药物的发现)、交通技术(如蒸汽船和铁路便于进入内陆)以及军事技术(如能够快速射击的马克西姆机关枪)。

这些因素促使欧洲人抢占非洲内陆。在工业时代,欧洲列强对热带国家资源,如橡胶和棉花需求量的竞争加强了。新兴强国德国的崛起加大了政治和战略竞争的规模。英国不得不极

力维护其在早期不需要重视的全球贸易支配地位;法国在非洲的一些地区寻找新的领土以作为其在欧洲战争中的损失补偿;新兴国家如意大利和德国声称追求帝国利益是民族自我保护的一种手段。基督教传教士则是另一批扩大帝国利益的拥护者,他们宣称要将"文明"带给欧洲人称之为"黑暗大陆"的地方。类似的行动也在世界上一些前期没有遭受欧洲殖民的地区上演,如东南亚和太平洋诸岛屿。

比利时国王利奥波德二世(Leopold II)的帝国主义扩张引起了欧洲列强的不安。其他欧洲各国派代表参加了 1884 年的柏林会议,制定了他们对非洲殖民的"有效占领"原则。利奥波德二世占领了非洲中部的大量地区,建立了刚果自由邦。这是一个残忍的军事-经济帝国,该时期内,为满足西方工业及消费市场的需求,大约有 1000 万非洲人丧生于这一地区的橡胶争夺战中。

非洲人对欧洲帝国主义挑战的回应是复杂的。一方面其受制于快速发展的殖民主义企业,

过去的殖民和今天的新殖民主义阴谋反复证明了这一观点：非洲除了信任它自己与它的资源外，谁都不可以信任。我们非洲人必须学会团结起来维护非洲利益，否则会沦为帝国主义者玩弄伎俩推行新殖民主义的牺牲品。

——夸梅·恩克鲁玛(Kwame Nkurmah, 1909—1972)

其中外交手段是常用方式；另一方面，某些非洲统治者和上层社会通过与欧洲殖民者结盟而获利。如维多利亚湖(Lake Victoria)北部的布干达(Buganda)国王就是这样，他通过与英国结盟打压传统对手以实现其扩展领土的目的。但是欧洲人的组织程度很高，非洲国家无法与之匹敌，一个接着一个的非洲国家丧失了其主权。

非洲人反抗殖民占领的战争在 1890 至 1910 年间是常见的，但成功的国家只有埃塞俄比亚。孟尼利克二世(Menelik II, 1844—1913)组建了专业常备军，装备最新式步枪，接连打败了欧洲列强。1896 年埃塞俄比亚对抗意大利的卫国战争的胜利，维护了王国的独立。但是如东南亚的暹罗(今泰国)，虽然它是一个独立的国家，但其也成为被欧洲施加直接帝国统治的一个罕见例外。就非洲整体来讲，从柏林会议(1894)到第一次世界大战(1914—1918)结束，非洲处于不稳定、暴乱与人口流失的时期。

殖民地政治经济：1914—1940

1914 至 1940 年间，欧洲列强采取了诸多战略以实现其对殖民地的统治，并从中获取经济利益。英国将殖民地与非洲传统社会相结合，建立了"间接统治"体系。非洲"部落"传统的"酋长"在英国政府的监督下通过"习惯法"统治非洲。与此同时，法国培养了一批把自身认同与法国的价值观结合在一起的非洲精英。同样地，在越南，受过法国教育的越南人甚至也立志成为法国公民。然而对于大部分非洲人来说，这样的机会对他们毫无意义，接受强迫劳动和独裁殖民统治构成了他们的日常生活。

比利时殖民当局的家长作风比其他国家更为浓厚，其创建的天主教会和采矿公司，只给非洲人参与国家机关的管理留下小部分空间。尽管葡萄牙是一个只有很少资源可以开采的贫穷国家，但它也很少为非洲人提供参与现代国家管理的机会。(判断这一现象)最明显的标志是：是否有欧洲人前来殖民。在法属阿尔及利亚、葡属安哥拉、英属肯尼亚和罗得西亚，以及南非，殖民者代理人主导着政治和经济生活的所有方面。这些地方的非洲人被具有侵略性质的欧洲移民所支配，这些欧洲人不仅统治他们，还抢占他们的土地。

在这幅图中，苏格兰探险家兼新教传教士大卫·利文斯通(David Livingstone)为潜在的非洲新教者布道。利文斯通 19 世纪中期的探险活动，弥补了西方对于中部和南部非洲认识的巨大缺口

殖民统治者通过采矿从非洲获得财富。该图片表现的是 19 世纪后期对南非德比尔斯(De Beers)钻石矿的开采

这些地区殖民者主导的农场制,被经济史学家拉尔夫·奥斯丁(Ralph Austen)称为"竞争性剥削制度"。这种制度下,为了给殖民者的农场、矿产企业和商业种植园提供劳动力,非洲人经常被关在拥挤的"土著保留区"内(南非地区使用该称呼)。在保留区内的非洲人无力支付国家的税收,被迫陷入流动劳动力的循环过程中。随着保留区内劳动力的流失和不足,土地上的仅存耕地被过度使用,非洲农业产量下降了。妇女则经常被迫承担贫困带来的沉重负担。

第二种经济模式被奥斯丁称为"小农所有制"。这种模式的生产要素有:土地、劳动力和牲畜。这些要素被保留在非洲小农手中,但小农的生活却被殖民当局的训令所改变,小农被迫为全球经济市场生产商品:殖民税收通过现金支付,也就意味着持续增长的经济作物产量。在一些地区,非洲人的积极性非常高昂,如黄金海岸(今加纳),那里的农民对市场刺激的反应,促使该殖民地成为世界最大的可可生产国。然而,在大部分地区,效果不显著的市场刺激机制迫使殖民当局使用武力压迫以提高产量。例如棉花的种植,尽管给非洲农民带来小额的收入,但却需要耗费大量人力与土地。因而强制性的棉花种植引起了当地农民对抗欧洲殖民当局的动乱。

殖民经济导致了非洲的地区差异。交通基础设施的发展适应了原材料的出口和工业制成品的进口。集中投资以及从其他地区吸引劳动力促进了某些地区的发展。在西非,沿海地区的发展是以内部稀树草原不断干旱为代价的。在南非,白人农场、工业城市和采矿业的发展,都建立在"土著保留区"的基础之上。

20 世纪的非洲: 1914—1994

尽管 20 世纪的非洲殖民地有不同的特征,

但统观该世纪世界史的背景便可很好地理解这一点。第一次世界大战期间，欧洲列强组织动员了各自帝国的人力与自然资源。其中，为英国服役的印度士兵参加了同德国与奥斯曼帝国同盟的作战；著名的塞内加尔神枪手来自西非村庄的年轻人，服役于欧洲军队。东非和西南非，成为德国为保护其殖民地不受英国和南非攻击的战场。战争中，参战的大部分士兵是非洲人，他们由欧洲军官统率。非洲大部分平民被强制征兵入伍，疾病的扩散和饥饿问题与战争相伴随。

1919 年非洲民族主义运动代表到达巴黎，同亚洲协约国盟友一样，他们的要求被列强忽视。但这次战争启动了一项议程，将削弱欧洲殖民帝国的生存基础。例如，英国通过其全球金融资产为同德国作战筹集经费。然而，英、法没有认识到历史的转折并采取相应行动，却在会议上争论其现有的帝国利益。他们要求通过"委任统治制度"，重新分配德国殖民地（以及原奥斯曼帝国行省）给战胜国。

20 世纪 20 年代，殖民政治和经济体系在世界大宗商品价格快速增长的背景下得以发展。高涨的非洲咖啡和可可产量导致了税收的增长。然而大萧条的出现，结束了那段时期的相对繁荣。大宗商品价格的下跌直到 20 世纪 50 年代也没有得到较大的恢复。有头脑的农民的应对之策是回到自给自足的生产中去，种植经济作物以带来收入。但这种情况却不能为殖民国家所允许，并且宗主国通过强制手段提升非洲农业产量。殖民地税收使非洲生产者陷入与全球市场错综复杂的货币关系中。

第二次世界大战（1939—1945）也给非洲带来深远影响。英国征用了大量非洲士兵，许多肯尼亚和尼日利亚士兵在缅甸投入战斗（保卫英属印度免遭日本攻击），而南非的士兵则为解放 1935 年被意大利人占领的非洲王国埃塞俄比亚而战斗。当时北非为主要战场之一。大多数

在非洲和东南亚的法国殖民统治者同维希政权结盟合作，但法属赤道非洲的统治者菲利克斯·埃布埃（Félix Éboué）——法属圭亚那奴隶的后代，宣称他支持自由法国军队，从而使得布拉柴维尔成为法国抵抗法西斯的重要中心之一。

"二战"是非洲历史的分水岭，从"二战"中归来的士兵给非洲城镇和乡村带回了关于这个世界的大量知识。盟军的战时宣传使得非洲人为了"自由"而勇敢斗争，而"自由"一词此时全面进入非洲政治领域。在战争之前，只有一小部分在西方国家受过良好教育的非洲精英敢于想象自治和非洲国家独立的可能性。但现在，非洲社会的大部分阶层都支持这一想法。尤其是非洲年轻人渴望摆脱殖民主义的束缚，他们在世界历史的发展过程中扮演了重要角色。

非洲领导人如加纳的夸梅·恩克鲁玛、塞内加尔的利奥波德·桑戈尔以及肯尼亚的乔莫·肯雅塔，他们去过欧洲和美国后，回非洲领导了新的民族起义群众运动。为此，他们以 1947 年摆脱英国殖民统治获得独立的印度民族主义为榜样。冲突和不时的暴力显示出大多数殖民地为争取获得民族独立而进行的斗争。但非洲的独立更多地是通过和平谈判的形式实现的。这种范例发生在黄金海岸，1957 年夸梅·恩克鲁玛成为首任总统，改国名为加纳，为非洲大陆树立了榜样。

但是，在有大量移民的非洲殖民地，殖民统治不可能在没有武装斗争的情况下被推翻。在肯尼亚，殖民者拒绝同乔莫·肯雅塔领导的肯尼亚非洲民族联盟（Kenya African National Union）妥协。随后发生的茅茅起义（Mau Mau Revolt, 1954—1960）导致了几千人丧生，其中大部分是非洲人。肯尼亚直到 1964 年才获得独立。暴力在阿尔及利亚尤为严重，其脱离法国获得独立的代价是 8 年的苦战（1954—1962）和100 万人的牺牲。

冷战（1945—1991）也经常在非洲一些地区

扮演重要角色。这些地区还因去殖民化而同时出现冲突。如刚果因其独立引发的内战成为冷战战场,美国成功地支持蒙博托·塞塞·塞科(Mobutu Sese Seko)这位专制主义者上台执政。同样,在没有发生战争的情况下,葡萄牙也拒绝放弃其殖民地。北大西洋公约组织支持的政府同苏联支持的反对派在安哥拉和莫桑比克进行了长期的战争。类似的,马克思主义者游击队同罗得西亚(Rhodesia)的白人殖民政权进行斗争,终于在 1980 年夺取了国家的主要控制权,并改国名为津巴布韦。

在南非的斗争则持续很久。即使在战胜德国法西斯之后,丑恶的种族主义还是发展成为一种政治意识形态。南非白人选民于 1948 年之后支持成立了种族隔离国家。在纳尔逊·曼德拉(Nelson Mandela)的领导下,非洲人国民大会(the African National Congress)采取非暴力不合作运动反对种族隔离制度。1964 年,曼德拉和他的同事因抵抗种族隔离制度而被判终身监禁。冷战时期,美国和英国不愿对种族隔离政权施加太大压力,这就为西方在南非有利可图的采矿业和工业部门吸引了大量投资,并且南非领导人也强有力地表明其反共产主义立场。直到 20 世纪 70 年代末到 80 年代后期才发生了诸多起义,非洲学生在对种族隔离政权施加压力的过程中起了重要作用。1994 年,曼德拉成为首位民主南非总统,殖民时代在非洲的历史最终结束。

殖民主义的遗产

地缘政治可能是殖民主义留下的最显著遗产。欧洲人出于自身的利益瓜分非洲,非洲人在欧洲人遗留给他们的边界范围内建立独立国家。在建立强大的民族国家时,产生的问题与殖民主义遗留的其他政治遗产夹杂在了一起,种族政治就是其中一例。与世界的其他地方一样,当大众政治在非洲发展后,种族认同和宗教认同的趋势被加强。类似这种种族认同的发展,经常被殖民列强作为"分而治之"的一种策略手段。由于类似身份很少与国家边界相一致,种族融合就成为非洲新兴国家凝聚力的一个主要挑战。独裁统治的问题也来源于殖民主义。公民社会的脆弱结构同国家权力相抗衡,给非洲大陆造成了不利的影响。

殖民主义给经济带来的遗留问题也相当棘手。殖民地继承的交通基础设施适应了农产品和原材料的出口,但却不利于非洲内陆与不同国家间的经济整合。尽管非洲的制造部门数量有所增长,但经济不发达的问题依然存在。非洲人仍然一直在生产他们不消费的产品,而他们消费的产品自身却不能生产,仍依赖于外部变幻莫测的国际大宗商品价格。

非洲人在积极利用殖民主义遗留的政治和经济遗产时,仍存在大量困难。但是在文化和知识分子的生活方面情况有所不同。这方面非洲人在过去的世纪里取得了丰硕成果,这主要源自全球文化的影响。例如,在音乐和视觉艺术方面,非洲人吸收欧洲和其他文化成果,在没有完全抛弃别具特色的非洲美学标准的基础上自成一派。同样,非洲人也接受了新的宗教,标志性的有基督教和伊斯兰教;非洲人用他们的信仰和植根于他们传统文化的实践为其注入了新的活力。希望这些文化的、智力的和精神支配方面的特质得以常驻非洲大陆,使其足以战胜殖民时期遗留的各种挑战。

进一步阅读书目:

Austen, R. (1987). *African Economic History: Internal Development and External Dependency*. London:

Heinemann.

Boahen, A. A. (1989). *African Perspectives on Colonialism*. Baltimore: Johns Hopkins.

Boahen, A. A. (Ed.). (1990). Africa under Colonial Domination, 1880 – 1935. In *UNESCO General History of Africa* (Vol. 7). Berkeley: University of California Press.

Brown, I. (Ed.). (1989). *The Economies of Africa and Asia in the Inter-war Depression*. London: Routledge.

Comaroff, J., & Comaroff, J. (1991 – 1997). *Of Revelation and Revolution* (Vols. 1 – 2). Chicago: University of Chicago Press.

Conklin, A. (1997). *A Mission to Civilize: The Republican Idea of Empire in France and West Africa, 1895 – 1930*. Stanford, CA: Stanford University Press.

Falola, T. (2001). *Nationalism and African Intellectuals*. Rochester, NY: University of Rochester Press.

Fieldhouse, D. K. (1981). *Colonialism 1870 – 1945: An Introduction*. London: Weidenfield & Nicholson.

Hochschild, A. (1999). *King Leopold's Ghost: A Story of Greed, Terror and Heroism in Colonial Africa*. Boston: Mariner Books.

Kerslake, R. T. (1997). *Time and the Hour: Nigeria, East Africa, and the Second World War*. New York: Radcliffe Press.

Loomba, A. (1998). *Colonialism/Postcolonialism*. New York: Routledge.

Mamdani, M. (1996). *Citizen and Subject: Contemporary Africa and the Legacy of Late Colonialism*. Princeton, NJ: Princeton University Press.

Mazrui, A. A., & Wondji, C. (Eds.). (1994). Africa since 1935. In *UNESCO General History of Africa* (Vol. 8). Berkeley: University of California Press.

Mazrui, A. A. (1986). *The Africans: A Triple Heritage*. Boston: Little Brown.

Northrup, D. (2002). *Africa's Discovery of Europe*. New York: Oxford University Press.

Nzegwu, N. (Ed.). (1998). *Issues in Contemporary African Art*. Birmingham, AL: International Society for the Study of Africa.

Page, M. E. (1987). *Africa and the First World War*. New York: St Martin's Press.

Palmer, R., & Parsons, N. (1977). *The Roots of Rural Poverty in Central and Southern Africa*. London: Heinemann.

Phillips, A. (1989). *The Enigma of Colonialism: British Policy in West Africa*. London: James Currey.

Rosander, E. E., & Westerlund, D. (Eds.). (1997). *African Islam and Islam in Africa*. Athens: Ohio University Press.

Shillington, K. (2004). *Encyclopedia of African History*. New York: Fitzroy Dearborn.

Sundkler, B., & Sneed, C. (2000). *A History of the Church in Africa*. Cambridge, U. K.: Cambridge University Press.

Zeleza, P. T., & Eyoh, D. (Eds.). (2003). *Encyclopedia of Twentieth-century African History*. New York: Routledge.

肯尼斯·柯蒂斯(Kenneth R. Curtis) 文

赵文杰 译 张忠祥 校

Africa — Equatorial and Southern (4000 BCE - 1100 CE)
赤道非洲和南部非洲（前 4000—公元 1100）

30　非洲赤道和南部地区的发展曾与班图人的迁徙有关。大约公元前 4000 年班图人在西非采用农业生产的生活方式。这些地区国家和城镇的最终发展,同文化、技术和经济变化一道,促进了非洲几千年的发展。时至今日,非洲仍受其影响。

从公元前 4000 年到公元 1100 年的这 5 000 多年时间,遍及非洲赤道以及南部地区的经济、技术、文化和社会方面的广泛转型不断在这一地区上演。非洲历史学家经常把这段极其复杂的班图人迁徙历史当作非洲历史的单一发展过程,并且"班图人扩张"的表达方式至今仍然存在于一些书中。这种说法有点道理,因为这段漫长历史中的一项主要伴随性特征是班图语支在遍及将近半个非洲的大量地区的广泛建立。

但是在那段长久的历史中,变革的主要动力却是一系列生活方式的改变:从狩猎-采集向农业生产的转变。新技术的采用提高了市场所需的专业产品生产量。这些急剧的变化,尽管没有遍及各处,但它却发生在了主要国家和城镇内。这些改变的首要推动力来自西非地区。从公元前 8000 年到前 5000 年,讲尼日尔-刚果语系的非洲人独立地发展了以热带草原为根据地的农业生产方式,他们起初种植谷类作物、豇豆、花生以及葫芦。在更早的时期,公元前 10000 年,他们的祖先已经发明了世界历史上最早的制陶工艺,而在公元前 15000 年,他们已经驯养了易于饲养的珍珠鸡和山羊。同时代,薯蓣和油棕加入种植体系,使得尼日尔-刚果人第一次从热带草原扩张到海岸腹地内的西非热带雨林中。

早期农业的扩张——赤道雨林地区

西非农业种植的首次扩张发生在公元前

4000 年的赤道非洲地区,两个来自喀麦隆中西部的尼日尔-刚果部落适应了这一时期的变化。而沿海的班图人则沿奥果韦河(Ogowe River)河口附近的大西洋海岸定居,他们的后代现在仍居住在那里。第二个集团,古老的尼永-洛马米(Nyong-Lomami)班图部落,首先渗透到尼永附近的地区,即今天喀麦隆的萨纳加河(Sanaga Rivers)流域的下游地区。除了奥果韦河下游沿海居住的班图人外,所有后期分布广泛的班图语支都来自古老的尼永-洛马米语系。两个部落通过打猎,培植薯蓣、油棕、豇豆、花生、葫芦等,以及山羊和珍珠鸡的饲养等生产方式的结合,进行经济交换。随着造船技术和石器制造技术的发展,他们为该地区输入了首件陶器。

班图人的扩张使之与巴特瓦人(Batwa)的狩猎-采集社会产生了联系。巴特瓦人的祖先在雨林里已居住了几千年(巴特瓦人经常被蔑称为"侏儒"),他们同这些新来的班图人建立了贸易关系:他们用从雨林中打猎或采集来的剩余产品(如蜂蜜和象牙)换取班图人部落生产的陶器和打磨好的石斧。

操班图语的农民和渔夫给雨林地区带来了新的定居生活模式和新的社会结构类型。相对于巴特瓦人的流动部落,班图部落定居于固定的村庄内。尽管其他种族或部落的人也定居于村庄内,但每一个村庄都是由特定部落或某一部落内特定种族的人建立的。从这个时期一直到公元前 1000 年的早期阶段,世袭的部落酋长

31

充当了这些独立部落的真正领导人。该地区的巴特瓦人截然相反,他们既不认可首领,也不承认部落和种族一说。

沿河流的扩张

赤道雨林地区第二阶段的农业扩张发生于公元前 3000 年的早期和中期。大约在公元前 2800 年至前 2400 年期间,尼永-洛马米部落随着主要河流流向雨林地区的方向,向东南方扩张。到公元前 25 世纪,他们的后代沿着桑加河(Sangha River)和刚果河(Kongo River)中游已扩张了数百千米,由此产生了一长串的部落聚点。大约公元前 2500 年左右,即在第二阶段结束之前,农业的扩张在尼永-洛马米人居住的桑加河和刚果河两河交汇处开始出现新方向,从尼永-洛马米部落居住的地区向南扩张至刚果河下游,最远处到达雨林地带的南部边缘。

最后,公元前 2100 年至前 1200 年间,森林地区继而出现第四阶段的新开拓。历史学家卡琳·克里曼(Kairn Kileman)称之为"填补时代"。因为在这一阶段内,尼永-洛马米人把他们的经济和技术扩张到了位于主要河流之间的很多地区。其中尼永-洛马米的一股分支——热带草原班图人(Savanna Bantu),随雨林的南部边缘扩张。其他部落则定居于刚果河和大西洋海岸之间的赤道地区最西侧。另外的一些部落则扩张至赤道雨林更北和更东的地区。

巴特瓦人与他们的班图邻居的关系

班图人第三阶段和第四阶段的开拓促使越来越多的巴特瓦人与班图人的农业-渔业部落产生直接的交往。尽管这样,雨林中的主要地区仍

然被巴特瓦人单独占领,大部分巴特瓦人还在追求一种全部是狩猎和采集的生活方式。他们同班图部落的物物交换,继续围绕他们生存必需品外的某些剩余产品而展开。

最有趣的是,两种不同生活方式的共存,有宗教方面的原因。早期班图语部落的尼日尔-刚果宗教承认精神力量有三个层次:唯一的万物最高之神;领土之神,其力量限于特定区域;还有共同的信仰——每一个特定部落的祖先之神。对班图人来说,更重要的是祖先崇拜。他们相信:对祖先的崇拜将赐予他们守卫自己领土的力量。随着班图农民和渔夫扩张到这些他们的祖先以前并没有居住过的新区域,他们相信需要寻求同巴特瓦人的信仰相适应的信仰。在班图人看来,巴特瓦人是这片土地的最初拥有者。班图人认为此处是巴特瓦人祖先居住的地方,也只有他们才明晓如何对待土地之神。其结果是,巴特瓦人经常在班图人的宗教仪式上扮演重要角色。班图人重新解释了巴特瓦人的森林之神为自己的领土之神,并且在班图人的创世神话中赞扬了巴特瓦人为他们带来的重要的环境和科技知识。

尽管比图斯(Beatus,776 年)的地图向世界展示了北非南部地区不适宜人类居住,但该地区成为人类的家园已经有 20 多万年的历史了

25

赤道雨林地区的变化

公元前第 2 个千年晚期,在赤道雨林的一些地区出现了新的发展形式——大村庄。显然,随着班图农业人口的增长,他们开始依赖农业范围的不断扩大,并且很少通过狩猎和捕鱼来满足自身需要。在这种情况下,班图人向外扩张进入 4 个阶段中的第一阶段,随之产生的小村庄数量,在雨林地区不断增长,到处可见几百人组成的小村庄,并且这些村庄经常被分割成几个不同的家族居住区。

公元前 1000 年至前 500 年间,经济方面的根本变化开始出现在整个赤道非洲地区。这些变化中的一项重要因素,归功于铁器制造技术的传播。因为铁矿石的不均衡分布,对铁器制造技术的采用就直接导致了雨林地区长距离新型贸易的产生。没有铁器资源的部落,为了加入其他部落的新型商业关系中,转而进行其他种类物品的专业化生产。许多沿大河分布的部落成为专业的渔夫,他们把捕到的鱼晒干后拿到市场上出售。在一些棕榈生长茂盛的地方,当地居民编织棕榈布,不仅供他们自己所用,同时也供应不断扩大的市场以换取细棉布。物品数量和种类的增长沿河流扩散到越来越远的地方,反过来又提升了对大型船只的需求量。在过去的几千年时间里,河流腹地的部落通过从大雨林中伐木造长形独木舟而成为专业造船者。他们把造好的船卖给河流两岸的商人。这种合作关系一直很好地延续到公元前第 1 个千年。

渐渐地,很多地区的巴特瓦人改变了他们与班图语部落之间的关系。因为巴特瓦人成了林产品的专业生产者。他们生产的产品中,除一般物品外,还包括象牙、豹皮,以及蜂蜜和蜂蜡。其结果是,巴特瓦人不再把自身的全部产品供应自己的需求,取而代之的是他们会同种植农产品的农民通过交换来丰富自己的饮食结构。这类经济关系加强了巴特瓦人参与新经济交换的能力。与此同时,这也使得巴特瓦人的命运与他们的那些邻居——农民和渔夫更紧密地连接在一起。

稀树草原和东非大裂谷

公元前 1200—公元 500 年,沿赤道雨林的东部和南部,截然不同的历史变化趋势主导了班图人的发展。在这段时期的前 8 个世纪中,人口扩张和农业转变这两个新方面的变化开始了。所有的变化沿雨林西部边缘展开,众多讲班图语的人在稀树草原(Savanna)西部和中部建立了他们的家园。这些地区比雨林地区的年降水量要少一些,但是仍然有足够的雨水维持大量的植被需求。这里的环境适宜班图农民的主要产品薯蓣的生长,并且很多四季不断的小溪和河流允许渔民进行大量捕鱼。

其他方面的进步发生在刚果盆地的东部边缘,沿非洲西部大裂谷展开。在西部大裂谷全长 1500 千米的范围内,有一长串的峡谷、大湖和火山山脉。这条裂谷把刚果盆地的大部分地区同非洲东部的稀树草原相隔开。地形和海拔的巨大变化交织营造了西部大裂谷多样环境的美好画面:峡谷底部的草地、山坡中底部的多雨区森林,以及稀树草原和干旱林地,尤其令人惊叹的是大裂谷的向东扩张。稀树草原班图部落最东侧的玛莎瑞基班图人(Mashariki Bantu)在大约公元前第 2 个千年末期就已到达该地区。他们首先向稀树草原森林区扩张,那里的充足降水可以保证他们已经习惯的农业生产和捕鱼生活方式不被破坏。从公元前 1000 年至前 400 年的这几个世纪中,玛莎瑞基人沿东非大裂谷向南北扩张,分裂成两大部落群:卡斯卡兹人(Kaskazi)分布在今卢旺达及该地区周围;而库施人(Kusi)向更南部地区的扩张虽然尚未被充分证明,但他们可能在坦噶尼喀湖(Tanganyika)

33

西侧的中部地区定居。

　　西部和中部的稀树草原班图人在这几个世纪里一直沿用他们的老伙伴尼永-洛马米祖先的生活方式：他们把农业边疆扩张到以前全部由猎人和采集者居住的地区。与之相反，库施人和卡斯卡兹人在公元前 1000 年至前 400 年间则面对了与以往不同的挑战。在他们最初定居过的山林地区，以前的居民是巴特瓦食物采集人。这些人在文化和经济上同刚果盆地的巴特瓦人相似。但在东非大裂谷北部的草地和稀树草原地区居住的其他巴特瓦人则有着与他们迥然不同的农业社会：他们的农作物和家畜在更干旱的环境中成长，这种生产方式较班图人的更为先进。这些人是苏丹传统农业的继承者，关于这些人的历史根源要回溯到公元前 9000 年撒哈拉的南部和东部地区。这些地区的人讲尼罗-撒哈拉语（Nilo-Saharan）和亚非语，他们种植非洲谷类作物高粱、珍珠粟和小米作为他们的主要农作物，同时他们放牧山羊和绵羊，在某些特殊地区，还放牧牛群。

　　当不同的文化和经济方式相遇时，卡斯卡兹人和库施人做出了至关重要的选择。随着他们逐渐地砍林开荒，他们开拓了很多可供谷类作物生长的土地。林地的开发为这种新的农业生产方式带来好处，使得农业倾向于一个方向：一旦林地被开发，小米和高粱的种植需要保持土地水分。但是早期卡斯卡兹人和库施人的主要农作物薯蓣，却需要更多降雨量。因此，随着时间的推移，卡斯卡兹人和库施人在他们的农业中开始种植高粱、小米和其他苏丹地区作物。但他们邻居中的大部分尼罗-撒哈拉人和亚非人却在小幅度改变的基础上保留了他们早期的农业生产方式。

　　到公元前 1000 年的后半期，卡斯卡兹人和库施人进入了一段新的农业综合发展阶段。毫无疑问，薯蓣仍然是他们最主要的作物，但他们也开始轮作多种不同的农作物。一些作物适合

在潮湿环境中生长，另一些则需要相对干旱的气候，与此同时还产生了多种不同的耕种工具和新的田地管理技术。他们采用了尼罗-撒哈拉农民在谷类耕种时用的刀耕火种技术。公元前 1000 年中期也是铁锄发明的时期，锄具翻地可以使作物收成更高，同时使收获块根作物（如薯蓣）的工作变得更加容易。一些尼罗-撒哈拉人也因此变成使用锄耕的人。但这些却没有在班图部落内发生。

　　东非大裂谷地区的铁器制造技术可追溯至公元前 1000 年的早期。也就是从那时起，这项新技术被向西传播到赤道雨林地区的许多班图人中。沿着尼罗河、刚果河分水岭居住的尼罗-撒哈拉人是非洲地区最早使用铁器的人，卡斯卡兹人大约在公元前 9—前 8 世纪从前者那里学会铁器制造，而更南部的库施人一直到公元前 500 年后才开始采用该技术。最早的铁器最有可能的形态是一些装饰品和小物件或者刀片。铁匠开始锻造犁、斧头、锛子、长矛的刀锋，可能发生在公元前 500 年前后。

农业和技术的变革

　　农业技术和产品方面的新变化开启了卡斯卡兹部落和库施部落扩张的新时代，这两个部落由此进入了全新的环境领域。从公元前 4 世纪到前 1 世纪，一群被历史学家称为大湖班图人（Great Lakes Bantu）的卡斯卡兹人由西非裂谷向东扩张至维多利亚湖附近的一些地区。几支不同的卡斯卡兹部落迁移至水源充沛的热带稀树草原地区和坦桑尼亚最南部的高原地带。而其他的卡斯卡兹部落民众则把他们的农业生产方式全部转变为畜牧业与谷类作物种植；他们扩张到南部更远的地方，到达赞比亚中东部干旱开阔的热带草原地区。在这段时期的晚些时候，还有另外的一些卡斯卡兹部落跨越至东非中部的干旱地区，并且占据了更东边的土地，在

沿东非海岸和坦桑尼亚西北部山脉附近有更多水源的地区定居下来。同一时期,库施人也搬迁到马拉维湖附近的地区。在坦桑尼亚北部和大湖地区,新来的班图人开始在气候潮湿的岛屿中定居下来;而附近的草地和干旱草原地区则生活着他们的邻居尼罗-撒哈拉人和亚非人。然而在坦桑尼亚南部的马拉维以及赞比亚地区,卡斯卡兹人和库施人把他们的农业边疆全部扩张至先前只被狩猎-采集部落占据的地区。

公元前 100—公元 300 年,第二阶段的扩张发生了。库施人从马拉维向南扩张至津巴布韦、莫桑比克和南非东部。同一时期,卡斯卡兹人口的增长迫使他们在肯尼亚高地和海岸腹地处发现新的定居点,并且他们越来越广泛地扩张到坦桑尼亚的西部和南部地区。

这些扩张带来的影响不只局限于说班图语的部落中。尤其是从羊和牛的饲养来看,畜牧业向南的传播要领先于卡斯卡兹人和库施人的迁移步伐。公元前 400—公元 100 年的某段时间内,住在今博茨瓦纳北部的一些科伊桑(Khoisan)狩猎-采集部落首先开始饲养绵羊,之后则是对牛的饲养。而通过他们古老的狩猎和采集方式与更有保障的畜牧经济的结合,其中的科伊科伊人(Khoikhoi)在公元前 100 年后快速地向南扩散,其范围一直到达南非海岸和好望角的东部。在同一世纪里,相联系的畜牧社会——卡瓦迪人(Kwadi),他们则把家畜饲养生产方式向东传播至纳米比亚(Namibia)北部。

同等重要的还有,随着卡斯卡兹人和库施人进入新地区,非洲的谷物种植技术被他们传播到热带稀树草原地区的班图部落中。随着新作物的耕种和铁器的使用,大约在公元前 400 年到前 100 年左右,稀树草原地区中西部的班图人降低了对强降雨环境的依赖,并且进入了人口增长和扩张的新时期。在公元前 100—公元 300 年,不同的西部草原地区部落随河流流向,向南扩散至今赞比亚西部和安哥拉内陆的干燥稀树草原地区。而古老的西南班图人则扩张至最南侧——卡拉哈里地区最北部的干旱草原地区。在那儿,他们沿着库内内河和奥卡万戈河(Kunene and Okavango Rivers)定居下来,并受邻居卡瓦迪人的影响,开始饲养家畜。在 1000 年早些时候的几个世纪中,一些中部草原部落也携带着它们当时拥有的诸多不同种类的作物向外扩张,在赞比亚中南部的最南端建立了自己的家园。

酋长国和国家：300—1100

就目前学者已知的内容来看,几乎所有讲班图语的部落都保留了原班图人的社会结构,即它们归属于某地区的特定部族和世系群体。这种现象一直持续到公元前第 1 个千年末期。但其中也可能存在一个例外,在沿维多利亚湖东南部分布的某些大湖班图地区,有一些间接证据表明,当地广泛的铁器使用可能使一些富有的小王国在公元前的最后几个世纪和公元后的最初 3 个世纪中取得阶段性的快速发展。熔炼金属所需木材的过度开采引起了环境崩溃。到 5 世纪,这段时期的政治发展也宣告结束。当时更为广泛的政治结构可能也伴随着大村庄数量的增长以及公元前 1000 年赤道雨林地区长途贸易的发展而扩展,但到目前为止,能证明这种政治结构的证据尚未被找到。

然而 400—1100 年,有直接的证据表明,在 3 个不同地区有地方性的酋长国和一些小型王国崛起。在大湖班图地区,酋长国和小型王国在一些地区再次出现。这些国家主要分布在西非裂谷和维多利亚湖两岸。这种情况之后,大约在 1000 年时,第一个著名的国家开始成形。

在 1100 年前的几个世纪中,刚果盆地酋长国沿主要商业河流干线分布,发展成为当时的著名王国。关于这段时期发展显著的物证是一种特殊的酋长式王室标志。这是一种熔接在一

35

起的凸缘双铃,这种标志物曾广泛存在于 1000 年的刚果盆地,并在 1100 年传播至赞比亚和津巴布韦南部。尽管该地区商业联系的特征现在仍不清楚,但对商业联系的苦心经营却全面促进了这一时期新的政治经济的发展。

第 3 个产生酋长国和小规模王国的地区,是 400—900 年的南非北部林波波河(Limpopo River)的正南方。10 世纪时,一些王室贵族同他们的追随者越过林波波河向北迁移至此。他们带来新的国王制和酋长制的统治观念,在这条河正北方的绍达(Shroda)地区建立了第一个重要王国。后来,在 11 世纪时,他们又扩张到林波波河正南方的马蓬古布韦(Mapungubwe)地区。从第一阶段到 9 世纪,王室的畜牧财富是酋长国的物质基础。从 10 世纪以后,对非洲黄金和象牙的国际需求(经印度洋到达)使得政治秩序的规模和复杂性呈波浪形上升。同时,这些因素也刺激了中心城区的急剧产生,最早的中心城区就产生在绍达和马蓬古布韦地区。13 和 14 世纪的津巴布韦国王巩固了这些基础。

然而,在这些政治和经济增长的中心地区之外,很多古老的生活方式也被保留下来。在赤道雨林地区,农业范围最后的大规模扩散来自班图语蒙戈人(Mongo),在 400 至 1100 年间他们占据了刚果盆地中部巴特瓦人的位置。在非洲的东部和南部,班图人领地的持续扩张一直持续到 20 世纪。

学者们过去常把这段历史称为"班图人大迁徙"。事实上,它是 5 000 多年别具特色的复杂历史扩张,并且这种扩张贯穿于不同的地区。此处所讲的故事,只是用最简单的线条勾勒出多方面的与班图人迁徙历史相关的主要内容。

进一步阅读书目:

Ehret, C. (1998). *An African Classical Age*. Charlottesville: University of Virginia Press.

Ehret, C. (2002). *The Civilizations of Africa: A History to 1800*. Charlottesville: University of Virginia Press.

Klieman, K. (2003). *The Pygmies were Our Compass*. Portsmouth, NH: Heinemann.

Schoenbrun, D. (1998). *A Green Place, a Good Place*. Portsmouth, NH: Heinemann.

Vansina, J. (1990). *Paths in the Rainforests*. Madison: University of Wisconsin Press.

克里斯托弗·俄瑞特(Christopher Ehret) 文

赵文杰 译 张忠祥 校

Africa — Postcolonial 非洲——后殖民时代

1945 年,第五届泛非大会号召结束殖民主义在非洲的统治。到 1960 年,非洲一些国家经历了成功的独立运动,接着发生多起军事政变。然而,非洲统一没有在这块大陆上实现。殖民主义统治结束之后,艾滋病的传播和宗教纷争阻碍了建设"非洲合众国"(United States of Africa)的努力。

第二次世界大战后,非洲人和非洲人后裔于 1945 年在英国曼彻斯特召开第五届泛非大会。这次会议的主要目的是制定明确的策略以结束殖民主义在非洲的统治。作为这次会议的

36

新成果,会后一些独立运动在非洲大陆展开。到 1960 年,一些非洲国家摆脱了殖民统治,另外一些则积极参与到为寻求独立而斗争的活动中。之后的几十年间,光荣的独立运动帮助非洲确定了它在今天世界历史上的地位,同时,非洲大陆经历了许多政治、经济和社会方面的挑战。

殖民主义的影响

殖民主义对非洲大陆的影响是巨大的。殖民主义的专制统治人为地划定边界、授予某些地区以特权(或给予这些地区的种族集团以特权),以实现分而治之。殖民政府通过开发所控制的地区以获取矿产财富,同时把这些地区的农业潜力开发殆尽。这些殖民主义的遗产对独立之初的非洲新政府来说是一项巨大的挑战。

殖民列强在所控制的土地上没有建立民主政府的事实影响了非洲新独立的国家,它们不可避免地因袭着某些殖民统治的传统。殖民统治时期,警察被用来平息动乱、镇压反抗及逮捕政治骚乱者。独立后,其中的很多做法被沿用下来。新生的独立政府缺乏足够的解决措施去处理主要问题,例如更好的就业机会、住房与发展完善的医疗护理及教育系统。出于政治上的权宜之计,一些非洲新政府经常会迎合特权阶层和特定的种族集团。

非洲统一组织

倡导非洲大陆统一最核心的思想家是泛非主义者夸梅·恩克鲁玛,他是加纳独立后的第一位领导人。1963 年 5 月 25 日,《非洲统一组织宪章》在埃塞俄比亚首都亚的斯亚贝巴签署,这标志着恩克鲁玛的"非洲合众国"愿景向前迈出了一步。所有成员国的资格必须是政治独立和多数人统治的政府。起初有 30 个成员国,包括加纳、摩洛哥、阿尔及利亚、利比亚、尼日利亚、利比里亚、塞拉利昂、埃塞俄比亚、塞内加尔和乍得等国。

非洲统一组织(以下简称"非统")的主要目标是促进非洲国家的统一与团结,尊重和保护成员国国家主权及边界的完整性,推动非洲大陆内部的贸易。然而,非洲统一组织对其成员国却没有实际权力。其现实是,外部力量(比较明显的有联合国和苏联)对非统成员国

这是一幅当代壁画,以解构骑马塑像的方式反映纳米比亚殖民史。该纪念物建于 1910 年,象征德国人对土著人的胜利

37

采取了多方面的、有重大影响力的政治和经济干预立场。尽管非统利用其影响力调解或试图解决非洲大陆的各种冲突(如 20 世纪 70 年代中期的莫桑比克冲突,1977 年的索马里与埃塞俄比亚战争以及 1980—1981 年乍得的国内冲突),但非统在促进非洲统一方面是很不成功的,离恩克鲁玛的构想相差甚远。

军人政权

军人接管政府是殖民统治之后非洲政治生活中的一个显著特征。从 1960 到 1990 年,非洲大陆共有 130 多次政变企图,其中有接近一半的政变取得成功。到 20 世纪 90 年代后期,非洲国家在军队开支方面的国家预算要比教育和卫生系统两方面的预算多许多。

恩克鲁玛于 1966 年被军事政变推翻,其后的军人政权断断续续地统治到 1992 年才结束。尼日利亚是非洲人口最多的国家,1967 年 1 月该国发生军事政变,总统和一些著名政客被暗杀。之后尼日利亚发生的事件导致了内战的全面爆发(1967—1970 年,也被称为比夫拉战争)。在一些非洲国家,军事领导人夺取政权以阻止政府的彻底崩溃。而在其他一些场合,在军人推翻政府之前,政治内讧、政府腐败以及内战给国家造成非常严重的持续动乱,使得当地百姓实际上欢迎军人的介入。这种情况以 1967 年尼日利亚发生的首次军人政变为典型。但是,尽管军人政府能够加强法治力量,他们在处理如贫困、卫生保健、土地改革和就业率等方面的问题时,就不如已被推翻的平民政府有效。

锻造民族统一体

民族建构已经成为现代非洲国家面临的一项主要挑战。殖民者"分而治之"的政策经常为某一集团在政治权利和商业方面提供优于其他集团的特权。第二次世界大战前后(当民族主义情感开始汹涌时)出现了种族(有时也被理解为"部落")的组织和联盟。这些组织构成较正式的政党基础。然而尽管各种不同的派系遵循同一个独立目标,但一旦国家独立,种族政党就会频频成为妨碍国家统一的阻力。在非洲大陆上,有将近 1 000 个不同的种族集团,每个人从孩提时起就对种族身份的认同与对民族身份的认同一样迫切。

在后殖民时期,种族冲突已经成为惯例。不论是尼日利亚的约鲁巴人(Yoruba)和豪萨人(Hausa)以及伊博人(Igbo),还是肯尼亚的基库尤人(Kikuyu)和卢奥人(Luo),抑或是津巴布韦的绍纳人(Shona)和恩德贝勒人(Ndebele),再或是南非的祖鲁人(Zulu)和科萨人(Xhosa),甚至是卢旺达的胡图人(Hutu)和图西人(Tutsi),这些不同种族的冲突经常发生于很多现代国家中。1994 年,卢旺达发生的胡图人与图西人冲突导致了该国的种族大屠杀。政治领导人经常积极或巧妙地利用种族对抗以获得政治利益。这方面的典型案例是:当政治领导人可利用的资源受到限制时,他们就支持某一族群以换取该族群的忠诚与支持。

一些国家运用创造性的战略去抵抗种族分化。尼日利亚惨烈的内战之后,出台了一项针对青年的强制性的国民服务政策。当青年在其家乡完成中学教育以后,他们会被要求花费一年的时间在该国的其他地方参加一些与志愿服务有关的活动(例如辅导小学生),以便于他们接触不同的语言和文化传统。

津巴布韦政府于 20 世纪 80 年代早期采取了一项创造性的战略,即修建英雄公墓。在全国范围内修建这些墓地是为了纪念为争取独立而牺牲的先烈。这样,通过纪念亡故的战士或英雄,国家寻求降低因不同种族葬礼方式而可能引起的种族分化。

非洲一党制国家

一些当代非洲国家领导人试图通过建立一党制国家制度的方法消除种族极端化带来的一系列问题。这一理论存在的依据是：假设只有一个政党，人民陷入族群分裂的趋势就会降低，这样更多的精力就可以放到民族建构和处理其他社会关注的问题上，例如经济的发展。支持一党制的人，认为当国家只有一个政党时，有才能的个人通过加入政党获取升迁的机会和领导地位，而这一切不再需要考虑种族性。另外的争论者指出，支持一党制是因为西方人描述的民主对于非洲大陆是陌生的，（因为）非洲大陆的传统统治是首领、王国，自上而下的统治。独立之初，著名的非洲领导人循循善诱支持政府的"传统"统治形式，这其中包括坦桑尼亚总统尤里乌斯·尼雷尔（Julius Nyerere，1922—1999）和赞比亚总统肯尼思·卡翁达（Kenneth Kaunda，1924— ）。许多非洲国家独立之初实行多党制，但现今却发展成为既是法律上又是事实上的一党制国家。当今大部分非洲国家为一党制国家。

津巴布韦在多年的政治内讧和令人吃惊的暴力事件后，该国国内的两大主要政党津巴布韦非洲人民联盟（ZAPU）和津巴布韦非洲民族联盟（ZANU）于 1987 年以团结的单一政党津巴布韦非洲民族同盟党（ZANU，爱国阵线，PF）出现，这样使津巴布韦成为实际上的单一型政党国家。其他政党虽然不是非法党派，但权力机构显然落入了津巴布韦非洲民族同盟党（爱国阵线）的控制范围之内。直到 21 世纪初才出现一个成功的反对党，该党的民主变革运动（MDC）严重地挑战了津巴布韦非洲民族同盟党；而后者迅速通过法律，制定了限制措施，通过对反对派成员的政治恐吓以限制对手成功地进入公共事务的机会。

2002 年末，在肯尼亚发生了一场变革。经过多年实际意义上单一政党的统治，肯尼亚非洲民族联盟（KANU）在自由和公正的选举中失败。新成立的全国彩虹同盟政党（NARC）以小规模的骚乱赢得全国大选。这一事件对肯尼亚而言象征着新的方向，可能对非洲其他国家也是这样。然而，全国彩虹同盟政党在肯尼亚的统治是极其短暂的，2005 年就结束了。

经济战略

贯穿于后殖民时期，在非洲国家内部有很多努力以扩大经济合作，以此来应对不公平的外部贸易。1967 年，东非共同体（EAC）成立，旨在促进肯尼亚、坦桑尼亚（1967 年坦噶尼喀归入坦桑尼亚，其中也包括桑给巴尔在内）和乌干达的经济合作。然而 10 年后，当肯尼亚和坦桑尼亚的争端爆发，以及坦桑尼亚侵略乌干达以罢免伊迪·阿明的统治之后，东非共同体便宣告结束。西非国家经济共同体（ECOWAS）成立于 1975 年，为西非 16 个成员国提供贸易便利。类似地，南部非洲发展协调会议（SADCC）的成立旨在反对南非在该地区经济上的统治局面。然而，这些协议内部也存在问题。例如在西非国家经济共同体内部，尼日利亚可以利用该地区最大经济体和人口的优势地位而把其意志强加于小国之上。

新世纪的发展方向和挑战

2004 年南非庆祝其作为独立的非洲国家 10 周年。10 年前，南非在经过多年政治的和经常的暴力抵抗后，非洲国民大会（ANC）在纳尔逊·曼德拉（1918—2013）的领导下成功执政。尽管曼德拉作为南非第一位全民普选的总统只任期一届，但他在非洲和世界上是富有传奇色彩的人物。

我的人性同你的联系在一起,这是我们一起为人的原因。

——德斯蒙德·图图(Desmond Tutu, 1931—)

作为非洲最大和最繁荣的经济体,南非肩负着领导非洲大陆其余国家发展的责任。纳尔逊·曼德拉的继任者塔博·姆贝基(1942—)号召非洲复兴。在该计划中他展望了非洲在自尊心、技术、革新以及成就等方面的复兴。

然而,非洲复兴的愿望因艾滋病的传播而陷入困境。这一传染病有可能同14世纪毁坏欧洲大陆的黑死病一样,给非洲大陆带来破坏性的影响。非洲大陆如何处理该传染病,将决定其下一代拥有的是什么样的未来。

非洲大陆面临的其他威胁还有不同国家爆发的教派冲突。尼日利亚于20世纪80年代中期已发生了基督徒和穆斯林之间的暴力冲突,最近更加严重。但是处理这些冲突的努力较少,并且因这一根源引起的争端尚未被很好地处理。在西非的其他地方仍然存在宗教紧张局势,只是它们没有尼日利亚的严重。世界宗教和平大会(World Conference on Religion and Peace,成立于1970年),作为一个世界著名宗教代表组成的联盟,鼓励该地区基督徒和穆斯林领导人通过组织机构的创建一起合作,例如塞拉利昂的宗教间理事会(IRCSL,1997)于1999年帮助塞拉利昂实现了《洛美和平协定》(Lomé Peace Accord)的签订。有许多非洲组织在寻求(解决)非洲大陆的宗教不宽容等敏感问题。非洲基督徒和穆斯林关系项目(PROCMURA)的一个主要目标是促进基督徒和穆斯林之间达成有建设性的协议。作为改善关系的一部分努力,参与者经常在主要宗教节日场合互赠礼物,送出问候和良好祝愿。他们也组建基督徒和穆斯林的联合委员会,处理如伊斯兰法在尼日利亚北部贯彻执行的情况等问题,以及鼓励政府根据宗教联盟的发展情况而停止援助和政治任命。这样的努力,代表了非洲人在解决该地区的持续挑战时所采用的办法。

进一步阅读书目:

Ahluwalia, D. P., & Nursey-Bray, P. (Eds.). (1997). *The Post-colonial Condition: Contemporary Politics in Africa*. Commack, NY: Nova Science Publisher, Inc.

Babu, A. M. (1981). *African Socialism or Socialist Africa?* London: Zed Books.

Beissinger, M., & Young, C. (Eds.). (2002). *Postcolonial Africa and Post-Soviet Eurasia in Comparative Perspective*. Washington, DC: Woodrow Wilson Center Press.

Crowder, M. (Ed.). (1971). *West African Resistance: The Military Response to Colonial Occupation*. New York: Africana Publishing Corporation.

Davidson, B. (1992). *The Black Man's Burden: Africa and the Curse of the Nation-state*. New York: Times Books.

Fage, J. D. (1969). *A History of West Africa: An Introductory Survey*. Cambridge, U. K.: Cambridge University Press.

Fieldhouse, D. K. (1986). *Black Africa, 1945–1980: Economic Decolonization and Arrested Development*. London: Allen and Unwin.

Griffiths, I. L. (1995). *The African Inheritance*. London: Routledge.

Werbner, R., & Ranger, T. (Eds.). (1996). *Postcolonial Identities in Africa*. London; New Jersey: Zed Books.

克里斯托弗·布鲁克斯(Christopher A. Brooks) 文

赵文杰 译　张忠祥 校

African American and Caribbean Religions
非裔美洲人和加勒比地区的宗教

41　非洲奴隶贸易对非洲宗教在世界范围内的变化和传播有巨大影响。许多来自非洲的族群分享着相似的信仰体系，这种信仰体系带到了整个新世界。尽管信仰和实践经常保留在族群内部，但欧洲人的强迫移民和相互作用，帮助发展和造就了今天的非裔美洲人和加勒比地区的宗教。

非裔美洲人和加勒比地区的宗教是人类历史上最大的强迫移民活动的产物。历史学家估计，在 1650 到 1900 年之间，有 2800 多万的非洲人被当作奴隶从非洲中部和西部运送出来。其中至少有 1 200 万非洲人在越过大西洋后被卖到加勒比、南美和北美地区。在沦为奴隶的非洲人中，西部非洲的族群是黑奴贸易的最主要来源。据官方数据显示，从 16 世纪早期开始一直持续到 1845 年的巴西、1862 年的美国，以及 1865 年的古巴，大约有 1 100 万非洲黑人——约鲁巴人、刚果人和其他西非人——被运到这里，去从事蔗糖、烟草、咖啡、大豆和棉花种植园的劳动。

非洲奴隶贸易改变了世界范围内的经济结构。在非洲，它刺激了强大非洲王国的发展。在伊斯兰地区，非洲奴隶贸易扩大了印度洋和波斯湾之间的贸易量。在美洲，它是欧洲人创立的种植园经济得以成功的关键性要素。此外，奴隶贸易产生的财富极大地改变了欧洲经济，非洲奴隶贸易也改变了非洲宗教并促进了这些宗教在世界范围内的传播。

新世界的非洲宗教

在美洲的某些地方，奴隶制比其他地区存在了更长的时间。海地的非洲奴隶于 1791 年发动革命，并于 1804 年在美洲建立了首个黑人共和国。美洲其他地区的奴隶则以下面的时间顺序相继获得解放：牙买加和特立尼达的黑人解放发生在 1838 年，美国黑奴 1863 年解放，波多黎各 1873 年解放黑奴，古巴 1886 年解放黑奴，巴西 1888 年解放黑奴。这些日期非常有意义。例如，文化人类学学者皮埃尔·沃格（Pierre Verger）认为，非洲宗教"最纯正"的形式主要发现于巴西东北部，因为在巴西的非法非洲奴隶贸易一直持续到 20 世纪。

在所有作为奴隶被带到美洲的非洲人中，有 99％ 的人来自从今天北起塞内加尔和马里、南至扎伊尔和安哥拉的范围内。这条走廊包含许多属于尼日尔-刚果语系的种族部落，共同的语言基础和文化传统促进了沿这条走廊的人员、货物和思想的移动与交换。

这些族群在神明、宇宙、社会秩序以及该秩序内人的位置等方面也有着类似的观点。使非洲人信仰和崇拜体系成为统一主题的影响因素还包括下面这些内容：关于一神创造和统治宇宙的观念、对血祭的关注、信仰自然的力量、祖先崇拜、占卜、草药的魔力与药力、死后生活的存在，以及人们在恍惚状态下同神交流的能力。42

刚果人和约鲁巴人的后裔大约占据牙买加非洲人口的 17％，而阿坎人（Akan）和卡拉巴里人（Kalabari）则分别占牙买加总人口的 25％ 和 30％。据估计，在古巴和海地岛（Hispaniola，该岛是去海地和多米尼加共和国的基地），刚果族

宗教和其他文化方面重要的艺术品在非洲-加勒比庆典上展览

群占该处非洲人口的 40％，而从贝宁湾运输过来的约鲁巴人和其他相关种族人口分别组成海地和古巴非洲人口的 15％ 和 40％；据统计，在美国黑人奴隶后裔中，有 1/4 的非裔美国人是刚果人的后代，1/7 的非裔美国人是约鲁巴人的后裔。还应注意到，有少数奴隶被直接从非洲运到美国，而大多数奴隶在被卖到美国之前，都在别的种植庄园地区劳动过。

这些人口比例对于理解新大陆上的非洲宗教是极其重要的。每当大量奴隶从非洲特定的地方被卖到新大陆某地时，他们能很好地保留自己宗教中有选择的方面。这种宗教的保留，绝不能从非洲宗教习惯中精确复制。它代表一种融合与协调。造成这种现象的原因之一就是，对非洲部落宗教的掌握需要时间。只有年长者拥有丰富的宗教知识。在奴隶贸易的早期阶段，年长者很少被奴役，因为被捕捉到的年长奴隶很少能在严酷的航行中幸存下来而到达新

大陆。第一代奴隶的年龄大多在 20 岁以下，少数在 30 岁以上。他们关于宗教仪式的知识局限于他们个人所看到的内容或经历过的方面。另外，在奴隶贸易后期，有一些非洲宗教专家，如罗伯特·安托万（Robert Antoine）——19 世纪特立尼达岛上拉达（Rada）王国的创立者，他明确表示是自愿移民到加勒比地区以建立新世界的非洲宗教中心。

非洲本土的宗教与新大陆的非洲宗教之间的关系被皮埃尔·沃格称为"融合与再融合"，（并且这种关系）为他的研究提供了充实的范例。在一些田野调查和档案研究的基础上，沃格证明了非洲宗教专业人士和新大陆宗教组织之间存在广泛和持续的联系。他详细地证明了奴隶贸易不仅是西方人在贩卖非洲人（从贸易这一对象本身而言），同时该贸易也被"非洲自己人"进行。从某种意义上来说，非洲人和非裔美洲人在种植园制度中不仅是劳动者，而且也是制造

43

者和经营者。因此,在刺激持续不断的奴隶贸易方面,它既存在积极影响,又存在消极作用。当然沃格也注意到这种"融合与再融合"过程在奴隶贸易早期是非常罕见的,并且 16 和 17 世纪被强征的奴隶大部分是临时的,他们只有有限的非洲宗教传统知识。

在大西洋两岸,非洲人及非洲人后裔之间的宗教交流,不仅涉及基督教和非洲的传统宗教,也包括伊斯兰教。在基督教进入西非地区之前,伊斯兰教已在撒哈拉存在了很长时间。伊斯兰教同基督教一样,在同非洲传统宗教的复杂交往中相互作用、相互影响。伊斯兰教被非洲的穆斯林奴隶带到美洲,并且在基督教主导的充满敌意的地区生存下来。

非洲宗教和非裔美洲人宗教一直围绕着非洲文化特性在新大陆是否保留的问题展开辩论。一些知名学者,特别是社会学家富兰克林·弗雷泽(E. Franklin Frazier)认为,新大陆奴隶制的破坏性使得能够保留下来的非洲特性很少。其他的学者,特别是人类学家梅尔维尔·赫斯科维茨(Melville J. Herskovits)则认为,实际上非洲特性在新大陆的社会中存活了下来。如今赫斯科维茨的观点仍占主要地位,但该问题依然非常复杂。

新大陆对非洲文化特质的追求仍在继续,但却带有了崭新的和精细的感觉。对问题的讨论不再是有没有特性,而是有多少特性。正如斯图亚特·霍尔(Stuart Hall)在他的祖国牙买加的《今日非洲》(Presence Africaine)杂志上发表的评论说:

> 实际上,非洲文化的特性表现在每一个方面。表现在日常生活、奴隶区的风俗、种植园的语言和方言以及姓名与词汇之中。这些特性经常从其固有的分类体系中分离出来,通过与讲述其他语言的人的交往暗自改变了句法结构。它们表现在给孩子们讲述的故事和神话中、宗教习惯中、精神生活的信仰方面、艺术上、手工艺制品上、音乐上和奴隶唱歌的韵律上,以及解放奴隶后的社会中……在加勒比文化中,非洲过去是,而且仍然是说不出口的"存在"。它就隐藏在加勒比文化生活的每一个语音变化之后、每一个叙事转折背后。

美国和加勒比地区的非裔美洲人宗教为非裔美洲人和加勒比地区文化的内部运作方式提供了富有价值的见解。因此,社会科学家把他们的研究重点放到对宗教方面的研究是非常适合的。因为正如埃里克·林肯(C. Eric Lincoln)和劳伦斯·马米亚(Lawrence Mamiya)给人印象深刻的争论说:"宗教,经严肃地考虑过后,可能是理解文化的最好棱镜,而不是作为一个比较的指标存在。并且作为一个可以折射文化的因素而言,通过对一个社会体系的探讨,可能会更有意义地看到另一个社会体系,并相应地调整预先的推测。"

在过去对非洲和非裔美洲人宗教的研究中出现了两个错误的假设。第一个错误是黑人宗教经验简单地复制于白人宗教经验;第二个错误是认为两者的完全不相似性。这两个假设没有一个是真实可信的,因为两者都没有把以非洲为基础的宗教和其他世界宗教之间的复杂作用因素考虑在内。正确的看法应该是:非裔美洲人的宗教经验不能与北美宗教割裂开来研究,它们理应属于一个结构体系。非洲宗教经验是北美宗教传统的重要组成部分,这是因为基督教和伊斯兰教现在已成为非洲大陆宗教传统的重要组成部分。然而,非洲和非裔美洲人宗教的正确宗谱还是难以分辨的。

加勒比地区的非洲宗教

加勒比地区记录最完整的宗教,如海地伏

都教（Haitian Vodun）、拉斯塔法里教（Rasta-farianism）、古巴萨泰里阿教（Cuban Santeria）以及特立尼达的精神浸礼宗（Spiritual Baptists），是研究这一有活力地区宗教的创造性和变化发展的典型范例，该地区为新宗教混合与融合其他宗教的发展提供了肥沃的土壤。加勒比地区的每一个人几乎都来自世界的某个地方，并且加勒比地区的宗教经常受现今欧洲人和非洲人的大力影响，在较小程度上，也受到亚洲人的影响。这些宗教中的大部分内容既有非洲宗教的因素，也有基督教的因素。但是加勒比人在吸收外来宗教传统方面经过修改保留了优秀的方面，再加上他们自己的理解，使之成为他们的全新宗教。当然很多注意力被放到非洲宗教的影响方面也是不可取的。一个人要完全理解该地区宗教的发展，绝不能仅从非洲的过去方面进行研究。非洲的过去只是世界整体历史中的一小部分内容，尽管某一刻也占据一大部分内容。（该地区的宗教虽然）充满了与印度教和基督教的融合，但也绝不能低估伊斯兰教在该地区的潜在影响力。

拉斯塔法里教可能是加勒比地区最为知名的宗教了。很难估计拉斯塔法里教徒在该地的精确人数，但该教的影响力大大地超过了牙买加地区的信教人数。而且该教对加勒比以外的地区，如欧洲、拉丁美洲和美国也有影响力。20世纪 30 年代，追溯该教历史的运动在一大批本土牧师的领导下展开，其中著名的有莱昂纳德·豪威尔（Leonard Howell）、约瑟夫·希伯特（Joseph Hibbert）、阿奇博尔德·丹克里（Archibald Dunkley）、保罗·伊尔灵顿（Paul Earlington）、沃纳尔·戴维斯（Vernal Davis）、费迪南·里基茨（Ferdinand Ricketts）以及罗伯特·辛兹（Robert Hinds）等，马尔库斯·加维（Marcus Garvey）的影响力也非常显著。这些牧师中的每一个人都与其他人分开而独立工作，但他们最终得出了统一结论：海尔·塞拉西

（1892—1975）在成为埃塞俄比亚皇帝，即成为"犹大之狮"（Lion of Judah）后，将领导所有的非洲人后裔重返非洲乐土。在阿姆哈拉语（埃塞俄比亚语言）中，拉斯塔法里的意思是"头领"或"皇帝"，它是海尔·塞拉西皇帝众多正式头衔中的一个。

虽然拉斯塔法里主义绝不是单一的运动。但拉斯塔法里教徒遵循下列 7 项基本教义：（1）黑人是因为他们道德有罪才被流放到西印度群岛上的；（2）邪恶的白人比黑人要低劣；（3）加勒比地区的局势是没有希望的；（4）埃塞俄比亚是天堂之地；（5）海尔·塞拉西是活着的神；（6）埃塞俄比亚皇帝将安排被流放的非洲人后裔重返自己的真正家乡；（7）黑人将通过强迫白人为其服务而报仇。在所有现代的拉斯塔法里教徒中，不同的分支强调不同的原始教义要素。例如，在拉斯塔法里运动中，所谓海尔·塞拉西死亡的说法（大部分的拉斯塔法里教徒坚信海尔·塞拉西仍然活着）引起了关于塞拉西在该宗教运动中地位的重要讨论。

古巴萨泰里阿教融合了欧洲人和非洲人的信仰、习俗。但不像伏都教那样，该宗教主要受单一的非洲传统，即约鲁巴人的影响，该影响主要表现在音乐、圣歌以及食物、祭祀方面。在主要宗教仪式期间，血液是众神青睐的食物；当它流过属于宗教领袖所有的神圣石头表面后，这些石头就会被认为是满足众神需求的媒介；之后，它们的法力将被保留下来。北美地区宗教的一个重要发展是大规模的古巴萨泰里阿教迁移到城市中心，标志性的城市有纽约、迈阿密、洛杉矶和多伦多。据估计，现在仅在纽约市就有超过 10 万人的萨泰里阿教皈依者。

浸礼宗是位于圣文森特岛（Saint Vincent）的国际宗教运动团体（此地的浸礼宗教徒宣称"信念起源说"），该教存在于特立尼达和多巴哥、格林纳达、圭亚那、委内瑞拉以及加拿大的多伦多和美国的洛杉矶、纽约等地区。教徒以黑人为

主。但近年来,特立尼达拉岛的教会吸收了包括富有的东印度人和中国人在内的新教徒。浸礼宗中一项为人熟知的主要宗教仪式是哀悼仪式。这是一项复杂的仪式,要求斋戒、躺在泥地上等其他内容。哀悼仪式的一项主要内容是发现自己在教会等级制度内的真正地位。

研究加勒比地区宗教的一个关键性问题是选择分析单位。因为"融合"在该地区的宗教发展中扮演着十分重要的角色。在研究过程中往往很难把本土的和外来的因素割裂开来。因为宗教固有的许多衍生内容,所以很难发现任一种单一宗教集团的真正起源。而考虑到此地的大多数宗教缺少一系列教派的管理,所以研究人员又不能因为某一宗教可能是罗马天主教会或长老会就对此妄加评论。最正确的评价需要结合个体教众和他们的宗教领袖来判断。同时,对诸如拉斯塔法里教、萨泰里阿教、伏都教以及浸礼宗等宗教运动的研究,看起来好像它们在欧洲和北美的范例(展现出的是)统一的教派(这一现象),但(实际上)它们呈现出的却是一幅过于合乎逻辑的画面,而真实的境况是该地区令人难以置信的宗教割裂与不稳定的宗教形势。

美国的非洲宗教

关于非裔美国人宗教的学术研究,经常要参考杜波伊斯的经典著作《黑人教会》(The Negro Church, 1903)。这是第一部重要的研究非裔美国人宗教的专著。"通过多维度的研究战略(如历史考证、实地调查、采访以及观察),杜波伊斯探究了非裔美洲人宗教生活的各个方面,其中包括教会资金来源、教派结构以及信仰问题。杜波伊斯把黑人教会作为首个独特的非裔美洲人社会结构。"(祖克曼[Zuckermann],2000)随后,关于黑人教会的研究很多都仅限于此范围之内。正如前面所提到的那样,后来的

学者把他们的注意力局限于新大陆上非洲文化特性的保留问题,并且学者们讨论了非裔美洲人宗教从非洲宗教中以不同形式吸收宗教成果的程度。因为很少有奴隶直接从非洲到达美国,因此在美国,对非洲宗教中所谓非洲主义是否存在的问题比加勒比地区的更难以分辨。虽然这样,零碎的非洲宗教观念和宗教仪式也存在于北美地区,只是大部分的内容以修改过的形式出现。这些观念和仪式包括在布道时的呼应模式、祖先崇拜、入教仪式、神灵附体、治愈和葬礼仪式、获得精神力量的神奇仪式,以及随舞步、鸣鼓、唱歌等节奏进行的疯狂的神灵附体。

在美国革命之前,有一小部分美国奴隶接触到了基督教。起初,种植园主不愿意让他们的奴隶皈依基督教,因为他们害怕基督教会让奴隶产生平等和自由的想法,而这些想法与奴隶制是不相一致的。然而,随着时间的发展,奴隶主认为经过特殊选择解释后的福音内容可以被用来加强对奴隶的控制。在第一次大觉醒期间(1720—1740),一些自由的黑人和奴隶加入卫理公会(Methodist)、浸礼宗(Baptist)和长老会(Presbyterian)中。到了第二次大觉醒时(1790—1815),许多野营布道会(camp meeting)吸引了更多奴隶和自由的黑人加入新教的福音宗教中。18世纪,卫理公会在奴隶中进行有效的宗教布道时,以主要宗教领导人的身份出现。而随着该教的出现,1845年南方浸礼宗(the Southern Baptist Convention)也在奴隶中进行集中的传教工作。宗教学者阿尔伯特·拉博托(Albert Raboteau)认为浸礼宗在这一方面尤为成功,因为浸礼形式看起来像西非地区的入教仪式。

在美国各地,奴隶做礼拜混合与单独兼具。奴隶主(主要是白人)经常把家奴带到自己的教堂参加宗教服务,黑人则需要坐在走廊两侧。除了与他们的主人参加教堂服务外,奴隶在他们自己的区域内也举办秘密的聚会——在"荣耀

之家"中或在远离种植庄园的所谓"寂静凉棚"内。

在奴隶制期间,非裔美国人从未经历过完整的宗教自由,但有大批独立非裔美国人教会和宗教协会随之产生。两个早期的浸礼宗教会——波士顿的欢乐街浸礼宗教会(Joy Street Baptist Church,建于 1805 年)和纽约的阿比西尼亚浸礼宗教会(Abyssinian Baptist,建于 1808 年),在回应混合教会种族歧视时被建立。美国中西部的黑人浸礼宗(Black Baptist congregations)于 19 世纪 50 年代形成单独的区域协会和第一个浸礼宗协会。美国国家浸礼宗教会(The National Baptist Convention)于 1895 年成立。黑人卫理公会(Black Methodists)于美国南北战争前建立了独立的宗教组织和协会,该协会是一个在宾夕法尼亚圣佐治卫理圣公会教会(St. George's Methodist Episcopal Church)内部的互助协会;它于 1787 年割断与母体的联系,以回应一些黑人认为是歧视性的做法。1794 年,持不同意见人士的多数派团结起来,组成了圣托马斯非洲主教教会(St. Thomas's Africa Episcopal Church),由阿布沙卢姆·琼斯(Absalom Jones)领导。理查德·艾伦(Richard Allen)领导了少数派的一支,建立了伯特利非洲卫理公会主教教会(Bethel African Methodist Episcopal Church)。伯特利教会也成了非洲卫理公会主教教会(African Methodist Episcopal Church,AME)——唯一的、最大的黑人卫理公会教会(the single largest black Methodist denomination)——的创始宗教。纽约的圣约翰街道教会(St. John's Street Church),其内部是种族混合的教会,在使其成为黑人第二大卫理公会教会时,非洲卫理公会主教锡安教会(The African Methodist Episcopal Zion Church,AMEZ)发挥了组织联系作用。

非裔美国人宗教在 20 世纪早期因黑人从南方乡村移民到北方城市而变得更加多样化。到现在,2 个全国浸礼宗教会和 3 个黑人卫理公会教会已经完善地建设成为黑人城市社区中的主流宗教。这些教会经常以阶级层次划分。与之相对,黑人教会也加入白人控制的圣公会、长老会以及主要吸收非裔美国人精英的公理教会中。但尽管主流教会试图处理最近移民中的社会需要,他们的中产阶级取向经常使黑人移民感到不自在。这样的话,又有很多移民建立和加入了店铺教会。此外,最近来的移民被吸收而加入神圣五旬节教会、圣洁教会和精神教会等,同时也有很多人加入伊斯兰教会和犹太教教会。其他的独立组织如"父之神圣和平使命"和"仁慈之主为所有人守候的耀主之家"也赢得了声誉。今天,大约有 90% 的宗教团体由黑人控制,这些非裔美国人定期去教堂做礼拜。剩余的 10%,则属于白人控制的宗教团体。非裔美国人还经常出现在自由新教教会之中,如摩门教会、南方浸礼宗以及耶和华见证会、团结会、基督复临安息日会等多种教会组织中。在美国,大约有 200 多万的黑人罗马天主教徒,其中大部分人是最近从加勒比地区移民而来的。

一些主要的非裔美国人宗教以伊斯兰教教义为基础。诺贝尔·德鲁·阿里(Nobel Drew Ali)于 20 世纪早期在新泽西的纽瓦克市建立了第一个这样的宗教——摩尔科学庙教(the Moorish Science Temple)。摩尔科学庙教的主要教义将伊斯兰民族组织包括在内,后于 20 世纪 30 年代早期在华莱士·法德(Wallace D. Fard)的筹划下于底特律成立。随后,伊斯兰民族组织的领袖换为以利亚·穆罕默德(Honorable Elijah Muhammad),该组织的快速发展,部分原因是马尔科姆·艾克斯(Malcolm X)在 20 世纪 60 年代早期的激进说教布道。但快速的发展并不能抑制其分裂的趋势,并导致很多分裂集团的出现,包括芝加哥艾哈迈迪亚伊斯兰运动、哥伦比亚特区的哈乃斐学派(Hanafis)以及布鲁克林社区的安萨如真主运

我不允许有任何人使我恨他从而贬低我的灵魂。

——布克·华盛顿（Booker T. Washington，1856—1915）

动。紧接着马尔科姆·艾克斯教会的分裂和以利亚·穆罕默德的死亡，以利亚的儿子——华莱士·穆罕默德（Wallace D. Muhammad）把伊斯兰民族组织转变为更加正统的伊斯兰教派，即著名的美国穆斯林传教会。而路易·法拉堪（Louis Farrakhan）为抵制教会被转变成为正统的伊斯兰组织，对该组织进行了重组。

以加勒比地区为基础的宗教是美国所有宗教中发展最快的。如上所述，伏都教、拉斯塔法里教以及浸礼宗在纽约、洛杉矶、迈阿密和其他城市中心已建立了大型教会组织，这些教会吸收了加勒比地区的移民和美国黑人，也包括少数白人皈依者。而古巴萨泰里阿教可能是这些宗教中有最多种族混合和传播范围最广泛的宗教教派。

非裔美洲人的审美观

非洲人和非裔美洲人没有使宗教形成某种概念，从而与他们文化的其余部分相分离。其艺术、舞蹈和文学可以被理解为宗教发展不可或缺的部分。关于这一点，音乐家金（B. B. King）曾有过评论并做出过明确解释。他说当他唱起布鲁斯音乐的时候，他感觉自己离上帝最近。圣歌、布鲁斯、福音音乐、节奏布鲁斯、比波普爵士乐、非洲-拉美音乐、嘻谱-哈谱等，都植根于西非地区神圣的和不朽的音乐传统。西非人把音乐当作一种传播智慧的手段。在约鲁巴传统中，音乐会激起人的感情。西非音乐和艺术从上帝那里开始，它们是完美的。例如，非洲-古巴人的音乐在传播非洲传统、阐述音乐固定形式以及再现上帝产生的关于文化的目标和价值等主题方面持续发挥着作用。

尽管非裔美洲人的音乐来源丰富，但宗教从来都是音乐创作的一个主要灵感来源。正如埃里克·林肯和劳伦斯·马米亚所评论的："在黑人教会里一起吟唱……建立一个临时的团体，是对共同联系的肯定，他们在经过（奴隶贸易的）分离之痛后终于有了集体的归属感。"

艾琳·绍特恩（Eileen Southern）从第二次大觉醒的野营布道会的角度研究非裔美国人的圣歌，发现那时黑人在晚上回家休息时在他们的隔离区中继续唱歌。根据林肯和马米亚的观点，黑人的圣歌源自布道者的吟唱和教徒的答唱过程。

在 19 世纪的很多黑人教会中，"圆舞"成为常见方式。在该仪式中，舞者在处于两侧观众最喜欢的圣歌伴奏下围着圆圈跳舞。到 1830 年，很多黑人城市教会把唱诗班引进他们的宗教仪式中。"祈祷和歌唱乐队"成为很多黑人城市教会中宗教生活的常见特征。尽管非洲卫理公会教会反对这种形式，并且其他宗教领导人干扰"玉米地小调"进入正式的祭拜仪式中，但民俗音乐已然成为非裔美洲人的神圣音乐中必不可少的一部分内容。

根据绍特恩的看法，黑人福音音乐已作为一种城市现象出现在帐篷、露天足球场和大型礼拜堂中。1927 年，托马斯·多尔赛（Thomas A. Dorsey）在芝加哥、中西部以及南部乡村地区推动他所称的"福音歌曲"在教会中的传播。当时很多浸礼宗和卫理公会都拒绝福音音乐，但在城市和乡村地区的圣洁教会（一个强调将《圣经》与个人虔诚敬拜作为救赎关键的独立教派集合）却欣然接受。基督上帝教会成为当代福音音乐的强有力支持者。属灵教会（如以色列普世属灵教会［the Israel Universal Divine Spiritual Churches of Christ］、大都会属灵教会［the Metropolitan Spiritual Churches of Christ］以及普世夏甲属灵教会［the Universal Hagar's Spiritual Church］）也接受了福音音乐。而在新奥尔良，爵士乐则成为黑人祭拜仪式必不可少的一项特征。随后，很多主流教会也把福音音乐吸收到其教会音乐的保留曲目中。

加勒比地区和美国的非裔美洲人的宗教，

代表了非洲和欧洲文化在第三地——美洲的交融。他们是自愿移民和强迫移民的产物,代表了旧世界和新世界富有生气的融合。关于这一点,富兰克林·弗雷泽曾正确地评价道:历史上的非裔美洲人宗教扮演了"在充满敌意的白人世界中的避难所"这样的功能作用。另一种程度上,这些宗教充当了一种文化的认同形式以及反抗白人统治社会的手段。此外,黑人教会还是宗教崇拜的场所,在非裔美洲人和加勒比地区占据着社会生活、种族认同和文化表达的中心地位。

进一步阅读书目:

Baer, H. A., & Singer, M. (1992). *African American Religion in the Twentieth Century: A Religious Response to Racism*. Knoxville: University of Tennessee Press.

Brandon, G. F. (1993). *Santeria from Africa to the New World: The Dead Sell Memories*. New Brunswick, NJ: Rutgers University Press.

Chavannes, B. (1994). *Rastafari — Roots and Ideology*. Syracuse, NY: Syracuse University Press.

Curtin, P. D. (1969). *The Atlantic Slave Trade: A Census*. Madison: University of Wisconsin Press.

Desmangles, L. G. (1992). *The Faces of the Gods: Vodou and Roman Catholicism in Haiti*. Chapel Hill: University of North Carolina Press.

Du Bois, W. E. B. (1903). *The Negro Church*. Atlanta, GA: Atlanta University Press.

Frazier, E. F. (1964). *The Negro Church in America*. New York: Shocken Books.

Glazier, S. D. (1991). *Marchin' the Pilgrims Home: A Study of the Spiritual Baptists of Trinidad*. Salem, WI: Sheffield.

Hall, S. (1990). *Cultural Identity and Diaspora*. In J. Rutherford (Ed.), *Identity: Community, Culture, Difference*. London: Lawrence and Wishart.

Herskovits, M. J. (1941). *The Myth of the Negro Past*. New York: Harper.

Lincoln, C. E., & Mamiya, L. (1990). *The Black Church in the African American Experience*. Durham, NC: Duke University Press.

Mintz, S., & Price, R. (1992). *An Anthropological Approach to the Afro-American Past. The Birth of African American Culture: An Anthropological Perspective*. Boston: Beacon Press.

Raboteau, A. J. (1978). *Slave Religion: The "invisible" Institution in the Antebellum South*. New York: Oxford University Press.

Southern, E. (1983). *The Music of Black Americans*. New York: Norton.

Spencer, J. M. (1993). *Blues and Evil*. Knoxville: University of Tennessee Press.

Verger, P. (1968). *Flux et reflux de la traite des negres entre le Golfe de Benin et Bahia de Todos los Santos, du XVIIe au XIXe siecle* [Flow and Backward Flow of the Draft of the Negros between the Gulf of Benign and Bahia de Todos los Santos]. The Hague, The Netherlands: Mouton.

Zuckermann, P. (2000). *Du Bois on Religion*. Lanham, MD: AltaMira.

斯蒂芬·格莱齐尔(Stephen D. Glazier) 文

赵文杰 译　张忠祥 校

African Religions 非洲宗教

49

非洲传统宗教大都以信仰至高神为基础,同时包括信奉大地诸神、秘密会社以及附体教。为大多数人所信奉的基督教和伊斯兰教,分别于 1 世纪和 8 世纪到达非洲。非洲的现代宗教是不同宗教融合以及传统信仰和新的宗教体系平衡的产物。

非洲是众多"传统"宗教的家园,同时也是伊斯兰教和基督教多种形态以及许多新宗教发展的家园。在非洲灵性(African spirituality)方面可以发现一些特定的宗教特征,而非洲灵性超越了任何一种具体的宗教。对传统宗教、伊斯兰教以及基督教的抽样调查,有利于对非洲宗教特征的了解。

秘密会社

秘密会社,主要在西非地区的某些非洲人中普遍存在,但在以年龄为主导的组织中不常见。这类组织有宗教功能,经常不用依靠亲情纽带就可以把不同居住区域里的人团结起来。

秘密会社的宗教和仪式知识不向外人透露,只允许成员知晓,也可能只对那些有特殊职位的人公开。这也就加深了秘密会社的神秘性。此外,成员资格仅限于特定范围的人。该范围也可能扩大到所有结婚的妇女或者所有新入会的男子。在其范围中有渔夫、猎人、各种类型的手工艺者以及女商贩等。

利比里亚的波罗会(Poro)和桑德会(Sande)(分别指男人和女人)引起了人类学家长期的兴趣,因为这些组织是资助政府和促进社会改变的主要力量。克佩勒部落(The Kpelle tribe)每隔 3～4 年开放桑德丛林学校(Sande bush school),举行入会仪式。桑德会由女性完全控制经济和学校。新入会的成员全部是 9～15 岁的女孩。她们在学校期间从桑德会成员中学习

所有成为克佩勒女人所需要知道的知识,这一过程持续 6 周到 3 个月。

在这一过程期间,桑德会成员举行割礼活动(女性割礼和男性割礼在非洲是常见的宗教仪式内容),这也是女孩向女人转变的部分内容。之后,桑德会成员会为那些完成丛林学校课程的女孩举办仪式,这也就标志着她们以女性的身份进入了克佩勒社会。而波罗会的男人,会穿着用于宗教仪式的服饰欢迎这些女性进入克佩勒社会。

至高神

尽管造物主上帝经常被认为在创造了世界后离开了人类的星球,但大多数传统的非洲宗教承认的是至高神。因此,非洲宗教将更多的注意力放到了次阶之神上。例如,在苏丹有大量崇拜次阶神的神庙,而不是崇拜造物主上帝。尼日利亚的约鲁巴人也承认至高神奥罗伦(Olorun),但他是次阶之神奥瑞莎(orisha)的主人,而后者奥瑞莎才是约鲁巴人关心的焦点。木伦古(Mulungu)是东非大湖地区的人们信奉的至高神,但只有当所有对其他小神的信仰失效后人们才转信该神。大多数的非洲学者和研究非洲的学者对造物主是否遥远的解释存在争议。这些学者认为造物主上帝并不遥远,只是人们不能经常地、频繁地接近他而已,他们指出,在基督世界中有一个平行空间隔开了上帝和天使以及圣人所在的层次体系。

50

其他诸神

在非洲很多地方有对大地女神的崇拜。在下尼日尔河的伊博地区（Ibo）有阿拉女神（the goddess Ala），在加纳的阿散蒂人（Ashante）中有女神阿萨瑟·娅（Asase Ya）的信奉者。神的存在同某一个现象或自然特征相联系，这些因素反映日常生活现象和自然特征的重要性。例如约鲁巴人崇拜铁器之神——奥贡（Ogun）的事实，反映了人们的一种观念，即铁器从刚开始被使用时就非常重要。

而风暴神在某些方面同至高神有关系。风暴神通常指挥他们自己的牧师、寺庙和宗教仪式。约鲁巴人和伊博人有完整的风暴诸神信仰，如风暴之神、闪电之神、雷电之神。尚戈（Shango）是约鲁巴人的闪电之神和雷电之神，他同他的妻子河神、彩虹之神、雷电之神一同被崇拜，而后者都是他的仆人。

伊斯兰教和基督教

伊斯兰教在8—10世纪通过贸易与和平传教的形式传播到非洲的热带草原地区。在伊斯兰法的影响下，集权统治的好处对许多首领是显而易见的：在伊斯兰法律统治者的领导下有能力团结各部落而成为一个统一凝聚的整体。加纳、马里、桑海、卡内姆（Kanem）以及博尔努（Bornu）王国和豪萨酋长国在采用伊斯兰教为之服务后，全部成为集权制国家。

据各种宗教军事统治者所述，伊斯兰教统治及其法律的传入，为运用宗教方式惩罚不严格遵守伊斯兰教教义并且对抗统治者的叛乱分子提供了理由。19世纪时，武装分子抗议那些对他们的统治者不忠心的伊斯兰信徒，并领导了圣战运动以对抗他们认为在宗教信仰上松懈的某些人。

南非开普敦的一座清真寺。清真寺是世界上穆斯林共同礼拜的活动中心。弗兰克·萨拉莫内（Frank Salamone）提供

在苏丹宗教中，据说人们在出生之前就与造物主商谈过。在人们告诉造物主他们在生活中想做什么之后，造物主会给每个人实现其命运所需要的东西。如果一个人失败了，那么他或她会被认为是在同他或她的既定命运做斗争。幸运存在于头脑中，所以生活中幸运的人被认为有一个聪明的脑袋。

一般来说，非洲人认为他们的力量来源于至高神。例如马里的多贡人（Dogon）认为他们的至高之神阿玛（Amma）的强大力量通过宇宙传播，他们把这种强大力量命名为尼亚玛（nyama）。其他地区也有着相同的信仰，人们认为这些力量能控制天气并且同自然之力直接或通过至高神的仆人的控制相联系。

51

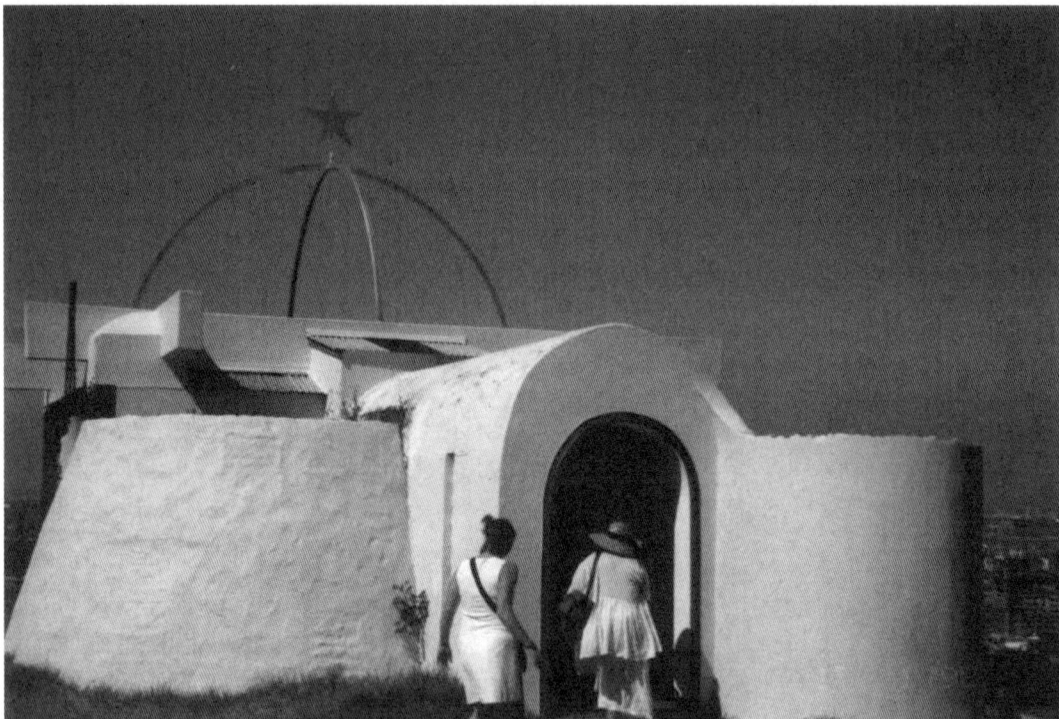

开普敦的一座什叶派神庙。南非多元文化的社会信奉不同的宗教和信仰。弗兰克·萨拉莫内提供

在富拉尼人（Fulani）中，19世纪的圣战是非常普遍的。他们打破了从大约13世纪以来在当地统治者之间的有效平衡。这些统治者依附于伊斯兰教，然而，他们的臣民却继续信奉传统宗教。尽管富拉尼人逐渐成为游牧民，但仍有很多定居的富拉尼人与豪萨人和其他定居的人群通婚。这些圣战的一个结果就是，富拉尼人的统治者取代了该地区叛乱分子曾占据的当地统治者的位置。

基督教在进入欧洲之前已于1世纪左右到达非洲。例如，埃及科普特教会，可追溯到基督教的1世纪时代并且今天仍然存在。埃塞俄比亚的东正教教会则是一性论派的教派，即这个教派教授基督徒拥有单纯的本性，而不是两个不同的（人性和神性）的本性。埃塞俄比亚东正教教会有圣人和天使的大型等级体系，还有很多男性修道院和女性修道院，以及对玛利亚、加百利、米迦勒和埃塞俄比亚教会的名义资助人

圣乔治（St. George）的强烈崇拜。也包括很多非洲圣人，如特克·海玛诺特（Tekle Haimanot）和加布拉·曼法斯·柯德杜斯（Gabra Manfas Keddus）。此外，还有对魔鬼和其他恶灵的信仰、巫术信仰和附身宗教。

附体教

附体教是非洲传统宗教的一大特征，非洲的基督徒和穆斯林也参与其中，尽管他们经常是秘密地参与。附体教存在于非洲的很多地区，但我们现在要把重点放到豪萨人的附体教上。在1975年的研究中，人类学家拉尔夫·福尔金哈姆（Ralph Faulkingham）注意到，穆斯林和他研究过的尼日尔南部村庄的豪萨"异教徒"信奉相同的神灵。他们全部信仰这些神的相同的起源神话。根据神话的描述，安拉（Allah）召唤阿达玛（Adama，女人）和阿达穆（Adamu，男人）来

52

到他面前,并命令把他们的所有孩子全部带来,但他们却藏匿了自己的一些孩子。当安拉问他们的孩子去了哪儿时,他们否认有孩子失踪。然后安拉告诉他们,被藏匿的孩子是属于神灵世界的,在每个世界中,这些神灵偶尔可能会占有这些生灵。

土著人的宗教信仰同死去的先祖神灵所在之地相联系,这些先祖神灵保护人们对土地的所有权和亲属关系。先祖神灵所在之地包括树木、裸露的岩石、河流、蛇和其他动物及物体。朝着神灵家族和神灵之地的祭拜仪式与祈祷,将巩固宗教内部公共的行为标准,并保护古老信仰和维持宗教习惯方面的长者权威。作为对祈祷者和宗教仪式的回报,神灵保护人们免遭厄运,并使其获得公正裁决,以及通过先知和萨满做出正确的预言。先知和萨满同神灵一起保护人们获得好运并抵抗恶魔。豪萨人把这些信仰吸收到了他们的伊斯兰教信仰中。

大多数穆斯林-豪萨参与了对名为博瑞教(Bori cult)的附体教的崇拜,其中主要是妇女和中产阶级成员。当一个人的社会地位上升时,他的伊斯兰宗教习惯也会变得越来越严格和正统。豪萨人中博瑞教的宗教仪式好像是颠倒的仪式,也就是说组织的规则在他们脑海中被颠倒了。参与该教的人可能在很多方面表现出在其他状况下不被接受的行为。博瑞教作为一个在信仰豪萨-伊斯兰强有力的父权主义之外的避难所,被广泛地理解。女人和柔弱的男人都能找到喘息的场所。当然实际上,博瑞教对各种边缘人都提供了令人舒服的开放怀抱,而不仅仅是女人。屠夫、掏粪工、音乐家和贫穷的农民也被欢迎加入该宗教中。所有心理不平静的人士,在皈依博瑞教后找到了心灵的慰藉。

今天的非洲宗教

非洲人在保留传统信仰基本特征的同时,也擅长接受新的宗教体系。今天,当新时代和基督教福音教派变得非常流行后,这种方式仍然继续存在。非洲宗教基础适应新的思想,并且能把他们全部融入基本的亲情关系模式以及个人精神、祖先和年龄等级内容中,并试图让所有这些内容与个人的人际关系网相联系。

进一步阅读书目:

Anderson, D. M. , & Johnson, D. H. (Eds.). (1995). *Revealing Prophets: Prophecy in Eastern African History*. London: Ohio University Press.

Beidelman, T. O. (1982). *Colonial Evangelism: A Socio-historical Study of an East African Mission at the Grassroots*. Bloomington: Indiana University Press.

Besmer, F. E. (1983). *Horses, Musicians & Gods: The Hausa Cult of Possession-trance*. Westport, CT: Greenwood Press.

Chidester, D. , & Petty, R. (1997). *African Traditional Religion in South Africa: An Annotated Bibliography*. Westport, CT: Greenwood Press.

Clarke, P. B. (Ed.). (1998). *New Trends and Developments in African Religions*. Westport, CT: Greenwood Press.

Creevey, L. , & Callaway, B. (1994). *The Heritage of Islam: Women, Religion, and Politics in West Africa*. Boulder, CO: Lynne Rienner.

Echerd, N. (1991). Gender Relationships and Religion: Women in the Hausa Bori in Ader, Niger. In C. Coles & B. Mack (Eds.), *Hausa Women in the Twentieth Century* (pp. 207 – 220). Madison: University of Wisconsin Press.

Evans-Pritchard, E. E. (1956). *Nuer Religion*. New York: Oxford University Press.

53

Faulkingham, R.N. (1975). *The Sprits and Their Cousins: Some Aspects of Belief, Ritual, and Social Organization in a Rural Hausa Village in Niger* (Research Report No.15). Amherst, MA: University of Massachusetts, Department of Anthropology.

Fortes, M. (1995). *Oedipus and Job in West African Religion.* New York: Cambridge University Press.

Greenberg, J. (1947). *The Influence of Islam on a Sudanese Religion.* New York: J.J. Augustin Publisher.

Karp, I., & Bird, C.S. (Eds.). (1980). *Explorations in African Systems of Thought.* Bloomington: Indiana University Press.

Makinde, M.A. (1988). *African Philosophy, Culture, and Traditional Medicine.* Athens: Ohio University Center for International Studies.

Olupona, J.K. (Ed.). (1991). *African Traditional Religions in Contemporary Society.* St. Paul, MN: Paragon House.

Oppong, C. (Ed.). (1983). *Male and Female in West Africa.* London: Allen & Unwin.

Parrinder, G. (1954). *African Traditional Religion.* London: Hutchinson's University Library.

Pittin, R. (1979). *Marriage and Alternative Strategies: Career Patterns of Hausa Women in Katsina City.* Unpublished Doctoral Dissertation, School of Oriental and African Studies, University of London.

Turner, E., Blodgett, W., Kahona, S., & Benwa, F. (1992). *Experiencing Ritual: A New Interpretation of African Healing.* Philadelphia: University of Pennsylvania Press.

Walby, C. (1995). The African Sacrificial Kingship Ritual and Johnson's "Middle Passage." *African American Review, 29*(4),657-669.

弗兰克·萨尔蒙(Frank A. Salmone) 文

赵文杰 译 张忠祥 校

African Union 非洲联盟

54　　　非洲联盟是一个由非洲国家组成的国际组织,于 2002 年正式成立,它由非洲统一组织发展而来,后者成立于 1963 年。非洲联盟起初是为促进泛非主义目标而设计,一直谋求促进整个非洲大陆的社会经济一体化,以实现非洲国家和人民之间伟大的团结与统一。

　　非洲联盟是泛非运动(the pan-African movement)的产物,这一运动要求结束殖民主义在非洲的统治,并迫切追求统一的非洲身份。1955 年 4 月 18—24 日,印度尼西亚万隆会议召开,这项运动得以真正推动。在会上,亚洲和非洲团结一致反对殖民主义的统治,同时促进了经济和社会方面的合作。非洲统一组织(OAU)于 1963 年成立,而非洲联盟是在非洲统一组织成员国批准通过并于 2000 年 7 月生效的组织法基础上,经过重组而成立的。同它的起源一致,非洲统一组织主要关注的是经济和文化问题。各成员国对非洲统一组织的表现十分满意,但他们也说希望通过努力改变成员国之间的关系,以更好地实现最初设定的非洲团结目标。同样地,非洲联盟更多的是沿着欧洲联盟的路线逐步发展而来。其内部设有下列机构:非洲联盟大会、执行委员会、和平与安全理事会、泛非议会、社会和文化委员会以及法院。这一经过发展而成立的联盟,在具体目标方面,包括在促进民主、提升人权以及实现良治等方面能有所扩展。

这些扩展的内容潜在地与该组织传统原则中关于尊重国家主权和不干涉成员国内政的规定相冲突。

泛非梦

19世纪早期,许多在欧洲受过教育的非洲人开始讨论非洲个性,非洲个性超越了语言和种族以及殖民认同的界限。现在还不清楚泛非主义是什么时候被首次运用到这一内容中的,然而大多数使用这种表达的人倾向于认为这个梦想实现的可能性很小。非洲大陆团结的想法无疑来自1900年在伦敦召开的第一次泛非大会,该想法存在于来自加勒比地区、北美、欧洲和非洲代表的思想中。大会呼吁结束殖民主义在非洲的统治,列举了殖民主义对非洲的各种消极影响,并明确表示所有非洲人包括非洲大陆以外的非洲人后裔应团结起来,一致支持更大规模的非洲社会和政治实体的建设。

此次大会之后产生了许多类似观点的表达,包括黄金海岸(今加纳)政治活动家查理·卡斯勒-海福特(Charles Casley-Hayford)的重要声明,也包括不同组织形式的表达,其中最著名的是1914年牙买加活动家马尔库斯·加尔维(Marcus Garvey)成立的黑人进步协会。之后,还举办了促进非洲团结的一些国际会议:第一次国际会议召开于1914年,同时召开的还有"一战"结束后的凡尔赛和平会议,之后是贯穿20世纪20年代的一系列其他会议。20世纪30年代,非洲的殖民政府对宣传泛非团结的活动越来越怀疑,但随着"二战"的爆发,非洲团结发展的激励想法却变得越来越有说服力。

非洲独立和非洲大陆的团结

"二战"以后,许多政治上觉醒的非洲人相信摆脱殖民统治实现独立是肯定的,只是时间问题而已。对该想法的肯定首先发生在北非地区,1951年利比亚摆脱了意大利的控制。但其中最显著的发展可能要归功于加纳这个新国家的独立了。加纳于1957年从黄金海岸的英国前西非殖民地独立出来。一些非洲领导人,尤其是加纳的首任总统夸梅·恩克鲁玛,把非洲的联合看作一个团结、独立的非洲大陆得以形成的信号:

> 非洲国家的统一将表现出更有力的非洲个性。非洲将会赢得世界的尊重,而不是只关注它的面积和影响……它不仅会产生值得夸耀其财富和实力的另一个世界级集团组织,同时,作为一个有着重要作用的强国是无法摧毁的。因为它建立的基础不是恐惧、嫉妒以及怀疑,也不是以别国为代价为自己谋利益;它是在和平、信任、友谊以及朝着人类美好未来发展的基础上建立的。

恩克鲁玛积极地参与以非洲团结为原则的活动,他认为这将是促进殖民主义遗产在非洲大陆结束的最好方式。1963年5月,非洲国家元首于埃塞俄比亚召开会议,恩克鲁玛提出了一项让非洲国家加入这种性质的联盟的计划。到会议结束时,有30多个国家代表同意了非洲统一组织的创建。

非洲统一组织

非洲统一组织在某种程度上实现了泛非运动的胜利,尤其是在国际社会的努力下结束了殖民主义在非洲的统治。9国解放委员会通力合作,促进了处于殖民主义统治下的国家获得独立,并且给南非人带来了多数裁定原则。最终,这些成功的国际努力又结束了种族隔离制度,于20世纪90年代促成了新南非的诞生。

> 我们不是为我们的孩子守护这片土地。事实是我们的孩子把土地借给了我们来耕种。
>
> ——肯尼亚谚语

但成功的泛非主义也有其缺陷：非洲统一组织作为一个有效的国际组织，其发挥作用的范围和能力有很大的限制。造成这一困境的核心问题是《非洲统一组织宪章》中第一条阐述的原则——"所有成员国主权平等"。这也包括对"不干涉所有成员国国家内政"的承诺。实际上，这项原则限制了非洲统一组织可能在促进很多其他方面的目标上所起的作用，包括对非洲人权的保护以及为非洲大陆上一系列破坏性的内战提供解决办法。

在关于这些限制引起的弊端中，有一个内容经常被坦桑尼亚总统尤里乌斯·尼雷尔（Julius Nyerere）所抱怨，即非洲统一组织只是国家元首间的一种贸易联盟，它是一个允许各国发表意见的国际论坛，对他们各自有时消极的政策不能提出任何异议。这样的话，非洲统一组织不但没有促进真正的团结，有时候它还加强了人为的分裂，而这些实际上曾是殖民征服及其统治才会有的遗留问题。到 20 世纪 90年代，在刚果、埃塞俄比亚、索马里和再晚一点的塞拉利昂与利比里亚发生了严重的破坏性冲突——最后两个国家陷入西非共同体组织的干涉状态中。这严重地破坏了非洲统一组织的不干涉原则。

一个新的组织

1999 年，非洲国家首脑会议发表声明：要求大致以欧洲联盟为模型重组非洲统一组织。新的非洲联盟中的一项核心内容是 2000 年 6 月通过的组织法被写入章程中。这一内容（通过这一组织法）规定：依照非洲联盟大会的决定，就严峻形势下的（某些问题），非盟有干预成员国的权力；也就是说可对战争罪、种族屠杀以及破坏人权的犯罪进行干涉。与此同时，再次重申了所有的成员国"主权平等和相互依存"。事实上，非洲联盟在第二年才正式成立，并且在

2002 年 7 月于南非正式召开了德班峰会。

尽管新的非盟组织承诺将更多地关注经济问题，甚至朝最终的共同货币目标发展，但考虑到非洲部分地区的不稳定性，非洲联盟也不得不面对有争议的政治问题。非盟的这些努力获得了国际社会的广泛赞誉，美国和欧洲联盟都做出重要承诺，因为非洲联盟成员国（为他们）创立了一个非洲发展的新伙伴。但与此同时，非洲联盟内部仍存在不和谐因素。例如，就津巴布韦危机而言，包括广泛的政府暴力和干涉选举——一些成员国寻求中止津巴布韦在非洲联盟的活动并且对其实施制裁，但其他一些成员国则拒绝干涉其内政。两派之间的妥协，自然地促成了罗伯特·穆加贝领导的爱国阵线政府与摩尔根·茨万吉拉伊（Morgan Tsvangirai）领导的民主变革反对运动之间的谈判。

尽管有各种不和谐，非洲联盟有时会以和平和安全的名义采取行动干涉成员国的内部事务。2004 年，非洲联盟在苏丹西部的达尔富尔地区展开维和行动，以阻止种族之间的冲突与屠杀。其军队人数最高时达到 7 000 人。非洲联盟的行动于 2007 年 12 月 31 日移交给联合国，军事行动控制宣告结束。在缺乏正常运作机构的情况下，非洲联盟从 2007 年 3 月开始也在索马里开展类似的维护和平运动。而在相似的干涉方式中，非洲联盟分别于 2005 年和 2007 年谴责毛里塔尼亚（军人政变）并且对其实施制裁，以及干涉科摩罗的昂儒昂发生的军事政变和政治动乱。

要实现像欧洲联盟内部已达到的一体化水平，非洲联盟还有很长的路要走。然而，非洲统一组织向非洲联盟的转型已经带来了更广阔的目标，并且重申了其对非洲团结的追求。虽然非洲联盟创立者的泛非愿景仍然停留在纸面上，同时，诸如达尔富尔和津巴布韦等问题与泛非理想相去甚远，但非洲联盟已经开始采取步骤实现它的最初目标。

进一步阅读书目:

African Union. (n. d. a). *Constitutive Act of the African Union*. Retrieved August 9, 2004, from http://www.africa-union.org/About_AU/AbConstitutive_Act.htm

African Union. (n. d. b) *OAU Charter, Addis Ababa, 25 May 1963*. Retrieved August 9, 2004, from http://www.africa-union.org/Official_documents/Treaties_%20Conventions_%20Protocols/OAU_Charter_1963.pdf

Bandung Conference. (1955). *Africa-Asia Speaks from Bandung*. Jakarta: Indonesian Ministry of Foreign Affairs.

El-Ayouty, Y. (1994). *The Organization of African Unity after Thirty Years*. Westport, CT: Praeger.

Esedebe, P. O. (1982). *Pan-Africanism: The Idea and Movement, 1776 – 1963*. Washington, DC: Howard University Press.

Krafona, K., (Ed.). (1988). *Organization of African Unity: 25 Years on*. London: Afroworld Publishing.

Genge, M., Francis, K., & Stephen, R. (2000). *African Union and a Pan-African Parliament: Working Papers*. Pretoria: Africa Institute of South Africa.

Gilbert, E. & Reynolds, J. T. (2004). *Africa in World History. Upper Saddle River*, NJ: Pearson Education.

Iliffe, J. (1995). *Africans: The History of a Continent*. Cambridge, U.K.: Cambridge University Press.

Legum, C. (1976). *Pan-Africanism*. Westport, CT: Greenwood Press.

Mamdani, M. (1996). *Citizen and Subject: Contemporary Africa and the Legacy of Late Colonialism*. Princeton: Princeton University Press.

Martin, T. (1983). *The Pan-African Connection*. Dover, MA: Majority Press.

Naldi, G. J. (1999). *The Organization of African Unity: An Analysis of Its Role* (2nd ed.). New York: Mansell.

Nkrumah, K. (1961). *I Speak of Freedom: A Statement of African Ideology*. New York: Praeger.

梅尔文・佩吉(Melvin E. Page) 文

赵文杰 译 张忠祥 校

Afro‐Eurasia　亚非欧大陆

倘若我们将非洲、亚洲和欧洲这3个彼此殊异的区域当作一个单独的实体,也即亚非欧大陆,那么我们便能够对那些跨越传统边界的诸话题与诸事件有更好的认识。作为一个术语,"亚非欧大陆"是一个有用的地理学范畴,虽然在世界地图上它不应取代欧洲、非洲和亚洲这些已有定名的区域,但是在历史学家的工具箱里,它却是一件有用的工具。

亚非欧大陆意指囊括非洲和亚欧大陆的诸大陆板块,以及与之毗连的诸岛屿。它们共同构成了一个空间上的单独实体。"亚非欧大陆"这一概念在历史现象与同时期社会现象研究中都是有用的,这些现象的总体地理语境都以这种或那种方式跨越了传统界定上的非、亚、欧三洲。一个突出例证便是罗马帝国。在政治上,罗马帝国使环地中海海盆的诸个社会连为一体,在这个环海盆区域,有着相当一致的气候条件和植物系统。在"亚非欧大陆"这一更广框架内意识到环地中海诸国家或地区的统一性或整体性,有助于我们探察帝国内那些相对大规模发展的情状。而"(地中海)海盆"这样一个由3个基本的、被人为武断确定的部分——欧、非、亚——所组成的地域观念,则有碍于我们对上述那类进程的研究。

囊括亚欧大陆和非洲的这块单独的、全球最大的大陆板块，从未拥有一个属于自己的、与众不同而又富于生命力的名称。这是具有讽刺意味的。因为地质学家们已经为许多大的陆地区域命名，比如"泛古陆"（Pangaea）、"冈瓦纳古陆"（Gondwana）以及"劳亚古大陆"（Laurasia），这些古陆地的存在比当今地壳构造的成形要早数千万年。有时候，人们将亚非欧大陆等同于东半球或旧世界，以比照与西半球或新世界相等同的美洲。

亚非欧大陆的地理样貌

从近北纬 78°绵延至南纬 35°，亚非欧大陆呈现出诸多各具特色的气候与植物带：从北极冻原到潮湿的热带雨林。这一超大陆的地形也是多样化的，相对于地表，既有至高点珠穆朗玛峰，亦有至低点死海。然而，亚非欧大陆的多样化气候与地形并没有阻止人类的栖居；大约在 2 万年前，人类就已经零星遍布于这一大陆及其邻近岛屿。通过卫星观看亚非欧大陆，我们会发现若干显著的地理特征。这些特征既挑战了人类的适应能力，亦促进了其旅行、迁移和相互交流。

以卫星之距观看这块大陆，我们所能发现的最为显著的特征也许是自北大西洋的非洲海岸至中国东北部的干旱与半干旱横向地带。这条由沙漠、灌木丛林地、山脉和草原构成的"链"包括撒哈拉大沙漠与阿拉伯沙漠、克孜勒库姆沙漠（Kyzyl Kum）、塔克拉玛干沙漠和戈壁，以及干燥的伊朗高原和半干旱的欧亚内陆草原。除有河流经过、形成河谷的地带或其他水资源能得到利用的地方外，亚非欧大陆的巨大干旱带使这里的人口密度降低。这种人口密度的降低与这块超大陆的温度和炎热带有关。不过即便如此，人类群体早在公元前 7000 年就已开始适应这里的干旱陆地，其方法为在季节性草地

上牧养驯化动物，以及最终为马、骆驼、牛等配上挽具让其载物拉车、穿越片片辽阔的雨水匮乏之地。

亚非欧大陆的另一显著特征在于它那几乎连绵不断的高地山脉链。这条自摩洛哥的阿特拉斯山脉至中国西部山地的山脉链横跨亚非欧大陆块。这一大陆块的诸高地有时阻碍了人类的移动；当南北两方的人们跨越由兴都库什山、帕米尔高原和喜马拉雅山组成的"屋脊"时，情形尤其如此。不过，那些充当先锋的旅行者们最终还是在这片高地上找到了通道。自此往后，这些通道成了商人、传教士和出征部队的过往由径。

由于印度洋占据了东半球的许多热带纬度，所以亚非欧大陆唯一一片具有热带雨林气候的区域在赤道非洲。这片区域要明显小于处在南美洲的亚马孙河流域湿热带。当然我们还须将印度南部、斯里兰卡和东南亚一带的大陆与岛屿包括在内，这些地带都是亚非欧大陆非连续性炎热带的组成部分。在这一炎热带，人们以彼此间颇为相近的方式求得了对生态环境的适应。

这一超大陆的亚欧部分有着横贯东西的长长轴线，较之于非洲大陆，其植被与动物区系要显得略少多样性，这部分归因于它相对狭窄的纬度范围。事实上，在《枪炮、病菌与钢铁》（Guns，Germs，and Steel）一书中，地理学家兼进化生物学家贾雷德·戴蒙德（Jared Diamond）就已提出，因沿着亚欧大陆长横轴一带的日光与气候分布相对均衡，粮食作物、驯养动物和相关农业技术已经在过去的 1 万年里传遍该地域；其传播要比它们沿着非洲或美洲大陆的长长的南北纵轴容易。而之所以如此，原因在于非洲大陆和西半球的迁徙农民与牧民必须一次又一次地去适应新的气候环境。

在亚非欧大陆的西北部，若干海域深穿大陆，这至少能够部分解释为何在这片区域出现了相对较早的人类文化的深度交流、技术革新

与人口增长。在这块大陆的其他地方，较长的河道与动物运载技术方便了沿海与内地人群之间的交流。此外，处于亚非欧大陆西部的海域链（波罗的海、北海、大西洋东海岸、地中海与黑海、红海以及波斯湾）与南部诸海域（阿拉伯海、孟加拉湾及诸中国海）相连，构成了一条跨半球的海域链。至少从公元前4000年开始，这条链就使那些驾船于其上的船长们能够中转货物、传递观念以及将来自远东的人们转送至亚非欧大陆遥远的西部。

有多少大洲？

由于在很大程度上受社会与文学研究领域的语言学转向的影响，许多学者如今已接受如下论点：地理空间是人类社会建构与名称赋予的产物。甚至连山脉和河谷也都是仅仅在人们对确定它们的特征、整体性与界限的标准有了一致认识的意义上才真正存在。因此，诸民族国家、民族区域、气候带和诸大陆也都随着时代变迁，成了受社会认可、拒斥或者改革影响的诸种建构。"亚非欧大陆"这一概念也同样是一种建构，它对应世界地图上的一个区域，并且成了展示诸种历史性发展的一个场域。不过，到目前为止，即便这一超大陆在地球上已清晰可辨，并且已有越来越多的证据显示，在这一大陆内部人们自古就已开展彼此间复杂的、长距离的交流，上述这种建构仍不为多少人注意或令多少人信服。

对人们把亚非欧大陆当作一个地理实体的做法构成最大障碍的，要数地理学家马丁·刘易斯（Martin Lewis）和卡伦·威根（Kären Wigen）的说法。在他们看来，那种认为世界包括七大陆地板块而其中三块为非亚欧三洲的理论，实为一个有关诸大陆的神话。西方的和受过西式教育的学者已非常明确有力地表达了这一观念：仅在20世纪上半叶，陆地才由七个主

要的"大陆世界"构成。例如，时至1950年，地理学家已不再完全认同关于美洲由两个大洲构成而非仅仅为一个大洲、澳大利亚理应被视作一个大洲而非仅仅为一个大岛的说法。

59

然而，自20世纪中叶始，"七大洲"理论已成为学校教科书、学术文献、地理地图集和大众媒体所秉持的教条。这一情形并没有因人们对"大洲"这一语词的定义存在的根本性分歧而改变。假如以传统方法界定，一个大洲就是一大块被水环绕或几乎被水环绕的陆地，那么在欧洲与亚洲之间并不存在明确水域分界线的情况下，对上述七大洲划分法提出批判的人们要问，欧洲与亚洲是否各自都构成了基本的大陆板块呢？事实上，对于澳大利亚、南极洲、北美洲、南美洲和亚非欧大陆，传统的定义还是十分适用的，只不过它们所构成的是五大洲而非七大洲。从这一"五大洲"视角出发，我们能够将地中海、红海和黑海视作亚非欧大陆的内海。因为比之大西洋和太平洋，它们只不过是不甚重要的洲际分区。实际上，地理学家、旅行家、商人和士兵很早就从自己的亲身经历中得知，这些水域不

《赫里福德世界地图》（The Hereford Mappa Mundi，英格兰，约1280年）将世界划分为非洲、欧洲和亚洲三个部分，周围是海洋洋流

足以构成人类交往的障碍。当人类发明了比较坚固的筏与帆船之后，他们就开始横渡这些水域并使之成为他们文化与商贸交流的繁忙通道。在红海区域，这种筏子与帆船的发明可上溯至 10 万年前。

集中于爱琴海一带的古代希腊人，是我们所知最早的分别将欧洲、亚洲和非洲视为西北方、东方和南方等几大不同区域的人群。不过，古代希腊人也将这几大不同区域想象成一个更广大整合体即"世界之岛"的组成部分。考虑到古代希腊人在环东地中海和中地中海边缘一带以及黑海区域的商贸与拓殖活动，我们对这样一个整体性概念并不感到惊讶。相反，古代罗马的学者尽管身在拥有跨洲际版图的帝国里，却倾向于强调三地域之间的分界。中世纪的基督徒围绕耶路撒冷这一地处"亚洲"的点绘制他们的世界地图，然而在他们的世界观里，位于这一圣城西北方的地域也即欧洲，有着与之迥然不同的文化与历史内蕴；而作为异教徒的黑暗之地的亚洲与非洲大部却并非如此。

作为两个大洲的欧洲与亚洲

几乎所有具备同一语言与文化传统的人类社会单元都拥有一个基本的创世神话，这种神话使它们各自成为被创造世界的中心。而它们所在的地域即为最初的创世者创造第一块大陆和人类先祖的地方。如其所是，从那一块"大陆"开始，人类向前迈进，最终遍布世界的其他地方。中国人将自己视为地球上的"中间王国"（中国）之子民，希伯来人拥有他们的伊甸园故事，穆斯林则怀有"伊斯兰家园"（the Dar al-Islam，向上帝表示臣服之地）与"不信者之境"（the Dar al-Harb，争战之地）相对比而存在的观念，这些实际上都为上述那种神话服务，意在表明相应人类社会单元在文化与历史上的首要地位。

一种旨在表明欧洲乃地球上主要大陆之一的观念最早在希腊人的思想中得以滥觞。在中世纪，该观念得以生根。至现代，它已然成为一种经典言论。甚至到了西方人之地理知识不断积累，能够证实在欧洲东部和如今我们所称之亚洲之间并不存在任何重要的水域或其他物理分区之时，这一言论仍未丧失其经典地位。所以，判断欧洲是否成其为一个大洲，还需要诉诸一些特别的依据，尤其是它那能够展示出自身独特文化性征，也即彰显西方基督教世界文化遗产的全体居民。不管语言、文化和政治上的差异如何造成欧洲人内部的彼此区分，他们全体在理论上都享有一片共同的世界。这片世界不是穆斯林和其他复杂得难以被理解的陌生人所居住的亚洲或非洲，而是一块拥有自己特色的地方。不过，由于在爱琴海与黑海以北的欧洲和亚洲之间缺乏任何值得重视的物理界线，欧洲的知识分子们在几个世纪里一直为达成有关欧洲大陆东部无海边界的共识而努力。各条呈南北方向流经俄罗斯的河流引领着其他支流，然而在 19 世纪，学者们一致认为乌拉尔山脉堪作界标。一位不知名的瑞典军官在前一世纪里率先提出了这一观点；而那些亲西化的俄国人士也发现这一观点具有吸引力，因为它强调了"在将西伯利亚当作一个只适合殖民与开发的异己亚洲区域时，要看到俄国的历史性内核的欧洲本质"（刘易斯和威根的观点）。在 20 世纪，"乌拉尔分界线"（the Ural partition）已经成为西方学术与学校地理学科中的信条。尽管有海量的历史证据已经显示那些圆顶山的最高峰也不过 1894 米，且从未妨碍过人们的交流，然而将乌拉尔山脉当作界标的做法基本上还是保留到了今天。所以，"欧洲"这一社会建构十分有利于如下观念，虽然它有着根本性的缺陷：位于地中海和黑海以北的诸陆地构成了一个地理上的单一整体——欧洲，可与亚洲和非洲相提并论；欧洲这一实体孕育了独特的文化元素和文化机制，从根本上将欧洲和亚洲、非洲以及其他所有大洲区分开来。

地处欧洲和亚洲之间的东部陆地边界，只是存在争议与历经修正的诸洲际边界中的一个。例如，中世纪欧洲的地理学家们想当然地认为尼罗河将非洲与亚洲分离；尽管在传统分界线仅于最近几个世纪形成之前，红海就已经成形。为了获得一个对诸大洲的种族论界定，一些学者声称是撒哈拉沙漠而非地中海将欧洲与非洲分隔开来，因为沙漠区分了"白色"人群与"黑色"人群。

在 19 世纪晚期，学者们又引入了"亚欧大陆"（Eurasia）这一概念，尽管对此人们有许多不同的定义。"亚欧大陆"的特点就在于亚洲和欧洲共同构成了一个单独的大陆板块，尽管非洲由此与它分离，欧洲也因此降到了一个次大陆的位置——一个与南亚、印度支那或者阿拉伯半岛相似的、相当于亚欧大陆的一个巨型半岛的位置。"亚欧大陆"这一概念在有关诸种历史发展进程的研究中也是有用的，因为这些历史发展进程的确切的地理框架就是作为一个整体而存在的亚欧大陆块。这些历史发展进程包括：从公元前 4000 年到前 1000 年之间那些操印欧语种的人群从中国往爱尔兰方向的弥散；在过去 3 000 年里诸游牧部族（斯基泰人、日耳曼人、匈奴人、阿瓦尔人、马扎尔人、突厥人）的长距离迁徙与入侵；跨亚欧大陆的"丝绸之路"的开启；技术、观念与宗教信仰的东西方向传播；13 世纪蒙古帝国的缔造；17 世纪俄帝国的兴起；以及 1917 年伊始苏联的出现。不过，尽管存在这些历史发展进程，亚欧大陆到目前为止仍没有发展到足以打破那种认为全世界有七大洲而非六大洲的传统学院式观点的程度。

作为历史之展示场的亚非欧大陆

亚欧大陆不能取代欧洲和亚洲而成为被人们接受和赞许的对象，意味着"亚非欧大陆"要想为人们所正式接受还需要经历一段形如攀登峭壁的艰难历程，这一点并不会因它具有向人们提出有关长时段与大规模世界历史变迁问题的价值而改变。人们虽然能够将亚欧大陆看作一个单独的大陆块，但还是需要再度接受教育，以认识到地中海和红海以及苏伊士运河（它的航道宽度为 180 米）不仅仅是几条处在几大空间单元之际的分割线。

另一方面，一些世界历史学者已或显或隐地将亚非欧大陆设想成一个单独的历史发展场域，认为传统的三洲分界法与他们所希望的比较性问题或世界历史问题无甚关系，因而将后者忽略或淡化。在 14 世纪初，也即当蒙古治下的诸国地域链由朝鲜一路延伸至保加利亚时，波斯历史学者拉希德·丁（Rashid al-Din）撰写了一部历史与地理巨著——《史集》。该书所考察的地理范围不仅包括"伊斯兰家园"，还包括印度、中国、欧亚内陆、拜占庭帝国以及西欧。事实上，拉希德·丁和其他一些受过良好教育的学者以及同时代的旅行家们一道，可能是世界历史上第一批意识到整个亚非欧大陆乃是一个相互连接的整体的人。在现代早期，当地理学家们迅速积累起有关这个地球的每一个角落裂隙的知识时，欧洲学者写出了大量的"普世历史"。这些"普世历史"将世界分为几个主要的部分，或为"大洲"，或为"文明"；其中，它们也承认亚洲诸民族（即使尚未承认撒哈拉以南的非洲人群）在某种程度上为"旧世界"的历史贡献出了自己的力量。

在 20 世纪，阿尔弗雷德·克罗伯（Alfred Kroeber）、阿诺德·汤因比（Arnold Toynbee）、马歇尔·霍奇森（Marshall Hodgson）、威廉·麦克尼尔（William H. McNeill）和斯塔夫里阿诺斯（Leften Stavrianos）等几位世界历史领域的先驱，分别采纳了有关"人类栖居之地"（ecumene，希腊语为 *oikoumene*）这一概念的不同界定，来

61

描述公元前 4000 年开始出现、最终由地中海海盆向北太平洋拓展、由诸种相互联系的农业文明组成的地带。霍奇森经常使用与"人类栖居之地"这一概念相关的"亚非欧大陆"（Afro-Eurasia）一语，他将这一术语的意指界定为"位于东半球的各个业已开化的、具有文化修养的文明地带"，而这些文明地带"彼此之间有着商贸和通常情况下的智识上的交流"。有时，霍奇森也运用"印度-地中海"（Indo-Mediterranea）这一术语来描绘人类开展深度交流的地域，该地域从印度北部延伸至地中海海盆，覆盖了亚洲、非洲和欧洲的部分地区；当然，霍奇森并没有对自己所用的这一术语做出详细的解释。

在《西方的兴起：人类共同体史》（The Rise of the West：A History of the Human Community）一书中，威廉·麦克尼尔假定"亚欧大陆人类栖居地之成形"这一不断发展变化的过程，也即亚欧大陆诸文明的相互连接进程，为历史发展提供了一种关键性动力。不过，他对亚欧大陆的界定也隐含地包括了地中海和印度洋的非洲海岸一带。在更近问世的一部著作《人类之网：鸟瞰世界历史》（The Human Web：A Bird's-Eye View of World History）中，威廉·麦克尼尔和约翰·麦克尼尔（J. R. McNeill）一致使用了"旧世界"一语来称呼亚非欧大陆。当然，他们的这一称呼遭到了许多学者的反对，被认为是"欧洲中心论"式论调。反对者的理由是：该称呼意味着美洲是一个新世界；直到欧洲人发现它时，这个新世界的历史才开启。

世界历史领域的另一位引领者菲利普·柯廷（Philip Curtin）也在自己的著述中描述了"一系列彼此间相互交流的地带的逐渐成形与拓展过程，这一过程始自河谷地带的一些小点，逐渐波及亚非欧大陆上的愈来愈广大的区域"。在《白银资本：重视经济全球化中的东方》

（ReOrient：Global Economy in the Asian Age）一书中，已故学者安德烈·贡德·弗兰克（Andre Gunder Frank）指出，在大范围地考察从 1400 到 1800 年之间的世界经济发展情势时，"亚非欧大陆"是一个较之于欧洲、亚洲、非洲甚或亚欧大陆都要妥帖得多的地理单位。阿诺德·汤因比通过新创"亚非大草原"（Afrasian steppes）一词，将红海由一条大陆分界线变为一个地处亚非欧大陆干旱带内部的既长且狭的湖，由此认为撒哈拉沙漠与阿拉伯沙漠之间存在着气候、生态与历史上的邻近性。历史学家迈克尔·皮尔逊（Michael Pearson）提出，为了表明东非海岸线、阿拉伯半岛、波斯和印度一带诸民族之间悠久的历史联系，人们可以使用"亚非大陆海"（Afrasian Sea）这一概念来取代"阿拉伯海"（Arabian Sea）一说。事实上，皮尔逊、弗兰克和罗斯·邓恩（Ross E. Dunn）已提出"亚非大陆"（Afrasia）这一术语，用以替换"亚非欧大陆"概念，由此赋予了这块大陆一个更能彰显自身特色的名字，而去掉那个由连字符连接起来的语词。然而，几位学者的这一概念创新，因理论上接受欧洲却忽略了"Eur-"这一连接形式，至今不被多少学界人士认同。

随着跨民族、地区间和全球史研究成果的累增，学者和教师群体都认识到将传统地理学的表达方式当作自然而然的、固定了的，抑或恒常不变的东西来接受是有缺陷的，因为这些先设的要素可能会对诸历史现象的整体性研究构成障碍，而这些障碍都是被任意强加的，会分散人们的注意力。因此，为求阐明那些业已发生在这个世界上的诸历史进程的比较性问题和大范围问题，对比较性的和大规模的变迁问题感兴趣的历史学家，已在近些年里采用一种更为语境化亦更具弹性的方法去贴近其地理语境，以便在这些语境中处理所遇到的特定历史问题。这些空间上的重新定位包含以下诸种观念："大西洋海盆""太平洋海盆""环印度洋区域""环地中海-黑海区域"以及"欧亚内陆"。在这些观念中，所涉地域都被视作相互交流、相互影响的区域，与传统的文明观和大陆（洲）观不同，如以历史观点视之，有时候也要比后者更具有效性。

简言之，"亚非欧大陆"乃诸种有效的地理学范畴之一，它不应取代欧洲、非洲和亚洲这些在世界地图上已有定名的区域，而更应被当作历史学家工具箱里的一件有用的工具。

进一步阅读书目：

Curtin, P., Feierman, S., Thompson, L., & Vansina, J. (1995). *African History: From Earliest Times to Independence* (2nd ed.). New York: Longman.

Diamond, J. (1993). *Guns, Germs, and Steel: The Fates of Human Societies*. New York: W. W. Norton.

Dunn, R. E. (Ed.). (2000). *The New World History: A Teacher's Companion*. Boston: Bedford St. Martin's.

Dunn, R. E. (1992 Spring-Summer). Multiculturalism and World History. *World History Bulletin*, 8, 3 - 8.

Frank, A. G. (1998). *ReOrient: Global Economy in the Asian Age*. Berkeley and Los Angeles: University of California Press.

Hodgson, M. (1954). Hemispheric Interregional History as an Approach to World History. *Journal of World History/Cahier d'Histoire Mondiale*, 1(3), 715 - 723.

Hodgson, M. G. S. (1974). *The Venture of Islam: Conscience and History in a World Civilization*. Chicago: University of Chicago Press.

Hodgson, M. G. S. (1993). *Rethinking World History: Essays on Europe, Islam, and World History*. (W. Burke III, Ed.). Cambridge, U. K.: Cambridge University Press.

Kroeber, A. L. (1944). *Configurations of Culture Growth*. Berkeley and Los Angeles: University of California Press.

Lewis, M. W., & Wigen, K. E. (1997). *The Myth of Continents: A Critique of Metageography*. Berkeley and Los Angeles: University of California Press.

McNeill, J. R., & McNeill, W. H. (2003). *The Human Web: A Bird's Eye View of World History*. New York: W. W. Norton.

McNeill, W. H. (1963). *The Rise of the West: A History of the Human Community*. Chicago: University of Chicago Press.

Pearson, M. N. (1998). *Port Cities and Intruders: The Swahili Coast, India, and Portugal in the Early Modern Era*. Baltimore: Johns Hopkins University Press.

Stavrianos, L. S. (1998). *A Global History: From Prehistory to the 21st Century* (7th ed.). Englewood Cliffs, NJ: Prentice Hall.

Toynbee, A. J (1947). *A Study of History*. New York: Oxford University Press.

罗斯·邓恩（Ross E. Dunn）文

刘招静 译 陈恒 校

Agricultural Societies　农业社会

63
农业社会是以培育动植物为主要生计的人类生活形态,它的起源最早可追溯到公元前1万年。随着人口的增减,以及技术的不断进步,这一生活系统在人类生存的整个过程中发生了不同程度的变化。

所有社会都是多元的,它们包含多个组织体系和技术体系。在一个农业社会,人类生存方式的实质部分源于一个或多个农业体系(例如基于特殊技能和管理系统的动植物培育体系)。从生态学上说,主要的农业体系可明显被分为旧世界体系和新世界体系。从组织形式上说,它们又可被分为家庭/农民体系、精英体系、工业体系。一个社会的农业体系与这个社会的王权体系、政治体系、宗教体系、经济体系等其他体系都有着相互作用、相互影响的关系。

在各个生态学模式的各个组织形态中,农业体系在强度上也是有区别的。这里的强度是指每块土地的总投入和总产出,可通过能量单位卡路里进行衡量。农业体系发展进程中最常见的现象是人口与强度的交互作用。在一个体系框架内,随着人口的增加,强度也会加强,直到这一体系可承受的极限。而当到达极限时,这一体系要么发生变化,要么直接崩溃。

生态学比较

旧世界农业生态体系与新世界农业生态体系的区别在于恢复地力的方式不同。在烧垦等世界性长休耕农业体系中,地力的恢复就是植物生长和枯萎的自然过程,农民通过轮换种植长期闲置的土地为农作物提供肥力。相比之下,在短休耕农业体系中,农作物必须被施肥。在旧世界体系中,恢复地力是通过畜养蹄类动物为主的家畜实现的。这些动物可使农民将农

作物中无法使用的部分转换成可使用的材料和食物,这就降低了农耕总面积和耕地地力恢复上的要求。家畜通常白天在野外放牧,晚上归来,这又增加了额外的有机物质。这一体系的一个变体是牧民和农民相生共栖的关系:农民允许牧民在农田的残茬上放牧;作为交换,牧民将牲畜停留在农田上过夜。这一点在非洲尤为重要,因为那里的舌蝇使牲畜无法在固定的地方停留。

新世界农业生态体系并不包括家畜,因此并不存在施肥周期循环。肥料通常通过水力的某些方式被灌入田地,主要包括集水灌溉和Chinampas(浮园耕作法)两种。集水灌溉或是指河中淤泥经沟渠被灌入,或是指水中火山灰或侵蚀岩流入。虽然新世界的农民也知道一些有机方式的价值,如他们将鱼和种子埋在一起,但在大范围内这样做则需要太多的人力。64

除了无峰驼、豚鼠等一些家畜外,新世界农业体系缺乏所有的其他家畜。相对旧世界而言,新世界很少有地方能使人们完全依靠农业生存,而且被仍以狩猎和采集为生的广大地区包围,即定居社会被劫掠者包围。相比之下,旧世界的农业社会分布在更广阔的区域中,居住更为稠密,并经常摧毁位于他们定居地之间的狩猎和采集社会。新世界和旧世界的这种差别,对它们各自组织体系的发展都产生了重要影响。

旧世界

旧世界定居社会第一次种植野生植物最早

65　出现在大约公元前 10000 年。到公元前 7000 年左右，人们已开始对这些野生植物进行人工培植，地点位于约旦河谷附近、托罗斯山脉和札格洛斯山脉两翼的"肥沃新月"（fertile crescent），植物包括二粒小麦、单粒小麦（古代麦子的一种）、大麦、小扁豆、鹰嘴豆、豌豆、野豌豆和亚麻。不久后，羊、山羊、无峰驼、马、猪等家畜也出现了。人工培植植物的出现必然意味着农民在使用之前所收获的种子种植各种新作物，而一旦这种行为被确立下来，农作物就能被传播到全新的区域，渐进性变革也会迅速发生。

农业的扩展既通过观念和栽培植物从一个群体向另一个群体传播实现，也通过整个群体的迁徙实现，而显然迁徙是这两大进程中最重要的方式。公元前 7000 年，人工栽培作物被移民引入巴尔干半岛。公元前 5000 年，农庄开始在法国南部出现。从大约公元前 5400 年开始，独特的斑陶文化出现在从匈牙利到荷兰的农村地区。公元前 7 世纪初，在今阿富汗南部地区出现了南亚第一个农业定居点，培育着来自中东的动植物。与之同时代、位于恒河平原以南温迪亚山脉（Vindhyan Hills）的农业定居点则在种植稻米。在公元前 7000 年到前 5800 年间，中国长江流域出现了农业社区，当地人在河谷低地种植稻米，在高地种植粟米。当时的粟米是人工培植的野生植物，还不能确定是否属于米的一种。人工培植的谷物在日本和东南亚的出现更晚一些，这主要是因为薯类（尤其是芋头）的影响，至少对日本来说是这样。

现存关于这些早期社区的考古遗迹显示，它们一直采用农民/家庭组织形式：没有围墙的小村庄分布着或毗邻或分散的房屋，以及贮藏窖和举行仪式的场所。但我们几乎找不到关于社会阶层的明显证据，虽然当地人的丧葬风俗显示出他们的祖先已拥有财产。如果按照人类学方法类推，这些配置通常意味着基于家庭、村庄、多种亲属关系的三层组织形式，其中多种亲属关系又基于通常被描述为"部落"的组织形式。家庭一般可能通过亲属关系彼此联结，各个家庭各耕自家份地，并伴有村庄协作。各村庄联系紧密，互相支持，但缺乏任何正式的上层结构。

大约到公元前 3000 年，农业大地产伴随着城邦、青铜工具和武器、大型灌溉系统、初级书写形式一起出现。大地产由军事贵族世袭，或至少部分由祭司世袭。这些群体都有政治特权，而大地产又给予了这些特权以支持。据苏美尔人记载，用于生产食物和纺织品的大型"谷物磨坊"及"织造坊"都与"世袭君主"和庙宇相关。特权者强迫农民义务劳动，记录显示，当农民工作时，他们的生活由庙宇和王室负责保障。《伊利亚特》（Iliad）在描述阿伽门农（Agamemnon）时也有类

13921　IRRIGATING APPLE ORCHARD, NEAR HAGERMAN, N. M.　FRED HARVEY.

"灌溉苹果园，海格曼，新墨西哥"（Irrigating Apple Orchard, Hagerman, New Mexico），技术和农作物构成了旧世界与新世界农业交流的基础。纽约公共图书馆

似的记载,只是所使用的劳力是从战争中劫掠来的奴隶。城邦间的冲突导致了越来越少却越来越大的联盟的形成,到公元前 600 年,这一进程便过渡到了帝制。在帝制体系中,征服者不再寻求摧毁敌对的城邦,而是使之臣服于更高的等级制度和特权之下。

南亚的情况在时间上也很类似。起始于大约公元前 2300 年的印度河谷文明是一个统一、有序的农业文明。在这一文明社会中,各个社区都是单一系统的一部分,且相互协作。然而,在大约公元前 1790 年,即一场地震使印度河谷文明依赖的两大河流之一改道后,这一文明崩溃了。随后,人口散布到了周边地区,尤其是恒河平原。如此,农业社会形态虽然保留了下来,但社会凝聚力丧失了。到公元前 600 年,在恒河河谷,有围墙的城镇至少有 16 座,它们同美索不达米亚地区的城邦一样也互相攻伐。到公元前321 年,这种冲突最终导致了孔雀王朝的建立。

在中国,有围墙的城镇伴随着最早的王朝夏朝一起出现,之后在商朝(前 1600—前 1046)得以延续。在商朝君主之下有许多世袭的领主,这是中国社会区别农民与上流人士的第一种形式。

所有帝制体系都涉及精英阶层攫取农民的产出,以及受精英阶层直接控制并通常使用非自由劳动力的大型工坊。这种模式一直持续到亚洲帝国被纳入欧洲殖民体系。然而,在那之前,城市层面民主体制的发展对不同帝制体系的演进及其相互作用产生了根本、长期的影响。

罗马共和思想的中心目标就是在一个能保障所有人权益的单一系统中寻求平民的小农农业和氏族的精英农业的利益平衡。这一问题通过罗马共和国所征服领土的罗马殖民地得到解决。在罗马帝国崩溃之后,公民体系留存了下来,并随着这些罗马故土演进发展,融入我们今天所知的欧洲国家之中。但这一演进过程存在彻底的利益重组。罗马元老院元老们的财产有

赖于基于战争侵占土地的精英农业,而文艺复兴时期人们的财富主要源于商业。因此,人们不再支持帝制,也不再反对独立经营的农民,而是反对帝制,支持独立经营的农业。

在罗马曾经统治的欧洲区域之外,例如俄罗斯、南亚、东南亚、中国、日本等地区,都还在皇权的统治之下。这种状况为精英农业提供了支持,其结果是农民通常无力避免被奴役的命运,也没有一个地区能够像欧洲那样成为技术革命独立的引擎——首先开始贸易扩张,摧毁封建主义,并最终实现工业化。

尽管始于 18 世纪晚期的土地改革有志于将小农农业从社会精英日积月累的压迫中解放出来,但这些改革在西方之外并没有取得显著成效。与此同时,绿色革命及其在农业综合经营中的相关发展使农民/家庭能够培育生产更多品种的动植物,这也产生了小农农业的一种"新技术"形式:它集成了家庭经营与大规模管理,以寻求前所未有的经济和技术支持。

新世界

在新世界,有一种谷类作物比其他农作物都要重要,那就是玉米。我们所知最早的人工培育的玉米发现于墨西哥中部蒂瓦坎河谷(Tehuacán Valley)的一个山洞里,时间可追溯到公元前 5000 年。但它与我们现在所知的玉米大不相同,而且远没有旧世界初次培育的玉米那样多产和有用。尽管人工培育迹象明显(外壳环绕着穗子,不是单一的体胚),但穗子还不足 3 厘米长。之后过了大约 1500 年,这一区域又出现了有目的人工栽植玉米的迹象,那时与它一起被种植的还有豆子、南瓜、红辣椒、葫芦、苋菜。到公元前 1500 年,蒂瓦坎玉米在产量和营养价值上已有明显改观。但在那之前,它已传播到其他地区。被发现于科罗拉多高原(Colorado Plateau)蝙蝠洞穴的玉米可追溯到大约公元前

66

2100 年。美国西南部地区在公元前 300 年的时候就有了灌溉农业。使用沟渠系统和梯田的更大村庄或印第安村落大约到公元 500 年才出现，这其中包括阿那萨齐人（Anasazi）的村落，现代霍皮人（Hopi）和霍霍坎人（Hohokam）就是他们的后代，时至今日，我们在凤凰城还能看到霍霍坎人的沟渠系统。在北美东部地区，人工栽植当地作物（菊科灌木、向日葵、藜科植物、葫芦等）始于公元前 1500 年，玉米大约出现于公元 600 年。但由于降雨充足，无须灌溉，玉米的出现并没有对人口集聚规模造成显著影响。

一般而言，墨西哥河谷北部农业依靠家庭/农民经营，如果将已知的历史模式与考古证据结合起来，我们可将它的核心组成单元分成家庭、宗族和村庄。土地所有权主要掌握在宗族手中，家庭基于宗族权力进行耕种，而宗族权力

又得到了当地宗教代表委员会的一致支持。基于宗族特权的僧侣统治集团控制着村庄的周期性活动，包括关键的农时。

墨西哥地区最大的城市人口群位于最早开始进行人工培育的区域——始于公元前 1200 至大约前 400 年的奥尔梅克（Olmec）文明。之后又经历了瓦哈卡河谷（Valley of Oaxaca）的特奥蒂瓦坎（Teotihuacán）、托尔特克（Toltecs）、奇切米克（Chichemics）、阿兹特克文明等。虽然我们对奥尔梅克文明的组织形式了解甚少，但从特奥蒂瓦坎文明中我们可以清晰看到，城市精英与村庄农民间的关系不是大众与其领导者和捍卫者的关系，而是征服者与被征服者的关系。这似乎反映出一种将自己转化成了军事化统治阶层的部落群体统治。精英们对产品、劳役、祭品都是横征暴敛，专注于建造大型仪式中心，以

在巴西的里约热内卢北部地区，人们在农贸市场附近出售农产品，这些农产品都产自用于出租的、一般不超过 50 英亩（约 0.2 平方千米）的土地

体现他们统治千秋万载的信念。他们组织大规模生产，并显然从事长途贸易。然而，他们为所征服的民众所做甚少。例如，当地没有真正的大型灌溉系统，而这样的工程也不可能由当地社区单独建造出来。我们也看不出统治者在港口设施、旅馆，甚至货币方面对私人商业的任何支持。在这一地区，主要仪式中心的人口与建造这些仪式中心的权力集团同起同落，而不是一个统治者接着一个统治者地延续下去。例如，特奥蒂瓦坎在 500 年估计有 20 万人，但在 750 年左右的一场大火之后，此地就被永久废弃了。相比之下，村庄的人口规模似乎十分稳定。

安第斯山脉北部地区的模式与毗邻的太平洋沿岸类似。大约从公元前 1200 年开始，当地社区开发山区和沿岸平原的河谷以推行灌溉农

业。通过地区冲突，这一区域日益发展形成一些更强大、更军事化的国家，如查文（Chavin）、与之同时代的莫切（Moche）和纳斯卡（Nazca）、奇穆（Chimu），以及后来以库斯科（Cuzco）为根基而在公元前 1470 年代确立统治地位的印加帝国。印加帝国强征所有产出的 2/3，并强制劳役建造庞大的道路系统、仓储设施。但一些特别的、只有梯田的山区很可能在经济上无法自给自足。印加帝国的布料和实用工具都实现了大规模、有组织的标准化生产。当一些人因印加帝国的压力被迫逃离，以避免被征服的命运时，印加帝国会向那一地区进行殖民。1532 年，皮萨罗（Francisco Pizarro）到达印加帝国并俘虏了其统治者，这一体系也随之崩溃了。

位于尤卡坦半岛的玛雅文明与其他文明唯一的不同之处在于精英阶层都是当地土著，他们行使着生产方面的重要职能。据考古记录显示，玛雅文明形成于公元前 2000 年左右，直到 14 世纪中期由于一系列内战而崩溃，这些地区的人口也大量减少。其人口中心是由许多小村落包围着的庙宇和宫殿，以及明显采用浮园耕作法的大片区域。

当欧洲人到来后，旧世界的农业也紧随而至，只是英语区和西班牙语区的模式有所不同。就前者而言，大部分地区都是家庭/小农农业。由于旧世界农业比新世界农业支持更高的人口密度，无论这两种体系如何争夺土地，最终前者完全替代了后者。

相比之下，在西班牙语区，主要的旧世界管理模式是精英农业，因此被替代后的管理系

该插图源自一幅中国清朝版本的耕织图（描绘耕作与纺织场景的组图，1210 年初版），该组图描绘了 23 个农耕场景，意在颂扬宋朝农耕技术的发展

太阳有着众星的环绕和依赖，但它仍会使一串葡萄成熟，仿佛宇内无他事可做一般。

——伽利雷·伽利略（1564—1642）

统与新世界类似，都或多或少留有农民体系残余。这种模式最深层的结果是大地产制的出现，包括欧洲人拥有的大庄园、教区地产，以及其他凌驾于当地村庄之上的精英集团。在后者的村庄中，村民可以继承经营他们赖以生存的农业生产，但同时也要服从精英集团的需要，从事更大区域的生产活动。

现在，旧世界的农业生态明显在新旧世界都占据了主导地位。不过，新世界的农业生态在并不适应的栖身环境中仍延续了下来，例如在有 203.2 毫米（8 英寸）年降水量的霍皮台地、依赖种植传统玉米作为低成本维持生计手段的墨西哥林垦区、安第斯山脉高处、亚马孙雨林。

工业化农业

工业化农业响应了工业革命带来的高人均产出。从生态学上说，它将动物畜养与农产品分离开来，从工业资源中提供肥料，并要求农民生产工业用品而不是消费品，从而打破了动植物在农业生产层面的相互依赖关系。从组织上说，它用基于农民和工业组织商业联系的关系替代家庭内部关系和精英特权，使农业经营变成工业生产的一部分。属于极端的情况是，在像美国加利福尼亚帝王谷这样的地区，农民不是任何形式的土地所有者，企业拥有大部分土地；农民与企业订立合同，同意按需种植、按时上缴农产品；农民可能拥有关键的农业机械，如有必要他们会增加额外投入以生产农作物，之后便转向下一个合同。

工业化农业是高度专业化的农业。美国现在的农业人口只占美国总人口的 2.5％，但其农业有来自农村和城市涉农金融、仓储、初级加工、政府事务、贸易、运输、科研、教育等方面的支持，所涉人员总数不下于人口总数的 20％。当我们把这一群体当作一个单位进行社会间的比较时，我们会很容易看到工业化农业是如何兴起的，从而避免过分夸大地区别农业社会和工业社会。

当前趋势

在世界农业经济中，相对重要的家庭/小农经济和工业化生产日趋强盛，同时精英农业正在衰落，但现代的家庭/小农农业和工业化农业都面临着挑战。绿色革命所依赖的化肥和农药导致了严重的水、大气甚至海洋污染，要减少这种仍在加剧的破坏则主要依靠我们不断增强对植物的转基因改良能力。但各种破坏性的商业活动和一些先行企业对这一技术的商业开发暴露了当前法律的缺陷，而这恰恰反映出大部分农业家的关切，并关系到农业稳定性。显然，调整更正的过程将是异常缓慢的。

进一步阅读书目：

Bayless-Smith, T. P. (1982). *The Ecology of Agriculture Systems*. Cambridge, U.K.: Cambridge University Press.

Boserup, E. (1981). *Population and Technological Change: A Study of Long-term Trends*. Chicago: University of Chicago Press.

Gregoire, J.-P. (1992). Major Units for the Transformation of Grain: The Grain-Grinding Households of Southern Mesopotamia at the End of the Third Millennium BCE. In P. C. Anderson (Ed.), *Prehistory of Agriculture: New Experimental and Ethnographic Approaches*. Monograph #40. Los Angeles: Institute of Archaeology. University of California.

Higham, C. (1995). The Transition to Rice Cultivation in South-Eastern Asia. In T. D. Price & A. B. Gebauer (Eds.), *Last Hunters First Farmers*. Santa Fe. NM: School of American Research Press.

Leaf, M. J. (1984). *Song of Hope: The Green Revolution in a Punjab Village*. New Brunswick, NJ: Rutgers

University Press.

Schusky, E. L. (1989). *Culture and Agriculture*. New York: Bergen & Garvey.

Smith, B. D. (1998). *The Emergence of Agriculture*. New York: Scientific American.

Turner, B. L., & Brush, S. B. (1987). *Comparative Farming Systems*. New York: Guilford Press.

Zohary, D. (1992). Domestication and the Near Eastern Crop Assemblage. In P. C. Anderson (Ed.), *Prehistory of Agriculture: New Experimental and Ethnographic Approaches*. Monograph ♯ 40. Los Angeles: Institute of Archaeology. University of California.

Zohary, D., & Hopf, M. (2000). *Domestication of Plants in the Old World* (3rd ed.). Oxford. U. K.: Oxford University Press.

穆瑞·里夫(Murray J. Leaf) 文

李月 译　陈恒 校

Akbar　阿克巴

阿克巴在位几近 50 年,是莫卧儿帝国最重要的皇帝之一。尽管在人生将尽之年遭逢了与自己那位反叛的儿子达成和解之事,但阿克巴在位期间凭借自己所具有的智慧和良好判断力确定的莫卧儿式统治模式,将在接下来的 300 年里继续存在。

阿布-乌尔-法特·贾拉尔-乌德-丁·穆罕默德·阿克巴(Abu-ul-Fath Jalal-ud-Din Muhammad Akbar)是以南亚为中心的莫卧儿帝国(1526—1857)伟大的帝王。在为期 49 年的统治(1556—1605)中,阿克巴证明了自己是位卓越的将军、精明的政治家、能干的管理者和慷慨的艺术赞助人。阿克巴的精力和才智为莫卧儿帝国打下了坚实的基础,并为莫卧儿帝国的统治创建了一种模式,直到 18 世纪早期都几乎未曾变更。

1542 年出生在信德乌马科特(Umarkot in Sind,今巴基斯坦东南部)的阿克巴 13 岁时成功登基,其父胡马雍(Humayun,1508—1556)此前仓促故去。在接下来的 4 年里,阿克巴慢慢拓展自己的政治势力。其政治势力跨越了印度斯坦(Hindustan)这一印度北部的地理与农业中心带。16 世纪 60 年代,阿克巴在印度中部和北部的马尔瓦(Malwa,1561)、冈瓦纳(Gondwana,

1564)、拉贾斯坦(Rajasthan,1568—1569)和本德尔坎德(Bundelkhand,1569)等诸地区声明了自己享有权威。在接下来的数十年间,他用战功将帝国的统治延伸至西部的古吉拉特(Gujarat,1572—1573),东部的比哈尔和孟加拉(Bihar and Bengal,1574—1576),东南部的喀布尔(Kabul,1585,在今阿富汗)、克什米尔(Kashmir,1586)、信德(Sind,1591)和奥里萨(Orissa,1592),以及德干高原(Deccan)上的莫克兰和俾路支(Makran and Baluchistan,1594,在今巴基斯坦)、坎大哈(Kandahar,1595,在今阿富汗)、贝拉尔、坎德什和阿赫默德纳加尔的诸部分(Berar, Khandesh, and parts of Ahmadnagar,1595—1601)。

为了实现自己的扩张主义式军事行动目标,阿克巴还进行了其他一些积极的尝试,这些尝试都是为了笼络或毁灭其他地域的力量。因此,从 16 世纪 60 年代早期到 1581 年,阿克巴成功制服了其自身所在的、业已扩大了的莫卧儿宗族内部的诸多对手。在这些对手当中,有他的远亲米尔扎斯(Mirzas,16 世纪 60 年代早期)和同父异母兄弟米尔扎·哈基姆(Mirza Hakim,1581)。从 16 世纪 60 到 90 年代,阿克巴通过多种途径,声称自己拥有对乖张不驯的莫卧儿贵族的权力。他摧毁了曾向其父亲效力的、权力已定的土耳其与乌兹别克部族(Turkish and Uzbek clans)势力;通过招募来自其他族群的人员,如印度穆斯林、印度武士部落拉吉普特人(Hindu, Rajputs)、阿富汗人和波斯人,他使莫卧儿贵族的等级变得多样化;他制定了旨在强调纪律和对帝国效忠的详尽行为规则。此外,他既强调自己的统治权是神授予的,又(更具争议地)强调自己本身享有半神地位。然而,阿克巴试图用来控制贵族的最重要工具是于 1574—1575 年之后付诸实施的曼萨布达尔制(the mansabdari system)。在这一体制内,每一贵族都被授予一个等级,而每一等级又包含两个单独的级别:第一级别意指一名贵族的个人地位;第二级别标示着这位贵族具有招募新成员、带领一定数量的骑兵(cavalry)为帝国服务的义务。一个等级据有者的财政需求由国家来满足,其方式是通过非世袭和非转让的地产分配,而这些地产的持有期限很少超过 3 年。

16 世纪 70 年代之后,阿克巴将目标对准强大的伊斯兰宗教力量。他分几次行动来实现自己的意愿。他改革了由国家来颁布地产授予法令的制度,该种地产授予法令为宗教共同体提供财政支持。他声

明自己对教义定夺之事的裁断权,并且在莫卧儿行政管理框架内,削弱通常还充当宗教力量主要发言人的审判官的重要地位。他放逐且有时候谋杀那些宗教上的对手,并提拔苏非团体(the Sufi orders)用以对抗正统宗教力量;他还发展出一套普世皇权理论,根据该理论,皇帝有义务平等眷顾他的每一位服从者,不管这些服从者的宗教属性如何。如此,阿克巴结束了那种强力迫使非穆斯林战俘改宗伊斯兰教的做法,

《皇帝阿克巴带豹狩猎图》(*Emperor Akbar Hunting with Cheetahs*,约 1602 年),来自皇帝生平记述《阿克巴本纪》(*Akbar Nama*)

莫卧儿皇帝阿克巴以他的聪明才智和良好判断力而著称

并且针对印度人（印度教信徒，Hindus）提高各种不同的税收；他在 1579 年做了一个最重大的举动，即取消了加在非穆斯林身上的人头税（吉兹亚 jizya）。尽管伊斯兰宗教力量总体上反对阿克巴的宗教举措，然而在阿克巴于 1581 年摧毁了反对他的一次大规模政教叛乱后，伊斯兰宗教力量被迫接受了他的安排。阿克巴的改革主义方案大体上一直延续至其反叛者阿克巴的曾孙奥朗则布（Aurangzeb）当政时期（1658—1707）。

16 世纪 60 年代之后，阿克巴开始将柴明达尔，即印度上层地产持有者，转变为一个准官方的服务阶层。享有对柴明达尔的控制对阿克巴来说是一件重要的事情，因为他们使他有途径获取农业财富，而这些财富是用来供养莫卧儿

帝国事业的。这些柴明达尔是出了名的难以驾驭的对象，向他们要钱从来都需要进行非常耗时的政治谈判。但是，阿克巴有自己的新安排。他让这些柴明达尔向农民征收应得税入，这种税入在过去的 10 年里是国家通过一套极为复杂的测量耕地、计算均价和产出的制度来决定的；而作为对这项服务的回酬，这些柴明达尔可保持对地产的权益，并享有他们所征收税入的 10%～25%。诸帝国税官、财会人员和相随的莫卧儿军兵亲临乡村，则是探察这些柴明达尔是否妨碍莫卧儿国家意志的实施。

除了在军事和政治上的显著成就外，阿克巴在位期间还见证了巨大的文化与艺术发展。帝国除了大规模赞助波斯诗歌、历史著作以及将印度圣典经文译成波斯文外，还伴随有新的艺术与建筑学校的开办。这些学校的开办成功地融合了波斯与印度风格、技术和主题。莫卧儿帝国一些最精美的微型画（如为《阿克巴本纪》所作的插画和建筑，见阿克巴在法特普尔·西克里城的短期驻跸帝都）的代表就诞生在这一时期。莫卧儿帝国的艺术与建筑的深远影响力在以下情形中得到了最好的证明：在莫卧儿帝国于 18 世纪早期崩溃以后的很长一段时期内，在南亚地区，人们在创作中仍继续试着效仿这些艺术与建筑中所含有的精致的平衡感和比例感。

阿克巴在人生将尽之年因其长子亦即以往最喜爱之子萨利姆（Salim）的反叛而阴云笼罩，此事发生在 1599 至 1604 年间。最终，父子在部分事情上达成和解，这为萨利姆在 1605 年 10 月父亲死后继位铺平了道路。萨利姆即皇帝贾汗季（Jahangir）。

进一步阅读书目：

Habib, I. (Ed.). (1997). *Akbar and His India*. New Delhi, India: Oxford University Press.

Habib, I. (1999). *The Agrarian System of Mughal India*. New Delhi, India: Oxford University Press.

Khan, I. A. (1973). *The Political Biography of a Mughal* Noble: *Mun'im Khan Khan-i Khanan*. Delhi, India: Munshiram Manoharlal Publishers.

Khan, I. A. (Ed.). (1999). *Akbar and His Age*. New Delhi, India: Northern Book Centre.

Nizami, K. A. (1989). *Akbar and Religion*. Delhi, India: Idarahi-Adabiyat-i-Delli.

Richards, J. F. (1993). *The Mughal Empire*. Cambridge, U.K.: Cambridge University Press.

Rizvi, S., & Abbas, A. (1975). *The Religious and Intellectual History of the Muslims in Akbar's Reign*. New Delhi, India: Munshiram Manoharlal Publishers.

Streusand, D. E. (1989). *The Formation of the Mughal Empire*. New Delhi, India: Oxford University Press.

穆尼斯・法鲁基（Munis Faruqui）文

刘招静 译 陈恒 校

Aksum　阿克苏姆

在公元第 1 个千年，阿克苏姆是非洲东北部一个重要王国的首都，包括现在埃塞俄比亚的大部分。阿克苏姆文化混合着非洲、地中海和南部阿拉伯文化，它也是非洲最早的基督教宗教中心。

公元 4—5 世纪，阿克苏姆的势力达到顶峰。它是非洲的一个中心，统治的帝国从现代苏丹共和国的库施（Kush）到也门的萨巴（Sheba），包括现在埃塞俄比亚、厄立特里亚、索马里的大部分。因此，3 世纪时伊朗宗教领袖马尼（Mani）把阿克苏姆列为当时世界四大帝国之一，其他三个是罗马帝国、波斯帝国和中国。

阿克苏姆的历史起源

尽管埃塞俄比亚有着大量的文献，但是这只为阿克苏姆的历史提供了一点点信息。广泛流传着的一个传说，是说中世纪的国王和现代埃塞俄比亚的领导人都是孟尼利克（Menelek，公元前 10 世纪晚期）的直系后代，而孟尼利克是所罗门王和萨巴女王（Sheba）的儿子，他们的后裔统治阿克苏姆直到中世纪早期被篡位者流放。因此，关于古代阿克苏姆历史的主要信息来源是阿克苏姆王室的铭文和钱币，这些资料与阿克苏姆在古代古典文献和基督教文献、萨巴人的铭文以及考古学资料相印证。其中最重要的来源是皇家铭文，即阿克苏姆国王为了纪念他们的胜利所刻的碑文。这些碑文用希腊语和两种闪米特（Semitic）语言写成——吉兹语（Geez）和萨巴语（Sabaean），提供了阿克苏姆政府和外交关系的重要信息。阿克苏姆也发行了最早的非洲钱币，这为一些阿克苏姆国王的存在的推测提供了证据。此外，古典文献和基督教文献经常提到阿克苏姆还因为它的重要作用。它的地位对于晚期罗马和早期拜占庭外交政策以及红海海滨商业活动都有很重要的价值。在中世纪晚期，当阿克苏姆不再是王国首都后，这个城市衰落了下去。开始于 20 世纪的对于阿克苏姆遗址的考古探索，正在为这个城市的起源和早期历史提供重要证据。

阿克苏姆和它的邻居们

阿克苏姆的早期历史是模糊不清的。虽然有考古学文献证明，埃塞俄比亚早期国家的形成早于公元前 3000 年，但是阿克苏姆国家的起源仅可以追溯到公元前第 1 个千年的前半期，那时萨巴人殖民者定居在今厄立特里亚和埃塞俄比亚北部。萨巴的铭文和不朽的建筑与雕塑证明了在这个地区有一些王国的存在。阿克苏姆本身的历史很可能开始于其中某一个州的统治者；大约在公元前 1 世纪或公元 1 世纪前期，来自哈巴萨（Habasha）州或称为阿比西尼亚

（Abyssinians）州的统治者将阿克苏姆定为首都。当时的古典文献都将这个城市描述为皇家首都和重要的贸易中心。

地理位置是阿克苏姆发展的关键。它的位置在埃塞俄比亚高原，接近尼罗河上游，其西部为内地，东部面向红海。这使它从地理位置中获益，其横跨贸易路线，连接着罗马、埃及和东北非，阿拉伯半岛南部，甚至是印度。到公元 1 世纪晚期，阿克苏姆成为南部红海海滨的主要商业中心。事实上，当时的统治者懂希腊语，以及阿克苏姆的领土上存在常驻的外国商人的事实，证明了阿克苏姆和罗马、埃及的联系。之后阿克苏姆实力迅速增强，在 3 世纪中叶取代库施成为非洲物品输往罗马的主要提供者。随着对库施的征服并摧毁其首都麦罗埃（Meroë），到 4 世纪中叶，在国王埃扎纳（Ezana）统治时期，阿克苏姆的国家疆域达到最大。埃扎纳改信基督教再次加强了阿克苏姆同罗马的联系。在接下来

阿克苏姆石柱区的最大巨石圆头碑，是古代世界最壮观的纪念碑之一。约翰·沃森（John Watson）提供

19 世纪阿克苏姆王宫废墟的风景画

的 3 个世纪,阿克苏姆是罗马的主要盟友,并努力消除波斯萨珊王朝在阿拉伯南部的影响。

政府和文化

我们对阿克苏姆人如何统治他们的帝国知之甚少。阿克苏姆国王宣称自己是"万王之王",并且在碑文上列出了许多被他统治的民族。和各级地方统治者的联合,表明了阿克苏姆国王和他的家族控制了中央政府以及军队,但与之同时,地方王室继续统治帝国的各个省份。记载中经常提及的叛乱,突出了管理如此庞大和分散帝国的艰巨性。到 6 世纪,阿克苏姆失去了尼罗河河谷和阿拉伯南部的边疆省份,虽然它对埃塞俄比亚和厄立特里亚核心地区的控制依然牢固。而实际上,阿克苏姆的繁荣关键在于利润丰厚的红海和印度洋的贸易。当阿拉伯人征服埃及、叙利亚、黎巴嫩、以色列、约旦、伊拉克和伊朗之后,贸易中断,这从根本上削弱了阿克苏姆的繁荣,并导致 8 世纪的阿克苏姆渐渐衰落,最终被放弃,当时阿克苏姆的末代国王迁都到了埃塞俄比亚内部更易防御的地方。

阿克苏姆繁荣了 5 个多世纪,创造了丰富的文化,建造了巨石圆头碑,这些石碑是古代最壮观的遗迹之一。但遗憾的是,我们很少知道阿克苏姆文化的其他方面。从 4 世纪中叶开始,基督教在埃塞俄比亚成为占统治地位的宗教。改信基督教后,阿克苏姆的许多非基督教传统被否定。因此,尽管吉兹语版《圣经》和三种语言的皇家铭文清晰地表明改信基督教以前的阿克苏姆有文学传统,但是没有文学作品保留下来(据说作为王朝首都的阿克苏姆城被遗弃后,早期的手稿也就丢失了)。同样,只有少量的阿克苏姆艺术,主要是建筑和钱币仍然存在。

考古证据表明,阿克苏姆文化融合了非洲、地中海和阿拉伯南部的传统,其中阿拉伯南部的传统占主导地位。因此其官方语言主要是吉兹语,这是一种闪米特人的语言,它用来自阿拉伯南部的字母体系书写。阿克苏姆建筑风格追随了阿拉伯南部人的形式,国王采用阿拉伯南部人的水利工程技术来确保足够的供水。阿克苏姆人也崇拜阿拉伯南部人的神灵。这些神中最重要的是战争之神马赫拉姆(Mahrem),他被认为是国王们的祖先以及国王们在战争中的帮手。据推测,很多阿克苏姆传统在中世纪和现代

77

埃塞俄比亚的基督教文化中遗留了下来，只是　　现在这些遗留的文化还不能被准确认定。

进一步阅读书目：

Burstein, S. (2009). *Ancient African Civilizations: Kush and Aksum* (2nd ed.). Princeton, NJ: Markus Wiener Publishers.

Casson, L. (1984). *Ancient Trade and Society*. Detroit, MI: Wayne State University Press.

Casson, L. (1989). *The Periplus Maris Erythrae*i. Princeton, NJ: Princeton University Press.

Connah, G. (2001). *African Civilizations: An Archaeological Perspective* (2nd ed.). Cambridge, U.K.: Cambridge University Press.

Kobishchanov, Y. M. (1979). *Aksum*. University Park, PA: Pennsylvania State University Press.

Munro-Hay, S. (1991). *Aksum: An African Civilization of Late Antiquity*. Edinburgh, U.K.: Edinburgh University Press.

Phillipson, D. W. (1998). *Ancient Ethiopia: Aksum, Its Antecedents and Successors*. London: The British Museum Press.

Schippmann, K. (2001). *Ancient South Arabia: From the Queen of Sheba to the Advent of Islam*. Princeton, NJ: Markus Wiener Publishers.

Sidebotham, S. E. (1986). *Roman Economic Policy in the Erythra Thalassa, 30 BC-AD 217*. Leiden, The Netherlands: Brill.

Young, G. K. (2001). *Rome's Eastern Trade: International Commerce and Imperial Policy, 31 BC-AD 305*. London: Routledge.

斯坦利·伯斯坦因（Stanley M. Burstein）文

张译丹 译　张忠祥 校

Alchemy　炼金术

78　　　炼金术的研究与实践通常被简单地认为是化学的先兆；事实上，它是部分科学与部分哲学的结合体，它涉及那些旨在转换人之意识的精神或心灵活动与技术。炼金术士们怀着发现生命之奥秘这一由来甚古的目标，去研究人性与自然的关系，以及使二者发生改变的诸种进程。

一如人们非常普遍理解的那样，炼金术是一种中世纪时代的科学与哲学尝试，其最核心的现实目标在于找到一种使贱金属转变为黄金的方法。不过，原始的化学实践仅仅是那些更为古老的、准宗教的、旨在追寻可名为"不老泉"之物的实际表现：炼金术士的最终追求在于揭开事物与生命本身的秘密，从而达到生命可以被无限延长的目的。

科学史家、人类学家和其他许多对旨在转变个体与社会群体的人类宗教冲动与礼仪形成感兴趣的学者，对炼金术的兴趣由来已久。通过四种彼此不同的探寻路径，炼金术这一话题也许能得到最大程度的研究：第一种路径与"炼金术"这一语词的词源有关；第二种路径关涉炼金术的历史；第三种路径聚焦于炼金术的实践和它的知识或意识形态基础；第四种路径意在用一套通过跨文化比较可为人们识别的普遍准则规范,将炼金术当作一种全球现象加以讨论。总之,炼金术的故事必须从一种高度微妙的视角加以理解,该视角会考虑炼金术的复杂历史和全球传播。炼金术不仅仅是现代化学这一科学的简单先兆,它还是一种有关人性与自然之间关系的思维方式。该思维方式强调人性与自然二者并相转变的重要性。它还关注人这一行为主体在调解诸种变化进程中所扮演的角色;在这些进程中,自然物质和人类自身的物质得以"转化",或上升至更高的形式。

经由一段漫长的语言学旅程——这段旅程在某些方面与西方世界的炼金术实践的演化相并行,"炼金术"一词进入了英语这门语言。该词的核心语义可能来自以下两个希腊词语中的一个:第一个即"chymeia",是一个名词,意指某种被倒、灌或注入的东西;第二个即"chêmeia",亦为一个名词,特指金属物质的转化。这两个词语中的某个可能是阿拉伯术语"al-kîmiyâ"的来源,该术语以"alchimia"这一词形进入中世纪拉丁语词典,又以"alkemie"这一词形进入古法语,最后以"alchemy"这一词形进入英语。

此种语言学上的演进,为我们提供了某些有关炼金术这门艺术在希腊、北非和近东地区发端与传播的线索。人们相信,该艺术的首度繁荣发生在公元前 300 年左右的埃及;此时的希腊化世界正是一个科学探索之花全面绽放的时代。大约 4 个半世纪以后,伊斯兰学者吸收了这一传统,并且加入了宇宙论概念、规范和实践。最终,在这些学者的组织管理和调解下,炼金术得以在 14 世纪传播至整个欧洲。尽管基督教会的权威充分考虑到了炼金术的可疑之处,但炼金术还是成了直至 16 和 17 世纪欧洲智识风潮中一个极其重要的组成部分。历史上有诸多著名人物,包括英格兰的沃特尔·雷利爵士(Sir Walter Raleigh)、艾萨克·牛顿爵士(Sir Isaac Newton)和国王查理二世(Charles II),都赞同炼

金术只有内行才懂的方面和此外连外行也能懂的层维。

此外,炼金术的象征意义对西方的文学与艺术传统也产生了深远的影响。关于其影响的证据,可在莎士比亚、弥尔顿、歌德、约翰·德莱顿(John Dryden)、雨果和叶芝(William Butler Yeats)的作品中找到。事实证明,直至当今时代,学者、艺术家和文人学者都对炼金术的过程和象征意义怀有持久的兴趣。在 20 世纪,炼金术为杰出的心理学家荣格(Carl Jung)提供了一个据以理解人之心灵(或内心世界)成熟过程的模式,并且继续影响着许多当代的荣格式精神分析家(或心理分析家)的工作。炼金术对所谓哲人石(一种可能将金属转变成金子的物质,是一种原始的最初的和处于永恒静止状态之物的象征)和不老仙药(一种能赐予无限健康和永恒生命的药剂)的追求,对现代的宗教信仰寻求者而言仍不失为一种灵感来源。这些寻求者中的某些人在这两种追求中看到了能够帮助人类实现与自然、超自然之物交流共处的指南。

人们可以将炼金术描述为一种宇宙论的、哲学的和形而上学的体系,该体系认为,这个被创造的世界和其间的一切,既生气勃勃,又演化发展。对炼金术士来说,倘若没有特殊洞见的帮忙,诸个(种)影响或支配生命的发展进程是不易辨识的,而炼金术恰是揭示和展现这些隐匿进程的动力。由此,炼金术士将会获得一种知识,这种知识使人对这个世界的有效管理变得可能。这不仅包括成为一名被动的监护人(或保护者)的能力,还在于那些必要的、用以积极干预的、使所有尚未达至成熟阶段的事物能够充分发育的技艺。因此,炼金术士是十分了解自然进程和有能力运用这一知识来促进宇宙、环境、社会和个体的质变的人。

炼金术惯有的内容包括观察、实验数据的收集、实验和对位于现象背后的未见真理之思索。人类可以通过五种感觉来捕捉这些现象。

通过黑煤之火,有经验的炼金术士能够或者有可能将最劣质的矿金属变成完美的黄金。

——约翰·弥尔顿(John Milton, 1608—1674)

不管人们是否援用埃及、古代希腊-罗马、伊斯兰、印度、道教或是基督教知识中的术语来加以表述,炼金术的至高目标相对而言似乎都是相同的,亦即揭示这个世界上影响或支配统一性、多样性、停滞静止状态和流动变化状态的诸种力量。掌握这些力量,炼金术士就会拥有关于一种原始最初元素的知识,而这种原始最初元素,则是所有物质(或事物)当初得以创造的来源。掌握这些力量,炼金术士还会具备一种区分可变与不可变之物、有限与无限之存在的能力。

从时间上讲,炼金术会有两种截然不同的发展轨迹。第一种仅限于自然进程的研究(化学)。第二种则包括炼金术和与之相连带的、不为外界所知的诸知识领域,将主要关注那些自然进程的只有内行才懂的和关乎精神心灵的维度。在西方的炼金术知识中,炼金术实践通常被归为对某一物质的寻求行为。这一物质具有一种力量,能使不完全的变得完全、低贱的变得高贵。这一元素或混合物高于并且贵于所有其他事物。它有许多名称,最著名的是"哲人石"。为了制造哲人石,人们必须将不论是动物的、植物的还是矿物质的低贱物质或事物还原成原始最初的物质。这种象征性的死亡是一种新元素通过凝聚作用得以新生的先兆。这一进程包含内外两个维度,因为在其中炼金术士的意识状态之变化需要与他们对物理元素的巧妙运用并行。

要想更精确地描述炼金术的目标这一潜在哲学,以及描述同炼金术相连的诸进程,都是困难的事情。炼金术实践者的诸多文本是在这样一种方式下完成的:通过寓意和象征符号掩盖了前面我们所说的那些信息;这是一种有意运用的策略,意在向所有人隐藏炼金术的秘密,当然,那些业已初步了解其秘密的人除外。有些人在文章中似乎也运用一种炼金术的语言。这种语言由那些为众人所共享且容易理解的形象

描述构成,包括《圣经》中的洪水(the biblical flood,象征消除)、鹈鹕(the pelican,象征用以提炼"不老仙药"的工具)、凤凰(the phoenix,象征重生)、血液(blood,象征溶解的水银或汞)、蛋(the egg,一种让哲人石得以制成的模型)和哲人树(象征着生长和炼金进程)。其他作家似乎乐于向读者群体提供大量令人混淆的多功能或多形式的象征符号,这些象征符号并无意给人以精确的分类,且对将来的解释者构成困扰。事实上,某些关于炼金术的作品对当今那些哪怕受过最高等训练的专家来说,也依然是不可理解的。

在跨文化的炼金术实践中,某些具有普遍性的要素已经为人们所识别。20 世纪中叶的宗教史家米尔恰·伊利亚德(Mircea Eliade)所提出的有关炼金术起源的观点,尤其具有吸引力。伊利亚德将炼金术的起源追溯到早期的冶金工作者,他们所进行的各种仪式和所具备的各种专业技能。伊利亚德相信,这些匠人和农学家以及那些学会将湿黏土变成容器(或器皿)、砖头或艺术品的人一道,是第一批具有以下意识的人:他们意识到人类有能力做出一些策略性的干预去改变自然的节奏,如通过运用火,他们能够加快地球上生长之物的发展,以及缩短事物成熟所需要的时间。

随着时间的流逝,此种观念得以运用于人类和宇宙。如此,它促成了非洲、近东、亚洲和欧洲等地的诸种炼金术传统。金属工匠一族逐渐被视为强大的人群,他们具备锻造工具的专业知识,而这种工具能够催生生命或导致死亡。早期金属工匠还被视为掌握建筑、诗歌、舞蹈和治愈术之专业知识的人。他们是一群无可匹敌的工匠,其秘密得到小心翼翼的保护,并且通过早期的同业行会继续不为人所知。总之,对伊利亚德来说,世界上为我们所知的诸种炼金术传统,其起源至少要部分地归于古代金属匠人的知识和实践。

《英语诗中的象征性炼金术，附英语版维拉诺瓦的阿诺德之〈神秘视域〉》（*Emblematic Alchemy in English Verse，with an English Version of the Visio Mystica of Arnold of Villanova*），乔治·里普利（George Ripley）、理查德·卡朋特（Richard Carpenter）作。此处图片为十九步长"里普利长卷"（the nineteen-foot-long "Ripley scroll"）的部分内容。该长卷为人们了解炼金术的标志与象征提供了一个精制的有图向导（约 1570 年）。耶鲁大学贝内克古籍善本图书馆（Beinecke Rare Book and Manuscript Library，Yale University）

MOVTH OF Y COLRICK
HERE IS TE LAST OF Y RED AND Y BEGINING TO PVT AWAYE Y DED Y ELEXER VITE

THE BEDE OF HERMES IS MI NAME ETING MI WINES TO MAKE ME TAME
THE RED SEE THE RED SOL THE RED ELIXER VITE

炼金术的现代遗产包括诸种实验型的学科领域，如化学，以及那些旨在利用地球上的自然、矿物质和其他资源的应用型科学。它还包括那些旨在转变人之意识的、有关精神的实践和技能。那些神秘的宗教传统（东方的和西方的）以及精神或心理分析理论，是建立在更古老的炼金术基础上的。认识到我们所拥有的许多全球性资源之有限和不可更新的状况，将会有可能燃起人们对自然界进行认真观察，培养一种对人类之相通性（或相关性）的全球意识的持续兴趣。通过这样一些努力，将来的一代又一代可以继续将丰厚的炼金术遗产作为他们的基础，并且将这样一笔丰厚的遗产不断推向前进。

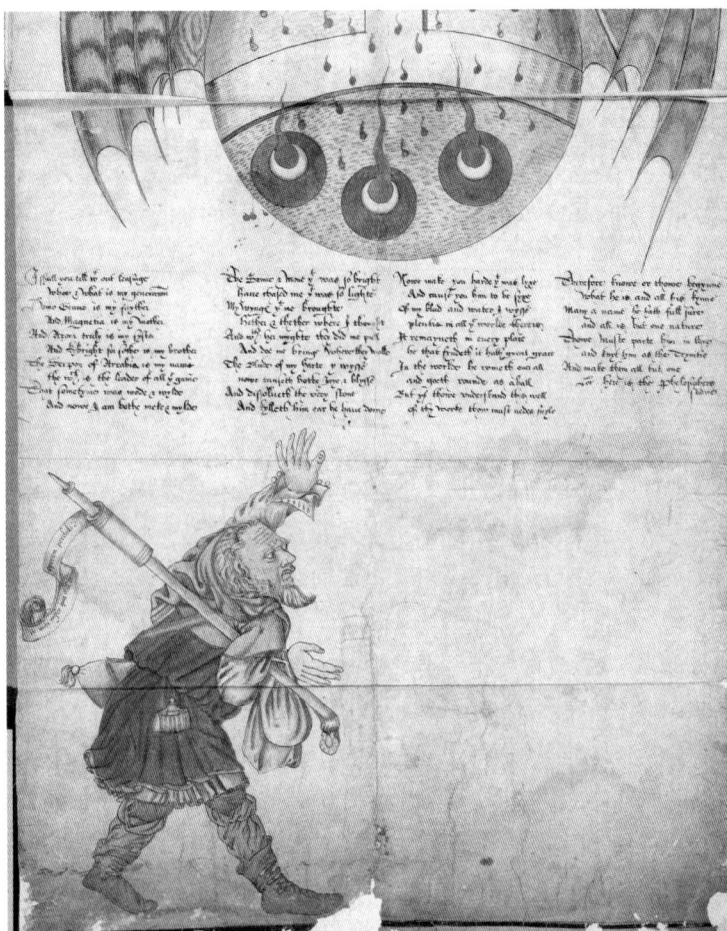

炼金术可以被描述成一种宇宙论、哲学和形而上学体系，该体系将受造的世界及这一世界中的一切视为既充满活力又不断发展的存在。耶鲁大学贝内克古籍善本图书馆

进一步阅读书目：

Abraham, L. (1998). *A Dictionary of Alchemical Imagery*. Cambridge, U. K.: Cambridge University Press.

Eliade, M. (1978). *The Forge and the Crucible: The Origins and Structures of Alchemy* (2nd ed., S. Corrin, Trans.). Chicago: University of Chicago Press.

Lindsay, J. (1970). *The Origins of Alchemy in Greco-Roman Egypt*. London: Frederick Muller.

Pritchard, A. (1980). *Alchemy: A Bibliography of English Language Writings*. London: Routledge & Kegan Paul.

Raff, J. (2000). Jung and the Alchemical Imagination. *Jung on the Hudson Book Series*. Berwick, ME: Nicholas-Hays.

Roob, A. (2001). *Alchemy and Mysticism* (S. Whiteside, Trans.). Koln, Germany: Taschen.

Smith, S. (Ed.). (1995). *Funk and Wagnalls New International Dictionary of the English Language* (Vol. 1). Chicago: World Publishers.

von Franz, M.-L. (1980). *Alchemy: An Introduction to the Symbolism and the Psychology*. Toronto, Canada: Inner City Books.

小休·佩吉(Hugh R. Page Jr.) 文

刘招静 译　陈恒 校

Alcoholic Beverages 酒精饮料

在人类共同体中,人们的饮食习惯和精神活动都很有可能需要用到改变精神状态的物质。几千年来,在地中海世界和欧洲,人们一直对酒精这一改变人的精神状态的物质怀有偏爱。时至当下,酒精的使用已经传遍全球。一方面,人们被鼓励使用酒精以使政府赚取高额税收;另一方面,因为酒精滥用导致医疗、社会问题。现代国家发觉自身正因此而深受分裂之苦。

"酒精"(*alcohol*)一词来源于阿拉伯语词"alkuhul",而该阿拉伯语词又来自"kuhl",其含义之一为某物的"精华"或"精髓"。对化学家而言,"酒精"一词用来描述一组具有共同化学方程式的有机分子,即 $C_nH_{(2n+1)}OH$。对于化学家以外的人来说,该词意指一类具有改变人的精神状态的饮料,其活性成分(或精华)为乙醇,它是所有酒精饮料中最简单的种类之一。乙醇的化学方程式为: CH_3CH_2OH。

乙醇是发酵最为常见的副产品,而发酵则是一种通过分解葡萄糖释放能量的化学反应。然而,发酵并不能释放所有固定在糖里的能量,但当人消耗酒精时,人体则以每克酒精仅7卡路里多的速率摄取一些其中剩余的能量。这就是为什么少量的酒精能让人感到体能增加或放松的原因。若以更大的量,即当血液中有超过大约0.05%的酒精时,酒精就会发挥类似抑制剂的作用,一如巴比妥酸盐(barbiturates)和麻醉剂所起的作用,主要影响人的大脑和神经系统。即便以很小的量,酒精也能抑制人的正常思维进程,导致人失去社交拘束感,通常让人有一种欣快感或释放压抑的体验。若酒精达到极端的量,那么它就能使人的神经系统完全瘫痪,造成昏迷甚至死亡。当人的血液中酒精浓度超过0.4%时,大多数人会处于麻醉状态;当浓度超过0.5%时,人可能会停止呼吸。

最早的酒精饮料

对历史学家来说,最重要的方面在于酒精所具有的社会、文化、政治与经济意义。发酵是一种自然过程,只要富含糖的物质(包括葡萄、浆果、谷物、蜂蜜、香蕉、棕榈树液、龙舌兰,甚至马奶酒)处于暖湿环境,并且暴露于空气之中,使依靠空气传播的酵母能够与之接触并将其分解成酒精,发酵就会发生。设想酒精饮料在新石器时代革命之后首次成为重要的东西,会是一个诱人的话题。须知在那个时候,越来越多的人成为定居居民,并且诸大农业共同体已开始储藏大量的谷物或其他含淀粉物。考古学家安德鲁·谢拉特(Andrew Sherratt)已向世人论证,部分缘于饮器的传播,欧亚大陆的酒精饮料约从公元前4000年开始,就在美索不达米亚或东地中海地区首次具有社会和文化意义了;在这些地区,人们可以从葡萄或海枣中制造出酒精饮料。然而酒精饮料并不限于欧亚大陆西部,在中美洲和秘鲁,人们饮用依靠玉米制成的啤酒。而且,在人类学研究中已有记载,在现时代诸多小规模的农业社会里,人们亦在饮用这类啤酒。

自然发酵可产生出酒精度相对较低的饮料。就白酒(葡萄酒)而言,该饮料中的酒精度大约为8%～14%;就啤酒(谷酒)而言,其酒精度

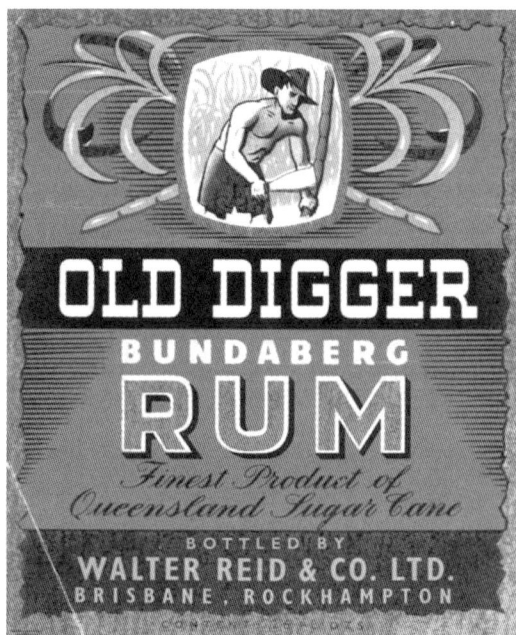

像所有改变人的精神状态的物质一样，酒精饮料能够把饮酒的人带到不同的精神界域

为 2%～8%。若酒精度高于约 14%，则其中的酵母会被杀死，如此则自然发酵就无法超过这一浓度。不过，相较之下，人们所消耗的大多数传统意义上的酒精饮料，所含酒精很可能要少得多。诸如格瓦斯（kvass，一种俄制裸麦啤酒）和马奶酒（发酵了的马奶，为中亚一带的人们所饮用）之类的淡酒精饮料，通常包含不超过 2% 的酒精，经常被人们用作替代河水或池塘水的更为安全的饮品，特别是当人们在准备过程中的某个阶段业已将这两种饮料煮沸的时候，情形尤其如此。很淡的酒精饮料既营养又安全，全社会的人都可以拿来消费，包括孩童。

酒精饮料的社会心理作用

只要努力，人们总是有可能制造出更烈的酒精饮料。对此，我们从所有生产酒精的文明中获得了证据。更烈的酒精饮料具有对人的精神或心灵更为强大的作用力，并且会产生一种

复杂的综合效应，即它既创造机会，又带来问题。这是所有作用于人的心理或精神的物质的通性。酒精饮料似乎被普遍用于招待场合，然而它的意义却超越了仅作为招待之物的用途。因为正如所有用来改变人的精神状态的物质那样，酒精饮料能够将那些饮用的人带到不同的精神或心灵界域，给他们的存在体验增加新的维度。在诸多饮用酒精饮料的社会里，人们有可能在精神或宗教意义上来认识这些体验。心理学家荣格（1875—1961）曾将人对酒精饮料的渴求描述为"精神或心灵对我们作为一个整体之存在的渴望的对等物，当然这种对等是低层次的；用中世纪的语言来表述，它就是——与上帝联合"。此种追求的精神效力非常大，因而所有社会都试图控制人们对作用于精神或心灵的物质的使用。以萨满教为例，这种原始宗教对人的控制所采取的形式是：严格训练人们如何使用这类物质，以使他们的精神或心灵之旅能够实现。在那些消耗酒精饮料的社会所包含的诸乡村共同体中，类似控制所采取的形式则为：设计一种共同仪式以规制人的酒后陶醉状态。历史学家乔治·杜比（George Duby）提出，在中世纪欧洲，饮酒节旨在"一边为人类打开通向那不可知对象的大门，一边加强群体的内聚力，以获得相互之间的保护"。此外，药理学家和医学史家里克（C. D. Leake）1963 年 6 月在圣卢西亚业已提出：

> 一般而言，人们所认为的具有神奇效力的酒精饮料之使用，已经在社会和仪式（或仪礼）层面被控制。在此种情况下，任何可能发生的过分之事都被整个群体宽纵，如此，一种社会团结整体感得以保存。对酒精饮料的仪式化使用通常是那些有组织的宗教仪式的一部分。这些仪意在将整个群体凝聚在一起，凝聚在大家共同的经历之中，并且使整个群体与其所在的环境之

间和群体内各成员之间的关系更加令人满意。

酒精饮料所具有的精神效力和将这种饮料生产出来的宽松条件，保证了酒精饮料成为所有生产的地区的农村生活结构的一部分。它在仪礼与社交场合扮演着重要的角色，它使商贸交易成交，它还被用来治疗患者，麻醉那些身受痛苦的人，或者鼓舞那些参加战斗者。特别是在仪式语境中，使用酒精饮料通常成为一种义务。更有甚者，倘若有人拒绝在重要仪式场合如宗教节日或婚礼、葬礼上饮酒，那么他们这种不要酒精饮料的行为则会使之有被社会排斥的风险。但是，在城市里，个体受其家庭或家族的控制束缚较小，所以人们更有可能随自己的意愿饮酒。因此，最早的关于个体而不是集体酗酒的证据，似乎来自古代埃及和美索不达米亚的诸城市，这一点并不让人感到奇怪。

日益增长的效力：被蒸馏提炼了的酒精饮料

蒸馏提炼有可能提高酒精的浓度，生产出具有更大精神与社会效力的酒精饮料。蒸馏提炼法利用了如下事实：相对于水，酒精具有更低的沸点和冰点（沸点和冰点分别为 78.5℃ 和 −114.1℃）。在极端寒冷的气候里，这使得人们有可能通过将发酵了的饮料置于户外严寒中而达到提炼的目的。由于水比酒精更容易结冰，所以很简单，酒精的浓度可以通过反复几次扔掉其中的冰块来提高。不过，大多数的提炼所利用的一点是，水和酒精具有不同的沸点。人们将发酵了的饮料煮沸，产生的蒸汽被冷凝于另一个单独的容器。因为酒精比水更容易沸腾，所以冷凝了的液体较之于原初液体具有更高的酒精浓度。每一次新的冷凝都会提升酒精浓度。尽管最初的蒸馏提炼法可能在更早的时候就已存在，然而很明显，约 1000 年前的伊斯

兰炼金术士还是充当了第一批用壶（或罐、锅等）来蒸馏提炼葡萄酒的人，这也就是为什么一些和酒精有关的技术性词语具有阿拉伯语来源。炼金术士起初将蒸馏提炼了的酒精当作一种药物，但是中世纪后期以降，这类酒开始在西欧部分地区被用作娱乐消遣目的。现代工业蒸馏提炼建立在分馏技术的基础上。在这种提炼中，携带酒精的蒸汽升腾，穿过一系列的分馏板，每一层分馏板都含有业已冷凝的蒸汽。在每一层分馏板中，上升蒸汽中的一部分水冷凝，而在冷凝了的液体中一些酒精变成蒸汽。其效果类似于多重反复蒸馏。

从技术上讲，蒸馏提炼要远比发酵复杂。倘若人们不想让制造出来的饮料含有有毒的副产品成分，那么就需要认真掌握这门技术。这就是为什么尽管白酒、啤酒和蜂蜜酒为许多农民家庭所酿造，而蒸馏提炼类的酒精饮料则一般都需要专家来生产，且更普遍地通过商业网络来交易。由于蒸馏提炼类的酒精饮料更难在家中酿造，因而一旦消费者想要品尝一下，相关机构对该类酒精饮料的征税就会变得更加容易。而且，经过蒸馏提炼的酒具有更强劲的效力，这保证了它们一旦被介绍给消费者，消费者通常就会对之报以极大的热情。

精神作用的革命

近几个世纪里，蒸馏提炼酒精饮料的生产与传播成了历史学家大卫·考特莱特（David Courtwright）所描述的"精神作用的革命"这一全球性变迁的重要组成部分。这一"革命"即指通过商业渠道，一种拥有前所未有类型和数量的、能够改变人的精神状态的物质突然间为人们所获得。"每个地方的人都已不断地获得能够用来改变他们日常清醒意识的方法。其方法较之以前更多、更有效力。这是世界历史上的一次标志性事件。它的根源在于现代，也即自大约

酒为我加油。这令人着迷的酒，它甚至能让智慧的人温柔地歌唱、温柔地笑，它还激励他跳舞，让他说出那未曾说出的言语。

——荷马（Homer，约前9—前8世纪）

1500 至 1789 年，人们的跨海商贸与帝国的建立。"随着越来越多的农村居民临时性或永久性地移民城镇，并且越来越卷入一个更广阔世界的商业网络，以及随着酒精饮料变得愈发多样化和愈发容易获取，诸种加在人们消费行为之上的、此前业已在大多数共同体中得到践行的控制措施，此刻开始土崩瓦解。而且，包括酒精饮料在内的能够改变人的精神状态的物质，被经常介绍给那些没有此类物质消费经历的共同体，经常造成毁灭性后果。从北美到西伯利亚和太平洋诸岛，欧洲商人们发现，酒精饮料在那些未曾使用过的社会里具有独特的效力，使那里的人们迅速产生出新型的、对该种物质的嗜瘾和依赖。虽然对酒精饮料的使用通常都表现出对传统文化规则的极度破坏性后果，然而商人和官员们却还在继续提供它，因为它拥有非常强大的商业和政治力量。在诸欧洲殖民帝国的建立中，酒精饮料扮演了如同枪炮和疾病一般强有力的角色。

由于酒精饮料所产生的破坏性后果，各国业已在规范酒精饮料的使用方面发挥了日益重要的作用。然而，各国也在酒精饮料和其他精神作用物质日益增长的贸易方面赚取了很重要的税收收入。也正是因为现代国家和酒精饮料贸易之间这种深层而又暧昧的矛盾关系，使我们能够解释为何大多数现代国家身处自己颁布的禁令（在维持公共秩序上徒劳无功）和酒精饮料的销售（希望控制消费却同时产生重要的国家税收）这二者之间而深受撕裂之苦。事实上，国家也变成和个体一样的嗜瘾者。在 19 世纪的俄国，近 40％的政府税收来自酒精饮料销售，这足以用来支付让俄国成为强国的大部分军费。在 19 世纪的英格兰，酒精在财政收入方面也起到了相似的作用。实际上，大多数现代国家都仰赖着某种类型的精神作用物质所产生的税收收入，因此毫不奇怪，没有哪个现代国家业已在完全禁止人们对酒精饮料的消费上取得了成功。相反，酒精饮料如今已经传遍整个世界。因此，它们可能成为当今所有能够改变人之精神状态的物质中，最广为销售和消费的一种。

这幅有关 20 世纪早期工业化蒸馏提炼酒精工厂的插图，内嵌了一幅关于传统的爱尔兰乡村蒸馏提炼处的图画

进一步阅读书目：

88   Austin, G. A. (1985). *Alcohol in Western Society from Antiquity to 1800: A Chronological History*. Santa Barbara, CA.: ABC-Clio.

Christian, D. (1990). *Living Water: Vodka and Russian Society on the Eve of Emancipation*. Oxford, U. K.: Clarendon Press.

Courtwright, D. T. (2001). *Forces of Habit: Drugs and the Making of the Modern World*. Cambridge, MA: Harvard University Press.

Di Cosmo, N., Frank, A. J., & Golden, P. B. (Eds.). (2009). *The Cambridge History of Inner Asia: The Chinggisid Age*. Cambridge, U. K.: Cambridge University Press.

Duby, G. (1974). *The Early Growth of the European Economy: Warriors and Peasants from the Seventh to the Twelfth Century* (H. B. Clarke, Trans.). London: Weidenfeld & Nicolson.

Fernández-Armesto, F. (2002). *Near a Thousand Tables: A History of Food*. New York: Free Press.

Harrison, B. (1971). *Drink and the Victorians: The Temperance Question in England, 1815 – 1872*. London: Faber & Faber.

Heath, D. B., & Cooper, A. M. (1981). *Alcohol Use and World Cultures: A Comprehensive Bibliography of Anthropological Sources*. Toronto, Canada: Addiction Research Foundation.

Jung, C. G. (1975). *Letters* (G. Adler, Ed. & A. Jaffe, Trans.). Princeton, NJ: Princeton University Press.

Lucia, S. P. (Ed.). (1963). *Alcohol and Civilization*. New York: McGraw Hill.

Roueché, B. (1960). *The Neutral Spirit: A Portrait of Alcohol*. Boston: Little, Brown.

Sherratt, A. (1997). *Economy and Society in Prehistoric Europe: Changing Perspectives*. Princeton, NJ: Princeton University Press.

Tannahill, R. (1989). *Food in History* (Rev. ed.). New York: Crown.

大卫·克里斯蒂安（David Christian）文

刘招静 译 陈恒 校

Alexander the Great　亚历山大大帝

89   受公元前 4 世纪马其顿国王亚历山大的影响，亚洲部分地域的文化与政治结构从此永远改变。在 10 多年的统治里，他多次征服成功，终结了波斯帝国，并建立起一套多国体制。尽管他被称作"大帝"，然而就他的影响是积极的还是消极的，历史学家们通常还是会有争论。

马其顿的亚历山大三世的 13 年统治（前336—前323），根本性地改变了古代西南亚的政治与文化结构。从地中海到印度边界这一广阔地域的波斯帝国，由于亚历山大的诸次征服而在公元前330年消失，代之以一种新的、由马其顿人和希腊人主宰的多国体制。该地域的重心由美索不达米亚和伊朗西南部的古老中心，向西移至地中海沿岸和希腊。并且，希腊文化取代古代的楔形文字传统而成为当地的精英文化。与此同时，外交与商贸联系得以建立，这最终使得自欧洲到中国的诸种文明被联系在了一起。

亚历山大出生于公元前356年，是马其顿的腓力二世（Philip II of Macedon，前360—前336）与其正室奥林匹阿斯（Olympias）的第一个孩子。

亚历山大镶嵌画(约公元前100年),起初是一幅位于庞贝古城农牧神之家(Pompeii's House of the Faun)地板上的镶嵌画,描绘的是伊苏战役(The Battle of Issus),为著名的亚历山大征战中的一次

他被作为腓力的继承人加以抚养,在哲学家亚里士多德(Aristotle)门下接受教育,并在其父亲手下接受作为一位国王与马其顿军队首长所要接受的训练。当于公元前336年继承父位成为国王时,亚历山大已做好了准备继续入侵波斯帝国,而该帝国此前已被腓力入侵过。在位头两年,亚历山大旨在巩固权位。在巴尔干北部和希腊发起的诸次迅疾战役,遏制了由马其顿的希腊和非希腊臣服者所发动的叛乱,并巩固了他作为科林斯同盟领袖和反波斯战争最高指挥官的地位。随着权力根基的稳固,亚历山大于公元前334年春率领一支约35 000人的军队进入亚洲。

在接下来的10年里,亚历山大将战争远播至印度西部,后因军队兵变才不得不返回西方,于公元前323年6月死于巴比伦。这次令人瞩目的战争分为3个不同的阶段。第一阶段从公元前334年持续至前330年,以格拉尼卡斯河战役、伊苏战役和高加梅拉战役(battles of Granicus, Issus, and Gaugamela)等诸战役为标志,并且随着波斯之都波斯波利斯(Persepolis)的毁灭和波斯国王大流士三世(Darius III)被其部众暗杀而达至高潮。第二阶段从公元前330年持续至前327年,在这一阶段,尽管马其顿人和希腊人在面临中亚游散部队激烈抵抗的情况下,为争取伊朗人支持而采取反对亚历山大的做法,但亚历山大还是采纳了波斯王室仪礼的方方面面。第三阶段也是最后阶段,以亚历山大在印度度过的2年为始,以他经俾路支(Baluchistan)向西的灾难性回程和在巴比伦的死亡为终。而此时他正计划从入侵阿拉伯入手,发动进一步的征战。

历史学家关于亚历山大此番惊人的统治的解释,由于诸般可知的原因而彼此间差异甚大。有关这一时期几乎没有什么原始资料。在由他的同时代人所作的诸多记载和他的政府所发布

亚历山大镶嵌画某细部所示的"伟大的"领袖。其不可磨灭的影响,不管是积极的还是消极的,仍是一个被历史学家争论的话题

的诸多文档中,仅有一些残篇和碑铭留存下来。因此,历史学家依靠有关亚历山大的 5 个希腊与拉丁文传记来获取信息,而这些传记写于公元前 1 世纪中叶和公元 2 世纪之间。那些能够反映亚历山大所遇波斯民族和其他民族的视角的材料,也同样缺乏。结果,当亚历山大的生涯大致脉络清晰可辨时,人们提出了有关他的最终目标的、彼此间差异甚大的诸种理论。这些理论包括从第二次世界大战前流行的那种信念,即亚历山大希望实现统一全人类的哲学之梦,

到当代的一种观点,即他是一名凶残的征服者,除了荣耀和个人权势,别无所图。

然而,材料还只是问题的一部分。同样重要的一个事实是,在能够制定实施一项用以管理帝国的最终计划前,亚历山大就死去了。作为替代,他针对其征战过程中出现的管理问题采取了各种临时应对措施。结果,他变得越来越专断,而其专断又因他相信自己作为"阿蒙之子"拥有半神性的地位而进一步加剧。此外,他在鼓励当地精英合作以补充自己有限的马其顿与希腊人力方面进行了持续的努力。然而,他的这两种做法,在他死时都没能形成制度从而被巩固下来。矛盾的是,如此一来,他对于历史的主要贡献实质上是负面的:他毁灭了波斯帝国,与之相连带,他还毁灭了一种国家制度,这种制度曾支配古代西南亚达两个世纪之久。而构建一种新的、用来替代它的国家体制的工作,要留待他的后继者们来完成。

进一步阅读书目:

Bosworth, A. B. (1988). *Conquest and Empire: The Reign of Alexander the Great*. Cambridge, U. K.: Cambridge University Press.

Bosworth, A. B. (2002). *The Legacy of Alexander: Politics, Warfare, and Propaganda under the Successors*. Oxford, U. K.: Oxford University Press.

Cook, J. M. (1983). *The Persian Empire*. London: J. M. Dent & Sons.

Heckel, W. & Tritle, L. A. (Eds.). (2009). *Alexander the Great: A New History*. Malden, MA: Wiley Blackwell.

Worthington, I. (Ed.). (2003). *Alexander the Great: A Reader*. London: Routledge.

斯坦利·伯斯坦因(Stanley M. Burstein) 文

刘招静 译 陈恒 校

不懂几何学者勿入此门。

——柏拉图学园大门上的铭文（约前 427—前 347）

al-Khwarizmi　花剌子米

花剌子米毕生精研数学，有时被称作"代数之父"。他对数字的深入研究最终导致今天阿拉伯数字在从代数学和几何学到地图制作等领域的广泛使用。

花剌子米是穆斯林天文学家、地理学家，而他最重要的身份是数学家。约 780 年，他出生于波斯的希瓦镇（Khiva），在今天乌兹别克斯坦境内。他的全名是阿布·阿卜杜拉·穆罕默德·伊本·穆萨·花剌子米（Abu Abdullah Muhammad ibn Musa al-Khwarizmi）。他的姓氏后来演变为数学术语——算术（algorithm），而他的一本书《代数学》（*Hisab al-Jabr wal-muqabalah*），成为"代数学"一词的起源。

在花剌子米青年时期，他父母从波斯迁到伊拉克，在繁华的巴格达城定居。在巴格达，年轻的花剌子米为"智慧宫"（Bait al-Hikmah）所吸引。这一地区的很多文学家、哲学家、自然科学家、数学家和医学家都聚集在"智慧宫"这个机构之下，致力于古代希腊文本研究。不久之后，穆斯林学者们将这一伟大的知识体系传往欧洲，促成了文艺复兴。阿拔斯王朝的哈里发阿尔·马蒙（Al-Mamūn，786—833），于 830 年建立"智慧宫"，资助了此机构的科学研究。这位哈里发为学者们提供了自亚历山大大帝以后第一所而且是最好的图书馆，花剌子米的一些著作正是为了感谢他而写的。

花剌子米在数学方面的研究比任何一位欧洲中世纪的学者都要深入得多。他对于结构、曲面、角锥体、圆锥体、三角形的研究将数学和代数推向了新的高度。正是花剌子米革命性地将数学运用于算术、代数和几何领域。有趣的是，花剌子米创造性地使用高等数学的初衷竟是为了解决子女在父亲死后分割财产方面出现的各种纠纷，这些纠纷往往是伊斯兰复杂的法

花剌子米代数学著作《还原与对消计算概要》（*Compendious Book on the Calculation by Completion and Balancing*）的一页

律所引起的。

约 850 年，花剌子米在巴格达去世。作为代数和算法之父，花剌子米毕生都在研究印度的数字系统和希伯来历法，他还钻研了埃及日晷以及叙利亚文本。在此基础上他发明了新的概念，并且推进了阿拉伯数字和十进制系统。世界上第一个正确的天文学图表，以及对太阳、月亮

和离地球最近的 5 个行星运动的正确解释,都出自花剌子米。他对世界地理也有很敏锐的见解,在这方面写过《地球的地貌》(*Surat al-Arz*)一书。在马蒙的建议下,他带领一支 69 人的团队制作出了世界历史上第一个正确的世界地图。此工程也是为了解决一个实际的问题:世界各地的穆斯林在进行他们日常的每日 5 次祈祷时,需要知道面朝哪个方向(沙特阿拉伯麦加城的天房)。花剌子米及其团队找出地球上任意一个人所在方位与麦加之间的最短曲线,从而解决了该难题。

我们今天能使用阿拉伯数字、十进制,认识数学中"0"的价值,学习和应用代数学、几何学、三角学,以及绘制正确的世界地图,都应感谢花剌子米的贡献。

进一步阅读书目:

Espostio, J. L. (1999). *The Oxford History of Islam.* New York: Oxford University Press.

Rashid, R. (1994), *The Development of Arabic Mathematics: Between Arithmetic and Algebra,* Boston: Kluwer Academic.

Van der Waerden, B. L. (1985). *A History of Algebra: From al-Khwarizmi to Emmy Noether.* New York: Springer Verlag.

卡里姆汗(Karim Khan) 文

蔡萌 译 陈恒 校

al-Razi 拉齐斯

尽管作为一位伊斯兰哲学家,拉齐斯的非正统观念在同时代伊斯兰世界中不受重视,但他的自由思想以及更重要的——他作为一个医学家所扮演的角色,为世界历史做出了巨大贡献。他的成果,尤其是翻译成果,为中世纪的医学实践和当今的西方医学之间建立了一个极为重要的沟通桥梁。

艾布·巴克尔·穆罕默德·伊本·扎科里亚·拉齐,他有一个为欧洲人所熟知的拉丁语名字拉齐斯,是前现代极富影响力的伊斯兰医学家之一。拉齐斯的贡献往往被与希波克拉底(Hippocrates,约前 460—前 377)、盖仑(Claudius Galen,约 129—200)这些早期的医学家和科学家,以及后来著名的伊本·西拿(Ibn Sina,980—1037)、维萨里(Andreas Vesalius,1514—1564)等人相提并论。拉齐斯的成果为中世纪和文艺复兴时代的欧洲所广泛使用。他的翻译和原创性的成果为古代希腊、波斯和印度的医学传统与欧洲中世纪以及文艺复兴时期的医学之间搭建了重要的桥梁。除了在医学领域的重要性外,拉齐斯作为炼金术士和自由思想的哲学家所取得的成就也使他声名斐然。

约 865 年,拉齐斯出生于波斯的赖伊城(al-Rayy,今伊朗沙赫尔雷伊[Shahr-e-Rey]),邻近今天的德黑兰。年轻时,他在音乐、哲学和炼金

术方面显露出天分。但是随着年纪渐长,他的
兴趣转向了医学研究。在作为一名医学家的辉
煌职业生涯里,他在赖伊和巴格达的医院都担
任过院长。他还受到了皇家的资助,曾以为萨
曼王朝宫廷效力的名义,游历过从呼罗珊王朝
(Khorasan)到河中(一个中亚的波斯-伊斯兰王
朝,为阿拔斯王朝的臣属,约存在于 819—1005
年)的广大地区。当然,他绝非一个闲散的朝臣,
而始终是一个孜孜不倦、富有同情心的临床医
师和教师,同时还是一位多产的作家。

　　拉齐斯最为著名的医学著作是《医学集成》
(Kitab al-Hawi)和《曼苏尔医书》(Kitab al-
Mansuri)。《医学集成》共 23 卷,是一部百科全
书式的作品,在拉齐斯于 925 年过世之后由他的
学生编著而成,包含了古代希腊、印度和阿拉伯
有关病理学、治疗学和药物学等方面的一些精
华片段,以及拉齐斯本人的临床实践经验。《医
学集成》1279 年被西西里的安茹王朝国王查理
一世所聘请的一位犹太医学家法拉吉·伊本·
萨利姆(Faraj ibn Salim)译成拉丁文。自此之
后,《医学集成》就在全欧洲被广泛地用作百科
全书和教学手册。与此类似,《曼苏尔医书》在
1187 年被克雷莫纳的杰拉尔德(Gerard of
Cremona)译成拉丁文后,也在欧洲获得了很高
的评价。文艺复兴时期,《曼苏尔医书》的第 9 章
《疗法》(Liber Nonus)或者单独或者加上了权威
医学家如维萨里等人的评语之后被广泛流传。
拉齐斯另外一篇最有影响力的论文即《天花和
麻疹》(Kitab fi al-Jadariwa al-Hasbah),第一
次区分了天花和麻疹这两种不同的疾病。他还
撰写了关于肾和膀胱结石、糖尿病、儿童疾病、
过敏症、心身医学和医学伦理方面的论文。

　　拉齐斯的著作带有典型的中世纪伊斯兰医
学特征,因为它们主要是建立在希波克拉底,特
别是盖仑等人的学术成果基础之上。但是,尽
管对盖仑以来的传统极其尊敬,拉齐斯仍声称
他的临床经验要胜过盖仑本人。拉齐斯注意到,

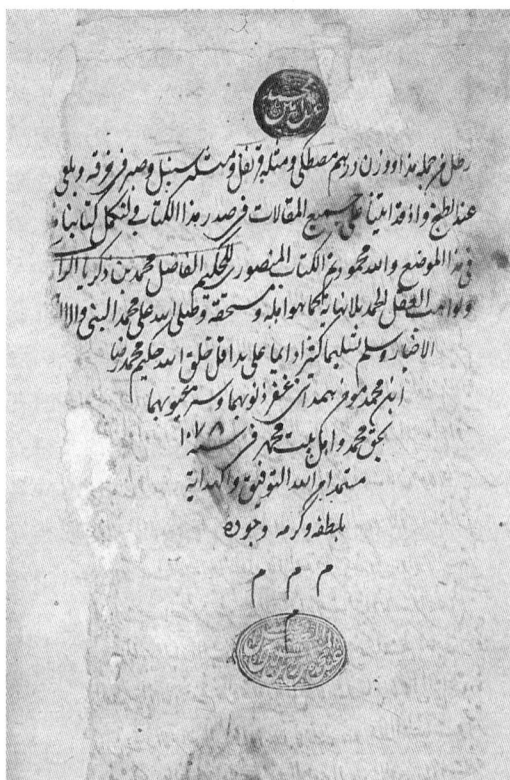

拉齐斯《医学集成》(阿拉伯语版)的图书尾页。这部著作吸
收了希波克拉底和盖仑的成果,但就其内容而言,这是一部
当之无愧的创新之作

他关于研究个案的临床方法论与盖仑描述热病
时采取的方法论相冲突。在这个问题上,拉齐斯
深信盖仑为哲学教条所禁锢而得出了错误的结
论。他甚至还对盖仑的身体体液平衡理论提出
了质疑。因此,拉齐斯——也包括其同时代的许
多其他伊斯兰医学家——不应被视作在欧洲人
所谓的"黑暗时代"里仅仅充当了保存古代希腊
医学思想的角色,而更因他们的杰出成就而被
看成伟大的革新者。

　　拉齐斯在医学领域的成就主要建立在临床
经验和逻辑思考上。这种经验主义方法论也导
致他在炼金术的研究中否定神秘主义学者和象
征意义。因此,拉齐斯应被视为一个推动炼金术
向萌芽期化学转变的人物。在他的著作中,贯穿
了对矿物质的分类和描述、化学过程以及对于

95

实验的解释,令人惊奇的是,这些解释大多能够符合现代化学的经验研究标准。拉齐斯著名的《秘典》(Sirr al-Asrar)一般被划在炼金术的学科范围内,但是这一归类忽视了拉齐斯的哲学思想取向。这一取向在《秘典》中体现得非常明显,即认为理性、科学和可观察的事实,要比预言、启示和精神象征等更为重要。

在哲学上,拉齐斯关于理性和天启教所持的立场,可谓中世纪伊斯兰世界最大的异端之一。他相信,人类的智力或者理性是神圣的礼物,它让天启和预言相形见绌、变得肤浅。拉齐斯赞美人的智力潜能,激烈地攻击天启教,并且详细列举和说明了天启教和预言两者如何相互矛盾,批判它们是科学和哲学进步的敌人,是最终引发各种冲突的根源所在。在古代希腊哲学和《古兰经》提供的智慧之间,拉齐斯非常明显地偏向于前者。因此,与伊斯兰的亚里士多德主义者不同,拉齐斯否认哲学和宗教之间有调和的可能性。

由于拉齐斯的异端观点,他在哲学上取得的成就在伊斯兰世界被边缘化了。他的观点在伊斯兰世界从来就没有多少人重视。因此在哲学上,他对其本就为数不多的基督教世界的读者影响就更加有限了。不过,从对伊斯兰世界历史评价的角度来看,拉齐斯的自由思想仍然是很有价值的,它的存在质疑着西方学界所经常描绘的单调的伊斯兰文明形象。拉齐斯在西方医学实践发展中所扮演的重要角色也表明,有必要将科学和医学的历史扩展到欧洲之外,将更多伊斯兰的贡献容纳进来,特别是其在中世纪时期的贡献。要知道在此期间,是伊斯兰而非欧洲的学术占据了领先的地位。

96

进一步阅读书目:

Arberry, A. J. (Trans.). (1950). *The Spiritual Physick of Rhazes*. London: John Murray.

Iskandar, A. Z. (1975). The Medical Bibliography of al-Razi. In G. Hourani (Ed.), *Essays on Islamic Philosophy and Science* (pp. 41-46). Albany: State University of New York Press.

Iskandar, A. Z. (1990). Al-Razi. In M. J. L. Young, J. D. Latham, & R. B. Serjeant (Eds.), *Religion, Learning, and Science in the Abbasid Period* (pp. 370–377). Cambridge, U. K.: Cambridge University Press.

Meyerhof, M. (1935). Thirty-three Clinical Observations by Rhazes. *Isis*, *23*, 321–356.

Nasr, S. H. (1981). *Islamic Life and Thought*. Albany: State University of New York Press.

Qadir, C. A. (1988). *Philosophy and Science in the Islamic World*. London: Croom Helm.

Stroumsa, S. (1999). *Free Thinkers of Medieval Islam: Ibn al-Rawandi, Abu Bakr al-Razi and Their Impact on Islamic Thought*. Leiden, Netherlands: Brill.

Ullman, M. (1978). *Islamic Medicine*. Edinburgh, U. K.: Edinburgh University Press.

Walzer, R. (1962). *Greek into Arabic: Essays on Islamic Philosophy*. Cambridge, MA: Harvard University Press.

迈克尔·洛(Michael C. Low) 文

蔡萌 译 陈恒 校

Amazonia　亚马孙河流域

作为世界上最大的热带雨林，亚马孙通常被人们称作不适合人类居住的"虚假天堂"。然而，有关景观处理和土壤的新近研究证据显示，各种古代人类社会在此已经有了相对集约（精耕细作）的农业方式。所以，历史学家现在能够对人类适应亚马孙河流域及其周边地区的多样与复杂情形展开研究，其所适应的情形既包括来自该流域及其周边地区的挑战，亦包括此地尚未开发的潜能。

作为这个星球上最大的热带雨林区，亚马孙河流域在世界历史上占有独特的地位。这是一个穿越当今巴西和其他7个南美国家（哥伦比亚、厄瓜多尔、法属圭亚那、圭亚那、秘鲁、苏里南和委内瑞拉）的广大地域，象征、代表着大自然对人类的统治，也成为至今仍不为人所知的诸种动植物的来源。然而，事实上在数百年里，亚马孙河流域已经成为一个被人类集约经营管理和改造的环境。

早期拓殖

人类在亚马孙河流域的占居，在时间上要比人们曾经假设的远为古老，而在空间上则要较其远为广泛。远至约公元前9000年，两种石器（使用石头工具）传统已在亚马孙河流域得到普及，这得到了考古学家所发现的包括箭镞和带边锋的切割工具在内的石器的证实，这两种工具是被人们用来狩猎和碾磨玉米的。至公元前5000年，又有了另外两种活动出现。第一种是，有证据表明，至公元前2000年大西洋沿岸的族群使用家养植物，而大约至公元前1500年，米纳斯·吉拉斯地区（the Minas Gerais region）的人们开始种植玉米。第二种是，当下的研究表明，人们在下亚马孙的占居始于约公元前10000年，而在沿下亚马孙一带的某个遗址上，人们戏剧性地发现了来自大约公元前6000年的陶器，这一发现使该陶器成为美洲陶器使用的最早样例。

经过对这一较早时期亚马孙河流域东北地带，也即沿圭亚那海岸地区的仔细研究，我们发现，该地区农业发展对复杂环境的适应和适当的石器技术的最终发展之间，是有密切关联的。人们先是采集某些植物，尤其是伊特棕榈（*Mauritia flexuosa*）和莫拉树（*Mora excelsa*）以及其他有用物种，后转变为对某些植物进行园地栽培，这一转变直接反映了在石器技术的发展过程之中。尽管这些生存技巧被认为是该地区热带雨林园地栽培技艺的先声，但就发展情形而言，拥有这些技巧的人和巴西沿海一带的壳丘族群（*sambaqui*）之间的相似性，很可能要大于他们和热带雨林占居者之间的相似性，因为他们的园地栽培和觅食技艺与热带雨林占居者很不相同。这表明人们对亚马孙河流域环境的复杂性的逐步适应，有一个遍及整个区域的反复的过程。

各种古代人类社会还具有诸种相对集约的农业生产方式，这从广布于亚马孙河流域的地貌改观情形中可得到证实。事实上，人们认为，正如当今大家所见和过去约350年里人们已经见到的，亚马孙河流域的景观是一种历史性产物，它源自该地向一种半荒野状态的回归；而该地向半荒野状态的回归，又源于殖民化所带来的本地居民人口减少。此外，当下有关玻利维亚、哥伦比亚和委内瑞拉的亚诺斯（草原），以及亚马孙河流域中心地带皆存在史前道路和堤道的证据表明,这些地貌改观与诸多大而复杂的人类社会的存在有关。

例如,近来发现的沿圭亚那大西洋沿岸一带广布的田/地垄与农用土墩/垛系统表明,人们关于"热带雨林"地区的知识事实上是那么有限。那些用来应对该地区低洼地势与沼泽情况的农业技术的出现,以及那些至少从 700 年起就开始运用的集约型农作方式,向我们展示了该地区人类为适应亚马孙河流域的多样环境,做出了何等复杂的尝试与努力。如此,考古证据也很契合史料的记载,史料记载显示,在本地土著群体当中,既曾有可观数量的人口,亦曾有复杂的农业技术。

土壤留下线索

除了这种物理意义上的景观发现,有关古代亚马孙河流域的新近研究还聚焦于人为或肇因于人力的诸种土壤(亦即其形成与人类活动

"浸没在亚马孙河中的森林"。选自弗朗茨·凯勒(Franz Keller)《一位探险家所见亚马孙河与马德拉河的草图和描述笔记》(*The Amazon and Madeira Rivers: Sketches and Descriptions from the Note-book of an Explorer*),1875 年版

直接相关),并且试图评估在亚马孙河流域有哪种土壤是通过人的行为活动被制造出来的、它们实际上有多么普遍,以及在何种程度上这些土壤被人们着意开发。亚马孙河主要水道以及诸多支流的两岸满布黑色土壤带,显示了人类存在的连续性和古老性。将这些土壤带用作农业目的,显示出人类既对土壤性征有了复杂的知识把握,亦意味着人类就农业管理还形成了诸种制度,这些制度历经数代人而稳定不衰。

这诸种类型的土壤,尤其是黑土,乃人力所促成,其高含量的土壤有机质和养分具有很强的肥力,在亚马孙河流域普遍可见。当人类留下的废弃物增加了土壤的氮含量时,这种具有农业价值的土壤便通过直接的农业施肥或集约型人力拓殖而被制造出来。历史证据表明,在对农业有利的土壤的出现和复杂的政体或丰富的文化技艺的存在之间,并不存在一对一的关系,然而,有关人力所促成的土壤的研究如今能够清晰地证明,人类的占居并不是简单地依赖于事先所假设的有利的环境条件,而且还在于人类能够坚守那些黑土所由之形成的地域,不管这种坚守是有意识的还是无意识的。近来关于许多被详细记录下来的、沿亚马孙主要水道及其支流一带的黑土成分的研究,已经有了重要而令人信服的数据资料,直接关乎过去人类种群的农业动态。

农业与饮食

将玉米加入一向以棕榈和树薯为中心的生存生活方式,以及对其他可提供食物的植物的系统性开发利用,如今已成为人们探讨研究的主题。不过,人们对玉米种植的出现产生兴趣,还出于这样一种因由:考虑到玉米的易储藏与高营养价值特性,人们将玉米的利用视作一种关乎社会与文化复杂性的表征。因此,有关玉米在亚马孙河流域使用情况的证据,就显得尤有

"我们与卡里普纳印第安人(Caripuna Indians)的第一次会面——马德拉河"。选自弗朗茨·凯勒《一位探险家所见亚马孙河与马德拉河的草图和描述笔记》,1875 年版

意义。要知道的是,树薯品种的使用在有关亚马孙河流域原住民园艺的历史与民族志报告中占有主导性地位。这种主导性地位可能是由过去 500 年里树薯的使用出现增长所致,而这种增长主要因为土著民能通过与欧洲人交易而获得钢制工具;钢斧的使用使人们得以清理较以往范围大得多的雨林,因为树薯的根茎必须从地中挖掘,这是石斧办不到的。结果,与此同时,当地人还受到欧洲人对树薯粉的贸易需求的刺激,在放弃了用以维系诸大文明的集约型农业生产制度之余,仍然能够占得独特的优势。自然,相对于玉米,树薯用作膳食,仍能在过往的历史中被大量需求并因而产量得到大幅度增长。

基本问题依然存在

在过去的 500 年间所发生的这些转变的实质,对于我们理解古代亚马孙河流域尤为关键。

不过,这一地区的广袤界域和它因殖民征服与人口减少而出现的过去与现在之间社会文化的连续性缺失,使得有关该地区环境历史的综合性研究面临诸多特别的挑战。有关亚马孙河流域的史前的许多基本问题,仍有待更加全面而彻底的解决之道,其中最重要的是人类在此地占居的规模与时限问题。可能的是,正如考古学一样,民族志和历史学会在有关人类适应亚马孙河流域环境的讨论中继续发挥作用。正在进展中的强调民族考古技术、系统调查和历史记录所解释的研究工作,以及诸如地球物理调查等新技术资源的调配,似乎能做到恰当处理古代亚马孙河流域的复杂性这一问题。

随着这些技术被调用和数据库的增多,有可能的是,有关人类适应环境的诸问题会在不同的框架中被提出来。其所针对的是那种让人们产生亚马孙河流域是某种虚假天堂的观念,在这种观念里,亚马孙河流域在植物方面对人类的明显回馈掩盖了其土壤为人所用的程度极其有限这一实情。已有的诸多研究工作倾向于表明,亚马孙河流域的环境太过复杂,而人类对它的适应太过多样,以至于人们极端地将之描述为要么对人类完全不利,要么对人类居住完全有利。正如前面所讨论的,关于亚马孙河流域地区的界定非常不确定的地方,反映了如下一个事实,即亚马孙河流域是一个同质实体的观念本身就是有缺陷的。随着亚马孙河流域环境模式的争论被真正的、关于人类随时间流逝而适应环境的研究所取代,研究者正处在一种较以往更好的研究状态;他们所要领会的是人类适应亚马孙河流域及其周边地区所带来的挑战和该地区所存的潜能的多样性与复杂性。

进一步阅读书目:

Balée, W., & C. Erickson. (Eds.) (2006). *Time and Complexity in Neotropical Historical Ecology*. New York: Columbia University Press.

Denevan, W. (2002). *Cultivated Landscapes of Native Amazonia and the Andes*. New York: Oxford University Press.

Heckenberger, M. J. (2005). *The Ecology of Power: Culture, Place, and Personhood in the Southern Amazon, AD 1000 - 2000*. New York: Routledge.

Heckenberger, M. J., Russell, J. C., Toney, J. R. & Schmidt, M. J. (2006). The Legacy of Cultural Landscapes in the Brazilian Amazon: Implications for Biodiversity. *Philosophical Transactions of the Royal Society London B: Biological Sciences*, Special Edition "Biodiversity Hotspots through Time, edited by K. Willis, L. Gillison, and S. Knapp.

Lowie, R. (1948). The Tropical Forests: An Introduction. In J. Steward (Ed.), *Handbook of South American Indians: Vol. 3. The Tropical Forest Tribes* (pp. 1 - 57). Washington, DC: U. S. Government Printing Office.

Meggers, B. (1992). Amazonia: Real or Counterfeit Paradise? *The Review of Archaeology*, 13(2), 25 - 40.

Roosevelt, A. C. (1980). *Parmana: Prehistoric Maize and Manioc Subsistence along the Amazon and Orinoco*. New York: Academic Press.

Roosevelt, A. C. (1991). *Moundbuilders of the Amazon: Geophysical Archaeology on Marajó Island, Brazil*. New York: Academic Press.

Steward, J. H. (Ed.). (1946 - 1963). *Handbook of South American Indians* (Vols. 1 - 6). Washington, DC: U. S. Government Printing Office.

Whitehead, N. L. (1999). Lowland Peoples Confront Colonial Regimes in Northern South America, 1550 - 1900. In F. Salomon & S. Schwartz (eds.), *The Cambridge History of Native American Peoples*, III (2): 382 - 441. Cambridge: Cambridge University Press.

Whitehead, N. L. (1994). The Ancient Amerindian Polities of the Lower Orinoco, Amazon and Guayana Coast: A Preliminary Analysis of Their Passage from Antiquity to Extinction. In A. C. Roosevelt (Ed.), *Amazonian Indians from Prehistory to the Present: Anthropological Perspectives* (pp. 33 - 54). Tucson: University of Arizona Press.

Whitehead, N. L. & Aleman, S. (Eds.). (2009). *In the Realm of the Golden King — Anthropologies and Archaeologies of Guayana*. Tucson: Arizona University Press.

尼尔·怀特赫德(Neil Whitehead) 文

刘招静 译 陈恒 校

American Empire　美帝国

美帝国,或更一般意义上的美帝国主义,是一个有争议的概念,它指的是美利坚合众国在世界上所具有的政治、经济、军事与文化影响(力)。当美国在 1898 年美西战争之后占领西班牙的诸个殖民地时,"美帝国主义"这一观念得以流行。时下,这一术语被用来批判美国的外交政策。

101

在美利坚合众国,"帝国主义"问题也即"美帝国"观念是一个被激烈争论的话题。有人说美国是一个帝国,并且认为这是一件好事。有人说美国是一个帝国,但这是一件坏事。有人说美国不是一个帝国,但认为它应当成为帝国。其他人则说美国不是一个帝国,并且认为这就是它应该有的样子。这些争论,在美国内外皆有发生。人们之所以就"美帝国"这一话题尚未达成共识,原因之一即在于还存在这样一种认识:美国的全球影响力与传统的(尤其是欧洲的)诸帝国的影响力有所不同。美国人尤其倾向于相信,美国并没有成为一个帝国主义国家。

然而,随着 18 世纪的共和国建立、19 世纪的历史演进和 20 世纪早期的发育成熟等为之奠立的历史根基,美帝国成了一个真实的存在。至 20 世纪的最后几年,尤其是在两次世界大战的影响下,美国获得了更强大的力量。相较于任何一个现代帝国,美国都拥有更多的全球政治与经济利益。至 21 世纪早期,有人认为美国的外交政策扩张到了帝国主义的程度。

美帝国主义和传统的欧洲各帝国的帝国主义,在总体发展路径上不同。它并非采用大规模军队入侵、派遣占领区代言人、通过自身所创体制维系政治与经济控制、兼用本土官员和当地可合作的精英群体,以及限制殖民地主权等手段,而是通过它自身的官员和商业人群创造了一个帝国。这一帝国主要是商业性的,建立在自由贸易和大规模海外投资的基础之上。在这一帝国建立之后,美国享有了压倒性的影响力和财富,并且在大多数情况下能够以很高的效率控制与之相关联的诸国家的事务。所以,在没有"帝国主义"的外在标志及其所带来的诸多政治包袱的情况下,美国在大半个 20 世纪里享受到了最大的帝国利益。当然,其利益享受也是与相对于被剥削一方来说一样的诸多负面效应联系在一起的。

帝国蓝图

人们可以从美利坚合众国的历史发端中看到帝国的起源。当 18 世纪晚期美国寻求在英帝国统治下自治时,美国领导者们设计了一套指向全球性影响(力)的方案。其中,约翰·亚当斯(John Adams)为了美国与欧洲列强的准同盟关系,甚至还写了一个"条约范本"。这种准同盟关系,在自由贸易和"最惠国"贸易权观念的基础上,会给予美国这一新生国家以同诸列强一样的贸易地位。

美国独立后,美国领导者如亚历山大·汉密尔顿(Alexander Hamilton)意识到,经济力量,尤其是通过工业发展而来的经济力量,能够产生世界性影响力。因此,在大半个 19 世纪里,美国政府运用保护性关税、政府补助、税收优惠和补贴等举措来促进工业及国际化发展,追求一种工业化发展方向。无可否认,在某些产业如棉花和糖业中使用奴隶劳动力,也使得美国的经济发展与扩张得到提升推进。

当时,因服从于发展国内经济的需要,美国

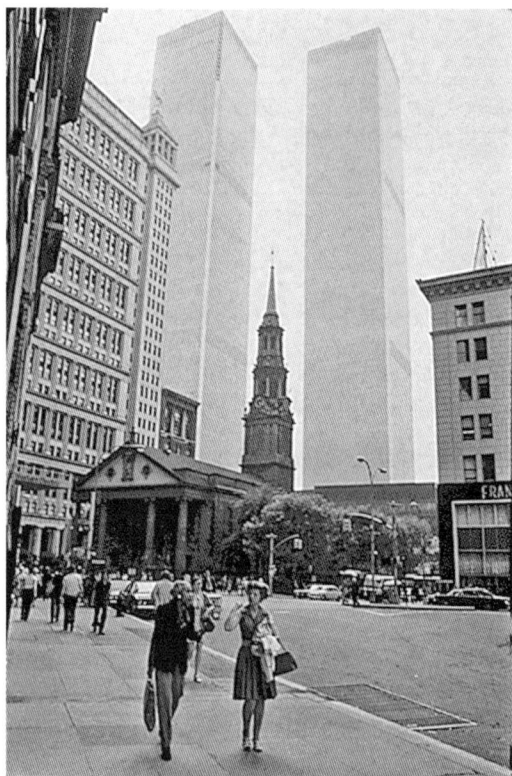

1973 年 5 月，位于下百老汇的历史悠久的三一教堂。不过在世界贸易中心的背景下，它不免相形见绌。在"9·11"事件之前的很长一段时期内，"世贸双塔"一直是美国在全球市场上经济力量的象征。美国国家档案馆

的全球利益仍然有限。然而，至 19 世纪中叶，人们可以看到美国正跨入全世界：在俄勒冈、得克萨斯、加利福尼亚、阿拉斯加以及其他地方以武力获得或买得土地，并向往在古巴、圣多明各、尼加拉瓜等加勒比地区出现一个加勒比帝国；将炮舰派遣到日本，要求开放市场；建立同英国金融家的联系，以支付内战的费用；派遣传教士和商人到其他国家，以扩大美国在世界各地的利益。显然，美帝国与诸老帝国之间着实存在着一些近似之处。

走出去

至 19 世纪晚期，美国即将成为一个帝国主义国家。这既是通过自身设计得之，也是某种

必要性使然。美国的帝国理论学家如阿尔弗雷德·塞耶·马汉（Alfred Thayer Mahan）、牧师约西亚·斯特朗（Josiah Strong）和布鲁克斯·亚当斯（Brooks Adams），提到有必要拓展共和体制与基督教教义、履行上帝之命（一种被当作不可避免之事接受的未来事件）及社会达尔文主义，并且扩展"文明"，以避免腐朽糜烂。他们迫切要求一种帝国主义议程，并且引起了其所寄望目标如总统麦金莱（William McKinley）、罗斯福（Theodore Roosevelt）、塔夫脱（William Howard Taft）、威尔逊（Woodrow Wilson）以及大多数外交官员、商界领袖和媒体代表等的积极与富有影响力的反应。美国正怀揣一种帝国主义意识形态，在 19 世纪 90 年代雄心勃勃地跨入全世界。比如国务卿理查德·奥尔尼（Richard Olney）就曾吹嘘："美国实际上是这块大陆上的至高主宰，它的命令或决断就是置诸臣服者之上的法律，该法律意在界定其对这些臣服者的干涉。"

然而，使美国以一种全球性力量出现在世界上的主要因素在于，它需要一种对外贸易关系，并借此来避免国内的经济危机。在 19 世纪的下半叶，美国饱受劳工与农业动荡、通货争议、通货紧缩与经济萧条等情状的摧残。作为美国的石油巨头，约翰·洛克菲勒（John D. Rockefeller）解释道："仅仅依赖地方商贸，我们恐怕几年前就失败了。我们不得不拓展市场且寻求对外贸易。"

因此，利用古巴从西班牙治下获得解放作为借口，美国在 1898 年参战，最后不仅控制了古巴，还有波多黎各、关岛、菲律宾以及夏威夷等地。唯有在这些地方，美国才树立起了正式的帝国标志。接下来，其全球性影响和帝国般的力量，只会有增无减。

起初，受塔夫脱总统所谓"金元外交"政策的支持，美国和其他各帝国的情形类似。不过不久以后，仰赖于军事力量，美国走上的是一条将要

创建现时代最伟大的帝国之一的道路,这一帝国建基于金融资本、私募市场、其他地方的原材料开发、对廉价劳动力的寻求和全球性消费。在这个过程中,美国官员将国家力量扩展至一切领域。在有必要时,会使用武力创造商业机会。正如即将成为总统的威尔逊在 1907 年所观察到的,"由于……制造商坚持将世界作为一个市场,他的国家的国旗必须跟着他,而且那些朝他紧闭的诸国之门必须被破开。通过金融家们获取的对方让步,得由国务大臣们来保障,即便那些不情愿的国家在此过程中因被激怒而动用主权"。

至 1914 年第一次世界大战前夕,美国已广泛介入几乎每一块大陆上的经济与政治生活,在中国、墨西哥和加勒比海地区都有着不断增长的利益。自"罗斯福推论"至门罗主义,美国开始更加富有侵略性地扩展它的力量,如介入中国的义和团运动、苏俄内战、墨西哥革命和诸多拉美国家的事务,这一切表明美国认为自己拥有在这一半球充当世界警察的权力。随着欧洲战争的爆发,威尔逊总统的"自由资本主义式国际主义"引领美国进入了头等世界大国之列。

世界大战与世界大国

像之前的罗斯福和塔夫脱一样,威尔逊相信,资本主义而非传统的帝国主义能带来最大的财富和力量,并且会增进国与国之间的和平关系。一些总统认为,展开贸易的各国之间开战的概率更小。1914 年,当欧洲列强参战之际,美国是世界上最大的工业国,然而它的军事力量仍然有限。因此,威尔逊利用资本的力量来拓展美国的影响力,如与英国和法国开展迫切需要的贸易、安排对盟友的贷款以让他们保持战争状态,以及最终于 1917 年采取干涉行动以维持英国的黄金标准。威尔逊的投入得到了回报。至 1919 年,美国已累计有 117 亿美元债权,

并且全球经济力量的中心已由伦敦转移至华尔街。

在接下来的数十年里,即便有大萧条和所谓"孤立主义"等变幻莫测之情形,美帝国依然进展迅速。在将"门户开放"政策(一种将同某国缔结商贸关系之机会平等给予所有国家的政策)的维系视作"远离革命的道路"的情况下,总统胡佛(Herbert Hoover)于 20 世纪二三十年代,借助美国军事干预和诸个被镇压的被保护国,尤其是拉丁美洲对其方式的拥护,继续展开对市场的侵略性寻求。即便随着富兰克林·罗斯福的"睦邻政策"的到来,美国在拉丁美洲的经济利益和政治影响力仍在增长,这也为未来在拉丁美洲的反美运动提供了舞台。

至 20 世纪 40 年代,因为欧洲和亚洲出现的全球性经济萧条与军国主义危机,美国一直尽可能地保持着它的政治经济利益,并且将随着第二次世界大战的到来,作为占世界主导地位的全球性大国出现在人们面前。德国和日本对国际社会构成的威胁,并不仅仅是因为它们侵略主权国的土地,还因为它们各自的经济民族主义或自给自足政策有造成关闭那些大的、在经济上对于开放性商贸至关重要的地区的危险。因此,美国不得不采取行动以反对这种侵略。而且,在德国侵略法国、英国和苏联,以及日本偷袭珍珠港之后,罗斯福发动了经济战争,派遣大量的军用物资给反轴心国的诸国,并最终将美国军队投入欧洲和太平洋战场。轴心国为德国、意大利和日本。到 1945 年战争结束时,欧洲大部分地区和亚洲哀鸿遍野,大规模的重建工作迫在眉睫。只有美国在走出战争后,变得比以往任何时候都要强大。它使新的布雷顿森林体系(Bretton Woods system)——国际货币基金组织和世界银行,与作为能够和黄金进行完全自由兑换之世界货币的美元一道,适时地成为一种具有经济影响力的手段。

地位悬殊的局面

通过利用国际货币基金组织、世界银行、重建贷款以及马歇尔计划（"二战"后一种针对欧洲诸国经济复苏的计划），此外还利用优势军力和持有核武器，华盛顿能够在冷战期间发挥美国巨大的经济以及由此而来的政治影响力。事实上，在"二战"以后，美国可以说发挥了它在现时代最大的力量。美国外交家乔治·凯南（George Frost Kennan）在 1948 年坦率地指出："我们拥有全世界 50% 的财富，但是只有世界上 6.3% 的人口。在未来一段时期内，我们的真正任务是要制定一种关系模式，它将允许我们保持这种差异悬殊的情势。"在接下来的数十年里，美帝国通过商贸和军事手段继续扩张。

1950 年，美国国家安全委员会（the U. S. National Security Council）出台了第 68 号文件（NSC-68），这也许是战后有关美国国力增长的最重要文件。在文件中，美国国家安全委员会呼吁大幅度增加军费开支，以应对不仅来自苏联，还来自任何一个不利于美国利益的国家之威胁。这极大地刺激了所谓的军工企业。当美国日益卷入似乎处处皆有的商贸和政治事务时，其国防开支和军备竞赛一路飙升。华盛顿方面不仅推动自由贸易和海外投资，还在不同的地方如朝鲜、伊朗、危地马拉、印度尼西亚以及黎巴嫩等它认为会威胁其利益的国家和地区进行军事干预。与此同时，美国利用其美元力量优势和布雷顿森林体系，迫使以前的诸帝国向其贸易商和投资者开放市场，从而让美国企业获得全球性的发展机会。在国内，这一时期的经济扩张为劳动人民创造了繁荣，而麦卡锡主义（McCarthyism）的政治力量则让帝国的批评者们保持沉默或无所作为。以参议员约瑟夫·麦卡锡（Joseph McCarthy）的名字命名的麦卡锡主义，是 20 世纪 50 年代初盛行于美国的反

共产主义的法西斯主义，对任何被认为有颠覆性破坏作用的社会部门或个人实施迫害。

至 20 世纪 60 年代中期，美国能够通过其美元力量和武装部队来推动其几乎无处不在的利益。不过，对美国力量的限制因素也开始出现。此外，美国日益深陷不断升级的越南战争，这最终暴露了美国在军事和经济力量上的不足。因为尽管有数量惊人的火力，美国还是不能抑制越南共产党及其民族解放运动。同时，日益飙升的战争费用借由布雷顿森林体系造成美国平衡收支账上的巨额财政赤字和挤兑黄金的风潮。至 1971 年，尼克松总统不得不通过放弃布雷顿森林体系和让国家脱离金本位来承认帝国的局限。在政治上，对美国利益的挑战也已在全球范围内出现。至 20 世纪 70 年代后期，因 1973、1979 年的"石油危机"以及日本、德意志联邦共和国作为经济上的竞争对手的出现，美国面临的情势在诸种既有态势之后进一步恶化，这使美帝国看起来有衰弱的趋势。

然而，不到 10 年之后，美帝国奋起反击。里根总统时期的大量军费开支和苏东巨变让美国没有了一个全球范围内的、对其构成严重威胁的竞争对手。因此，尽管国内有巨额财政赤字，美国还是以全球独一霸主的姿态立于世人面前。诸如世界贸易组织（the World Trade Organization，WTO）和北美自由贸易协定（the North American Free Trade Agreement，NAFTA）等超民族国家的经济规划，以及在中美洲地区的反民族解放运动战争，标志着华盛顿不会悄无声息地放弃其影响力。事实上，它会继续精心营造其在 1 个世纪以前就已开启的贸易帝国。

至 20 世纪 90 年代中期，美国以在中东地区令人信服的军事力量展示，和在事实上对全球化事业的投入，向世人表明它似乎有无限的能力来发动战争和获得市场准入。然而，这种新近扩张的霸权，给美国带来了新一轮的批评。不仅

不服从是自由的真正基础。服从者必定为奴隶。

——亨利·大卫·梭罗（Henry David Thoreau, 1817—1862）

是人权组织和（政治活动）积极分子，还有诸欠发达国家、一些关键盟友，甚至统治阶层的一些部门，也开始质疑跨国公司和超国家机构的权力。2001 年 9 月 11 日国际恐怖主义分子发动的对美恐怖袭击，以及美国在世界上的部分地区的回应，成为美国力量已存局限和美国的帝国使命已遇敌人的另一个信号。

更能说明问题的是，美国对这些袭击的回应，尤其是对伊拉克的入侵，导致了半个世纪里对美国帝国地位的最严重冲击。总体上由乔治·布什政府单方面发动的反伊拉克战争及对伊拉克的血腥占领，破坏了美国的声誉，使美国同欧洲诸关键盟友的关系恶化，将世界反美主义推至一个新的高度。尽管取得了一些早期的成功，然而阿富汗战争的恶化局面还是进一步加剧了美国同盟友和敌人之间的紧张关系。而布什政府所要诉诸的，似乎是和 19 世纪欧洲帝国模式并没有什么不同的、更老旧的单边帝国形式。此外加上对全球化的反弹、在中东地区无力协商和平，以及 2007—2009 年的全球经济与金融危机，美国在世界上的地位有可能回落至自 20 世纪早期阶段以来所未曾有过的状态。奥巴马政府对这些棘手事务的应对，将很可能产生决定性的影响。

在仅仅 1 个多世纪里，美国成了一个全球性的力量，达到了其权力与财富的制高点，获得了一种无与伦比的、影响全世界的能力，并且已经看到了其地位正遭受批评/批判和攻击。这是诸多帝国的命运。21 世纪的新挑战，例如中国和印度的崛起，重新崛起的俄罗斯，以及诸般新的限制，都需要美帝国去面对。所有帝国和"世界警察"这一自我式任命，都要求美国采取新的战略去应对在这个世界所面临的、正在出现的挑战。

进一步阅读书目：

Bacevich, A. J. (2002). *American Empire: The Realities and Consequences of U. S. Diplomacy*. Cambridge, MA: Harvard University Press.

Beisner, R. L. (1968). *Twelve Against Empire: The Anti-imperialists, 1898 - 1900*. New York: McGraw-Hill.

Bowden, B. (2009). *The Empire of Civilization: The Evolution of an Imperial Idea*. Chicago: University of Chicago Press.

Chomsky, N. (2003). *Hegemony or Survival: America's Quest for Full Spectrum Dominance*. New York: Metropolitan Books.

Ferguson, N. (2004). *Colossus: The Price of America's Empire*. New York: Penguin Press.

Greider, W. (1997). *One World, Ready or Not: The Manic Logic of Global Capitalism*. New York: Simon & Schuster.

Hardt, M. , & Negri, A. (2000). *Empire*. Cambridge, MA: Harvard University Press.

Johnson, C. (2004). *The Sorrows of Empire: Militarism, Secrecy, and the End of the Republic*. New York: Metropolitan Books.

Johnson, C. (2006). *Nemesis: The Last Days of the American Republic*. New York: Metropolitan Books.

LaFeber, W. (1963). *The New Empire: An Interpretation of American Expansion, 1860 - 1898*. Ithaca, NY: Cornell University Press.

LaFeber, W. (1999). *Michael Jordan and the New Global Capitalism*. New York: W. W. Norton.

Magdoff, H. (1969). *The Age of Imperialism: The Economics of U. S. Foreign Policy*. New York: Monthly Review Press.

Münkler, H. (2007). *Empires: The Logic of World Domination from Ancient Rome to the United States*. (Trans. P. Camiller). Cambridge and Malden, MA: Polity Press.

Odom, W. E. , and Dujarric, R. (2004). *America's Inadvertent Empire*. New Haven: Yale University Press.

Parenti, M. (1995). *Against Empire*. San Francisco: City Light Books.

106

Rosenberg, E. (1999). *Financial Missionaries to the World: The Politics and Culture of Dollar Diplomacy, 1900 - 1930*. Cambridge, MA: Harvard University Press.

Stephanson, A. (1995). *Manifest Destiny: American Expansionism and the Empire of Right*. New York: Hill and Wang, 1995.

Vine, D. (2009). *Island of Shame: The Secret History of the U. S. Military Base on Diego Garcia*. Princeton: Princeton University Press.

Williams, W. A. (1969). *The Roots of the Modern American Empire: A Study of the Growth and Shaping of Social Consciousness in a Marketplace Society*. New York: Random House.

Williams, W. A. (1972). *The Tragedy of American Diplomacy*. New York: Dell.

Williams, W. A. (Ed.). (1972). *From Colony to Empire: Essays in the History of American Foreign Relations*. New York: J. Wiley.

罗伯特·布赞科（Robert Buzzanco） 文

刘招静 译 陈恒 校

Americas, The　美洲

107　　在欧洲人1492年到来之前，在人类定居于美洲的1.35万年里，各种各样的、彼此相互隔离/孤立的文化得以发展。1492年的这场相遇造成了一些悲剧性的后果，但也使美洲内部以及美洲和世界其他地方连成一个整体。最终，它所带来的新旧两个世界之间的交流为双方皆创造了机遇。而它所带来的震荡冲击，也开启了人们对人权、自由和政治合法性等问题的持久反思。

在欧洲人创造出"美洲"这一概念，并将之用作所"发现"的"新世界"的同义语时，西半球还不是一个单独的、有自我意识的世界。它包含多个世界，每一个都自给自足，并且对其他世界都无所意识。因此，这里所讲的关于美洲的故事，得遵循这样两条路径展开：一是美洲自身的整合，二是美洲对外部世界的影响；正是这个外部世界认为"美洲"是诸大陆联合体之外的一个单独附加物。

起源与隔离

早在1.5万年前的某个时候，第一批人类中至少有一部分随着开放性苔原牧群的迁徙，跨越因海平面下降而形成的、位于今白令海峡和阿拉斯加之间的大陆桥来到美洲。他们很可能在整个冰期，在通道重新被淹没之时——冰川跃动使西伯利亚和美洲分离相距80千米（50英里），沿着另外的路径，经过诸次不同的移民潮，借小船继续跨越，并成功越过由冰盖所形成的狭窄沿海通道。继那些早期人群——以新墨西哥考古地址附近一个城镇的名字命名的克洛维斯狩猎－采集人（the Clovis huntergatherers）——而来的文化，可追溯至约1.25万年前。他们繁衍生息，分布于美洲各地，其进程节奏或许缓慢至以千年计，和其他的狩猎-采集人群的增长分布速度相一致。

人类对美洲的动植物生命产生了重要的影响。人类的狩猎能力，连同气候条件的变化，导致约30种独特的大型哺乳物种灭绝，而这些哺

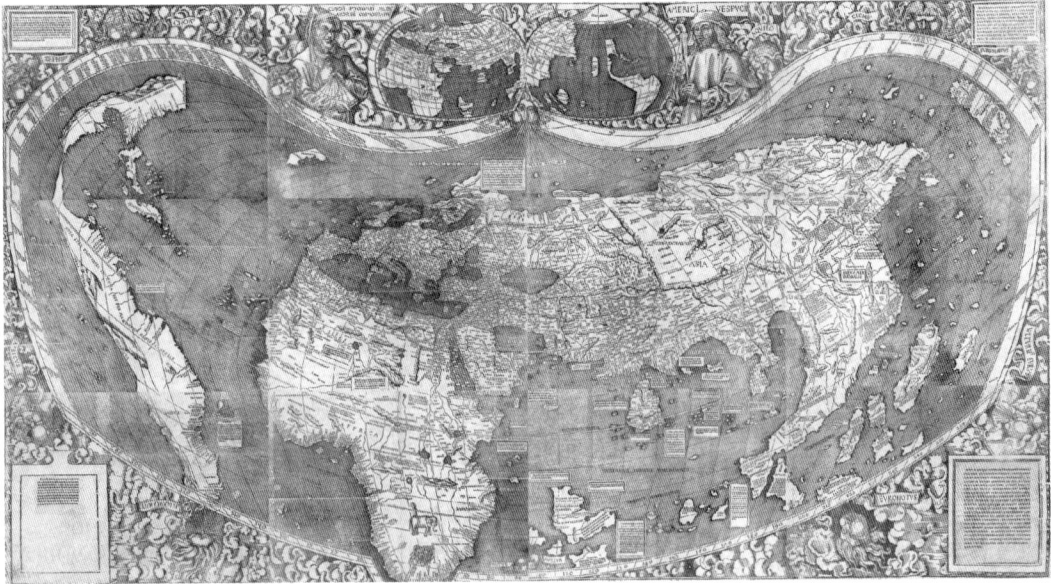

马丁·瓦尔德泽米勒(Martin Waldseemüller)绘了这幅 1507 年的世界地图,遵循的是托勒密地图传统。它是在亚美利哥·韦斯普奇(Amerigo Vespucci,1454—1512)之后第一份已知的、标注"美洲"这一大陆板块的文献

乳物种在自美洲与泛古陆(Pangaea)分离以来的更新世里即已完成进化。类似的灭绝也发生在澳大利亚和新西兰等孤立大陆上,时间约在 1.5 万年前,人类首次在这两块大陆上拓殖之时。在冰期结束后,美洲总体上依然和世界其他地方相隔断。少数的例外当然也有发生,例如经海路从东北亚向波利尼西亚(Polynesia)——通过人们所假设的携带番薯的太平洋航程——展开的进一步人类迁徙,或者维京人在纽芬兰所进行的短暂拓殖。

1492 年,美洲与外界隔绝状态结束,随之产生的一个深远影响在于,美洲土著人群没能幸免于传染性疾病的传播。一些加勒比岛屿因疾病和殖民开发而丧失了全部本地人口,而沿亚马孙河流域一带的人口密度也未从弗朗西斯科·德·奥雷利亚纳(Francisco de Orellana)1542 年自秘鲁至大西洋的航行的影响中恢复过来。据人们估计,美洲人口在欧洲人到来之后的 150 年里下降了约 90%。

1492 年以前的美洲人群内部,以及其他尚未与亚非欧大陆建立联系的美洲人群,都普遍

存在一种免疫力方面的不足。他们都遭受了类似的命运。另一方面,也不存在这么一种传染性疾病,仅美洲人群拥有免疫力而欧亚人群没有。这种不平衡状态可以通过美洲和欧亚大陆板块之延伸扩展所遵循的坐标系,及其通过该种状态对农业发展所造成的影响加以解释。

农业与哥伦布大交换

农业的兴起可能是在多个地方独立进行的。然而在美洲,有 3～4 个核心地带在家养植物和动物的技术传播上发挥了显著的作用。至公元前 5000 年,中美洲发展出食用玉米品种,并在它们之外辅以南瓜小果(前 8000—前 6000)、豆类(约前 4000 年)和火鸡(约至前 3500 年)。此外,至公元前 5000 年,数百个不同的马铃薯品种在安第斯山脉被人们种植,与之一起被种植的还有树薯,以及被养殖的羊驼和豚鼠。约在前 7000—前 6000 年,人们在亚马孙河流域清除树木,种植南瓜小果和块茎;而至前 2500 年左右,美国东部的一些人则种植向日葵和藜。人口集

早至公元前 5000 年，中美洲即已发展出食用玉米品种。克拉拉·纳多里（Clara Natoli）（www. morguefile.com）

所谓自欧洲人殖民美洲以后的哥伦布大交换，开始将美洲的生物同世界其他地方的生物联成一体，扭转了自泛古陆分离以来的趋势。而新的元素，例如来自中美洲的可可和西红柿丰富了旧世界的美食，烟草味道则已在全球弥漫；生态交流更为可持续增长的人类居住要求开辟出新的领域，北欧人对富含营养的马铃薯的依赖是人所共知的。美洲的产品很快远达中国，在这里玉米和番薯补充了传统饮食，并且在 18 世纪使长江流域以前无人居住的密林高地变得可以耕作。中国如今是世界上最大的马铃薯生产国和第二大玉米生产国。同样，欧亚糖成为一种可营利的经济作物，促进了殖民地巴西和拥有非洲奴隶劳动力的大半个加勒比地区之间的商贸交往。当 19 世纪的技术革新连同亚非欧大陆的人力、作物和牲畜一起被引入，以用来开发其潜力并将之变为世界粮仓之时，巨大的、不变的北美平原或阿根廷草原成了可进行农业开发之地。

中或小气候带创造出了多样生态的区域，对农业兴起有利。那些对中美洲的热带雨林而言肥沃的高地幽谷，以及安第斯高原与诸河谷地带向海洋倾斜下降的地形，为这里的农业兴起提供了较大陆任何地方都要好的条件。

培育和驯化行为沿美洲所跨经度的方向传播，这要比同类行为沿环境更加一致的欧亚大陆水平轴线的传播更慢。和发生在欧亚大陆上的交流相比，即便是玉米这一适应性最强、最为成功的美洲作物，它在北部深入了现代美国，在南部抵达秘鲁，以及在哥伦布来到之前跨越海洋到达加勒比诸岛（此处是"maize"［玉米］这一名称的发源地），但也只是以一种缓慢的速度向外传播和适应各地情形。跨气候带传播的问题抑制了作物的迁移，并且抑制了其他生物从一个地区向另一个地区的移动：马铃薯和羊驼从未自秘鲁传播至中美洲的人口密集中心区，直到欧洲人将火鸡带来之前，墨西哥火鸡也从未抵达美国或者秘鲁。另一方面，在欧亚大陆，至 1492 年，从葡萄牙到中国的人们都知道所有的作物和家养动物种类；如此，农业的传播要更为广泛，人口数量远为庞大。

帝国、帝国主义与殖民（化）

前哥伦布时代的农业使具有最大生物多样性的区域——那些使农业最容易得到发展的地方——成为这一半球里最富有、人口密度最高和最具影响力的地区，维持了一种直到 19 世纪早期仍有利于安第斯山脉和中美洲地区的平衡状态。安第斯山脉见证了在大的人类拓殖地所进行的首批试验。在秘鲁中部，从公元前第 2 个千年晚期起，受诸城市如查文·德·万塔（Chavín de Huántar）的文化影响，一种持续的大型城市与强大国家传统得以出现。中美洲的初创文明是奥尔梅克人(Olmec)所创的文明(前1200 年衰落,且最终在前 400 年后消失),其影响从墨西哥东南部向整个中美洲扩散,并间接向北部以外的地方扩散。密西西比河岸的卡霍基亚大都市中心(Cahokia,在 13 世纪早期达到鼎盛状态)依赖于那些偏远社区。这些社区参与集约型农作方式,维系城市居民人口,包括宗教领袖、政府官员、行业工人、天文学家和工匠。然而,它从未达到安第斯人和中美洲人所达到的人口密度或后者所创文化传统的持久度与影响力。

安第斯文化(Andean Culture)沿肥沃的山谷走廊、高地平原和可灌溉沙漠发展繁荣,一侧是亚马孙低地,另一侧是太平洋,向南有一个人类难以应对的沙漠,向北则有一个充满野性的热带雨林区。在由克丘亚印第安人费利佩·古阿曼·博马·德·阿亚拉(Felipe Guaman Poma de Ayala,约 1535—约 1620)所绘制的地图《印第安人王国之世界地图》(Mapa Mundi del reino de las Indias,收录在他约于 1615 年撰写的《新编年史与善政》中)上,人类在进行征服之后所需面对的限制情形依然同样有所反映。中美洲文明跨越多样的生态系统,从成为玛雅拓殖地的危地马拉热带雨林,到人类难以应对的、生活在墨西哥北部干旱地带的半游牧人群的边远区。定居人群将半游牧人群视作蛮族人,很像古罗马人看待日耳曼人的情形。在这两个文化区域内,发展出了非常多样的、由小的政权构成的民族文化与语言共同体。这些小的政权类似于拥有腹地生态环境做支持,且通常为其腹地生态环境所界定的城邦/城市国家。尽管它们之间有互动,并且彼此拥有类似的社会政治组织(如王侯统治和分层社会)、宗教仪式(如不同程度的人祭)和神话(可互换的神祇),然而在它们中间还是存有多样性:即便是看似重要的文化特质如富于表达力的、古典的玛雅(约 200—900)书写系统,也并不能被中美洲文化区的其他

地方采纳。甚至连诸帝国的统一接纳,也只意味着仅仅有一种进贡关系,而并没有带来任何正式的文化一致性。

阿兹特克(Aztec,约 1427—1521)和印加(Inca,约 1400—1532)帝国是中美洲与安第斯两个文化区内悠久帝国传统的最新表现。类似于统一的中国观念,美洲帝国传统富有弹性,能够在过去的帝国被推翻之后依然存续下来。同样和中国相像的还有,它们都倾向于将自己所知道世界的大部分囊括进来。在为统一其父亲的帝国而进行的内战中,印加帝国最后一个皇帝阿塔瓦尔帕·尤潘基(Atahualpa Yupanqui,1525—1532 年在位)打败了他的兄弟,在此后的几个星期内,他怀揣着一个比亚历山大大帝或成吉思汗的目标要大得多的诉求——平定和统一他的世界。在世界历史上,美洲印第安帝国是非同寻常的。在寻求更加多样化的产品以供消费的过程中,它控制了极为多样的生态区。在前工业化时代,人口增长缓慢,财富与资源几乎无所增加,一种"零和游戏"假设(a zero-sum game assumption)在世界上占支配地位。诸如特奥蒂瓦坎(Teotihuacán,前 1 世纪—公元 8 世纪)或墨西哥-特诺奇蒂特兰城(Mexico-Tenochtitlán,自 14 世纪中叶至今)等掠夺性帝国之都,都得益于它们遥远的附属地之全球范围的进贡,发展成为这一半球内人口最多/最密的大城市。这些城市的存在之所以能够被人们忍受,是因为进贡能带来本国的和平,受到保护以及一定程度的自主、内部争端的调解和针对归服政权的商贸机会。

这些帝国传统的持久性(力),有助于解释为何那么少的西班牙人能够在取代他们各自的帝国精英群体之后,那么快就控制了美洲最富有的两个文化区域(1519—1521 年的阿兹特克帝国和 1532—1533 年的印加心脏地带)。须知位于智利阿劳坎(Araucan)的那些更为分散、人口密度更小的区域,或北美的那些半游牧族群,是

110

多么难以对付。墨西哥城在帝国的位置,在某种程度上能够在西班牙人的征服之后延续下来。那些见于16世纪文本的、通常依旧被操当地语言的人称作"特拉托阿尼"(*tlatoani*)的西班牙总督,因此能够一次又一次纠集大量的中美洲人力,并将这种人力用于拓展可被视作城市子帝国的事业。新西班牙(New Spain)维护前征服时期的商贸与战略性利益,开启了尤其是欧洲对白银、欧洲作物与动物、大西洋及太平洋贸易通道的寻求。为了西班牙国王,利用从墨西哥城调来的中美洲人力,西班牙人征服了新墨西哥、洪都拉斯、佛罗里达和菲律宾,并首先让总督们来统治这些地方。

西班牙人对美洲最富有部分的统治是一项看起来几乎不可能实现的事业,它将对世界历史产生深远的影响。西班牙帝国开创了美洲的文化与商贸整合进程,开启了它同世界其他地方的商业贸易。在一块盛产白银、黄金和其他珍贵资源且人口众多的大陆上,一如葡萄牙人或荷兰人所创造的,西班牙所创建的一个在领

地意义上而非仅仅商贸意义上的帝国,开始平衡并随后扭转世界经济的局势,使之有利于欧洲。而在此之前欧洲还只是一个"欧亚大陆上的贫穷岬角",而且远离亚洲。这一进程最终以当代世界唯一的超级大国——美国在传统的、人口主要为欧亚人和非洲人的美洲北部落后地区的崛起而告终。

财富、权力与文化影响力在历史上发挥着主导性作用,而从长远来看,美洲和世界其他地方的整合,使财富、权力与文化影响的天平由西半球的中南区域向北部区域倾斜。与其他传统意义上的、前工业化时代的强大中心如中国或印度一样,中美洲和安第斯地区在欧洲大部分地区和美国通过工业化上升为全球经济霸主的世纪里落后了。债务和军事化是伊比利亚-美洲独立战争(Iberian-America's wars of independence,1810—1821)所留下的遗产。和在西班牙与葡萄牙统治时一样,拉丁美洲在19世纪的大部分时间以及进入20世纪以来,无力达到令人满意的政治稳定状态,而这一情形延缓了其在工业与技术领域的投资,尽管它们有着丰富的自然资源。独立之后,墨西哥未能利用或控制200万平方千米的北部边境领土,而这一边境领土在1848年被实现工业化了的北边吸纳。尽管在20世纪的大部分时间里有着令人印象深

111

克丘亚印第安人费利佩·古阿曼·博马·德·阿亚拉的《印第安人王国之世界地图》,收录在他的《新编年史与善政》中,约1615年

刻的经济发展和政治稳定,墨西哥仍未能发挥其潜能。南部的领土巨头——巴西和阿根廷,其潜能在历史上有时可与美国媲美,然而到目前为止它们仍未能像美国一样有效地开发其腹地或大自然留下的恩赐。而像委内瑞拉这样的资源富集国,也没能将它的财富变为资本,用以开拓经济增长的可持续性替代来源。民族主义背景下的内部种族区分而非多民族的帝国建制,连同经济上的极度不平等和直到当下的社会不稳定,继续困扰着这一不太成功的中心和这一半球的南部。有人将这一中心和南部视作美国这——更加富裕、更具影响力的国家的"后院"。

反思、神话与自由观念

欧洲人与美洲的相遇,带来了这一半球的内部整合和较以往任何时候更加广大的文化同质化进程。很少有例外。这一大陆绝大多数生理上多样的人群用欧洲语言交流,并且践行各种变化了的基督教。而这一宗教最初由欧洲人带来,被当地人和非洲人更改。除此之外,还有其他一些文化表现,一开始就与欧洲相连。然而,尽管二者都可能被归为"西方"的构成部分,但美洲并不仅仅是欧洲的延伸,相反,美洲让我们得以窥视欧洲的转型样貌。

围绕那些在人口密集、充满异域情调的帝国探险的人士的功绩神话,提振了欧洲人对其帝国权益和预设能力的信心。自古典时代以来,这种信心或处于休眠状态,或一度受挫,然而现在能够复活并超过既往。在西班牙的美洲属地中,欧洲人以现代法律为基础的官僚政府的政治理论从 16 世纪起就开始被尝试,在时间上要先于同样的理论在为传统束缚的欧洲的践行。奴隶制也得到了复兴,并且在这一半球的许多地方被不同程度地运用。它在这里的复兴之时,正是它在欧洲的消亡之日。它对美洲社

会的发展产生了深远的影响,此外也许还对提供奴隶的非洲民族施加了一种更加有害的影响。征服与流行病带来的悲剧开始让人们感到痛苦,并让人生出有关它们的持久的人道主义反思。巴托洛梅·德·拉斯·卡萨斯(Bartolomé de las Casas,1484—1566)宣告了一则在当时具有革命性意义的信条,即"属于人类的一切民族都是人"。这一信条被教宗保罗三世 1533 年的诏书(Pope Paul III's papal bull of 1533)认可,该诏书包含有美洲印第安人人性方面的内容。受良心和维持其劳动力兴趣的推动,西班牙王室宣布了自己的立法如"新法律"(1542),以保护美洲印第安属民。无论是西班牙人的"混合"(mestizaje,文化与种族上的混合)观念,还是美国人或巴西人的自我认知,作为熔炉或以复数形式存在的社会,都是在更为积极的、美洲人与欧洲人互动的传统中生成的。在这些观念和我们在当代对普世人权的接受之间,存在着一种清晰可辨的连续性,而这反过来又因为"西方的"力量产生全球性影响。

美洲开始与一种新的解放的感觉联系在一起。像瓦斯科·德·基罗加(Vasco de Quiroga)这样的乌托邦人士,在 16 世纪的墨西哥用"理想"共同体做实验,而清教徒则在新英格兰建立"小山上的城市"。人与生俱来的善在这一大陆未被开化角落里的"高贵野蛮人"身上被找到,而浪漫派则在北美壮丽野性的风景中学会了对自然怀有一种着迷般的敬畏。一名贫困的 16 世纪西班牙探险家可以期待通过他在美洲的成就而赢得人们的认可,即认可他为一位贵族,以此来提升自己,并因而享受他那种能加入帝国的"政治民族"的自由感;而一名 18 世纪的家里还蓄着奴隶的弗吉尼亚地主,则能把自己看成一位新罗马共和国的英雄,此外,他还能创造一部适合"自由帝国"的宪法,该宪法经过某些修正,对现代世界的政治合法性之理想做出了界定。

进一步阅读书目:

Bulmer-Thomas, V. (1994) *The Economic History of Latin America since Independence*. Cambridge. U. K.: Cambridge University Press.

Coe, M., Snow, D., & Benson, E. (1986). *Atlas of Ancient America*. Amsterdam: Time-Life Books.

Crosby, A. W. (1972) *The Columbian Exchange: Biological and Cultural Consequences of 1492*. Westport: Greenwood Press.

Diamond, J. (1997). *Guns Germs and Steel: A Short History of Everybody for the Last 13,000 Years*. London: Chatto & Windus.

Elliott, J. (2006). *Empires of the Atlantic World: Britain and Spain in America 1492−1830*. New Haven, CT: Yale University Press.

Elliott, J. (1970). *The Old World and the New, 1492−1650*. Cambridge, U.K.: Cambridge University Press.

Fernández-Armesto, F. (2003). *The Americas: The History of a Hemisphere*. London: Weidenfeld & Nicolson.

Mann, C. (2006). *1491: The Americas before Columbus*. London: Granta.

Matthew, L. & Oudijk, R. (2007). *Indian Conquistadors: Indigenous Allies in the Conquest of Mesoamerica*. Norman: Oklahoma University Press.

何塞-胡安·洛佩斯-波蒂略(José-Juan López-Portillo) 文

刘招静 译 陈恒 校

Andean States 安第斯国家

113 安第斯山的地理情状——崎岖的山脉、沙漠沿海平原和狭窄的河谷——将这一地区的诸早期文明型构成一个个独立的、自给的共同体。若将这些乡村(山村)归拢在国家统治之下,则需要依靠压制手段并对商品进行再分配。由于没有文字记录留下来,所以有关前印加时代的安第斯山的历史之解释,都是根据考古记录进行的。

国家可以被界定为一种在地区范围内组织起来的政治体,它包含一种等级化的、中央集权化的政治结构,这种结构维系着社会分层和协调人的努力。不像在世界其他许多地区的文明,安第斯山文明在16世纪30年代被西班牙征服之前并没有一套书写系统。因此,这里仅存有关最后一个安第斯国家——印加帝国的目击者(见证者)说明,是印加人使国家发展进程达到了顶峰,而这一进程在比之要早4000多年的时候就已开始了。我们对更早的安第斯国家的理解,几乎全部依靠搜集考古记录展开。遗憾的是,这种对遗留下来的人工制品和考古地址的依赖,给学者们带来了解释上的问题。一个国家的"足迹"看起来可能和一位部落酋长的"足迹"很相似。而要通过壶壶罐罐和石块等藏品来理解一个国家的意识形态和经济制度的微妙变化,则可能有困难。尽管如此,一幅有关安第斯国家演进的试探性图景,还是可以在数十年相当仔细的考古工作基础上加以描画。

国家起源

约至公元前6000年,在安第斯高地和沿南美洲的太平洋海岸线一带的狩猎与采集人群,慢慢发展出一种集采集、捕鱼与农耕于一体的生存策略。这种转变使小的、半永久性的乡村得以建立,而这些乡村至公元前 3000 年散布于沿海地区。该转变还使在政治上更加复杂的人类社会在今天的厄瓜多尔和秘鲁中部的海岸线一带得到发展。在厄瓜多尔,瓦尔迪维亚文化(Valdivia culture,前 3500—前 1500)慢慢向着一种更加集约型的农渔活动转化,而一些人与人之间地位上的不平等情况也可能已经出现。诸如里尔阿托(Real Alto)等最大的瓦尔迪维亚遗址,面积广达 30 多公顷,在极盛时期,它们在一座广场和两个小的堆垛周围拥有一整圈房屋。然而,瓦尔迪维亚的非凡建筑,同秘鲁中部苏培河谷(Supe valley)的那些不朽建筑相比,要相形见绌。在公元前第 3 个千年的中期,有多达 18 个城市因棉花种植和建立在地区间贸易基础上的经济力量而在河谷地带发展起来。在这些遗址中,文献记载情况最好的是卡拉尔(Caral),它是一个占地面积达 68 公顷的复合建筑,包含 6 个阶梯形金字塔,其中最大的一个有 19.5 米高,而其底部达 135～150 米宽。利用放射性碳元素,人们可将这一遗址的时间上溯至公元前 2627—前 1977 年,在该遗址中,有精英人士居住的场所、作坊和普通人的住宅。

当瓦尔迪维亚文化于公元前第 2 个千年衰落时,它的非凡建筑传统得以在秘鲁北部和中部沿海地带延续。从公元前 1800 到前 800 年,人们建造了大量的下沉式宅邸、台形堆和庙宇。这些遗址突然在公元前 800 年左右被遗弃,或许是厄尔尼诺现象导致的灾难性洪水所致。位于秘鲁北部高地的查文·德·万塔(Chavín de Huántar)高地遗址,在这一事件后变得重要起来。从公元前 400 到前 200 年,这一遗址正处于力量的巅峰,成为一个重要的朝圣中心。这可以从在一片广阔区域发掘到的人工制品和仪式器物,以及萨满教的肖像中得到印证。人们可以在秘鲁许多地方的艺术风格中看到其影响

(力)。此时,该遗址有将近 30 公顷的面积,在其中居首要地位的是一座占地面积达 2.25 公顷且充溢着画廊、通风竖井(通风井)、水渠的非凡石质庙宇。这一时期的这些遗址,通常都具有较大规模,但有可能并不是发展到了国家水平的文明的产物。在此时期,地位区分和劳动分工的程度似乎还不足以支撑一个国家。即便如此,国家诞生的先兆还是能够在这些政体为建造工程组织大量劳动力、根据地位将人们划分为不同的群体,以及一种日益增长的劳动专业化趋势中得见。这些朝向国家的发展趋势在沿秘鲁北部海岸线一带的莫切文化(the Moche culture)的发展中达到顶点。

莫切文化

至 1 世纪末,塞罗·布兰科(Cerro Blanco)取得了对沿莫切和奇卡马两河(the Moche and Chicama rivers)一带的其他城市的控制权。约至 400 年,莫切风格的陶瓷和建筑可以在自秘鲁北部沿海的兰巴耶克河谷(the Lambayeque valley)至 250 千米以南的内佩纳河谷地(the Nepena valley)找到。塞罗·布兰科以其公共建筑和很高程度的工艺专业化闻名,它是位于莫切国中心位置的一个大型遗址,也是这个国家的都城。该遗址的覆盖面积超过 1 平方千米,其中居首要地位的是太阳瓦卡(the Huaca del Sol)和月亮瓦卡(the Huaca de la Luna)(即太阳神庙和月亮神庙)这两大由泥砖材料建筑而成的台形堆。太阳瓦卡是美洲曾经建造的最大台形堆之一,而近来在月亮瓦卡处的发掘揭示这里有美丽多彩的壁画和人类殉葬。围绕这两大瓦卡集中而建的是精英阶层的大宅邸建筑群、低台、作坊以及生活场所。

精英阶层生活的富裕与堂皇亦反映在诸陶器表面的描绘和大量的服饰、珠宝及其他物品中,这些东西见于兰巴耶克河谷莫切文化西潘

114

遗址（the Moche provincial site of Sipán in the Lambayeque valley）处三位祭司的墓葬中。位于莫切-奇卡马（the Moche-Chicama）这一心脏地带之外的兰巴耶克河谷地和其他河谷，可能以不同的方式被纳入了莫切国的版图。一些人群被征服，并且由莫切国通过诸管理中心直接加以管理，而这些中心可能由莫切国的官员坐镇。其他人群名义上仍然独立于该国之外，然而他们通过经济与政治上的联系，与该国保持紧密一致。

莫切文化并不是此时期唯一繁盛的文化。在安第斯山的其他地方，利马、纳斯卡和普卡拉等文化（Lima，Nazca，and Pukara cultures）也是重要的地方性文化力量。只是，在这些文化中没有哪一个能够在规模或政治集中化的程度上与莫切文化相匹敌。大约在600年，莫切统一体开始解体。塞罗·布兰科被遗弃，兰巴耶克的潘帕格兰德（Pampa Grande in Lambayeque）和莫切河谷的加林多（Galindo in the Moche valley）两个城市中的大型建筑，表明这一国家至少被分解成了两个部分。有关莫切国衰落的原因仍不清楚，不过此时期的厄尔尼诺现象导致了一波又一波的长期干旱和暴雨。这些环境上的压力，或许还连带着内部的冲突以及与正在扩张的瓦里国之间的冲突，可能在大约800年导致莫切国的最后一些残余瓦解。

蒂瓦纳库和瓦里

在的的喀喀湖（Lake Titicaca，位于今秘鲁和玻利维亚边境）南岸附近，蒂瓦纳库（Tiwanaku）至350年成为一个重要的地区性中心。这一城市被堆形建筑群、下沉式宅邸、巨石石雕和塑像等环绕，似乎已是一个重要的朝圣中心。约至550年，蒂瓦纳库成为一个控制着环的的喀喀湖湖盆区域许多地方国家的都城。蒂瓦纳库建筑和人工制品在该地区随处可见，并

且有某种证据表明，该国家通过安置农民和精简灌溉渠道网络，提升了农业产量，在环湖一带增加了耕地的数量。蒂瓦纳库对整个智利北部、阿根廷西北部、玻利维亚和秘鲁的陶器与纺织品肖像画法产生了重要影响。该种影响可能反映了其宗教让人信服的力量及其贸易网络的延伸度，而并非反映了该地区被一个遥远的帝国所吸纳的情形。尽管如此，在莫克瓜（Moquegua，秘鲁），或许还有科恰班巴（Cochabamba，玻利维亚）等河谷，也有由蒂瓦纳库开拓者在低海拔地区土地拓殖留存的一些遗址。

约至500年，瓦里（Wari）成为一个国家的都城，这个国家因秘鲁中部阿亚库乔地区（the Ayacucho region）的"瓦里"之名而为我们所知。当瓦里许多地方的肖像画法从蒂瓦纳库的先例中衍生而出时，该国的兴起似乎成了地方性发展情势的顶峰。从700到1000年，瓦里人工制品和建筑在整个秘鲁的传播，意味着该政体的力量正处于上升之势。通过创建地区性管理中心，打乱政治等级、居住位置以及经济制度以适应自己的需要，瓦里似乎已经控制了一些区域。而借助一个道路网，至少有20个管理中心可能已经和都城连接起来。其中最大的要数皮齐拉克塔（Pikillacta），其一侧长达800米。然而，秘鲁的其他区域很少甚或没有留下瓦里统治的线索。有可能的是，这些区域获得了相对于瓦里国的更多独立性。瓦里国在1000年左右终结，蒂瓦纳库紧随其后。一些学者认为，尽管对于这些国家的崩溃，人们还没有找到确切的原因，也没有达成一致意见，然而可以知道的是，它们的困境可能与多年的干旱情况有关。

奇穆国与秘鲁诸王国

随着蒂瓦纳库和瓦里的崩溃，地区性政治体填补了安第斯山中部尚存的权力真空。在这些社会当中，最复杂的要数位于秘鲁北部沿海

的奇穆国(the Chimu state)。约至 900 年,该国控制了自北部通贝斯城(Tumbes)至南部西庸河谷(the Chillon valley)大约 1 000 千米的海岸线。其都城昌昌(Chan Chan)是一个面积超过 6 平方千米的大都城。在该城的中心,居首要地位的是 10 座宫殿,每一座由一位继位的奇穆国国王修建。一座宫殿就是该国在每一位统治者生命期间的行政管理中心,并且在他死后成为他的陵墓所在地。奇穆国也在其他区域建立了几个地区性中心,但其让人印象最深刻的成就也许是一种由大量土沟渠构成的间隔型灌溉系统的建设,该种沟渠能将水源带到远在 70 千米之外的田地中。

尽管在这一时期其他政体也通常被叫作王国,然而它们似乎并没有达到足够的规模和复杂程度,从而被大多数考古学家归入国家之列。例如,秘鲁南部的钦查文化(the Chincha culture)是沿太平洋海岸线一带的杰出商人的源地,但是钦查选择了控制海洋而非控制周围的陆地。的的喀喀湖一带的艾马拉王国(the Aymara Kingdoms)也许是安第斯山人口最多、最密、力量最强大的所在,不过在政治上仍维持着一种分散的局面。诸如伊卡(Ica)、旺卡(Wanka)、科里巴亚(Chiribaya)、印加(Inca)和昌卡(Chanka)等其他文化,也是重要的地区性力量,然而也未能发展成国家。不过,至少到 15世纪初,这些文化中的其中一个——印加,将环库斯科(Cuzco)一带的区域合并成为一个国家,最终统治了奇穆国和秘鲁诸王国。

印加帝国

印加帝国是人们所知的前西班牙时期美洲最大的国家,其版图自厄瓜多尔北部边境,一直延伸至如今智利的首都圣地亚哥。根据本土的材料说明和考古证据,印加帝国的扩张始于 15世纪前半叶。通过混合运用外交手段和军事强力,印加试图在不到 100 年的时间里征服安第斯山的大部分地区。其都城库斯科城的中心有两大广场,在这两大广场周围规划建设有一系列的宫殿、庙宇和居住场所。如马丘比丘遗址(Machu Picchu)处的王室地产,点缀着环都城一带的景观。

印加帝国将被征服的人群划入 4 个大的管理区,分别称作克拉苏维奥(Collasuyo)、安迪苏维乌(Antisuyu)、昆第苏维乌(Cuntisuyu)和钦查苏维乌(Chinchasuyu)。尽管在被征服的地区内,人们通常可以继续从事诸多当地的活动,然而帝国时常会对一个群体的政治组织、定居地点和经济领域的专门化等做出重大变更。帝国管理的中枢是一个由地区性管理中心组成的系统,而诸地区性管理中心又是由道路系统相互联系起来的。在依靠这些建制实现的诸多目的当中,最重要的要数商品(物品)的搜集和重新分配,而这些商品(物品)是由国家通过向其归属民征收劳工税获得。印加劳工税表现为一种互惠互利的形式。通过这一方式,印加人向国家回报自己的服务,回报的方式在于举行宴饮聚会来招待工人,而在这种宴饮聚会上有大量的食物和玉米啤酒供消费。

至 16 世纪初,印加统治者竭力压制在整个过度扩张了的帝国境内的叛乱。16 世纪 20 年代,流行病浪潮和王位继承战争进一步削弱了这个国家。弗朗西斯科·皮萨罗(Francisco Pizarro,1475—1541)和一小帮西班牙探险家通过 1533 年攻占库斯科城而给了帝国以致命的一击。

安第斯国家的演进

与美索不达米亚、中国、埃及、印度和中美洲一样,安第斯山也是见证了首批国家出现的地域之一。安第斯国家与其他早期国家存在某些相似性,不过,若是不能领会这一地区的景观和

116

103

文化,那么要想理解安第斯国家社会复杂性的历史演进是无法实现的。例如,印加帝国正是适应了安第斯山区的崎岖山脉、沙漠沿海平原和狭窄的河谷。安第斯人通过建立以家属(亲属)为基础的共同体适应了这里的环境,而该共同体将分布于高度密集的环境带的农牧拓殖点连成一体。由于很少有通过羊驼队将物品从一地运往另一地的涉外需求,所以安第斯国家面临的挑战是要找到一种方法,来诱导这些独立、自给的人群接受其控制。安第斯山区最早的人类社会未能试着通过单独的宗教意识形态控制来建立国家。安第斯山那些成功的国家,包括印加帝国,不得不依靠强制和食物、饮用品、贵重物品的重新分配等手段,而后一种手段更加重要。很明显,要理解安第斯国家的历史演进,需要先理解安第斯山。

进一步阅读书目:

Bawden, G. (1996). *The Moche*. Malden, MA: Blackwell Publishing.

Bruhns, K.O. (1994). *Ancient South America*. New York: Cambridge University Press.

Burger, R.L. (1995). *Chavín and the Origins of Andean Civilization*. London: Thames & Hudson.

D'Altroy, T.N. (2002). *The Incas*. Malden, MA: Blackwell Publishing.

Isbell, W. H., & McEwan, G. F. (Eds.). (1991). *Huari Administrative Structures: Prehistoric Monumental Architecture and State Government*. Washington DC: Dumbarton Oaks.

Kolata, A.L. (1993). *The Tiwanaku: Portrait of an Andean Civilization*. Malden, MA: Blackwell Publishing.

Laurencich Minelli, L. (Ed.). (2000). *The Inca World: The Development of pre-Columbian Peru, a. d. 1000 - 1534*. Norman: University of Oklahoma Press.

Moseley, M.E. (2001). *The Incas and Their Ancestors: The Archaeology of Peru* (Rev. ed). New York: Thames & Hudson.

Moseley, M.E., & Cordy-Collins, A. (Eds.). (1990). *The Northern Dynasties: Kingship and Statecraft in Chimor*. Washington DC: Dumbarton Oaks.

Pillsbury, J. (Ed.). (2001). *Moche Art and Archaeology in Ancient Peru*. New Haven, CT: Yale University Press.

Ross, J.F. (2002). First City in the New World? *Smithsonian*, 33(2), 56 - 64.

Schreiber, K.J. (1992). *Wari Imperialism in Middle Horizon Peru*. Ann Arbor: University of Michigan Press.

贾斯汀·詹宁斯(Justin Jennings) 文

刘招静 译　陈恒 校

Animism　泛灵论

117　　人类长久以来都举行(宗教等)仪式,为的是祛除、问询或抚慰(安抚)那些不可见的灵魂。人们相信,这些灵魂会影响他们自己的福祉,且会和由动物、植物、物体等组成的自然世界发生互动关系。如今这一概念被称作"泛灵论",在现代语言、习惯和理念中依然具有影响。

　　泛灵论是现代人类学家为一组非常古老的理念所起的名字,关乎人类与自然世界如何互动。其关键概念是，有生命的和有时候无生命的物都包含有一个精神维度，这一维度影响着人类的安乐。这一不可见的灵魂世界里的栖居者们行动起来很像我们自己，并且在彼此间和其自身与可见世界之间，都会经常不断地发生互动关联。这些灵魂有时有助于达成人的目的和希望，而有时则挫败人的目的和希望。因此，人类需要同它们保持一种良好的关系，领会它们的意愿，并且在任何有可能的时候安抚（抚慰）它们的愤怒。

这一观念可以回溯至我们的先人已完全发展出语言的时代。语言的充分发展使人们能够创造出一种为大家所公认的意涵，从而让该意涵来指导人们的日常行为。一旦人们共同意识到与不可见灵魂建立良好关系的重要性，人类中的探索者一族就很可能会逐渐仰赖于那些知道如何随意进入精神世界且告诉人们那些灵魂都想要什么的专业人士。许多人类学家都认为，西伯利亚萨满在19世纪狩猎人群中的表现，起源于并且至少在一种宽松的意义上来说，类似于一些十分古老的实践。不论何时，仪式性的歌唱与舞蹈都能让萨满随意进入一种出神之境。当他们回到正常的意识状态时，他们一般会解释灵魂所希求或所想要的。如此，普通人就可以安心地着手处理他们的日常事务。或者正如此中情形所可能表明的，将时间与精力投入设计好的仪式当中，以求安抚或驱走邪恶的灵魂。

这一有关不可见精神世界的观念，和物质的感觉世界并行共存，其随着旧石器时代游走的人群传播分布，这几乎是可以肯定的。而这些旧石器时代的游走人群，在大约10万到1万年前即已占居地球上几乎所有可供人类居住的土地。无论如何，所有各自不同、相隔遥远、在19世纪被人类学家开始研究的狩猎人群与采集人群都相信，那些不可见的灵魂围绕着他们，并且和所发生的一切都有着密切的联系。

美国俄勒冈州波特兰市的两根图腾柱，雕刻着"动物灵魂"。耶鲁大学贝内克古籍善本图书馆

使泛灵论看起来可信的东西是人们的梦境经历。一个处于睡眠状态的人可能记得自己奇怪的景象和遭遇，甚至和死人在一起的情形。似乎很明显的是，当人们睡着的时候，某种不可见之物——灵魂能够而且确实在其他游魂中间四

何为生命？它是夜晚萤火虫的闪光。它是冬季水牛的呼吸。它是投映在草丛上的小影子，并在日落中自行消逝。

——克劳福特，"黑脚战士"（Crowfoot，Blackfoot warrior，1890）

处行走。此外，呼吸为我们提供了一个有关不可见之物——人之生命所不可缺的精神/灵魂——的清晰例证：灵魂（精神）永久性地离开垂死之人，继而加入或者重新加入其他游魂中间。

当一个人的精神（灵魂）临时性地离开并且带着讯息从精神世界归来时，出神、恍惚亦被人们解释成显现（产生）。疾病亦可被归结为一种邪恶灵魂的产物，该邪恶灵魂通过侵入人的身体，破坏正常的健康状态。为驱走这种灵魂及战胜其他灵魂而举行的、带着人的特定希望和目的的仪式，逐渐成为我们所说的泛灵论宗教的核心。

异常的兴奋和非同寻常的合作力量的激增，也被人们解释成一个单独的灵魂何以能够进入作为一个整体的共同体，或进入那些承担共同努力之主力的人群。不管他们是正在抵抗一帮入侵者以保卫他们的家园领地、追踪和杀死危险的动物，还是通过秘密而庄严的仪式，让年轻人加入他们的成人角色。这些以及其他情形使得人们能够在情感、情绪上被聚到一起，而具有共通性的兴奋则可以被归结为一种为所有人分享的，至少是临时性分享的精神。

关于不同的人如何试着控制他们同精神世界互动的诸般细节，不同的地方会有无尽的不同，不同的时间里也必定会有不同。如此，我们也就不应该假设，新近的实践是准确复制了古代的模式，甚至复制了西伯利亚狩猎者的模式。然而，人们需要承认的是，以无法数计的、各种地方变体、变种形式存在的泛灵论，比那些后继的宗教所持续的时间要久远得多。事实上，泛灵论仍然充溢于人们的诸多常用表达和思想之中。

田径运动员和商人经常运用"团队精神"，音乐家和演员希求一种"有灵感到来的"表现。我们所有人都羡慕一种无论何时见到一个人都会具有的愉悦"精神"。

几千年来，人们根据泛灵论观念和技艺对自身与精神世界之关系的管理，无论是在好的时代还是糟糕的时代，都起着维系人类共同体的作用。泛灵论使一切已经发生的都变得可以理解，并且在诸种限度之内还使人拥有解决它们的方法。每一种惊奇或失望，在人们看来都是一种或多种灵魂的产物。当事情足够重要时，习惯性仪式总是可以被调用起来，用以发觉究竟何种灵魂在起作用、何种安抚（抚慰）措施或人的行为之改变可以解决这一问题。

信仰，解释了那么多事情，在那么多代人的时间里为那么多人群服务，值得我们予以真诚的尊重。它是人类在形成自己的世界观上所做出的最早努力，这种世界观统合在了一个未经分化的整体里，后来它才分离成科学与宗教。思想家们在后来为增进人类知识所做的一切，自泛灵论处获得飞跃性发展，又对其做出修正，并最终抛弃了它。并不令人感到奇怪的是，我们所有人在日常生活中有时候依然借助于泛灵论的术语和思维习惯。

进一步阅读书目：

Tylor, E. B. (1871). *Primitive Culture*. New York: Harper.

Jensen, A. E. (1963). *Myth and Cult among Primitive Peoples*. Chicago: University of Chicago Press.

Lowie, R. H. (1970). *Primitive Religion*. New York: Liveright.

Eliade, M. (1964). *Shamanism: Archaic Techniques of Ecstasy*. New York: Bollingen Foundation.

威廉·麦克尼尔（William H. McNeill）文

刘招静 译　陈恒 校

Antarctica 南极洲

南极洲是世界第五大洲,亦是世界上最冷的大陆。其表面的大部分被掩埋在 2000 米厚的冰面之下。在这块大陆上,居住着不到 5000 名国际研究人员。由一系列国际条约规定,南极洲及其周围的水域和它们所维系的独特的生态系统,被留作科学研究之用。

南极洲是一块被人们用多种最高级形容词来加以描绘的大陆。它是地球上最冷、最多风、最高、最干燥和最遥远的地方。作为七大洲中位置最南和面积第五的大洲,南极洲的覆盖面积有 1420 万平方千米,大约相当于美国与墨西哥加起来的总面积。除了朝向南美大陆尖端外伸的南极半岛和罗斯海与威德尔海(the Ross and Weddell seas)两大海湾外,南极大陆状若圆形。

除了诸位探险家如罗伯特·斯科特(Robert F. Scott)、恩斯特·沙克尔顿(Ernest Shackleton)、罗尔德·阿蒙森(Roald Amundsen)和理查德·伯德(Richard E. Byrd)等在 20 世纪早期探索过这一地区外,南极洲长期以来被人们忽视。在 1908 到 1942 年间,7 国(阿根廷、澳大利亚、智利、法国、新西兰、挪威和英国)申明对南极大陆的饼形部分地域享有国家主权。然而,在所有这些领土要求中,没有哪一个被其他任何国家认为是合法的。在 1957 至 1958 年的国际地球物理年(International Geophysical Year, IGY),

12 国(前述 7 国加上比利时、日本、南非、苏联和美国)为展开合作性科学研究而在这块大陆上建立了 50 多个科学考察站。这种国际地球物理年的经历,成为促成今日仍在管理着该地区人们活动的特殊法律制度的动力。

冰川学、地质和气候

南极大冰盖平均有 2000 米厚,覆盖着南极大陆 98% 的面积。仅有北部半岛和南部干燥谷地不为冰层所覆盖。巨大的南极极地冰帽容纳了大约 300 亿立方千米的水,占世界总淡水量的

由夏至日午夜太阳光所形成的光辐射塔。1911—1914 年澳大利亚首次南极探险的银明胶影印件。新南威尔士州立图书馆之米切尔图书馆(the Mitchell Library, State Library of New South Wales)

澳大利亚首次南极探险(1911—1914)期间，由哈士奇拉雪橇。新南威尔士州立图书馆之米切尔图书馆

75％，占世界总冰量的90％。南极冰盖柔韧，像一座巨型冰川一样，自一座有着冰穹顶的中央高原向外流出。这一巨型冰盖掩盖了南极大陆的地质情况：它由两个并不相等的部分构成。更大的那一部分在南极洲东部，由一个巨大的岩体构成；而较小的那一部分则在南极洲西部，类似于在冰的影响下由诸多多山岛屿融合而成的一个群岛。人们在半岛区域的跨南极洲山脉中发现了诸如铬、铜、锡、金、铅、锌和铀等几种金属矿物质，尽管它们的储量微小。相较而言，铁和煤的储量更大，但是还不到可供商业开采的量。至于石油或天然气，人们在南极洲及其环极地大陆架上并未发现。

南极洲的极端气候使这一大陆成为一个巨大的水晶沙漠。据俄罗斯的沃斯托克考察站(Vostok Station)1983年7月留下的记录，其最低温度为－58.3℃，尽管在该大陆半岛上夏季的气温可爬升至15℃。寒冷而稠密的空气从极地高原内部俯吹，产生暴风，风速可达每小时160千米，能制造出一种暴风雪般的情形。此外，南极洲降水稀少，平均每年不足50毫米。这就产生了一个有趣的自然悖论：南极洲的极地冰层占了世界上3/4的淡水资源；然而，该大陆获得的降水量却少于撒哈拉大沙漠的降水量，使前者成为这个星球上最干燥的地方。

生命形式

恶劣的气候使南极洲形成了一种独特的陆地生态系统。这里有800种土地植被，其中大部分是地衣。在这里，人们还发现了藓类植物、霉菌、苔类植物、酵母、真菌、细菌和藻类。在这块大陆上，没有草药、灌木、草或树木。南极洲上的动物生命要显得远为稀少和原始。这一大陆上没有土生土长的脊椎动物：没有任何哺乳动物、爬行动物或两栖动物。大多数动物为原生动物和节肢动物，如螨虫和跳蚤。

然而，在南部极地海域中，存在着一个蓬勃发展、非常丰富的生态系统。在南极海洋中，最重要的生命形式(生物)为磷虾，这是一种小的虾状甲壳类动物。在南极海洋中，磷虾成为鱼、鲸、海豹和海鸟等的基本食物来源。在南部环极地海洋鱼中，被开发利用最多的要数南极鳕鱼和南极犬牙鱼(南极齿鱼)。在南极海域中栖息着威德尔氏海豹(Weddell)、食蟹动物、豹和象海豹等。另外，这里还栖息着鼠海豚、海豚、鲸和鱿鱼。南极洲的陆地区域维系着大量海鸟的生存，包括信天翁、海燕、贼鸥、鸬鹚和燕鸥。而数量最多的要数帝企鹅和阿德利企鹅，它们在该地区约2亿鸟类数量中占了65％。

丹尼森海岬（Cape Denison）一场暴风雪之后被冰冻的阿德利企鹅（Adelie penguins）。弗兰克·赫利（Frank Hurley）于1911—1914年澳大利亚第一次南极探险。新南威尔士州立图书馆之米切尔图书馆

人口与管理

在南极洲，并没有土生土长的居民。生活在那里的人都是科学家及其助理人员，在科学考察季节的高峰期，他们的人数也不到5 000。然而，如今每年有多达14 000名船载游客参观游览南极大陆。南极洲独特的、总体上清洁的环境意味着它可以被用作一个测量和监控全球进程，尤其是世界气候变化、臭氧层破坏、大气气流和洋流循环的科学实验室平台。科学研究仍然是这一大陆上的主要工作。这种科学研究受国家项目管理，通过一种特别的管理体制实现国际协作。

《南极条约》（the Antarctic Treaty）是其中核心的、具有法律效力的协约，由12个"国际地球物理年"的参与国于1959年签订。2009年，已有47个国家成为成员国。这一条约使南极大陆成为一个为科学研究而保留的非军事化区域。虽然这一条约既不否定也不接受各国对南极洲的主权声明，但它着实禁止了人们在这里建造军事基地、进行军事演习、展开任何武器（包括核武器）的竞赛，或者在该地区处理放射性废弃物。该条约大力鼓励科学探察的自由和条约成员国之间科学考察的人事交流。

自《南极条约》于1961年生效以来，人们对这里环境的关切推动了新的国际法律规则的发展。为加强对该大陆上动植物生命的保护，人们在1964年采取了一项特别措施。1972年，一项公约随之签署，用以保存和保护南极海豹。1980年，一项旨在保存南极海洋生物资源的特别协约诞生，特别针对环极地海域磷虾和鱼类的商业性捕捞行为。为规制南极大陆上的矿产资源开发，人们在20世纪80年代签署了一项协约，然而该协约于1989年被解除，主要原因在于环保团体提出了政治抵制。在20世纪80年代后期与90年代初期，针对这一冰封大陆上日益增长的环境污染问题，环保人士生出一股忧虑。尽管来自矿产开发的威胁和日益增长的旅游情况在恶化环境，但人们所真正关心的还是日益增长的垃圾量、污水量和由40个科学考察站里的科学家及其助理人员所制造出来的化学废物量。这些废弃物并没有被人们带回源发大陆加以处理。相反，它们被埋入陆地填埋场，放入金属桶，在露天焚烧，或者被倒入环极地水域。1991年，为排除矿产开发的可能性，同时亦为了表达对这些污染问题的关切，人们达成一项特别的环境保护协议，用作《南极条约》的附件。该协议、附件规定了对影响南极洲环境的诸种人类行为的综合性规制。1998年，该协议与《南极条约》内容合为一体，建立了有关人类在南极洲进行各种活动的各项

122

原则。并且整合各种建议、行为守则与指导,使之成为一个内在连贯协调、具有约束力的法律规范整体。很明显,该协议禁止矿产开发,其中包括钻探石油和天然气,不管是在陆上还是在海上进行。该协议伴有5个附件。这些规定为人们评估该地环境所受影响设立了程序,重申了保护南极动植物的需要,为这里的废物处理

与管理建立了标准,为防止来自南极海域船只的污染制定了规则,并拓展了南极被保护区域系统。尽管该协议及其附件为保护南极环境和保存该地资源贡献不少,但南极条约体系还是会继续发展增进,以应对新的南极环境问题,诸如日益增长的旅游情势、陆上污染和全球变暖等。

进一步阅读书目:

Berkman, P. A. (2001). *Science into* Policy: *Global Lessons from Antarctica*. New York: Academic Press.

Heacox, K. (1998). *Antarctica: The Last Continent*. Washington, DC: National Geographic Society.

Joyner, C. C. (1998). *Governing the Frozen Commons: The Antarctic Regime and Environmental Protection*. Columbia: University of South Carolina Press.

Riffenburgh, B. (Ed.). (2006). *Encyclopedia of the Antarctic* (2 vols). London: Routledge.

克里斯托弗·乔伊纳(Christopher C. Joyner) 文

刘招静 译 陈恒 校

Anthropocene 人类世

人类活动变得日益普遍和影响深远,足以媲美最伟大的自然力量,并且正在将地球变成行星研究领域中未知的对象。一些地理学家相信,地球如今已脱离了纯粹自然地理的阶段(即被称为"全新世"的间冰期),并正在快速进入一个更少生物多样化、更少植被覆盖、更加温暖,可能也更为湿润和更多风暴的气候状态——"人类世"。

大气化学家、荷兰诺贝尔奖获得者保罗·克鲁岑(Paul J. Crutzen)在2000年提出,在1800年左右世界进入了一个新的地理时期,也就是"人类世"。他在2002年的《自然》(*Nature*)杂志上又更为正式地重申了这个观点。他认为,在这一时期,人类不仅成为该生物圈变化的显著力量,而且很可能成为首要和唯一的力量,虽然人类自身对于正在发生的一切并非有意为之,也并不理解。

一些地理学家受此观点影响,提议将"人类

世"正式列为新的地理分期阶段。目前,我们人类生活在"全新世",这一时期始于1万年以前。倘若这个新的提议被接受,那么"全新世"的终点将被提前划定到1800年,而"人类世"则从此发端。1800这个年份是"人类世"的合适起点,因为此时全球主要的温室气体——二氧化碳和甲烷——开始急剧增加。这个新的时期也正好与经詹姆斯·瓦特改良过的蒸汽机的发明与传播,以及关于工业革命开端的传统分期相同步,这都绝非偶然。从生态学的观点来看,"人类世"

的开端确实也为人类历史进入现代阶段提供了令人信服的分界节点。

在 2005 年一项具有争议的研究中，古气候学家威廉·拉迪曼（William Ruddiman）提出了新的分期方法。他声称，通过采伐森林以及驯养家畜、种植水稻等技术的传播，人类提高了大气中二氧化碳和甲烷的含量，可能已在全球范围内塑造大气构成长达 8 000 年之久。他指出，这些变化阻止了新冰河世纪的早期回归，使得人类历史上各个伟大的农业文明得以兴盛繁荣。换句话说，人类活动创造了全球性的气候条件，从而使世界主要的农业文明在 5 000 年前能够兴起。拉迪曼的观点或许有些夸张，但即便如此，它也提醒我们，"人类世"并非只是现代化的副产品，而是有着数千年的积累。

"人类世"的概念（正如它的姊妹概念"人类圈"）为世界历史学家提供了很多启示。首先，它突出了一个值得注意的事实，那就是我们这个物种——智人，是这个星球的历史上唯一能对生物圈从整体上产生显著影响的物种。在这个行星早期的历史上，大量各个物种的有机体，例如早期的光合作用细菌，也曾合力创造出了地球上以氧气为主要成分之一的大气。但据我们所知，还从未有过任何一个单一的物种能对生物圈有过如此深远的影响。"人类世"的概念因此突出了我们作为一个物种的独特性，以及我们进行生态变革的能力。

"人类世"的概念也为我们思考现代世界历史的主要特性提供了有力的工具。它凸显了过去 200 年间我们人类与生物圈之间关系的变化，以及这些变化给当代世界带来的挑战，其规模是多么令人惊叹。它也证明，世界历史的确在 1800 年左右进入了一个新的时代，即化石燃料革命的时代，这一观点是有着坚实而客观的基础的。最后，"人类世"的概念还强调了环境史在整体上对世界历史的深远影响。

进一步阅读书目：

Crutzen P. J. (2002, January 3). The Anthropocene. *Nature 415*, 23.

Climate Change 2007 — The Physical Science Basis. (2007). Contribution of Working Group I to the Fourth Assessment Report of the IPCC. Retrieved January 29, 2010, from http://www.ipcc.ch/ipccreports/ar4-wg1.htm

Ruddiman, W. (2005). *Plows, Plagues, and Petroleum: How Humans Took Control of Climate*. Princeton, NJ: Princeton University Press.

Will, S., Crutzen P. J., & McNeill, J. R. (2008, December). The Anthropocene: Are Humans Now Overwhelming the Great Forces of Nature? *Ambio, 36*(8).

Zalasiewiz. J., et al. (February 2009). Are We Now Living in the Anthropocene? *Geological Society of America, 18*(2), 4 - 8.

大卫·克里斯蒂安(David Christian) 文

蔡萌 译　陈恒 校

Anthropology　人类学

借由 4 种彼此不同的、通常相互冲突的传统——生物学传统、考古学传统、社会文化传统和语言学传统，人类学家试图重构人类的史前史和人类各种族的发散情状。不过，由于诸种传统被人们运用各种彼此殊异的研究范式加以过滤，所以历史学家从人类学中借取方法，可能会导致歪曲历史模型。

人类学的全球性空间范围和跨时代的时间尺度，表明它和世界历史有着密切的关联。然而，人类学所必须提供给世界历史的，远非这么直接和简单。很大程度上，这是因为相较于大多数学科而言，人类学更加表现出一种诸范式传统相结合而彼此不稳定合作的情状。就我们已知的，它涉及人类生物学和灵长类动物起源研究（生物人类学）、聚焦于跨越全球的新石器时代（考古学）、针对日常生活展开的细部研究尤其是对小规模社会的研究（社会文化人类学），和对一切已知形态的语言形式的分析（语言人类学）等领域。人们在这样一些彼此不同的象限里开展工作，会对世界历史产生诸种不同的、在某些情况下甚至相互对立的意义或影响。

作为一门学科的人类学

尽管人们未能找到一个单独的起点来展开对人类学所提出的诸问题的持续性探询，然而人类学作为一门学科还是在 19 世纪的最后数十年里得到了整合。这一整合过程属于一个更大的学科分类和学科制度化进程的一部分。在这一更大的进程中，人类学的型构有了明显的进展，而这一进展即源自"人类时间中的革命"，该革命发生于 19 世纪 50 年代末 60 年代初。对人类存在时间长度的新理解——它远远长于《圣经》年表所表述的 6 000 多年的时间范围——挫败了学者们意在重建自原初那对夫妇（亚当和夏娃）的产生，直至当下人类遍布全球的整个人类家族谱系的积极努力。

就其确切意旨而言，学者们是要追求一种有关人性在广大的人类时间范畴里取得"进步"的"推定性"解释。而这一解释需要借助一种概括性的或经过提炼了的诸时段之单一递进序列——从原初野蛮状态到人类文明终极目的——这样一种时间线索来实现。在这一新的研究计划里，考虑到前述时间序列中史前与未开化阶段书面记录材料的缺失，人们逐渐将那些活着的"原始人、物"和考古遗迹（既有骸骨也有人工制品）视作用来重建这一时期的最好证据来源。

在较早的、重建全世界各民族之完整谱系的项目中，以语文学形式出现的语言研究发挥了显著的作用。借助语文学的巨大声望，语言也被人们定位为新的社会演进（演化）研究项目中的一个重要焦点。然而，在这一新的研究项目里，人们对语言的兴趣点已然发生转变：从寻找能够显示彼此共同所有的源语言（此乃家族树上的一个节点）的同源词，到奠立一种权威基础。根据这个基础，人们对处于某一特定发展程度上的所有语言进行分级排位。

对人类时间的新理解还以另一种重要方式对人类学这一新学科的形成做出了贡献：它为大量的有关"人类各种族"的研究开启了大门。在《圣经》年表的封闭式时间限定里，有关各独立种族内部谐和的解释，需要借助（人）多元发生说（the doctrine of polygenism）这一理论（即每个种族都是由上帝单独创造的）来达成。然而欧洲与北美的大多数学者已经抛弃了这一理论，因为他们认为该理论与《圣经》关于人类被创造的解释相矛盾。与之相反，新的年表并不构成对"各独立种族"这一观念的障碍。事实上，它为我们提供了一个时间范围，足以使各种族的分化情状得以成形，虽然各种族都有一个共同的起源。

最终，重建人类史前史和研究人类种族差异这两种新的科学追求，至少以两种重要方式被联系起来。第一种，它们需要依靠共同的证据来源，也即对考古遗迹和有关活着的"原始人、物"之解释说明。这种常见的（证据）共同点，在使这些研究领域互相之间能够理解上助力不少。如此，它也就促进了一个单独学科里各研究领域之间的共存合作。第二种，这两种追求通过为帝国也即它们的共同主人服务而联系起来。这一情形所带来的境况与其说是这些研究领域之间的学术交流，还不如说是为使征服和统治这一共同事业合法化而促成各社会演进（演化）观念之间的特别融合。

考虑到人类学正是以这些方式实现整合从而具有自身的学科广度，我们对维多利亚时期几乎没有学者欲在该学科所有分支领域做原创研究就不会感到惊讶了。另外，具有巨大讽刺意味的是，该领域首批学者中的一位——弗朗茨·博厄斯（Franz Boas，1858—1942），这位有着足够能量进行前述实践的学者，却同时也是最后一批那样做的学者中的一员。这位博厄斯对人类学的全部四个"象限"都做出了重大贡献，这在人类学的入门课程中已属人所皆知的常识。不过，在这些常识中，人们通常会略去的是，博厄斯对生物（或按照他自己的说法，即"体质"）人类学所做的贡献主要是负面的。他关于种族类型的悉心研究所带来的结果是，它一再引发种族概念的合法性这类根本性问题。结果是，博厄斯关于社会演进的研究，也挑战了这样一种观察：那些活着的他者可以被视作史前生命的样例。如此，社会演化理论也招致了批评；当博厄斯和他的学生用强有力的证据向人们证明一切可观测的人类语言都是"进化了的"时，这种批评在语言领域也就格外强烈了。所以，正如博厄斯对人类学的创建做出了核心贡献一样，他也使该学科内部出现了一种颇具特色的离心倾向。

世界历史与人类学

在过去的半个世纪里，随着世界历史和那种过度关注欧洲与西方的学科史之间的关系变得紧张，世界历史已开始关注人类学。而这主要有两方面的原因：（1）将有关非洲、亚洲、大洋洲和美洲土著人的知识引入历史；（2）通过进入史前时代，使我们的时间深度获得一个明显的提升。然而，人们还没有充分认识到的是，在出于这些原因而咨询借鉴人类学的过程中，世界历史已然运用了"人类学的"诸种知识体系。这些体系是由诸种殊为不同并且经常彼此对立的理论模式或范式型塑而成的。例如，大多数新石器时代的考古就依靠并整合了一种社会演进（演化）框架。严格说来，这种"人类学的"知识体系支持这样一种观念，即人类在时间进程中的存续遵循一条总体轨线。如此，它也就补充和加强了学科历史上那一根深蒂固的假设，即欧洲历史为一种从"传统"社会形式向"现代"社会形式转变的普世进程提供了一个例证。这种进程迟早会在其他任何一个地方以相同的方式发生。相比之下，大多数后博厄斯时代的文化人类学则吸纳并支持人们对社会演进（演化）模型的拒斥态度。这种"人类学的"知识体系旗帜鲜明地否定诸如"进步"和"文明"等分析范畴的有效性。不过，它对将欧洲与西方地方化、局部地域化的做法是持鼓励态度的。而当这种知识被引入学科史时，人们要想继续对人类在时间进程中的事

> 人类是如此相同,所有时代、所有地域都是如此。所以,从这个特定意义上讲,历史并不告诉我们任何新的或奇特的东西。历史的主要用处仅在于发现人性的不变与普遍原则。
>
> ——大卫·休谟(David Hume, 1711—1776)

127　业做出一种单一的、连贯的叙事,就会变成一件很难践行的事情。同样,假如更抽象言之的话,将后博厄斯时代的文化人类学作为自己独特性征的那种激进相对论——它一直怀疑相似性的绝对存在——会使学科史上那种已成常识的真实观面临尴尬。

　　总之,承认被我们称作人类学学科的复杂性,会有利于提醒我们防备这样一种观念:人类学知识能以任何一种简单的方式被引入历史,从而让我们获得一个更大的观察人类时空的视域。我们对这种学科间的借鉴必须持警惕态度,要意识到在人类学中有各种不同的范式传统在起作用,而且它们同学科历史自身的理论架构的关系也是各不相同的。

进一步阅读书目:

Chakrabarty, D. (2000). *Provincializing Europe: Postcolonial Thought and Historical Difference*. Princeton, NJ: Princeton University Press.

Segal D. (2004). Worlding History. In Graff, H. J., Moch, L. P., & McMichael, P. (Eds.), *Looking Forward, Looking Backwards: Perspectives on Social Science History* (pp. 81–98). Madison: University of Wisconsin Press.

Segal, D., & Yanagisako, S. (Eds.). (2004). *Unwrapping the Sacred Bundle: Essays on the Disciplining of Anthropology*. Durham, NC: Duke University Press.

Stocking, G. (1968). *Race, Culture, and Evolution: Essays in the History of Anthropology*. New York: Free Press.

Stocking, G. (1987). *Victorian Anthropology*. New York: Free Press.

Trautmann, T. (1987). *Lewis Henry Morgan and the Invention of Kinship*. Berkeley: University of California Press.

丹尼尔·塞格尔(Daniel A. Segal) 文

刘招静 译　陈恒 校

Anthroposphere　人类圈

128　　　"人类圈"(即人类与环境的统一体)这个概念主要关注的是,作为与其他生命形式不同的物种,人类在多大程度上介入和影响了整个生物圈。这一在 20 世纪晚期引入的概念表明,在历史上由人类力量所造成的垄断,例如农业和工业体制,深深地影响着人类和非人类世界的关系。

　　"人类圈"与其所源自的"生物圈"概念一样,都是在 20 世纪 80 年代末 90 年代初被引入自然科学中的。顾名思义,正如受到大象影响的那部分生物圈可以被称作"大象圈"(*elephantosphere*)一样,"人类圈"这个术语指的是受到人类影响的那部分生物圈。这些术语都建立在这样一种观念基础之上:在每一个生物物种和它们的生存环境之间,都存在着一种双向的关系。所有生命都是生态系统的一部分,而所有生态系统相加便构成了生物圈——生命体相互之间以及与非生命体之间互动的总体格局。每一种生命形式都不断地影响着与之相关的生态系统,同时也被这个生态系统所影响。人类也不例外。

"人类圈"是一个开放的概念,它提示我们去进行研究和反思,敦促我们关注人类活动在多大程度上影响了生态圈。这个概念提醒我们,人类社会嵌入生态系统当中,这有助于消除自然科学、社会科学和人文科学之间的隔膜。更重要的是,它可以被用来归纳与说明这样一个简单而又有着深远意义的主题:人类历史上许多的发展趋势和重大事件,从其发生一直到今天,都可以被视作一直在向外扩张的"人类圈"的作用和体现。

粗放型增长与集约型增长

在从原始人类向现代人类进化的过程中,"人类圈"逐步出现了。最初,"人类圈"的扩张可能非常缓慢,而且充满着起伏与反复。但从长远来看,世界总人口在数量上从毫不起眼增加到 2010 年的 67.9 亿;在覆盖范围方面,也从起初的东北非一直扩展到遍布除了南极洲外的每一个大洲。这两个方面的扩张代表着粗放型的增长形式。"粗放型增长"可以被定义为生物在量上的扩大,既包括其个体数量的增加,也包括在地理分布方面的扩大。这归根到底是一个繁殖的问题:出现越来越多的同样个体,同时不断扩大占据的空间——正如澳大利亚野兔的繁殖或者癌细胞在人身体中的扩散。

在不断扩张的"人类圈"中,粗放型的增长一直以来伴随着集约型的增长,而且很可能也是受到了后者的推动。倘若粗放型增长可以被定义为"多多益善",那么集约型增长则指的是"推陈出新"。以"人类圈"为例,集约型增长源自人类通过搜集和处理新的信息,寻找出新的利用能源与物质的办法。如果说粗放型增长的关键词是"繁殖",那么集约型增长的关键词就是"分化"——它的首要效应一直就是在已有的资源中增加新的和不同的事物。一旦一种创新被采纳,那么它将被大量复制,进而又产生粗放型

增长。因此,集约型增长和粗放型增长是交织在一起的(同"人类圈"以及其他此文中使用的一些概念如农业化和工业化一样,集约型增长和粗放型增长的概念无意表达笔者的价值判断)。

学习作为一种权力的来源

跟所有生命一样,人类的生命也是由物质和能量特定结合而构成的,而物质和能量又受到信息的塑造和引导。而且,人类的生命与其他形式的生命有两个关键的差别,这对于我们理解"人类圈"十分重要。首先,人类比其他物种更依赖于习得性的信息。第二,大部分人类个体习得的信息来自其他个体。这些信息被储存、分享和传播,可以用一个词来概括此种现象,那就是"文化"。

人类沟通交流最重要的工具是语言,它主要是由符号所构成。符号因此构成了"人类圈"的一个关键维度。通过符号传递下来的信息代代相传,被用来聚集、组织物质与能量,为人类群体服务,从而加强他们在生物圈中的地位。语言的发展使人类可能采取新的行为方式,从而逐渐同其他动物区分开来。人类之所以要维持这些新习得的行为方式,一个重要的理由就是它们能够让人们对其他动物拥有更大的支配权。

这看上去似乎就是理解"人类圈"长期发展的线索之一。与生物进化中的突变一样,创新一次又一次出现,且一次又一次被保存下来,用以增强人类群体的权力。当人类通过语言的发明、火的使用等创新而增强自身的权利时,其他动物的权利也就相应地在减弱。一些动物灭绝了,而所有生存下来的物种都必须调整它们的生活方式以适应人类新攫取的霸权。在更晚近的阶段,类似的权利关系变化更是发生在人类社会内部,迫使失败的群体调整自己以适应更为成功群体的优势地位。人类文化史上的许多创新,也都是由于损失了权利而进行的适应与调整。

> "这是一个纪律问题，"小王子后来告诉我说，"当你每天早上洗漱穿衣完毕，你必须开始照顾你的作物。"
> ——安托万·德·圣埃克絮佩里（Antoine de Saint-Exupéry, 1900—1944）：《小王子》（*The Little Prince*）

分化：制度

对火的日常使用最终使得人类建立起了我们所说的垄断——此种对权利的垄断操之于人类之手，并最终为世界上所有的人类群体所共享。这种垄断的形成如此深远地影响了人类和非人类世界之间的关系，以致我们可以把它称为由人类带来的第一次大的生态转型。在此次生态转型之后，又接着出现了两次类似的转型，一般被人称作农业革命和工业革命。但更准确地说，应该是一个农业化和工业化的漫长过程。

3 次转型中，每一次转型都标志着一个新的社会生态制度的形成（也就是一种新形式的社会制度以及一种新的生活方式，这种生活方式会为了适应新的对于物质和能量的控制水平而有所调整）：火的制度、农业制度以及工业制度。它们分别以火和基本工具的使用、农业与畜牧业的兴起和扩散、大规模现代工业的兴起和扩散为标志。晚出现的制度并不让早出现的制度过时，而是吸收并改造前者。

随着每一种新制度的出现，都会形成人类权利垄断新的方式，从而打开新的实现控制、安全、舒适与财富的机会之门。但所有这些收益都包含相应的成本。火的制度明显增加了人们寻找燃料以供应炉火和灶台之需的压力，而这种寻找燃料的压力在农业和工业制度下变得更为突出。

人类历史的 4 个阶段

书写历史最方便的背景无疑是年表。即使是与如"人类圈"的扩张这样包罗万象的漫长时段打交道，人们也总是能够通过分阶段的方法得出一些丰富的结论。通过以 3 个前后相继的主要社会生态制度为基准，我们可以将人类历史划分为 4 个阶段：

1. 在掌握如何使用火之前的阶段。在这个阶段，所有人类群体靠觅食为生，没有群体能够使用火、耕种土地，或开办工厂。

2. 至少有某些群体懂得了如何使用火，但没有任何群体会耕种土地和开办工厂。

3. 所有人类群体掌握了火的技术，同时有一些群体进步到能耕种土地，但没有任何群体能开办工厂。

4. 我们今天达到的阶段。也就是所有人类社会拥有了火，并且使用农业和工业产品的阶段。

当然，对一群觅食者来说，他们究竟是处在人类社会的第一、第二、第三还是第四阶段，情况会有很大的不同。如果他们处在第一阶段，那么他们只能遇到与他们具有相似技能的群体。而倘若在任何其他的阶段，他们将会与一些先进的群体接触，也将使得他们的技能比普通觅食者更加先进。我们还可以使这个四阶段简单模式更进一步精细化，将每个阶段再分成 3 个次阶段：一个没有任何群体拥有典型科技（火、农业或者工业）的阶段；一个既存在拥有典型科技的群体，也存在没有典型科技的群体的阶段；以及一个所有群体都拥有典型科技的阶段。对前述 4 个阶段做了这样更为精细的分类之后，就提出了怎样解释从一个次阶段向另一个次阶段过渡的有趣问题：一个特定的制度如何建立？如何扩散？最为有趣的是，它如何变为普遍现象呢？

尤其是最后一个问题，它涵盖如何在世界历史的进程中扩散各个阶段模式。这个问题除了可以适用于 3 个主要的社会生态制度之外，还可以适用于吸收其他的创新成果，例如冶金学、书写体系和城市的发展等。

农业化

过去 1 万年的历史可以被视为伴随"人类圈"农业化而来的一系列重大事件：一个人类群

体在整个世界范围内扩展农业和畜牧业，并使自己更为依赖这种生产模式的历程。

农业化的生活方式建立在一个新的人类垄断基础之上——对一块块的领地（田野）的垄断性控制。通过这种垄断，人们或多或少成功地将植物和动物变为了人类主导制度的臣服者。结果是双重的：它导致与人类竞争的物种的灭绝（寄生者和捕食者）以及资源与人力更加集中。尽管农业制度有时会遭遇萧条，它的总体趋势仍然是扩张。

扩张并非以整齐划一的方式进行。事实上，发展的不均衡性是农业化的一个结构性特征。从一开始，农业化就以分化作为标志。这种分化最初是在实行了农业生产和没有实行农业生产的人类群体之间。最终，在工业化的阶段，最后一个非农业化的人类群体消失了，与之一同消失的是这种农业与非农业社会分化的基本结构。

农业世界（或者说农业化社会可能会更好）各种不同形式的分化仍然在继续。一些农业社会在为人类的各种目的驾驭物质及能量方面走得更远，例如通过灌溉和耕作。在那些习惯于更高农业产量的社会中，争夺对财富的控制往往导致社会分层——以在财富、特权和声望等方面的巨大不平等为标志，形成了各种社会阶层。另外一个与之密切相关的典型分化形式是文化的多样化。在美索不达米亚、印度河谷、东北部的中国、埃及、地中海盆地、墨西哥、安第斯山区域以及其他一些地方，发达的农业帝国均以独具特色的文化而闻名。每一种文化都有占主导地位的语言、书写体系、宗教、建筑、服饰、制作食物的方法以及饮食习惯。在农业化的鼎盛时期，"人类圈"以显著的文明或文化的多样性为特征。这种多样性在很大程度上是由既得利益集团和利益受到剥夺集团之间的互动导致的。

工业化

1750 年左右，人类开始开采藏在地下几乎未曾被开发过的大量燃料能量储备。一系列的创新为发掘这些原料以及利用它们产生热能及机械动能提供了技术手段。人类不再完全依赖于少部分到达地球后通过光合作用转化为植物的太阳能。正如曾经通过学习控制使用火而强化了其在整个生物圈的地位一样，人类现在学习到了使用火的技能去利用藏在煤、石油与天然气中的能量。

这些创新大大加速了粗放型的增长。根据一个粗略的估计，人类总人口在新石器时代达到了 100 万，在农业化开始时代达到了 1000 万，在城市化第一阶段有 1 亿，到了工业化开始阶段增长至 10 亿。在接下来不到几代的时间内，有望增长到 100 亿。随着人口数量的增加，生产、运输和通信网络在世界范围内形成，"人类圈"也真正变成全球性的了。人们接受了建立在格林尼治时间上的通用计时体系，就很好地反映了人类共同的标准是如何扩散到世界各个角落的。与此同时，自先进的农业社会以来所出现的结构性特征——人类社会之间和它们内部的不平等——也在工业社会得到了延续。如同由于"人类圈"当下扩张的方式产生的全球气候变暖等生态问题一样，人类社会的不平等现在同样也造成了全球性的压力。

走向综合

在农业化和工业化时代，"人类圈"产生出了仅仅只是间接与自然环境相联系的社会体制，金钱体制和时间体制就是很好的例证。这两者表明人类如何将关注点从自然环境以及生态问题上转移开，而更集中地去关注"人类圈"的社会维度。这个维度的代表性事物有钟表、日历或钱

131

包、银行账户等。不过,对这些体制的关注容易导致"人类圈"是超然独立的和封闭的这样一种错误观念。而今天知识界极力想要将社会科学区分于自然科学,以及在心理学、社会学等社会科学领域内培育出一个看起来(同自然科学)不相通的、封闭的社会科学规范的倾向,又加深了这样的错误观念。

时至今日,人们也都日渐察觉到,随着"人类圈"不停地侵吞和蚕食生物圈的地盘,它同时也吸收了越来越多自然的元素。生态相互依存的概念正在日益获得人们的认可。社会科学中的一个经典主题便是有计划的行动和出乎意料的后果。所有人类活动都有着出乎意料的后果。对这一事实的承认今天已经和以下洞见关联到一起:本身就是进化而非计划产物的"人类圈",已经变成生物圈进化的一个代理者,人类活动已经变成一个令人敬畏的进化推动力,社会文化进程正在沟通和改变着生物进化过程。

世界历史学家威廉·麦克尼尔和约翰·麦克尼尔、生态历史学家阿尔弗雷德·克罗斯比(Alfred Crosby)、生物学家贾雷德·戴蒙德(Jared Diamond)等学者,已经通过他们的著作表明,写一部"人类圈"的历史是具有可行性的,尽管他们并没有直接用"人类圈"这个词。更深层的理论灵感则来自奥古斯都·孔德、赫伯特·斯宾塞等人开创的社会学和人类学的传统,以及由弗拉基米尔·沃纳德斯基(Vladimir Vernadsky)在 20 世纪早期开创的从地理学和生物学角度对生物圈进行研究的传统。该社会学和人类学传统由诺伯特·埃利亚斯(Norbert Elias)和马文·哈里斯(Marvin Harris)所承续,而地理学和生物学传统则由林恩·马古利斯(Lynn Margulis)和詹姆斯·洛夫洛克(James E. Loveloc)自 20 世纪 70 年代以来继承。当然,这里被提到的名字只是那些通过其著作帮助我们理解"人类圈"历史与动力的作者中的一小部分。

132

进一步阅读书目:

Baccini, P. , & Brunner, P. H. (1991). *Metabolism of the Anthroposphere.* Berlin, Germany: Springer Verolag.

Bailes, K. E. (1998). *Science and Russian Culture in an Age of Revolutions: V. I. Vernadsky and His Scientific School, 1863 – 1945.* Bloomington: Indiana University Press.

Crosby, A. W. (1986). *Ecological Imperialism, The Biological Expansion of Europe, 900 – 1900.* Cambridge, U. K. : Cambridge University Press.

Christian, D. (2004). *Maps of Time: An Introduction to Big History.* Berkeley and Los Angeles: University of California Press.

De Vries, B. . & Goudsblom. J. (Eds.). (2002). *Mappae Mundi: Humans and Their Habitats in a Long-term Socio-ecological Perspective.* Amsterdam: Amsterdam University Press.

Diamond, J. (1997). *Guns, Germs and Steel. The Fates of Human Societies.* New York: Random House.

Elias N. (1991). *The Symbol Theory.* London: Sage.

Elvin. M. (2004). *The Retreat of the Elephants. An Environmental History of China.* New Haven: Yale University Press.

Fischer-Kowalski. M. , & Haberl, H. (2007). *Socioecological Transitions and Global Change. Trajectories of Social Metabolism and Land Use.* Cheltenham. U. K. and Northampton, MA: Edward Elgar.

Goudsblom, J. (1992). *Fire and Civilization.* London: Allen Lane.

Goudsblom, J. , Jones, E. L. , & Haselton, A. (2000). *Environmental Evolution: Effects of the Origin and Evolution of Life on Planet Earth.* Cambridge, MA: MIT Press.

McNeill, J. R. (2000). *Something New under the Sun: An Environmental History of the Twentieth Century.* New

York: W. W. Norton & Company.

McNeill, J. R. , & McNeill, W. H. (2003). *The Human Web: A Bird's Eye View of World History*. New York: W. W. Norton & Company.

McNeill, W. H. (1976). *Plagues and Peoples*. Garden City, NY: Doubleday.

Niele, F. (2005). *Energy. Engine of Evolution*. Amsterdam: Elsevier.

Richard, J. F. (2003). *The Unending Frontier. An Environmental History of the Early Modern World*. Berkeley: University of California Press.

Samson, P. R. , & Pitt, D. (Eds.). (1999). *The Biosphere and Noosphere Reader: Global Environment, Society and Change*. London: Routledge.

Sieferle, R. (2001). *The Subterranean Forest. Energy Systems and the Industrial Revolution*. Cambridge U.K.: The White Horse Press.

Simmons, I. G. (1996). *Changing the Face of the Earth: Culture, Environment, History* (2nd ed.). Oxford, U.K.: Blackwell.

Smil, V. (1997). *Cycles of Life: Civilization and the Biosphere*. New York: Scientific American Library.

Trudgill, S. T. (2001). *The Terrestrial Biosphere: Environmental Change, Ecosystem Science, Attitudes and Values*. Upper Saddle River, NJ: Prentice Hall.

Vernadsky, V. I. (1998). *The Biosphere*. New York: Copernicus. (Original work published in Russian in 1926).

Wright, R. (2000). *Nonzero. The Logic of Human Destiny*. New York: Random House.

约翰·古德斯布洛姆(Johan Goudsblom) 文

蔡萌 译 陈恒 校

Apartheid　种族隔离

南非的种族分离被认为是种族隔离,这一政策实施了近 50 年。该政策从一开始就遭受了抵抗,导致国家失去联合国投票权与奥运会参赛资格。种族隔离政策结束于 1991 年,南非一直在努力偿还并修复由少数白人统治多数黑人造成的情感伤害。

种族隔离是一个南非荷兰语词语,意为"隔离"或"分离",指从 1948 到 1991 年在南非共和国,由作为少数族裔的白人针对作为多数族裔的黑人实施的一种种族分离制度。在 20 世纪末与 21 世纪初,该术语已经获得了像大屠杀(*holocaust*)与大流散(*disapora*)那样的一般意义,被用于描述世界上的其他情况,即一个群体以性别、种族或性取向为根据否认另一个群体的基本人权与公民权。因此,人们听到过塔利班控制下的阿富汗对妇女进行的种族隔离,以色列控制地区对巴勒斯坦人进行的种族隔离,以及在各个国家针对同性恋者进行的种族隔离。

早期

白人至上与种族分离的观念由首批欧洲殖民者传入南非。1652 年,荷属东印度公司在好望角建立了一块小型殖民地。随后不久,公司从非洲东部与马来西亚输入了奴隶。尽管英国在 1806 年吞并了开普殖民地后不久便废除了奴隶制度,但仍然保留了各种习俗与惯例,以确保白

摄于南非的一张航拍照片显示了种族隔离在实际生活中的实施概况：赫拉夫－里内特（Graaff-Reinet）（中心）的"白人"城镇和"有色人"镇区（左上角和右上角）

人对多数黑人在政治与经济上的控制权。20世纪早期，英国控制着现代南非的全部事务，政治权力几乎全部掌控在拥有欧洲血统的族群手中。1910年，伴随着《联合法案》的出台，南非获得了英帝国的自治领身份与有限的自治权。在1910至1948年间，联邦政府通过了诸多法律以严格限制黑人的权利。政府通过此类措施剥夺了黑人平等的公民权，例如颁布身份鉴别法（该法律规定黑人必须随身携带身份证明）、限制就业权、限制选举权，以及限制组成工会的权利。1913与1936年的《原住民居留地法案》将占多数的非洲人放逐到土著居留地，在理论上强迫约占人口85%～90%的人（尽管事实上从未如此）生活在不到14%的土地面积上，而剩下超过86%的土地只为白人保留。

因此，当丹尼尔・弗朗索瓦・马兰（Daniel F. Malan，1874—1959）与他的南非（白人）国民党通过公开支持种族隔离赢得1948年大选时，种族隔离无论是对于白人还是黑人来说已不再

是一个陌生的概念。具有讽刺意味的是，当欧洲与北美国家正在结束针对少数族裔的合法化歧视时，南非白人却开始实施世界上最严厉、最全面的种族歧视制度。

构成

种族隔离制度的理念基于4个主要观点：国家4个官方族群"各自单独发展"；白人控制政府与社会的各方面；白人利益凌驾于黑人利益之上，无须为所有族群提供同样的公共设施；"白人"（欧洲血统族群）归为一个民族，而非洲人归为几个不同的民族或潜在的民族。

在种族隔离制度之下，存在4个官方族群。非洲人（有时称作班图人）约占总人口的78%，他们虽然拥有共同的祖先，但仍被划分为9个不同的民族，分别为：祖鲁族人（Zulu）、科萨人（Xhosa）、文达人（Venda）、特松加人（Tsonga）、佩迪人（Pedi）、茨瓦纳人（Tswana）、斯威士人（Swazi）、恩德贝勒族人（Ndebele），以及索托人（Sotho）；"有色人种"（Colored）被用来指涉混杂了黑人、马来人以及白人血统的人，这些白人的祖先可以追溯到最早的殖民地时期；亚洲人，主要拥有印度血统，是第三种官方族群。有色人种与亚洲人约占总人口的10%。剩下的12%或13%是白人，其中约60%拥有荷兰血统，其余约40%的祖先来自英伦三岛。然而来自几乎所有欧洲国家的移民都被算作这一"民族"。

134

种族隔离制度有时被描述为具有两个方面，所谓的大种族隔离与小种族隔离。大种族隔离是指那些与土地和政治有关的种族歧视政策。小种族隔离包含种族歧视的日常事务，如婚姻限制，隔离设施，住房、就业、交通与教育限制。在 1948 年大选之后的第一个 10 年间，种族隔离政策在"白人至上"(*baaskap*) 的标签下以一种相当赤裸裸的方式发展。这个南非荷兰语词语大致可以翻译为"掌控"或者"白人至上"。该词有这样一种明确的内涵，即白人与黑人之间是主(老板)仆关系。南非白人对自身的文化生存的执念与对"黑祸"(*swart gevaar*，即"black peril")的病态恐惧，催生了一系列法律的出台，以强制实行严格的种族隔离及白人至上政策。这些法案包括：《禁止跨族婚姻法》(The Prohibition of Mixed Marriages Act, 1949)；《背德法》(The Immorality Act, 1950)，规定不同族群之间的性行为为非法；《人口登记法》(The Population Registration Act, 1950)，规定所有人口都要按官方族群进行登记；《集团地区法》(The Group Areas Act, 1950)；《反共产主义法》(The Suppression of Communism Act, 1950)，反对政府者一律被认为是共产主义者；《隔离设施法》(The Reservation of Separate Amenities Act, 1953)；《班图人教育法》(The Bantu Education Act, 1953)。上述的最后一项法案取消了政府对私人与教会(通常为布道团)学校的资助，将整个国家教育体系置于政府指导的控制之下，导致了黑人教育质量的明显下降。

白人统治时期与亨德里克·维沃尔德

在白人绝对统治时期，种族隔离政府着手在城区各种族之间实施严格的分离政策。成千上万的非洲人、亚洲人与有色人种被强行驱逐出所谓的白人区域，并被重新安置在远离城市的沉闷、荒凉的小镇。体现这些严厉措施最好的例子就是：强制驱逐住在开普敦"第六街区"的整个有色人种社区；摧毁约翰内斯堡附近的非洲小镇索菲亚敦，该地后来重建成一个白人小镇，被重新命名为特里奥镇(Triomf，南非荷兰语意为"胜利")。据估计，从 1950 年《集团地区法》的通过到 20 世纪 80 年代后期强制驱逐的结束，有超过 350 万人被政府强迫迁移。

1958 年，亨德里克·维沃尔德(Hendrik Verwoerd, 1901—1966)当选为总理。他被认为是种族隔离制度的主要设计者。在维沃尔德任职期间，种族隔离从白人绝对统治转向更为复杂的种族主义政策，也即所谓种族各自发展。依据各自发展的理论，9 个非洲团体(或称班图人)都将拥有自己的国家，或称班图斯坦(Bantustan)，它们大致位于 1913 年与 1936 年的《原住民居留地法案》中预留的不到 14% 的土地上，剩余的超过 86% 的国土是为白人保留的。后者包括了最肥沃的农田、主要的城市地区和主要的矿床与矿山。各自发展的根本理念是非洲人应该返回他们独立的故国，在那里根据他们自己的意愿决定如何发展社会、经济、文化和政治。其理由是，所有南非民族——白人"民族"和 9 个黑人"民族"——都拥有民族自决权，并无须被强迫生活在异族人的统治之下。

然而，一旦非洲人进入他们的"家园"，自决权才刚刚开始，他们就被告知他们没有权利选择是否迁移，虽然他们中的许多人世世代代都居住在城市里，而且从未靠近国家指定的家园。而且，许多非洲人来自不同的祖先，(例如)祖父是科萨人，祖母是索托人，或者是 9 个不同族群的其他组合。可是现在，他们发现自己拿着一本身份证明书被官方划归为这个或那个族群，并且将他们认定为那个所谓故国的公民。他们在南非成了外国人——这个国家现在理论上是一个白人占多数的国家。

维沃尔德的"各自发展"政策，将种族隔离提升到了一个新水平，即系统化的种族主义。该政

这是一座纳米比亚纪念碑，为纪念牺牲的西南非洲人民组织（SWAPO）战士，这些战士在 1989 年 4 月 1 日纳米比亚独立运动的开始阶段被南非人杀害了

策开启了真正的"大"种族隔离时代：不只是"白人专用"的公园长椅与海滩这种所谓的琐碎的种族主义影响日常生活，如今每个人生活的每个时刻都由个人的种族分类所决定——从按人种指定出生的医院到按人种指定的墓地。有色人种、亚洲人与非洲人不能在该国自由迁徙，不能自由地选择他们的居住地或者职业，也不能进行选举或者拥有自己的土地。在城市与矿山的非洲人就业者被认为是暂住者，他们必须定期返回他们的"故乡"。只有那些得到许可的人才能生活在"白人"区域，而且不允许他们携带配偶或家人，这因此导致了非洲家庭生活的衰落。黑人被迫生活在城市边缘的非洲人、亚洲人或者有色人种的小镇。非洲人、有色人种以及亚洲人（但不包括白人）必须一直随身携带身份证明书。身份证明书被称为"生命之书"，因为它包含了一个人所有的身份证明，包括婚姻证明、驾驶执照、出生证明和就业许可。

1963 年，种族隔离政府授予首个班图斯坦自治区特兰斯凯（Transkei，科萨人"定居区"）有限的自治权。在 1976 至 1981 年之间，特兰斯凯、博茨瓦纳（Bophuthatswana，茨瓦纳人）、文达（文达人）与希斯凯（Ciskei，科萨人）被政府准予"独立"，尽管世界上其他国家政府从未承认过这些"国家"。20 世纪 70 年代，夸祖鲁（KwaZulu）、克瓦恩德贝尔（KwaNdebele）、莱博瓦（Lebowa）、卡恩格瓦尼（KaNgwane）、加赞库卢（Gazankulu）、库瓦（Qwa Qwa）被宣布"自治"。这些黑人居住区没有一个能在经济上自给自足，它们主要由贫瘠的、侵蚀土地所组成，几乎没有值得注意的矿藏资源、城市地区或工业。其家庭经济来源主要靠移民劳工寄回在白人地区工作获得的收入。上述所有的黑人居住区，在 1994 年被废除并入南非共和国。

反对派

借助《反共产主义法》（尽管其中含有种族主义政策），南非在冷战期间赢得了美国和英国的支持，种族隔离当局成功地粉碎了多数阻力。但尽管如此，在 1948 年的选举之后，种族隔离政策立即遭到了反对。主要的黑人反对组织是南非非洲人国民大会（ANC），其成员包括阿尔伯特·卢图利（Albert Luthuli, 1898—1967, 1961 年诺贝尔和平奖的获得者）、沃特尔·西苏鲁（Walter Sisulu, 1912—2003）、奥利弗·坦博（Oliver Tambo, 1917—1993）、纳尔逊·曼德拉（Nelson Mandela, 1918—2013）。1955 年，该组

136

种族隔离就是一种通奸行为，它就是不公平与不道德之间的一次非法性交。

——马丁·路德·金（1929—1968）

织通过《自由宪章》，要求建立多民族和民主的南非，该宪章也成为非洲人国民大会的斗争纲领。

20世纪60年代早期，十几个非洲民族国家获得独立，南非面临着与日俱增的国际谴责。1961年，南非宁愿离开英联邦也不愿放弃种族隔离政策。同一年，南非的荷兰归正教会脱离了世界基督教协进会。南非同样还丧失了它在联合国的投票权，并被禁止参加奥林匹克运动会以及许多国际组织。1961年，在纳尔逊·曼德拉的领导下，非洲人国民大会组建军事组织"民族之矛"（Umkonto we Sizwa），以武力反对种族隔离制度。1963年，曼德拉与其他7人被逮捕并被判终身监禁。

南非政府禁止了几乎所有的反对派组织并将许多人投到监狱或软禁起来。维沃尔德在1966年被刺杀。在他的继任者约翰·沃斯特（John Vorster，1915—1983）就职期间，在一定范围内放宽了种族隔离政策的某些方面。尽管如此，1976年，政府在黑人学校强制推行南非荷兰语课程的决定还是引发了骚乱。骚乱首先发生在索韦托（Soweto）黑人镇区，接着波及全国。次年，南非警察杀害了"黑人觉醒"运动组织领袖史蒂夫·比科（Steve Biko，1946—1977）。1978年，博塔（P. W. Botha，1916—2006）就任总理，继续放宽了许多种族隔离政策，但他对任何的政府反对派都采取强硬立场。同时，他也开始修补种族隔离制度，给予有色人种与亚洲人有限的政治权利。他希望借此拉拢这两个族群以平息世界舆论，并允许白人继续掌权。

1981年，津巴布韦获得独立，南非与纳米比亚成为非洲仅存的白人统治国家，这时，要求改革的巨大压力正从内部与外部持续增长。在外部，南非面临着日益严厉的国际经济制裁，比如美国公司收回了其在南非的财产。在内部，更多熟练劳动力的需求导致了对黑人工资限制的解除与黑人工会罢工权利的合法化。这些加上其他一些因素，要求对于种族隔离制度进行不仅仅是表面上的改变。

种族隔离制度的终结

1989年，德克勒克（F. W. de Klerk，1936—　）当选为总理，立即宣布释放许多黑人政治犯。1990年2月，他在议会宣布种族隔离政策失败，所有政党的禁令将被解除，纳尔逊·曼德拉在被监禁27年后获得释放。1991年，所有剩余的种族隔离法律被废止。在经过3年的艰难谈判之后，各方同意了1993年多民族、多党派的过渡政府框架。1994年4月进行了选举，纳尔逊·曼德拉成为南非历史上首位自由选举产生的多数票当选的总统。1995年，曼德拉总统组建真相与和解委员会，由诺贝尔和平奖得主德斯蒙德·图图主教担任主席，调查在种族隔离政策下南非民众所遭受的人权侵犯。该委员会既定的目的不是惩罚，而是帮助这个国家与其历史达成和解，这使得它成为人类历史上独特的存在。2003年，塔博·姆贝基总统（Thabo Mbeki，1990—2008年在任）宣布南非政府将支付6.6亿兰特（当时约合8500万美元）给约22 000人作为补偿，这些人在种族隔离时代或被拘留，或受折磨，或是被谋杀者的家庭成员。

137

进一步阅读书目：

Beck, R. B. (2000). *The History of South Africa*. Westport, CT: Greenwood Press.

Beinard, W. (2001). *Twentieth Century South Africa*. (2nd ed.). New York: Oxford University Press.

Benson, M. (1994). *Nelson Mandela, the Man and the Movement*. Harmondsworth, U.K.: Penguin.

Borstelmann, T. (1993). *Apartheid's Reluctant Uncle: The United States and Southern Africa in the Early Cold War*. New York: Oxford University Press.

Carter, G. M. (1958). *The Politics of Inequality: South Africa since 1948*. New York: F. A. Praeger.

Clark, N. L., & Worger, W. H. (2004). *South Africa: The Rise and Fall of Apartheid*. New York: Longman.

Davenport, R., & Saunders, C. (2000). *South Africa. A Modern History*. (5th ed.). New York: St. Martin's Press.

De Klerk, F. W. (1999). *The Last Trek — A New Beginning: The Autobiography*. New York: St. Martin's Press.

DeGruchy, J. W., & Villa-Vicencio, C. (Eds.). (1983). *Apartheid is a Heresy*. Grand Rapids, MI: W. B. Eerdmans.

Harvey, R. (2003). *The Fall of Apartheid: The Inside Story from Smuts to Mbeki*. New York: Palgrave Macmillan.

Johns, S., & Davis, R. H. Jr. (Eds.). (1991). *Mandela, Tambo and the ANC: The Struggle Against Apartheid*. New York: Oxford University Press.

Kenney, H. (1980). *Architect of Apartheid, H. F. Verwoerd: An Appraisal*. Johannesburg, South Africa: J. Ball.

Krog, A. (1998). *The Country is My Skull*. Johannesburg, South Africa: Random House.

Lapping, B. (1989). *Apartheid: A History*. (Rev. ed.). New York: G. Braziller.

Mandela, N. (1994). *Long Walk to Freedom: The Autobiography of Nelson Mandela*. Boston: Little, Brown and Co.

Mathabane, M. (1986). *Kaffir Boy: The True Story of a Black Youth's Coming of Age in Apartheid South Africa*. New York: Macmillan.

Meer, F. (1990). *Higher than Hope: The Authorized Biography of Nelson Mandela*. New York: Harper.

Mermelstein, D. (Ed.). (1987). *The Anti-apartheid Reader: The Struggle Against White Racist Rule in South Africa*. New York: Grove Press.

O'Meara, D. (1997). *Forty Lost Years: The Apartheid State and the Politics of the National Party, 1948 – 1994*. Athens, OH: Ohio University Press.

Price, R. M. (1991). *The Apartheid State in Crisis: Political Transformation in South Africa, 1975 – 1990*. New York: Oxford University Press.

Sampson, A. (1999). *Mandela: The Authorized Biography*. New York: Alfred A. Knopf.

Sparks, A. (1995). *Tomorrow is Another Country: The Inside Story of South Africa's Road to Change*. New York: Hill & Wang.

South Africa Truth and Reconciliation Commission. (1998). *Truth and Reconciliation Commission of South Africa Report*. (Vols. 1 – 5). Cape Town, South Africa: Author.

Thompson, L. M. (2000). *A History of South Africa*. (3rd ed.). New Haven, CT: Yale University Press.

罗杰·贝克(Roger B. Beck) 文

顾海萍 译　焦汉丰 校

Arab Caliphates　阿拉伯哈里发

逊尼派穆斯林的首领被称作哈里发,他不仅肩负着开疆辟土、抵御外敌入侵的职责,而且还在政治、军事和财政政策上享有大权。每一个著名的哈里发王朝世系,例如正统哈里发、伍麦叶哈里发(Umayyad Caliphate),或阿拔斯哈里发(Abbasid Caliphate),都因其政策和对伊斯兰世界的多方面贡献而闻名。

哈里发一词源自阿拉伯语单词 Khalif(意为"先知穆罕默德的继承者")。因为穆罕默德(Muhammad,约 570—632)未曾指定继承者来接替他,担当自己在阿拉伯半岛一手建立起来的、正在迅速发展壮大的伊斯兰社会的政治和军事首领,关于谁拥有继承权的问题使得穆罕默德的追随者产生了分裂。一派追随者希望首先实行选举,然后再通过多数效忠加以确认的方式推举一个名叫阿布·伯克尔(Abu Bakr)的人担当继承者。阿布·伯克尔是穆罕默德的岳父,他的女儿阿伊莎(A'isha)是穆罕默德的妻子之一。这一派别的成员被称为逊尼派教徒(Sunnis),因为他们的一举一动都遵循圣行,也就是穆罕默德的言行举止。而另外一派后来被称作什叶派(Shi'as,意为"坚定追随者")的追随者,希望一位名叫阿里(Ali)的人继承穆罕默德,因为他是穆罕默德的血亲,同时还是穆罕默德的女婿。这是穆斯林之间的首要分歧,并使他们分成了两个主要派别:逊尼派和什叶派。逊尼派领导人被称作哈里发,而什叶派首领则被叫作伊玛目(imams),意为宗教上的导师。

在西班牙到叙利亚的早期伊斯兰世界,哈里发的统治各不相同。但尽管哈里发的统治在形式上不一,他们都被寄予维护伊斯兰世界统一、解除对伊斯兰世界的威胁,以及在各个领域促进伊斯兰扩张的期望。哈里发虽被伊斯兰教寄予这样的期望,但他们更多地关注世俗的政治、外交均势和财政,而非为宗教狂热所左右。大多数伊斯兰地区实行宗教宽容政策,对一些

宗教少数派如犹太教和基督教都是进行保护的。

各个哈里发因不同的成就而为人所知。一些是因为扩大了伊斯兰王国的疆域而出名;另外一些则或在艺术上达到了很高的水平,或在自然科学方面取得了突破性进展,或建立了惠及后世的高等教育机构。

穆斯林学者、科学家和政治家们不仅善于创造新的理念和制度,而且也会对被征服者的科学艺术成就加以吸纳和改进。这些科学艺术成就在各个地区经过了几千年的发展,最后落到了伊斯兰教的统治之下。此种综合与融合(syncretism,意指对不同形式的信仰和实践加以合并)的态度,也扩展了穆斯林统治者在政治、社会经济和军事事务方面的眼界与见识。

正统哈里发(632—661)一般指的是前四位哈里发:阿布·伯克尔、欧麦尔(Umar)、奥斯曼(Usman)和阿里。这些正统哈里发都是穆罕默德的同伴或亲戚。除了阿布·伯克尔外,另三位都遭到了暗杀,使得伊斯兰世界陷入了暴力宗派仇杀和内战当中。

阿布·伯克尔在得到穆斯林信徒的效忠和托付之后,立即发表了一篇具有重要意义的演说。在这次演说中,他树立了作为哈里发应当达到的标准和应该实现的期望。在演讲中他说道:"啊,教友们,尽管我不是你们当中最优秀的,你们却仍然选举我为领袖,因此我很需要你们的建议和帮助,多多益善。如果我干得不错,请给予我支持;如果我犯了错,请纠正我。什么叫忠诚? 告诉统治者你们对他的真实的想法才称得

139

上是忠诚,掩盖真相则罪同变节。倘若我遵从真主和他的启示,就请追随我;要是我什么时候不遵从了,请背弃我。"

在正统哈里发统治时期,伊斯兰教越过了阿拉伯半岛的界限,向东传播到了伊拉克、叙利亚和波斯(伊朗),向西到达巴勒斯坦、埃及和北非。随着伊斯兰教的扩张,西欧的西西里和西班牙很快陷落,东欧的拜占庭帝国也很快解体。正统哈里发巩固了伊斯兰教的教义,通过删减可能造成分歧的文本编辑了一册标准的《古兰经》,创设了金融机构以支持福利制度,同时还为未来的政治和军事统治设立了规范。

伍麦叶哈里发的开创者,是位于沙特阿拉伯境内麦加城的伍麦叶家族(Banu Umayya family),统治着叙利亚(661—750)与西班牙(756—1031)。伍麦叶王朝利用武力控制了大量农业土地,并且制造出一个强势的封建贵族阶层。为了增加农业产量,伍麦叶王朝推广了灌溉系统,试验并引进了新的种子,对农民租用土地做了相应的规定。农业的发展促进了贸易和商业,为像大马士革这样的大城市的兴起创造了条件。穆斯林的商业网络使中东和远东连接了起来。

在伊斯兰教统治之下的西班牙,也出现了相似的结果:农业和商业经济的繁盛促成了格拉纳达、科尔多瓦和托莱多等城镇的兴起,这些地方成了先进文化和高等教育的中心,并且在穆斯林、基督徒和犹太教信徒之间创造出前无古人的、兼容并包的宗教格局。随着天主教收复失地运动将最后一名穆斯林和犹太教徒逐出西班牙,西班牙哈里发的统治在1492年正式宣告结束。伍麦叶王朝在叙利亚的统治被另一个新兴的穆斯林家族——阿拔斯家族所取代,两者原本在麦加就是对头。

阿拔斯王朝(749/750—1258)的统治中心是伊拉克的名城巴格达。这个王朝将伊斯兰教传播到了波斯(伊朗)、中亚、阿富汗和印度西北部。阿拔斯王朝主要以其思想、艺术和科学成就而闻名于世。阿拔斯王朝哈里发是许多学术研究的资助者,这些研究中的绝大多数都称得上是历史首创。马蒙(al-Mamūn,813—833年在位)是阿拔斯王朝最著名的哈里发,他在巴格达建造了智慧宫,并且从他统治范围下的各个地方延揽科学家加入。在智慧宫中,花剌子米发明了代数学和算术。在巴格达的自由与科学气氛中,天文、地理、哲学、数学、自然科学、解剖学和医药学等新领域纷纷如雨后春笋般兴起。

在阿拔斯王朝的穆斯林学者和科学家的主持下,许多古代希腊哲学、医书和科学经典著作都被翻译成了阿拉伯文。这些阿拉伯译本后来又被转译成欧洲语言,对文艺复兴和理性主义思想的兴起有着不可估量的贡献。由于马蒙为科学家们提供了当时最好的图书馆,许多阿拉伯科学家也纷纷把他们的作品献给了这位哈里发。

进一步阅读书目:

Arnold, T. W. (1965). *The Caliphate*. London: Routledge & Kegan Paul.

Esposito, J. L. (1999). *The Oxford History of India*. New York: Oxford University Press.

卡里姆汗(Karim Khan) 文

蔡萌 译 陈恒 校

Arab League　阿拉伯联盟

阿拉伯联盟是一个由 22 个国家加盟的组织,其目的是开展各种教育和经济政策项目以服务于阿拉伯世界。尽管阿拉伯联盟是 1945 年正式成立的,但它的起源可以追溯到 20 世纪早期。联盟各成员之间在统一决策与合作方面存在明显缺陷,阻碍了联盟取得进一步成果。在未来联盟是否能就此进行改进以体现出效率,这仍然是一个未知数。

140

在 20 世纪早期,大多数阿拉伯国家尚处在殖民统治当中,但是已经有越来越多的阿拉伯政治领袖,尤其是那些来自叙利亚和埃及的政治人物,开始希望能够在其国家未来的前途中发挥更大的作用。到 1932 年,这些政治领袖在泛阿拉伯会议上定下了方向,(根据《纽约时报》1932 年的一篇报道)其目标是"与帝国主义做斗争,将阿拉伯国家从托管统治中解放出来"。在埃及外交家阿卜杜拉·拉赫曼·阿萨姆(Abdul Rahman Azzam)和伊拉克首相努里·赛义德(Nuri Sa'id,一些历史学家认为"阿拉伯联盟"这个词是由他发明的)的领导下,阿拉伯统一的呼声高涨。到了 1944 年,在埃及亚历山大港的一次会议上,联盟的基本框架被决定下来。次年 3 月 22 日,各成员国共同签署了联盟的正式章程。阿拉伯联盟章程宣称,其目标之一是"促进成员国之间的合作,特别是在文化、贸易和交流领域的合作"(《纽约时报》1945 年 8 月)。联盟初始的 7 个成员国分别是:埃及、约旦(当时被称作外约旦地区)、沙特阿拉伯、叙利亚、伊拉克、黎巴嫩和也门。联盟的第一任秘书长是阿卜杜拉·拉赫曼·阿萨姆,他曾经担任埃及阿拉伯事务部部长以及外交事务部次长,是阿拉伯民族主义的坚定支持者。阿萨姆后来不仅成为阿拉伯联盟同西方国家之间的联络官,而且还担当了联盟在联合国的发言人。

在成立伊始,阿拉伯联盟便对那些仍处在殖民统治当中或正为外国军队占领的阿拉伯国家争取更大自治权的运动给予了积极支持。联盟对利比亚(在"二战"之前仍处于意大利的统治之下)的独立运动表示了支持,同时还为叙利亚仗义执言,因为叙利亚尽管 1941 年便取得独立,但在其国境内仍然驻扎着法国军队。阿拉伯联盟还想解决巴勒斯坦问题,它们均反对犹太人进一步向巴勒斯坦地区移民。1948 年,联盟各成员国联合对新成立的国家以色列采取了军事打击,但以失败而告终。

在成立初期,联盟并没有多少实权,但做到了在与阿拉伯世界相关的事务上对外发出统一的声音和意见。由于在联合国出色的外交斡旋工作,秘书长阿萨姆声名鹊起。他在秘书长的职位上一直干到 1952 年。利比亚最终取得独立后,也于 1953 年加入了阿拉伯联盟。此后,苏丹在 1956 年,突尼斯和摩洛哥在 1958 年,以及科威特在 1961 年,都先后加入联盟。联盟其他成员国还包括阿尔及利亚、巴林、科摩罗、吉布提、毛里塔尼亚、阿曼、卡塔尔、索马里以及阿拉伯联合酋长国。

分裂

尽管阿拉伯联盟的理想令人振奋,可是这个组织却常常因成员国之间缺乏合作精神而变得效率低下。政治分歧使得建立共识的可能性微乎其微。从一开始,阿拉伯联盟就以在危机关头不作为而出名。2002 年,埃及周刊《金字塔报》(Al Ahram)便直言阿拉伯联盟在处理阿拉伯国家之间事务上的方式、方法十分拙劣。

141

我在学界的巴勒斯坦人友人告诉我,希伯来的那个上帝说过犹太人可以拥有以色列,他甚至也愿意承认这一点。但他又说,安拉却并没有用阿拉伯语告诉阿拉伯人这件事。

——亚瑟·赫兹伯格(Arthur Hertzberg, 1921—2006)

每当阿拉伯世界内部出现矛盾时,联盟往往以愤怒或谴责的姿态做出反应。例如,当埃及总统安瓦尔·萨达特(Anwar Sadat)在 1970 年底决定与以色列签署和平协定时,联盟各成员国集体将埃及逐出阿拉伯联盟,并把总部从开罗迁至突尼斯的首都突尼斯城。埃及 20 多年后才重返阿盟。除了对以色列无休止的敌意(同时认为美国的外交政策偏袒以色列)之外,联盟其他一些事务经常引起成员国间的内讧。20 世纪 80 年代末期,联盟无法对伊拉克与科威特之间的石油争端做出裁决。随后这个争端导致萨达姆·侯赛因下令入侵科威特。在美国的干预下,伊拉克在第一次海湾战争中被逐出科威特。

联合国报告

尽管阿拉伯联盟在阿拉伯世界的发展问题上一直是一个重要机构,但 2002 年的一份联合国报告显示,其仍然任重而道远。这份联合报告由 50 位阿拉伯学者执笔,考察了各个阿拉伯国家存在的政治、经济和文化问题,得出结论说,相比世界其他地区,这些阿拉伯国家仍比较落后。报告中说"在政治参与、国内自由和新闻独立方面,阿拉伯国家是最缺乏自由的"。报告还提到了阿拉伯世界的妇女问题:"半数以上的阿拉伯妇女不识字,许多人遭遇法律和社会的歧视。她们的政治参与程度也居于世界最低水平之列:在阿拉伯的立法机构中,妇女仅占 3.5% 的议席,甚至落后于南部撒哈拉国家 11% 的比率……尽管在教育方面投入力度很大,但阿拉伯学校培养出来的毕业生并不适应全球经济需要。仅仅 0.6% 的阿拉伯人会使用互联网,与美国的 54% 相距甚远。"(《今日美国》,2002,6A)尽管一些阿拉伯国家的部分地区,特别是迪拜和卡塔尔,已经迈向现代化并且对全球化的某些方面持欢迎态度,但多数成员国之间仍然纷争不断,在偏向神权政治的保守势力和要求一定程度世俗化的温和派之间左右摇摆。

伊斯兰激进组织的兴起,以及基地组织进行的暴力恐怖活动加剧了温和派伊斯兰国家同保守派国家之间的矛盾。虽然阿拉伯联盟通过了谴责恐怖主义的官方文件,但一些成员国仍然积极支持恐怖活动。而当一些阿拉伯国家的专制统治者对其人民进行迫害时,阿拉伯联盟却往往选择沉默。由于美国入侵伊拉克等世界大事的相继发生,阿拉伯联盟自 2002 年以来开始试图对自身进行改革,以加强成员国的一致性,并发展新的联盟战略。但根据 2004 年 5 月突尼斯峰会上的情形来看,阿拉伯联盟的前景仍然不容乐观:会议期间一个成员国代表走出会场,而其他 8 国代表置若罔闻。虽然该峰会通过了一系列意见书,其中一份还敦促进行政治经济改革以实现中东和平,但这些意见书究竟能被贯彻实施到何种程度,仍难以知晓。

2007 年,一些温和派阿拉伯国家试图促使阿拉伯联盟开展和平解决中东问题的外交活动。埃及与约旦外长同以色列领导人在耶路撒冷会晤,讨论和平计划。尽管这一会见具有历史意义,但阿拉伯联盟许多成员国的反应却不那么令人乐观。多数成员国仍然拒绝承认以色列或与之进行任何对话,从而使得埃及和约旦的外交努力收效甚微。

除了同以色列的关系外,阿拉伯联盟还有其他问题未能解决。哈马斯和法塔赫在巴勒斯坦领地的政治争端依然持续,黎巴嫩、伊拉克和苏丹还屡次发生动乱。阿拉伯联盟究竟能在解决其成员国所面临的困境和难题方面发挥多大作用? 我们只能拭目以待。

进一步阅读书目：

Al-Arian, L. (2004, July-August). Prospects for Democracy in the Middle East. *Washington Report on Middle East Affairs*, 23(6), 88-90.

A New Arab Order? Or Just the Settling of Scores? (1991, September 28). *The Economist, 320*(7726), 4-8.

Brewer, S.P. (1945, March 23). Charter Adopted by Arab League. *New York Times*, p. 8.

Coury, R.M. (1982). Who Invented Arab Nationalism? *International Journal of Middle East Studies, 14*(3), 249-281.

Imaginable? Despite its Summit Fiasco, the Arab World is Groping for Democracy. (2004, April 3). The Economist, *371*(8369), 13.

Keinon, Herb. (2007, July 25). Historic Talks with Arab League Envoys Take Place Today. *Jerusalem Post*, p. 1.

UN: Lack of Freedom Stunts Arab Nations. (2002, July 2). *USA Today*, p. 6A.

多娜·哈博(Donna L. Halper) 文
蔡萌 译 陈恒 校

Archaeology　考古学

考古学是人类学的四大分支之一，旨在研究过去文化所遗留下来的人工造物，为的是理解诸种群体和人类社会是如何发展的。远在公元前6世纪，人们就已经在考古学领域做出了各种尝试。然而直到19世纪晚期，人们才将有关实践变成一门科学，并且继续演进，使之变得更加全面，以求通过生态、环境和文化来探索过去的诸种文明。

考古学是人类学四大领域之一，旨在研究过去与现在的文化。人类学中的生物学、语言学、社会文化学和考古学四大分支，通过诸如饮食、语言、社会结构和亲缘关系等领域来相互协作，以展开对诸种人类社会的研究。考古学尤其尝试通过对物质性遗存的研究，来理解、描述和解释过去诸种文化的建立与发展情形。为了做到这一点，考古学家经常吸收来自其他研究领域的、学科间的研究方法，而且发展出各种技术用以探索考古资料可能呈现给我们的许多问题。

人们似乎总对生活于其之前的群体感兴趣。通常情况下，大多数人都想了解过去的诸种文化是如何解释其周围世界的。例如，在古代埃及的第十八王朝(前1532—前1305)，许多书吏都想知道更多有关生活于他们之前的人们如何建造坟墓、埋葬死者以及解释来世等方面的信息。为了回答这些问题，他们考察了几个世纪之前的墓葬，并且留下涂鸦以记录他们的来访。公元前6世纪，闻名于世的巴比伦帝国国王那波尼德(Nabonidus)，通过在乌尔城(Ur)的发掘，向人们展示了他对过去的兴趣。他想知道更多有关古苏美尔文化的东西，该文明至当时已存在了2500年。有趣的是，这位巴比伦国王通过展出这些发掘之物，和他人一同分享了自己的许多发现；他的女儿贝尔-夏尔蒂·嫦纳尔(Bel-Shalti Nannar)，在他死后继续他的考古工作。

考古学在人们探索过去的文化当中继续发挥作用，不过该学科已取得了长足的发展。例如

129

墨西哥奇琴伊察的勇士庙(The Temple of Warriors at Chichén Itzá, Mexico),一座有着丰富的玛雅文化(9—13世纪)人工制品素材的考古遗址。克里斯·豪威尔(Chris Howell)摄

15世纪,意大利商人安科纳的西利亚库斯(Cyriacus of Ancona)前往地中海沿岸与希腊,描绘和收集有关各种古迹的信息、复制碑铭,并且收集来自早期文明的东西。西利亚库斯尝试研究古代的著述和物质文化,因而有些人认为他是首批考古学家中的一员。此外,学者们通过考古学开始挑战诸种宗教传统。例如1655年,艾萨克·德·拉佩雷尔(Isaac de la Peyrere)认为,人们在欧洲发现的石制工具,来自一种在亚当之前就已存在的文化。19世纪亚述学和埃及学的发展,也对学者有关亚述、古代埃及和其他诸种文明的研究做出了贡献。让-弗朗索瓦·商博良(Jean François Champollion)于1822年解密罗塞塔石碑(the Rosetta stone),使人们在理解古代埃及语言及方言方面取得了巨大突破。

另外,在19世纪,来自欧洲和其他国家的学者与非专业人士试图通过对物质文化的研究,探索过去的诸种文明。尽管大多数人怀着真诚的动机,然而有些人所采用的发掘方法还是基本属于寻宝一类。不过,日益提升的、有关社会演化的研究深深影响了考古学。如今,许多学者已开始探察诸民族及其文化的起源与发展,遗址挖掘也变得更加系统化。在19世纪后期及进入20世纪以来,考古学家开始聚焦于编年,建立有关石器、青铜与铁器相继而起的"三时代计划",并且更加热切地求索人类的起源。人类学家达尔文、摩尔根、爱德华·泰勒(Edward B. Tylor)和其他人等,对这一新的探索方向大有贡献。尽管年表、"三时代计划"和对人类起源的探求将面临诸多的论辩与争议,考古学这一学科还是有益的,它也吸纳了更多的科学研究方法。对这一学科所做的一些重要贡献,必须归于海因里希·谢里曼(Heinrich Schliemann)对特洛伊、弗林德斯·彼得里(Flinders Petrie)对近东、莱昂纳德·伍利(Leonard Woolley)对迦基米施(Carchemish)、奥雷尔·斯坦因(Aurel Stein)对亚洲、莫蒂默·惠勒(Mortimer Wheeler)对英国、利基夫妇(the Leakeys)对非洲和奥尔布莱特(W. F. Albright)对以色列、巴勒斯坦等所做的考古发现和研究。

20世纪六七十年代的"新考古学",有时又被人们称作分析或过程考古学,它为该领域带来了一场革命。这种革命反映在了直到今天还被许多考古学家所使用的某种方法中。刘易斯·宾福德(Lewis Binford)、弗雷德·普罗格(Fred Plog)、威廉·朗埃克(William Longacre)等人采取了一种更加具有人类学性质的方法,并试图

144

通过生态、环境和文化来全面地探索过去的诸种文明。这种"新"方法与哲学为田野和实验室式工作方法打上了恒久的烙印。因此，考古学团队如今已成长为一支可能包括古动物学家、地质学家、气象学家和解剖学家等在内的混合型队伍。过程考古学也已经产生出后过程考古学（post-processual archaeology），这种研究方法类似于新考古学，并且着眼于将历史学容纳进来，以及试着解释蕴含在诸种人工制品中的意义。伊恩·霍德（Ian Hodder）、马克·利昂（Mark Leone）以及其他人都促进了这一方法的发展。

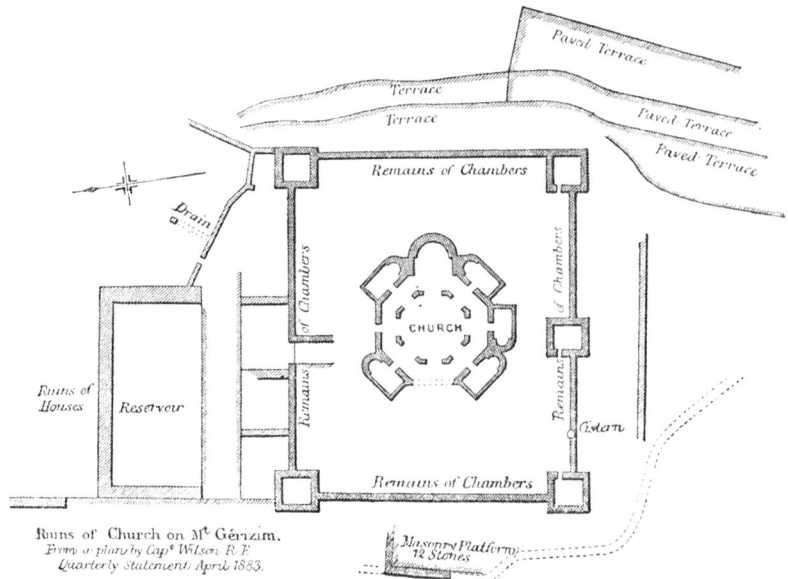

挖掘现场的详细图纸是进行考古研究的重要工具。此为 19 世纪一幅有关巴勒斯坦盖里济姆山（Mt. Gerizim）一座教堂废墟的草图

进一步阅读书目：

Bahn, P. (Ed.). (1996). *The Cambridge Illustrated History of Archaeology*. New York: Cambridge University Press.

Edwards, I. (1985). *The Pyramids of Egypt*. New York: Viking Press.

Trigger, B. (1993). *The History of Archaeological Thought*. New York: Cambridge University Press.

Woolley, C. (1982). *Ur of the Chaldees*. Ithaca, NY: Cornell University Press.

西奥多·伯格（Theodore W. Burgh）文

刘招静 译　陈恒 校

Architecture　建筑

建筑是一门为满足人类需求的有关房屋环境的艺术和科学。建筑师既致力于为其居民设计合理实用的结构,亦要迎合社会的审美观点——无论是在结构分明的纪念碑式建筑上(如古代巨石阵和现代的摩天大楼),还是在精心设计装饰的建筑上(如希腊的帕特农神庙和西班牙的科尔多瓦大清真寺),都有所体现。

自史前时代开始,人们就已经开始建筑房屋为他们的日常活动遮风挡雨,展现他们的社会价值抑或个人价值。通常,"建筑"一词意指一幢建筑物或建筑群。然而,建筑领域还涵盖了室内设计、景观设计以及城市设计。建筑师在他们的实践中对社会经济和文化背景的回应随

处可见。许多建筑师赞同古代罗马人维特鲁威(Vitruvius,前90—前20)的建筑必须要稳固、实用和美观的观点。为了实现这一目标,建筑师必须懂得(a)如何利用一个或多个结构体系来支持设计,(b)如何使建筑设计变得实用,(c)如何满足客户或者社会群体的视觉欣赏需求。因此,建筑师会面对如建筑选址、建筑材料及建筑技术等诸多选择。

史前的和非城市的建筑

旧石器时代(前 35000—前 8000)的居所是洞穴和岩石遮蔽地。早期游牧民族创造了可移动的编织建筑——用立柱支起椭圆的棚屋,上面覆盖兽皮和茅草及芦苇秆。在新石器时代(前 8000—前 1500),牧民和农民建立了长期的定居点,包括一些与周边环境相结合的纪念性建筑物。他们挖掘大石块(巨石),用驳船或底下带滚轮的驳车移动石头,然后,用土堆斜坡抬起石头搭建以立柱进行支撑的过梁来组成横梁式结构(石板墓)。这类结构中最著名的代表就是在英格兰索尔兹伯里(Salisbury)平原上矗立着的巨石阵(前 2750—前 1500):一系列同轴的圆圈或许是为那些有联系的武士部落举办节庆活动之用。用石架建立墓碑牌坊日渐普遍,这种用横梁式结构巨石建成的坟墓常用人造的假山进行掩埋,被称作石冢

巨石阵,作为旧石器时代最著名的遗迹,戏剧性地说明了横梁式结构建筑理念——基于过梁体系的结构类型。卡罗尔·赫尔曼(Carol Hermann)摄

（石堆纪念碑）。

更为简陋的建筑存世甚少，留下的仅有根植于人民的神话和传统，并影响全世界的风土建筑风格。在非洲喀麦隆，每一个巴米累克人（Bamileke）村庄都有一个中心开放式空间，是祖先所选的祭祀圣地。邻近就是酋长的房子：为了显示比村子里其他人地位更高，装有带有竹子的围墙，前面还设计了门廊以及茅草覆盖的锥形屋顶。在喀麦隆的法利（Fali）文化中，居住区的设计灵感通常来自理想完美的人体形态、方位和维度。多贡（Dogon）文化在马里建筑工人的集体房屋、侧边敞开式的棚屋中有所体现，其中象征着祖先的拟人形的木质圆柱，支撑着干燥植被制成的厚重屋顶，不仅为室内带来阴凉，还有利于空气的流通。

在北美也有类似的情况，阿那萨齐人（Anasazi）在当地建造了"大房子"。例如新墨西哥查科峡谷（Chaco Canyon）的普韦布洛·博尼托（Pueblo Bonito，10—11 世纪）是目前已知最大的遗迹。10—13 世纪中叶，这个阶段的建筑中，采石、木材切割、搭建结构过程中的运输都没有用到金属工具、带轮手推车或者役畜物。普韦布洛·博尼托的最终建筑形状类似于一个"D"字形，围墙周长大约有 400 米（约 1 300 英尺）。砂石墙界定邻近的居住单位，人们可以通过木质屋顶的开口进入。数以百计的住宅单位环绕着中心广场，在广场之下，阿那萨齐人建造了神圣的地下集会空间——吉瓦会堂（kivas）。在用圆松木连锁式搭建的半穹顶式屋顶上方设有一个洞口，男性可以由此进入会堂，但女性被禁止入内。在普韦布洛·博尼托，房间的数量远远大于当地人类居住迹象显示的数量，因为地处沙漠使获取食物变成了一项长久的挑战，考古学家相信，阿那萨齐人将他们的许多房间都用于储藏食物。当受到敌人威胁时，阿那萨齐人放弃了"大房子"的居住功用，将其侧边改造为朝南向的悬崖，更加易于防御，例如位于科罗纳多的梅萨·沃德遗址（Mesa Verde，12—13 世纪）。

古代神庙、金字形神塔，墓穴与宫殿

基于书写、贸易、多元化职业和集权政府的发展，古埃及的城市文明创造出多种多样的纪念性建筑类型，主要用于更为广泛地赞颂他们的神和法老王。在美索不达米亚最早期的城市中，神庙被高置于巨型阶梯式建筑的顶上平台，这种向天空延伸的建筑被称为金字形神塔。神庙和金字形神塔都是用晒干的泥砖建成，并采用承重墙结构。位于伊拉克乌尔的乌尔纳姆（Ur-Nammu，前 2100）金字形神塔，由一种更加坚固的、铺在沥青砂浆上的窑干砖建成。在中美洲，位于特奥蒂瓦坎、靠近今天的墨西哥城，其大城市中的阶梯式金字塔采用火山石和灰泥建成，偶尔还漆有明亮的颜色。他们还为在神庙顶部平台举行的仪式和公众活动设立背景幕。

在所有纪念性陵墓中，最著名的要数埃及吉萨（Giza）的三大金字塔（前 2551—前 2490），这些建筑物采用了方石堆（ashlar）石造建筑（切割石块），紧密排列、层层堆起，表面是打磨过的石灰岩。工匠们或许在土制的斜坡上采用了木质滚轮和驳车来抬高沉重的石块，然后用杠杆将这些石块放置到最终的位置上。建筑这些陵墓是为了永久纪念法老王，陵墓被视作高贵灵魂通往天堂的阶梯。在希腊，还留存有蜂窝状的陵墓，例如迈锡尼的阿特柔斯宝库（Atreus，前 1300—前 1200），用石头构成托臂的穹顶（每一层石头都超出前列向内倾置，直到形成窄拱），罩在地下环形主会堂上面。这些陵墓中超过半数都是直到 1878 年才挖掘面世，保留着欧洲最大的、不隔断的室内空间纪录长达千年之久，直到罗马神庙（1 世纪建造）在尺寸上最终将其超越。

第三类纪念性建筑类型是供统治者生前使用的。在都尔沙鲁金（Dur Sharrukin），位于现

建筑师将帕特农神庙打造为古代希腊雅典卫城中的焦点，通过人体测量法使之完美，包括它的比例系统和微妙的视觉改良。
大卫·布瑞尼尔（David M. Breiner）摄

在伊拉克的豪尔萨巴德（Khorsabad），亚述国王萨尔贡二世（Sargon II，约前722—前705年在位）庞大的宫殿代表了他不朽和神圣的权威，其泥砖墙上装饰的神话野兽石雕和军事船头则是为了震慑他的敌人。

希腊神庙

古代希腊人的连梁柱建筑传统影响着后代西方建造者。其共有三种规则类型，以一系列的圆柱进行支撑，并以比例和装饰互相区别：多利安式（Doric）最简单，爱奥尼亚式（Ionic）在比例上比多利安式更加讲究，而科林斯式是最复杂的一种。石灰岩石块和大理石被用金属夹与金属钉固定位置，陶瓦瓷砖覆盖在倾斜的屋顶木椽上。古希腊建筑的顶峰帕特农神庙（前448—前432），由卡利克瑞特（Kallikrates）设计，伊克提诺（Iktinos）重新设计，雕刻家菲狄亚斯

（Phidias）监督结构，被打造为古代希腊雅典的神圣区域——卫城的焦点。帕特农神庙的特点在于阶梯式的平台和外部的列柱（或者柱廊），遮蔽着中央房间一座庞大的雅典娜雕像。其神庙的比例是由和谐数字比例来决定的，通过一些弯曲的曲线赋予灵动（圆柱收分曲线）感，所以各部件看上去好像在抵抗来自上部强加的重量。神庙整体都采用花岗岩构建，甚至包括屋顶，其表面用灰泥粉饰过，装饰着古希腊人更为欣赏的优雅的、自然主义的彩色浮雕和带状物。

罗马的创新及其东方成就

古代罗马建筑、建筑群和新城镇都受到明确轴线的简单空间几何学的严格把控，常常采用新材料和新技术建造。在建筑内部大量使用半圆拱门是形成宽广空间的一种方法，并用许多楔形的小元素来互相保持平衡。立体突出的

拱门，形成了隧道、环形、穹顶和其他类型的空间。罗马人采用了混凝土——一种水泥、水和聚合剂的混合物，能形成平滑的外形，然后再用石头和层列的砖块与瓷砖覆在表面。最著名的罗马式建筑莫过于万神殿和罗马斗兽场。这两座建筑都位于罗马市，其内部空间让人赞叹，混凝土表面还奢侈地覆盖着多彩的大理石、镀金和雕刻的细节点缀。尽管万神殿的穹顶外形简单明了，但其复杂的建造工程仍是罗马目前现存最卓越的结构之一。走进万神殿，内部天花板上呈圆形排列的花格镶板（嵌壁式面板）（约43米，高度与屋顶相同）会立刻吸引住人们的视线，自然光通过穹顶中央一个9米（29英尺）宽的开口圆孔照射进建筑内部。

当罗马帝国在西欧逐渐衰落，基督徒采用了多功能的长方形基督教堂作为他们教堂的模板，例如罗马的圣彼得教堂（始建于320年）。这种多侧廊的建筑，特色在于平行的石头柱廊支撑着上部的砌体墙片。这些墙则转而支撑起木制桁架屋顶结构，严格的三角形框架最终形成了经典的三角墙屋顶。教堂内部闪闪发光的马赛克玻璃，隐藏在外部无遮蔽的砖块之下。在罗马帝国的东部地区，东罗马帝国（拜占庭帝国）的基督徒选择了罗马式拱形结构作为他们的教堂范本，在君士坦丁堡（今伊斯坦布尔）建造了圣索菲亚大教堂（532—537），由特拉勒斯的安提米乌斯（Anthemius of Tralles）和米利都的伊西多鲁斯（Isidorus of Miletus）设计。巨大的石造圆形屋顶，安置在4个弯曲的三角形表面（被称为穹隅）之上，似乎是无支撑地悬浮在内部空间之上。而在圆形屋顶基础上开设的环形窗户，可以将射入的光线通过马赛克和大理石表面反射进广阔的内部空间。伊斯兰教的建造者同样受到罗马的启发，为他们的宗教崇拜创造了一种新式建筑类型——清真寺。在西班牙科尔多瓦大清真寺（8—10世纪），一种用石头和砖块交替形成的马蹄形拱成为典型的穆斯林风格，同时创新地堆积了双层拱形，营造了一种空间的无限感。令人眼花缭乱的大理石和马赛克装饰则根据穆斯林的习俗，构绘为一些固定格式的植物和抽象图案。

在罗马的势力范围之外，位于印度桑奇（Sanchi）的佛教神殿——圆顶大佛塔（Great Stupa）（前1世纪—公元1世纪），在神龛内放置着重要的遗骸。（舍利塔［Stupas］是佛教世界十分重要的宗教建筑，在公元前483年首次建成，被用于安放佛祖去世火葬后的遗骸。）其四周的围墙主要起保护作用。主要的建筑特色是4条精心设计的通道，大塔上由砖土填充的圆顶则代表着世界的山脉。朝圣者们围绕着建筑，在两层的走道上分别绕行，这反映着佛教尘世轮回的信仰，只有达到涅槃才能从磨难中得到解脱。

中世纪

罗马帝国之后的几个世纪，欧洲基督徒支持权力强大的修道院，其建造人员开始改用石灰岩、花岗岩和砂岩建造承重墙结构建筑。建造工程负责者保持了巴西利卡（basilican）教堂形式（一种在教堂中殿通过柱廊分离出侧廊的矩形建筑），但为了解决不断增加的朝圣者带来的火灾隐患，最终采用更复杂的解决方案取代了简单的桁架屋顶规划。在罗马时代（约1050—1200），归功于罗马拱顶（意指半圆）结构技术的复兴，施工人员开始尝试建造沉重的石制拱顶天花板，将围绕教堂一周的侧廊加以延伸以增加朝圣者的循环流通性。教堂装饰着大量抽象的雕刻，内容大多是关于基督教中善良战胜邪恶的教义。位于法国图卢兹的圣塞尔尼教堂（Saint-Sernin，约1070—1120）是这次复兴的最佳例证。

12世纪后期，由法国北部引领的联合结构试验贯穿了整个13世纪，并在哥特时期推行到了欧洲各地。哥特的垂直性特色是为了表达神

148

圣的崇高性,在沙特尔大教堂(Chartres Cathedral,1194—1220)的设计中,结合更强的视觉连贯性,以最小的石制骨架支撑起描绘着神圣和世俗主题的彩绘玻璃墙壁。通过尖拱、轻量化穹顶拱肋框架、穹顶外部支撑飞拱的有效组合,这种结构得以实现。采用创新式木框架设计的宽阔、陡峭的屋顶,保护了教堂的拱顶。同时期还有一些水平非常高的屋顶修筑技术,如挪威的木桶板教堂(采用梁柱构架结构)就是其中的代表作。

大约在同一时期,在亚洲南方和东方的建造者同样发明了令人印象深刻的高挑结构,这是为了放置他们的神像,并在视觉上连接天堂和尘世。信奉印度教的印度人在印度中央邦的克久拉霍(Khajuraho)创建了湿婆庙(Visvanatha Temple,约1000)。其在设计上受到了曼陀罗(mandala,宇宙图 cosmic diagram)的启发,寺庙的网格平面以主要空间的逐次升

高为特点,最后结束于带有湿婆形象的内部密室。其外表覆盖着数不清的、艳丽撩人的雕塑群,最后以山一样的内部圣所为顶点。在中国和日本,佛塔具有同样的功用,但是以带有飞檐的屋顶和集中式的布局为特点。

在欧洲,持久的不安定性促使权贵们想要居住在有防御工事的城堡内。带有护城河和高大的带有塔楼的城墙,保护着内院和多层的住宅,被称作城堡主楼(donjon,dungeon 是其派生词)。在随后的中世纪,安全性的逐渐增强使庄园主宅院工事向低防御和宏伟高大发展;主房或大会堂、多功能的娱乐空间,在各种各样桁架结构形式中,都需要结实的屋顶进行支撑。西班牙的伊斯兰统治者制造了奢侈的、不规则延伸的宫殿建筑群,例如格拉纳达的阿尔罕布拉宫(Alhambra,13—14 世纪)。在该建筑群里穿插点缀着花园,带来了新鲜的水、香料植物以及柔和的间接光线。房间设有轻质穹顶,其结构被灰

位于意大利北部维琴察的圆厅别墅(或称卡普拉别墅)(the Villa Rotonda/Villa Capra)将宗教与家庭符号相结合。圆顶中央大厅和与之相配的圆柱门廊,是当时田园风格的主要形制,也是意大利文艺复兴时期最显著的成就之一。大卫·布瑞尼尔摄

泥和木材制成的开放式蜂窝小格壁龛遮蔽隐藏起来。

理想化规划和文艺复兴

意大利的文艺复兴开始于 15 世纪,接受过人文教育的人不仅拥有实用建筑经验,还得益于熟悉经典古代遗物、数学运算和几何绘画,因此获得了不少建筑委托。他们的建筑和出版物都论证了建筑实践和理论的一致性。菲利波·伯鲁涅列斯基(Filippo Brunelleschi)为佛罗伦萨大教堂设计的穹顶(1417—1434)或穹顶灯笼式天窗,结合了哥特式的尖塔外形与帕特农神庙式的同轴网格。此外,这座教堂还具有原创的双层外壳、连锁砌砖式码放结构、创新建筑机制等特点。罗马理念的复杂运用同样也是莱昂·巴蒂斯塔·阿尔贝蒂(Leon Battista Alberti)作品的特色,他在意大利曼图亚(Mantua)设计的具有古典主义特色的圣安德烈大教堂(Church of Sant' Andrea,始建于 1470 年),是从古代建筑形式、比例化体系和古典式柱形派生出来的;其建筑物的正面是古典神殿的立面和凯旋门,门廊两侧带有两组科林斯式壁柱,但与广阔的内部空间不大协调,内部是巨大的桶式穹隆中殿,侧翼还带有高耸的小礼拜堂。

改变或取代古典成就的尝试,在当代罗马建筑中随处可见。由多纳托·希拉曼特(Donato Bramante)为重建圣彼得大教堂制定的首次重要计划,肯定了人文主义的兴趣在于理想化的集中式教堂规划。在米开朗基罗的指导下,大教堂穹顶的设计(1546—1564)做出了很大的改变,最终诞生出一个有结合力和影响力的计划,就是建造一座大型纯石造建筑穹顶。米开朗基罗还设计了纪念碑中心广场——卡比托利欧广场(Campidoglio,始建于 1538 年),它十分复杂,带有明确的中轴,在教堂正面竖立着异乎寻常的壁柱,并且能俯瞰全城。

文艺复兴的理念开始从佛罗伦萨和罗马传播开来。在威尼斯附近,安德烈·帕拉弟奥(Andrea Palladio),一位富有经验的石匠和人文主义学者,创作了一部极具影响力的建筑专著。18 世纪,大部分受过教育的人(包括在美国的托马斯·杰弗逊)在他们的藏书室中都藏有帕拉弟奥的《建筑四书》(*Four Books of Architecture*)。在意大利靠近维琴察地区,帕拉弟奥设计了郊区住宅——圆厅别墅(Villa Rotonda,始建于 1566 年),他挪动了原先与宗教建筑有关联的柱廊(确切地说是四个正方形结构,每一面各一根)和中央穹顶厅。这座建筑以理想化的选址、和谐的比例、简单的几何图形和清晰的轴向关系而闻名于世。在威尼斯强有力的对手奥斯曼帝国,可以和帕拉弟奥相提并论的人是建筑师米玛·希南(Mimar Sinan),他所设计的富有技巧的中央圆顶清真寺带有令人叹为观止的瓷砖工艺,位于土耳其埃迪尔内(Edirne)的谢利姆二世清真寺(1568—1575)是希南的代表之作。

西方世界理想化的石造纪念碑与东方世界理想化的木制连梁柱结构形成对比,后者的工艺在中国明代(1368—1644)达到顶峰。北京不朽的紫禁城的焦点在于皇帝的主要正殿太和殿(始建于 1627 年)。虽然它在尺寸和装饰上比中国的其他大殿更宏伟广大一些,但标准化的通用部件和布局别无二致:木制立柱搭建成的网格支撑着手指状的支架,反过来,支架握住像箱子一样的桁架梁(或阶形屋顶),后者为铺瓦屋顶制造出特定的曲线。日本匠人则将中国的建筑系统进行转换,采用更多微妙的不对称布局和间接迂回的流通路径。无论是千利休(Sen no Rikyu)刻意为之的乡村泰庵茶室、妙喜庵寺庙(1582),还是给人以深刻印象的皇室桂离宫(Katsura Palace,约 1615—1663),这些坐落于京都的建筑都带有上述特点。

巴洛克生命力

在 17 世纪的西方,文艺复兴与不断发展的科学、民族主义和宗教热情相结合,建筑设计常常展现出在结构上和空间上的复杂性,以及以幻觉的效果作为特点,让人们通过在建筑中的移动和穿梭获得最好的视觉。例如贝尔尼尼(Gianlorenzo Bernini)对罗马圣彼得大教堂露天广场(1656—1667)的设计。在这个时期,集中的装饰图案十分普遍,这种风潮也传播到了拉丁美洲的西班牙和葡萄牙殖民地。法国的凡尔赛宫(1667—1710)可以看作为献给太阳王路易十四的放大版纪念碑。它由一条中轴小路形成的网格,一直引领到国王的中央寝室。宫殿中的镜厅,创新地大面积运用大镜子,形成对广阔花园景致的无限反射。克里斯托弗·雷恩(Christopher Wren)在成为建筑师之前是一位科学家,他在为伦敦的圣保罗大教堂(1675—1711)做的重新设计中,改变了欧洲大陆的影响,将圆屋顶与内部石造、带着轻量外部圆顶和灯笼式天窗的内壳相结合。在巴伐利亚,结构实验、幻觉艺术和空间复杂性这些特点,集中体现在由约翰·巴尔塔萨·纽曼(Johann Balthasar Neumann)设计维尔茨堡主教宫(1719—1753)。

历史的复兴

18 世纪对建筑产生影响的事件包括启蒙运动和工业革命,其中启蒙运动强调个人,重视历史知识,尤其是考古学。皮拉内西(Giovanni Battista Piranesi)广为流传的富有想象力的观点及其对古代罗马遗迹的重建令人肃然起敬。在英国,罗伯特·亚当(Robert Adam)设计的革新之作是位于米德尔塞克斯的赛昂宫(Syon House,1760—1769),他力求真正地重建古典罗马的建筑。随后亚当与贺拉斯·沃尔波尔(Horace Walpole)一起,还建造了神秘的、如画般生动的、非对称的、位于特维克纳姆的哥特复兴式草莓山庄(Strawberry Hill,1749—1763),其不同的部分好像是时间悠久的冲积层。法国建筑师雅克-热尔曼·舒福利(Jacques-Germain Soufflot)将哥特结构的轻盈与古典的空间纯粹性相结合,该特点在其设计的巴黎圣日内维耶大教堂(Church of Ste.-Geneviève,1755—1780)中有充分体现。埃蒂安-路易·布雷(Étienne-Louis Boullée)还起草过一些无法建造的计划,如为艾萨克·牛顿设计的纪念碑,其古典卓越的巨大空心球体是为了纪念这位著名物理学家的成就。将实用和形式以直接的方式联系起来,被称为"言说的建筑"(architecture parlante)。为当代项目而对历史风格进行"挖掘开采",一直延续到 19 世纪。由卡尔·弗里德里希·申克尔(Karl Friedrich Schinkel)设计、位于柏林的希腊复兴式老博物馆(1824—1830)最为典型,还有由查理·贝利(Charles Barry)和普金(A. W. N. Pugin)设计、位于伦敦的哥特复兴式国会大厦(始建于 1835 年)。

18 世纪中叶,越来越多的欧洲人开始想要拥有舒适的私人住宅。由热尔曼·鲍夫朗(Germain Boffrand)设计的带有精巧洛可可风格的革新住宅——位于巴黎的苏比斯酒店(Hotel de Soubise),其合为一体的私密内部空间通过改良的壁炉设计更容易取暖,大面积的窗户和镜子则带来更多光线以辅助照明。富人们的住宅还带有食物升降机和走廊,让主人和他们的仆人间保持更多距离。英国贵族上层社会和北美的殖民者们也转而建造更加舒适的建筑,偏好采用低调内敛、颇具代表性的新帕拉迪奥式(neo-Palladian)设计手法,如位于弗吉尼亚州夏洛茨维尔市的托马斯·杰弗逊的蒙蒂赛洛庄园(1768—1782)。

151

早期现代主义

152   19 世纪,工业革命的影响扩展到欧洲的建筑领域。法国正规的建筑学院——巴黎美术学院,强调从主要的古典模式中找到"全球(普遍)性"建筑理念,但是其毕业生的建筑,包括同位于巴黎的查理·加尼埃(Charles Garnier)设计的生气勃勃的歌剧院(1860—1875)和亨利·拉布鲁斯特(Henri Labrouste)设计的圣日内维耶图书馆(Bibliothèque Ste.-Geneviéve, 1838—1850),都将学校学到的理论和当代技术相结合。由古斯塔夫·埃菲尔(Gustave Eiffel)设计的埃菲尔铁塔(1887—1889),也成为现代材料狂欢及其逻辑性组合的典范。相反,威廉·莫里斯(William Morris),作为当时来自英国的最重要的声音,对工业革命带来的社会动乱和粗制滥造提出了抗议。他自己的住宅——位于肯特郡贝克斯利希斯(Bexleyheath)的红房子(1859—1860)——由菲利普·韦伯(Philip Webb)设计,通过采用非正式的、源自本土的形式和材料例证了他的工艺美术运动,主张回到一个更简单的时代。

    美国建筑师采纳了这些英国的理念。如气球形状的结构(按规格剪裁的木材通过机器制造的钢钉连接起来),外面覆盖着木质的板瓦,使之更为普通而自然,开发住宅的内部布局,更易于通过美国的中央供暖系统取暖,或在炎热的夏季能更快感到清凉。美国木瓦风格的代表作品是位于麻省剑桥市、由亨利·理查德森(Henry H. Richardson)设计的斯托顿夫妇住宅(1882—1883)。美国人凭借弗兰克·劳埃德·赖特(Frank Lloyd Wright)的作品在住宅设计方面处于领先地位,其设计灵感来自自然、简单的几何图形和异域文化。位于芝加哥的罗比住宅(1908—1910),是赖特设计的追求"草原住宅"的

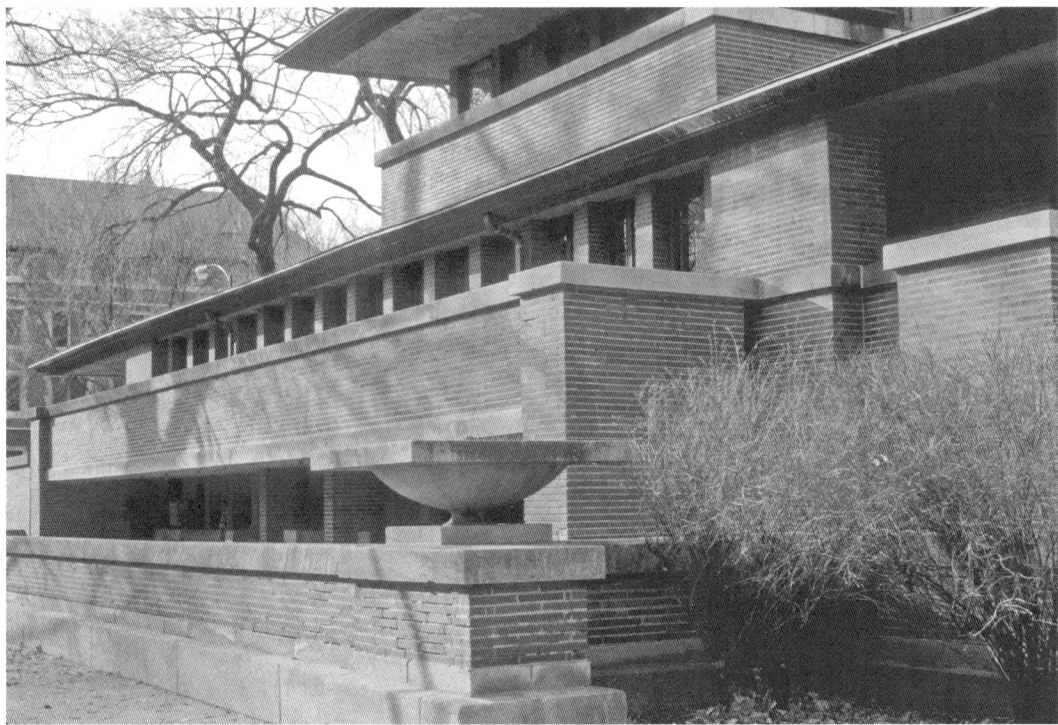

弗兰克·劳埃德·赖特设计的罗比住宅,将草原的天际线融入长长的砖砌平面、连绵的带形窗和深深的屋檐之中。大卫·布瑞尼尔摄

建筑就是一种如何浪费空间的艺术。

——菲利普·约翰逊(Philip Johnson, 1906—2005)

顶峰之作。这座建筑强烈的水平状态及地方色彩的装饰与中西部草原相和谐。在"抽象的日本"(Abstracting Japanese)和其他原型中,赖特还创造了将内外部空间交融在一起的可变区域,轻松地将内部空间凝聚在中央壁炉周围。

现代主义

为了更多地表达当代生活和技术,现代建筑师越来越多地依赖于现代材料、暴露的结构和未加装饰的组成结构部分。通常这些部分是开放和非对称性的。许多设计师试图在这个被

西格莱姆大厦(Seagram Building),有限色彩的精巧材料建构在严格的三维网格中,见证了密斯·凡·德罗的格言"简洁即是美"。大卫·布瑞尼尔摄

技术同质化的世界中找到一些放之四海而皆准的方案。在探索的成果中,既有机械般的精准性,也有对用途和位置的有机表达。

从19世纪开始,钢铁结构逐渐转型为建筑类型。欧洲新艺术运动(Art Nouveau)设计师在他们设计的以玻璃填充的建筑中复制天然形状,并暴露弯曲的钢结构,例如位于比利时布鲁塞尔的维克托·霍塔(Victor Horta)的塔塞尔饭店(1892—1893)。美国城市对空间的要求、对大量办公室的需求以及创建商业地标的欲望,都为现代的摩天大楼结构提供了舞台。高层建筑依靠乘客电梯和金属笼式结构,后者防火且绝缘,还可以用砖瓦、石材和陶瓦进行装饰。由路易·苏利文(Louis Sullivan)设计的位于纽约水牛城的保险大楼(1894—1895),是早期试图通过视觉上的连贯实现新建筑类型的实例。密斯·凡·德罗(Ludwig Mies van der Rohe)是钢铁玻璃摩天大楼的设计大师,他以减少视觉上的杂乱来表现钢铁骨架的纯粹性和细致比例,如由他设计的位于纽约的西格莱姆大厦(1954—1958)。其他建筑类型也都是通过金属结构进行类似的转化,例如丹下健三(Kenzo Tange)为日本东京国家体育馆(1961—1964)设计的钢拉伸悬架。

通过重新将混凝土作为重要建筑材料,以及添加金属条来加强混凝土的创新尝试,令当代建筑的范围不断扩展。勒·柯布西耶(Le Corbusier,原名Charles-Edouard Jeanneret[查理-爱德华·热内列])以萨伏伊别墅(1928—1929)这样的原始混凝土盒子式设计,在机器时代树立了他的国际名声。他凭借位于印度昌迪加尔的国会大楼(1950—1965)激进的、粗糙收尾的混凝土形式,引领了表现主义的野兽派运

153

动。强化的混凝土建筑的轮廓和材质范围不断增多，从约恩·乌松（Jφrn Utzon）设计的位于澳大利亚的悉尼歌剧院（1956—1973）高耸开放的造型，到安藤忠雄（Tadao Ando）位于日本兵库县的小筱邸住宅（1979—1981）冥想式的封闭造型。

逐渐地，建筑师们又开始增加对玻璃的使用，从位于德国德绍市由沃尔特·格罗皮乌斯（Walter Gropius）设计的包豪斯建筑（1925—1926）的外部玻璃"窗帘"外墙（非承重），到位于英国伊普斯维奇由诺曼·福斯特（Norman Foster）设计的威利斯·费伯·杜马办公大楼（1975）的无支撑无窗框的光滑外表面。

一些在 20 世纪取得极大成功的建筑师，往往在作品中，为表达对当地环境与文化的尊重而采用现代的和全球性的主题。其中最值得一提的作品包括：位于芬兰萨伊诺萨洛市（Säynätsalo）由阿尔瓦·阿尔托（Alvar Aalto）设计的市民中心（1949—1952）；位于孟加拉国达卡由路易·卡恩（Louis Kahn）设计的国民议会大厦（1962—1974）；以及位于新喀里多尼亚努美阿（Nouméa）由伦佐·皮亚诺（Renzo Piano）设计的让-玛丽·奇巴欧文化中心（1991—1998）。

进入 21 世纪的建筑

当代建筑的潮流继续与文化和技术的议题相呼应。许多领先的建筑师，如雷姆·库哈斯（Rem Koolhaas）质疑了社会信仰和习俗，这体现在位于海牙的荷兰舞蹈剧院（1987）；建筑结构和内部照明的创新

方案，帮助诺曼·福斯特（Norman Foster）设计了中国香港的香港银行大厦（1986）。而结构的使用，以芬特雷斯、布莱德伯恩联合公司（C. W. Fentress，J. H. Bradburn & Associates）设计的丹佛（科罗拉多）国际机场（1994）为代表，有大量空间被覆盖上张力膜。同样，2008 年为奥林匹克运动会特别设计的北京国家体育场（鸟巢）由瑞士赫尔佐格和德梅隆（Herzog & de Meuron）事务所与中国艺术家和建筑师艾未未合作，其曲线结构的钢柱编织了一层具有渗透性的外层，可以穿越甚至攀登，让人置身其中感觉到被结构吸收，而不会因这个巨型结构感

拉伸建筑的范例——位于丹佛国际机场的艾瑞·吉普森航站楼，运用了钢铁笼式结构和覆有特氟龙的纤维玻璃，创造出了通风的内部空间。同时，外表面模仿了附近落基山脉的山峰。大卫·布瑞尼尔摄

154

让-玛丽·奇巴欧文化中心是当代混合解决方案的一个范本,结合了多种设计视角和类似当地村落茅屋的贝壳形状。苏珊·弗洛斯滕(Suan I. Frosten)摄

到窒息。数字化成像软件,使弗兰克·盖里(Frank Gehry)的钛设计更加便利,位于西班牙毕尔巴鄂的古根海姆博物馆(1997)是其代表作。

在"绿色"生态可持续发展的设计潮流中,设计师开始保护资源和能源,为居住者提供充足的新鲜空气与自然光,并且更加细致地处理废弃物。其中最广为人知的案例是位于美国加利福尼亚圣布鲁诺由威廉·麦克多纳(William McDonough)联合事务所设计的 GAP 公司总部(1997),它不仅选址精心,建筑内还生长着植物和其他"绿色"元素。杨经文(Kenneth Yeang)在马来西亚首都吉隆坡设计的梅那拉·梅西加尼亚塔楼(1991),则是将可持续设计与东南亚当地文化传统相结合的实例。

第三股潮流是本国传统的复兴,这至少从哈桑·法蒂(Hassan Fathy)为位于埃及卢克索的新古尔纳村(1945—1948)的设计中已经可见端倪。在美国,当地乡土主义(vernacularism)受到了对步行者友好的"新城市主义"(new urbanism)运动的启发,后者通过安德烈斯·杜安尼(Andres Duany)和伊丽莎白·普拉特-兹伊贝克(Elizabeth Plater-Zyberk)的佛罗里达海边设计的宣传而广为人知。

进一步阅读书目:

Benevolo, L. (1978). *The Architecture of the Renaissance* (2 vols.). (J. Landry, Trans). Boulder, CO: Westview.

Blunt, A. (Ed.). (1988). *Baroque and Rococo Architecture and Decoration.* Hertfordshire, U. K.: Wordsworth Editions.

Conant, K. J. (1987). *Carolingian and Romanesque Architecture: 800 – 1200.* Baltimore, MD: Penguin.

Curtis, J. W. R. (1996). *Modern Architecture since 1900* (3rd ed.). Oxford, U. K.: Phaidon.

Doordan, D. P. (2001). *Twentieth-century Architecture*. Upper Saddle River, NJ: Prentice Hall/Harry N. Abrams.

Fletcher, B. (1996). *A History of Architecture* (Rev. ed.). Oxford, U. K. and Boston: Architectural Press.

Grodecki, L. (1977). *Gothic Architecture.* (I. M. Paris, Trans.). New York: Harry N. Abrams.

Kostof, S. (1995). *A History of Architecture* (2nd ed.). New York: Oxford University Press.

Krautheimer, R. (1986). *Early Christian and Byzantine Architecture*. Harmondsworth, U. K. and Baltimore: Penguin.

Kruft, H.-W. (1994). *A History of Architectural Theory from Vitruvius to the Present* (R. Taylor, Trans.). London: Zwemmer; New York: Princeton Architectural Press.

Lloyd, S., Müller, H. W., & Martin, R. (1974). *Ancient Architecture: Mesopotamia, Egypt, Crete, Greece*. New York: Harry N.

MacDonald, W. (1982/1986). *The Architecture of the Roman Empire.* (Rev. ed., 2 vols.). New Haven, CT: Yale University Press.

Mainstone, R. (1998). *Developments in Structural Form*. Oxford, U. K. and Boston: Architectural Press.

Mark, R. (Ed.). (1993). *Architectural Technology up to the Scientific Revolution: The Art and Structure of Large-Scale Buildings*. Cambridge, MA: MIT Press.

Middleton, R., & Watkin, D. (1987). *Neoclassical and 19th Century Architecture.* (Rev. ed.). New York: Harry N. Abrams.

Moffett, M., Fazio, M., & Wodehouse, L. *Buildings across Time: An introduction to World Architecture*. London: McGraw-Hill.

Oliver, P. (Ed.). (1997). *Encyclopedia of Vernacular Architecture of the World* (3 Vols.). New York: Cambridge University Press.

Placzek, A. K., (Ed.). (1982). *Macmillan Encyclopedia of Architects* (4 vols.). New York: Macmillan.

Raeburn, M. (Ed.). (1988). *Architecture of the Western World*. Leicester, U. K.: Popular Press.

Salvadori, M., & Heller, R. (1986). *Structure in Architecture*. Englewood Cliffs, NJ: Prentice-Hall.

Trachtenberg, M., & Hyman, I. (2002). *Architecture from Prehistory to Postmodernity* (2nd ed.). Upper Saddle River, NJ: Prentice-Hall.

Turner, J. (Ed.). (1959 – 1987). *Encyclopedia of World Art* (16 vols.). New York: McGraw-Hill.

大卫·布瑞尼尔（David M. Breiner）文

常程 译 陈恒 校

Architecture, Vernacular 乡土建筑

"乡土建筑"这一术语涉及那些根据代代相传的地方传统与技艺,而非根据专业建筑师的设计而建造起来的建筑物。由于建筑的功能、建造地点,以及所用的建造材料有所不同,故而建筑技术也有很大的不同。尽管历史学家和教育工作者总体上都忽视了乡土建筑,然而其实际呈现直到今天还在继续塑造着这个世界上的大部分建筑环境。

156

"乡土建筑"这一术语在全世界范围内和那些按照本土（当地）传统而非专业设计建造起来的建筑有关。这个世界上的大部分建筑都属于此类。生长在无以数计的文化类型中的人们,为满足自身的生理、社会、经济和精神需求而兴建建筑。由于许多文化都是无文字记录的,抑或文

土地肥沃地区的游牧部落生活在诸如蒙古包式的住所里。这种住所由易于组装的器件构成,如此,居住者得以快速移向新的牧场

构,并告诉我们它们是如何被使用的。有时候,有关建筑物历史的未损时间序列是难以被人构建出来的,然而在欧洲的乡土建筑研究中,人们运用树轮年代学(树轮定年)和碳测年方法,使得一种在时间上能够跨越 2 000 年的建筑记录为我们所见。在某些国家,遗嘱、存货清单和其他文献已向我们展示了诸种有关财产的细节,但不可避免的是,世界上大部分地区的乡土建筑历史都没有用文字记录下来,因此,在这一领域还有很多的研究空间。

为满足需求而建

在全球范围内,各种建筑传统之间的差异很大,不过有些要求是具有普遍性的,主要即在于为各个家庭提供住所。目前,我们并不知道全世界到底有多少住房。据估计,大概有 8 亿到 10 亿之数,而这个数目的住房,需要被用来容纳至 2009 年时全世界已超过 60 亿的人口。而在这些住房中,有超过 3/4 的住房是地方风格的建筑,由住房所有者或其所在团体的技术人员建造。这些团体的各种建筑传统通过代代相传而保留下来。

洞穴可能为人类提供了最早的住处。在西班牙和法国,人类占居洞穴的情况可以追溯至旧石器时代(约有 5 000 万人居住在洞穴里,尤其是在中国,还有欧洲、北非和中东)。其他那些靠狩猎和采摘水果为生的民族居住在森林里,

字书写仅限于精英阶层,所以地方传统依旧未被用文字记录下来,而且其历史难以被人确证。在考古发掘中,人们时常将目光集中于宗教性、帝王宫殿类和军事性遗址,然而以苏美尔为例,也即在伊拉克南部的古代美索不达米亚地区,考古学家却发现了一些可以追溯至公元前第 5 个千年的人类居所。这些居所向人们展示了其建筑规划、结构和空间安排,同那些至今仍然存在的人类住所有相似之处。

有关早期艺术的某些例子,比如中埃及墓葬绘画,或位于突尼斯湾的迦太基的罗马马赛克(镶嵌)艺术,就描绘了当地人在建筑中所使用的材质,包括芦苇茅草、土砖和黏土瓦。古代人工制品也可能反映乡土建筑风格。一块来自 3 世纪的日本奈良的青铜镜,载有如今在东南亚仍被运用的房屋与粮仓建筑风格图像。希腊、美索不达米亚和中国墓葬中的房屋的黏土模型,有些还包括陶俑,都展示了乡土建筑的结

在那里,他们用树枝和树叶构筑自己的临时性家园,一如马来西亚的原住民(Orang Asli)或东非哈扎(Hadza)至今仍在做的那样。出于因地制宜的考虑,西伯利亚的鄂温克族等用出自针叶林的木头建造小木屋,而加拿大北部从事海豹猎捕的因纽特人则用雪块建造圆顶房。

由于需要在十分干旱的地区生存,许多部落在用山羊毛编织制成的帐篷里居住。这种"黑帐篷"至今仍被阿拉伯的贝都因人使用。沙漠游牧民族随骆驼群或羊群移动,通常情况下其移动路线是既定的,为的是稀疏的植被不被过度放牧,从而让它们有恢复的机会。在更为肥沃的地区,例如中亚草原上,吉尔吉斯斯坦人和蒙古人都住在蒙古包里。这是一种下搭格子架,架上围蒙大型毛毡并绑缚妥当,让格子架与毛毡一道围成一个大的圆筒,其上再搭建一个拱顶的住所。逗留几周之后,他们拆除圆顶,移向新的牧场。在那里,妇女们备好一切器件,迅速再建起蒙古包。正如游牧民族的例子所表明的,被一种文化所采纳的人类的住所类型,部分是由建造者生活于其间的经济环境所决定的。

如果没有水,人类就不能存活。所以,很多文化都靠近河流,通常位于河谷(河流流经之地)或临近大海的地方。渔猎民族会在过水高跷或桩柱上建房,这使得他们能够保护自己的渔场。而某些像菲律宾人等海上游牧民一样的人,则住在船上,其规模不亚于陆上居住。然而,大多数乡土建筑都是由非移栖民族建造的。这些民族生活在某一个地方,可能从事农业、蓄养牲畜,将产品推向市场,或者从事诸如陶瓷、编织一类的手工艺行业,为的是满足自身的物质需求。

尽管包括农舍在内的一些地方建筑是以彼此相对分离的形式建造的,然而大多数地方建筑物还是被设在村庄或小镇与城市街区里。这些地方的建筑物所容纳的可能是包括父母辈与子女辈在内的核心家庭,在北美或西欧都很常见。然而,在世界的许多地方,祖、父、孙三代或

多对配偶与兄弟姐妹的子女们共住一处,形成一个大的家庭。正如克什米尔或安纳托利亚西部地区的情况所显示的,人们可以为这种大家庭建造适当大的房子。而在西非,将几个单人小室型木屋纳入一个院落的做法很常见。

在农家庭院或大院落里,不同的建筑物发挥着不同的经济功能,其中最为常见的是粮仓:它们被悬空而建,为的是避免潮湿和防止啮齿类动物来犯。为马匹建造马厩、为驮货动物或越冬牲畜准备牲口棚,也都是习惯性的做法,虽然眼下许多已被调整并配上了机械设备。在那些直到 20 世纪早期还在发挥作用的地方建筑中,有铁匠的作坊和户外烤炉;水车和风车则在欧洲被广泛运用,为人们提供磨玉米或干粉颜料、排干湿地及锯木所需的动力。随着工业化的到来,很多这一类的功能型建筑物都消失了,但诸如陶器与木工车间等建筑却继续在这个世界的许多地方为人们效力。

许多地方建筑的建造都带有各自社会功能的考虑。这些社会功能同人的地位、权力或信仰相关。在某些文化中,一个特殊的住所可能是为了纪念一位首领、王公或精神领袖而建,也许是一种更大型的风俗化居所。在某些情况下,例如在婆罗洲的迪雅克族(Dyak)或亚马孙河流域西部的土著森林文化中,整个村庄都被安置在单独的建筑物里,人们通常将之称为"长屋"。在这些长屋里,整个家族都住在一个屋檐下。通常,各个小家庭都属于同一个家族,位于同一个屋檐下的住所空间,可能会按照等级秩序做出安排。

某些建筑可能具有仪式性功能。在人类居住的地方,最引人注目的要数同宗教信仰相关的建筑。寺庙、清真寺和教堂所容纳的是信徒,而神庙、神殿则被用来保护还愿之物或被用来标示神圣之所。这些宗教中的神职人员可在人们为建房而选址时司行己职,可在人们建造房舍的各阶段行祝福之礼,以及在房屋建成之日

> 人们建造房屋是为了居住,不是为了观看。因此,在讲求均匀一致之前,先讲究其有用性,除非两者都能兼得。
>
> ——弗朗西斯·培根(Francis Bacon, 1561—1626)

主持典礼以示竣工。通常情况下,住所本身就具有象征意义,它被认为具有宇宙式或拟人化的构造,正如印度教传统中的情形所表明的那样。这就发挥了建筑的一项重要功能,即为占居者们重申所属文化的精神价值。

就全世界范围而论,房屋以及与之相关的建筑物在规模、形式和建造上的巨大差异,总体上都是由特定文化类型的多样性本质引起的。有的要求有公共的房间,其中整个家族都可以一起使用;而有的则要求有分开的房间入口,以便区分男女居住区域。而差异也归因于各自所属的不同经济类型:在中国,山区农民需要为牲畜和家庭提供住处,因而他们所建的房屋和店屋的狭窄正面很不相同——它们通常有两层楼高且成排而建,由深深庭院相连,成为中国城市街区的典型样例。不过,不管文化和居于文化中的人们的需要如何,建筑物都深受它们所居环境的影响。

响应环境要求

乡土建筑反映了其所在地点的诸般特征。从大草原、沙漠和平原,到森林、河谷、湖畔或山地,都有它们的所在。在土地可以自由获取的地方,人们可以建造院落型住所。但是在选址受到限制的地方,人们可能就需要建造两到三层的房舍,其中,有的房舍地处陡坡,因而具有配备台阶的多个楼层。如果说大多数圆形的家族式建筑拥有一个由各立柱支撑起来的圆锥形房顶,整个房顶最终交汇于其顶点,那么长方形和正方形的家族式建筑的屋顶,则自顶部中央脊线向两边呈坡式下斜。大多数斜屋顶式地方建筑在设计上多有变动,例如呈 T 形的、L 形的、方形的或矩形的,它们由此规定了庭院的样式。这些乡土建筑所采取的形式在世界范围内都能找到多种变体。例如在地处热带的苏门答腊(位于东南亚),米南加保人(Minangkabau)房

舍上的上翘屋脊两端有顶端饰或小尖顶(象征着神圣水牛的牛角),这些屋顶能帮助有效排出热空气以保持室内凉爽。

气候也是一个影响地方建筑设计的重要环境因素。极端的气候和自然灾害会造成结构性的破坏,如在加勒比地区,强风能掀起屋顶覆盖物。而在孟加拉国,洪水则能洗刷掉黏土墙。火山爆发威胁着中美洲,地震将土耳其以及其他地震区的数以千计的建筑物夷为平地。而通常情况下,往往是乡土建筑而非现代都市建筑让人们免于灾难,如在克什米尔和秘鲁,建筑技术的发展,使人们能够让建筑物在地震中变得更具有弹性。但自然灾害毕竟是不可预料的,且可能不再复发,所以大多数房屋建造者主要关心的还是应对变化莫测的季节与天气。

在潮湿的热带气候里,人们在建造房屋时提倡考虑空气流通。而干旱气候里的房屋建造,则要在选址时考虑减少在阳光下的暴晒。例如,围绕庭院而建的房屋在一天当中可提供持续的阴凉。在温带和寒带地区,厚厚的土墙能留住太阳光热,使室内变得暖和,为此,人们会用上深层茅草以便隔温。在中东,被动式制冷设备例如风力勺被人们使用。而在中欧的极度严寒气候里,辐射炉被用来保持室内温暖。通过这样一些方式,房屋建造者能够创造舒适的室内条件。然而即便如此,人们还是得依赖于自己所能获取的物质资源,而这些资源同样对房屋建造的形式产生影响。

在乡土建筑中,人们使用最广泛的材料也许是土。不管是被模压成型、在木制的厚板模中压实、混以草秆,并紧压成泥坯(土坯)块,或在窑里火烧以制成砖,土都是一种无处不在的东西,被每一个大陆上的人加以利用。诸如颗粒尺寸等因素会影响其适用性,在某些地区,例如在也门或摩洛哥南部,夯土式多层建筑得以延续数个世纪,至今仍在被人们建造。在英国,人们也将黏土和柳木或榛木交织面板混合起来使用。

159

这种技术在英国很普遍,人们将之称为"(外表涂泥、里面用编条做成的)夹灰墙"。尽管模压泥技术能被用于建造储藏室,但黏土建筑上面的平屋顶却通常是用原木柱子建起来的,例如美国西南部的普韦布洛人(Pueblos)的情况。而在诸如突尼斯或埃及等地区,因几乎没有什么树木,所以人们使用棕榈树干做材料。

当能找到合适尺寸的石块时,坚固的石头便适合做构筑墙体的材料,不过较之于黏土,其运用范围没有那么广。因采石耗时,运起来又沉重,故石头主要用于精英阶层的建筑而非地方普遍性建筑。相对于石头,砖是一种经济实惠的替代材料,它有标准化的尺寸,融合了技术,有利于人们的铺设过程。此外还使用灰泥,这有利于确保稳定性。砖头建造技术从尼德兰(荷兰)来到英格兰,后来又被英国人引入非洲。而一砖一瓦的传统是在中国独立发展起来的,在这里,房屋顶的重量通常是由内部木材结构(框架)而非砖墙来承受的。

尽管某一种材料可得,然而出于经济原因或相对而言更加具体的适用性考虑,另一种材料会跃居其上而成为首选。例如,芬兰有大量的花岗岩资源,但这里的地方建筑却大多用来自大森林的木材建造。尽管石头可得,日本的建房者还是用木头建造其传统民居。对于日本的神道教信徒来说,选择一种有生命的材料是一件事关精神的事情。

虽然破坏森林使得建造木质建筑在许多国家变得不具可行性,然而木材还是被人们广泛使用在建筑中。并且,随着时间推移,木材可以实现再生。人们将一种圆形或方形的木头凿出凹口,用来稳固和相互锁住角落接合处,这种原木建造技术成为斯堪的纳维亚半岛、东欧和阿尔卑斯山地方建筑传统的基本要领。通过移民途径,这种技术又被人们带往美国。另一种系统是木头框架。在这种框架中,彼此相互交接的木头搭成一个盒状的骨架,其面板则由夹灰墙或铺设成型的砖头充当,正如在德国北部地区所呈现出来的那样。

在某些热带地区,木头没那么容易获取,因而被视为一种草的竹子在长成后,在技术意义上能被人们用作建筑目的。由于成长快且具有弹性,所以在东南亚和印度尼西亚,人们将之用作建筑材料。但它也可被分解成条,制成席子,当作轻质墙体和屋顶覆盖物。在太平洋诸岛上,棕榈树叶通常被用作墙体和屋顶覆盖物,但是在世界的许多其他地方,主要的覆盖材料还是草或芦苇。茅草可以以交叠层的形式被捆扎和加固,如此便能够覆盖于其他物之上起到防水的作用,这对于矩形样式设计的房屋和圆形模样设计的房屋都适用。地方建筑的建造者对自然材料的利用已延续数个世纪。通过再植和回收,并且通过将自己的实践传给下一代,地方建筑的建造者能够在不耗尽所在环境资源的情况下,继续留在原来的地方。

乡土建筑(设计)形塑了世界历史上各民族的建筑物,然而总体上却为建筑史学家和教育家们所忽视。他们可能认为这种建筑风格(设计)是原始落后的。尽管大多数建筑传统能从业已提升了的电力、管道水(自来水)和现代卫生服务条件中受益,然而乡土建筑(设计)还是会在建筑环境的发展中发挥主要作用。在一个人口迅速增长的时代,这种建筑环境的发展既是反应迅速的,亦是负责任的。

160

进一步阅读书目:

Bourdier, J. P., & Al-Sayyad, N. (Eds.). (1989). *Dwellings, Settlements and Tradition: Cross-cultural Perspectives*. Lanham, MD: United Press of America.

Bourgeois, J. L., & Pelos, C. (1996). *Spectacular Vernacular: The Adobe Tradition*. New York: Aperture

Foundation.

Fathy, H. (1986). *Natural Energy and Vernacular Architecture: Principles and Examples with Reference to Hot Arid Climates*. Chicago: University of Chicago Press.

Oliver, P. (2002). *Dwellings: The Vernacular House World-Wide*. London: Phaidon Press.

Oliver, P. (Ed.). (1997). *The Encyclopedia of Vernacular Architecture of the World* (3 vols.). Cambridge, U.K.: Cambridge University Press.

Rapoport, A. (1969). *House Form and Culture*. Englewood Cliffs, NJ: Prentice Hall.

Spence, R., & Cook, D. J. (1983). *Building Materials in Developing Countries*. New York: John Wiley & Sons.

Waterson, R. (1990). *The Living House: An Anthropology of Architecture in South-East Asia*. Singapore: Oxford University Press.

保罗·奥利弗（Paul Oliver） 文

刘招静 译 陈恒 校

Aristotle 亚里士多德

161　　　自公元前 4 世纪以来，柏拉图的学生暨亚历山大大帝的老师和学园（the Lyceum）的创建者——亚里士多德（古代希腊哲学家与作家）的作品一直深深地影响着各大领域，包括自然科学、逻辑学和政治学。他的集严密观察与精心设计的理论框架于一体的方法，奠定了后世思想家与科学家创立理论的方法基础。

亚里士多德是古代哲学家中最重要、最多产者之一。公元前 384 年，他出生在希腊北部的斯塔吉拉镇（Stagira），这里为他提供了一个就近的、探求智识的环境。他的父亲尼科马库斯（Nicomachus）是马其顿国王阿敏塔斯二世（Amyntas II）的宫廷内科医师。在 18 岁时，亚里士多德前往雅典，在希腊哲学家柏拉图的学园里学习。在那里他待了 20 年，直到柏拉图去世。后来，也许是对柏拉图的继任者——哲学家斯佩斯普（Speusippus）的选择感到失望，亚里士多德接受了来自阿索斯（Assos，在今土耳其）的统治者赫米亚斯（Hermias）的邀请。在赫米亚斯的宫廷里，他追求到了学术与私人的双重利益，既开始了一段长时间的在自然环境里的田野研究，又娶了赫米亚斯的女儿皮提亚斯（Pythias）为妻。

在赫米亚斯于公元前 345 年败落后，亚里士多德接受了马其顿国王腓力二世（Philip II）的邀请，前往其位于佩拉（Pella）的宫廷，教导年轻的王子马其顿的亚历山大（后来的亚历山大大帝）。亚里士多德对年轻的亚历山大的影响被人们过于夸大了，他们之间的关系似乎是形式上的，而非热切友好的。尽管如此，亚历山大还是在其远赴亚洲的征途中，带上了亚里士多德的侄子兼合作者卡利斯提尼（Callisthenes），让他担任宫廷历史学家。

就在亚历山大出发前往亚洲后不久，亚里士多德回到了雅典，在那里他开办了自己的哲学学校，人称"吕克昂"或"学园"（Lyceum），位于城墙外的某个区域。他在这里所开创的哲学思维风格在古代被称作"逍遥派式的"（peripatetic），该名源自吕克昂（Lyceum）的一条柱廊（peri-patos）。亚里士多德留在了雅典，直到亚历山大死后人们的反马其顿情绪爆发，让他在这里不再感到安全时为止。在雅典的这段时间里，他的妻子离世。亚里士多德宁愿不再结婚，而是选择跟一个奴隶住在一起。这个奴隶名叫赫尔派利斯（Herpyllis），为他生了一个儿子，名为尼科马库斯。亚里士多德从雅典学园离任后，很快就去世了（前 322 年）。他的继任者提奥弗拉斯托斯（Theophrastus）既是学园的总负责人，亦是他的撰文传统的延续者，还是他长时期的学生、合作者和同事。

　　亚里士多德是一位多产的作家，其写作所涉主题十分广泛。像柏拉图一样，他也写作对话录，尽管这些对话录仅仅以残篇和他人引用的形式留下来。他发表的大部分作品都是有关教学的总结和笔记。和前苏格拉底学派（一群公元前 5 世纪的希腊哲学家）一样，亚里士多德主要关心的问题是：对自然世界的描述、分析和理解。他是一位敏锐且严谨的观察家，他将自己聪慧的科学头脑运用在了诸多令人感到惊讶的研究领域。他是一位特别熟练的生物分类学家，能识别数以百计的动物物种。他还将地质学、化学与气象学方面的观察引入自己的天气研究。这种形式的结合本身就代表了他的潜在研究方法，该种方法就是要将某一领域

这尊大理石材质的亚里士多德半身像，是利西波斯（Lysippus）大约于公元前 330 年基于一尊希腊青铜像而作的罗马复制品。其中雪花石膏斗篷为更晚近时期的添加物。卢多维西藏品（Ludovisi Collection）

的严密实证观察和一种经过精心设计的分析与理论框架结合起来。当然，这种结合并不总是可能的。亚里士多德对物理学的贡献是高度理论性的，尽管概念是自然主义式的。

　　亚里士多德不仅仅对自然世界感兴趣，他还将人类世界当作一个研究主题。也许，他是第一位政治学家，意在记录并考察一系列的政制创设。这种考察促成了他极具影响力的作品——《政治学》的诞生。该作品不仅为我们提供了一种分类学（分类系统），还为我们提供了一种关于"人的自利"理论基础上的政治行为的解

一切人类行为都出自这七个原因中的一个或多个：机会、本性、不得已情形、习惯、理性、激情和欲望。

——亚里士多德（前 384—前 322）

这是一幅 1885 年的图画，描绘了亚里士多德和他的学生亚历山大大帝。纽约公共图书馆藏

全书式的人物）。严格说来，他主张知识之间的相互联系性（即美国生物学家爱德华·威尔逊［Edward O. Wilson］所说的"契合"），以及在此联系性之下所具有的某种连贯性。尽管亚里士多德并不是纯粹意义上的经验主义者，也不执着或痴迷于此，然而他也并不偏向于围绕诸般宽泛概念的本质展开明晰的思索。也正是在这里，后人看到了他们和柏拉图之间的鲜明对比。特别是柏拉图的理型论和出自该理论的理念论，被人们认为和亚里士多德的敏锐且严谨的经验主义形成清晰而鲜明的对照。

释，它至今仍然是政治学理论方面的核心文本。他还试图搜集希腊城邦的政制历史，在此追求下，他向我们描述了 158 种政制。在大多数情况下，除了那些嵌在后世作品中的零散引语外，这些作品都没能留存下来，唯一的例外是《雅典政制》。该书并非亚里士多德本人所作，而很可能出自他的某个学生之手。

亚里士多德的另一巨大哲学贡献是他对形式逻辑的运用。和通过论据的说服力来考察论据的做法不同，亚里士多德更倾向于探察论据的内在一致性、融贯性。为了做到这一点，他发明了一种逻辑代数，直到今天仍在被形式逻辑学家运用于自己的思考中。

亚里士多德是一位真正的博学家（一位百科

通过翻译成阿拉伯语，亚里士多德的许多著作得以流传下来。他的方法影响了一代又一代阿拉伯思想家，并且经由意大利宗教哲学家托马斯·阿奎那（Thomas Aquinas）这一路径影响了中世纪欧洲的科学与神学传统。然而，到了这个时候，亚里士多德的诸多结论已变成了教条。唯有借助对他自己的方法的更严格运用，人们才最终颠覆了这些教条。

进一步阅读书目：

Annas, J. (1986). Classical Greek Philosophy. In J. Boardman, J. Griffin, & O. Murray (Eds.), *The Oxford History of the Classical World*. Oxford, U.K.: Oxford University Press.

Taplin, O. (1990). *Greek Fire: The Influence of Ancient Greece on the Modern World*. New York: Athenaeum.

比尔·里贝特（Bill Leadbetter）文

刘招静 译　陈恒 校

Art — Africa　非洲艺术

自古以来,来自欧洲、中东和亚洲的思想、物品、文化,也包括基督教和伊斯兰教,经过贸易路线传播到非洲大陆。非洲艺术反映了所有这些影响和变化,它是观察世界历史的重要镜头,也是自身权利的重要研究领域。

非洲人,作为全球物品、思想传播的参与者和有现代世界特征的人类,已经创造了很多世界早期的艺术品,其中一些在今天看来都令人赞叹不已。非洲艺术研究始于 20 世纪初期,当时大多数研究仅集中于撒哈拉沙漠以南的地区,认为其艺术形式根源于前殖民时期的文化,是静态的和永恒的;埃及和北非被排除在该研究之外。殖民时期和后殖民时期被认为是非洲艺术衰落的时代,因为其时,非洲艺术在材料、技术、主题、样式、保护上都受到外界负面的影响。与此相反的是,最近学术界提出更加具有广泛性和历史性动态的观点,认为非洲大陆作为一个整体,过去一个世纪的变化应被视为包括非洲艺术的、贯穿于历史中的继续进化。今天的研究着重关注在地理区域、种族集团、不同时代间艺术的相互联系,现代艺术在传统形式的基础上被赋予了平等的意义。

古代非洲艺术

现在所知最早的非洲艺术品是一组发现于纳米比亚南部地区阿波罗 11 号洞穴中的岩画(Apollo 11 cave,这些岩画发现于 1969 年 7 月,当时"阿波罗"号宇宙飞船正登陆月球)。这组岩画可追溯至公元前 26500—前 24300 年,在时间上,与西欧旧石器时代的岩画一样古老甚至更早。在东非和北非也发现了岩画和雕刻品,尤其是在现在的撒哈拉沙漠。这些有关动物和人类的岩画记载了撒哈拉沙漠地区从公元前 8000

年葱翠潮湿的草地,到我们今天所知的干旱环境的变化。随着撒哈拉沙漠越来越干旱,当地的居民不得不搬迁,其中许多人定居到了尼罗河谷地。在这里,他们对古代埃及和古代努比亚文化及艺术的发展做出了贡献。

我们知道撒哈拉沙漠以南非洲最早的雕塑是那些源于公元前 800—公元 200 年尼日利亚北部的诺克文化(Nok culture)。除了早期的艺术,诺克雕塑在后期也展现出了非洲艺术特有的视觉元素特点。他们把面部和身体特征描述为抽象的几何图形,并且改变身体自然的比例来强调头的部分。他们用精心制作的发型和珠状体装饰装扮,这也成为后来非洲民族服饰中的重要部分。

撒哈拉沙漠以南非洲社会的文化特征直到 19 世纪晚期才建立起来。比如,以神圣的王权、长距离贸易、都市生活(特别是西非)为基础形成的国家,各种形式的社会组织和宗教组织。所有这些都对非洲视觉艺术的发展做出了贡献。

8 世纪,西非的第一个城市杰内 - 杰诺(Djenné-Djenno)在尼日尔河流域的内陆三角洲(现马里地区)建成。13—16 世纪,此地区也制作了很多复杂的和富有表现力的赤陶雕塑。有些表现了领导阶层的服饰特征,有些可能展现祈祷者的地位,还有另外一些展现被疾病或者蛇折磨的痛苦。它们大部分被非法挖掘,但很少有人知道这些雕像的功能。考古学家认为它们被用作宗教仪式,也许是用来确保居住者的房屋实体基础牢固。杰内-杰诺是巨大商业网中的

弗里德里克·克里斯托尔(Frédéric Christol)的石刻动物画(20世纪早期的作品,保存在开普敦博物馆)。作者是南非人,创作了150幅画和素描

分,这个巨大的商业网向北穿过撒哈拉沙漠北部,向南延伸至西非海岸的森林地区。在尼日利亚东南的伊博人居住地,生产出大量的青铜装饰物品,这些物品的铸造技术是本地仅有的且很成熟的石蜡铸造技术。(这种技术是把蜡模型涂上石膏和黏土,在底部留个洞,当模型被加热的时候,石膏和黏土变得坚硬,蜡状物融化穿过洞流走,然后雕塑家把青铜倾倒在洞里,等到青铜冷却,凿下石膏和黏土的外层;与"失蜡法"相似。)这些物品生产于9或10世纪,是当地祭祀王的特殊饰品。在1000—1400年,曾经是艺术繁盛时期的尼日利亚东南部的伊莱-伊费(Ile-Ife)城,至今仍是政治和精神中心。在那段繁盛时期,城市艺术家们创作雕塑,不管是过去还是现在,他们号称的自然主义都比其他大多数的非洲艺术更加突出。这些理想化的肖像大多数是用黏土制成的,但其他的会使用黄铜和铜,这些原料并非天然存在于尼日利亚本土,证明了伊莱-伊费长距离贸易关系的存在。

基督教和伊斯兰教传入非洲后,很快对非洲艺术和建筑风格产生影响。起初,非洲基督教仅限于埃及和埃塞俄比亚。在这里,从岩石中开凿出来的拉利贝拉教堂(Lalibela,埃塞俄比亚)和大胆上色的彩色手稿及圣像都为基督教艺术做出了很大贡献。9世纪用石头建成的突尼斯凯鲁万城(Kairouan)大清真寺,是现存最古老的清真寺之一。杰内大清真寺具有典型的西非伊斯兰教艺术特点,它使用晒干的泥砖,并沿着其立面强烈突出支柱和塔。

15—16世纪,当最早的欧洲探险家来到非洲时,他们发现许多繁荣王国和那些很小的社会单位创造了杰出的艺术作品。在尼日利亚贝宁王国,象牙雕刻者和黄铜器制造者创造出用于宫廷典礼使用的数以千计的艺术品。这些都增强了奥巴(Oba),即神圣的国王的精神力量、权威和伟大。其中最杰出的是代表祖先的黄铜头像、浮雕,反映贝宁历史人物的象牙,描绘贝宁宫廷等级制度的铜匾。在刚果王国,奢侈的拉菲亚树纤维纺织品和象牙拂尘是统治者、富人与权势阶层的专属品。以欧洲模型仿制的象牙十字架,证明了从基督教传教士带来的物品样式和观念的本土化。在大津巴布韦,存有撒哈拉沙漠以南非洲很少见的巨大的石碑建筑,它们是1300至1450年间作为统治者住宅和举行仪式的中心。

现代时期

通过博物馆收藏和出版物,我们所熟知的非洲艺术大多创作于19和20世纪。这段时期正是非洲政治、宗教、文化变化很大的时期,非洲被迫适应殖民统治,而后来的独立运动也带来了新环境。这一时期及之前创造的艺术形成非洲艺术的传统形象,并占据了研究领域。下面的

166

例子从小的视角为我们展现了这个时期非洲艺术的多样性和复杂性。尽管人们为了应对新的环境而不断改进创作，就像曾经改变过的，但许多传统艺术形式仍被保留并继续繁荣。

马里的巴马纳人（Bamana）主要是男性长老统治下的自给自足的农民。他们的艺术包括为了表演和男子盟会仪式而制作的木质面具及雕像。这些盟会体现了精神的力量，盟会成员也在巴马纳村行使社会和政治权力。科摩（Komo）即是这样的一个盟会，利用大型木质头盔面具来描述那些古怪动物并突出它们的下巴和球状头。科摩面具表面外壳覆盖有厚厚的祭祀用材料，如动物血液、植物、圣土等。这些材料，连同动物身上的某部分，如兽角、獠牙、羽毛和翎，赋予了科摩面具以精神力量；其中的神秘性使村庄保持物质和精神的安全。与面具的可怕外表和严肃的功能相比起来，奇瓦拉（Chi Wara）盟会的木质头饰更复杂而精美，人们穿戴着这样的头饰表演，令人非常愉快。它们代表程式化的羚羊以纪念将农业带到巴马纳的神秘人物。

与巴马纳人不同，加纳的阿坎人（Akan）形成以世袭酋长为首的高度集中和等级制的组织，这些酋长保持着他们的地位与权威，尽管他们的大多数权力已经被政府剥夺了。阿坎人艺术反映出源于该地区巨大的金矿所带来的富有，以及与阿坎人酋长有关的多方面的权力观念。杰出的阿坎人艺术品是供酋长使用的，金铸饰品和权杖以及其他金箔包裹的徽章——所有这些物品都描绘了动物、人类与其他物体，阐释了自然和领导责任箴言。阿坎人精英也穿戴色彩鲜艳的精致丝织品以及近年来被称为肯特（Kente）的人造纤维纺织品，以此来彰显他们的权力、财富和地位。

刚果民主共和国的库巴人（Kuba）的艺术品同样聚焦于领导阶层和权力。库巴国王们的形象被雕刻成理想化的木雕肖像，人们认为这可以留存住国王们的精魄。有头衔的人穿着精致的

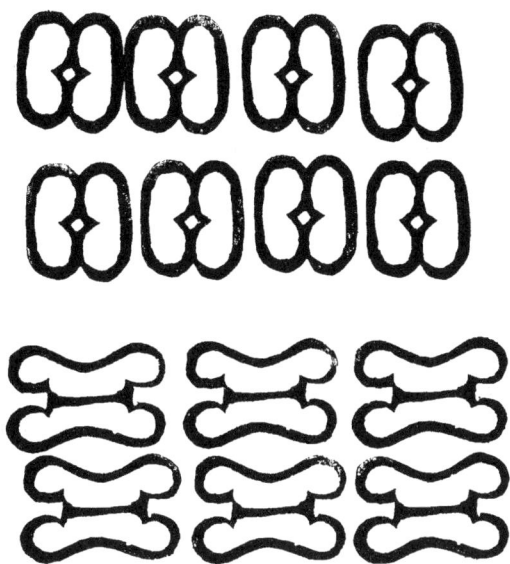

加纳人设计的古老邮票图案，被印制在布和纸上

带有贴花、由拉菲亚树纤维刺绣纺织品做的服装，连同带有珠贝、玻璃珠及羽毛的配饰和标记。入盟和葬礼仪式上戴的库巴木质面具也色彩丰富，图案夸张，质地精美。值得注意的是在这里所提到的所有艺术形式——包括只为库巴有头衔的人准备的特殊服饰——都是为外国市场制造的。

南非祖鲁人（Zulu）——19世纪早期基于他们的军事力量而崛起的民族——他们的作品反映了非洲艺术的另一面。祖鲁人很少制造面具和雕塑，他们使用的物品，如木枕、牛奶桶、肉盘和陶制啤酒容器等占有主导地位。这些东西通常都装饰有 V 形图案或隆起物，代表着祖先和牛群所给予的财富与地位。几何图案样式的服装及亮丽的玻璃珠装饰体现了穿着者的威望、性别和婚姻状况。在与种族隔离的斗争中，一些南非黑人穿珠绣服装和装饰品来表达他们反对白人政府的民族及种族政策。最近，在南非，装饰有珠子的物品已经成为提高对艾滋病问题认识的努力的一部分。

20世纪初，欧洲先锋派艺术家，如法国的毕加索、马蒂斯，德国的凯希纳（Ernst Ludwig

167

Kirchner）和希斯坦（Max Pechstein）等，在人种志博物馆和古董商店里发现了非洲艺术品。从自然主义解脱出来的几何形式和非洲艺术品充满生机的颜色，为欧洲艺术运动，如立体派和德国表现主义提供了灵感来源。

在殖民统治时期，政府的政策、基督教和伊斯兰教的传播，以及教育、雇佣、医疗的新形式经常会破坏政治、经济、宗教和家庭生活的结构。而这一结构正是非洲艺术产生与使用的基础。非洲艺术形式和文化实践不断适应着新的环境。艺术家开始吸收新的可用材料（如用于瓷器的釉彩、机织布料、化学染料等）和新观察到的影像（如西服和汽车）。这些创新证明了非洲艺术的活力和适应能力，也是它们长期适应环境变化的例证。

头盔面罩姆瓦瓦（Mulwalwa），刚果民主共和国南库巴族19世纪或20世纪早期艺术。其材质包括木材、油漆、拉菲草和铜钉等。柏林民族博物馆

趋势和新的表达方式

第二次世界大战后，随着殖民地独立运动的发展，非洲艺术发展的趋势得以增强，并在1960年左右伴随着大多数非洲国家的独立而达到鼎盛。在20世纪下半叶，随着越来越多的非洲人接触到欧洲模式的教育和艺术创作，新的富有特色的非洲艺术形式出现了。20世纪60年代，移居国外的欧洲人在非洲多个地方建立了艺术工作坊。主要的有在尼日利亚奥绍博（Oshogbo）的姆巴里·姆姆约工作室（the Mbari Mbayo workshop）和建立在罗得西亚（今津巴布韦）索尔兹伯里市（今哈拉雷）的国家美术馆。参与者都配备材料和工作室，故意进行最少的培训，以使艺术家发挥天生的创造力。有代表性的艺术家如尼日利亚双胞胎七七（Twins Seven Seven，1944— ）和津巴布韦的托马斯·姆卡罗伯格瓦（Thomas Mukarobgwa，1924—1999），他们的作品强调抽象、有表现力的色彩或形式以及神话题材。

另一种现代非洲艺术趋势在非洲城乡随处可见的商店招贴画上得以发展。被认为是"城市流行画"的作品经常作为家中装饰品被大量地生产并卖给非洲顾客。这些画往往颜色单调，主要用作日用消费品以及公司广告文本艺术。它们往往出自没有经过正规艺术教育的艺术家之手，是一些凭直觉且背景和比例不一致的作品。刚果民主共和国的特斯布穆巴·坎达·玛图鲁（Tshibumba Kanda Matulu，20世纪40年代中期出生，80年代早期失踪）是最有成就的城市流行艺术家之一。除了风景画和其他理想化的主题外，他还创作了一系列关于国家历史的感人画作。

越来越多的非洲艺术家在国内外大学或艺术学校学习艺术。他们的作品反映出艺术的国际化趋势。20世纪60年代，布鲁斯·昂雅克皮

亚（Bruce Onobrakpeya，1932— ）、乌切·奥科克（Uche Okeke，1933— ）及其他尼日利亚艺术家发展了一种基于融合本土非洲和欧洲现代艺术风格称为"天然合成"的哲学艺术。他们的作品既表现新独立国家的现代化，也表现传统的非洲文化，这在整个非洲引发相似的运动。自 20 世纪 90 年代起，非洲艺术家开始质疑种族和民族标签的关联性，甚至质疑非洲血统本身的相关性。艺术家如印卡·修尼巴尔（Yinka

Shonibare，1962 年生于伦敦，父母是尼日利亚人）、格哈达·阿曼（Ghada Amer，1963 年生于埃及开罗）、贝尼·西勒（Berni Searle，1964 年生于南非）等，使用现代雕塑、装置、表演、视频、摄影和其他世界性艺术实践，来调查有关贯穿后殖民和后现代世界的概念艺术方法问题以及其他一些问题。总体上看，21 世纪初期非洲艺术是融合本土化和全球化、传统性和创新性形式的复杂混合物。

进一步阅读书目：

Ben-Amos, P. G. (1995). *The Art of Benin*. Washington, DC: Smithsonian Institution Press.

Beumers, E., & Koloss, H.-J. (Eds.). (1992). *Kings of Africa: Art and Authority in Central Africa*. Utrecht, The Netherlands: Foundation Kings of Africa.

Blier, S. P. (1998). *The Royal Arts of Africa: The Majesty of Form*. New York: Harry N. Abrams.

Bravmann, R. (1983). *African Islam*. Washington, DC: Smithsonian Institution Press.

Cole, H. C., & Ross, D. H. (1977). *The Arts of Ghana*. Los Angeles: Fowler Museum of Cultural History, University of California at Los Angeles.

Colleyn, J.-P. (Ed.). (2001). *Bamana: The Art of Existence in Mali*. New York: Museum for African Art.

Coulson, D., & Campbell, A. (2001). *African Rock Art: Paintings and Engravings on Stone*. New York: Harry N. Abrams.

Enwezor, O. (Ed.). (2001). *The Short Century: Independence and Liberation Movements in Africa, 1945 – 1994*. Munich, Germany: Prestel Verlag and Museum Villag Stuck.

Eyo, E., & Willett, F. (1980). *Treasures of Ancient Nigeria*. New York: Alfred A. Knopf, in Association with the Detroit Institute of Arts.

Ezra, K. (1992). *The Royal Art of Benin: The Perls Collection in the Metropolitan Museum of Art*. New York: Metropolitan Museum of Art.

Garlake, P. (2002). *Early Art and Architecture of Africa*. Oxford, U.K.: Oxford University Press.

Hassan, S., & Oguibe, O. (2001). *Authentic Excentric: Conceptualism in Contemporary African Art*. Ithaca, NY: Forum for African Arts.

Heldman, M., & Munro Hay, S. C. (1993). *African Zion: The Sacred Art of Ethiopia*. New Haven, CT: Yale University Press.

Kasfir, S. L. (1999). *Contemporary African Art*. London: Thames & Hudson.

Nettleton, A., & Hammond-Tooke, D. (Eds.). (1989). *African Art in Southern Africa. From Tradition to Township*. Johannesburg, South Africa: Ad. Donker.

Oguibe, O., & Enwezor, O. (Eds.). (1999). *Reading the Contemporary: African Art from Theory to the Marketplace*. London: Institute of International Visual Arts.

Phillips, T. (Ed.). (1995). *Africa: The Art of a Continent*. Munich, Germany: Prestel Verlag.

Sieber, R., & Walker, R. A. (1988). *African Art in the Cycle of Life*. Washington, DC: National Museum of African Art, Smithsonian Institution Press.

Visona, M., Poyner, R., Cole, H. M., & Harris, M. D. (2001). *A History of Art in Africa*. New York: Harry N. Abrams.

169

凯特·埃兹拉（Kate Ezra）文

张译丹 译　张忠祥 校

Art — Ancient Greece and Rome　古代希腊和古代罗马艺术

有关力量与尊严——以及理想的人性之美——这一观念赋予雕刻家以灵感,他们创造了早期希腊的纪念性建筑与大理石雕塑。罗马人,深受伊特鲁里亚人的影响(而后者又受到希腊人的影响),他们通过使用混凝土,构建了共和国传统上的经济的、实用的和结构性特征。因此,这两种文化艺术是他们由来已久的价值观念的体现。

古希腊最早的纪念碑式创作是公元前8世纪在雅典城邦郊区狄甫隆(Dipylon)墓地发现的墓碑,其形状为大众所熟知,因为数世纪以来人们都将其作为储存食物和盛装酒水的日常家用罐来使用。然而在新的语境下,那些富有灵感的设计师通过他们的双手,创造出一种最富有戏剧化的体验:这不是一些简单的陶罐。它们高如一个成年人、宽如神庙柱子。比例上难以置信的巨大变形令这些纪念物产生了戏剧性效果,使观者在预期设想和现实体验之间感受到一种令人震撼的割裂感。伟大的狄甫隆罐代表了希腊人的首次尝试,它们对于理解希腊纪念碑最基本的原则具有独一无二的价值。并且,设计师的首次尝试也具有重大意义,因为这不仅仅是对传统的重复,更代表着一种有意识的选择。当这种有意识的选择能够被单独分离出来,就有机会揭示其中暗含的意义,因为这能激发人们提出有益的问题:"为什么他们要用这种特殊的方式来解决难题?"

第一个大型狄甫隆陶罐的创作者也许会自问:"我怎么才能设计出一种纪念碑,这种作品适合于标识与确认人类最具深远意义的转变与转换,从生到死,从血肉之躯到心灵世界,从短暂到永恒!"他的回答是要创造不朽的作品,该作品能够体现类似的不可思议的转换,既是实体性的又是功能性的,这种戏剧化的效果使观者迷惑,使观者跳出任何正常的、日常的参照标准——转换观者,通过不含糊的隐喻讲述生命从一种状态到另一种状态的转变。这些巨大的

狄甫隆陶罐在比例和功能上的转变,使它们脱离了日常生活的领域,进入更高、更符号化、更普遍的范围。这些陶罐一般以着色的装饰品形式来描绘荷马英雄,这进一步赋予它们以纪念意义,从而脱离日常生活范畴。

转换的力量: 希腊神庙

一种相似的纪念碑性质在希腊神庙建筑中得到了诠释,通过这种重大转变,公元前7世纪,神庙由茅草和淤泥组成的简陋小屋转变成了由硬石和陶瓦造就的巨型建筑。这种转变首先发生在科林斯,在科林斯的殖民地与属国科孚岛的阿耳忒弥斯(月亮女神)神庙(the Temple of Artemis,约公元前580年),形成了前多立克柱式纪念性建筑的与众不同的风格,并逐渐地发展成为首个成熟的多利克柱式的代表。希腊纪念性建筑的变形性质因雕刻山形墙的创新而得到加强,诗人品达(前522—前443)将这种发明归功于科林斯人,最早得到确认的例子似乎出现在科孚岛,该岛是科林斯人的殖民地与附庸国。相比较其他特征,早期山形墙的正面有着卓越的怪兽雕刻,这更好地适应了神庙大门的精神气质:如果通往神庙的路径是为了展现通向神性的途径,那么雕刻怪兽的目的则在于改变任何胆敢接近的朝圣者,使他们离开日常生活的保护性领域,让他们思考神性的可怕本质以及与他们自身的关系。山形墙上刻有伟大的象征性雕塑群,这些雕塑群的目的在于——像宗

教仪式一样——对崇拜者进行精神上的改造。在整个公元前 6 世纪，山形墙表现交战和冲突的手段逐渐变得温和，从怪兽转变成比较熟悉的、不那么可怕的、更具人形的形象，这表明了寺庙神学概念的变化，从抽象的、非人性的和阴暗神秘的（chthonic，与冥界相关）形象转化成人性的奥林匹斯山的天空神。这种神性的逐步人性化与随之发生的人类神圣化是许多希腊艺术的共同主题。

埃及的影响

公元前 7 世纪后期，埃及殖民地瑙克拉提斯（Naukratis）上建立的贸易开放，对希腊艺术与

一种晚期阿提卡土罐，或酒罐，追溯至公元前 8 世纪，展现了集合设计。罗浮宫，苏利庭院，坎帕尼亚大区画廊。玛丽-兰·阮（Marie-Lan Nguyen）摄

建筑的纪念碑本质产生了深远的影响。这些与埃及的接触带来了全新的碰撞，为希腊神庙建筑中列柱廊式（连续的柱廊）设计创造了灵感来源。列柱廊是爱奥尼亚崇拜中最基本仪式之一的宗教游行在建筑上的表现。像山形墙雕刻那样，宗教游行作为转化仪式为崇拜者通往神灵做好准备。通过仿效埃及柱廊的游廊功能，爱奥尼亚巨大的列柱廊首先将他们正式的柱廊排列引入到了神庙前方，然后到轴心，接着到了神庙内部。列柱廊同样也在多利安本土得到了采用，但是在这种环境下，柱廊并不具有宗教游行性质。相反，早期多利安建筑通过山形墙雕塑借鉴到一种具有神圣风格的方向感和仪仗感，其遵循宗教艺术中逐步确立的早期希腊叙事和象征的等级制度：故事性叙述通常位于神庙的次要位置，人像领域更多处于神庙的背面，同时按照愈加抽象的约定，将象征类的雕塑放神庙正面，更为适合彰显神性。

同样地，埃及的观念与独立式的不朽雕刻技术也通过瑙克拉提斯传到了希腊。这些始于公元前 7 世纪晚期的少年立像（kouroi，男性）与女孩或青年女性人体像（korai，女性）以许愿与坟墓纪念碑的形式出现，也可能作为祭祀形象出现。这种雕塑的出现，与同一时期陶器地位的下降（到了一个几乎完全没落的地步），二者之间可能存在因果关系。少年立像与女孩或青年女性人体像的自然性质使他们特别适合指示并启发信奉者的精神转变。像埃及的宗教雕塑那样，它们是高度形式化的艺术作品，具有更多的宗教符号和象形文字，而非对人类进行自然主义的描绘。它们紧密的对称性和风格化有意且有效地将它们从人类世界分离开来，从日常生活中分离出来，并置于人与神之间的中介位置。另一方面，正如在古希腊瓶饰画与山形墙雕刻中展现的那样，公元前 6 世纪的独立式雕塑在实体造型上越来越偏向自然主义，这见证了人们研究事物的兴趣的日益增加。这类似于改变了寺

一张描绘来自荷马《奥德赛》场景的古代壁画，此种希腊风格作品发现于罗马的埃斯奎林山

庙神灵的观念，使之更人性化，这些观念在山形墙雕塑中表现了出来，而且这反映了在希腊宇宙观念中，人类发挥着日益重要的中心角色作用。

古典时期

对于人类社会的艺术（不管是肉体的还是情感的）日益详细的研究，持续不断地深入到了古典时期（始于公元前 480 年波斯洗劫雅典卫城）。可是这次运动趋向于自然主义，这对纪念性建筑构成了潜在的威胁：因为纪念性艺术和建筑的目的一直在于使观者脱离平庸，力求使人们超越自身的环境，鼓励他们思考和理解神之领域中那些超人类的事务。公元前 5 世纪中叶的雕刻家波留克列特斯（Polykleitos）似乎认识到了这一点，他在自己的作品中重新引入了少年立像的表面对称性，尽管他是沿着对角轴线进行对称，而非严格意义上公元前 6 世纪的水

平和垂直框架。帕特农神庙的雕刻家菲迪亚斯决定不采用正在发展中的能够呈现个体年龄、情感和性格等特征的技巧，而倾向于呈现抽象的、永恒的和理想的人物，这同样表明了对希腊纪念性建筑的艺术技巧和传统特征的理解。

在波斯摧毁雅典之后，雅典卫城伯里克利时代的建造计划开始实施，这或许是有史以来纪念性艺术与建筑的最精美的表现。它的宗教根源与用途明显地存在于宗教游行的详尽表现中，这一表现通过建筑类型的规划、山形墙雕塑的结构，以及将爱奥尼亚神庙建筑的游行语言融入雅典卫城的多立克柱式传统之中而达成。它的政治、历史背景及传统，通过多种方式——在波斯战争中被多次提及（既有隐喻也有直接的提及）、对传奇式英雄的崇拜、对爱奥尼亚制度的应用——被阐释为是对雅典与爱奥尼亚在祖先基因和语言上的联系的反映，以及对它当时在爱奥尼亚一个反波斯联盟中的领头地位的反映。雅典人在祭祀中心的宗教纪念碑举办有关

来自科孚岛阿耳忒弥斯神庙的蛇发女怪美杜莎。早期雕刻的山形墙用神话怪兽的额面像进行装饰

他们成就与传统的庆祝活动，这在很大程度上已经背离了原来的标准，代表了希腊艺术和建筑中神性的人性化和人性的神性化的极端演化。

菲迪亚斯风格的雕塑出现了中断，此后在公元前4世纪，对人类处境进行更加细致的考察重新恢复了活力。不久便产生了普遍化的个体人类的雄伟雕塑。在希腊化时代（这一时期开始于公元前323年马其顿王国亚历山大三世的去世，结束于公元前31年的亚克兴海战），希腊艺术中的神圣性逐步人性化，这在希腊化时代的统治者崇拜和刻画统治者的巨型神像中达到了顶峰。在早期希腊艺术中，进行神话般的或神圣的塑造成为推动艺术形态巨型化的动因，在希腊化时代，经常提到或引用伯里克利时代雅典卫城的建筑与雕塑，已经成为各王国官方艺术追求雄伟性的共同动因，关于这一点，帕加马尤为突出。

科林斯与伊特鲁里亚：希腊对罗马的影响

希腊与罗马的联系几乎与它们的文化一样悠久，罗马人将神庙建筑的起源一直追溯到公元前7世纪中叶的科林斯，这些不朽的神庙建筑建于罗马。在这段时期，科林蒂安（Corinthians）在雅典设计并建造了第一座真正不朽的神庙，古老的寡头统治政府被推翻并被驱逐出科林斯。当被废黜的寡头政治执政者之一，达玛拉

代表力量与智慧的猫头鹰是雅典的标志，是雅典的保护神。摄于2003年

都斯（Damaratus），从科林斯坐船逃走时，带走了大量的工匠，包括陶瓦匠和工匠，我们现在知道他们能造就神庙的不朽特性——他们创造了瓦屋顶。达玛拉都斯与他们一起航行至意大利的西海岸并迁入塔尔奎尼亚（Tarquinia）的伊特鲁里亚城镇，在那里，达玛拉都斯的工匠们给伊特鲁里亚人——后来成为地中海最伟大的陶瓦雕刻家——带去了模塑陶瓦的艺术。因此，除了

在希腊发展首个不朽建筑的传统之外,科林斯同样是埃特鲁斯坎不朽的雕塑与建筑起源的重要发源地。达玛拉都斯随即通过他的儿子卢库莫(Lucumo)将科林斯艺术与文化扩展到罗马,拥有一半伊特鲁里亚血统的卢库莫之后接受了卢修斯·塔克文·普里斯库斯这个名字并成为罗马的首位伊特鲁里亚人的国王。在罗马的卡皮托利尼山(Capitoline Hill)的高处,即伊特鲁里亚人和拉丁罗马的中央峰与宗教中心,塔克文开始在罗马建造第一座不朽神庙,并将之奉献给朱庇特、朱诺与密涅瓦,这三位神灵相当于希腊的宙斯、赫拉与雅典娜,他们的神庙耸立于科林斯的中央高地与宗教中心。卡皮托利尼三神庙(Capitoline Triad)的祭仪成为罗马共和国与帝国的主要祭仪,公元前6世纪末,在伊特鲁里亚人被从罗马驱逐之后,他们神庙的三室设计得以完工,成为了随后所有卡皮托尼神庙的模板。

罗马人从伊特鲁里亚人那里继承了不朽的木制品与陶瓦神殿建筑风格的传统。他们同样深受伊特鲁里亚雕塑、绘画、宗教与政治制度的影响。罗马肖像画的传统,这是罗马人着迷于历史细节的典型表现,它来源于公元前7世纪的伊特鲁里亚的葬礼雕塑。与其他的艺术形式类似,罗马共和国时期的超现实主义的、对缺陷不加掩饰的肖像画体现了传统的罗马人献身于历史、家庭与传统的价值标准。与其他的艺术类似,罗马共和国时期的肖像画与希腊传统的纪念性艺术概念形成了反差。罗马共和国的肖像画促进了人们对观点的沉思与明确的行动,个体人类复制他们最个性化、异质的身体素质。类似的二分法表现在罗马人以历史为题材的浮雕和希腊人纪念性的建筑物的差异上,罗马人土生的传统是描述真实历史事件中的细节;而希腊人对历史的处理则是越发的泛化和具有象征性。

演变的平衡

希腊对罗马人的影响中意义最深远的浪潮始于公元前146年罗马人洗劫科林斯。城市的雕塑与绘画以及几乎任何有价值的可搬动的物体都遭到了洗劫,这些物品都用船运到了罗马,在那里,它点燃了罗马人对希腊与古老事物的强烈兴趣,将希腊文化永恒而强大的张力注入罗马的艺术与建筑。从公元前2世纪开始,罗马的艺术与建筑可以被解读为是在两种元素的平衡之间持续且有目的地变换——取决于不同纪念性建筑的具体目的——一种元素是当地的意大利元素,另一种是来自古典希腊的元素。罗马人按照传统的托斯卡式设计(Tuscan plan,源自伊特鲁里亚人)继续建造他们的神庙,但是他们通过使用希腊人的材料以及装饰风格给神庙饰面来使这些神庙具有纪念碑的性质。

一个世纪之后,奥古斯都皇帝(公元前27—公元14年在位)声称他找到的罗马是一座砖瓦的城市,他留下的罗马是一座大理石的城市。奥古斯都的雕像充分阐明了在官方宣传中希腊和意大利艺术形式与精神的早期融合。这一雕像融合了奥古斯都的面部肖像和多律弗路斯(Doryphoros)的身体,后者是公元前5世纪希腊雕刻家波留克利特斯所雕刻的"持矛者"。多律弗路斯呈现出来的是首席指挥官的形象,身着罗马将军的铠甲,并穿着胸甲,胸甲上刻有浮雕以陈述历史事件,此次军事成就对奥古斯都的官方形象具有重大意义。一个辨识度高的个人形象和一个特定的历史场景得到放大,并升华到了超人的领域,这一过程是通过与公元前5世纪雅典的联系而达到的,与伯里克利统治时期的雅典及其非凡的文化与军事成就联系到了一起。在罗马人看来,这是人类成就的巅峰。同样的混合和意图在《奥古斯都和平祈祷坛》(Augustus's Altar of Peace,和平祭坛 the *Ara*

约公元前 60 年，年迈的罗马人的现实主义描写，象征着传统的罗马人为历史、家庭、古老的价值观念所做的奉献。维罗纳贝维拉卡宫殿（Bevilacqua Palace, Verona）

pacis）中也得到了体现，祭坛呈现了罗马人的历史进程，其中的人物依稀可辨，这明显模仿了雅典公元前 5 世纪帕特农神殿爱奥尼亚式带状物上的宗教队列。

奥古斯都以及朱里亚·克劳狄王朝（Julio-Claudian，公元 14—68）的继任者们继续以公元前 5 世纪希腊的形式在官方艺术与建筑中展现自我。虽然每个皇帝的头像还能辨认，但是也以古典希腊艺术的方式被普遍理想化了。然而，他们奇异的荒诞之举与滥用政权导致了尼禄（公元 54—68 年在位）及其统治王朝的终结，首位弗拉维亚（Flavian）皇帝，维斯帕先（Vespasian，公元 69—79 年在位）通过改变官方艺术语言的平衡公然与前任皇帝的政策与角色相区分。维斯帕先不愿意被描绘成多律弗路斯，他将官方形象恢复到旧共和国的肖像风格——正直的、务实的、谦逊的、独特的罗马人——并宣布恢复共和国的传统价值观。在建筑方面，他鼓励使用混凝土，这是一种纯粹的罗马建筑材料，是罗马人为子孙后代做出的最重要的建筑上的贡献。佛拉维圆形剧场（Amphitheatrum Flavium）、罗马圆形大剧场（Colosseum），不仅仅是罗马大规模的、精心制作的混凝土建造物，它们同样也否定了朱里亚·克劳狄王朝的神圣伪装，否定了享乐者为了他们的个人欲望滥用罗马国库。大剧场被用作民众的娱乐中心，它的建筑场所选用了新的临时填埋的湖泊，位于尼禄臭名昭著的金屋或称黄金宫殿（DomusAurea）的中心。这一运用国家资金建造于罗马中心的建筑物曾是尼禄的私人娱乐别墅，他为了该建筑将城市中心的三百多英亩土地据为己有。尼禄的建筑师同样大量地使用了混凝土，但是在尼禄金屋的私人空间，他们以新奇的方式，运用混凝土铸造内部空间。他们的创新在创造罗马内部建筑风格方面发挥了极大的影响力。

罗马式建筑中混凝土与大理石的使用方式暗含了罗马人的性格。总之，混凝土塑造了建筑的结构，将表面做成大理石纹样：精心雕刻的大理石拥壁能够使混凝土建筑看上去与帕特农神殿一样优雅。像共和国的传统特性一样——经济的、实用的、结构性的——混凝土是纯罗马化的。另一方面，运用于罗马式建筑中的大理石是昂贵的、奢侈的、肤浅的、异质的。混凝土折射出罗马人的天性，而大理石则折射出罗马人对于伯里克利及公元前 5 世纪雅典文化的强烈渴望。

直到图拉真皇帝（98—117 年在位）统治时期，混凝土及其防护的砖砌面层被用于未加装饰的实际建筑中，作为纪念性建筑的合适表层。图拉真集市（Markets of Trajan）的弧形外观反映了混凝土的塑型本质，未加粉饰的、未加虚饰的砖面揭示了建筑物的构造与技术，并在罗马

绘画作品不应该得到赞誉，它们与现实相异，即使它们是运用了艺术技巧的精美的作品。

——维特鲁威（前 80/70—前 25）

式建筑中开启了一种新的审美倾向。这种巨大的混凝土建筑被恰当地用于实际商业活动中；旁边同时代的图拉真广场，它的功能是象征性地表达图拉真统治下罗马国家的抱负与成就，广场全貌在古典的希腊大理石建筑构造的光华中被呈现出来。

在传统罗马与古典希腊建筑形式与标志中，最举世瞩目的集大成者也许在图拉真的继承者哈德良（117—138 年在位）的万神殿里能窥其全貌。在这里，希腊神庙的正面与完全非希腊的和纯罗马的建筑结构相融合，呈现为一座混凝土制的带有穹顶的圆柱体。此外，宗教变迁中最复杂的建筑学符号是卫城山门（Propylaia，伯里克利时代卫城的大门），卫城山门由希腊所创造，这在建筑正面堆叠的山形墙中得到了体现，并依次与独特的罗马的变迁符号——凯旋门——相结合，形成了最明确地供游行使用的神殿入口，这在古典世界是首创的。入口通向一个巨大的开阔内部空间，它的穹顶（代表着天穹）是数十年建筑实验、精湛技艺以及混凝土建筑设计的顶点。这里并非强调希腊

罗马式建筑的独特性质。两者的表现力有意识地被结合到了一起，以创造一座神庙。这座独特的神庙适合于无所不包的众神崇拜，（万神殿）从而促进哈德良自身能够形成罗马帝国包容而广泛的观念。

继任的皇帝们继承了哈德良与之前几任皇帝的传统，继续创作不朽的艺术与建筑，继续探索混凝土作为不朽的建筑材料的可塑性。古典希腊与本土的意大利元素仍然被用来表达特定的官方信息与态度，虽然就整体来说，在接下来的两个世纪，两种元素的平衡朝着意大利元素转移。在雕塑中，这种转变体现在了设计者对那些从正面刻画和线条鲜明的简单人物，表现出了越来越强的兴趣。这一点，再加上一种强调通过眼神来表达自身的新灵性（spirituality），逐渐造就了帝国晚期那更具象征性的、符号式的浅浮雕和肖像。君士坦丁大帝将官方艺术和建筑用作为其利益服务的工具，作为第一位皈依基督教的皇帝，他开始利用这些工具赞美和宣传新宗教。

177

进一步阅读书目：

Berve, H., Gruben, G., & Hirmer, M. (1963). *Greek Temples, Theaters and Shrines*. London: Thames and Hudson.

Biers, W. R. (1996). *Archaeology of Greece: An Introduction*. Ithaca, NY: Cornell University Press.

Coulton, J. J. (1977). *Ancient Greek Architects at Work*. Ithaca, NY: Cornell University Press.

Dinsmoor, W. B. (1975). *The Architecture of Ancient Greece* (3rd ed.). New York: Norton.

Hannestad, N. (1986). *Roman Art and Imperial Policy*. Aarhus, Denmark: Aarhus University Press.

Kleiner, D. E. E. (1992). *Roman Sculpture*. New Haven, CT: Yale University Press.

Lawrence, A. W. (1983). *Greek Architecture* (4th ed). Harmondsworth, U.K.: Penguin Books.

Ling, R. (1991). *Roman Painting*. New York: Cambridge University Press.

MacDonald, W. L. (1982). *The Architecture of the Roman Empire* (Rev. ed.). New Haven, CT: Yale University Press.

MacKendrick, P. (1983). *The Mute Stones Speak*. New York: Norton.

Osborne, R. (1998). *Archaic and Classical Greek Art*. Oxford, U.K.: Oxford University Press.

Pollitt, J. J. (1972). *Art and Experience in Classical Greece*. New York: Cambridge University Press.

Pollitt, J. J. (1986). *Hellenistic Art*. New York: Cambridge University Press.

Ramage, N. H., & Ramage, A. (2001). *Roman Art: Romulus to Constantine* (3rd ed.). Upper Saddle River, NJ: Prentice Hall.

Rhodes, R. F. (1995). *Architecture and Meaning on the Athenian Acropolis*. New York: Cambridge University

Press.

Rhodes, R. F. (2000). The Classical World. In D. Cruickshank (Ed.), *Architecture: The Critics' Choice* (pp. 14 – 45). New York: Watson-Guptill Publications.

Rhodes, R. F. (forthcoming). *A Story of Monumental Architecture in Greece*. New York: Cambridge University Press.

Scully, V. (1962). *The Earth, the Temple, and the Gods: Greek Sacred Architecture* (Rev. ed.). New Haven, CT: Yale University Press.

Sear, F. (1983). *Roman Architecture*. Ithaca, NY: Cornell University Press.

Stewart, A. (1990). *Greek Sculpture, an Exploration*. New Haven, CT: Yale University Press.

罗宾·罗兹(Robin F. Rhodes) 文

顾海萍 译　焦汉丰 校

Art — Central Asia　中亚艺术

中亚的艺术对于历史学家来说有着关键的意义,它证明了,中亚地区历史的典型特征是对各种文化影响进行了杰出的综合。在这片"欧亚大陆的十字路口",地中海、伊朗、印度、中国、草原游牧民族和当地技术与文化的交融,促成了几个主要艺术流派的兴起。

中亚艺术应和其他欧亚内陆的艺术传统做明确的区分。从地理上看,这一术语所指的是今天阿富汗、巴基斯坦、印度北部、中国西北的新疆、塔吉克斯坦、吉尔吉斯斯坦、乌兹别克斯坦和土库曼斯坦等地。而欧亚内陆,就地理范围而言大于中亚,将蒙古国、戈壁滩和中西伯利亚也包括在内。在文化及风格上,中亚艺术都不同于伊斯兰、印度、中国和俄罗斯的艺术,尽管所有这些艺术风格都曾在中亚地区付诸实践。从历史上看,中亚艺术从史前时期延续至今,其中最为知名的当数古老的"丝绸之路"时代的艺术。其艺术形式包括运用各类材质的石头和灰泥进行的雕塑、雕刻,以及壁画、硬币雕刻和纺织品。

在中亚的绿洲城镇里面,有着各种文化背景的艺术家们在一起合作,制作出了既包含神圣性又包含世俗性的艺术品,之后这些艺术品沿着商路广为传播,深深地影响了沿线地区的艺术特别是东亚的艺术。这篇文章将按时间顺序对中亚艺术做一个简单的介绍。

前阿契美尼德王朝时期

定居的农业社会同迁徙不定的游牧社会之间的互动,塑造了从新石器时代晚期(约前6000—前3000)到当代的中亚历史。中亚地区的原住民过着小型的半定居社会生活。伴随着印欧语系和印度伊朗语系的游牧民族大约于公元前4000年左右向这个地区的三次迁徙,大量的移民拓殖活动就此拉开序幕。在公元前3000年后期,在阿姆河和泽拉夫尚河的河谷地带兴起了一个重要的城市文明,它之前的名称是巴克特里亚－马吉安那考古群落（Bactrian-Margiana Archaeological Complex，BMAC），现在则通常被称作奥克苏斯文明（Oxus Civilization）。大体上说，奥克苏斯文明是在中亚绿洲上出现的多个农业社会，它们发展起来后促进了当地定居农民和邻近的草原游牧民之间的贸易与交流。这也证明，早在这个时候便已经出现了文化交流的传统。

在奥克苏斯文明定居点发现的手工制品，特别是带十字护手的战斧、镜子、大头针、手镯和指环等，说明这个时期的工艺水平已经达到了很高的程度，同时还借鉴了外来的风格。奥克苏斯文明早在公元前 3000 年就使用陶钧来制陶，匠人们还会在他们的陶器作品上刻上几何图案或大型动物及山羊风格的图案来作为装

这个金羊头饰展现了斯基泰人的高超手工技艺。来自地利亚·泰贝 4 号墓葬（Tillya Tepe, Tomb IV，前 1 世纪—公元 1 世纪）。阿富汗国家博物馆（National Museum of Afghanistan）

饰。印章、圆形柱石、金属饰片等图像显然都来自草原游牧传统，既包括现实的和想象的动物形象（尤其是马），如神话中以猛禽作为头部的生物、捕猎和骑马的人物形象，也包括一些抽象的符号。而与之相比，奥克苏斯文明晚期的工艺品则更为伊朗化，人物形象呈正面或者侧面的姿态，并常常在生着小火的祭坛前献祭。奥克苏斯文明在公元前 2000 年晚期衰落，但公元前 1000 年后不久便又有证据显示当地出现了新的城市化动向，并广泛建造了灌溉系统。这些定居地普遍建有防御工事，说明在西塞亚时代（约前 1000—前 200），部族冲突加剧了。

一些上等装饰品的生产，特别是用在马、帐篷和马车上的珠宝与饰品，与自公元前 7 世纪后活跃在中亚的西塞亚军事化部落有很大关系。西塞亚真或想象的野兽形象被广泛运用到各处，所用材料包括木头、皮革、骨头、贴花、青铜、铁、银和琥珀、金等。最显著的例子是，往往在镶嵌着绿松石的金带扣上附有 30 厘米长的金雄鹿，雄鹿腿收起置于带扣下方。这个带扣可能是盾牌的主要装饰物。1979 年在阿富汗地利亚·泰贝（Tillya Tepe）发现了 6 座皇家陵墓，墓中堆满了蔚为壮观的黄金、青金石首饰和各种兵器。这表明西塞亚的手工艺品生产已经达到了很高的艺术水准。西塞亚文化的东部边界是伊犁河谷（位于今哈萨克斯坦南部和中国新疆北部），因而可能会对匈奴部落联盟的艺术品位有所影响。在匈奴的主要遗址诺颜乌拉发现了大量个人饰品，上面绘有各种虚构的、附带有猛禽首的动物，同前面所述的来自西部的草原游牧民族创造的饰品相似。

在公元前 3000 年，印度河谷出现了第二个重要的定居文明。对摩亨佐·达罗（Mohenjo Daro）和哈拉帕等大城市的发掘表明，这里曾经存在一个组织紧密、建筑先进的城市文明。这里笔直的街道成直角相交，有着先进的排水系统和高水准的陶器生产工艺。在各个遗址都能发

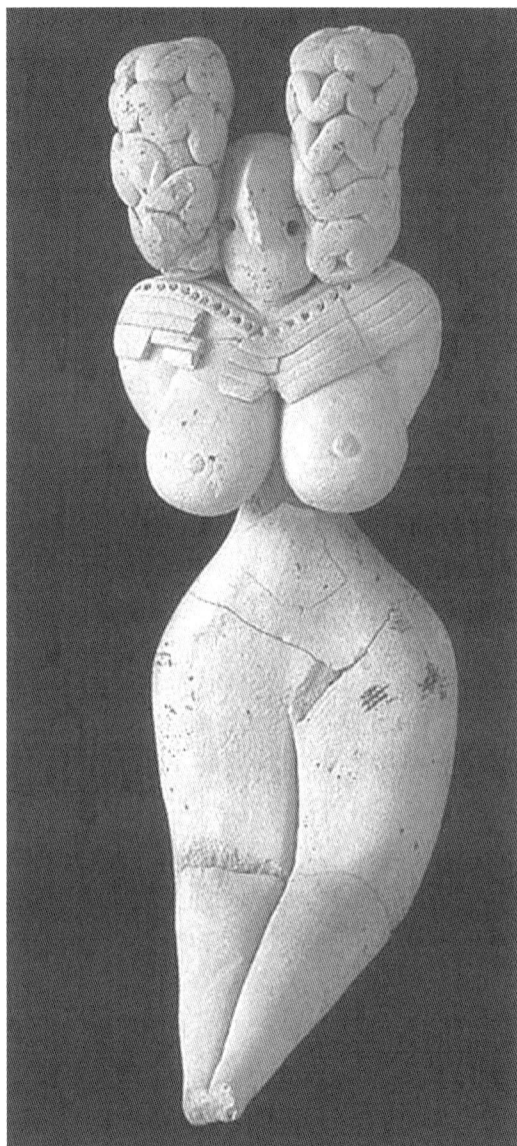

在印度河谷文明发现的陶制生育雕像（约公元前 2200 年）显示了它与西南亚洲地区有着文化交流。美国文化遗产国家基金（the National Fund for Cultural Heritage）

现维纳斯生育雕像，表明它们与西南亚洲地区的文明有着广泛而深入的文化交流。来自印度文明的图章和印章上，既绘制有自然中存在的动物，同时还绘制了长着角的人类、独角兽及其他各种大型的神的形象，表明了草原游牧文化对艺术家的影响。

在印度河谷北部，大约发现了 3.5 万份岩石壁画和铭文，另外在阿富汗、乌兹别克斯坦和塔

吉克斯坦也有所发现。这些在巨石上凿刻而成的最古老的史前雕刻散见于河岸和梯田，而直至早期现代仍在继续雕刻的岩石壁画，反映了沿这条丝绸之路分支来往的人们（主要是佛教徒和伊斯兰教徒）在宗教信仰上的变化。他们起初雕刻了令人震惊的、有着各种姿势的佛陀像的一系列佛塔（用来埋葬遗体和存放圣物箱）以及菩萨的形象，但后来的岩石壁画则表现的是印度人和伊朗人的形象，还包括一些琐罗亚斯德教和伊斯兰教的象征符号。

位于哈萨克斯坦的一处岩画，大约有 4 000 年的历史，因刮削而部分受到损坏。杰夫·傅瑞姆（Jeff Frame）摄

阿契美尼德人和希腊人

中亚的城邦尽管筑设了防御工事，但它们的相对孤立和弱小使其易于受到西部一些主要农业文明的军事侵略。到公元前 6 世纪中叶，阿契美尼德王朝（一个波斯王朝，大约存在于前 6 世纪—前 330 年）已经吞并了巴克特里亚（古阿

这处位于哈萨克斯坦的岩画描绘的是一位男子在用弓箭捕猎一匹野马。杰夫·傅瑞姆摄

富汗)和粟特(古土库曼斯坦和乌兹别克斯坦),建立了庞大的帝国。这些地区从此便面临着波斯的艺术传统和信仰体系的冲击与改造,直至马其顿王国的亚历山大三世(亚历山大大帝)于公元前329年入侵。波斯帝国长期的、组织严密的统治,有助于使中亚地区融入横跨欧亚大陆的文化交流网络。中亚受到琐罗亚斯德教圣像的直接影响,而由巴克特里亚和粟特制陶工人生产出的祈愿雕像也被用于圣火崇拜的仪式。阿契美尼德人还在中亚引进了硬币,开启了一个传统,该传统在希腊化的巴克特里亚达到顶峰,最终成为古代世界硬币雕刻艺术最精美的作品。

亚历山大大帝在巴克特里亚和粟特进行了2年的征服活动,建立了不少城市,其中就包括亚历山大-卡皮苏(在阿富汗的贝格拉姆)——后来被贵霜王朝用来作为自己的夏都。亚历山大大帝的征服进一步强化了由阿契美尼德人开启的交流进程,加强了中亚与西南亚洲和地中海地区文明的联系。在接下来的塞琉古帝国(马其顿希腊)统治时代(前312—前64),希腊人口大量涌入这一地区,建立了一系列希腊城镇,如阿姆河南岸的阿伊哈努姆(Ay Khanum),而且还建起了经典的希腊神庙和剧院。塞琉古

人还在中亚引入了四德拉克马银币(tetradrachms),这可以称得上是希腊铸币传统的杰作。其印在硬币反面的君王肖像,有时会真实到连甲状腺肿大这样的疾病都能反映出来。

大约公元前250年,巴克特里亚的总督狄奥多德(Diodotus)发动叛乱,宣布巴克特里亚为独立国家。在接下来的希腊-巴克特里亚王朝时期,相继继位的国王们将王朝的疆界向北扩展到粟特和费尔干纳,向西到达帕提亚,向南抵达喀布尔和印度河谷。公元前190年后不久,德米特里(Demetrius)更将希腊的影响扩展到北印度,在古代希腊文化和古印度文化之间建立起了联系。而这一联系在德米特里的继承者欧克拉蒂德斯(Eucratides)和米南德(Menander)时期又得到进一步加强。

除了建立古代希腊文化和古印度文化的联系之外,希腊-巴克特里亚王朝时期最有影响的艺术遗产是卓越的铸币术。铸币主要用的材料是银和铜。皇家肖像是铸币中的杰作:面部特征如此逼真和富有个性,甚至超过了塞琉古王朝时期。欧西德穆斯(Euthydemus)有着粗脖子、宽大的脸和下巴,及有决断力的嘴巴;欧克拉蒂德斯裸体的躯干上戴着牛角头盔;德米特里头戴象皮头饰,有着令人敬畏的表情;安提玛科斯(Antimachus)的独特面部特征反映了他的希腊和粟特混血身世。希腊-巴克特里亚王朝时期的铸币文化极大地影响了接下来的贵霜王朝。在贵霜王朝统治下,中亚艺术达到了综合成就的高峰。

贵霜王朝:犍陀罗和马图拉艺术

月氏联盟在公元前130年入侵希腊-巴克特

里亚,开启了一个通常被称作古中亚黄金时代的阶段。大约公元前 45 年,月氏联盟发展成贵霜帝国。在接下来 2 个世纪的大部分时间里,它稳定的统治使沿着各条丝绸之路的文化交流达到惊人的水平。这一丝绸之路在人类历史上第一次将地中海、帕提亚、印度、中国和草原游牧民族连成一个统一的世界体系。这种互动的局面使中亚艺术出现了转型。尽管有着各种独具特色的贵霜王朝风格,但最为著名的是出现在犍陀罗和马图拉地区的艺术品。

犍陀罗(位于今巴基斯坦白沙瓦附近)曾被希腊-巴克特里亚王国吞并,因此这里后来发展起来的艺术受到地中海、印度和当地传统的很深影响。犍陀罗雕像(与贵霜王朝的铸币一起)长期以来被与早期的佛陀形象联系在一起,而后者过去仅仅靠一些象征符号来表示,例如脚印或华盖。为了首次将佛陀的神性从理念转化为人类的具体形象,犍陀罗雕刻家们(他们在坚硬的灰色片岩上劳作)将目光投向了古代希腊和古代罗马的诸神雕塑。最早的佛陀塑像身上穿着多层的宽松衣饰,但仍然可以大致见到衣服下身体的形状轮廓。许多佛陀雕像与当时被神化的罗马皇帝塑像十分相似,其头部令人联想到古代希腊的神话人物阿波罗。犍陀罗艺术中同样令人称道的还有在页岩板(往往被用作阶梯的装饰)上的平雕,既描绘宗教的也描绘世俗的场景。这些平雕残片充满了日常生活中的各种细节,如舒适的床、食物与美酒、舞蹈和音乐以及现实写照。而这些艺术品所体现出的对于印度象征主义,古代罗马及古代希腊的建筑细节、草原游牧民族服饰的混合使用,是中亚艺术融合的典型例证。

在更晚一些的阶段(犍陀罗艺术

一直持续到 6 世纪),佛陀和菩萨的雕像中仍然可以看到本土、东方和西方风格卓有成效的融合。它们将古代希腊的对称与印度的肉欲灵性和平静出色地结合在一起。此后,这些融合的形象继续对晚近的东亚,特别是中国的佛陀形象产生了深远影响。犍陀罗雕塑的风格十分鲜明,以至于 20 世纪早期的考古学家能够根据所挖掘出来的佛陀雕像,见到古代希腊和古代罗马的持续影响,进而在地图上标出贵霜-犍陀罗的影响是如何扩展至塔里木盆地以东的。

马图拉的艺术家(主要居住在恒河的支流贾木纳河附近)主要的工作材料是有白色斑点的红色砂岩,并且明显受到犍陀罗融合艺术的影响。不论是立像或坐像,佛陀都被雕刻成肩膀宽阔、胸怀广大的形象,两腿分开且稳稳地站立(或放置于地上),传递出一种权力和威严之感。马图拉的世俗艺术以对妇女的感性描绘以及一系列贵霜国王的出色半身雕像而名闻天下。最令人印象深刻的是一尊迦腻色迦(Kanishka,约

来自阿富汗阿伊哈努姆(Ai Khanum)的库柏勒图版(Cybele),表现的是站在狮子拉的战车上的弗里吉亚女神、希腊太阳神(Helios)和波斯圣火坛。马可·普林斯(Marco Prins)摄

犍陀罗风格的佛陀立像,约1—2世纪的作品,可以看出典型的宽松衣饰,并且能显现衣饰之下身体的形状。东京国家博物馆(Tokyo National Museum)

152年在位)的浮雕,浮雕中的人物手执剑和权杖,以一种君临天下的姿态站立;国王穿着游牧民族的衣服。尽管这件作品是在马图拉(贵霜王朝的春都)创作的,但其风格与概念感觉更多地来自斯基泰-帕提亚,而非印度之传统。但不论是犍陀罗还是马图拉的艺术,都没有为经典的印度艺术风格之形成做出多少贡献,印度艺术在统治长达3个世纪的笈多王朝时期才走向成熟。

公元纪年的第1个千年

随着贵霜王朝国王瓦苏德瓦(Vasudeva)在228年左右去世,贵霜王朝在中亚迅速被波斯萨珊王朝所取代,后者与中国的唐朝建立了密切的贸易往来,保证了艺术融合传统的延续。唐朝艺术——包括酒杯和陶俑——明显受到由朝圣者和商人所带来的中亚与西方样板的影响。大乘佛教至此已在中亚根深蒂固,大多数在公元后第1个千年间出现的艺术品都是在塔里木盆地的寺院中生产的。许多容易携带的艺术品为19和20世纪的欧洲考古学家所掠夺,目前散落在全球各个收藏机构当中。其中引人注目的有:约500—800年间在克孜尔制作的华丽的壁画,显示了来自萨珊、印度和中国的影响;在新疆中西部库车(约900—1000)的佛教壁画,以及来自柏孜克里克和索库科的维吾尔壁画(两者都展现了粟特、波斯和印度的影响);考古学家斯坦因(Aurel Stein)在中国西北部的敦煌附近千佛洞所发现的令人咂舌的附有插图的几万册经卷。在千佛洞中还藏有目前所知最为古老的木刻书籍,以及大约860年印刷的《金刚经》。文化和风格的影响一直是双向的。例如在新疆吐鲁番寺院中制作的雕像与绘画影响了后来西藏的佛教艺术,同时,维吾尔人的墓葬艺术又影响了蒙古的绘画。许多摩尼教的艺术代表作也在整个中亚广为人知,它们记录着"宗教之光"从萨珊帝国向遥远的唐朝都城长安(今中国陕西省西安市)传播的进程。

并非所有中亚艺术都如上述艺术品那样"便携"。在北阿富汗的巴米扬山谷,两条丝绸之路的交汇处,一个大型佛教寺院中藏有价值连城的佛陀雕像群。雕像群中最高的一尊大型雕像(52.5米高)一度是世界上最大的佛像,直至2001年被塔利班组织所毁掉。受印度中南部阿旃陀石刻建筑的启发,巴米扬佛像也是深凿于悬崖一侧的大规模浮雕。它们呈现的自然主义的、后犍陀罗式风格,受到帕提亚和本土传统很深的影响,并启发了另外一组大规模佛陀雕刻群的制作——中国山西省的云冈石窟。云冈石窟大约完成于5世纪后期。

184

这是来自克孜尔航海者洞窟（约 500 年）的壁画残片《游泳者》(Swimmers)。与其他"便携"的艺术品命运相似，它为 19 世纪的欧洲考古学家所劫掠。柏林亚洲艺术博物馆藏品（Collection of the Museum of Asian Art，Berlin）

丰富的颜色、样式和质地，使得这一地区的纺织品有着鲜明的特色。这是游牧民族与定居民族各种观念、主题、技术和物质的频繁交流与融合的产物，该传统在 21 世纪仍然在继续。在苏联时期的中亚各国中，来自定居和半游牧传统的纺织工人、制陶工人、瓷器工人、珠宝匠和画家也继续共同实践着他们的艺术，但苏联政府要求艺术家和手工业者集体在工厂工作，这对乌兹别克斯坦、土库曼斯坦、吉尔吉斯斯坦和塔吉克斯坦的艺术传统有巨大的负面影响。另外，在某些情况下，考古学家在发掘较早时期的艺术品时，会破坏掩埋在晚近时期断层中的艺术品。其造成的结果是，这

现代

自第 1 个千年以来，伊斯兰在中亚艺术中开始占据主导地位，留下了辉煌灿烂的文化遗产，但这部分内容并不在这个简短的纲要式叙述之内。这个地区的纺织艺术同样值得另写一篇文章，尤其是那一伟大的贸易通道便是以丝绸命名的。纺织品对世界历史学家来说意义重大，因为它所扮演的角色是交流的媒介，以及社会地位、族裔和宗教的象征物。纺织品被用作货币以支付税款，被视为帝国庇护的象征，而且它的易被损毁的特性意味着生产出来的产品当中仅仅有一部分能够被保存下来。在新疆各个遗址都可以发现的木乃伊身上，保留着迄今为止最多的古中亚纺织品。通过对这些木乃伊的分析，可以得出尝试性的结论：塔里木盆地的木乃伊和青铜时代迁入当地的印欧人的移民有着历史性的联系。

巴米扬山谷的考古遗迹表明，各文化之间有着丰富的艺术和宗教交流。1976 年拍摄的这尊佛陀是 2001 年被塔利班所毁坏的两座雕像之一。马尔科·博纳沃格利亚（Marco Bonavoglia）摄

一切有为法，如梦幻泡影，如露亦如电，应作如是观。

——《金刚经》

考古学家斯坦因在约 1910 年所摄的塔里木盆地的木乃伊

个地区珍贵的传统和技艺仅保存在目前健在的少数工匠身上。

20 世纪 90 年代苏联解体，诸中亚共和国取得独立，联合国教科文组织等非政府组织通过资助手工艺术家，以及帮助他们在国际市场上出售产品，为这个地区的传统艺术和手工艺的复兴发挥了很大作用。但这一出于善意的举动，却导致许多手工艺术家专注于如何适应市场需求，如何为外国买家制作商业色彩浓厚的作品，而使得其创造性受到损害。当然，处于欧亚文化交流枢纽的地理位置，中亚一直以来就是这样一个地区：本地传统和外来的多元化影响关系紧张。尽管 5 000 多年以来，这一传统与外来影响之间的紧张关系形成了动力，刺激产生出了一些世界历史上影响力甚巨的艺术作品，但 21 世纪中亚的艺术家们又将如何平衡两者之间看似格格不入的关系，这仍有待观察。

进一步阅读书目：

Barber, E. J. (1991). *Prehistoric Textiles*. Princeton, NJ: Princeton University Press.

Benjamin, C. (1998). An Introduction to Kushan Research. In D. Christian & C. Benjamin (Eds.), *Worlds of the Silk Roads: Ancient and Modern* (Silk Roads Studies Series No. 2, pp. 31 – 49). Turnhout, Belgium: Brepols.

Bunker, E. C., Watt, J. C. Y., & Sun, X. (2002). *Nomadic Art from the Eastern Eurasian Steppes: The Eugene v. Thaw and Other New York Collections*. New York: Yale University Press.

Christian, D. (1998). *A History of Russia, Central Asia and Mongolia: Vol. 1. Inner Eurasia from Prehistory to the Mongol Empire*. Oxford, U. K.: Blackwell.

Errington, E., & Cribb, J. (Eds.). (1992). *The Crossroads of Asia: Transformation in Image and Symbol in the Art of Ancient Afghanistan and Pakistan*. Cambridge, U. K.: Ancient India and Iran Trust.

Frye, R. N. (1996). *The Heritage of Central Asia*. Princeton, NJ: Princeton University Press.

Hiebert, F., & Cambon, P. (Eds.). (2008). *Afghanistan: Hidden Treasures from the National Museum, Kabul*. Washington, DC: National Geographic.

Litvinsky, B. A., & Altman-Bromberg, C. (1994). The Archaeology and Art of Central Asia: Studies from the Former Soviet Union. *Bulletin of the Asia Institute, 8*, 47.

Pugachenkova, G. A., Dar, S. R., Sharma, R. C., Joyenda, M. A., & Siddiqi, H. (1994). Kushan Art. In J. Harmatta, B. N. Puri, & G. F. Etemadi (Eds.), *History of Civilizations of Central Asia: Vol. 2. The Development of Sedentary and Nomadic Civilizations: 700 b. c. to a. d. 250* (pp. 331 – 395). Paris: UNESCO.

Stein, A. (1933). *On Central Asian Tracks*. London: Macmillan.

186

Tanabe, K. (1993). *Silk Road Coins: The Hirayama Collection.* London: British Museum.

克雷格·本杰明（Craig Benjamin）文
蔡萌 译　陈恒 校

Art — China　中国艺术

中国艺术的范畴令人叹为观止，从青铜时代的精致器物、优雅的书法、纪念性的大型崖刻佛像、丝绸卷轴上的水墨山水画，到社会主义现实主义，甚至包括 2008 年北京奥运会期间的烟花表演（由中国著名设计师设计），所有这些元素构成了中国艺术延绵数千年的古老体系。中国艺术的发展不仅独树一帜，同时也是对其他文化的反映。

中国艺术作为中国文化的一部分，可以被视为世界上最古老和最具持续性的传统。它有时相对孤立，有时受到外来因素的重大影响。中国艺术所取得的卓越成就令人尊敬，尤其是在书法和绘画方面，以及 1 000 多年的山水画传统，中国的画家们习惯于通过这种方式来表达其对人生和大自然的感悟；虽然 21 世纪的中国艺术家们吸收了西方观念，但仍然大多遵循于其传统画法。

前帝制时代，约前 3000—前 221

中国艺术起源于约公元前 3000 年开始的农耕定居时代，主要是在中国北部平原地区。考古学家于 20 世纪早期发现了很多制作精良的楔形纹饰陶器残片，这些陶器具有不同的地域风格和文化风格。早期的艺术家们在陶碗或陶瓶上绘制抽象的鱼形或其他生物形状以作为装饰。从新石器时代开始，抽象风格和写实风格的对立一直是中国艺术史的一大特征。

约公元前 2000 年，随着城市与王朝的出现（商朝，前 1600—前 1046；周朝，前 1046—前

256），高度阶级化的社会也随之形成，出现了专职为皇室和贵族制作奢侈品的工匠。他们制作的物品有些供个人使用，有些则是做庆典和仪式的祭器之用，尤其是在祭奠先祖的一些仪式中。这个时代的墓葬中出土了很多玉器、象牙制品、漆器、金银饰品、铜质餐具等，由能工巧匠打造，并希望在逝者往生后这些器皿能继续服侍他们（也可能是为了抚慰逝者的亡魂以免他们祸及生者）。商朝出现了大规模的人类和动物殉

钺，商朝晚期，北京故宫博物院藏品。这个钺兽面上的奇特组合，正是商朝设计的一大特色。柯珠恩（Joan Lebold Cohen）摄

188 葬品。但在公元前第 1 个千年晚期，由于受儒家人文主义的影响，这种人类或动物殉葬逐渐被陶器、金属或木头器物(冥器)所替代。

实用而装饰精美的铜器，是最受欢迎且被研究最多的器物，彰显了所有者家族的财富和权力。这些器物约有 30 种基本形制，最常用的形制是鼎。有一些器物尺寸很大，重量超过 100 千克(约 225 磅)；有一些继承了早期陶器的形制；其他一些则雕刻成各种动物形态。这些祭祀用铜器所体现的艺术性及精湛工艺，远远超过了世界其他地方的铜器铸造技术。铜器的外表装饰有半抽象带状浮雕，有的采用羽毛和卷轴形态，有的采用鸟、龙、神兽等动物形态，大都反映了商朝时期对超自然世界的想象。最著名的是"兽面"(饕餮)——一种像面具的、双面的、有夸张的眼睛和眉毛的、无下巴的纹饰。这种图案象征着前儒学时期的神灵形象；即便是在 21 世纪的今天，仍有"通灵者"会佩戴无下巴的兽头面具。

铜器的仪式和陪葬功能贯穿这一时期，但到周朝晚期，尤其是公元前 600 年后期，艺术形式反映了中国社会与文化的改变。战乱和国家分裂导致了社会动荡，中国最伟大的哲学家们——老子、孔子和墨子都出现在这个时代。因此，这些错综复杂的涡卷纹饰和更早期的神怪面具丧失了古老萨满仪式的能量与神秘。铜器仍被用于陪葬，但使用了更松散、更优雅的纹饰。这一时期的器物也受到了 21 世纪收藏家们的青睐。

帝制时代早期，前 221—公元 220

考古发现，墓葬是研究秦代(前 221—前 206)到汉代(前 206—公元 220)艺术发展的最佳材料。迄今为止最大的发现是 2 200 年前秦始皇的大型兵马俑墓葬，他是统一中国的第一位皇帝，故称"始皇帝"。1974 年，有个农民在西安

"铜奔马"出土于甘肃武威市，东汉时期作品。这座战马铜雕暗示这匹马被赋予了神话般的神圣特质。柯珠恩摄

市附近挖井时被绊倒，意外发现了这一举世瞩目的考古奇迹。后续发掘显示，这些塑像不仅代表了当时高超的陶塑工艺，而且显示了令人惊叹的现实主义细节和个体的面部表情。

在随后出土相对略逊色的其他的汉代陵墓中，这种写实风格在陪葬的汉代小型歌舞、说唱俑上也有所体现。汉代墓葬传统中需要制作陶制房屋模型作为陪葬品，有些就带有猪圈、鸡舍等现实的细节设计。不仅如此，在房屋模型上绘制的装饰性图案也体现了这种写实主义，有一座模型的外墙上就描绘了两只乌鸦栖息在树枝上的场景(美国密苏里州堪萨斯城纳尔逊-阿特金斯艺术博物馆藏)，此类装饰图案正是 10 世纪花鸟画发端于此最早的现存证据。同时，花鸟画也在 10 世纪成为中国艺术的一支重要的独立流派。

更为华丽的由贵金属或次贵金属(金、银、铜)所铸造的墓葬品，进一步考验了当时工匠的

189

技艺,也显示了当时写实风格的走向。在甘肃省古丝绸之路遗址出土的一尊做工非常精细的青铜像,就与早期的大型抽象装饰的铜器截然不同,除了微缩骏马和双轮战车,其设计还包括车夫、伞盖和缰绳等逼真细节。更令人叹为观止的是"甘肃铜奔马",马以单蹄站立呈飞奔状。自然主义的精神通过这位不知名的雕刻工匠之手活灵活现地表现出来。

考古学家还在现今长沙市郊外马王堆墓葬中发现了中国对世界艺术及贸易有独特贡献的例证——丝织品艺术。泥沼地貌环境很好地保护了这位轪侯夫人墓中的物品,包括这位贵妇的衣物和遗体(半干尸状态)以及一幅呈 T 形的帛画。帛画上的绘画可追溯到公元前 2 世纪,表达了当时人们对宇宙的认知——天上、人间与阴间,同时也反映了汉代早期人类与超自然世界有紧密关系的信仰,该帛画现存于湖南省博物馆。

除了用传统观念解释帛画上的三等分图案,巫鸿于 1992 年在专著《礼仪中的美术》中认为,帛画其实由四部分构成。"天"理所当然占据最上方(T 形的横向部分),在右上角有一个太阳(与乌鸦形象重叠),左上角则是一弯新月和蹲伏的蟾蜍,汉代人想象中的先祖(人首蛇身)形象居中。星月下方则是群龙与神蛇。在水平部分与垂直部分的结合处,两位守门人正热情地迎接轪侯夫人。所有的形象都绘制得非常生动,几乎有些卡通的风格结合了人物与多变的动物形态,他们都漂浮在天空中。

在"天"之下的"人间"分为两部分,占据了整幅帛画空间的 1/3 以上:轪侯夫人准备进入往生世界——身处一座很高的屋顶之下,显示了通往天国的不易,此部分之下是她的家人在为她供奉祭品。最下面的第四部分是某种地下生物,像大力神赫拉克勒斯一样托举着整个世界。龙形的盘蛇围绕着这四部分。在中间部位以丝线帷幔缠绕一块环形玉璧(象征天)。将如此复

这幅 T 形帛画来自轪侯夫人墓,上面的绘画反映了汉代早期人类与超自然世界有紧密关系的信仰

杂的故事表现在一系列的空间组合中的技艺,展现了艺术家早期对叙事形式的掌握和趋向"现实主义"形象化的方法。

绘画与书法,220—589

透过轪侯夫人墓中的帛画,不仅能窥探到当时的社会与信仰体系,还可以了解中国的二

顾恺之绘于丝卷之上的《女史箴图》(局部),此图展现了仆人们在为皇室子弟梳洗打扮,而他们骄纵的父母只是充满溺爱地旁观的场景。大英博物馆

维艺术——绘画的早期发展。中国人发明了纸张和墨水,这无疑对世界造成了巨大的影响。造纸术和使用毛笔书写,后经丝绸之路传到了西方(与此同时,如佛教及其艺术形式等外来的影响也经丝绸之路传到了东方)。纸张与毛笔对中国的中央集权官僚政府的形成和文人雅士阶层的发展产生了深远的影响。绘画和书法在中国被认为是"高雅的艺术形式"。

大量的文学和历史资料表明,581 年隋朝建立之前的分裂的时代,对绘画的发展有着重要意义。但由于社会动荡、政治混乱,很多艺术品被破坏殆尽,当时的绘画作品存世不多,其中最为珍贵的是顾恺之(约 345—409)绘于丝卷之上的《女史箴图》。该图分为多段,展现了几百年来儒家思想崇尚道德的艺术观:画卷描绘了女子恪守妇道、遵从孝道以及言行得体的形象;有一幅画展现了一位妃子勇敢坚定地置身于一头准备进攻的熊和被吓坏了的皇帝丈夫与群臣之

间;另一幅展现了仆人们为皇室子弟梳洗打扮,而他们骄纵的父母则在旁边观看。画中人物轮廓笔锋稳健柔和,只有小部分上了水彩,展现了人物尤其是男性的面部细节。丝绸画卷(该卷约 3.5 米/11 英尺长)一般供人们私下观赏之用,三四人围成群,其中一人手执卷轴,一次展开一小部分来观赏。

那个时期的道教思想传承了祖先们感知自然的古老传统,认为艺术具有其精神价值,因此出现了以山水为题材的绘画,后来山水也成为中国绘画的一大主题。笔锋,作为表意的载体和作品结构的"骨骼",也成为中国人评判画作的标准。这种结合早在书法中找到了其最纯粹的表达。书法是一种极富表现力的书写艺术,通过各种不同的字体来彰显书法家所开创的风格。王羲之是那个时代最负盛名的书法家,也是后来书法家和精英文人的楷模。

佛教与中国艺术

从汉代晚期携带少量佛经与造像的和尚的出现,到 6 世纪佛教的兴盛,佛教的传入是除了近代欧洲的文化及军事入侵外,中国艺术所受到的最大的外来影响。佛教由从事贸易活动的印度和尚带来,通过两种途径传入中国:印度洋和东南亚的海路;以及中国西北部丝绸之路的陆路,当时西北部还是帝国的中心。关于佛教最早的视觉冲击来自带插图的佛经与和尚们随身携带的造像,随后中国人创造了属于他们自己的大型佛像和壁画。

191 汉朝覆灭后,中央政权土崩瓦解,随之而来的是社会的动荡,加之北方少数民族的入侵,使得佛教这种超脱世俗的宗教不仅在中国北部平原地区被接受,甚至也包括长江流域。佛教抚慰现世生命,并承诺死后的救赎。大型岩洞雕

刻和纪念性崖刻——这种在印度形成的艺术形式被移植到了中国,并改变了中国的艺术风貌。

北魏(386—534)的统治者们将佛教变成了中国北方绝大部分地区的国教,他们也因此成为佛教雕塑的重要支持者。大同(今属山西省)是北魏的第一个都城,统治者们在长城脚下建造了岩洞寺庙。受印度西北部和阿富汗的犍陀罗风格影响,寺庙内有大型石雕佛像以及颜色亮丽的壁画,这种风格本身其实是大量借鉴了古希腊罗马雕塑。在云冈石窟中,我们可以看到佛的塑像及其神殿依旧矗立。有些壁画的高度超过 30 英尺(约 9 米),描绘了《本生经》中佛祖的生平。这些壁画原本用金色和鲜艳的颜料画在原生岩石之上,现在仍保存完好,但岁月的洗礼使得它们看起来更为朴素,与古代希腊古典建筑和雕塑所呈现的褪色并无太大区别。

佛的形象(与佛教的形式)在传入东方时发

李昭道的绢画卷轴《明皇幸蜀图》。虽然原画作者是唐代的李昭道,但几乎可以认定现存画作是宋代的复制品

生了变化。中国的审美观和社会价值观为这一外来宗教及其艺术打上了自己的烙印,这一点在云冈石窟已有体现。在这里,丰满圆润、有曲线美的印度僧人形象变成了更为中国化的、穿着僧袍的形象,因为根据中国儒家道德规范,人们要避免暴露身体。后来北魏皇帝于 494 年决定将都城南迁至洛阳,该城以前是都城西安的陪都,他下令在伊河河岸的原生岩石上建造更为宏伟的龙门石窟,其中也包含描述佛祖生平的壁画。龙门的岩石是坚硬的石灰岩,且粒度和密度较高,与云冈的砂岩完全不同,所以可以进行更多的细节雕刻。

隋朝和唐朝的中国再度统一,统治者们继续资助在龙门建造更多的岩洞寺庙(超过 2 300 座岩洞、10 万座佛像,以及在 250 年间陆续完成的浮雕,龙门石窟拥有中国最具代表性的佛教雕刻)。由于来自印度的新一轮影响,佛祖和他的护法褪去了他们僵硬的、空洞的姿态,佛的形象再一次改变,佛像的塑造更倾向于柔软、圆润的观感,有时也用木头或者铜作为材料。

5—12 世纪期间受印度和中亚文化影响的岩洞寺庙壁画,记录了在这一段历史长河中中国宗教绘画的演进。保存最完好、规模最大的是莫高窟(甘肃省戈壁沙漠中的敦煌绿洲)492 个岩洞中墙壁和天花板上的壁画。很多炫目多彩的壁画展现的是佛祖的正面像,佛祖端坐在分层排列的金碧辉煌的宫殿中。其他壁画的内容则来源于《本生经》,讲述了佛祖的前世。壁画中包含一种异域风格的图案,也即儒家道德观认为不雅的飞天形象。飞天作为没有翅膀却也能翱翔天际的神(女性),穿着暴露的印度风格服饰,借助透明的丝带飞行。壁画画家使用了深色调绘制飞天,并通过明暗对比来突出形体。

这些被沙漠干燥的空气所保存下来的壁画还有两个值得提及的方面,不光是画作主题本身,用于衬托主题的背景也值得注意。首先,这类画作经常是佛祖端坐于中国风格的宫殿中,

画面是中国最古老的木结构宫殿形制,更突出横向而不是纵向的特征,由很多院落和覆以金色瓦片的飞檐屋顶构成。这种建筑形制被继承下来,其最近的传承就是北京的清代皇宫(故宫)。其次,也是与中国绘画更为相关的,敦煌绘画有时会以自然风景为背景,其色彩的选择也值得注意,尤其是与后来基本使用单色墨水或淡水彩的中国山水画相比。唐代的画家在画山川、峡谷、河流时使用鲜明的蓝色和绿色,这种色彩组合在山水画中占大多数。这些直接以大自然为主题的绘画出现于晚唐时期,并在之后的朝代得以延续。

这种使用蓝绿色矿物颜料在非宗教背景下绘画的最著名例子,就是绢画卷轴《明皇幸蜀图》。虽然原画作者是唐代的李昭道,但几乎可以认定现存画作是宋代的复制品(中国人对过去艺术品的尊崇使得复制原品成为普遍行为。有时可能是伪造,但更多时候是为了保护珍贵的文化艺术品,因为有些材料如丝绸、纸张等很容易腐烂或破损)。

这幅画详细地叙述了唐代的一个著名历史事件,即"安史之乱"后皇帝被迫逃离都城的故事。画面上一队戴黑帽的侍臣陪护着流亡的皇帝骑马穿越三座陡峭的山峰间的过道。女性则戴着面纱和宽檐帽,呈一列纵队在狭窄的道路上行进。该画构图精彩绝伦,画面向天空倾斜,以表现空间深度,而碧绿的山峰直插云霄。

文人艺术的出现: 宋元时期

中国社会在整个中国历史的中期经历了巨大的变革。就艺术方面来讲,随着文人阶层的出现,社会地位和文化领导权趋于整合。文人阶层指的是精通古文并希望通过科举考试获得官职的人。科举考试是一种官员录用机制,更看重应试者的才能而非其家族的影响力或政治关系。在无数的应试者中,只有极少数人能通过这种严

格的考试并获得高分,同时谋得官职(女性无法在朝廷获得官职或参加考试,但她们通过学习古文和其他儒学相关知识,能使自己成为更优秀的妻子或母亲)。大量的男性应试"落榜者"形成了拥有土地的乡绅阶层,他们为当朝的儒家思想传承和社会安定做出了重大贡献。文人看上去要比武夫"文雅"得多,也有一定的艺术鉴赏力。虽然这种趋势在汉代就已经开始,并在唐代得以延续,但儒学中的文治思想直到宋朝才完全实现;当然文治的背后也有着与皇权的紧张关系,以及皇权背后的军事力量。

中国古代文人艺术的非凡成就在全世界是独一无二的,因为他们在创造艺术的同时也消费艺术。最重要的是,文人艺术至少在一段时期内是不受宫廷影响的。这些男性艺术家在文化上的威望,也在某种程度上成就了他们的社会地位。文人艺术的形式大都是"笔的艺术":书法、诗词歌赋以及绘画。

在 10 世纪,一些后来非常著名的山水画大师开始不再将"风景"只作为人类活动的背景,山水画成为最重要的一种绘画类型。这种现象可以追溯至老子哲学中对自然的敬畏,同时也关联到儒学中自我尊崇的思想。艺术家们更倾向于表达自己的想法,而非迎合富人或特权阶层的喜好。而欧洲在几个世纪后才发展出类似的风格,因此有些艺术史学家认为在这个时代末期开创了中国绘画的"现代风格"。

以大幅壁挂式山水画卷轴为代表的宋代上半叶,是较多真迹被保存下来的最早时期,也因其艺术与市场价值而使得今人仍大量进行仿制和伪造。11 世纪的一幅杰作,宋代画家范宽的《溪山行旅图》,台北"故宫博物

宋代画家范宽(活跃于约 1023—1031)的《溪山行旅图》。范宽在这幅约 7 英尺(约 2.1 米)高的画作中采取的视角,暗示了自然的伟大与人类自身的渺小

院"藏,尺幅巨大(206.3×103.3 厘米,约 7 英尺高),立意高远。整幅画作包含三个画幅,前景位置的最小画幅创造了极大的空间和景深,诠释了

南宋画家夏圭的绢本卷轴水墨画《山水十二景图》(细节)。仅用为数不多的灵巧笔锋就勾勒出了风景细节

中国人对透视法的独特表达。居于画幅最下方约 1/8 处使用极富质感的水墨笔法绘出了一组岩石。接下来的画幅描绘了两个人物赶着一队骡子从画面右侧进入;一座桥横跨陡峭的山峰,山上有枝繁叶茂的树木生长,树干轮廓以黑色描绘;右侧山峰与树林之上可见一座庙宇。在占据整幅画面约 2/3 空间的第三片画幅中,是一座巨大的山峰若隐若现,画者使用紧凑的干墨笔锋营造出一种巨型山峰巍然耸立的视觉效果。有一条瀑布仿佛劈开山体顺流而下,好像是装饰了一条丝带,在山脚的岩石上激出舞动的韵律,飞溅的水汽使山脚处云雾缭绕。该场景体现了一种自然主义。作者将风景描绘得如此清晰,以至于观者仿佛置身其境:感叹自然的伟大与自身的渺小。

这个时代的其他天才画家如郭熙(1020—1090)、李唐(1066—1150)等,也将这种现实主义的新艺术形式在山水画中付诸实践。宋徽宗(1100—1125 年在位)也是一位卓越的画家,并亲自掌管宋朝的书院。也许正是由于他过于痴迷艺术,而忽视了国家的治理,最终导致北方的金国入侵都城汴梁(今开封市)。随后,宋朝廷向南逃往杭州,其子以杭州为临时都城建立了南宋(1127—1276)。

南宋皇帝高宗(1127—1162 年在位)在杭州重建了书院。美丽的西湖湖畔,山川环抱、植物繁茂、云雾缭绕,新的王朝、新的环境激发了艺术家们的灵感。与此同时,南宋的统治者们不再是传统意义上"中国"的主人,他们是北方征服者的手下败将。失去故土,使他们也失去了信心,变得更为内向,活着只是为享受眼前的快乐。他们认为,描摹自然这种"形似"变得没有价值了。

南宋绘画风格在立意和尺寸上都变得更收敛,创作了很多像放电影一样慢慢展开以供私下观赏的卷轴。艺术家们不再绘制精确展现自然奇观的宏伟风景,转而专注于某些局部细节来表达其情怀,这种现象被中国艺术史学家高居翰(James Cahill)称为"梦境与现实的交织"。南宋两位杰出的书院艺术家马远(活跃于约1190—1225)、夏圭,运用明暗对比、大面积留白等简单的形式来表达一瞥即逝的尘世。从夏圭《山水十二景图》(绢本卷轴水墨画,高 28 厘米[11 英寸],长 2.31 米[7.5 英尺])的残存部分来看,他运用水墨巧妙而完美地展现了雾气弥漫中的风景,仅用为数不多的灵巧笔锋就勾勒出了草、树、渔夫及两个弯腰负重者等细节。

"马-夏边角绘画风格"是对南宋大家画风的创新称谓,他们通过非对称构图来表现空间感。

195

沈周的《有竹庄中秋赏月图》，宣纸水彩画。他是以诗文入画的第一人，在自然景物中凸显诗文

马远的绢本团扇《月下赏梅图》（美国大都会艺术博物馆藏）即展现了这种具有独特魅力的非居中构图风格。嶙峋的崖谷和山峦占据了幅面的左下方，一位身着白袍的男性正凝望直指明月的梅梢，明月处于画幅的右上角，仿佛是漂浮在浩瀚的天宇中。

虽然元朝（1206—1368）的蒙古征服者们在很多方面对中国造成了破坏，但艺术仍然继续繁荣。很多宋代学者拒绝为"野蛮"的外来统治者服务，转而投身追求绘画、诗词歌赋与书法。倪瓒（约 1301—1374）就是其中一位，他虽出身富贵，却放弃了继续为官。他的绘画摒弃了从下至上的近、中、远景的空间构图传统，他的画中往往没有人物，树木、岩石、山川排列规整，学者对此的解释是反映了艺术家由于国家被外族占领所产生的孤独感以及对简单生活的向往。高居翰评价倪瓒的干笔风格为："不露情感，压抑而静止。"

元代末期的山水画风格因文人的追求和不受制于朝廷而有所扩展。王蒙（约 1308—1385）的画作也展现出一种冷峻的氛围，他用树木、岩石、溪流、建筑、动物、人物填满绢纸的每个空白。方从义（1301—1393）的画风则更有力、更具个人风格和感情色彩，以墨画树，线条流畅。他以有力的黑色笔锋勾勒的山体直冲而上，山顶被植物伞冠覆盖，远处阴影中的群峰若隐若现。

随着明朝的建立，汉人对国家的统治得以恢复，文人在中国高等文化中的主导地位也得到了强化，但他们对艺术的品位并没有完全占据主导地位。随着明朝经济的加速发展和城市化，流行文化和艺术开始复苏。和欧洲同时期一样，中产阶级开始崛起，并发展出不同于农村民间文化的中产阶级文化，而便宜且普及的印刷术的应用则促进了其繁荣（然而大部分乡土画和供中产阶级消费的民间印刷品并未保存下来）。虽然这一时期的历史仍与上流社会艺术有着各种联系，但就像很多艺术史学家所认同的那样，这一时期的艺术无疑是全球艺术史上最复杂的传统体系。

明朝时期有意将当时的艺术领军者招入朝廷，并形成了所谓的明代书院。这些艺术家们创作异常精美的水彩花鸟画，同时还包括肖像、历史、风俗画等题材。与此同时，在南宋、元代小有名气的非专业文人艺术家的崛起，也构成了中国艺术中更重要的一部分。沈周（1427—1509）就是一位杰出的文人画家代表，他出身书香门第，通过临摹掌握了很多绘画风格。由于精通古风，沈周创造了属于自己的风格，他是以诗文入画的第一人，在自然景物中凸显诗文，通过在画作中加入精美的书法从而使意境得以升华。在他的《有竹庄中秋赏月图》（宣纸水彩画，波士顿美术馆藏）中，作者与友人在满月当空、湖水环绕的草棚中对饮。画中的诗文表达了他对友情的赞美和对转瞬即逝的生命的由衷感叹。

明朝晚期的董其昌（1555—1636），集士大夫、画家、理论家于一身，是那个时代的代表人物。

否有感染力，而并不在于是否真实还原了自然。

董其昌山水画中的近、中、远景不太协调，是有意为之。他故意将画幅空间扁平化，使山川、树木、岩石呈半抽象形态，而非具象化。在《秋山图》中，董其昌展示了其创新精神，画中景物的安排随心所欲，蜿蜒的山脉环抱大地与森林向远方延伸，犹如士兵在等待画家的指令。

最后的王朝，1644—1911/1912

清军入关，开启了清朝的统治时代（1644—1911/1912）。在设法安抚儒家文人阶层的同时，满族统治者也开始热衷于中国高等文化。最终，中国的文人画家与满族统治者达成和解。但也有一些"忠诚之士"拒绝向清廷妥协，可能是由于他们的创造力，也可能是因为他们与前朝的血缘关系，故而表现了其民族主义精神，并为后世所尊敬。值得一提的两位是朱耷（1626—1705）和朱若极（1641—约 1718），他们的笔名更广为人知，分别是八大山人和石涛。

朱耷是明朝的皇家子弟，18 岁之前都过着奢侈的生活，直到明朝覆灭。随后他佯装疯癫，逃到一座佛教寺庙中以躲避清廷的迫害。他从此改名八大山人，通过创作花、鸟（所画的鸟大都表情愤怒且只有一条腿）、鱼和其他动物来宣泄其绝望的情绪，并也画一些山水画。他的黑色笔锋力道浑厚，并在纸上肆意延伸。他的作品与佛

董其昌的《仿宋元人缩本画及跋册》之仿范宽《溪山行旅图》。他集士大夫、画家、理论家于一身，是明朝的代表人物，他提倡保护学者的价值和传统。台北故宫博物院收藏

他的中国艺术史观点将中国的画家分成两个流派：北派（保守），特点是专业画师精工细作以强调绘画技巧（有时他把这一类型归为"艳俗"）；南派（激进），特点是画师笔法自由飘逸、表现力强，追求个人风格（两派并非以地理学意义上的南北区分）。董其昌还将书法中如"开阖""起伏"等概念引入绘画中。他提倡在作画前应先向古代大师学习，要明白一幅画的好坏取决于作品是

197

教的禅道不谋而合,旨在从大自然的点点滴滴中寻找真谛。石涛是另一位明朝皇家子弟,清朝掌权时他只有 2 岁。石涛自律的隐居生活受到广大儒家文人的尊敬,他对原创性的重视,使他成为现代中国水墨画的代表人物。他的山水画有时趋于抽象,比如在其一本简单命名为《山水》的画册中,有一幅画是一个和尚坐在小茅草棚里,对人物轮廓下重笔勾勒,而零星植被覆盖的山地仿佛要将他吞噬。点状笔触传统上是用来描绘岩石上的微小植物的,而在石涛的作品中却占了更重要的位置。石涛对点状笔触的运用显然影响了吴冠中(1919—2010)。吴冠中的作品《松魂》(1984)虽然是抽象表现主义,但仍表达了对中国传统的敬意。

早在以清王朝的名义统治中国以前,满族人已经吸收了很多来自中原的习俗,并继续对中国艺术表示尊敬,因为中国艺术是建立在学习古人的风格和技巧之上的。因此,清代的文人画作也比较正统和规范,尤其是 17 世纪晚期到 18 世纪早期著名的"四王":王时敏(1592—1680)、王 鉴(1598—1677)、王 翚(1632—1717)、王原祁(1642—1715)。但绘画还是充斥着个人主义思潮,以及认为艺术是艺术家个人道德特征的体现。18 世纪出现了一群被称作"扬州八怪"的艺术家,扬州是当时长江下游地区繁荣的贸易中心,这群艺术家在那里工作,故得此名。他们延续了这种思维,迎合朝廷对具象主题(更多的花鸟)的偏好,这类主题与山水画相比更显明快,而且能从中获得更多的商业利益。

很多人声称,在经历了元朝被蒙古人统治的沉重打击后,中国文化开始采取一种内向的所谓"长城"心态。这种说法略显片面,不过很早就已经中国化的"外来"佛教艺术确实丧失了其创造力。16 世纪通过海路与欧洲的系统性接触,中国艺术的某些方面受到了一定影响,主要是通过耶稣会士带来的欧洲印刷品。这种影响

可以从 17 世纪晚期以及后来的肖像画,及 17 世纪早期运用定点透视法绘制的山水画中找到证据。总的来说,中国的文人艺术家们认为欧洲绘画很奇特,并不是成体系的艺术。清朝的皇帝们却很喜欢这种具象的绘画技法和明暗对比的风格。天主教耶稣会传教士郎世宁(Giuseppe Castiglione,1688—1766)在 1716 年左右成为宫廷画师,和他的中国助手一起尝试西洋技法与中国传统艺术的结合。

中国瓷器对全世界,包括欧洲的影响非常深远。中国拥有历史悠久的高超的瓷器烧制技术,并在宋代和明代达到巅峰。尽管是出于手艺人的艺术,瓷器作为工艺品还是受到了皇室和文人的欣赏。著名的烧制瓷器用的窑都为皇室所有,比如江西景德镇,但无著名的瓷器工匠。瓷器是中国对世界贸易和文化的重大贡献,但是瓷器并非文人表达自己精通高雅文化的艺术形式。

艺术史学家普遍认为中国艺术的发展在 19 世纪陷入停滞,即便是没有衰落。但这种说法过于简单。通过分析 19 世纪中叶的外国入侵和连年内战,在这一中国历史上最黑暗的时期我们仍可以看到,清朝末年的文化变革开始逐渐对中国艺术家产生影响。英国人取得 1840—1842 年第一次鸦片战争的胜利后(第二次鸦片战争发生于 1856—1860 年),战败的清政府被迫开放 5 个通商口岸供外国人生活及从事贸易活动。通商口岸的开放也带来了世界其他国家的新事物,主要是书籍、杂志、技术及原材料等,比如日本的木刻版画。这些与中国的传统方式非常不同,也促进了新观念的传播。

由于西方军事存在所带来的威胁,中国爆发了太平天国运动,起义持续了相当长的时间,并造成了巨大破坏。1864 年,清政府最终镇压了这次农民起义。在法国占领邻国越南以及 1895 年清军被日本打败后,中国人的压力越来越大。1900 年,八国联军在义和团运动中击败

林风眠（1900—1991）的《读书仕女图》。20 世纪 30 年代的中国画家们更多强调现实主义而不是西方艺术的抽象主义，他们得到了当时国民政府的更多支持。柯珠恩摄

了清军。很多学者也发现，中国 19 世纪的水墨画发展确实陷于停滞。

那个时代的人认为理想化的山水画缺乏感染力和创造性，而且与当时中国城市开始的国际化以及农村逐渐失去原始风貌的社会现实没有太大关联。但实际上，中国传统艺术正逐步发生着微妙的变化。19 世纪后半叶，古代"金石"铭刻风格的书法绘画开始在上海这座现代都市复兴，文人山水画这一大流派被花鸟人物画夺去了光辉。这绝不是说中国艺术在这时丧失了其创造性。尤其是当时上海的"四任"（任颐、任熊、任预、任薰），他们一方面固守中国水墨画传统，一方面期待着来自西方的挑战。

当代中国

现代科学引入中国与中国艺术革命直接相关，在始于晚清出现的第一个西洋学堂中，西洋绘画也是当时课程的一部分。中华民国于 1912 年建立后，软弱的民国政府阻碍了教育改革的进行，即便当时的教育部长蔡元培坚持认为艺术是现代文化与精神价值观的核心部分。几年后，民国时期著名油画家、美术教育家刘海粟（1896—1994）在上海成立了第一家私立美术学校。到 20 世纪 20 年代，其他大城市如广州、北京等也相继出现了美术学校，主要由从欧洲或日本留学归来的青年艺术家教授西方艺术，如油画、雕塑、设计等课程。他们是反传统的一代人，又执着于中国文化的复兴。

他们的努力保留了中国艺术整体的一小部分，且仅限于大城市。1927 年国民（国民党）政府于南京建立后，他们也受到了更多来自国家的支持。随后的 10 年间是引进西方艺术成果最为丰厚的一个时期，从正统的学院派画家（以徐悲鸿为代表，他曾在法国巴黎艺术学院进修过油画），到以杭州的林风眠、上海的庞薰琹为代表的现代派画家，所有这些西洋艺术对于中国来说都是全新的和"现代"的。但这两个流派也有着鲜明的区别：一方的前卫派将后印象主义、表现主义、超现实主义等最新的西方现代风格看作激发中国文化现代思维的"休克性疗法"；另一方则认为像科学现实主义这种西方传统艺术风格才是出路所在。

水墨画家在数量上还是占绝对优势，并在不断增长的城市艺术市场上占据了绝大部分份额。他们中有些人坚持传统，有些人则通过画廊和画展这种更现代的创新举措以使传统艺术

200

黄宾虹的风景画(1982)。即使中国帝制结束后,风景画仍然在继续发展,艺术家们在传统范式内加入了更多有活力的元素。柯珠恩摄

保持生命力。两位最著名的风景画家黄宾虹(1865—1955)和张大千(1899—1983),都呼吁水墨画家们要表现出更多的创意,并在传统范式内加入更多有活力的元素。黄宾虹在墨色浓度的深浅方面做了探索。张大千则大胆运用色彩,尤其是在他 20 世纪 40 年代探访了敦煌莫高窟后。他在那里对佛教壁画进行了临摹,希望从过去获得灵感以激发当代的创作。20 世纪最著名的艺术家齐白石,曾是木匠,后来才成为文人画家。他通过使用鲜明的色彩画普通的事物如菜园里的蔬菜、鱼、虾、篮子等,给中国文人艺术传统注入了全新的活力。此外,张大千的书法、诗词、篆刻也体现了当时的社会文化,而且他的个人形象也与他的艺术风格非常契合。

日本于 1937 年全面入侵中国,也使中国艺术政治化。其实早在此前,这种趋势就已经出现,比如中国著名作家鲁迅所支持的左翼木刻运动。木刻印刷曾是中国一项古老的技术,但却成为新时期的一场运动。新运动力量和扭曲的风格受到了德国表现主义艺术家凯绥·珂勒惠支(Käthe Kollwitz)和现代俄罗斯版画家的启发,中国人借用这一主题作为日本占领时期社会批判与爱国运动的标志。在抗日战争期间,很多年轻艺术家加入了中国共产党,并扎根大西北的抗日根据地,他们的艺术也开始转向农村题材。

由于传统水墨画与封建制度有着千丝万缕的联系,因此在 1949 年被认为是旧社会的产物。很多水墨画家为了争取这门艺术的地位而激烈斗争,并与中国文化民族主义产生了共鸣,尤其是在 1960 年中苏决裂后。新的艺术形式保留了社会主义现实主义风格,但使用墨汁与水彩作为绘画颜料。重要例证就是曾从事木刻艺术的杰出革命艺术家石鲁(1919—1982)创作的水彩画《转战陕北》(1959)。画面中毛泽东的身影小而传神,他以胜利者的姿态站立,眺望着陡峭山谷中红色的滚滚革命洪流。

齐白石(1864—1957)所画的《鱼虾图》。他偏爱被精英画家们忽略的世俗主题。柯珠恩摄

民国时期著名油画家、美术教育家刘海粟在上海成立了第一家私立美术学校。柯珠恩摄

邓小平执政后,他的改革政策使得传统水墨画和其他非政治艺术重新回归。

虽然暂时停滞,但随着中国经济文化对外全面开放,新一代的艺术家对现代西方风格的探索已不可避免。20 世纪 80 年代中期,"新美术潮"兴起,尤其在中国最著名的高等美术院校中。

随着中国在 20 世纪末与世界的更加融合,艺术的发展也没有停下脚步。20 世纪 90 年代出现的一些艺术风格很受国外买家的欢迎,比如"玩世现实主义"和"政治波普",一批年轻艺术家也因此成为艺术市场的新星。有些艺术家将绘画与装置、表演艺术结合起来在西方展出并广受好评,从而成为中国乃至世界艺术名人。比如谷文达和徐冰,他们都长期生活在美国,他们通过书法或版画的方式创造一些没有意义的汉字来解构中文书面语言,在西方引发了一股对在建成文化体系的根基中寻找乐趣的后现代风潮。蔡国强是另一位旅居海外的艺术家,他因使用火药创作大规模烟花而出名,他曾受邀设计 2008 年北京奥运会焰火表演。

在新千年之初,中国艺术从国内迅速扩展到全球,是对中国艺术创造力和创新力的肯定。即使这一刻来得晚了些,中国人还是为能得到艺术世界的认同而感到欣慰。因为他们历尽艰难所取得了成就:创造既属于中国又属于世界的全新艺术。

203

进一步阅读书目:

Andrews, J. & Kuiyi Shen. (1998). *A Century in Crisis* [Exhibition Catalogue]. New York: Guggenheim Museum.

Barnhardt, R. M.; Fong, Wen C.; & Hearn, M. (1996). *Mandate of Heaven* [Exhibition Catalogue]. Zurich: Rietberg.

Cahill, J. (1985). *Chinese Painting*. New York: Skira/Rizzoli.

Cahill, J. (1976). *Hills beyond a River*. New York: Weatherhill.

Cahill, J. (1978). *Parting at the Shore*. New York: Weatherhill.

Cahill, J. (1982). *The Compelling Image*. Cambridge, MA: Harvard University Press.

Cahill, J. (1982). *The Distant Mountains*. New York: Weatherhill.

Chang, K.C. (1983). *Art, Myth and Ritual*. Cambridge, MA: Harvard University Press.

Ch'en, K.K.S. (1973). *The Chinese Transformation of Buddhism*. Princeton, NJ: Princeton University Press, Princeton.

Chiu, M. & Zheng Shengtian. (2008). *Art and China's Revolution*. New York: Asia Society.

Clunas, C. (1997). *Art in China*. Oxford, U.K.: Oxford University Press.

Cohen, J.L. (1987). *The New Chinese Painting, 1949 – 1986*. New York: Harry N. Abrams.

Hearn, M.K. (2002). *Cultivated Landscapes*. New York: Metropolitan Museum.

Hearn, M. K. (1996). *Splendors of Imperial China*. New York: Rizzoli.

King, R. (2009). *Art in Turmoil: The Chinese Cultural Revolution, 1966–1976*. Vancouver: University of British Columbia Press.

Lee, S. E. (1974). *The Colors of Ink* [Exhibition Catalogue]. New York: Asia Society.

Puett, M. J. (2002). *To Become a God*. Cambridge, MA: Harvard Yenching Institute.

Rogers, H. (Ed.). (1998). *China 5,000 Years: Innovation and Transformation in the Arts* [Exhibition Catalogue]. New York: Guggenheim Museum Publications.

Sickman, L. & Soper, A. (1960). *The Art and Architecture of China*. Baltimore, MD: Penguin Books.

Sullivan, M. (1996). *Art and Artists of Twentieth Century China*. Berkeley and Los Angeles: University of California Press.

Wu Hung. (1992). Art in a Ritual Context: Rethinking Mawangdui. *Early China*, 17, 122.

Yang Xin; Barnhart, R. M.; Nie Cheongzheng; Cahill, J.; Shaojun. L.; Wu Hung. (1997). *Three Thousand Years of Chinese Painting*. New Haven, CT: Yale University Press.

Yiu, J. (2009). *Writing Modern Chinese Art*. Seattle: Seattle Art Museum.

柯珠恩（Joan Lebold Cohen） 文

郭适（Ralph C. Croizier） 文

常程 译 陈恒 校

Art — East Asian and European Connections
艺术——东亚与欧洲的纽带

当贸易为罗马的编织者带来中国的丝绸时，东亚与欧洲艺术在约公元 100 年左右互相交融。从 1200 到 1500 年，欧洲人进口中国的瓷器，并在陶器的基础上创建具有中国艺术风格的制陶艺术。19 世纪，欧洲艺术家发展了日本风，这是一种融合日本版画与欧洲意象的风格。20 世纪西方世界对东亚传统艺术与宗教信仰的进一步关注，影响了现代西方艺术。

约公元 1 世纪，罗马帝国与中国通过丝绸纤细的丝连接在了一起。这种丝绸从东汉国都洛阳穿越了 11 000 多千米到达罗马。罗马的编织者缺乏梦寐以求的桑蚕，他们依靠进口中国生丝生产出罗马上流社会渴求的奢侈面料。然而，两个文化中心之间遥远的距离抑制了庞大的商品流量。尽管用商品、药草、宝石与黄金交换丝线的贸易很繁盛，但是中国的艺术几乎没有对罗马的艺术或者贸易路线上其他地区的艺术产生影响。

9 世纪，一些比生丝更重的物品比如中国的瓷器，沿着海运贸易路线向西输送。阿拉伯旅行家伊本·白图泰曾提及这些"绿色的罐子"从中国南方港口装船，沿着非洲东海岸运往富裕商人的故乡。伊本·白图泰的描述完美地表现了该瓷器的色泽从灰色到黄绿色的特点。这在后来在西方被称为青瓷色（celadon）。这些古老的陶瓷制品在 3、4 世纪日趋完美。作为中国陶瓷产业的主力产品，青瓷被大量生产，数量之多以致威尼斯旅行家马可·波罗（Marco Polo,

1254—1324）惊叹于普通中国人吃饭都用瓷碗——有着坚硬的、玛瑙贝光滑表面的瓷碗。在欧洲，青瓷精致的外表与难以捉摸的颜色促进了这些优质的瓷器从餐桌到古玩柜位置的荣誉转换。有趣的是，这些珍贵的进口商品经常被加以装饰以符合欧洲人的品位。据传闻，"格雷纳·普斯利尼"（grene pursselyne）的碗，由英国坎特伯雷大主教威廉·瓦哈姆（William Warham，约 1450—1532）赠送给牛津大学新学院，该碗以镀金白银为背景，象征着其作为展览的小艺术品被接受。它们与一些类似的瓷器一样得到优待，拥有着华丽的底座。

在亚洲，作为财富与高品位的象征，精选的瓷器装饰了帝国的餐桌，不过，直到 19 世纪晚期，亚洲的瓷器一直具有实用性。之后，清王朝停止资助制造优质商品。

中国青花

马可·波罗在 1275 至 1292 年间在中国逗留，当时蒙古统治者忽必烈可汗（Khubilai Khan）的领地从太平洋延伸到多瑙河，从喜马拉雅山脉到达西伯利亚森林（当马可·波罗的日记出版时，中国的英语化的名字 Cathay 或 Catai 才在欧洲流行起来）。蒙古帝国在其国境内包含了北京、撒马尔罕、哈拉和林、莫斯科、朝鲜半岛、部分东南亚地区以及被誉为伊斯兰世界王冠上的宝石的巴格达。这个广阔的帝国是一个巨大的贸易区，纸币（依靠贵重金属与丝绸）在这些地区促进了商品的交换。无一例外，这些商品都不是蒙古人自己生产的。在忽必烈可汗统治时期出现了一种新的瓷器，在陶瓷制品历史上注定要成为最成功的发明——中国青花瓷。

用来在白色的瓷器上绘制明亮的蓝色图案的钴类颜料，最初是从波斯（伊朗）进口的。居住在中国南部港口城市的波斯商人，可能是这种瓷器最初的主顾。一些早期青花大浅盘庞大的

尺寸，是为习惯于使用大盘子的顾客而设计的，就像波斯人一样。无论如何，青花瓷的需求迅速传遍了整个世界，这也导致人们对青花瓷制造秘密的猜测。曾为萨克森选侯的波兰国王奥古斯特二世（Augustus the Strong，1670—1733），赞助约翰·弗里德里希·伯特格尔（Johann Friedrich Böttger，1682—1719）做实验生产瓷器，这种努力促成了 1710 年在梅森（Meissen）、萨克森（Saxony）建立工厂。欧洲的瓷器制造业并没能打断来自中国与日本的瓷器贸易。在整个 18 世纪，这种贸易一直维持，仅 1774 年就有超过 100 万件瓷器进入北欧市场。

中国艺术风格

中国瓷器上的印花图案为中英混合式园林（Anglo-Chinese gardens）的设计提供了灵感来源，这种风格曾风靡于 18 世纪早期的英国。瓷器物品的图片激发了大量的欧洲与美国的复制品的产生：在英国，皇家园林内矗立的宝塔、汉普顿宫刻拱形的浮雕工架桥（如今已被摧毁，但是因威尼斯画家卡纳莱托［Canaletto］的雕刻品而闻名）、奇彭代尔式（Chippendale）椅子的浮雕细工双臂；在美国，托马斯·杰菲逊为弗吉尼亚大学设计了围墙。商人住宅的景观也绘制在出口的瓷器上，就像那些有插图的明信片为人们提供了中国室内设计与家具摆设的缩影。这些缩影，不但通过去亚洲旅行者的报道所侧面证实，而且为中国艺术风格提供了基础素材。画家兼设计师弗朗索瓦·布歇（François Boucher，1703—1770）就是这种混合风格的大师。布歇的《中国捕鱼风光》（*Chinese Fishing Party*，1741），将拥有亚洲面容的演员与缥缈的法国环境完美地调和在一起，这一创作迎合了他的保护者法国国王路易十五（Louis XV）与蓬巴杜侯爵夫人（Marquise de Pompadour）的品位。

中国风并非专门描绘中国主题。日本的主

205

位于英国皇家植物园（伦敦）内的宝塔。19 世纪，"中英混合式"园林曾风靡一时

题也被包含在这些洛可可式的幻想中，反映了长期存在的日本商品贸易。到 1639 年，荷兰人的商业据点在长崎港口德士马岛（Deshima Island）建立，出口有田与伊万里瓷器（Imari porcelain），荷兰工厂有时会模仿烧制这些瓷器。德士马岛成为满足对外贸易需求的唯一港口。那里是富有进取心的日本人获得欧洲艺术、科学与技术知识的唯一之地。

1853 年，美国海军上将马修·卡尔布莱斯·佩里（Matthew Calbraith Perry，1794—1858）到达日本，他的帆船和蒸汽动力船舰队停靠在下田海港。紧接着，他们通过谈判成功地达成了神奈川与下田的条约，保证了日本与美国之间的贸易。由于类似的这些条约，世界成为一个由风与蒸汽、电报、报纸相连的巨大的贸易区，国际博览会（其实是贸易展览）为国家最

有价值的产品做广告。亚洲展览包括了各种各样的瓷器、线条清晰的漆盒、精致的金属制品、令人惊奇的纺织品，还有在某些情况下是茶馆和花园的复制品，以及村庄的缩微模型，这赋予了纸质图像以生命，人们通常使用新发明的立体感幻灯机来观看这些图片。世界公民开始互相了解并彼此分享最好的产品。

日本主义

日本的木版画有时也会进入贸易展览目录。虽然它们在日本不被视为上等艺术，但是这些印有演员、交际花与风景的多彩的图片还是逐渐传入欧洲。它们极大地吸引了欧洲艺术家。比如莫奈（Claude Monet，法国，1840—1926）这样的艺术家，他在这些印刷品中找到了打造现

代风的灵感和信心。莫奈将日本彩色木刻水印画挂满了他的餐厅墙壁，建造了有拱形木桥的日式花园，并让他的妻子穿着明艳的日式和服，倚着挂满日本团扇的墙壁摆姿势。那幅《日本印象：穿和服的女子》(La Japonaise：Madame Monet in Japanese Costume，1876)，与由玛丽·卡萨特(Mary Cassatt，美国，1844—1926)、高更(Paul Gauguin，法国，1848—1903)创作的其他日本主义作品一起展出。一些艺术家则直接借鉴了这些画作的形象。如高更借鉴了葛饰北斋(Hokusai，1760—1849)的《漫画》(素描集)中的形象，将一幅摔跤人物的素描直接加入他的《布道后的幻觉》(Vision after the Sermon，1888)中。梵高(Vincent van Gogh，荷兰，1853—1890)临摹了歌川广重(Hiroshige，1797—1858)的《大桥安宅骤雨》(Evening Shower at Atake and the Great Bridge)，为《名所江户百景》(One Hundred Famous Views of Edo，约 1856—1858)系列版画之 58。惠斯勒(James McNeill Whistler，美国，1834—1903)的《黑色与金色下的夜曲：坠落的烟火》(Nocturne in Black and Gold：The Falling Rocket，约 1875)，应该感激歌川广重同一主题的版画作品。

这些日本版画在上述艺术家中的受欢迎，并不仅仅是因为其易于得到、浅淡的色彩、不使用模特或者对特殊视角的选择。它们的魅力部分源于社会阶层。它们所探讨的江户(现在是东京)"底层生活"主题与对巴黎暗娼阶层的叙述相一致。例如亨利·图卢兹-洛特雷克(Henri Toulouse-Lautrec，法国，1864—1901)所绘制的画作。浮世绘风格的日本版画充满了异域的性感(描绘江户"浮动的世界"，或者花街柳巷)。而与这些版画相似，在西方也有这样的作品，如法国海军军官路易-玛丽-朱利安·维奥(Louis-Marie-Julien Viaud，笔名皮埃尔·洛蒂，1850—1923)的充满色情描写的小说，以及由意大利剧作家普契尼(Giacomo Puccini，1858—1924)所

创作的歌剧《蝴蝶夫人》(Madame Butterfly，1904)。日本江户市民对风景画的迷恋与欧洲绘画史上的外光派(plein air)(户外)运动相呼应。

令人好奇的是，西方艺术对于上述这些日本画家的早期影响没有被人们所注意。所有日本彩色木刻水印画中最著名的是葛饰北斋的《神奈川冲浪里》(In the Trough of the Great Wave at Kanagawa，约 1827，为《富岳三十六景》的第一幅画)。该画源自葛饰北斋所称的"西方风俗的巨浪"中的早期研究。葛饰北斋与歌川广重的版画构图采用了单点透视，这是一种西方技术。东方与西方，艺术家们从彼此的作品中获得了灵感与指导。

莫奈的《日本印象：穿和服的女子》(1876)。帆布油画。藏于波士顿艺术博物馆

博物馆的重要作用

19 世纪下半叶,爱冒险的西方人开始从亚洲获取直接的报道。作家小泉八云(Lafcadio Hearn,1850—1904)逃避西方物质主义,出版了《神国日本》(*Japan, An Attempt at Interpretation*)。在哈佛大学受过良好教育的恩斯特·弗诺罗塞(Emest Fenollosa,1853—1908)接受了日本东京帝国师范学校(日本东京大学的前身)的哲学教授职位,他在学校讲授(没有产生多大的影响)日本艺术的价值,而这些日本艺术在所有事情都趋向西化洪流的故乡逐渐遭到轻视。在这种狂热的现代化浪潮中,弗诺罗塞购买了很多珍品,后来成为波士顿艺术博物馆日本藏品的核心收藏。1912 年,弗诺罗塞出版了他颇具影响力的著作《中日千年艺术》(*Epochs of Chinese and Japanese Art*)。

19 世纪末 20 世纪初,公共博物馆作为艺术品最后的市场应运而生。1923 年,美国金融家查理·郎·弗瑞尔(Charles Lang Freer,1856—1919)在华盛顿创建了以其名字命名的亚洲艺术画廊,它是史密斯博物体系中的首家艺术博物馆。1936 年,中国政府在伦敦伯林顿馆(Burlington House)举办的中国艺术展览引起了大轰动,给西方观众提供了感受中国各种艺术的机会。

亚洲精神制度的影响

汇聚于欧洲与北美大型博物馆的亚洲艺术收藏品,让公众可以在不同文化的各类艺术中进行选择。画家马克·托比(Mark Tobey,美国,1890—1976)供职于西雅图艺术博物馆,逐渐对中国书法产生兴趣,他的"白色书写"最终于

惠斯勒的《黑色与金色下的夜曲:坠落的烟火》(约 1875)。画板油画。日本版画家,如葛饰北斋与歌川广重,影响了 19 世纪欧美画家的作品

1944 年在纽约展出。托比在日本京都市郊的一座寺庙中也短暂逗留过一段时间。莫里斯·格拉夫斯(Morris Graves,美国,1910—2001),以他神秘的"鸟"作而出名,在 1928 至 1930 年间几番游历东亚国家。托比与格拉夫斯两人都对东方宗教产生了兴趣,托比痴迷于巴哈伊而格拉夫斯则沉醉于道教与禅宗佛教。尽管两人都没有模仿过宗教图符,但他们都坦承这些精神制度对他们的作品所产生的影响。这些艺术家所追求的不仅仅是亚洲艺术的形式而是它们的精神本质。

制瓷大师伯纳德·利奇(Bernard Leach,英国,1887—1979)拥有同样的精神追求。他与滨田庄司(Shoji Hamada,日本,1894—1978)一起,将日本制陶技艺,特别是乐烧(raku)技术,带入

坐在日本的房间地板上，眺望空地上的小花园，鲜花盛开，蜻蜓在空中飞舞，我突然感到仿佛在我的靴子上停留了很长时间。

——马克·托比（1890—1976）

工作室艺术传统。粗制的普通乐烧陶瓷及其自发的表现主义，对于许多20世纪中叶行动派绘画凭直觉获知经验是必不可少的完全互补品，而且也与像托比与格拉夫斯这样的画家的精神意图相匹配。对乐烧瓷器的兴趣带来了茶叶审美趣味与对朝鲜陶瓷制品的鉴赏，特别是青瓷，但碎片同样展示了意外的效果。

亚洲艺术对于西方画家的影响始自巴黎的印象派画家，终结于像托比、格拉夫斯以及抽象表现主义画家这样的艺术家；他们都用历史的眼光看待亚洲艺术。梵高临摹了有30年历史的版画，这些是能找到的历史最悠久的版画，因为它们在日本不被重视。而令托比钦佩的书法，或引起格拉夫斯和画家兼批评家罗杰·弗莱（Roger Fry，英国，1866—1934）关注的禅意绘画，也都属于悠久的传统。由利奇引介的乐烧技术，产生了持久的影响，直至这一传统受到陶工工作室年轻一代的挑战。世界各地公园里重新创造的日式花园，模仿了旧形式而并非日本现代的新设计。在21世纪，万维网上——网络版的丝绸之路——便利的交流使得地方性的东亚艺术传统逐步国际化，已经达到了难以区分各国艺术差别的程度。正如利奇所说，"从西方到最远的东方，一切都是统一而非对立的"。

进一步阅读书目：

Carswell, J. (1985). *Blue and White: Chinese Porcelain and Its Impact on the Western World*. Chicago: University of Chicago, The David and Alfred Smart Gallery.

Imprey, O. (1977). *Chinoiserie: The Impact of Oriental Styles on Western Art and Decoration*. New York: Charles Scribner's Sons.

Leach, B. (1988). *Drawings, Verse and Belief*. Rockport, ME: One World Publications.

Phillips, J. G. (1956). *China Trade Porcelain*. Cambridge, MA: Harvard University Press.

Westgesst, H. (1996). *Zen in the Fifties: Interaction in Art between East and West*. Zwolle, The Netherlands: Waanders Uitgevers.

Wichmann, S. (1985). *Japonisme: The Japanese Influence on Western Art in the 19th and 20th Centuries*. New York: Park Lane (distributed by Crown).

Willetts, W. (1958). *Chinese Art*. New York: George Braziller.

Wood, F. (1996). *Did Marco Polo Go to China?* Boulder, CO: Westview Press.

Wood, F. (2003). *The Silk Road: Two Thousand Years in the Heart of Asia*. Berkeley: University of California Press.

罗伯特·普尔（Robert J. Poor）文

顾海萍 译 焦汉丰 校

209

Art — Europe　欧洲艺术

欧洲艺术随着"欧洲"这一概念及其文化变迁而不断发展——从早期基督纪元的圣像，到受到帝国更迭和蛮部迁徙影响的视觉表达变化。文艺复兴和古典希腊、罗马风格的回归更强调人性而非神性，直到进入现代，艺术才不需要借助隐喻和外部参照。

欧洲艺术的历史与欧洲这一概念本身有关，这一概念在 21 世纪仍在不断演变。虽然直到 19 世纪，现代欧洲曾经不断变化的边界才基本划定，但这并不影响在此之前人们将自己视为"欧洲人"，欧洲大陆及其关联岛屿发展了很多重要的艺术活动。融合与演变赋予了欧洲艺术独有的特征，正如现代欧洲政体是不同的移民文化碰撞的结果。至少在 19 世纪之前，基督教的发展传播对欧洲艺术的发展产生了重要影响，并使其在世界文化中独树一帜。

本文主要关注 5 个历史时期：早期基督教时期的艺术（约 200—400）、蛮族迁徙时期的艺术（400—800）、中世纪时期的艺术（500—1400）、文艺复兴和巴洛克时期的艺术（1400—1800）、所谓现代世界的艺术（1800—2000）。我们是以公历纪元为起始进行讨论，并且与基督教的兴起和传播联系紧密。当然，欧洲大陆上也有一些重要的艺术产生于旧石器时代和新石器时代（前者的洞穴壁画和雕塑，以及后者的雕塑和建筑）。

早期基督教艺术

早期基督教时期最重要的成就是打造了一种全新的圣像语言来表达基督教教义，他们利用了来源不同的地中海地区的先例：希腊-罗马世界、《圣经·旧约》、埃及艺术来打造这一圣像语言。由于基督教不遗余力地传播其教义，那个时期发展出来的视觉隐喻一直贯穿于后来的欧洲艺术。

地下墓穴绘画和早期基督教圣像

第一件可以与基督教和基督教符号语言有关联的艺术作品，发现于约 270 年的罗马地下墓穴，当时基督教是罗马帝国里的众多教派之一。地下墓穴是基督教和其他教派所采用的地下墓葬场所。那些位于罗马城下方，特别是在城市偏远地区挖掘出的地下墓穴，是由诸多墓室与隔间共同构成的网状空间。虽然这里不是宗教场所，但墓室墙面上的比喻形象，彰显了已故之人的宗教归属。

为圣彼得和圣马尔切利努斯（Saint Marcellinus）所建造的普里斯拉（Priscilla）地下墓室（4 世纪），很好地说明了多种来源是如何融合到一起来象征基督教的复活教义。墓室中，一个来自古典圣像中的牧羊人形象占据了天花板的中心。在基督教语境中，这个形象代表着基督带领着他的追随者获得救赎。希伯来《圣经》中关于救赎的图案环绕四周，例如约拿被鲸鱼吐出、洪水后挪亚轻松地站在葡萄藤和无花果树下。《圣经·新约》中对救赎的表达则是通过基督教圣礼，例如洗礼和圣餐（最后的晚餐）。关于圣礼的描绘也出现在加里克斯图斯（Callixtus）地下墓穴（2、3 世纪），构图比较类似，在中央的牧羊人形象的侧面描绘着洗礼和圣餐的场景。在最早期关于圣母玛利亚和圣婴的画像，《圣经》人物中，可见一位女性正给她的孩子喂奶，她紧挨着一位头上带有光环很可能是巴兰（Balaam,

《圣经》人物)的男性形象,他指向她头顶的一颗星。这些人物形象都位于普里斯拉地下墓穴的维拉提诺(Velatio,意指戴面纱的女人)墓室,该绘画是基于埃及人对伊西斯(Isis)哺育荷鲁斯(Horus)的描述。

君士坦丁、教公和帝国

公元 321 年,米尔维安桥(Milvian Bridge)战役前夜,据说罗马皇帝君士坦丁梦到了一个用缠绕的字母 Chi 和 Rho 装饰的徽章——希腊语"救世主"(*Christ*)一词的前两个字母,以及拉丁短语"看到这个标志你将会赢得胜利"(*in hoc signo vinces*)。第二天他带着"救世主"的神谕出征,战胜了对手马克辛提乌斯(Maxentius)。于是他颁布了一系列法令,在 10 年间使基督教从受迫害的宗教变成了国教。君士坦丁是一位非常关键的人物,他作为罗马皇帝独揽大权,不仅成为第一个信奉基督教的皇帝,而且最终还成为第一位拜占庭帝国皇帝。在他统治期间形成的视觉描绘,对接下来 1 500 年欧洲艺术的发展产生了重要的影响。

当基督教变为罗马的国教时,教廷的权力就排在了罗马帝国之前,也因此促进了大型建筑的建造。为满足基督教礼拜的需要,古典建筑的结构被做了改变,其中有两种建筑形制成为主流:一种是纵向形制,从罗马长方形会堂派生而来,沿垂直轴心由东向西布局,成为圣体教堂(Eucharistic church)的固定形制,用来容纳大量人群聚集,如圣彼得大教堂(Saint Peter's)、拉特兰圣约翰教堂(Saint John of the Lateran)、城外的圣保罗大教堂(Saint Paul Outside the Walls)等。另一种是中心化形制,从浴室和坟墓演变而来,成为洗礼堂和纪念堂(*martyria*,为纪念殉道者或保存殉道者遗体的建筑)。

帝国的权力同样也反映在不断发展的造像技术上,特别是曾描绘成善良的牧羊人形象的基督圣像被带有帝国内涵的形象所取代。最早

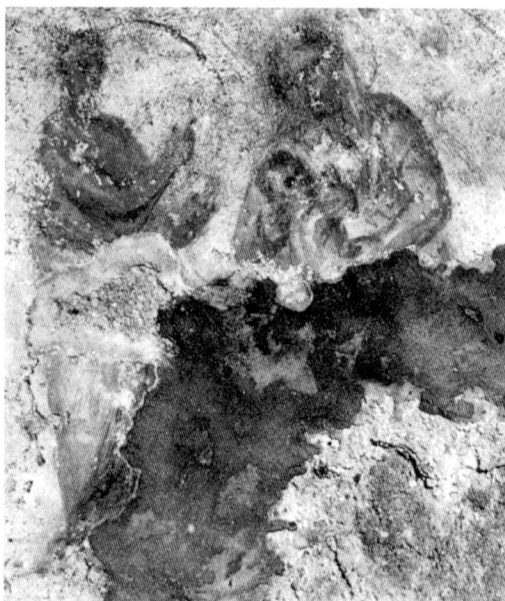

关于圣母玛利亚和圣婴最早的描绘之一,来自普里斯拉地下墓室,基于埃及人对伊西斯哺育荷鲁斯的描述

将基督作为帝王描绘的作品出现在 4 世纪的君士坦丁教堂内。例如圣普正珍大殿(Santa Pudenziana,390)的半圆形殿马赛克镶嵌画显示出他留有胡须并且坐在王位上,四周围绕着他的使徒。城外的圣保罗教堂(385 年)的中殿也包含了帝国的意象:中殿和后殿墙面之间的连接部分被处理成凯旋门结构(约 450),在其顶端是一幅镶有外框的基督圣像(*imago clipeata*),并被福音符号、启示录中的 24 位长者以及圣彼得和圣保罗的形象所围绕。

在 332 年,为了逃避不断加剧的部落入侵带来的破坏,君士坦丁将皇廷迁移到了位于博斯普鲁斯海峡东岸的拜占庭古城,这导致了基督教世界分裂为两大帝国——东方和西方。东方帝国的君士坦丁时代得以延续,直到 1453 年奥斯曼帝国洗劫了君士坦丁堡(今伊斯坦布尔)。那段时期内的艺术形式就像保存在时间胶囊里一样,稳定而持续。西方帝国则经历了衰退,花费了数个世纪才得以恢复。当基督教从其地中海发源地开始向北欧前哨转移时,多种多样来

212

源的融合对艺术发展产生了影响。

蛮部迁徙

在迁徙时期发展出了一种新的形态,它结合了北方部落的风格主题及和基督教相一致的地中海结构。北方部落的本土风格是一种抽象视觉语言,用于装饰便携的世俗物品。通常这些物品的尺寸和复杂性反映了所有者的地位,例如著名的塔拉胸针(Tara Brooch,约 725 年)。这是一枚融合多种材料制成的大环形胸针,包括正面和背面在内的每一个平面都被分割成不同截面,布满了复杂、紧密缠绕、伸展交错的装饰。甚至纤细的针形扣件也有装饰,其顶尖镶有双眼(如纽扣状的突起物)突出的龙头。

传播基督教福音的手稿《凯尔斯书》(*The Book of Kells*),或许是在 8 世纪后期由苏格兰艾奥纳岛(Iona)上的修士书写和绘制完成的,然后在 9 世纪后期被带到爱尔兰的凯尔斯修道院。之后在 12 世纪由吉拉尔都斯·康布伦西斯(Giraldus Cambrensis)将其描述为"天使之作",出现了一种应用于基督教物品的类似装饰的概念,每篇福音都以一幅华丽又丰富的装饰性页面作为介绍,整页布满了复杂精细的设计图案,文本里的第一个词都内嵌其中。*Chi Rho Iota* 页(开启了《马太福音》基督的出生故事)就是一幅堪比塔拉胸针的图画版本,其中基督名字(*XPI*,或 *chri*)的大写希腊首字母被分割成几部分,并以交错装饰加以填充,视觉上与其他装饰图案"锁定"为一个整体。然而,细致的观察者会注意到隐藏在螺旋和涡纹花样中的人类和动物形状。在左手边略靠下部分展现了一小幅精彩绝伦的现实主义图案:两只猫蹲伏着,准备攻击两只觊觎圣餐薄饼的老鼠。

《凯尔斯书》也吸收了一些古典元素。其在正文前放上作者肖像的做法是从晚期罗马借鉴而来;手稿中也绘有每位福音作者端坐在装饰

精美的拱门下的肖像。书中还包含北方对创造视觉叙事的早期尝试,例如描绘基督被捕的画面。最后,这部手稿也揭示了与埃及因素的融合,或许和隐修院传统有几分联系。圣母玛利亚抱着圣婴的形象,正是强调了这对母子的亲密关系就像伊西斯哺育荷鲁斯的形象一样。而不像"赫德戈特利亚"(Hodegetria,字面意思"是她指明了道路")类的正面像那么刻板僵硬,画中圣母大都是将耶稣抱在左怀,用右手指着他,这个姿势在早期拜占庭艺术中无处不在。

中世纪艺术： 东方和西方

在中世纪,由于罗马帝国分裂为东西两部分,使得两种不同的艺术传统同时存在。虽然它们分开独立发展,但在它们之间偶尔还是会出现一些交集,两者也都对后期的艺术产生了明显的影响。

东方

拜占庭艺术主要分为圣像破坏运动时期(早期拜占庭艺术)之前的作品和之后的作品(拜占庭艺术的中期和后期)。查士丁尼大帝(Justinianus,527—565 年在位)将他本人视为第二个君士坦丁,他的统治时期亦被称为拜占庭艺术的"黄金时代"。查士丁尼的宫廷教堂是位于君士坦丁堡的圣索非亚大教堂(Hagia Sophia,意为神圣的智慧,537 年),由特拉勒斯的安提莫斯(Anthemius of Tralles)和米利都的伊西多尔(Isidorus of Miletus)设计完成,完美地结合了中心化和纵向建筑形制,并体现了早期拜占庭艺术的美学特质。根据查士丁尼的宫廷史官普罗可比乌斯(Procopius)所记,该教堂拥有广阔起伏的空间,内部镶覆金色的马赛克和多彩的大理石,看起来本身散发着光芒一般。而被视为工程学奇迹的穹顶,由穹隅(球面的三角形)支撑着,并以小窗构成的环形加以点缀,看起

来仿佛盘旋在中央空间之上——就像普罗可比乌斯说的那样，"犹如从天堂垂下的金链"。

圣像破坏运动（726—843）中有关神学和文化的辩论，涉及圣像的本质、圣像的崇拜以及圣像与上帝的关系。在 9 世纪中叶，辩论的结果导致一条准则的产生，并在 15 世纪中叶君士坦丁堡被攻克之前一直发挥着作用。中期的拜占庭教堂以圆顶、中心化的设计方案进行建造，并分层次装饰着非常有限的圣像。最高的地方仅限于绘制基督的形象，圣母玛利亚和圣婴可绘制在半圆形区域，较低的区域则限于绘制与圣餐、宗教节日相关的图案。这种装饰方式不仅在君士坦丁堡普遍流行，在希腊、圣地巴勒斯坦和巴尔干半岛也能看到。

在拜占庭艺术后期，圣母玛利亚和圣婴的

建筑上的创新发展允许沙特尔大教堂（Chartres Cathedral）采用充满光线的设计。其意义是隐喻的——描绘着神圣和世俗主题的染色玻璃窗被用来强调降临凡间的圣光

形象经历了一场重要的转型。之前采用的古老的"赫德戈特利亚"式的姿势——圣母玛利亚指着基督，昭示他就是救赎之路的形象继续沿用。而"温柔的圣母"（Madonna of Tenderness）的形象则用来表达母亲与孩子之间强烈的情感关系，这对于之后意大利文艺复兴期间发展出来的形象也发挥了重要影响。

在中世纪，东方帝国和西方帝国是两个平行的世界，虽然大多数情况下是分离的，但是仍存在着众多的交集和相互渗透。例如，在 10 世纪晚期，日耳曼的奥托皇帝娶了一位拜占庭的公主，就导致了拜占庭艺术风格与主题使用的增加。1096 年之后，前往圣地的十字军见到了许多拜占庭艺术品，他们将其中的许多带回了西方（十字军还征服并占领了君士坦丁堡长达 50 多年，从 1204 到 1261 年）。威尼斯城是东方和西方的交汇，如可以在圣马可教堂（Church of San Marco，1071）中看到 5 座受拜占庭风格影响的圆顶隔间，每一间都覆盖着金色的马赛克。

西方

北欧的艺术与知识从 9 到 12 世纪一直在修道院中得以实践，也经常得到统治者的支持。从查理曼大帝（Charlemagne，742—814；作为法兰克国王，768—814；以及作为西方世界的国王，800—814）统治时期开始——他宣布其帝国继承君士坦丁和查士丁尼的传统——曾经有几次所谓的"复兴"。在这期间，古典世界的知识体系和艺术风格被有意识地重新解读，并作为同时代实践的范例。

西方中世纪的主要成就是大型建筑制式的发展——罗马式朝圣教堂和哥特式大教堂。在 11 世纪中叶的作品中，修道士格拉贝（Raoul Glaber）描述这个世界是如何开始被"白色幔帐般的教堂"所覆盖。在1000年后，与大众期望相左，世界末日并没有到来。无论是不是因为千禧年的原因，11世纪西方的欧洲人开始巩固和拓展他们关于施工方法的知识。到14世纪，西方的教堂已经发展得十分成熟，首先是在法国，也包括英国、德意志和意大利。

在巴黎西南部的沙特尔市有一座献给圣母玛利亚的教堂，就是一个极好的例证，说明了教堂（Cathedral，字面意思为主教之座）是如何成为人类知识百科全书般的集中载体。这座宗教建筑阐明了该时期最重要的领先技术：如何建造一座带有石头拱顶的高建筑。因为飞拱技术已经十分发达，通过应用合理的架间结构，可将建筑物的内部负荷转移到外部。这个方法可以使建筑内部充满光线，其隐喻的含义是：圣光降临凡间。这点通过描绘神圣和世俗主题的染色玻璃得到了强调。

而竖立于3个入口侧面的纪念碑式圆柱雕像，则构成了从凡间通往圣域的通道，上面描述了《圣经·旧约》中22个人物中据称是基督的先驱者的19位。这些雕像与门廊上方拱顶之中的高凸浮雕协调，同时表现了基督的救赎、人类历史与知识的统一。沙特尔大教堂也是一个学问中心，除了像三学（trivium）和四艺（quadrivium，课程分别包括：文法、修辞和逻辑，天文学、几何学、算法和音乐）这样的古典理念在其表面有所体现外，对十二宫符号和十二月份劳作的描绘更仿佛是带观者领略人类时间的走廊。因此，这座建筑不仅反映了天地的和谐，还讲述了圣城耶路撒冷是如何建立起来的。

文艺复兴与巴洛克艺术

虽然古典文化在中世纪经历过几次小规模的复兴，但规模最大的一次（正式的）当属文艺复兴，当时博学的人进行了一次协调一致的尝试，以更大程度地还原与重新解读希腊-罗马时期的文学与美术。这次运动是自定义的，并以意大利为中心而展开，虽然其他地区已经历过类似事件。在文艺复兴时期出现了两次重要的艺术发展：对人性的强调而非神性，以及对现实世界进行幻想描述的能力。在中世纪，教会是艺术的主要资助者，而文艺复兴强调的却是个人，这引发了更多富有的贵族资助者的兴趣。

文艺复兴和哥特晚期有非常多的共性，都具有以绘画反映真实人际互动的倾向性，最早可以追溯到12和13世纪。但尽管如此，概念的转变使文艺复兴具备了独有的特点。根据古代罗马建筑师维特鲁威（Vitruvius）所言，虽然宇宙仍旧保有其神性，但"人"是衡量所有一切事物的尺度。马萨乔（Masaccio，1401—1428）为布兰卡齐礼拜堂（Brancacci Chapel）及佛罗伦萨卡尔米内圣母教堂（Church of Santa Maria del Carmine，1426年）创作的画作《逐出乐园》（Expulsion from Paradise），就是意识改变方面的范例。在这幅作品中，人类的祖先表现出完全忧伤和落魄的状态——亚当遮着脸，夏娃发出哀号——他们因为抗命而被罚降落到凡间。在接下来的100年间，艺术家开始追求创作的精确性和令人信服的人体形象，且这种趋势变得越来越明显。16世纪早期，米开朗基罗（Michelangelo，1475—1564）曾这样描述他创作雕塑的过程：他所做的就是"解放"那些原本"藏"在石头中的人形。

同样，在15世纪，艺术家们力图创造画面错觉，设想图画表面就像是一扇"窗户"，是现实空间的一种延续。创造幻象空间的能力其实是基于伯鲁涅列斯基（Fillippo Brunelleschi，1377—1446）和阿尔贝蒂（Leon Battista Alberti，1404—1472）关于奇点透视的数学发现。这是一种人类视觉空间关系在二维表面上的精准表现方法，特点是两条平行线汇聚并消失于纵向的某一点。虽然在很长时间内,艺术家们在处理空间关系上都采用一种"经验主义"的模棱两可的视角,但数学奇点透视视角在 15 世纪早期已由像马萨乔这样的艺术家在他的特立尼塔壁画(*Trinità* fresco,佛罗伦萨,约 1425 年)的创作中首次运用。

与马萨乔同时代的北部艺术家例如杨·凡·爱克(Jan van Eyck,1395—1441)等,则对数学结构兴趣索然,他们在运用空间透视法(在水平线上逐渐泛灰和失去细节)来表达深度空间感方面的造诣十分卓越。在接下来的 1 个世纪,这两种方法都成为标准的绘画程序。在梵蒂冈环绕教宗宫廷的作品,如西斯廷教堂(Sistine Chapel,1510)天花板上米开朗基罗的画作,或拉斐尔在签字厅(1511)墙壁上的作品,其特点都是以空间错觉的艺术手法来创造广阔的远景。

在文艺复兴时期发展出的对逼真性的强调,在其后的 400 年间都是最主流的艺术特征。在巴洛克时期,卡拉瓦乔(Michelangelo Merisi da Caravaggio,1571—1610)采用明暗对照法创作了具有强烈冲击力的作品。而伦勃朗则在深奥的心理状态方面进行探索。画面错觉当下已经成为艺术家的本能和创作标准,现在很难想象当初这些艺术准则曾是人类历史中的另类,甚至不曾是艺术技巧与素养的唯一原则。此外,后文艺复兴时期产生了一种价值等级——西方"高雅艺术"传统:取材于历史、神话或者《圣经》的绘画主题,被认为比其他如风景、日常场景("风俗画"),或者静物写生等作品更加"重要"。

现代世界

19 世纪,艺术家开始对写实绘画更感兴趣,不再需要为作品赋予隐喻的含义。对作品隐喻含义的摈弃一直持续到 20 世纪初,那时许多艺术家开始对展现多维视角更感兴趣,在这种潮流的高峰时期,一幅艺术作品甚至完全不需要借助任何外部参照。

19 世纪

为了绘画而绘画是印象主义(Impressionism)倡导的目标,该流派约在 1870 年始于法国,并一直持续了约 20 年。印象派画家比较类似于 19 世纪早期的画家们,他们钟情于描绘真实世界的细节,但是他们进一步挑战了极限,在尝试捕捉感官中瞬息而有的本质。

印象派画家通过两种基本方法来捕捉飞逝的瞬间。克劳德·莫奈钟情于描绘光影效果,他的作品在这方面堪称首屈一指。他的作品《日出印象》(*Impression*:

克劳德·莫奈的《日出印象》(1872)。帆布油画。曾有一位批评家贬低这幅画不够精美,但它却被赋予了"印象派"这一名称

216

Sunrise，1872)曾被一位记者批评不够精美，但却被赋予了"印象派"这一名称。或如他的《阿让特伊的帆船》(*Sailboats at Argentueil*，1873)，运用断续的笔锋和补丁似的色块来表现水面折射出的微光。在 19 世纪 80 年代，莫奈开始创作系列作品，观察一天中的不同时间、不同天气条件下的相同场景。比如在他很多描绘麦草垛(干草)的作品中，就是在日出、日落、阳光充足、阴霾、下雨和下雪时呈现的不同效果。到 1926 年去世之前，莫奈一直致力于在他吉维尼(Giverny)的花园中创作睡莲的系列作品。随着所有的参照物都融入色彩碎片中，莫奈对感知光影瞬息本质的捕捉达到了巅峰。

为更多的艺术家所实践过的另一种方式，是试图描绘"现代生活"中的变幻莫测，尤其是现代城市生活以及在其拥挤的街道上、咖啡馆和舞厅里喧嚣嘈杂的陌生人。毕沙罗(Camille Pissarro，1830—1903)描绘了从高处俯瞰的巴黎大道，画面中的斑点代表了交通和行人。德加(Edgar Degas，1834—1917)和雷诺阿(Pierre Auguste Renoir，1841—1919)则描绘了动作定格的舞者和举杯喝咖啡的人。不同性别的艺术家带来不同的艺术视角，像卡萨特(Mary Cassatt，1844—1926)和莫里索(Berthe Morisot，1841—1895)等女性艺术家专注于表现女性和孩子在家庭中的互动。在 19 世纪上半叶，摄影术的发明对画家产生了很大影响。德加的画作《协和广场：勒皮克子爵》(*Place de la Concorde：Vicomte Lepic*，1876)就采用了诸如画面裁切的摄影构图方式。同时，德加和其他画家对诸如埃德沃德·麦布里奇(Eadweard Muybridge，1830—1904)等摄影师的动作摄影研究也有所关注。

日本绘画对画家在内容和结构两方面产生了另外一种重要影响。随着 1859 年日本对西方世界的开放，西方艺术家开始了解浮世绘这种展现了转瞬即逝、日常人类行为的艺术风格。许多画家试图模仿日本木刻版画的画面结构——这种结构出扁平的画面和斜插入结构空间的部分组成。玛丽·卡萨特在捕捉日本风效果上尤其成功，例如她在 19 世纪 80 年代早期创作的颜色蚀刻系列，展现了女性写信和为她们的孩子洗澡等日常生活状态。

20 世纪早期

在 20 世纪早期，艺术家们挑战了文艺复兴期间发展出来的空间体系，试图寻找在二维平面中表现三维空间的方法。展现多重视角的兴趣可以与 20 世纪早期的科技发展联系起来，强调一种不易被裸眼观察到的现象真实性。

立体派艺术家想要创造一种画面可以反映视觉的主观感受，观看时眼睛将不是静态的，而是同时接收众多视觉点来组成图案("立体派"是那些对这场运动感到不解和困扰的批评家所给予的带有贬义的名称)。毕加索、布拉克(Georges Braque，1882—1963)和格里斯(Juan Gris，1887—1927)都是采用此种技巧来进行创作的先驱。例如，比起画一幅可辨的吉他演奏者的画作，艺术家宁愿描绘"局部切面"(facets)——吉他弦、演奏者手指、指间香烟升腾的烟雾这类片段，而观看者需要将这些碎片拼凑到一起才能解读这幅作品。其第一个阶段被称为"解析立体主义"，是更多地使用局部切面，而不是"综合的"立体主义。在稍后的一个阶段，多重切面被整合到重叠平面中，就像毕加索的《三个音乐家》(*Three Musicians*，1921)所展现的那样。

立体主义发展的重要之处在于，其将非欧洲文化的画面结构与欧洲现代主义结合在一起。举例来说，在毕加索的《阿维尼翁的少女》(*Les Demoiselles d'Avignon*，1906)这幅作品中，画中人物的右边脸部看起来非常像一个由多个切面组成的、抽象化的非洲面具。在 20 世纪早期，非洲艺术已经开始在欧洲民族博物馆展出，展品中面具的抽象构图和其他雕塑技巧

217

引起许多艺术家的关注。颇具讽刺意味的是，艺术家们直接将这些艺术手法借为己用，却并未全面理解其文化起源以及在那些文化语境中艺术品所代表的意义。

立体主义发展出来的视觉方式，对 20 世纪其他无数的艺术运动产生了影响。意大利和俄罗斯的艺术家都运用了相关的技巧去展现物理运动概念。博乔尼（Umberto Boccioni, 1882—1916）和未来主义者都试图表达速度的概念。冈察洛娃（Natalia Goncharova, 1881—1962）描绘一名脚踏车骑行者，采用了分面去显示车轮的运动，以及这名骑行者对所经过景物的视觉印象。后来，冈察洛娃和其他艺术家尝试描绘移动的光线。而像德劳内夫妇（Sonia Delaunay, 1885—1979；Robert Delaunay, 1885—1941）在内的其他艺术家，也运用分面来表达视觉的同

218

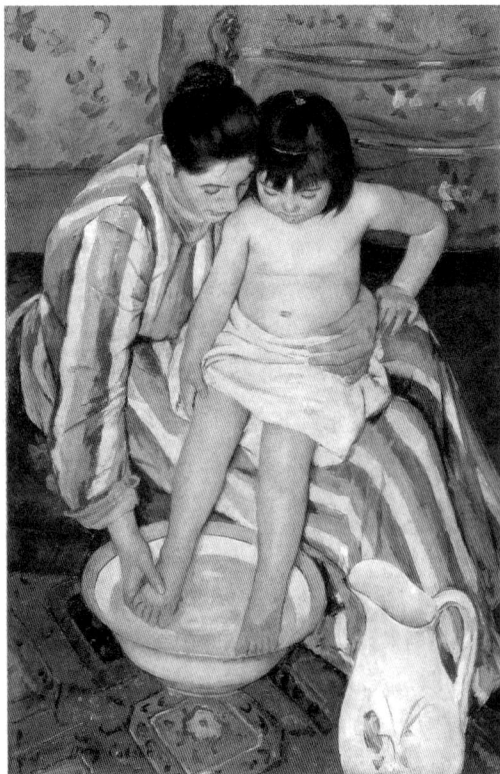

玛丽·卡萨特的《洗浴》（1891—1892）。帆布油画。19 世纪 90 年代。卡萨特的艺术作品和色彩主题显示出来自日本的影响

步性，并以人眼运动的方式分析光线及其运动。后来的艺术家所创作的作品越来越抽象，更多地基于画面现实而非感知现实。基于"纯粹塑型"（pure plastic form，画面中颜色、形状、布局间的张力），艺术品被视为可以自给自足、不需要任何外部参照，这一背离内容的做法在 19 世纪达到巅峰。

艺术的抽象性不断延伸，直到发展为要模糊艺术与生活之间的界限。这看起来很有趣，但也存在着矛盾。许多艺术家的作品完全基于纯粹的形式张力，同样的准则被他们尝试运用到日常物品的设计之中。在俄国革命时期（1917），如留波夫·波波娃（Liubov Popova, 1889—1924）这样的艺术家，想要创造"新时期的新艺术"——一种基于抽象原则的艺术，但这也可以用于设计中：布料、餐具、书籍封面以及舞台布景。索尼娅·德劳内就曾设计过舞台布景、面料，甚至是车辆装备，她评论道："第一天我作画，第二天我就做裙子——这没有什么区别。"20 世纪 20 年代，在德国建立的包豪斯学院（Bauhaus）就致力于设计原则的普遍应用。许多艺术家都与这个学院的项目有关系，如两位创办人格罗皮乌斯（Walter Gropius）和密斯·凡·德·罗（Ludwig Mies van der Rohe），以及以蒙德里安（Piet Mondrian）为代表的其他先锋派成员。在纳粹德国时期他们都移民到了美国，并将国际风格和欧洲现代主义带到了美国。

20 世纪晚期的发展

由达达主义（Dada）发展而来的超现实主义（Surrealism），是两次世界大战期间主要的欧洲艺术运动。达达主义自第一次世界大战末期诞生于咖啡馆并扩展到了整个欧洲，以瑞士苏黎世的伏尔泰咖啡馆（Café Voltaire）为代表。它是对现代世界可感知的荒谬性和毁灭性的一种回应，其追随者相信需要将一种类似的非理性方式应用到艺术中（包括视觉和文字）。这场运

动的名字本身就是模糊不清的，也许来自法语"摇摆木马"一词，也可能来自婴儿咿呀学语时发出的声音。支持"反艺术"的达达主义本身并不是一场艺术运动，尽管拥有如杜尚（Marcel Duchamp，1887—1968）这样的成员，其作品对后来的 20 世纪产生了重要影响。杜尚最广为人知的作品就是他的"现成物品艺术"（readymades）。他会拿一件"偶然找到的物品"，对其稍作修饰或者什么都不做，然后将其作为一件艺术品展出。例如两个同是"创作"于 1919 年的作品，分别是《喷泉》（Fountain，小便池）和一张廉价的明信片大小的达芬奇的标志性肖像画（蒙娜）丽莎·盖拉蒂妮·德·焦孔多。他在后者上面画上小胡子和山羊胡子并加上手工印刷条标题"L. H. O. O. Q."（这些字母如用法语快速读，按照发音其接近一个短语"她穿着一条红底裤"[elle a chaud au cul]）。杜尚用这种通俗的译音，暗指蒙娜丽莎的微笑隐含了旺盛的性欲。

超现实主义者试图以非理性手法作为艺术造型与行为的基础，以表达与无聊乏味的日常现实限制的决裂，并将头脑从传统与逻辑中解放出来。布雷顿（André Breton，1896—1924）创作了两份超现实主义"宣言"（分别在 1924 和 1927 年），发展出了"自发写作"技巧以作为一种无意识直接创作的方式。布雷顿还写了《超现实主义和绘画》，这本小册子界定了那些与这次运动两大首要目标相一致的艺术家及其作品。如米罗（Joan Miró，1893—1983）一类，其作品大部分是抽象的，并且试图寻找一种与自动书写等同的视觉表达；另一类以达利（Salvador Dalí，1904—1989）为代表，挖掘梦境的意象，但以现实的方式进行描述，使无法预知的事物变得可感知。超现实主义者将情色作为一种接近无意识的途径，他们界定"像孩子似的女人"可作为男性艺术家的缪斯。一些这样的"缪斯"如卡灵顿（Leonora Carrington，1917—2011）、米勒（Lee Miller，1907—1977）、泰宁（Dorothea Tanning，

1910—2012）和奥本海默（Meret Oppenheim，1913—1985），后者的毛皮衬里茶杯（《毛皮早餐》，Breakfast in Fur，1936）成为超现实主义物品的标志，她们凭借自身的实力，帮助这场运动在第一次出现后得以生存了几十年。当一些超现实主义艺术家为了逃避纳粹的迫害被迫前往纽约时，如马克斯·恩斯特（Max Ernst，1891—1976，他在法国时和卡灵顿在一起，但是与古根海姆[Peggy Guggenheim，1898—1979]结婚，离婚之后又娶了泰宁），他和其他流亡者为欧洲现代主义引入美洲做出了贡献。

欧洲艺术在纽约

20 世纪四五十年代的纽约城，已经被认为具备了当初巴黎的地位，尽管中间隔着大西洋，却已成为欧洲艺术传统之都。抽象表现主义是 20 世纪中叶最具影响力的运动，它由超现实主义者将内部形态具象化的冲动而发展起来。波洛克（Jackson Pollock，1912—1956）的滴溅技法——由于艺术家绕着铺在地上的画布随意舞动，他们基本失去了对手部的控制，颜料肆意泼洒——可被看作自动书写的一种形式。在 20 世纪五六十年代，欧洲原生艺术和贫穷艺术十分突出，这两场运动都受到达达主义反艺术思维的影响。

20 世纪后期，关于艺术的辩论有逐渐加剧的趋势，艺术的意义每隔几年就会被重新定义。在这些运动中，有采用日常形象的波普艺术（Pop Art），也有完全摈弃表现的极简派艺术（Minimalism）。德国雕刻家、行为艺术家博伊于斯（Joseph Beuys，1921—1986）以及其他概念艺术家回归达达主义，在其作品中使用日常生活中的物品。此外，艺术的自我指涉力越来越强，并通过讽刺、滑稽模仿、刻意模糊高雅艺术与通俗艺术界限等方式挑战欧洲文化及其主要叙事手法的主导权，以试图动摇并分裂欧洲艺术

219

220

199

杜尚的《喷泉》(1917)。杜尚经常会拿一件像这个便壶一样的"偶然找到的物品",对其稍作修饰或者什么都不做,然后将其作为一件艺术品展出。阿尔弗雷德·斯蒂格利兹(Alfred Stieglitz)摄

传统。这些特点都与后现代主义的立场有所关联,后现代主义也是一场以建筑与文学批判作为表达方式的哲学运动。

与此同时,女性主义者开始重新寻找"消失的"女性艺术家及其作品。这些艺术家或许曾经对她们的时代有过影响,但却被历史忽略了。艺术史学家诺克林(Linda Nochlin,1931—)发现,许多女性在19世纪前就将艺术作为职业了。例如著名的简提莱希(Artemisia Gentileschi,1593—1656)——她的父辈是艺术家,并让她接受了必要的艺术教育。在20世纪70年代及之后,对女性艺术家的历史追述具有重大意义:她们通过自己的作品融入了曾经排斥女性的艺术界。从1974到1979年,上百位志愿者参与了芝加哥(Judy Chicago,1939—)的装置艺术《晚宴》的创作工作,她还"邀请"了39位重要女性人物,包括公元前15世纪的埃及女王哈特舍普苏特、12世纪德意志女修院院长宾根(Hildegard von Bingen,1098—1179)和18世纪印第安人向导萨卡加维亚(Sacajawea,约1787—约1812)。3张48英尺(约15米)的宴会桌组成一个三角形,用刺绣布料和桌旗覆盖,摆放着带有个人主题的餐位,包括为每位客人量身设计的整套餐具,其中有些绘有象征女性生殖器的图案,或关于其他客人自己的重要符号。

在法国系列(the French Collection,1991—1997)中的"故事棉被"绘制系列里,生于布朗克斯(Bronx)的画家及作家林戈尔德(Faith Ringgold,1930—)利用了欧洲艺术和文化中的经典作品或人物。其以一位虚构的非裔美国女性艺术家形象为中心,来表现历史变迁(或融合)过程中"创作中的艺术"。例如《吉维尼的野餐》(*The Picnic at Giverny*)这样的作品,暗指了马奈(Edouard Manet,1832—1883);《草地上的午餐》(*Dejeuner sur l'herbe*)和莫奈的作品,同时起到了既有幽默性又具有严肃社会评论性的作用。

在世界上的许多文化中,艺术是一种生活经验的固有形式,然而在欧洲艺术传统中,高雅艺术和日常生活成为两个分支。遗憾的是,尽管做了上述所有的尝试,20世纪欧洲的后来者们却变得愈加分裂。到了21世纪,欧洲艺术家与观众之间似乎存在着一条无法逾越的鸿沟,而其缝隙还在不断加深。

进一步阅读书目:

Bowlt, J.E., & Drutt, M., Eds. (2003). *Amazons of the Avant-garde: Alexandra Exter, Natalia Goncharova, Liubov Popova, Olga Rozanova, Varvara Stepanova, and Nadezhda Udaltsova*. New York: Harry F. Abrams.

Clark, T.J. (1984). *The Painting of Modern Life: Paris in the Art of Manet and His Followers*. Princeton, NJ: Princeton University Press.

Edgerton, S. (1976). *The Renaissance Rediscovery of Linear Perspective*. New York: Harper and Row.

Freedberg, S. J. (1983). *Painting in Italy, 1500 - 1600, Pelican History of Art*. (2nd ed.). Baltimore: Penguin.

Grabar, A. (1967). *The Beginnings of Christian Art, 200 - 395* (S. Gilbert & J. Emmons, Trans.). London: Thames and Hudson.

Grabar, A. (1968). *Christian Iconography: A Study of Its Origins*. Princeton, NJ: Princeton University Press.

Gray, C. (1986). *The Russian Experiment in Art: 1863 - 1922* (Rev. ed.). London: Thames and Hudson.

Harrison, C., Frascina, F., & Perry, G. (1993). *Primitivism, Cubism, Abstraction: The Early Twentieth Century*. New Haven: Yale University Press.

Hartt, F. (1994). *A History of Italian Renaissance Painting* (4th rev. ed.). New York: Thames and Hudson.

Henderson, G. (1987). *From Durrow to Kells: The Insular Gospel Books, 650 - 800*. London: Thames and Hudson.

Jantzen, H. (1962). *High Gothic: The Classical Cathedral at Chartres*. Princeton, NJ: Princeton University Press.

Krautheimer, R. (1968). *Studies in Early Christian, Medieval, and Renaissance Art*. New York: New York University Press.

Krautheimer, R. (1986). *Early Christian and Byzantine Architecture (Pelican History of Art)* (4th ed.). Baltimore: Penguin.

Laing, L. (1992). *Art of the Celts*. New York: Thames and Hudson.

Mathews, T. F. (1999). *The Clash of Gods: A Reinterpretation of Early Christian Art*. Princeton: Princeton University Press.

Panofsky, E. (1969). *Renaissance and Renascences in Western Art*. New York: Harper and Row.

Pollock, G. (1988). *Vision and Difference: Femininity, Feminism, and Histories of Art*. New York: Methuen.

Rosenblum, R. (1984). *Cubism and Twentieth Century Art* (Rev. ed.). New York: Harry N. Abrams.

von Simpson, O. G. (1988). *The Gothic Cathedral: Origins of Gothic Architecture and the Medieval Concept of Order* (3rd ed.). Princeton, NJ: Princeton University Press.

de Sanato Swinton, E. (Ed.). (1996). *Women of the Pleasure Quarter: Japanese Paintings and Prints of the Floating World*. New York: Hudson Hills Press and the Worcerster Art Museum.

Snyder, J. (1989). *Medieval Art: Painting, Sculpture, Architecture, 4th - 14th Century*. New York: Harry N. Abrams.

Tucker, P. H. (1995). *Claude Monet: Life and Art*. New Haven, CT: Yale University Press.

玛拉·威兹灵(Mara R. Witzling) 文

常程 译 陈恒 校

Art — Japan　日本艺术

日本艺术的风格是其本土、中国和朝鲜以及西方交替影响的结果。新石器时代的绳纹陶器是其最早的艺术形式；随后出现了金属加工、书法和绘画艺术。佛教艺术和建筑在 600—1600 年间占据了统治地位。1600 年后，随着经济繁荣局面的出现，日本文化亦随之兴旺发达起来。1800 年中期后与西方的接触，则带来了新的艺术形式和国际化的潮流。

日本艺术展现了东亚列岛居民在超过 1.8 万多年的历史中形成的感性性格。日本艺术中比较有内在连续性的特质包括：热爱自然、关注细节、富有趣味性、偏爱使用天然材料，以及简洁

地捕捉事物内在特点的能力。日本历史被分成
几个不同时期,分别以其政治权力中心所在地
而命名。

绳纹文化

最古老的手工无釉陶器可以追溯到日本绳
纹时代(约前 10000—前 300)。这些陶器大部分
是用来盛东西的器皿,一般装饰以刻画或拍印
上去的整体图案,其中一些是通过让陶器表面
随着编织的细绳或绳索滚动而形成的。因此,
陶器、居民以及其所属的漫长的新石器时代被
命名为"绳纹文化"。与其他制陶文化不同,绳纹
时代的人们主要从事采集和捕猎。20 世纪中叶
以来,学者们对绳纹文化开始的时间有争论(一
些学者甚至估计它开始于公元前 16500 年)。他
们不仅仅是争论旧石器时代的技术何时过渡到
新石器时代技术(随着新的发现,这个日期仍然
在被提前),而且还对绳纹陶器究竟是不是世界
上最古老的陶器种类辩论不休。

绳纹陶器的风格根据其地点和时代的不同
而各异。在绳纹文化中期,陶器引人注目的一
点是,其开口往往呈挤出状。据日本考古学家
的解释,这一开口形状象征的是火舌。在绳纹
文化晚期,出现了被称作土偶的黏土小雕像。
人们在仪式上打破土偶,象征着提高生育率或
者赶走疾病。绳纹陶器表面装饰着的大多为抽
象图案,可能具有宗教或仪式上的含义。

弥生文化

弥生时代(前 300—公元 300)的开始标志着
亚洲大陆移民进入日本,他们带来了完整的水
稻农业技术、等级化的社会组织和制作青铜器
的工艺。在各类工具、武器和青铜镜等从中国
和朝鲜传入日本之后,当地人在 1～2 个世纪的
时间里也学会了自行制作。弥生时代非常特别

绳纹(绳印)陶器(前 10000—前 8000)饰以刻画或拍印上去
的图案,是通过让陶器表面在编织的细绳或绳索上滚动而形
成的。东京国家博物馆

222

铜铎。弥生时代晚期,3 世纪。这些为
仪式而用的铃,很明显可以看出源自中
国汉朝的青铜铃。巴黎吉美博物馆
(Musée Guimet, Paris)

的一类青铜器是被称作
"铜铎"的铃。这些铃似
乎源自中国汉朝的青铜
铃。铜铎制作于弥生文
化的第二期,可能是用在
仪式上。其中一个出土
的铜铎表面还刻有建在
木桩上的谷仓图案。这
个谷仓同今天的日本神
社建筑类似,例如伊势和
出云神社群的主厅。这
也许可以表明,至少日本
神道教的某些方面是起
源于弥生时代的。弥生
时代的陶器在形式上和
绳纹时代一样简单,主要
包括仪式用和日常用两

鞍作止利 623 年制作的释迦三尊。选自《日本艺术遗迹选》第 20 卷,小川摄。日本审美协会:审美书院(Nippon Shimbi Kyokwai;Shimbi Shoin)

种器具。与绳纹时代类似,这个时期的陶器也是用一圈圈的黏土制成,但有所改进的地方是,一个小手轮的使用使陶器制作更加顺利。

古坟时代

古坟时代(300—710)的得名源于在 3 世纪中叶至 550 年左右佛教被引入这段时期,日本建造了大量坟墓(古坟)。这些坟墓里所埋藏的各种物品显示,日本贵族和朝鲜半岛的居民之间存在密切渊源。一些墓葬品例如灰色陶器骨灰盒、珠子,以及 5、6 世纪日本与朝鲜墓葬中的金属制品非常相似,只有专家才能分辨。坟墓大多较小,尤其是在古坟时代开始之初。但那些为天皇建造的坟墓,例如仁德天皇的墓,则极其宏伟。天皇坟墓呈锁孔形状,周围环绕着护城河。一些坟墓的墓室两旁是装饰着壁画的石壁。圆柱状的陶器通常被称作埴轮,被摆放在坟堆之上或周边,一般被做成人形、动物形,甚至是盾牌和建筑等没有生命的物体的形状。这

些陶器雕塑的具体功用不得而知,但看起来好像也是为了满足逝者死后的生活所需。

飞鸟时代

飞鸟时代(552—645)在时间上与古坟时代有所重叠,这一时代的标志是从亚洲大陆引入了佛教与书写系统。因此,这也是日本第一个完整的历史时期。在苏我氏于 587 年将佛教作为国教引入 30 年之后,奈良-大阪地区建起了 3 座佛寺。尽管几个世纪以来,这 3 座佛寺已全部或大部分被毁,寺中的艺术品却被保留了下来,它们今天主要收藏于法隆寺(位于奈良市)中。这个时期最引人注目的佛教雕塑包括鞍作止利(活跃在 6 世纪晚期和 7 世纪早期)的几尊作品。鞍作止利的惊世之作是 623 年的鎏金释迦三尊,今天供奉于法隆寺的金堂中。这 3 个佛教人物形象与北魏(中国南北朝时期的王朝)的佛教雕像十分相似。法隆寺还有一个菩萨塑像叫作"百济观音"(Kudara Kannon),据传统的说法是从

223

朝鲜半岛上的百济王国（前18—公元663）带到日本的。这些雕塑，以及如法隆寺的金堂与宝塔（7世纪晚期）等呈现出的建筑风格和布局，都反映了大陆佛教模式的强烈影响。

奈良时代

在奈良时代（710—794），大陆模式的影响力进一步加强。在整个8世纪的那些为佛寺和贵族制作的作品中，来自中国唐代的影响占据了主导地位。平京城（今奈良）作为首都是按照唐都长安（今西安）的样式设计的。在日本圣武天皇（724—749年在位）统治时期，奈良城建立了东大寺以供奉大日如来（在梵文中被叫作毗卢遮那佛）的大型青铜像。今天我们所见到的大厅是18世纪重建的，虽然只有原来规模的2/3，但仍然是目前世界上最大的木质建筑。圣武天皇还下令按照国分寺制度来建造全国各地的佛寺，因此这个时期效仿唐代风格制造了大量佛陀雕像。与飞鸟时代的佛陀形象不同，奈良时代的雕塑更为圆润丰满，给人以优雅与灵动之感。

作为丝绸之路最东端的统治者，8世纪的天皇们能够享用到来自遥远的波斯的奢侈品。藏在正仓院（756年建，用以收藏圣武天皇的私人物品）的优秀艺术品反映了这个时期贸易的活跃。这些物品中有镜子、纺织品、陶瓷、漆器、家具、乐器、玻璃制品和绘画。正仓院藏品中，一些是亚洲大陆生产的，另一些虽然产自国内，但也受到了外来形式、材料和技术的影响。

平安时代

794年，恒武天皇（737—806）将首都迁至平安京（今京都），开始了平安时代（794—1185）。894年之后，日本停止派使臣前往大陆，与中国的联系减弱了。相应地，本土艺术和建筑开始沿着独立的线路发展。皇宫建筑采用的是一种中日混合搭配风格：园林与陈设是日本本土形式，同时保留了一些中国元素以传达威严和厚重之感。独特的日本宫廷文化发展起来，这在10世纪紫式部女士的小说《源氏物语》中有细致的描绘，并在12世纪一系列精彩的叙事手卷《源氏物语绘卷》中有插图可鉴。在只有少部分残存下来的《源氏物语绘卷》中，不仅有关于小说场景的引人入胜的插图，而且展现出了杰出的书法艺术——这是平安宫廷时代视觉文化的又一标志。插图中用了复杂的透视、布局和色彩体系，但是画中人的面部均没有明显的特点。《源氏物语绘卷》代表了一种新的本土绘画形式——浮世绘的开始。

"一字金轮曼陀罗"（平安时代，12世纪）。随着净土宗佛教的发展，精密细致的宇宙图（曼陀罗）变得越来越受欢迎。奈良国家博物馆

224

平安时代早期,两个玄奥的佛教派别天台宗和真言宗从中国传到日本。这两个派别在宣扬神秘的学问和繁复的仪式时,经常用到一种叫作曼陀罗的宇宙图。这些色彩丰富、精细的曼陀罗绘画作品在平安时代大量出现。平安时代中后期,更具平民色彩的净土宗开始壮大,阿弥陀佛的雕像制作也随之兴起。最著名的是定朝(?—1057)1057年在平等院凤凰堂中所建的庄严肃穆的弥勒佛像。平等院建于1052年,最初是作为摄政藤原赖通(990—1074)的私人神社。

镰仓时代

1185年,源氏武士集团击败对手平氏集团后建立了军政府,代替天皇来进行统治。为了避免受到皇室影响,第一任幕府将其权力中心迁至远离首都的镰仓。与平安时代艺术的精细和优雅不同,镰仓时代(1192—1333)的艺术品特征往往是更有力度、更直截了当。运庆(约1148—1223)以及后来的运庆派僧人集团制作的佛像雕塑呈现出强有力的自然主义风格,反映了军事文化的兴起。净土宗僧人法然(1133—1212)和亲鸾(1173—1263)利用了人们因社会变动而产生的不稳定情绪,吸引了更多的人信仰阿弥陀佛。结果是,阿弥陀佛的绘像往往用来超度将死的信徒("来迎图")和描述西方极乐世界,而且使用了大量珍贵材料例如丝绸和金叶来制作画像。和平安时代的雕塑一样,这个时期的肖像画也体现出自然主义风格,尤其是在武士精英和佛教僧侣中间特别流行。

室町时代

在1333年击败镰仓幕府摄政之后,足利尊氏(1305—1358)在京都的室町地区建立起了军人政府。尽管室町时代(1338—1573)绝大多数

仁王像(镰仓时代,14世纪)。这夸张而又写实的木雕代表着那个时代的典型风格,它原本是大阪附近堺市的一座佛寺 Ebaradera 的门神。史密森学会赛克勒美术馆(Sackler Gallery at the Smithsonian Institution)

时间都处在动荡之中,一些艺术形式却在动荡中得到了发展。由于武士阶层的支持,禅宗寺庙在数量和影响力上都壮大起来。京都龙安寺的枯山水庭院、受禅宗熏陶的书法和水墨画等都兴起了。这一时期最为著名的画家是僧人雪舟等杨(1420—1506),他的作品继承了中国宋代的水墨画风格。雪舟等杨1469—1470年曾在中国游历,他的画作受到同时代中国人的欣赏和推崇。他最负盛名的是水墨山水画,但偶尔也会用一些浅色颜料对水墨山水画进行润色。

室町幕府文化的顶峰是在足利义满(1358—

1408)时期。足利义满征服了敌对武装,重开了与中国的贸易,鼓励发展艺术。在他的庇护与资助下,能剧发展起来,并且设计出了令人惊叹的面具与戏袍。足利义满还在北山建了一个私人别墅,其中有一幢建筑叫作金阁寺。这个因覆盖在其表层的金箔而知名的三层建筑,对三种建筑风格——禅宗寺庙风、武士风以及宫廷的贵族建筑风——进行了极富创造性的融合。1950 年被烧毁后,重建的金阁寺位于一个带湖泊的秀丽园林内,它按之前的样式仿制,与前作非常相近。足利义满的孙子足利义政(1435—1490)则在东山区建立了他自己的别墅,这里也有一个独特的建筑叫作银阁寺。这个从未覆以银箔的两层建筑是义政将军的文化娱乐中心,后来这些文化娱乐活动包括能剧、园林设计、艺术收藏和茶道,被统称为"义政文化"。在接下来

这是詹姆斯·鲍斯先生(James L. Bowes)曾经的藏品。中间正上方是做成船形的香炉,另外,架上还有茶壶、花瓶、茶碗和酒壶。日本陶艺中心(1875)

的几个世纪中,我们都能感到"义政文化"在这些领域的影响。

桃山时代

1573 年,织田信长(1534—1582)废黜了末代足利幕府将军,并继续征战以巩固他在全日本的军事和政治权力。织田信长于 1582 年被刺杀之后,丰臣秀吉(1536—1598)继承了他的事业,并且基本取得了成功。不过直到德川家康(1542—1616)时期,内战才得以止息,一个稳固的王朝才算真正建立起来。虽然仍有断断续续的内战,不过桃山时代(1573—1598)却是日本历史上最富创造性的一个时代。随着日本船只航行于东亚和东南亚三角域,活跃的贸易刺激了文化的发展。欧洲商人与传教士受到欢迎,他们带来的物品也被融入了日本的视觉和物质文化

226

雪舟等杨的山水画(1495)。这是一幅水墨立轴画。作者在这幅画中用了泼墨的技巧

当中。诸如漆器和纺织品等应
用艺术品的装饰性主题受外来
影响很深。绘画方面，当时已
经存在的几个流派继续发展，
同时还新建立了其他的流派。
这些新建立的绘画流派受到了
当时精英集团在住所装饰方面
需求的刺激，人们热衷于在其
住所和城堡内部装饰以美观的
推拉门和屏风。许多作品以金
箔纸为背景，有利于在大型建
筑晦暗的室内反射光线，增加
亮度。其中最为杰出的画家是
长谷川等伯（1539—1610）、海
北友松（1533—1615）和狩野永
德（1543—1590），他们大胆而
富有冲击力的作品帮助激发了
桃山时代生机勃发的氛围。

尾形光琳的画作《白梅》（江户时代）。这幅画由水墨、色彩以及金箔和银箔构成。
它是双扇屏风中的一扇。日本热海艺术博物馆（Museum of Art, Atami）

在已经规范化的饮茶活动（某些时候被称作

《奈良春日大社入口处和献祭的少女》，约 1910 年。这一藤原家族的神社最初建于 768 年，几个世纪以来多次重建。纽约公
共图书馆

感谢上帝赐给我们茶！世界没有茶将会是怎样？它将怎样存在？未生在没有茶的世界，这是我的幸运。
——西德尼·史密斯（Sydney Smith，1771—1845）

喜多川歌麿（约1753—1806）的画作《卯月的时鸟》。歌麿以绘制美女和歌舞伎闻名。在这幅画里，一只杜鹃盘旋在女子头上

227　茶道）的影响下，陶瓷的制造也有了很大改进。16世纪70年代，后来被称作乐烧（Raku ware）的低温、上釉陶瓷被设计出来，乐烧茶碗很快就在品茶者中间风靡。在1592—1598年侵略朝鲜的战争中，日本俘虏了一些大陆制陶工匠，从而促进了制陶技术的突飞猛进和陶瓷产品在整个国家的同步扩展。茶道大师千休利（1522—1591）倡导人们生产制作原汁原味的、古里古怪的器皿，以反映被称作"侘"（wabi）的恬淡自若的审美取向。

江户时代

1603年，德川家康成为幕府将军，他在江户城建立了一个世袭的军事政权，统治日本达250年之久（被称作江户时代，1600/1603—1868）。

德川家族统治初期同桃山时代晚期有所重叠，因为直到1615年之前德川都还没有完全征服丰臣家族。在统一日本后，德川幕府立即实行了闭关锁国的政策，建立起一个新的秩序森严的儒家等级制度。这些措施减少了个人自由，但有利于全国的经济繁荣和社会稳定。经济繁荣与社会稳定又刺激了艺术尤其是在大众中间前所未有的发展。

17世纪的时候，京都仍然是艺术与文化中心，并且经历了一场对飞鸟时代文化的复兴运动。这场复兴运动的标志性人物本阿弥光悦（1558—1637），是一位在书法、漆器艺术和乐烧式茶碗方面都卓有建树的艺术家。他曾与琳派创始人俵屋宗达（活跃于17世纪早期）合力创作了金银泥画笺：俵屋宗达先以金色和银色色料描绘出富于自然情怀的画面背景，之后本阿弥光悦则在这一画面背景上创作出录有古典诗歌的卷轴。到了17世纪末，尾形光琳（1658—1716）通过他简洁而细致的画风将琳派发扬至巅峰。尾形光琳的弟弟尾形干山（1663—1743）则将琳派风格融入陶瓷艺术，设计出了用在茶道上的新器具。228

在武士精英阶层中，受中国艺术传统熏陶的狩野派和源自平安时期大和绘的土佐派曾经分别是两个最具影响力的画派。而到了18世纪，新的绘画形式发展起来。其中非常突出的是由明、清两代中国文人画演化而来的文人画体，以及将欧洲自然主义因素融进本土绘画模式的丸山画派（Maruyama-Shijō school）。在商人阶层中，风俗画则让位于绘有美女、戏子和旅途风光的画与木刻画，这种被称作浮世绘的风格最终成为日本最负盛名的艺术形式。

现代日本艺术

1854年，伴随着对外国商船关闭了2个多世纪的港口重新开放，日本也再次建立起了跟

安藤广重（1797—1858）的《目黑的鼓桥和夕阳山》。Oban Nishiki-e 印制

国际社会的联系。欧洲艺术理念自由地传入这个国家，不久之后，"照西方的模式来画"这一观念变得根深蒂固。19 世纪 80 年代，在美国学者弗诺罗塞（Ernest Fenollosa，1853—1908）的推动下，本土绘画再次焕发生命，并形成了一个叫作"日本画"的新传统。日本画使用本土的材料与形式，例如以水墨和矿物颜料在纸上或丝绸上作画，但同样也融进了一些西方绘画传统技术，例如明暗运用和透视。到了 20 世纪，两种模式的界限已变得越来越模糊。但是在官方艺术圈中，这一本土与外来的区分仍然是受到承认的，特别是在年度的国家艺术展览中。国家艺术展览后来被称作日本美术展览会（Nitten），最早在 1907 年举办。20 世纪 50 年代，吉原知良（1905—1972）开始探索诸如抽象艺术和表演艺术等领域，他成为第一个站在平等艺术层面向西方提出令人信服的挑战的亚洲艺术家。

在 21 世纪，日本艺术同其他国家一样变得多元化。许多日本艺术家得到了国际的认可，尤其是在非传统的艺术领域例如装置艺术和视频艺术中。除此之外，日本漫画和动画更是对世界范围的艺术家（尤其是对于那些在 1980 年之后出生的人而言）产生了不可估量的影响。

进一步阅读书目：

Addis, S. (1996). *How to Look at Japanese Art*. New York: Harry N. Abrams.

Addis, S. (2006). *77 Dances: Japanese Calligraphy by Poets, Monks, and Scholars*. New York: Weatherhill.

Addis, S., Groemer, G., & Rimer, J. T. (2006). *Traditional Japanese Arts and Cultures: An Illustrated Sourcebook*. Honolulu: University of Hawaii.

Adolphson, M., Kamens, E., & Matsumoto. S. (2007). *Heian Japan: Centers and Peripheries*. Holulu: University of Hawaii.

Galza, G.C. (2007). *Ukiyo-e*. London: Phaidon Press.

Delay, N. (1999). *The Art and Culture of Japan*. New York: Harry N. Abrams.

Habu, J. (2004). *Ancient Jomon of Japan*. New York: Cambridge.

Hickman, M., et al. (2002). *Japan's Golden Age: Momoyama*. New York: Yale.

Kato. S. (1994). *Japan: Spirit and Form*. Rutland, VT: Tuttle.

Mason, P. (1993). *History of Japanese Art*. New York: Harry N. Abrams.

Murase, M. (1990). *Masterpieces of Japanese Screen Painting*. New York: George Braziller.

Noritake, T., & Graham, P. (2009). *A History of Japanese Art: From Prehistory to the Taisho Period*. Rutland, VT: Tuttle.

Roberts, L. P. (1976). *A Dictionary of Japanese Artists*. New York: Weatherhill.

Sadao, T., & Wada, S. (2003). *Discovering the Arts of Japan: A Historical Survey.* New York: Kodansha.

Singer, R., et al. (1998). *Art in Edo Japan 1615-1868.* Washington, DC: National Gallery.

Takashima, S., et al. (1987). *Paris in Japan: The Japanese Encounter with European Painting.* Tokyo: Japan Foundation.

安德鲁·马斯克（Andrew L. Maske）文

蔡萌 译 陈恒 校

Art — Native North America　北美土著艺术

231　　500 多个文化群体，以及 16 世纪西班牙殖民前更多的文化群体，他们是共同创造了北美土著艺术的主体。这种艺术的范围跨度较大：从古代的岩石壁画到当代的摄影艺术，从马像棍子舞到装置和行为艺术。在这种巨大的差异中，土著艺术体现了与特定地区和特定团体的关系。

在 21 世纪，很多艺术史家以及相关领域和跨学科研究的学者，开始涉及北美土著创造的艺术，地域范围涉及从格兰德河（Rio Grande）到北极圈、从大西洋到太平洋沿岸的区域，他们将这类艺术视为"早期美国艺术"。这个术语意指这片土地上由原住民创造的不同形式的工艺品，而非那些 16 世纪开始通过殖民到达的定居者——美国和加拿大境内最早的艺术（"早期的国家艺术"）。虽然这类艺术具有巨大的差异性和多样性，但还是体现了与特定地区和特定团体的关系。对个体身份的思考（或与文化的密切关系）是其首要的表现意图。这种艺术创作的时间、空间和文化跨度非常大，体现了其生命力和概念上的连续性，如从公元前 4500 年密西西比河谷低处的土丘建筑到最近刚开放的北美印第安人国家博物馆（National Museum of the American Indian），后者是一座土著设计风格的建筑，拥有世界最大规模的早期美国艺术藏品。

西南地区的建筑遗迹，现在已被确认为欧洲人到来之前的遗址，其中包括阿纳萨齐文化（Anasazi，700—1400）、霍霍坎文化（Hohokam，550—1400）和莫戈隆文化（Mogollon，200—1150）。所有这些文化都创造了壁画、精美的装饰性彩陶，以及加工过的贝壳、石头和早期的纺织品。这些发现表明，这个技术先进的原始社会已进入了文明的初级阶段。这些物质遗迹还涉及其他古代文化，包括阿登纳文化（Adena，前1100—公元 200）、霍普韦尔文化（Hopewell，前100—公元 500）、美国东部和中部的密西西比文化（以 1000 年左右广泛分布的土丘建筑而闻名），以及诺顿传统（Norton Tradition）。老白令海的多塞特（Dorset）和加拿大北极圈附近的图勒文化（Thule cultures，前 500—公元 1000），为我们提供了北美古代的考古证据，即使在今天，它们的美学遗产也依然受到人们的欣赏。

但是因为这些文化来自 500 多个文化群体，以及 16 世纪西班牙殖民前更多的文化群体，所以范围跨度较大。早期美国艺术的媒介跨度非常大，举例来说，从岩石壁画到当代的摄影艺术，从马像棍子舞到装置和行为艺术。艺术评论中对土著艺术的分类主要取决于其创作形式：作品是根据传统（史前的、与欧洲人接触之前的传

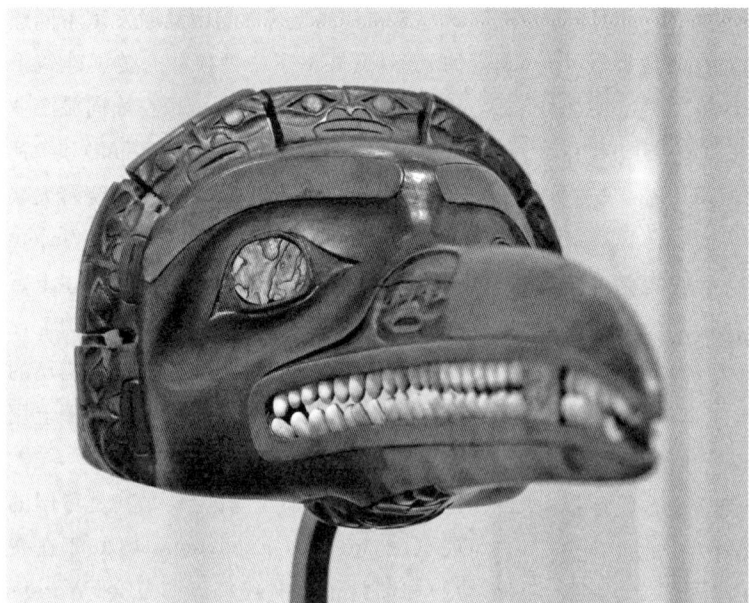

钦西安人(Tsimshian)面具(19世纪)的正面。这个着色木头面具被用在重大冬季庆典(*halait*)的开场仪式上,来自英属哥伦比亚(加拿大)的纳斯河(Nass River)河口

统)材料进行创作,还是根据当代模式进行创作。

早期美国艺术：从"古董"到美学

"早期美国艺术"的命名问题引发了长期的争论,即那些由北美土著创造的作品是否应该被称作"艺术"。欧洲人(主要是西班牙人、英国人、荷兰人、法国人和俄国人)踏上这片土地后,开始收集"新世界"土著人制作的各种奇珍异宝,目前在很多欧洲的博物馆仍然能见到这类作品,比如在柏林、赫尔辛基、圣彼得堡、伦敦和巴黎。到了19世纪,美洲土著制作的物件成为美国系统收藏关注的焦点,构成了大多数都市博物馆收藏的核心内容。印第安图像为年轻的美国提供了有效的关注焦点,直到1883年法国将自由女神像作为礼物赠送给美国。

土著人经常与欧洲人交换贵重物品,以象征性地巩固双方的外交关系,这一点有时会从作品中表现出来。举例来说,1613年易洛魁族与荷兰移民之间的第一个协议被记录在双排的

贝壳项链上。紫色的贝壳串珠和白色串珠被缝在一起,象征着一条土著人的独木舟和一条欧洲人的小船的行驶路线,当它们一起渡过生命之河时,并行前进但相互并不接触;下面的3条白色条纹象征着和平、友谊和尊重。北美艺术史上另一个标志性的例子是18世纪晚期曼丹族(Mandan)或拉科塔族(Lakota)的绘画野牛皮长袍,由刘易斯和克拉克在远征(1804—1806)途中获得。这一类战袍用鞣制的水牛皮制成,饰以鹿皮边缘、羽毛、豪猪刺和本地植物材料。土著艺人利用棕色、橘黄色和绿色颜料绘制复杂的图像,描绘了战争中的伟大业绩。这件刘易斯和克拉克长袍现在藏于哈佛的皮博迪(Peabody)考古学和民族学博物馆,为我们提供了平原传记艺术的早期例子,也是推动美国形成的外交关系和政治关系的象征。

1521年德意志艺术家丢勒(Albrecht Dürer)的旅游日记,记录了在布鲁塞尔展出的阿兹特克人的珠宝、衣物、武器和铠甲——"没有其他事物能像这些作品那样让我如此欣喜,因为我在其中看到了伟大的艺术珍品"——标志着一个历史性的时刻,即欧洲人开始欣赏这些北美物件的潜在价值。科尔特斯(Hernán Cortés)将这些珍宝作为礼物献给查理五世(Charles V),后者当时是西班牙国王和神圣罗马帝国皇帝,他下令在欧洲各地展示这些珍宝。随着18世纪国家博物馆的兴起,这种类似的展览也在逐渐增加。从16世纪开始,艺术家对美国原住民的描绘渗透到了更广泛的视觉媒介中。但是

232

233

到了19世纪，印第安人自身（比如乔治·卡特林的绘画）成为形象化的主题，或者在其他类似风景画的体裁中被描绘成一种"自然"元素（比如阿尔伯特·比尔施塔特[Albert Bierstadt]和乔治·凯莱布·宾厄姆[George Caleb Bingham]的作品）。

19世纪诸如摩尔根等理论家的文化进化论，进一步刺激了对北美土著艺术品的大规模收集。以欧洲的自然史博物馆为原型，根据19世纪考古学和人种学上的探索成果，这些展品被按照特定的文化区域进行分类，作为"正在消亡种族的遗留物"陈列在博物馆。这是一种根据地理和环境标准进行民族分类的方法，并且现在仍然影响着美术馆的展览方式。这些展品都加上了博物馆管理员的介绍性描述。对欧洲人来说，普韦布洛废墟（Pueblo ruins）就好比是"古代的庞培""希腊剧院"或"罗马广场"（举例来说，就像威廉·杰克逊[William H. Jackson]在《重建查科峡谷的普韦布洛·博尼托》[*Reconstruction of Pueblo Bonito, Chaco Canyon*]中所提到的那样）。到了20世纪，普韦

约库特人（Yokut）的太阳舞篮子，比较少见，由菱形图案和手拉手的人物形象相互交替编织而成。美国多佛图片档案馆（Dover Pictorial Archives）

布洛的建筑和其他土著影响因素激发了不同建筑师的灵感，发展出了一种独特的美国建筑形式。玛丽·科尔特（Mary Colter）在面向旅游业的建筑中运用了霍皮（Hopi）、祖尼（Zuni）和纳瓦霍（Navajo）元素，她设计的这些建筑环绕着大峡谷。著名的艺术史家文森特·斯库利（Vincent Scully）写了（同时也在授课）大量文章阐述土著文化对美国建筑的影响。赖特（Frank Lloyd Wright）更是在创作中融入了土著元素和自己的设计，比如在密尔沃基的一座房子中，门楣上用了北美土著酋长的饰带。

世界博览会和工业博览会，尤其是美国的百年展览（Centennial Exhibition，1876年在费城举行）和前哥伦布时代世界博览会（World's Pre-Columbian Exhibition，1893），是展示美洲原住民及其艺术的重要场所（尽管都被描绘成工艺较差的低级工艺品）。欧美知识分子要深入了解原住民，不仅要通过视觉形式和文本形式，还要通过与原住民的亲密接触来达到这一目的。阿比·瓦尔堡（Aby Warburg）是现代艺术史上的重要人物，专门从事意大利文艺复兴时期艺术的研究，他曾访问并拍摄过霍皮印第安人（Hopi Indians）的宗教活动，给他留下了很深的印象。瓦尔堡将这次与霍皮人的接触视作人类形象的起源之旅，他在19世纪90年代收集了大量木雕和木绘形式的克齐纳（Katchinas）神像和舞蹈拐杖。其他欧美收藏家也一样，仪式器物对他们特别有吸引力（原住民对此种行为惊奇异常，他们认为这些器物是有生命的东西）。西欧优秀的艺术家们继续运用非西方的形象和物件来探讨哲学理念，同时挑战

和颠覆他们自己的文化观念。

作为现代主义的基础，原始主义的美学观念从 19 世纪 90 年代到第二次世界大战时期一直占有突出的地位，而其中的北美土著艺术更是如此。我们从当代土著艺术的非土著表现中仍然能感受到它的影响。19 世纪晚期和 20 世纪早期，美学和工艺美术运动也刺激了人们对收藏北美土著器物的兴趣。

在 20 世纪初，土著艺术研究（尤其是西北海岸地区阶级社会中精美的雕刻和丰富多彩的服装，对此人类学家弗朗茨·博厄斯［Franz Boas］及其学生在其开创性的著作中探讨了很多内容）将学术界的注意力从进化论问题转移到了器物属性及其文化背景上来。一种独特的美国精细工艺传统即抽象表现主义开始流行，以杰克逊·波洛克（Jackson Pollock）和巴奈特·纽曼（Barnett Newman）为代表的纽约先锋派艺术家在两次世界大战之间强调美国的土著艺术，反对欧洲的学术传统。他们赞成艺术的普遍概念，认为艺术的视觉质量因独立于历史和文化特性进行评价。这些艺术家（还包括诸如克莱门特·格林伯格［Clement Greenberg］这样的评论家）在 20 世纪中叶的全球冲突前夕，向我们展示了本土文化对于现代美国文化传统的价值。加拿大和澳大利亚作为后殖民时期的两个姐妹国家，也已经在民族认同的过程中充分利用了本土器物的美学价值。

1941 年，现代艺术博物馆展出了"美国的印第安艺术"，以及后来的"20 世纪艺术中的'原始主义'：部落和现代的密切关系"（1984）。这是北美土著器物分类和表达方式的分水岭，它所激起的学术争论一直持续到 21 世纪。到了 20 世纪，不同于欧洲的博物馆，相对于古典艺术形式，美国的博物馆更重视现代或当代的原始主义艺术。北美土著艺术在几次国内和国际巡回展览（特别是庆祝建国 200 周年的那次展览）中占有显著的地位。在"二战"前的欧洲，超现实主义者更喜爱北美土著艺术，将其视为颠覆传统的一种重要方式，有助于他们建立一种反现代主义表现方式和观念的综合体系。

因此，到了 20 世纪中叶，人们开始对这些器物的美学价值进行集中表述。与此相一致的是，知名艺术家和私人收藏家的数量也在不断增

234

帕布利塔·维拉德（Pablita Velarde）创作的《编篮子》（*Basketmaking*，1940）。这是一幅酪酸油漆木版画。新墨西哥州的班德利尔国家博物馆致力于保存古代的普韦布洛遗址，这幅画是受公共事业振兴署（WPA）委托而创作的

长。广阔的市场、大范围的博物馆展览和艺术史考察，成为该世纪最后 20 年的重要特点。在西方艺术传统中，必须根据一个规矩尺度对艺术作品进行评价，评估它的质量，定义它的标准。而北美土著艺术才刚开始被人们视为一种文化传统。到了 20 世纪晚期，北美土著艺术已经成为一个重要的研究领域，有着完整的制度网络，包括学术研究的专业化。关于分类的争论仍然在于如何欣赏这类"传统"作品。这些作品似乎来自一个已经改变了的社会，而这个社会吸收了欧洲的材料和设计（比如 18 和 19 世纪东北地区流行一时的北美土著艺术"旅游纪念品"，或印第安保留地平原地区小珠串制的装饰品）。人们就如何区别民族手工艺品和美学器物发生了争论——两者分别是自然史和艺术史的范例。

2003 年，美国印第安人的史密森国家博物馆组织了为期 3 年的展览，展品源自迪克夫妇（Charles Diker，Valerie Diker）的收藏，被称为"早期美国艺术"。展览并没有利用历史上的传统方法即按照部落和地区来展示土著艺术品，相反，他们试图定义早期美国艺术的范式。因为迪克是被这些作品本身的美丽所吸引，而不是对这些作品的具体分类感兴趣。土著及非土著艺术家、馆长和人类学家都参与了展览的规划，设法呈现以早期美国艺术审美为基础的收藏品。他们分离和探索了北美土著作品所固有的以下 7 种特质，并组织了展览：完整性（部落身份、价值和理想，尽管存在着吸收新材料和新技术的情况）；情感（作为对思想和物质相结合的回应）；运动（字面意思是运动的，或构思和设计中的象征意义）；理念（是一个较大的知识和哲学体系的一部分，或就是思想本身）；创作（技术和材料的结合，精神和物质的结合）；亲密（艺术创作者和使用者的关系）；词汇（一种用来表现和解释材料、技术及图像中的文化的能力）。这些特质可能同样适用于世界艺术（世上所有

文化所创造的器物，无论它们是被视为艺术还是工艺），这种尝试是世界历史上重要的一步——不仅有助于建立土著艺术的展览模式，也有助于研究领域自身模式的确立——这样一来，艺术就有助于解释一个特定文化的特性和信仰。

当代身份和艺术家

由于确定作者的身份有一定的难度，而人们对此也缺乏足够的兴趣，再加上根据作品质量判定作者名声的难度，这些导致了北美土著艺术史上创作的匿名性质。这些作品的来源地区一般比较偏远，而且在转入私人或公共机构之前，作品通常已经在不同的部落和欧洲商人之间几经转手，很多传统艺术、个体创作者甚至部落艺术的社会属性已很难确定。进一步来说，到了 21 世纪，由于强制同化政策、保留地之外的义务教育和语言差异所造成的影响，在非土著人看来，土著作品已经脱离了其原始文化环境及含义。因此，在 20 世纪的发展过程中，识别个体艺术家的身份是非常重要的，这有助于作品在艺术世界中实现其价值。现在还有很多无名土著艺术家在创作大量美学作品的同时却没有受到赏识。

20 世纪之前，不少传统土著艺术家留下了自己的名字，其中就有华秀族（Washoe）艺术家达索拉丽（[Dat So La Lee]，即路易莎·凯瑟[Louisa Keyser]），她于 1925 年去世，生前已经成名，不少人认为她的编篮工艺是"实用主义的"（因此受到嘲笑）美学实践。直到最近，这些传统艺术形式和其他事物（举例来说，纳瓦霍人的编织技艺）仍然被非土著人描绘成一种所谓的"过去"生活方式中的物品和实践，而不是同时代人生存和发展的美学表现。这些艺术为他们的生活提供了持续的文化意义。这些先驱者造就了许多新形式的诞生，比如高级女式时装就借鉴

235

了西北海岸的羽冠艺术（桃乐西·格兰特［Dorothy Grant］和罗伯特·戴维森［Robert Davidson］，海达族人［Haida］），以及霍皮人拉蒙纳·萨吉斯特娃（Ramona Sakiestewa）的艺术挂毯。

236 　　普韦布洛的陶器和西北海岸的雕刻品一直繁荣到今天，有些艺术品因为贸易商人、经销商和土著艺术家的刺激而经历了一次复兴，并且经常以博物馆的藏品作为原型进行创作。霍皮-特瓦族（Hopi-Tewa）陶艺家南培尧（Nampeyo）从 19 世纪 80 年代开始就活跃在创作领域，直到 1942 年去世。她是艺术世界第一位生前姓名就为人所知的印第安艺术家。她的后代，包括德士达·阔茨库娃（Dextra Quotskuyva）和其他人，继续利用当地材料以手轮和地下火创作与众不同的陶器，并用新的方式进行阐述。罗伯特·戴维森作为一位海达族人，他一直在为传统雕刻的发扬光大而努力工作。这种传统在 19 世纪就受到人们的赏识，他从自己的祖先塔海根（Tahaygen）、查理·艾登肖（Charles Edenshaw）那里继承了这一传统。

　　以当代媒介艺术和室内艺术的形式对土著人进行培训，两次世界大战之间建立的圣达菲印第安艺术学校是这方面的先行者（经常被称为多萝西娅·邓恩学校，以其中一位优秀教师的名字命名）。学校在 1962 年成为美国印第安艺术学院。其中著名的学生包括维拉德（Pablita Velarde，1918—2006），她是圣克拉拉（Santa Clara）的普韦布洛族人，一位水彩画家，后来转而使用从矿物和岩石中提取的颜料，她在创作时亲自研磨这些颜料。豪泽（Allan Houser，1914—1994）则是一位奇里卡华（Chiricahua）的阿帕奇族人（Apache），一位青铜、大理石和石头雕刻家，他在圣达菲附近的雕塑公园和工作室创建了一个家族院落，现在已通过预约的形式向公众开放。肖尔德（Fritz Scholder，1937—2005）是一位路依圣诺族人（Luiseno），他是一位

多产但颇受争议的表现主义画家，利用形变、鲜艳的色彩和爆发性的绘画技巧，探讨公众眼中北美土著人的刻板形象。麦克马斯特（Gerald McMaster，1953—　）是一位平原克里族人（Plains Cree），他于 1995 年在著名的威尼斯国际艺术双年展中主持了早期加拿大土著艺术家的展览会。 237

　　加拿大与美国的主要大学和艺术学校的相关院系开设了正规培训课程，培养了新一代热衷于表现他们艺术意义的艺术家。虽然这些艺术家主要以当代或非传统的媒介进行创作，但却经常将传统元素和当代元素综合起来。他们创作的激进作品对传统艺术中的表现形式的界限提出了挑战，同时又再现了浪漫主义风格（如克里族/契帕瓦族的简·阿什·波伊特拉斯［Jane Ash Poitras］创作的密集排列的艺术品）。

　　人类学和艺术史领域的学术研究，土著人及非土著人都参与其中。最新的研究已经开始打破钢铁般的标准框架，原先这些标准被用来评价"原始的""传统的"和"当代的"艺术媒介。新的研究还从艺术创作者的角度探讨了媒介的文化意义（如黏土、草地、兽皮和木材），着眼于语言和故事作为"土著民族的历史"是如何构建了作品的价值，又是如何构建了艺术创作的行为或过程。在一个新的价值表现方式中，土著人的声音得到重生，并被赋予了突出的地位，就像史密森博物馆的"早期美国艺术"展览所列举的 7 项美学特质那样。通过运用各式各样的媒介，包括他们祖先的创作媒介，这些艺术家挑战了西方艺术世界的基本审美原则。他们的艺术以及意义的表达方式已经载入了世界艺术史。这标志着哲学领域和艺术史领域正经历着一场新的运动。当然性别也是这次转变的一方面，因为土著妇女长期以来已被认为是艺术家，是物质形态的创造者。这种物质形态体现了原住民的知识系统，有助于知识的传承。在全球化的大环境

下，北美土著群体或者早期美国艺术，为我们展现了以土著环境下的知识为基础的混合艺术形式如何与一个更广阔的世界相联系，以及如何以丰富多样的方式去了解其中的美感与意义。这个成就也许是土著艺术在世界历史上最大的影响。

进一步阅读书目：

Berlo, J. C. (Ed.). (1992). *The Early Years of Native American Art History: The Politics of Scholarship and Collecting*. Seattle: Universityof Washington Press and Vancouver: UBC Press.

Berlo, J. C., & Phillips, R. B. (1998). *Native North American Art*. Oxford, U. K.: Oxford University Press.

Bernstein, B., & McMaster, G. (Eds.). (2003). *First American Art: The Charles and Valerie Diker Collection of American Indian Art*. Washington, D. C. and New York: Smithsonian Institution/National Museum of the American Indian.

Boas, F. (1955). *Primitive Art*. New York: Dover Publications.

Brasser, T. J. (1976). *Bo'jou, Neejee! Profiles of Canadian Indian Art*. Ottawa, Canada: National Museum of Man.

Breeze, C. (1990). *Pueblo Deco*. New York: Rizzoli International Publications.

Brody, J. J. (1977). *Indian Painters and White Patrons*. Albuquerque: University of New Mexico Press.

Coe, R. T. (1977). *Sacred Circles: Two Thousand Years of North American Indian Art*. Kansas City, KS: Nelson Gallery of Artand Atkins Museum of Fine Arts.

Coe, R. T. (1986). *Lost and Found Traditions: Native American Art, 1965 – 1985*. Seattle: University of Washington Press.

Coe, R. T. (2003). *The Responsive Eye: Ralph T. Coe and the Collecting of American Indian Art*. New York: The Metropolitan Museum and New Haven: Yale University Press.

Connelly, F. S. (1995). *The Sleep of Reason: Primitivism in Modern European Art and Aesthetics, 1725 – 1907*. University Park, PA: Pennsylvania State University Press.

Douglas, F. H., & D'Harnoncourt, R. (1941). *Indian Art in the United States*. New York: Museum of Modern Art.

Dürer, A. (27 August 1520). On Viewing Aztec Gold. Retrieved May 2, 2010, from http://nationalhumanitiescenter. org/pds/amerbegin/contact/text2/durerjournal.pdf

Fane, D., Jacknis, I., & Breen, L. M. (1991). *Objects of Myth and Memory: American Indian Art at the Brooklyn Museum*. New York: The Brooklyn Museum (in association with theUniversity of Washington Press).

Feder, N. (1971). *American Indian Art*. New York: Harry N. Abrams.

Feest, C. F. (1984). From North America. In W. Rubin, Ed., *"Primitivism" in Twentieth Century Art: Affinity of the Tribal and the Modern* (pp. 84 – 97). Boston: Little, Brown.

Feest, C. (1980). *Native Arts of North America*. Oxford, U. K.: Oxford University Press.

Flam, J., & Deutch, M. (Eds.). (2003). *Primitivism and Twentieth Century Art: A Documentary History*. Berkeley: University of California Press.

Gritton, J. L. (2000). *The Institute of American Indian Arts: Modernism and U. S. Indian Policy*. Albuquerque: University of New Mexico Press.

Guidi, B. C., & Mann, N. (Eds.). (1998). *Photographs at the Frontier: Aby Warburg in America 1895 – 1896*. London: Merrell Holberton Publishers.

Haberland, W. (1965). *The Art of North America*. New York: Crown Publishers.

Jonaitis, A. (Ed.). (1995). *A Wealth of Thought: Franz Boas on Native American Art*. Seattle: University of WashingtonPress.

Jonaitis, A. (1991). *Chiefly Feasts: The Enduring Kwakiutl Potlatch*. Seattle: University of Washington Press.

Leuthold, S. (1998). *Indigenous Aesthetics: Native Art, Media, Identity*. Austin: University of Texas Press.

Lippard, L. R. (1992). *Partial Recall: Photographs of Native North Americans*. New York: The New Press.

McChesney, L. S. (2003). *The American Indian Art World and the (re-) Production of the Primitive: Hopi Pottery and Potters*. Ann Arbor, MI: University Microfilms.

238

McLaughlin, C. 2003. *Arts of Diplomacy: Lewis and Clark's Indian Collection*. Cambridge, MA: Peabody Museum, Harvard, and Seattle, WA: University of Washington Press.

Maurer, E. M. (1977). *The Native American Heritage: A Survey of North American Indian Art*. Chicago: The Art Institute of Chicago.

Morgan, L. H. (1965). *Houses and House-life of the American Aborigines*. Chicago: The University of Chicago Press.

Mullin, M. H. (1995). The Patronage of Difference: Making Indian Art 'Art', Not Ethnology. In G. E. Marcus & F. R. Myers (Eds.), *The Traffic in Culture*. Berkeley: University of California Press.

Napier, A. D. (1992). *Foreign Bodies: Performance, Art, and Symbolic Anthropology*. Berkeley: University of California Press.

Patterson, A. (1994). *Hopi Pottery Symbols*. Boulder, CO: Johnson Books.

Paolozzi, E. (1985). *Lost Magic Kingdoms and Six Paper Moons from Nahuatl: An Exhibition at the Museum of Mankind*. London: British Museum Publications Ltd.

Phillips, R. B. (1998). *Trading Identities: The Souvenir in Native North American Art from the Northeast, 1700 – 1900*. Seattle: University of Washington Press and Montreal: McGill-Queen'sUniversity Press.

Rhodes, C. (1994). *Primitivism and Modern Art*. London: Thames and Hudson.

Rushing, W. J. III. (1995). *Native American Art and the New York Avant-garde: A History of Cultural Primitivism*. Austin: Universityof Texas Press.

Rushing, W. J. III (Ed.). (1999). *Native American Art in the Twentieth Century*. New York: Routledge.

Sloan, J., & LaFarge, O. . (1931). *Introduction to American Indian Art*. New York: The Exposition of Indian Tribal Arts, Inc.

Treuttner, W. H. (1979). *The Natural Man Observed: A Study of Catlin's Indian Gallery*. Washington, DC: Smithsonian Institution Press.

Wade, Edwin L. (Ed.). (1986). *The Arts of the North American Indian: Native Traditions in Evolution*. New York: Hudson Hills Press.

利·麦克切斯尼（Lea S. McChesney）文

焦汉丰 译　陈恒 校

Art — Paleolithic　旧石器时代艺术

受近期在非洲考古发掘的启示,越来越多领域的学者重新对旧石器时代(狩猎-采集时代)的艺术产生了兴趣,并且展开了对世界历史领域一些基本问题的讨论,包括人类艺术制作的起源,使其成为可能的物质、精神、社会和文化条件,以及艺术创作何以经久不衰并日益成为我们生活的一部分。

不论居住在地球哪个角落的人类,都发展出了视觉艺术。在世界历史的框架下,作为最早的艺术表现形式,在旧石器时代(狩猎-采集时代)诞生的艺术作品尤其值得关注。视觉艺术何时以及怎样形成? 这一最基本的问题在 1900 年前后的艺术史、考古学和人类学的研究人员当中一度引起了不小的兴趣。但一定程度上由于各种相关理论都带有高度推测的色彩,20 世纪关于原初艺术形式的讨论往往大多被降格到学术关注的边缘地带。而尽管推测还是难以避免,不过旧石器时代艺术问题在今天又重新成为热点。近期在非洲的考古发现是复兴这一领域的重要推动力之一。这些发现促使我们在时间和空间的维度上彻底地重新审视艺术创作。各种尝试着解释艺术制作的新潮理论也为这一领域增添了活力。本文将介绍在旧石器艺术研究中一些最新的进展。

审美与意义的初始

大约 250 万年以前当人类开始制造石器工具时,旧石器时代便开始了。艺术史学家大卫·萨默斯(David Summers)曾兴奋地声称艺术史同样发端于这一刻。他的理论认为,无论艺术是什么,它都关系到某种被制作出来的东西——这便是他称作"制作"的一个例证。即使是像在东非发现的最早的石制工具这样原始的物件,也是人类具备转化中间物形态能力的第一个实物证据——具体说来,这个石制工具就是通过与另一块石头的作用而制造出的一个石器。不过,当使用"艺术"这个需要达到一定标准的术语时,我们往往还包含着其他的意思,最常见的是"审美"或"意义",而且很多时候两者是同时具备的。"审美"是指一个物体有着吸引人的外在形式,从而被称作艺术。视觉艺术行为因此涉及这些行为,如通过形状、颜色或线条改变人体或物体,提高它们的视觉魅力。而在强调"意义"时,我们要求一个艺术品具有联想性的内容(它自身可能也是能吸引人的)。艺术行为因此涉及诸如素描、彩绘、雕刻,或在观察者那里能营造出引起认知和语义联想的视觉刺激,如一只鸟、一尊神像、数字 10 的概念等等。显然,在这两个分析性的活动中,划分边界即使并非不可能,也常常是繁难的。就像当改变人体外形时,它既意味着美学效果,又显示着社会地位,或当把一尊神像制作得尽可能俊美或可怖时。

从大约 140 万年前起,原始人类开始生产一种新型的石制工具,即通常所说的手斧。到了 50 万年至 40 万年前,在这些梨形的手工制品当中,不论从正面还是从侧面看,某些制品已经展示出了令人称奇的对称性。尽管这种对称只是使得物体能够舒服地握在手中,但一些学者认为这种对称设计已经超越了实用性的需要而引入了美感的成分。不仅如此,制作这些精致工艺品的材料似乎经过了精心挑选,部分是为了视觉效果的考虑(常常是选用闪亮的石头,在特殊情形下还会在完成的产品中点缀化石)。虽然我们无法知晓这些物品能否打动今天的观众,但这些对称的手斧可能是最早的实物证据,证明人类已经开始尝试通过视觉工艺来创造出具有吸引力的物品。

但是 20 万年前,当"解剖学意义上的现代人类"在非洲崛起时,这些手斧便已经在考古记录中消失了。艺术的创造和使用与这一新出现的物种——智人有着密切的关系。但尽管如此,直到非常晚近的研究才指出,现代人类在到达欧洲后竟然要等到约 3 万年以前才开始制作"艺术与个人装饰"。而新的证据仍在继续大幅修改着这一图景。

来自布隆伯斯洞窟的发现

最近在布隆伯斯洞窟(Blombos Cave,一个非洲大陆最南部地带的海岸发掘地点)的发现,是当下关于早期艺术形式讨论的中心话题。在克里斯托弗·罕什伍德(Christopher Henshilwood)所带队的发掘中,挖掘人员在其他物品的湮没下发现了一片平坦的赭石,在这片赭石上显示出交叉阴影线的痕迹,看起来像是由齿状线刻成的。当这一发现在 2001 年底宣布时——这个布隆伯斯的雕刻残片出现在大约 7.5 万年前——考古学家们相信这是迄今所知人类制作的最早刻有几何图案的物品。它的发现引起了大众媒体的充分关注,报纸标题称赞布隆伯斯赭石为"世界上最古老的艺术品",并声

240

称,由于此次发现,"艺术史的长度翻倍了"——这指的是在法国南部的肖维岩洞(Grotte Chauvet)中发现的洞穴绘画,它们大约是3.2万年前左右的作品。与此同时,在2009年,布隆伯斯其余的赭石雕刻残片也得以公布,最古老的残片可追溯到10万年以前。

我们并不确定布隆伯斯赭石的几何图案是否为了令视觉愉悦。但是据学者的观察,人类很早之前就已进化成对直线和重复性的图案等特性较为敏感。干净的几何图形会使大脑高度兴奋,并令人类产生愉悦感。大脑对视觉图案的内在反应也许能说明,为什么一旦人类发展出了相关的必要的内在动力和智能后,就开始着手创造带几何图案的艺术品。

但一些学者则主要从符号论的角度来看待布隆伯斯赭石的几何图案,在他们看来,这些几何图案是一种有意识的视觉联想形式,代表了人类认知进化过程中一个最主要的进步。尤其是当能指和所指之间的关系建立在常规或任意的基础上时(也就是当其是"纯粹符号"时)。尽管这些图案可能指的是什么在今天已不得而知,但这种运用符号的现象至少表明,布隆伯斯人有能力进行"抽象思考",有能力在大脑以外储存并提取信息。这其中涉及的诸多智能通常首先都需要语言句法作为前提条件,这与其说因为语言同样是符号性质的,不如说需要通过语言来建立雕刻物及其特定含义间的联系。

坚持对布隆伯斯赭石进行符号论解释的学者们,同时还注意到洞穴中的另外一个发现:大约40个有人工凿孔的河口贝壳(*Nassarius Kraussianus*)显示出其有作为珠串佩戴在人身上的迹象。受

人种学影响,考古学家几乎一致认为这些珠串具有符号意义,并强调它们在展示个人与集体身份方面扮演的社会角色。珠串可能显示的是佩戴者的年纪、血亲、婚姻状况等,因此在视觉上标记和加强了社会的差异化。

当发现布隆伯斯贝壳的消息在2004年首次宣布后,它的意义被视为可与赭石相媲美。由于这些人工凿孔的贝壳亦可追溯到7.5万年以前,因此也将人类生产珠串的历史向前扩展了翻倍。这导致一些人甚至一度认为,布隆伯斯珠串珠的出现过于反常,不能贸然得出在这一时期有关人类行为的重要结论。而与此同时,在摩洛哥塔弗拉尔特洞穴(Taforalt Cave)也发现了人为有意凿孔的贝壳(其中某些是赭色的),经确认可以上溯到8.2万年前。在这个洞穴中继续进行的发掘中又发现了8.6万年前的贝壳珠串。而一些来自北部非洲和毗邻地区的凿孔贝壳可能还要更久远。随着时间的向前发展,所有这些珠串都日渐一律由织纹螺(*Nassarius*)贝壳制成(就如同来自南部非洲的布隆伯斯珠串一样)。而它们都在距离海洋200千米(约124英里)以内的地方被发现,则显示了交通以及交换或交

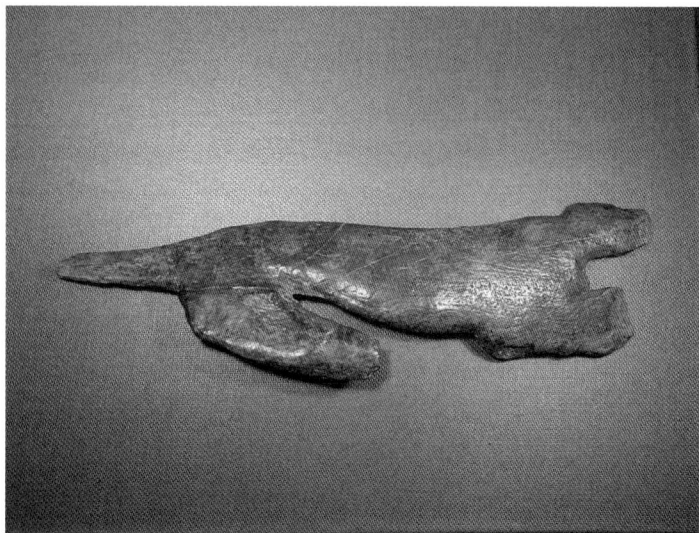

奔跑的狮子,由象牙雕成,出土于巴甫洛夫(捷克共和国)。在这一发掘点可以观察到旧石器时代居民狩猎和制作工具的技艺

易的发展状况。

尽管考古学家相信珠串具有符号意义，但在描述它们作为项链的用途时也使用"装点"或"装饰"等术语，实际上是暗示佩戴这些珠串同样包含有审美效应。的确，在旧石器时代的环境下被用作珠串的贝壳皆具有视觉上的效果，例如明亮的色泽和光亮。大小相仿的珠子被串在一起时有重复性的图案出现，各种色泽的交替使用可能也与图案一起增强了审美功能。审美与符号功能并不互相排斥，事实上是相互强化的。

能够得到特定类型的贝壳并灵巧到能通过凿孔技术制作珠串的人们——这一水准可不是今天的尝试者们所能轻易达到的——可能自己就佩戴着这些珍贵的物品，这反映了他们展现其自我意识的视觉手段形式。他们也许还会将珠串作为礼物送给他人，比如在求爱的时候。在建立和维持群体间联系时珠串也可发挥作用。倘若当今世界范围的做法能说明一些问题的话，那么佩戴贝壳或其他饰品可能很早就被视为具有保护性功能，如作为护身符给主人带来好运。

如同一些更久远的凿孔贝壳一样，布隆伯斯珠串中的4串有赭红色的痕迹，这可能是有意染色的结果，也或者是因为这些贝壳佩戴于赭红颜色的身体上。在非洲，与现代解剖学意义上的人类相关的考古发掘点发现了大量赭石，尽管在智人出现数万年以前它们就早已付诸使用。一些赭石残片清楚地被刮去了表层。研究表明，赭石可能被用来加工毛皮、作为药用，或作为黏合剂。但也有许多考古学家对此做了更流行的"符号论"的解释，提出赭石特别被用到人体上以作仪式的用途。尽管这一解释主要建立在今天有关狩猎-采集者的有争议的类比上，赭石看起来确乎对于早期现代人类有某种"象征"意义。例如其在葬礼中的使用便可追溯到10万年以前，甚至更久。

图像表意

把赭石涂到表层的活动在某种情况下也会导致几何与比喻意象的出现。比喻意象将我们引向一个课题，一些人称之为图像表意，即对人类或其他动物进行平面或三维的渲染，或者更精确地说，用某些媒介来表示外在世界（或想象世界）中的存在物——特别是如动物（当然也有植物）、地形特征、建造环境以及其他人造物等。

专家们似乎同意，与制作和理解二维意象相比，制作和感知三维比喻意象对人的认知能力的要求没那么严苛。为了理解这一现象，可全面地考虑一下人类首次创造的比喻或图标意象。没有确凿的证据显示非洲早期的现代人类制作出了三维的比喻意象。尽管我们目前拥有的一些零星旁证的确指向这一推测，即这些早期现代人类曾使用过易腐坏的、难以复原的和更便于修改的材料，如泥土或植物或木材等来制作比喻意象。同样，就这一时期而言，我们也缺乏关于在短时期内改变身体外在表征的物品的证据，包括花卉、羽毛和编织的纤维（同时还有发型的梳理）等，还缺乏如在沙中作图或用沙子作画等行为的证据。

两个有争议的石制物品可作为早期图像表意的例子，这两个物品的出现时间事实上都早于我们现在所公认的现代解剖学意义上人类的出现时间。一个物品在摩洛哥坦坦（Tan Tan）镇发现，其出土的地层目前暂时认定为在50万至30万年以前。所谓的坦坦小型雕像是一块人形的小石头。这一物品上的一些自然凹槽（这些凹槽能使这块石头显出人的形状，例如一个凹槽正好区分开了人的"双腿"）似乎被人为地加深了，这被解释为试图使之变得更接近人形。有趣的是，在这一物品的表面似乎还涂上了红色颜料。第二个物品为"贝列卡特兰小型石雕"（Berekhat Ram Figurine），出土于今天以色列的

242

243

考古发掘点,距今大约 23.3 万年,它为原始雕刻或"半现代"的雕刻活动提供了一个类似的、同时也更具争议性的例子。

尽管这些物品都很特殊并伴随着争议,但是它们表明原始人类在很久之前就已经能够在自然界的物品中识别出人类的形状。今天发现的最早的样品是一个自然风化的卵石,犹如一张原始人类的脸庞。它发现于 300 万年前南非马卡潘斯盖的一个定居点,可能是由某人从一个附近的河床携带到此地的。由于人类已经进化出了识别人体外在表征的能力,尤其是在挑选配偶时,因此,他们同时逐渐提高了加工修饰材料的技能以使之最终变得更具人形,也原本不应引起惊讶。但话又说回来,原始人类较晚才进化出这项技艺似乎也在提醒我们,不应过分低估它所要求的综合能力。

一些显示出动物形状与轮廓的自然物品,例如洞穴墙壁,也与上述的各方面情况类似。除了欧洲的洞穴绘画外,我们这里还需要依赖一份 2006 年的报告所提供的证据。它是关于在博茨瓦纳措迪洛山(Tsodilo Hill)发现的一块大型岩石,形如一条巨蟒的身体与头部。岩石的表面显示有数以百计的人工凹痕,可能是为了模仿蛇的鳞片。凹痕似乎是由在洞穴中发现的石制工具所凿成,目前认为出现在距今 7 万多年之前。

"走出非洲"

大约在距今 8 万~6 万年之间的某个时段,现代人类离开了非洲,对世界的其余部分进行拓殖(他们将逐渐取代各地的早期人类,例如欧洲的尼安德特人和亚洲直立人的后裔)。人类群体迁徙的路径大概是顺海岸线而行,沿着今天的阿拉伯半岛,经由印度去往东南亚,再到澳大利亚——这个大陆很可能没有被原始人类占据过。其他迁徙人群在某个时间点转而折向北部,他们将首先沿主要的河道拓殖,进而扩散到整个欧亚大陆。

现代人类大约 5 万年前到达澳大利亚,因此在这个地方贝壳珠串极有可能仍在继续佩戴。而在这里,事实上迄今最古老的发现为 3 万多年以前凿孔的贝壳。大约在这段时期内,我们还在墓葬发掘中发现覆盖有赭石的人骨。红赭石还被视为今天世界上最古老的岩画的证据。在位于西北澳大利亚因岩画而闻名的金伯利地区,曾发现过一片用赭石作画的岩石,距今约 4 万年。

这能否作为人类在岩石上作画的最早证据呢?倘若答案为是,那么这是否意味着这些行为只是在现代人类走出非洲之后才发展出来的呢?非洲迄今最古老的绘画发现于纳米比亚的山洞,在这里,岩石板上画有动物的形象。这些绘画传统上被认为起源于 2.8 万年前。但近期

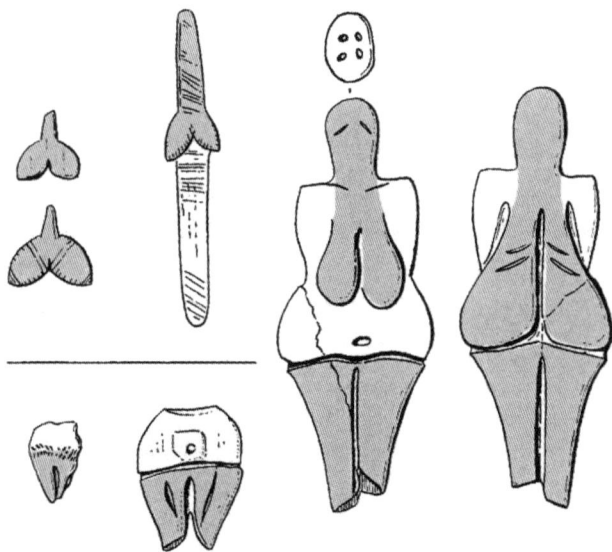

在一个维纳斯小型雕像的拟人化象征中,显示了一个由女性乳房与男子的阴茎和睾丸构成的难解"密码"。考古学家对这些形象的功能,即究竟是象征丰饶还是早期形式的色情作品,并不确定

的学术研究显示，这些图像可能已有 6 万年之古老。倘若如此，那么这便增加了非洲作为"二维比喻意象"诞生地的可能性。这也进一步表明，当现代人类走出非洲时，他们的神经认知指令系统（尽管并不一定转化成了行为）中可能已具备了制造此种意象物的能力。

迄今最古老、最无争议的三维意象遗迹当数欧亚大陆西部的发现。近期在位于今天俄罗斯顿河边的科斯滕吉（Kostenki）之最古老地层的发掘显示，现代人类最早至少在 4.5 万年前到达这片区域。在发掘过程中发现了贝壳珠串和经过加工的猛犸象牙（它可能模仿的是一个人类的头部）。在德国西南部的福格尔赫德有一个更为清楚的发现，包括一个小型象牙雕，上面刻着长毛象以及被视作狮子的动物形象。这一雕像出现的时间大概介于 3.8 万年和 3.2 万年前之间。较早时候在菲尔斯洞穴（Höhle Fels）发现的雕像也大概制作于相近的时期，同样位于德国西南部。在此处，考古学家们发掘出了 3 个小型的象牙雕：一个是迄今最古老的以鸟为主题的雕像，一个是马的头像，还有一个是半人半兽像（结合了猫科动物与人类的特征），后一个往往被拿来与大概同时代制作、但体积远为

庞大的雕像相提并论——1939 年发现于霍恩斯泰因-斯塔德尔（Hohenstein-Stadel）的"狮子人"。

直至近期，出土于欧洲的旧石器时代的小型维纳斯雕像（通常代表着肥胖的妇女）都被认为是一个较为晚近的现象。这其中最有名的例子是 1908 年在维伦多夫（Willendorf）发现的大概制作于 2.5 万年前的雕像，这一可置于掌心的石灰岩雕刻周身覆盖着红赭石。但是 2009 年，考古学家们宣布发现了一个丰乳肥臀的无头妇女象牙雕，至少制作于 3.5 万年以前，也可能还要比这再早上数千年。这尊雕像来自菲尔斯洞穴最古老的地层，被无争议地认为是迄今所知最早的人体艺术形象。"小型维纳斯雕像"的功用和意义仍属未知，推测亦是五花八门，不一而足。

与迁徙到澳大利亚的近亲一样，刚刚到达欧洲的现代人类不仅制作贝壳珠串（以及其他一些珠子和饰品），而且还在岩石上进行雕刻与绘画。同其他发现一样，在位于法国南部的肖维岩洞中发现的动物和几何图形也可证实这一说法，这些艺术制作最早的有 3.2 万年之久（这意味着它们比拉斯科和阿尔塔米拉的著名发现还要古老 2 倍的时间）。直到 21 世纪早期，欧洲事实上被视为人类艺术创作的摇篮，一些学者还使用了"创作迸发"等表述来概括大约 3 万年前珠子制作、绘画和雕刻在这一区域的突然出现。

在更远的地方，在马耳他直至西伯利亚的贝加尔湖以西的发掘点，考古学家们均发现了描绘人体与飞鸟的象牙雕刻，这些遗存估计约有 2.3 万年的历史。大部分拟人雕像看起来代表妇女，其中一些是穿

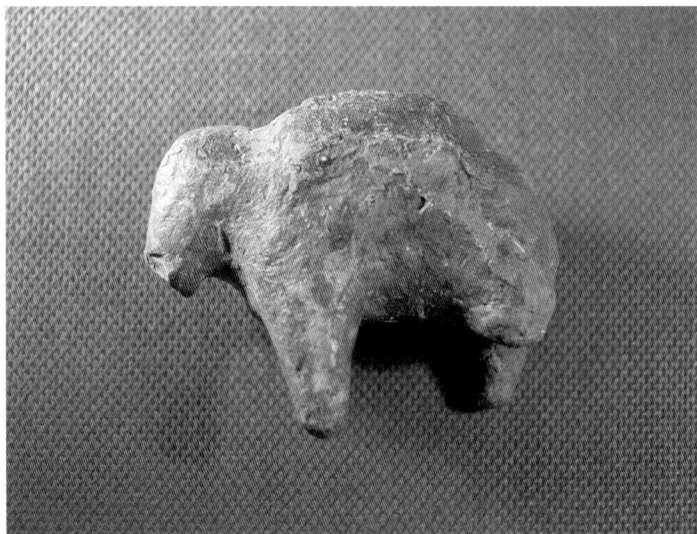

这一猛犸象同样发现于巴甫洛夫（捷克共和国），是世界上最早的陶器塑像

有衣物的。大多数鸟类雕像都描绘成飞行中的鸟（包括天鹅、鹅和鸭子）。通过与 19 和 20 世纪西伯利亚狩猎-采集的行为进行类比，凿孔的雕刻被解释为代表着"精灵相助者"，它们附着在萨满的服装上。

阐释旧石器时代艺术

其他旧石器时代艺术形式今天同样是在萨满教的语境下进行解释的，这里尤其要提到大卫·刘易斯-威廉姆斯（David Lewis-Williams）关于人类制作图像起源的有趣理论。他在《洞穴中的观念：艺术的意识与起源》（*The Mind in the Cave：Consciousness and the Origins of Art*，2002）一书中提出，旧石器时代的典型图像——也就是动物与几何图像——起源于幻觉或"意识转换状态"，特别是"萨满"在恍惚状态的体验（受到仪式、感官剥夺或精神药物的诱使）。第一个人类图像被创造出来正是为了"纠正"萨满的幻觉体验。

在提出这一理论时，刘易斯-威廉姆斯利用和考察了今天世界上所有狩猎-采集社会中的萨满活动。他相信，今天的人类同他们数万年前旧石器时代的祖先的大脑基本上是一样的。如今，当我们感知世界时，最终是由大脑产生出我们所体验到的图景。事实上，大脑可能会在没有外在刺激的情形下制造出图景，就像在头脑中想象，以及在梦中或其他意识转换状态中更栩栩如生地感觉到的场景一样（或者就像当一个人轻轻地按压眼球时，会引发各种几何图形或各种颜色形状的抽象视觉体验一样，受到偏头痛困扰的人们会对此有更为强烈

的体验）。

研究同时还显示，图像，特别是在恍惚状态中由大脑产生和体验的关于动物的图像，会被解释为发生在另一个世界的现象，是对"替代现实"的偶然瞥视。刘易斯-威廉姆斯认为，现代人的大脑不仅能够自己产生场景，而且能够记得这些场景，并且通过口头语言或视觉形象的方式与他人分享和讨论这些场景。这些口头语言和视觉形象无疑会帮助记录萨满在"其他世界"中短暂停留时的强烈体验。

萨满教仪式不仅包括将灵魂寄居在动物的身体中进行体验，而且还包括将萨满本人直接变成这样一个有灵性的动物。这也许能帮助解释旧石器时代半人半兽形象的来源。但也有一些研究者反对该理论，他们认为并非所有半人半兽的手工制品都代表了人类和其他动物的混合体。例如在霍恩斯泰因-斯塔德尔发现的"狮子人"，也可以被看成一个站立的熊。不仅如此，其中一些图像（这被认为为极其罕见）还实际上可被看成伪装成动物的人类，而他们这样做是为了狩猎方便。学者们还争论说，科学文献中有关幻觉的解释也并不能如刘易斯-威廉姆斯声称的那样充分支持他的神经心理理论。

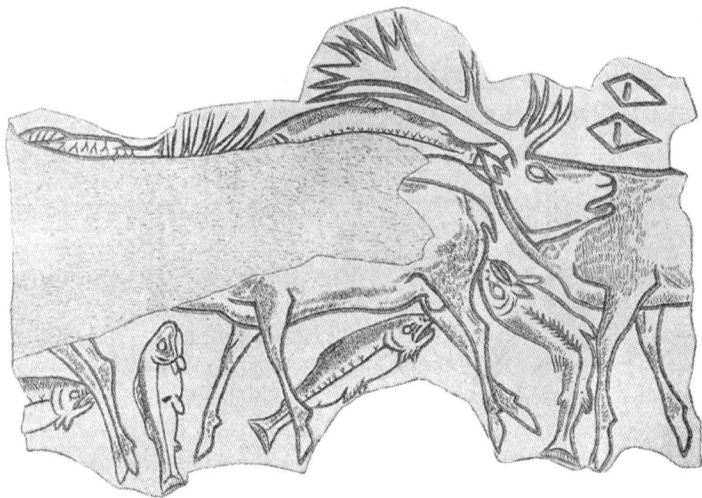

这一在法国南部发现的洞穴壁画中刻有三文鱼和长着巨角的鹿，并以线条图形和网状线作为修饰

245

> 倘若在创作中不能让心手合一,是产生不出真正的艺术的。
>
> ——莱昂纳多·达·芬奇(Leonardo da Vinci)

戴尔·古思里耶(R. Dale Guthrie)是一位北极生物学家,他提供了另一种关于旧石器时代艺术的解释,但并没有解决人类形象制作的前提或起源问题。古思里耶主要集中研究冰河时期的欧洲,他认为洞穴墙壁以及便携物品上的动物形象源自其创造者对当地荒野生活的着迷。他反对在史前艺术研究中流行的"巫术-宗教范式"。他假设说,许多图像的制作者可能是青春期的男性,他们受到了"睾丸素时刻"的激发,例如狩猎或与大型捕食动物对峙时的兴奋。这一关于旧石器时代艺术制作的世俗派观点,也经常被用来阐释在洞穴壁画、岩石雕刻以及其他艺术表现形式当中经常出现的性爱意象。这些史前时代的"涂鸦"主要表现的是女性的性器官,展现了年轻男子的性幻想或性经验。古思里耶的观点与约翰·奥尼恩斯(John Onians)所发展的理论有一些共通之处,后者的分析建立在近期神经科学的进展上。

旧石器时代艺术一直是,而且也将继续是各种理论阐释相互竞争的充满魅力的领域。当前争议的一个问题涉及早期艺术形式是否具有"适应功能",即艺术创作是否能对艺术创作者群体自身的生存与繁衍产生影响。倘若说是,一旦艺术创作出现,那么是否创作视觉艺术的倾向就能够延续扩展下来,因为它能为具有此种倾向的个人或团体提供进化上的优势? 在"艺术适应性说"的支持者当中,亦需要区分两个阵营:一派看重在个体间的竞争中(尤其是对男性而言,艺术可能是炫耀其技艺与创造力的途径)艺术扮演的角色;另一派更看重艺术存在带来的社会效益,例如它对群体团结、合作以及代际传承知识的效用(例如让信息变得更容易记忆)。那些否定视觉艺术具有适应性价值的学者则指出,视觉艺术只是某种能力与倾向的副产品,而这些能力与倾向本身才更可能是适应进化的,例如制作与使用工具的能力,以及对某些颜色、线条、形状以及主题的内在积极反应,能更好地帮助人类生存与繁衍。

旧石器时代艺术研究的展望

遭受了数十年的相对冷遇,旧石器时代艺术,以及与之相伴的关于艺术起源的话题,今天正在为来自各个学科(包括考古学、艺术史、人类学、进化生物学和神经学等)的专家们所热议,牵涉的学科领域范围还在不断扩大。在新的考古成果发现并加速公布的同时,这一跨学科的研究者团体正在带来新的概念工具、解释框架和研究方法,旨在解决世界历史中的一系列基本问题:人类在何时、何处开始制作和使用视觉艺术? 什么条件(物质、精神、社会、文化)让艺术创作成为可能? 为什么艺术创作得以在人类历史上保留? 以及,为什么艺术与我们的生活日益密不可分?

进一步阅读书目:

Anikovich, M. V. et al. (2007). Early Upper Paleolithic in Eastern Europe and Implications for the Dispersal of Modern Humans, *Science*, *315*(5819), 223 – 226.

Bahn, P. G. & Vertut, J. (2001). *Journey through the Ice Age*. Los Angeles: University of California Press.

Balme, J. & Morse, K. (2006). Shell Beads and Social Behaviour in Pleistocene Australia, *Antiquity*, *80*, 799 – 811.

Bednarik, R. G. (2003). A Figurine from the African Acheulian. *Current Anthropology, 44*(3), 405 – 413.

Bouzouggar, A. et al. (2007). 82,000 – year-old Beads from North Africa and the Implications for the Origins of Modern Human Behavior. *Proceedings of the National Academy of Sciences of the United States of America, 104*, 9964 – 9969.

Clottes, J. (2003). *Return to Chauvet Cave: Excavating the Birthplace of Art*. London: Thames and Hudson.

Conard, N. J. (2003). Palaeolithic Ivory Sculptures from South-western Germany and the Origins of Figurative Art.

Nature, 426(6965),830 – 832.

Conard, N. J. et al. (2007). Einmalige Funde Durch die Nachgrabung am Vogelherd bei Niederstotzingen-Stetten ob Lontal, Kreis Heidelheim, Archäologische Ausgrabungen in Baden-Württemberg 2006, J. Briel (Ed.). pp. 20 – 24. Stuttgart: Theiss.

Conard, N. J. (2009). A Female Figurine from the Basal Aurignacian of Hohle Fels Cave in South-western Germany. *Nature, 459*(7244),248 – 252.

Dart, R. A. (1974). The Waterworn Pebble of Many Faces from Makapansgat. *South African Journal of Science,* 70 (6),167 – 169.

d'Errico, F., Henshilwood, C. S., & Nilssen, P. (2005). Nassarius Kraussianus Shell Beads from Blombos Cave: Evidence for Symbolic Behavior in the Middle Stone Age. *Journal of Human Evolution, 48*(1),3 – 24.

Dissanayake, E. (2008). The Arts after Darwin: Does Art Have an Origin and Adaptive Function? In K. Zijlmans and W. van Damme (Eds.), *World Art Studies: Exploring Concepts and Approaches* (pp. 241 – 263). Amsterdam: Valiz.

Guthrie, R. D. (2005). *The Nature of Paleolithic Art.* Chicago: University of Chicago Press.

Henshilwood, C. S. et al. (2002). Emergence of Modern Human Behaviour: Middle Stone Age Engravings from South Africa. *Science, 295*(5558),1278 – 1280.

Henshilwood, C. S., d' Errico, F., & Watts, I. (2009). Engraved Ochres from the Middle Stone Age Levels at Blombos Cave. South Africa. *Journal of Human Evolution, 57*(1),27 – 47.

Hodgson, D. (2006b). Altered States of Consciousness and Palaeoart: An Alternative Neurovisual Explanation. *Cambridge Archaeological Journal, 16*(1),27 – 37.

Lewis-Williams, D. (2002). The Mind in the Cave: Consciousness and the Origins of Art. London: Thames and Hudson.

McBrearthy, S. & Brooks, A. S. (2000). The Revolution that wasn't: A New Interpretation of the Origin of Modern Human Behavior. *Journal of Human Evolution, 39*(5): 453 – 563.

Mithen, S. (2003). Handaxes: The First Aesthetic Artifacts. In E. Voland and K. Grammer (Eds.), *Evolutionary Aesthetics* (pp. 261 – 275). Berlin: Springer.

Morwood, M. J. (2002). *Visions of the Past: The Archaeology of Australian Aboriginal Art.* London: Allen and Unwin.

Onians, J. (2008). Neuroarthistory: Making More Sense of Art. In K Zijlmans and W. van Damme (Eds.), *World Art Studies: Exploring Concepts and Approaches* (pp. 265 – 286). Amsterdam: Valiz.

Schlesier, K. H. (2001). More on the "Venus" Figurines. *Current Anthropology, 42*(3),410 – 412.

Summers, D. (2003). *Real Spaces: World Art History and the Rise of Western Modernism.* London: Phaidon.

White, R. (2003). *Prehistoric Art: The Symbolic Journey of Humankind.* New York: Harry N. Abrams.

维尔弗里德·凡·达默(Wilfried Van Damme) 文

蔡萌 译　陈恒 校

Art — Pre-Columbian Central and South America
前哥伦布时代中南美洲艺术

248　　　在 16 世纪初欧洲人到达之前,中南美洲所创造的艺术展现了许多复杂文明的发展,其中一些文明依然存在。尽管在欧洲人征服之后发生了无数的改变,但是许多本土的哲学、文化以及风俗并未消失。而且美洲人发现了融合新旧文明的方式,特别是在艺术与建筑方面。

在 15 世纪末 16 世纪初欧洲人征服中南美洲之前,土著居民如印加人、玛雅人、米斯特克人(Mixtec)、阿兹特克/墨西加人(Mexica)以及萨波特克人(Zapotec),已经发展出了拥有自己特征的艺术与建筑。许多史前古器物保存了下来,它们向全世界研究这些文明的历史学家和研究人员揭示信息。学者们对这些表面上已销声匿迹文化的遗骸继续挖掘、分析并传扬。美洲原住民与梅索蒂斯混血人(mestizos,拥有美洲原住民与欧洲祖先的混合血统)不断地发起对前哥伦布时代文化的讨论与探究,使原先在殖民时代被抑制或隐藏的本土历史得以复现。

前哥伦布时代的艺术：综述

尽管美洲的艺术传统在欧洲人到达之后很长一段时间依然维持原状,但是前哥伦布时代在加勒比海地区的终结是以 1492 年为标志的。这一年,哥伦布到达安的列斯群岛(Antilles)。在墨西哥高地,前哥伦布时代艺术一般终结于 1521 年之前。这一年,征服者科尔特斯(Hernán Cortés)与他的同盟者征服了阿兹特克/墨西加首都特诺奇蒂特兰(Tenochtitlán)。皮萨罗(Francisco Pizarro)1533 年征服了印加首都库斯科(秘鲁),结束了前哥伦布时代在南美洲的艺术创造。

艺术与思想的交流穿越广阔的空间,影响着美洲分布广泛的族群。有时,艺术材料从远处引进以满足哲学、精神、政治以及审美需求。大量现存的前哥伦布时代艺术是由耐用的石头、金属、灰泥或黏土所组成,但是美洲人也使用各种物品如苋菜种子、兽皮、毛皮、骨头、棉花、羽毛(特别是绿咬鹃的羽毛)、黄金、翡翠、矿物以及植物涂料、珍珠、贝壳、银器、绿松石、木材、羊毛等制造家用物品与贸易品。公开与半公开的纪念物传达了人类主张统治权力合法性的信息;它们被用来纪念对政治组织与敌人的征服,庆祝历史与赞美令人心生敬畏的众神的品质,以及使世代了解历史与神话事件。因此,古代美洲艺术传达了比审美观念更多的信息。

尽管美洲包含着众多族群与城邦国家,但人们共享类似信仰(泛美的鸟-猫-蜥蜴崇拜宗教;雨神或闪电神)、文化习惯(赏赐与贸易;宗教建筑;典礼仪式)以及艺术主题(对抽象概念的偏爱;对红色颜料的大量使用;折叠式的历史记载)。历史学家曾经用这样的理论解释中美洲的这些相似之处：奥尔梅克人(Olmec,约前 1500—前 550)建立了准则,而后来者则遵从了这些准则。但是现今他们相信萨波特克(Zapotec)等文化可能也一样古老。对于南美洲土著民族来说,学者们相信他们保持了安第斯山脉的查文(Chavin,约前 800—前 200)的风俗、审美观念与文化。反复出现的主题同样大量发生在前哥伦布时代南美的艺术与建筑方面：食　　249

物与农业；诸神与统治者；祭祀仪式；性与生育；财富与地位的象征。

大多数幸存的前哥伦布时代艺术强调轮廓线、图案以及祭司身形的比例（hieratic scale，对于重要人物的描述在场面上比其他人更为宏大）。显然遭受黑暗空虚（horror vacui，字面的意思是恐惧空虚之境）之苦的艺术家用偶像、象形文字或重复的主题来构成整幅作品。与古代埃及的艺术风格相似，他们更喜欢复合的人物远景；在古代埃及艺术风格中，手臂与腿部以侧面出现，而躯干是正面像。前哥伦布时代艺术很少，如果真的存在，它们使用透视法来再现人类居住的真实世界。这些习惯是美学的产物，并非缺乏技术：口述史、文档、实物证据表明，前哥伦布时代艺术家们得到了广泛训练。

本概论以前哥伦布时代的定居地之地理方位为序，简述古代中南美洲之艺术，始于奥尔梅克文化，结束于安第斯文化。

一个巨大的雨神（Dzahui）头像，由青蛙护卫。为后古典时代晚期风格。位于瓦哈卡（Oaxaca）的特尔迪特兰·德·卡米诺（Teotitlan Del Camino）。丹妮尔·皮尔斯（Danielle L. Pierce）摄

中美洲：金字塔、制陶业与人祭球场

古代中美洲，区域包括现在的墨西哥中部、危地马拉与洪都拉斯，这里有众多原住民城市和乡村，人们多共同遵循某种特定宗教与审美哲学——他们的艺术中记录了社会与文化的结构与实践。

奥尔梅克

曾经被称为中美洲的"母文化"，早在公元前1500年并持续到前550年，奥尔梅克人沿着墨西哥湾在今韦拉克鲁斯（Vera Cruz）与塔瓦斯科（Tabasco）一带定居下来。尽管如此，自20世纪90年代晚期积累的数据显示，其他人群如墨西哥西南部的萨波特克人的文化起源同样可能

回溯到那么远。奥尔梅克在繁盛时不是一种同种族的或静态的文化；考古学家在离其海岸中心数百公里处也发现了奥尔梅克艺术。

奥尔梅克人创造了复杂的历法系统并显露出了对文字的兴趣。在拉文塔（La Venta）与卡斯卡哈尔石块（Cascajal Block，书写板大小的长方形厚板，可追溯到公元前1000年左右，在韦拉克鲁斯被发现）发现的象形文字，可能是北美洲与南美洲最早的文字。在圣洛伦索（San Lorenze，兴盛于前1200—前900）与拉文塔（前900—前400）遗址的考古学证据——包括黏土与石头建筑、巨大的与小型的雕塑、浅浮雕与装饰性的陶器——暗示了这是一个对农业、水栖与双栖生物、领导传统与地位感兴趣的复杂发达的文明。陶器与小型石刻，从约公元前1150到前900年沿着广泛的经济贸易路线被人们进行交换，很可能影响了墨西哥高地的艺术品，在

2006 年从南平台角度看阿尔班山（Monte Albán）遗址的全景图。马特·桑德斯（Matt Saunders）摄

那里，有许多奥尔梅克风格的岩石雕刻与象形文字在洞穴中被发现。从公元前 900 到前 550 年，奥尔梅克人进行玉雕贸易，一般是凿斧（celts，凿子）或斧头。艺术家把人形的和动物特征的生物雕刻在玉上——其中最值得注意的是像咆哮的美洲虎一样的生物，这反映了人们相信虎神能显出人类的样子——之后将棕红色的朱砂（硫化汞）涂擦到线条上（有毒的朱砂象征着这些作品不容触摸的神圣）。皱着眉头、胀大的脸庞、精雕细琢的人物——有些涉及的是"婴儿像"或"美洲虎、婴儿像"——遍及奥尔梅克人的艺术。学者们提出，"婴儿像"是从一个统治者传递到另一个统治者手中的权力转移的象征符号，或代表着奥尔梅克文明传统的权力的起源。

奥尔梅克人从 96 千米远处将来自图斯特拉（Tuxtla）山脉的巨大玄武岩运输到拉文塔以建造一座 30 米高的巨型金字塔（这种建筑物，据估计要花费 1.8 万人约 100 万工时去修建，最值得注意的是其与著名的埃及金字塔的相似性，包括它的南北轴向方位。奥尔梅克雕塑最著名的例子是其巨大的人头形式的祭品，或许代表了各个统治者；而它们都展现出了丰满的脸庞、杏仁形的眼睛、下翻的嘴唇，每张面容都是与众不同的。奥尔梅克人会将诸如雕像组合与马赛克嵌地板等祭品埋入地下，或以其他方式让它们不被公众看到（再次与埃及人有惊人的类似）。前哥伦布时代艺术的学者玛丽·埃伦·米勒（Mary Ellen Miller）将这种祭品称为隐藏的建筑。

奥尔梅克人建造球场并举行中美洲球赛，

这是前哥伦布时代美洲社会最典型的政治和宗教性的文化仪式,特别是在玛雅人社会中;这种活动一直持续到其被征服之前。球场为工字形,周围都是斜坡,穿戴着厚重护垫的球员们用他们的双臂、臀部、肩膀以及躯干——但不是双手——撞击重约 4 千克的橡皮球以通过竖立的小球门。一些描绘了球员与观众的小陶器在墨西哥西南部被发现。部分学者认为,橡皮球可能象征着天体,球员运用技巧将其高高举起。

251

奥尔梅克艺术与众不同的特征——巨大的头部、使用红色颜料作为一种表达方式、美洲虎或羽毛头饰以及神祇面具——影响了 3 世纪之后的文化群体。

玛雅

玛雅人与奥尔梅克人一样散落各处,位于墨西哥南部、伯利兹城(Belize)、萨尔瓦多(El Salvador)、危地马拉以及洪都拉斯;他们阶层分化的等级社会从事农业、狩猎、石工行业与贸易。约前 300 年前出现了独特的玛雅人中心,一直持续到被征服之前。一些玛雅人的宏伟建筑如十字架神庙与帕伦克的 19 号神庙(XIX)已经严重毁损,而其他的史前古器物仍遗存在丛林中或埋葬于地下。

玛雅人在手抄本(可折叠的记录薄)中保存了他们的历史文献。尽管如此,他们在如《波波尔·乌》(the Popol Vuh)这样的作品集中维持了口述史传统,这本作品在 16 世纪由一名玛雅贵族整理记录下来;该书详细记录了双胞胎英雄试图打败地狱中的众神并使他们的父亲复活的冒险故事。许多玛雅人的陶器描述了波波尔·乌的故事:例

如,著名的布罗姆陶碟(Blom Plate)描绘了双胞胎运用吹箭筒射击自夸的金刚鹦鹉,这只金刚鹦鹉不恰当地声称自己创造了太阳与月亮。

神祇、献祭的牺牲以及统治者反复出现在玛雅人的艺术中。神灵由来自多种动物身体的主要部分所组成,他们有着人形的双手、腿部以及头部。牺牲的受害者通常被描述为裸体的或半裸体的,对于玛雅人来说这是很羞耻的状态。玛雅人实行祖先崇拜,将他们生前职业所用的工具与其一起埋葬,他们会火化或埋葬皇室成员的遗骸;稍后,建造寺庙与陵墓以纪念他们。玛雅人给现任与死去的统治者以荣耀的石柱,这些石柱刻画了他们业绩的日期与象征。

玛雅人继续改善 260 天的仪式日历,其建立自时间开始以来的"长历法";他们确信开始的时间是在公元前 3114 年。20 世纪,学者们发现在玛雅人的图画里出现的字形经常是来自日历历法中的数字符号,他们因此能够怀疑玛雅人是爱好和平的哲人之王的流行观点。其证据存于艺术之中:玛雅人的象形文字、壁画、浮花雕饰以及护墙板显示,血腥的冲突与献祭自始至终贯穿于已知的玛雅人的历史中——政治姿

252

在这幅特奥蒂瓦坎的壁画上,美洲狮的爪子用典型的、具有漫画式的夸张手法进行绘画。丹尼尔·皮尔斯摄

态、战争以及活人献祭，再加上农业与环境因素，导致了在约 800 至 900 年间人口稠密的玛雅人居住地的衰落。在西班牙人征服时期，玛雅人生活在人口较少、比较分散的定居点。

萨波特克

萨波特克文明在瓦哈卡、格雷罗（Guerrero）、普埃布拉（Puebla）建立了最早的定居点，他们也许与奥尔梅克人同时存在，并存在了很长时间。在征服时期，萨波特克人穿过墨西哥中部从事贸易，但没有像米斯特克人或墨西加人那样在该地区占据支配地位。

萨波特克人维持着多神崇拜、260 天仪式历法、祭司-经师阶层、对普遍生命力佩（pè）的信仰。他们的闪电之神科奇乔（Cocijo）的头像出现在瓦哈卡发现的许多复杂的陶器碎片上。学者们提出，萨波特克人的军国主义社会创造了艺术与神庙建筑，用来象征权力与地位以及对祖先的敬畏，特别是对其先前的统治者。（从约 200 到 1000 年，萨波特克人在旧有的结构上建造了巨大的土丘与建筑物，就像玛雅人所做的一样。）阿尔班山（Monte Albán）城市的浮花雕饰（建于前 300—前 200，并于公元 200 年衰退了）描绘了充当献祭物的有名字的、不同程度伤残的俘虏。在阿尔班山 7 号坟墓，考古学家发现了一些衣领，上面缀有金色珠子，做成美洲虎牙齿的造型，龟壳状的装饰品（包括嘴唇装饰品，即具有身份象征的一种装饰小物品，从下唇下面进入嘴巴里面，然后从脸上突出来），陶瓷以及香炉。

特奥蒂瓦坎

特奥蒂瓦坎（Teotihuacán）建立于 1 世纪初，距现今的墨西哥城约 48 千米，作为世界上最大的城市之一，从 350 年一直繁荣至 600 年（拥有约 20 万人口）。土著民崇拜雨神与羽毛神（羽蛇神 Quetzacoatl），这些明显是后期中美洲众神的雏形。城市的仪式中心在 8 世纪被烧毁；之后，特奥蒂瓦坎衰落了，但是直到被征服为止一直作为朝圣中心。占支配地位并给城市命名的墨西加人认为此地必为众神创造太阳与月亮之地（特奥蒂瓦坎的意思是"众神聚集之城"）。

死亡大道始于月亮金字塔之前，穿越整座城市形成 5 千米的南北轴线。多种多样对称性的住宅、神庙与开放的宫廷位于道路的两侧，然后道路左侧出现了太阳金字塔的双重阶梯。继续往南，城市中心的大道直接通往城堡（Cuidadela）；这是一个巨大的下沉广场，其中心是六平台阶梯金字塔——羽蛇神庙。庙宇建筑物展现了特奥蒂瓦坎的塔鲁德-塔布莱若（talud-tablero）风格特征：每个倾斜的底座（塔罗）都支撑着一个垂直的檐部，这个檐部被框架所环绕并被雕塑装饰品所充满。

特奥蒂瓦坎壁画通俗易懂，运用卡通风格线条作画，画作里的颜色与风格元素能被象征性地解读。特提特拉（Tetitla 特奥蒂瓦坎）大女神的绿玉色鼻子装饰品、羽毛头饰和珠子表示她为人们提供了精神财富与食物养料。与她双手相连的 C 形曲线和直线代表了富足与流水。

人类的考古学证据与被一起埋入地下的动物造型的史前古器物以及宝贵的玉雕像、装饰品、黑曜石表明特奥蒂瓦坎进行献祭活动；献祭仪式的证据出现在特奥蒂瓦坎的艺术之中。有一块壁画的碎片被称为《龙舌兰放血仪式》（Maguey Bloodletting Ritual，600—750，藏于克利夫兰艺术博物馆），展示了一位祭司用龙舌兰的刺刺入他的手中——龙舌兰可作为食物和纤维也可以制作一种神圣的饮料（纤维可做织物、绳索与纸张）。接着祭司将他的血洒在已播种的、矩形的土地中。

米斯特克

米斯特克人在公元前 1500 年与前 750 年之间开始定居在瓦哈卡、格雷罗、普埃布拉，在那里

特奥蒂瓦坎的月亮神金字塔，墨西加人相信众神在那里创造了太阳与月亮。丹尼尔·皮尔斯摄

他们约在 900 年变得强大起来。米斯特克文化在某种程度上继续发展，与墨西加文化同时存在；在 15 世纪与 16 世纪早期，墨西加征服了几个米斯特克城邦，并向被征服的村庄索取贡物。米斯特克人联姻利用所创造的联盟确定头衔的继承与统治权力。后来西班牙人逐渐依赖该精英统治阶级帮助进行宗教皈依和文化改革。

学者们已经在现存的抄本、珠宝与像米斯特克-普埃布拉之类的陶器上做了标记：这种风格通过利用单调一致的土色调来勾勒和填充图像，以突出人物和物品平面的特质，并通过简约的风格化来回避现实主义的描绘。

阿兹特克/墨西加

在征服时期，说纳瓦特尔语的人自称墨西加人，而不是阿兹特克人，他们在中美洲的政权与文化中占支配地位。（当学者们在 19 世纪采用"阿兹特克"作为区分"现代"墨西加人与被征服之前的墨西加人的一种方式时，"阿兹特克"这个名字才开始变得流行起来。）墨西加人控制了一个广袤的帝国，跨越从海湾绵延至太平洋的墨西哥中心地区，通过军事活动、联姻、对精英男性的教育制度以及对贸易网络的控制取得了巨大的成就。

早在 950 年，墨西加在墨西哥中央发展了社区；他们建造了首都特诺奇蒂特兰的一部分，那里也是现今墨西哥城的所在地，他们将之建于基于断壁残垣之上的特斯科科湖（Texcoco）群岛。著名的墨西加神话——现在是现代墨西哥人民族认同的一部分——描述了在"白岛"（Aztlan，阿兹特兰）上的民族起源。蜂鸟神维齐洛波奇特利（Huitzilopochtli）指导他们离开阿兹特兰进行游历，直到他们看到了一只鹰，栖息在多刺的仙人掌上狼吞虎咽地吞下活蛇——于是在那里他们建设了自己的新家园。19 世纪 80 年代后期，在墨西哥从西班牙独立之后，领导者唤起了墨西加历史上的图像以鼓舞未来：墨西哥的国徽描述了一只老鹰用它的嘴叼住了一条蛇，而墨西加雕刻的符号也开始印在邮票上。20世纪20年代，当墨西哥的教育部长邀请包括迭戈·里维拉（Diego Rivera）与何塞·克莱门特·奥罗斯科（José Clemente Orozco）在内的艺术家们在公共建筑上创作壁画以纪念那些在革命中进行战斗的人物时，许多画家都利用墨西加的神话与符号进行描绘。对于里维拉来说，大地女神科亚特利库埃（Coatlicue，维齐洛波奇特利的母亲）是尤其具有象征意义的图像。

抄写员用抄本记录下墨西加的历史、宗教与文化——研究前哥伦布时代的学者伊丽莎白·布恩（Elizabeth Boone）称之为"知识的容器"，抄写员使用代表言语、思想、名字与日期的象形文字，并通过象征性的、解释性的线索将它们安排在具体场景中。这些图书很少能够留存到今日。当墨西加国王伊兹柯阿特尔（Itzcoatl）1428年登上王座后，他因重写或破坏这些历代记录而变得声名狼藉（部分是出于这个原因）。1528年西班牙人在特诺奇蒂特兰任命首位主教之后，他们同样开始发起摧毁本土记录的运动。

墨西加帝国的主要神庙——阿兹特克大庙，拥有双重神殿，其中一个神殿专门奉献给维齐洛波奇特利，而另一个则奉献给雨神特拉洛克（Tlaloc）。考古挖掘展现了埋于金字塔之下的洞穴与供品，与艺术品一样描绘了墨西加的起源神话。例如，《柯约莎克浮雕》盘状物呈现了肢解了维齐洛波奇特利不忠的姐姐的场景，他的姐姐在得知他们的母亲科亚特利库埃怀孕之后，试图杀害她。

墨西加在1519年首先败于荷南·科尔蒂斯并在1521年遭遇了最终的失败。1522年10月22日，神圣罗马帝国卡洛斯一世即查理五世（Charles V）公开宣布科尔蒂斯为新西班牙的统治者与总司令。在接下来的几年间，西班牙武装力量征服了许多墨西哥的残余地方势力并将

之建立为殖民地。

南美洲：先于制陶业的纺织业

秘鲁安第斯山脉的古代民众在制陶技术之前发明了纺织技术。在圭塔雷诺（Guitarrero）洞穴发现的织物可追溯至公元前9至前6世纪，它们是新大陆最早的人工制品，考古学家在瓦卡普列塔（Huaca Prieta）发现木乃伊所穿着的复杂的纺织品设计来自公元前5000年前。安第斯山脉的大草原——美洲驼（llamas）、羊驼（alpacas）、骆马（vicuñas）与大羊驼（guanacos）（全部都是羊毛的丰富来源）的产地——使得南美洲纺织品成为繁荣的艺术形式。纺织品是艺术家为了私人使用而设计的，反映了种族、政治与社会地位的差异。安第斯地区公共生活中的纺织品，其意义等同于中美洲祭祀品中的陶器及运用于中国人祭祀的青铜制品——然而相对较少的纺织品（至少在数量上与耐用的黏土以及金属制品的相对物相比是如此），只存在于考古学的记录当中。

255

早期南美洲起源

文明在南美洲的安第斯山脉中部（现为秘鲁与玻利维亚）发展了起来，就像在中美洲一样，这里拥有丰富多样的艺术传统，但南美洲文明位于更为引人注目的地理环境中——处于太平洋与积雪盖顶山峰之间的干荒漠、高原草地（安第斯山脉骆驼科动物的家园），以及下降至亚马孙河流域雨林东侧的陡坡。最早的沿岸的仪式土丘与广场可追溯至公元前第3个千年，与埃及最早的金字塔处于同一时期。高地上的多房间石头建筑以下陷火坑为主要特色，这些火坑在过去被用来焚烧仪式上的供品。公元前第2个千年，时间上要早于查文·德·万塔尔（Chavín de Huantár）定居点，沿海民族越来越依

赖于农业生产,因此开始建造运河与灌溉系统。随着人口向内地迁移,一种独特的建筑风格随之出现:巨大的马蹄形的仪式性建筑,中间是下陷的圆形空间,马蹄形的开口朝向群山、太阳和他们种植作物所需的水源。

查文文化

查文·德·万塔尔,这个定居点位于一条贸易线路之上,该线路穿越崇山峻岭,将太平洋海岸与亚马孙流域相连,居住于此地的民众(约前 900—前 200)在南美洲影响了长达数世纪。查文受早期四周民族的影响,参照了沿海地区的马蹄形建筑与南美洲高地的嵌壁式空间构造,创造出独特的查文审美趣味。

考古学家已经发现,离山口北部与西部很远的查文生产了金制的物品、陶制品与纺织品,表明他们有着复杂的贸易网络。工匠制造黄金与合金金属饰品、头饰、胸饰(精英男士所穿的胸衬)、U 形嘴陶制容器。查文艺术抽象风格包含某些重复性的图案与主题内容,特别是宗教与精神的超然存在。

纳斯卡文化

秘鲁纳斯卡(Nasca)的居民早在公元前 600年就建立了他们的定居点。黏土金字塔——将小山改造成类似金字塔的大型建筑——卡华切(Cahuachie)的古坟、广场与葬礼的供品,都与纳斯卡有关。

查文的纺织品与陶制品影响了纳斯卡的编织与陶器,但是纳斯卡文化以改变人类活动的地表创造巨大的艺术作品闻名;这些作品被称为地画,位于纳斯卡的大草原上。纳斯卡人在

柯约莎克浮雕石头(Coyolxauhqui Stone),墨西加(阿兹特克)。丹尼尔·皮尔斯摄

平原的黑色碎石中挖掘出轮廓线组成巨大的图像——如一只蜂鸟、一条虎鲸、一只猴子——他们在翻出的下层轻质土壤边缘放置海石与雨花石、贝壳,以及盛有玉米啤酒的陶器;学者们相信,这是丰饶仪式或祭水仪式。一些人假定纳斯卡人无法自己创造这种巨大线条——他们的创造者与观众应该是外星人。尽管如此,学者们一致认为,早期人类有创造如此巨大图像的能力(而且这种活动是在没有征兵制度或奴隶制度的情况下发生的)。前哥伦布时期仅为众神之眼所进行的艺术创作并非与众不同:奥尔梅克人提供了隐藏于建筑物与专用空间之下的建筑;墨西加人在巨大的阿兹特克大庙的阶梯上献出了供品。

莫切文化

莫切文化的起源还没有定论,莫切人从 1 到 8 世纪居住在安第斯山脉荒凉的山谷(查文·德·万塔尔北部)中;首都塞罗布兰科(Cerro

> 关于你所提及的罗马教皇,他一定是狂怒地谈起放弃了不属于他的国家。
> ——阿塔瓦尔帕(Atahualpa),听闻教皇亚历山大六世 1493 年将秘鲁的一部分授予了西班牙君主

Blanco)坐落于连接海岸及高地边缘的古代贸易航路附近。

莫切文化的许多艺术品都提到人们从事农业与商业活动。西潘(Sipán)王的埋葬地在莫切山谷北部被发现,其墓葬中包括金银颈圈,由代表花生的珠子串联而成(花生是蛋白质与脂肪的主要来源),以及金银镀金耳饰、口罩、织物和陶制品。对埋葬地点的挖掘显示莫切文化是一个已经出现社会分层的尚武的社会,拥有许多熟练工匠。

布兰科山巨大的土砖金字塔,是以太阳金字塔而著称的皇家住处,利用晒干的泥浆砖块建筑而成,其中一些保持着独特的标志使人们能够识别制作它们的群体。第二种金字塔,可能是作为仪式或礼仪空间而建于小山的月亮金字塔。中南美洲重复出现的金字塔建筑,暗示了两种文化之间可能的早期联系,但是这种结构的建筑也能够独立于彼此而存在。

莫切文化大量生产模塑陶制品,并创造兼具功能性与装饰性的独一无二的作品;这样的物品展示了自然主义的风格与令人信服的细节。学者们认为那些描绘统治者的器物被用于宗教典礼,后来又被用作陪葬品。《君主莫切与一只猫科动物》(Moche Lord with a Feline,芝加哥艺术学院)是一个正方形的容器,上面坐着一位贵族,佩戴着精心制作的头饰,戴着配套的耳饰,抚摸着依偎在他身旁的猫(或者美洲虎幼兽)。在人物背后,陶匠又额外附加了一个箍筋喷嘴——这是一个倒置的马蹄形的中空把手,带有一个从头部伸出的壶嘴——这一特征极有可能是从查文那里借鉴过来的。

其他的器物传达了日常生活与献祭活动的场景。一些器物描述了食物(例如玉米与黄豆)、神明、动植物、鸟类,还有海洋生物。许多器物显示了和性有关的图像,例如战争中暴露生殖器的战俘,或者阳具勃起的舞动骷髅;其他器物则描绘了许多生动的人物从事着各种形式的性行为(这些莫切性文化陶罐的复制品在市场上无处不在,购买人群主要是游客,这同样是值得人类学讨论的主题)。虽然我们关于莫切宗教知道的并不是很多,但能看到一些莫切陶制品描述了战士祭司握着仪式酒杯,而里面可能装满了热血与其他牺牲的奠酒。

约 600 年,莫切文化山谷地区厄尔尼诺现象的到来揭开了文明衰落的序幕,最终莫切人抛弃了布兰科山。在西班牙人的征服之后,当地的一条河流被改道,引发的洪水淹没了原址,这也更容易掠夺珍贵的物品。

印加文明

印加文明在大约 1100 年发展起来,直至 16 世纪逐渐开始统治提瓦廷苏尤(Tiwantinsuyo)帝国;原来古代的路径被铺以石头,从厄瓜多尔一直延伸到南方的智利(16 世纪初期它的领土与中国不相上下)。首都库斯科(Cuzco),包括了名为赛克(ceque)的仪式路径,其线路从城市中心的太阳神殿(Qorikancha,或太阳神庙)延伸出去。

关于印加文明起源的故事有几个版本,他们的古代祖先出现在了殖民时期的绘画中。根据其中一则故事,印加人认为,一对乱伦的兄弟姐妹抑或丈夫妻子,也就是曼寇·卡帕克(Manco Capac)与玛玛·奥克略(Mama Ocllo),他们接受了一则关于新土地的预言;在这块土地上金制法杖能够奇迹般地渗入土壤。最终他们发现这块土地,打败了住在那里的人们,控制了这一块后来成为他们帝国中心的土地。

印加的政治制度要求国民以食物、劳力或织物的形式纳税,并在家庭之间交换等量的产品,这促进了纺织与建筑艺术的进步,纺织和建筑艺术是安第斯山文明两种与众不同的特点。安第斯山纺织品曾经是技术上最复杂的织物之一,有些织物每平方英寸包括了 500 种线程。制造纺织品消耗了安第斯山社会人力资源的主要

257

部分,在几个世纪的时间里,他们的染工、编织者以及刺绣工发明和运用了几乎所有所知的技术。一些纺织品以美丽和需要耗费巨大的人力而著名,它们经过纺织、拆开、重织以达到特殊的效果。早在公元前 3000 年,秘鲁就出现了棉花种植,这是最常用的植物纤维。最早的布匹在没有织布机的情况下被编织,在公元前 2 世纪早期织布机发明之后,打结、缠绕、捻线、编织与打成环状技术仍然持续存在。拥有精美的织物是财富与地位的象征;常用布帘覆盖在黄金雕塑四周的纺织品被视为与神相称的贡品(当然,征服者紧盯着黄金)。印加的纺织品首先由阿可雅(aclla)所编织,或者由在国家宗教管辖权之下的女性编织者编织。被称为库伊普玛卡尤(quipumacayu)的专职管理员很可能追踪这样的物品,他们用结绳文字来做记录,这是一种多结的彩色线绳,除此之外还可以用其记录历史、人口普查资料和贡品。

虽然印加人驯养美洲驼,但是这些动物无法承受用于建筑的巨石的重量。因此,两种建筑结构类型必须付诸人类劳动:巨石砌体与皮尔卡(pirca)砌体。巨石砌体包括承重墙的干砌排列,能经受来自区域性地震的破坏。皮尔卡是使用泥灰浆的承重方法。一些印加人的建筑由皮尔卡墙壁构成,建筑正面是巨石砌体,其几何学风格强调基本的图形与线条,而不是复杂或拥挤的肖像。因此,印加建设者还创造了其他精良、坚固的石头工程,比如连接帝国的道路与桥梁、生长农作物的梯田、供养高原人口的灌溉系统,这些高原人口日益依赖于农业生产。

当欧洲人到达这里时,印加人王位正处于争夺之中。怀纳·卡帕克(Huayna Capac)国王在没有选择继承人的情况下意外去世了,留下两个儿子为争夺帝国的统治权而战斗。1532年,获胜的儿子阿塔瓦尔帕(Atahualpa)成了弗朗西斯科·皮萨罗和他的印第安人盟友的人质。在接受了满是金子的房间作为赎金之后,皮萨罗与他的同伙绞死了阿塔瓦尔帕,为西班牙国王窃取了印加帝国,他们在 1533 年夺取了库斯科。

征服的结果

欧洲征服者的剥削政策(以及他们自身携带疾病的肆虐,而原住民对此无法免疫)导致了中南美洲土著居民人口的急剧下降。殖民者镇压本地信仰与活动,拆除神庙,建造教堂。实现宗教皈依的任务落到了方济各会修士、多明我会修道士,以及奥古斯丁修会会士的身上,他们中许多人对征服者的处理方式感到恐惧。

在某种程度上,本土的象征主义符号为基督教所吸收,特别是安置于教堂中庭的十字架结构——在那里皈依者聚集在一起接受教育。传教士雇用本土雕刻家雕刻了这些石头十字架;尽管图像很可能临摹自传教士提供的有插图的书籍,但是西班牙征服之前的雕塑元素仍然屡见不鲜。比如一个 16 世纪的十字架(在墨西哥城的瓜达卢普[Guadalupe]长方形柱廊大厅),上面有密集雕刻的浅浮雕图像,比如基督的荆棘王冠,它的无修饰的形式与丰富的表层符号使人想起了古代中美洲的象征,即世界之树(或者生命之树);举例来说,血祭的图像与特奥蒂瓦坎文化的本土信仰相互关联,但是这些新近皈依的艺术家也许还没有经历精神的共鸣。

许多原住民的风俗与艺术并没有消失,而是与征服者相融合或在较小的群体中原封不动地幸存下来(只有在前哥伦布时代艺术研究中获得了复兴)。而采用西班牙文化理念与习俗的同时,整个殖民时代玛雅人都保存了自己的传统与语言,并继续居住在恰帕斯(Chiapas)、墨西哥,以及伯利兹城(Belize)、危地马拉、洪都拉斯。现今,萨波特克人集中在墨西哥西南部的许多地区,他们的祖先曾经生活在这里。21 世纪,米

258

斯特克人致力于他们的语言与前哥伦布时代思想、文化的复兴工作,博物馆展出了有关阿兹特克的一切,这种轰动展出带来了接近墨西加的更微妙的方法。那些仍然在工作的编织者与其他纺织品艺术家的工艺已经流传了许多世纪,这为他们提供了自豪的来源并得到了现今世界的承认,同时也为历史学家提供了丰富的知识宝库。

进一步阅读书目:

Balkansky, A. K. et al. (2000, Winter). Archaeological Survey in the Mixteca Alta of Oaxaca, Mexico. *Journal of Field Archaeology*, 27(4), 365 – 389.

Boone, E. (2000). *Stories in Red and Black: Pictorial Histories of the Aztec and Mixtec*. Austin: University of Texas Press.

Cortes, H. (2001). *Letters from Mexico*. A. Padgen (Ed. & Trans.). New Haven, CT: Yale University Press.

Jansen, M. R. G. N. & Pérez Jiménez, G. A. (2000). *La dinastía de Añute: Historia, Literatura e ideología de un reino mixteco*. Leiden, The Netherlands: Research School of Asian, African and Amerindian Studies (CNWS), Universiteit Leiden.

Kowalski, J. & Kristan-Graham, C. (Eds.). (2007). *Twin Tollans: Chichén Iztá, Tula, and the Epiclassic to Early Postclassic Mesoamerican World*. Washington, DC: Dumbarton Oaks.

Lockhart, J., (Ed.). (2004). *We People Here: Nahuatl Accounts of the Conquest of Mexico*. Eugene, OR: Wipf & Stock Publishers.

Marcus, J. (1978, October). Archaeology and Religion: A Comparison of the Zapotec and Maya. *World Archaeology: Archaeology and Religion*, 10(2), 172 – 191.

Miller, M. (2001). *The Art of Mesoamerica: From Olmec to Aztec*. London: Thames & Hudson.

Miller, M. & Martin, S. (2004). *Courtly Art of the Ancient Maya*. London: Thames & Hudson.

Pasztory, E. (1998). *Aztec Art*. Norman: University of Oklahoma Press.

Xeres, F. et al. ([1872]2005). *Reports on the Discovery of Peru*. C. Markham (Ed. & Trans.). Boston: Elibron Classics, Adamant Media Corporation.

Spores, R. (1967). *The Mixtec Kings and Their People*. Norman: University of Oklahoma Press.

Stone-Miller, R. (2002). *Art of the Andes: From Chavin to Inca*. London and New York: Thames & Hundson.

Stuart, D. & Stuart, G. (2008). *Palenque: Eternal City of the Maya*. London: Thames & Hudson.

Terraciano, K. (2001). *The Mixtecs of Colonial Oaxaca: Ñudzahui History, Sixteenth through Eighteenth Centuries*. Stanford: Stanford University Press.

Townsend, R. F. (Ed.). (1992). *The Ancient Americas: Art from Sacred Landscapes*. Chicago: Art Institute of Chicago.

Unknown as transcribed by Ximenez, F. PopolVuh: *The Sacred Book of the Maya: The Great Classic of Central American Spirituality*. A. Christenson (Ed. & Trans.). Norman: University of Oklahoma Press.

Vega, G. (2006). *The Royal Commentaries of the Incas and General History of Peru, Abridged*. H. Livermore (Trans.). & K. Spalding (Ed.). Indianapolis: Harold Hackett Publishing Company.

Whittington, E. M. (Ed.). (2001). *The Sport of Life and Death: The Mesoamerican Ballgame*. London: Thames & Hudson.

丹尼尔·皮尔斯(Danielle L. Pierce) 文

顾海萍 译 焦汉丰 校

Art — Russia 俄罗斯艺术

宗教圣像画一直在俄国盛行,直到 17 世纪欧洲巴洛克风格在莫斯科出现。彼得大帝(1682—1725 年在位)为俄国带来了巨变,同时,俄国也开始成为欧洲强国。从那以后,俄国艺术家一边效仿他们的西方同行,一边竭力维护其俄罗斯特质。身处全球艺术世界中的当代俄罗斯艺术家们,也同样经历着这种动态的矛盾。

俄国艺术远不及俄国文学或音乐那么大名鼎鼎,但是也有其丰富的历史——既作为欧洲传统的一部分,又与之有所区别。

早期俄国宗教艺术: 1000—1700

大约从 988 年俄国接受君士坦丁堡东正教那一刻开始,就决定了俄国宗教艺术的特殊形态——带有圆顶的教堂,其后期进化为"洋葱"圆顶,以及附有基督、圣母玛利亚和其他圣徒的形象。圣像、马赛克画和壁画都是通往天堂的"窗口",以理想化、超自然的方式描述圣人形象。总的来说,圣像没有作者署名,而是作为一种礼拜行为由一群艺术家集体绘制。这类神圣艺术并未受到神学革新的剧烈冲击,并在数个世纪中占据主导地位。

俄国圣像画家毫无疑问是受到了传奇的《弗拉基米尔的圣母像》(*Virgin of Vladimir*)的启发,这是一幅在 12 世纪被从君士坦丁堡(今伊斯坦布尔)带到基辅的蛋彩画。之后这幅画被转移到弗拉基米尔的新首都,随后在 1365 年送到了莫斯科。据说它在哪个城市展示就能保护哪个城市的市民,故其一直是俄国最受尊崇的圣像之一。比起拜占庭时期的许多圣像画,这幅画更加人性化,圣母与圣婴面颊紧贴,并温柔地注视着对方。在俄国最著名的圣像画家安德烈·鲁布列夫(Andrei Rublev,约1360—1430)知名的蛋彩作品《旧约三位一

体》之《三位天使拜访亚伯拉罕》(*Old Testament Trinity, Three Angels Visiting Abraham*,约 15世纪 20 年代)中,天使们和谐而平静,他们的身体组成了一个圆环以呼应着他们头顶光环的形状。

蒙古的入侵(1237—1240)和占领一直持续到 1480 年,限制了俄国与西方文化的联系,但其

《弗拉基米尔的圣母像》,作者不详。木质蛋彩画。俄国的圣像画家从其人性呼唤中受到很多启发,这幅画在 12 世纪被从君士坦丁堡带到基辅

安德烈·鲁布列夫的《旧约三位一体》（约 15 世纪 20 年代）。木质蛋彩画。这幅作品描述了三位天使在曼利的橡树（Oak of Mamre）拜访亚伯拉罕。通过忽略在《圣经》叙述中涉及的其他形象，鲁布列夫强调了上帝的三位一体的原初本质

基督教艺术没有受到剧烈冲击，只是在实用和装饰艺术方面能察觉到一些来自东方的影响。15 世纪 70—90 年代，意大利建筑师在莫斯科的克里姆林宫建造了许多建筑，但是文艺复兴的世俗艺术带来的影响微乎其微。伊凡雷帝（伊凡四世，1533—1584 年在位）没有留存真实画像，他和其他俄国统治者在宗教艺术中都是以理想化的形象出现。

17 世纪是俄国文化中公认的一段过渡期。在 17 世纪 50 年代，来自乌克兰和白俄罗斯的影响进入俄国，乌克兰并入俄国成为其文化附属。这两个地区作为波兰的一部分，都曾经历过天主教的巴洛克文化洗礼。17 世纪稍后时期的华丽装饰风格有时候被认为是莫斯科巴洛克风格。一些来自西欧的艺术家和工匠开始为沙皇服务，在克里姆林宫的制作室工作。在那里，他

们创作了包括俄国统治者和贵族的首批风格化肖像。由莫斯科艺术家西蒙·乌沙科夫（Simon Ushakov，1626—1686）创作的肖像画《莫斯科大公国之树》（*The Tree of the Muscovite State*，1668），包含了一幅沙皇阿列克谢一世（Alexis I，1645—1676 年在位）的小肖像。乌沙科夫在这幅肖像和其他画像中融合了西方视角及光影效果等诸多元素。阿列克谢的女儿索菲亚（1657—1704）或许是第一位拥有自己肖像绘画的俄国女性。男性社会对上流阶层女性的隔离，一般表现为对女性肖像画的强烈抵制。

18 世纪的文化革命

沙皇彼得大帝（Peter I，1682—1725 年在位）更具现代眼光，为俄国带来了一些根本性改变，使这个国家成为欧洲强国之一。彼得大帝的文化改革主要展现在他的新首都这一"面向西方的窗口"——于 1703 年建立的圣彼得堡。事实上，彼得的所有首席艺术家和建筑师都是外国人。法国人路易·卡拉瓦克（Louis Caravaque）和德意志人戈特弗里德·坦豪尔（Gottfried Tannhauer）绘制了肖像画和战争场面，还帮助培养俄国新一代的世俗艺术家，包括前圣像画家伊凡·尼基丁（Ivan Nikitin，约 1680—约 1742）。

尼基丁在一段时期内成了一位标志性人物。他大胆而有创意的手法远远超越了外国同行们对俄国主题无关痛痒的处理方式，特别是在彼得大帝的临终肖像里对悲痛和失去感刻画得入木三分。此画被认为是尼基丁所作，但事实上他只留下两幅签名画作。由于受到彼得大帝的支持，同时期的俄国艺术史学家可以自由接触和研究原版的外国绘画作品（和他们的全部影响）。彼得雇用意大利雕塑家卡洛·拉斯特雷

260

卡洛·拉斯特雷利创作的带有巴洛克特色的彼得大帝青铜半身像,最终因其酷似彼得大帝和他的时代而受到赞誉。艾尔米塔什博物馆(Hermitage Museum)

²⁶¹利(Carlo Rastrelli, 约 1675—1744),他以富有争议的沙皇骑马雕像而著名,但东正教质疑这位"偶像"拖慢了俄国学院派雕塑的发展。彼得大帝去世后,他的女儿叶卡捷琳娜·彼得罗夫娜反对在宫殿前显眼处安放铜像的计划,只因为其具有巴洛克特质。但是这个作品最终获得了赞誉,因为它不仅酷似彼得,还传递了这一时代的特性。

彼得的统治标志着"学徒时代"的开始,那时在皇室和贵族阶级的赞助下,俄国艺术家开始掌握并精通西方艺术规则。高雅艺术很少渗透到乡村农庄,那里的文化仍保持着传统特色。但是在西方化的上层阶级和农民之间,壁垒并不是无法逾越的。民间艺术吸收了巴洛克与古典装饰艺术精髓的同时,受过教育的俄国人乐于收集一种名为卢步科(lubok)的木版画(流行的版画通常作为船弦装饰物而传播),以及阅读民间故事。

1757 年,女皇伊丽莎白·彼得罗夫娜(Elizabeth Petrovna, 1741—1761 年在位)在圣彼得堡成立了艺术学院,其课程是基于古典历史和古典形式的研究。到 19 世纪中叶,该学院无可争议地成为培育俄国艺术家、建筑师和雕塑家的中心。优秀的毕业生被送往法国或者意大利进行深造。在 1764 年,叶卡捷琳娜大帝(叶卡捷琳娜二世,1762—1796 年在位)授予学院皇家资助特许权。叶卡捷琳娜大帝热衷于收藏,她收购了数不清的早期绘画大师的画作和实用艺术作品。圣彼得堡艺术学院的第一批俄国绘画教授之一是安东·洛森科(Anton Losenko,1737—1773),他的《弗拉基米尔和罗格涅达》(Vladimir and Rogneda, 1770)是俄罗斯历史上关注该主题的第一件作品。另一位学院成员德米特里·列维茨基(Dmitry Levitsky, 1735—1822)十分多产,被称为"俄罗斯的庚斯博罗"(Russia's Gainsborough),他创作了寓言式作品《正义神殿前的叶卡捷琳娜大帝》(Catherine II in the Temple of Justice, 18 世纪 80 年代)。18 世纪 70 年代以后,列维茨基有 7 幅帆布画是描绘叶卡捷琳娜在贵族女子学校斯莫尔尼宫中最喜爱的学生(这所学院是她在 1764 年成立的,以鼓励和培养忠诚的国民),以及一些列维茨基的贵族资助者希望模仿的"社会肖像"的。然而,俄国主题的范围十分有限。贵族赞助者更偏爱意大利和古典式的景色,而非俄国乡下和城镇的景色。一些受西方风格训练的农奴艺术家们可能更倾向于创作俄国场景的作品,例如伊凡·阿古诺夫(Ivan Argunov)的作品《一位身着俄国服装的陌生女子》(Portrait of an Unknown Woman in Russian Dress, 1784)。²⁶²

从浪漫主义到现实主义:1800—1880

1812 年拿破仑火烧莫斯科,以及 1814 年亚历山大一世(Alexander I, 1801—1825 年在位)进军巴黎,唤醒了俄国民众对俄国文化的爱国主义情感。此外,德意志关于民族"精神"(geist)

德米特里·列维茨基的作品《正义神殿前的叶卡捷琳娜大帝》。艾尔米塔什博物馆

的浪漫主义理念进一步刺激了对俄国主题的探索，就像尼古拉一世（Nicholas I，1825—1855 年在位）的宣传口号"正统、专制和民族"所言。由欧莱斯特·吉普林斯基（Orest Kiprensky，1782—1836 年）创作的亚历山大·普希金的肖像，描绘了这位俄国民族诗人受到缪斯的启发而开启了他的文学生涯。贵族农奴主（和绘画老师）阿列克西·韦涅齐阿诺夫（Alexey Venetsianov，1780—1847）于 19 世纪 30 年代创作的在"家乡"土地上劳作的农奴肖像画，似乎同时说出了俄国现存的意识形态，并为即将到来的现实主义运动做好了准备。但仍然有许多受到皇室赞助的艺术家在欧洲学习和创作古典

风景画。卡尔·布留洛夫（Karl Briullov，1799—1852）的《庞贝末日》（The Last Days of Pompeii）使此类俄国绘画作品第一次赢得世界赞誉。在这些学院派画家中，有像亚历山大·伊万诺夫（Alexander Ivanov，1806—1858）的一些人将俄国民族主义信息融入在国外创作的作品中。伊万诺夫的《圣经》场景作品《基督显圣》（The Appearance of Christ to the People，1837—1857），表达了他相信俄国人注定会成为上帝的选民。

19 世纪中叶在俄国绘画界经历了一次意义重大的转变，更年轻的艺术家放弃了许多经皇家学院认可的绘画主题。1863 年发生了一次决定性的事件，一个由 14 名学生组成的团体从艺术学院退学，背弃了他们的皇室赞助人，开始绘画日常俄国生活的现实主义场景。这些作品常常带有强烈的社会抗议的弦外之音（仅仅在 2 年前，亚历山大二世，1855—1881 年在位，从私人所有者手中就解放了 2 250 万名农奴，解放的普遍感受刺激了艺术家们，促使他们将绘画作为社会批判的工具）。在伊凡·克拉姆斯柯依（Ivan Kramskoi，1837—1887）的领导下，学生团体建立了"巡回艺术展览协会"，来到远离首都的乡村和城市去展示他们的独立作品。他们很快被称为巡回展览画派（Peredvizhniki），并继续表达对亚历山大二世改革年代的批判进步精神。他们不仅吸引了不满的知识分子，也吸引了新兴的俄国资产阶级。事实上，新的工业家十分富有，例如来自莫斯科的帕维尔·特列季亚科夫（Pavel Tretiakov，1832—1898）就买了不少他们的作品，并在俄国创建了首个艺术市场，打破了艺术家对皇室和贵族赞助者的依赖。

263

伊利亚·列宾的《伏尔加河上的纤夫》(1873)。布面油画。有一名年轻的金发男人，象征着俄国新一代人正从筋疲力尽的农民中崛起

在他们的作品中，强烈的社会评论性以及特有的俄国内容，同时吸引了自由主义政治思想家和俄国民族主义者。改革时期的这些绘画作品中，最知名的或许是由伊利亚·列宾(Ilya Repin，1844—1930)创作的《伏尔加河上的纤夫》(Barge Haulers on the Volga，1870—1873，也被称为《伏尔加河船夫》[The Volga Boatmen])。在这幅作品中，被艰苦工作折磨得筋疲力尽的农民排成一排，所有人都衣衫褴褛并上了年纪，除了一位年轻的金发男人在他们中间昂着头挺着身。这幅作品不仅表现了俄国人民的苦难生活，同时也传达了对年轻一代应变革之需而觉醒的期望。其他巡回展览画派的绘画，例如瓦西里·佩罗夫(Vasily Perov，1833—1882)的作品《复活节队伍》(Easter Procession，1861)，批判了宗教和政治制度的残忍与腐败。但是巡回展览画派的作品还有另外一面。他们超写实的绘画风格蕴含着强烈的民族主义诉求，如艾萨克·列维坦(Isaak Levitan，1860—1900)的典型俄国风景画和瓦西里·苏里科夫(Vasily Surikov，1848—1916)的那些更具沙文主义、广泛的历史全景图。苏里科夫的作品《苏沃洛夫元帅穿越阿尔卑斯山》(General Suvorov Crossing the Alps，1900)描绘了拿破仑战争时期的一个场景，而在他的《叶尔马克征服西伯利亚》(Yermak's Conquest of Siberia，1895)中，挥动着毛瑟枪的哥萨克人屠杀着射箭的土著，更加直观地与俄国的帝国主义扩张联系起来。事实上，在19世纪末期，巡回展览画派和他们的现实主义风格不再是对沙皇制度的批判，而更像是一所无形的国家美术学院。

俄国现代艺术的诞生

俄国艺术巨大的推动力，无论在风格上还是政治上都来自迥然不同的方向，它包括来自起源于欧洲的艺术刺激和来自俄国的新资产阶级的资助。其恩主中最突出的要数实业家萨瓦·马蒙托夫(Saava Mamontov，1841—1918)，此人位于莫斯科北部的房产是艺术家的聚集地，并成为俄国现代艺术的摇篮。在19世纪80—90年代，这些艺术家包括：俄国外光派(plein air)绘画的先锋人物瓦西里·波列诺夫(Vasily Polenov，1844—1927)；"俄国第一位印象派艺术家"康斯坦丁·科罗温(Konstantin Korovin，1861—1939)；米哈伊尔·弗鲁贝尔(Mikhail Vrubel)，他的作品

米哈伊尔·弗鲁贝尔的《就坐的魔鬼》(1890)。布面油画。弗鲁贝尔的碎片式笔触画法预示了立体主义

《就坐的魔鬼》(*Demon Seated*，1890)碎片式的笔触画法预示了立体主义，同时在如《天鹅公主》(*Swan Princess*)这样的作品中，他对水上光线的灵巧运用也和印象主义画派有几分相似。

在这些 19 世纪晚期的创新者和第一次世界大战之前崛起的更加激进的现代先锋派之间，弗鲁贝尔是最显著的联系。但是这一新绽放的学派在圣彼得堡还有一个组织总部，"艺术世界"(Mir iskusstva)，囊括了一些如芭蕾经理人谢尔盖·佳吉列夫(Sergey Diaghilev)在内的表演艺术家。他们为俄国芭蕾舞团做舞台布景及演出服装设计。俄国芭蕾舞团在 1909 年首演后即像风暴般席卷了欧洲，其成功极大地依赖了"艺术世界"组织的审美，也因此创造了 20 世纪 10—20 年代俄国先锋派中视觉艺术和表演艺术之间紧密联系的先例。

由塞尚、高更、梵高和其他艺术家创作的"艺术世界"宣传作品，加上由实业收藏家们购买的西方现代艺术作品，为俄国在先锋派艺术中取得重要地位铺平了道路。在 20 世纪前 20 年中，当新艺术运动横扫欧洲之时，俄国艺术家也在风潮席卷巴黎和柏林后，做出了他们自己

的原创性贡献。例如帕维尔·库兹涅佐夫(Pavel Kuznetsov，1879—1968)以他的蛋彩画《蓝色喷泉》(*Blue Fountain*，1905)促进了象征主义，画中朦胧的人影在象征生命的喷泉附近徘徊，与蓝绿色的树叶背景形成对比。俄国先锋派作品在一系列风格激进的展览中展出，有《蓝玫瑰》(*Blue Rose*，1907)、《方块杰克》(*Knave of Diamonds*，1910)、《驴子尾巴》(*Donkey's Tail*，1912)和《标靶》(*Target*，1913)等。这些作品与其他俄国历史瞬间一样，在与欧洲 20 世纪早期的强烈联系中，暗含了对俄国特质的认定。

米哈伊尔·拉里奥诺夫(Mikhail Larionov，1881—1964)和娜塔莉娅·冈察洛娃(Natalia Goncharova，1881—1962)公开声明西方艺术已经没什么可以教给俄国了。他们和其他艺术家一样，在农村、城市下层生活，在圣像、印刷版、布告板和彩绘玩具中找到了创作新原始主义的灵感。其中最具有创新精神的就是卡西米尔·马列维奇(Kazimir Malevich，1878—1935)，他通过印象主义、原始主义和立体未来主义进行创作，立体未来主义是法国立体主义和意大利未来主义的融合(他创作于 1912 年的作品《磨刀工》

弗拉基米尔·塔特林(Vladimir Tatlin)的《第三国际纪念碑》(1919—1920),如果这座纪念碑真的被建成——该模型是拟建建构的 1/10 大小,就会超过埃菲尔铁塔而成为一座建筑学上现代性的象征

俄国革命和苏联艺术: 1917—1953

1917 年布尔什维克发动十月革命后,先锋派艺术家们纷纷投向革命对艺术的领导。一些后来离开苏联的艺术家成为西方现代艺术的重要人物,尤其是康定斯基和马克·夏卡尔(Marc Chagall),都曾积极地为新的革命政府服务。从 1917 年进入 20 世纪 20 年代,所有的艺术信条和风格协同共存,因为布尔什维克并没有为艺术发展制定路线图,而是欢迎所有为这个事业服务的人。列宁不是先锋派,也反对清除一切"资产阶级"艺术的激进诉求,但是他很乐意看到这些狂热的先锋派艺术家为"宣传鼓动"(agit-prop)艺术所做的努力——海报、政治漫画、宣传牌,以及为民众游行和政治庆典进行的设计,所有的这一切都混合了抽象和形象的设计。

对政治热情和艺术激进主义理念的最典型实践就是由弗拉基米尔·塔特林创作的《第三国际纪念碑》(Monument to the Third International,1919—1920),他是结构主义(Constructivist)的领导成员。这个艺术家群体相信"美术"已经死亡,艺术事业应该采用现代、现实生活中的材料——更好地服务于现实生活,如建筑、家具设计、服装、舞台布景与戏服设计。塔特林的"纪念碑"除了草图和一个只有实际尺寸 1/10 的模型之外,在现实中并未实现。纪念碑原本要以未来主义理念进行设计:用钢铁和玻璃制成的 1 300 英尺(约 396 米)高的螺旋形高塔,其旋转部分将会跨越莫斯科河,罩住共产国际总部的驻地——并且超过现存的象征现代建筑学的埃菲尔铁塔。由于当时技术所限,这个工程是不切实际的。

另一个现实结构主义项目却在这个新社会实现了。女性艺术家在俄国先锋派的早期阶段十分突出,她们之中如瓦尔瓦拉·斯捷潘诺娃(Varvara Stepanova,1894—1958)和留波芙·波波娃(Liubov Popova,1889—1924),成为新

[Knifegrinder]就是一个实例,作品解释了立体未来主义的系统结构和管状几何结构,包括画面中那些形状的倾斜对角,给人三维的幻觉)。马列维奇称之为将艺术从客观性的"束缚"中解放出来的一种尝试,并由此创立了至上主义。他在 1915 年"无形态 0.10"展览中展出的其原创的《黑色广场》(Black Square)阐释了这种风格。这是西方艺术演变过程中的一个里程碑——从对自然形状的复制到纯粹的抽象——而其他俄国人也运用抽象主义做着前沿尝试。在德国,瓦西里·康定斯基(Wassily Kandinsky,1866—1944)也独立地追求着自己的实验,尝试减少修饰元素和色彩形状的表达(《即兴创作》,1910—1920)。事实上,在世界艺术领域,很少能有像俄国沙皇统治的最后几年中出现的这种爆发式创新。艺术的激进派并不是政治上的积极分子,而他们与布尔什维克在热衷于迎新除旧这一点上是相同的。

265

社会未来主义时尚设计的领导者。摄影术在图形设计和海报艺术中的应用对新政权有更直接的作用。像亚历山大·罗钦可（Alexander Rodchenko, 1891—1952）和埃尔·利西茨基（El Lissitsky, 1890—1941）这样的创新者，是蒙太奇照相艺术中成功的先驱。

但是先锋派的优势地位并不长久。到 20 世纪 20 年代晚期，他们越来越多地被指责为"无法理解"，其颓废的西方特色与进步的现实主义艺术形成对比。1934 年，社会主义现实主义在第一次苏联作家代表大会上被正式提出。安德烈·日丹诺夫（Andrei Zhdanov, 1896—1948）召集了作家和艺术家去描绘革命发展过程中的现实和明日一瞥。社会主义现实主义作品应该通过具体表达亲民性质、党派精神、思想性和典型性，来达到鼓舞人心的目的。在苏联社会主义现实主义早期，最知名的就数亚历山大·萨莫赫瓦洛夫（Alexander Samokhvalov, 1894—1971），他运用运动和体育文化比喻进步和发展。而亚历山大·杰涅卡（Alexander Deineka, 1899—

1969）则创作了以劳动为主题的壮丽的纪念性绘画。另一个社会主义现实主义的经典则是由谢尔盖·格拉西莫夫（Sergei Gerasimov, 1885—1964）创作的《集体农庄节》（*Collective Farm Festival*），他的"明日一瞥"中透露出快乐、健康的工人围着摆满各种节庆用品的桌子。维拉·穆欣娜（Vera Mukhina, 1889—1953）创作的巨型雕塑《工人和集体农庄的女性》（*Worker and Collective Farm Woman*, 1937），里面的一位男性工人与一位女性农场劳动者相搭配，将一把锤头、一把镰刀举在空中，这是他们在各自行业所使用的工具。这幅画成为苏联的标志。在第二次世界大战期间，俄国艺术继续保持着社会主义现实主义风格——现代主义仍旧遭到禁止，但是当艺术家们在描绘英勇的战斗英雄和奋斗的游击队员时，在内容上则更凸显了民族主义。

266

解冻、解体及其后

随着 1953 年斯大林去世，尼基塔·赫鲁晓

谢尔盖·格拉西莫夫的《集体农庄节》（1937）。这幅画代表了社会主义者的现实主义运动及其革命的信息

夫(Nikita Khrushchev)的去"斯大林化"使艺术领域开始渐渐解冻,艺术家们被允许拥有更多的空间去进行个人主题创作与个性表达,但是政府的焦点还是现实苏联生活的积极写照。赫鲁晓夫本人曾公开抨击抽象艺术。在 20 世纪 60 和 70 年代,一些艺术家通过扩大现实主义主题的范围或进行现代主义风格的试验,来试探官方在艺术方面的底线。当局很快关闭了独立展览,最公然的反对案例是 1974 年用推土机破坏了一个露天艺术展出活动。许多艺术家离开苏联前往西方,同时还有一些人虽然对社会主义现实主义怀有不满,但也拒绝西方。伊利亚·格拉祖诺夫(Ilya Glazunov,1930—   )就是一个例子,他在作品《永恒的俄国》(*Eternal Russia*)中对前革命时期的东正教往事进行了探索。这是一幅标志性人物的全景"集体肖像",同时包括塑造了俄国千年历史的神圣和世俗的人物。

在公开化和改革开放时期,包括艾瑞克·布拉托夫(Eric Bulatov,1933—   )、伊利亚·卡巴考夫(Ilya Kabakov,1933—   )和阿纳托利·兹维列夫(Anatoly Zverev,1931—   )等在内的寻求突破的艺术家们,能够像运用绘画和图像一样,更加公开地实践概念艺术和装置艺术来讽刺现实。自从 1991 年苏联解体后,多元主义成为"第二波先锋派"的口号,包含了自从苏联年代开始所有被禁止的风格和主题,如苏联符号、宗教主题、抽象画、怪异图案、怀旧之情、情色和低级趣味、波普艺术、视频和装饰艺术。

在 20 世纪 90 年代晚期和 21 世纪初,一些用于销售和展览的商业市场的开放,使俄罗斯的国内外艺术市场逐渐活跃,关于前革命时期先锋派艺术和宗教绘画这类曾被忽略的艺术在俄罗斯被大量出版。俄罗斯的艺术家们也积极参与到世界艺术活动中,但还是无法摆脱曾经或现在的俄国传统带来的影响。

267

进一步阅读书目:

Billington, J. H. (1966). *The Icon and the Axe*. London: Weidenfeld & Nicolson.

Bird, A. (1987). *A History of Russian Painting*. Oxford, U.K.: Phaidon.

Bowlt, J. & Drutt, M. (Eds.). (1999). *Amazons of the Avant-garde*. London: Royal Academy of Arts.

Cracraft, J. (1997). *The Petrine Revolution in Russian Imagery*. Chicago: Chicago University Press.

Cullerne Bown, M. (1998). *Socialist Realist Painting*. New Haven, CT: Yale University Press.

Figes, O. (2002). *Natasha's Dance. A Cultural History of Russia*. Harmondsworth, U.K.: Penguin Books.

Gray, C. (1996). *The Russian Experiment in Art 1863‐1922*. London: Thames and Hudson.

Hamilton, G. H. (1983). *The Art and Architecture of Russia*. Harmondsworth, U.K.: Penguin Books.

Lodder, C. (1983). *Russian Constructivism*. New Haven, CT: Yale University Press.

Milner, J. (1987). *Russian Revolutionary Art*. London: Bloomsbury Books.

Milner, J. (1993). *A Dictionary of Russian and Soviet Artists*. Woodbridge, U.K.: Antique Collectors' Club.

Petrov, V. (Ed.). (1991). *The World of Art Movement in Early 20th Century Russia*. Leningrad, Russia: Aurora.

Petrova, Y. (2003). *Origins of the Russian Avant-garde*. St. Petersburg, Russia: Palace Editions.

Sarabianov, D. .V. (1990). *Russian Art: From Neoclassicism to Avant-garde*. London: Thames and Hudson.

Valkenier, E. (1989). *Russian Realist Art. The State and Society: The Peredvizhniki and Their Tradition*. New York: Columbia University Press.

Valkenier, E. (1990). *Ilya Repin and the World of Russian Art*. New York: Columbia University Press.

White, S. (1988). *The Bolshevik Poster*. New Haven, CT: Yale University Press.

林德赛·休斯(Lindsey Hughes) 文

常程 译 陈恒 校

Art — South Asia 南亚艺术

同当时其他有着高度技艺的文化不同,甚至没有证据表明公元前 2000 年南亚的印度河-娑罗室伐底河流域文明 (Indus-Sarasvati civilization)留下过大规模的雕塑与建筑。但大规模的艺术品随后却戏剧性地成为这一地区的主要特色——从大型佛塔到泰姬陵。从古至今,南亚的建筑和绘画都主要体现着宗教,尤其是印度教和伊斯兰教的影响。而在当代,世俗的因素也开始在其中有所显现。

南亚艺术——包括今天的印度、巴基斯坦、阿富汗、孟加拉国、尼泊尔和斯里兰卡——可以说是当地一系列内在文化信仰、观念和实践的外在视觉表现形式。这些内在的文化信仰、观念和实践过去曾经对亚洲其他地区产生了塑造性的影响,而今天也将继续为现代世界文化提供有关存在与演化的重要范式。

雕塑

最早的南亚雕塑大概出现在公元前 2000 年的早期印度河流域文明时期。在这个文明的成熟阶段(前 2500—前 1700),南亚地区有着先进的科学知识和技术,但奇怪的是却缺乏像神庙或宫殿这样宏伟的雕塑或大型建筑。在遗址中,考古学家们找到了一些小的石雕或者青铜器,以及动物俑、小的女性雕像等(后者被认为是进行宗教崇拜的偶像)。考古学家们还发现了大量的刻有牛角、野牛、公牛、老虎、朝天犀牛和各种动物形象的滑石印章。滑石印章中有一些刻着神秘的人形,据推测是用在商业或仪式上的(或兼具两种功能)。

孔雀王朝时期的雕塑,约前 324—前 200

在印度河流域文明时期和公元前 3 世纪的孔雀王朝时期之间,很少有"物证"被发现。出现此段空白的原因尚不清楚,但可能跟使用了易腐坏的材料制作雕像,或禁止使用物质材料来

表现、描绘神灵形象有关。这段空白期内,据推测南亚在公元前 1500 年左右出现了吠陀礼仪文化(Vedic ritual culture),随后是公元前 800 年《奥义书》(Upanishad)的冥想神秘主义,再接着便是在公元前 6 世纪诞生的佛教与耆那教。

公元前 330 年,亚历山大大帝为了征服大流士三世的波斯阿契美尼德帝国所统治的广大区域,一直侵入到了南亚次大陆的西北部边境,从而创造出了一个政治权力的真空。这个权力真空很快就被第一位孔雀王朝国王旃陀罗笈多(约前 321—前 297 年在位)填上。旃陀罗笈多只愿效仿大流士和亚历山大以实现其帝国野心,对艺术并无特别贡献。而学者们认为,正是在旃陀罗笈多的继任者阿育王(约前 273—前 232)统治下,南亚工匠才开始借鉴使用波斯建造石碑的实践经验,并在建筑中融合了阿契美尼德和希腊的图案及设计。公元前 265 年,阿育王皈依了佛教,并且开始大量建造经过打磨的石柱,在石柱上刻着解释佛教佛法的律令以用来标记诸多重要的朝圣之路和佛教中心。尽管阿育王的举措和石柱上镌刻的弘扬佛法的文字风格很难不令人想起阿契美尼德王朝树立及宣扬帝国法律的策略,但不同之处在于,阿育王石柱还借用了之前吠陀时代有关宇宙之柱的传统神话。自阿育王时代往后,阿契美尼德与希腊的装饰图案如玫瑰状造型、棕叶饰、螺旋以及珠链饰等出现在这些柱子和其他建筑遗迹上。这些都证明,孔雀王朝的宫廷与文化本质上是世界

性的。

　　还有其他一些应当归功于阿育王庇护和资助的建筑,包括佛塔和石窟的开凿,这两者在1000多年的时间里都是雕塑所出现的主要场所和环境。阿育王时期的石碑是用砂岩进行制作的,完工后已经打磨得极其光滑。孔雀王朝之后,这一技术在南亚失传了。

　　许多孔雀王朝时期描绘男性或女性人物的大型正面石雕今天也保存了下来。这些石雕上刻的是"药叉"(yakshas)和"药叉女"(yakshinis)的形象。他们作为超自然的精灵,在当时十分流行并受到人们安抚性的崇拜,为的是求得保护、多子和财富。这些神话人物以及吠陀万神殿中的神等被早期佛教所吸收,经改造后很快便作为佛教中"门槛级"的神而重新鲜活地出现,成为虔信者的保护神、吉祥的使者以及佛陀的忠实仆从。

巽伽王朝时期的雕塑,约前185—前73

　　阿育王去世后,孔雀王朝仅仅维持了50多年就被南亚北部的婆罗门巽伽王朝所取代。尽管失去了庇护者和资助者,佛教徒们却早已是根深叶茂,同时佛教寺院建筑在公元前2世纪也仍然保持着繁盛的势头。这一时期典型的佛教雕塑可以在巴尔胡特佛塔(Bharhut)的遗存中发现。在环绕佛塔的圆形石栏的横向和纵向石块上,装饰着圆形浮雕,常常呈华美的莲花状。一些圆形浮雕中刻着人或动物的头像,还有一些则叙述着佛陀的生平,或在他肉身的时候所发生的一些事迹片段。根据这些叙述来看,在这个阶段,佛陀本尊的形象从未得到直接描画,而是通过一些象征性的符号来指代,例如菩提树(佛陀在菩提树下悟道)、法轮或舍利塔。浮雕刻得不深且都是正面像,让人回想起木雕的遗风。在石栏的垂直入口处则刻着大型的药叉和药叉女的雕像,他们立于动物或矮小的马上。

　　从桑奇的大佛塔的大门——陀兰那(torana)可以看出,后孔雀王朝的佛教雕刻传统在公元前1世纪已经完全成熟。大佛塔在一个寺院群落的中心,为阿育王所建,巽伽王朝时期对其又进行了扩建。在大约公元前100年萨塔瓦哈纳王国(Satavahanas)统治时期,佛塔的4个主要入口处竖立起了4座大门。4座大门水平面和垂直面上的雕刻主题与巴尔胡特塔的主题很相似。但是,大佛塔雕刻的成熟之处在于,一方面这些雕刻展现了更加完善的技术;同时,就其叙述层次而言,尤其是在水平额枋上,展示出了更为精细清楚的形式、更加多样化的动感造型,而且在必要的地方还会审慎地运用一些设计技巧去增强层次感。大到大象、狮子等孔武有力的形象,小到侏儒等,都深深地刻在直立的柱子上面,看起来似乎要支撑起在它们之上的重量。但也许这些大门上最完美的代表当数"娑罗班吉卡"(shalabhanjikas),这是摆着各种诱惑姿势的撩人女子,她们的衣物随着果树枝的摇摆而律动,象征着生育。在这些雕像中,对狂喜体验与冥思静想的完美结合,成为南亚雕塑的美学观念之一,并在历史上以不同的艺术形式得到体现。

贵霜王朝时代的雕塑,78—200

　　贵霜王朝发源于中亚与中国的边陲,大约于基督时代初期在南亚北部建立了帝国政权。贵霜王朝最有名的帝王是迦腻色迦(公元78—101年在位)。几乎与西北的犍陀罗和恒河边的马图拉同时,这个时代的第一尊直接刻画佛陀形象的雕塑也出现了。这一重大变化的原因仍不得而知,也许同佛教从古朴的小乘佛教转向虔诚的大乘佛教有关。犍陀罗和马图拉的佛陀虽然造型风格各异,但所表达的意象却是一致的。犍陀罗的佛陀以古代希腊-罗马的阿波罗为原型塑造,而马图拉的佛陀雕像则是来自本土的药叉传统。但在两类塑像中,佛陀又都穿着僧袍,头后有光环,眉间有白毫,并且以顶髻来表现

270

其拥有玄奥的知识。他或者静坐沉思，或者直立，右手抬起，象征着赐予信徒无畏的精神。

犍陀罗时期雕像的外部特征和着装主要是以自然主义为标志，如古朴而椭圆状的脸部、透明的衣饰、伟岸的体形和突出权力与威严的身体姿态。这些与马图拉的风格截然不同。典型犍陀罗和马图拉风格的菩萨雕像亦在此时出现。衣物华贵，而且各个受到尊奉的、各具名号的菩萨像也呈现出不同的个性和特点。贵霜王朝时代人们最早将婆罗门形象刻于石上，这些形象大多代表着印度教崇拜的 3 个主要分支——湿婆崇拜、毗湿奴崇拜和地母神崇拜（尤其是她化身为摧毁邪恶势力的杜尔迦时）。其他著名的婆罗门偶像还包括苏利耶和韦陀。

笈多王朝时期的雕塑，约 320—约 500

4 世纪，一个新的印度帝国王朝在南亚北部建立。此王朝的统治、庇护和宫廷文化促进了南亚经典艺术形式的发展。这就是笈多王朝，其最著名的国君是旃陀罗笈多二世（375—425 年在位）。在这个时期，南亚东部佛陀像的制作中心已经从马图拉转移到了鹿野苑（Sarnath）。完美柔和的身体曲线和专注、平静的表情成为这个时期的风格，取代了贵霜王朝时期流行的佛陀形象。标准化、紧密的图像元素以及各种有不同含义和特色的手势，意在标记与指示伴随这些图像而出现的特定场景。其他佛教诸神形象也经历了一个类似的精细化与风格变化的过程。另外，有的佛陀与一些菩萨的雕像是由青铜工艺铸造而成。

在这一时期，浮雕还吸纳了众多的印度教神祇。这些神祇在浮雕中被依照统一的宗教仪式规范进行空间上的排列。最初，这些雕塑被安放在石窟庙的神龛中。不过后来独立的印度教庙宇亦在此时发展起来，因而便成为这些雕塑的最好安家场所。由于笈多王朝膜拜的大神是毗湿奴，因此毗湿奴以及他的化身就在庙宇中颇为常见。同时，对地母神和其他女性形象的崇拜在雕塑中也表现得很突出。

一系列与湿婆神有关的形象，描绘湿婆和他的夫人雪山神女帕尔瓦蒂的神话传说片段，也出现在了宗教崇拜的场所中。湿婆教派的人们将湿婆生殖器的象征——林迦（lingam）供奉在寺庙中，与入口处湿婆的坐骑牛神相对。而供奉着其他男神和女神以及湿婆平时行乐场景的神龛，则以顺时针方向环绕着林迦。

5 世纪末，所有这些雕像发展为一种美学标准，既共同带有笈多佛陀像的恬静，同时又往其中注入了庄严的权力感和有节制的喜悦与兴奋。与此同时，在德干（中亚），一个与此相联系但更加放纵的美学标准在佛教和印度教的雕像中发展起来，而庇护和资助这些雕像建造的是与笈多王朝结姻的、强大的伐迦陀迦王朝。伐迦陀迦佛像风格的成熟作品可以在中南印度的阿旃陀石窟见到，而在埃洛拉村庄附近或者象岛上进行的早期发掘（可以确定是 6 世纪早期的遗存）则展现了这一时期德干地区湿婆文化的成熟作品。

271

6—12 世纪雕像的发展

尽管独立的印度教神庙直到南亚笈多王朝时才首次出现，但在 6 世纪位于南德干的西遮娄其王朝（543—757）时期它就已经迅速地趋于成熟，且一直流行到 7 世纪南印度的波罗瓦王朝时期（约 550—728）。这一时期的雕像仍然继承着笈多王朝时期的意象和风格，在各地呈多样化发展的态势。但是在这些南部文化中心，还涌动着使雕像更具生命活力的因素。其中很好的一个例子是 7 世纪帕拉瓦王国的玛玛拉普兰（Mamallapuram）神庙的一件雕塑，它描绘着杜尔迦与牛魔王战斗的场景。在这尊雕像中，对动态力量的夸张描述和刻画替代了笈多时期神像的静默与宏大。此后，南印度各邦国的雕像艺术仍在朝着动态性的方向发展，10 世纪的娜塔罗

这幅图中显示的是印度境内一座印度教神庙内墙上作为装饰的毗湿奴神像石刻

伽（即湿婆起舞像，在南印度科拉王朝的资助之下制作）可以说是将静止与动感完美地结合在一起的巅峰之作。

10—12世纪，南亚雕塑家已经在雕塑技艺上炉火纯青、登峰造极，以至于雕塑在这一时期已经走出了神龛的藩篱，向外发展并且主导了神庙的外观。神庙作为一个整体，投射出了万能、稳固、广大无边的须弥山（Mount Meru）意象：在神话里须弥山可以说包罗万象，将世间万物万象都收纳于其根基之下。各种雕塑的神祇和"天上的居民"或站立或如行云流水般互相嬉戏，表现出了超凡脱俗的狂喜与恬静。在东部和中部印度的奥里萨邦与克久拉霍的神庙中，还出现了浓烈的情色因素，这显示了密宗的突

出影响。这一将静默遐想的神庙艺术形式和充满生机的动态外观相结合的伟大成就，标志着南亚地区在雕塑传统上最后一次创造性的迸发。

佛教13世纪后便从印度绝迹，而自12世纪以来南亚北部逐渐为伊斯兰教所统治，大规模印度神庙群的建设也被禁绝了。南部的伽罗王国（Vijayanagara kingdom）和其他一些庇护者开始资助抵抗伊斯兰入侵的运动，并将之前的传统一直延续到16和17世纪。但是，其创造性也在一步步减弱。

伊斯兰建筑给南亚的建筑样式带来了一种新的视觉语言：穹顶、拱门和尖塔。它们表现在当地的清真寺、陵墓和城堡建筑当中。伊斯兰建筑结合了阿富汗与土耳其的风格，以及印度的雕塑技术。从12—19世纪，它给北部印度城市乃至德干地区都留下了突出的印记。虽然因为宗教禁忌会避免雕塑某些人物形象，但是这些建筑仍然为我们呈现出了最为精雕细琢的、镶嵌的和格状的雕塑表层，上面刻有书法、叶状图形和精细复杂的几何图案。

在莫卧儿王朝统治时期（1526—1857），伊斯兰建筑于16—17世纪达到鼎盛。由王朝第三位皇帝阿克巴（1542—1605）亲自监督，在阿格拉（Agra）和法特普尔·西克里城（Fatehpur Skiri）建造的大门、宫殿、亭台楼阁、清真寺和陵墓可被视为"传奇佳人"泰姬陵的先驱，而后者是由沙贾汗（Shah Jahan，1592—1666）在阿格拉为他一位名叫穆姆塔兹的妻子（即泰姬）所修建的陵墓。泰姬陵位于一座园林的远端，其高耸的圆顶和尖塔以白色大理石建造，加之设计的庄严简洁和比例的完美协调，在人们心中唤起了一种超自然的意象。工匠们运用了宝石镶嵌技术，在巨大的白色大理石面上镶嵌着美丽的花卉、多彩的叶子和《古兰经》。

1857年后，多数南亚地区都成为英国的殖民地，臣服于英王的统治。从殖民时代一直到印

印度默哈伯利布勒姆城的印度教海岸神庙。它展示了南亚大型雕塑及其装饰物的许多特点。克劳斯·克罗斯特迈尔(Klaus Klostermaier)摄

在阿旃陀佛寺中保存下来的壁画。与挖掘出土的两个不同阶段相对应的是两个不同的绘画时期：早期的自公元前1世纪开始，而另外一个时期则是从5世纪开始。主题是描绘叙述主要来自佛陀生平的故事与场景。壁画是在特制的灰泥表层以矿物染料制成，特别是在第二个时期，壁画根据佛教人物的等级身份来进行绘制（更为重要的人物也相应地在画中有更大的体形），佛陀和菩萨以更加庄严的姿势和独具一格的形象表现出来，而其他的人物则绘制得更为写实。三维造型和透视图的因素同二维平面形象相结合，相当于为绘画打造了一个看似写实主义的外壳，但在其中叙事的兴趣与需求显然大于追求自然、真实的幻象。

巴1947年的独立和分治这段时期，印度的维多利亚皇家建筑驰名于世，尤其是在几个主要的殖民中心如加尔各答、孟买、马德拉斯和德里。独立之后，印度和巴基斯坦都融入了全球现代化的进程当中，全球性交往的需要以及国家和地区身份认同的相互作用塑造了当代南亚建筑的风格。

绘画

南亚最早的绘画遗存是佛教石窟壁画，如

早期手稿

在绘画方面，继伐迦陀迦时代的阿旃陀之后，一些在石窟或寺庙中零零散散的壁画也留存了下来。传下来的最早的手稿画是11世纪有关宗教文本的佛陀插图，以及耆那教贝叶经上的宗教绘画。这些文本被视作圣物加以崇拜，并且受到庇护者的宗教捐助。

现存的11和12世纪的佛教贝叶经大多来自东印度地区。在固定贝叶经书的木板上常常绘有佛陀生平经历的常见场景，这些绘制的场景起到分隔经文不同部分的作用。贝叶经上的

图画一般就只是一个图形而已,很少直接与经文相关。手稿绘画风格的主要特征是:画中要按身份尊卑对人物进行放大或缩小处理,以及静态的人物姿势。绘制方法是先绘出有节奏的轮廓,再施以平整且不透明的矿物颜料。

　　耆那手稿(Jaina manuscript)大多在西印度的古吉拉特地区制作。到了 14 世纪的最后 15 年,纸张已经成为耆那手稿优先选用的材料,瘦长的棕榈叶版式也逐渐为更适应大幅插画的矩形版式所取代。正如在佛教传统中一样,耆那手稿利用了有限制但更为大胆的色彩方案,绘出了轮廓分明、扁平的人物形象——这里没有尝试去描述空间的深度。耆那手稿中形象的典型特点是其呈现的侧面肖像中,眼睛会从看不见的一边脸部延伸至可见的一面。

　　现存最古老的印度教手稿插画可以追溯到 15 世纪下半叶,它继承了耆那的绘画传统。印度教神话与史诗至此已经标准化,并且广泛渗透在南亚文化中,而这些主题也在手稿插画中得到了体现。自 16 世纪早期以来,这一传统发生了大的转变,图像的分量开始胜过文字。到此时,已经成为经书标准的方形页面中,大部分为图画所占据,只是在页面的上部边缘处有简短文字描述,以及在书页反面有扩展性的文字说明。这一传统在北部印度的拉贾斯坦邦和西恒河王国首次出现,据推测应起源于皇室以及其他豪门的资助。同时兴起的中世纪毗湿奴崇拜采用了色情的符号与象征去描绘奎师那(毗湿奴最为著名的化身)神秘的行乐之道,应该也在促成这一转变方面起到了作用。将与毗湿奴相关的神秘场景吸收转化为表现色欲而又不失庄重及文学性叙述风格的过程,塑造了这一绘画传统,并且开创了南亚绘画史上一直延续着的一个主题。尽管这些绘画作品也试图去表现空间进深,但本质上仍然是平面化的,在静态的轮廓中显示着程式化的人物形象,用质朴简单的颜色层来描画僧侣的体态。这一通常被称作

“拉吉普特风格”(Rajput style)的画家审美倾向,在接下来的几个世纪里一直是南亚绘画的一个有生命力的特色,在各种不同的时间和地点都会时常见到。

莫卧儿时代的绘画,1526—1857

　　16 世纪同样见证了莫卧儿王朝在南亚北部的霸权统治,其统治的结果之一是造就了一个新的画派,通常被称作“莫卧儿画派”。这个画派最早出现在第二任莫卧儿皇帝胡马雍(Humayun,1530—1540、1555—1556 年两次在位)统治时期。胡马雍从大不里士带来了两位画师——阿卜杜拉·萨马德(Abdus Samad)和密尔·赛义德·阿里(Mir Sayyid Ali),于 1555 年在德里建立了画室。过了不到 1 年,胡马雍去世,接替者是他的儿子阿克巴(1556—1605 年在位)。阿克巴对绘画和讲故事的艺术非常着迷,因此很快就建好了他父亲的画室,用来为大量波斯与印度的宗教或世俗的记述配图作画。阿克巴最早下的任务是为波斯寓言故事《鹦鹉传奇》(Tutinama)绘制插图。在绘图过程中,大批曾在波斯雇主手下工作的艺术家就地吸收了南亚地区流传下来的绘画传统,产生出了一种混合的美学风格。到了阿克巴给艺术家们第二项任务之时,这种混合的美学风格已经发展得独具特色。混合的透视法、内部结构化的能见度和自然元素的运用,如山、树等来自波斯;祭司体风格、大胆的着色和叙述层次等令人想起本土传统。与早期莫卧儿绘画风格相比,这个时期画作新出现的特色是图案色彩更加多样化,引入了三维造型,高度个性化的人物形象在为自然物体(例如树和石头)所分隔的空间中展开,从而给出了更深的层次感。

　　从 16 世纪中叶起,由耶稣会士介绍到阿克巴宫廷的文艺复兴自然主义开始在阿克巴的画室中获得突出地位。在此种方法之下,空间与体积由光和影来决定。空气透视的方法被引入,正

如用大气效应来描述空间的远近一般。

这些技法在阿克巴继承者们的宫廷中仍然占据着优势地位。莫卧儿的画室在阿克巴的孙子贾汗吉尔（Jahangir，1605—1627 年在位）时期仍然多产，虽然此时宫廷绘画的主要兴趣已从动态的故事片段叙述转向细致的肖像画、带有心理内涵与气氛的场景，以及虽然程式化但亦颇为细致的对花和动物的描绘。许多对皇帝饱含寓意的肖像画从莫卧儿宫廷中流传下来。尽管莫卧儿画室在贾汗吉尔之子沙贾汗（1628—1658 年在位）的统治下仍然在绘制着作品，但看起来却似乎失去了生气与创造力。沙贾汗时期的画作表现出形式主义和宫廷下的拘谨僵化，缺失了大胆的用色以及拉吉普特或早期莫卧儿时期作品的成分。在伊斯兰"清教徒"奥朗则布统治时期（沙贾汗之子，1658—1707 年在位），莫卧儿画室遭解散，人去楼空。

17—18 世纪的发展

在中亚德干王国，一些小的伊斯兰国度自 14 世纪时建立起来，并发展出独立的文化传统。在这些国家中，最为重要的是戈尔康达和比贾布尔，它们直到奥朗则布统治时期仍然保持着独立的地位。由于这些王国的文化之根在波斯和土耳其，因此它们也发展出了自身的绘画传统，被称作德干风格。德干风格的标志是色调主要采用淡紫色、金色与绿色，在装饰图案上有着像珠宝商一般的眼力以及神秘和奇异的风格。

自阿克巴以后，许多拉吉普特的宫廷承认莫卧儿为其宗主，发展出了亲密的宫廷间联系。莫卧儿风格也开始影响这些宫廷。17 世纪晚期，在奥朗则布宫廷画室的艺术家纷纷出走后，莫卧儿的主题和风格被印度拉吉普特各邦进一步吸收。在拉吉普特各邦，早期印度教宗教占主导地位的主题得到补充，而补充的往往是各邦王公带着随从在宫廷、花园或露台上，或骑马或打猎场景的肖像画。但这些场景以及一些莫卧儿风格的元素，大部分都被整合进了这个时期宫廷的"拉吉普特"平面装饰风格当中，正如在哥打和梅瓦尔王国时期一样。同时代的比卡内尔绘画（Bikaner paintings）与自然主义时代的莫卧儿风格以及德干宫廷的装饰图案和奇幻色调显示出更加亲近的亲缘性。

在奥朗则布的孙子穆罕默德·沙阿（Muhammad Shah，1719—1748 年在位）时期，莫卧儿宫廷的绘画艺术见证了一次短暂而辉煌的复兴。在这个时期，理想化的、多变的浪漫主义画作主题多集于宫廷情爱，并且标志性地运用了自然主义的大气效应。这些画作分别刺激了两个最为精细、最富魅力的画派的诞生，即晚期拉吉普特和帕哈里画派，其中心分别在吉申格尔（Kishangarh）与康格拉（Kangra）。

在 18 世纪中叶，拉吉普特邦的拉嘉·沙文特·辛格（Raja Savant Singh）及其宫廷的两位艺术大师博瓦尼·达斯（Bhavani Das）和尼哈尔·昌德（Nihal Chand）有过卓有成效的合作。这两位画师均来自德里，引领了一个独特风格画派的形成。这一时期的吉申格尔绘画扩展了晚期莫卧儿宫廷的浪漫主义，制作了大量对其庇护者拉嘉及其爱侣宫廷歌者巴妮·旃妮（Bani Thani）高度风格化的画作，两者分别被绘成克须那神和克须那的至爱罗陀（Radha）。

一个相似的情形是，在 18 世纪中叶的居莱（Guler）、加斯罗塔（Jasrota）、康格拉等位于山地的邦国中，也使用了各种不同的方法，发展出一种更加精细的美学风格。这要归功于马纳库（Manaku）和莱恩苏坤（Nainsukh，1710—1778）两位艺术家兄弟以及他们的学生所做出的努力。莱恩苏坤在加斯罗塔王国国王拉嘉·巴尔万特·辛格（1724—1763）宫廷中的画作，可以说孕育了后来受到高度评价的晚期康格拉画派。与吉申格尔画派类似，这一画派的主题支柱也是从罗陀和克须那神之间的嬉戏调情故事中吸取养分。这样一来，晚期莫卧儿浪漫主义的人物

世界用色彩和我说话，而我的心灵则用音乐去回答她。

——鲁宾卓纳斯·泰戈尔（1861—1941）

和风格发生了转变，从原先以幻梦的、宁静的自然主义为背景转变为秘密丛林中怠惰的、亲密的、多情的时刻——在丛林中，时间似乎静止了，神圣的爱侣正品尝着身体内的永恒喜悦。

18 世纪中叶之后，英国艺术在南亚的出现对宫廷审美情趣产生了强大的影响，使之走向了照相现实主义。照相技术的出现对此变化起到了同样大的作用。受到早期宫廷风格训练的本土艺术家们现在调整着他们的作品，去模仿照相机。在一些艺术家继续为当地庇护者服务（尤其是通过为庇护者绘制肖像画）时，英国殖民者也在雇用一些艺术家去记录南亚的生活、景色、植物和动物。这些艺术家的作品形成了一个叫作公司画派（Company School）的团体。

20 和 21 世纪

20 世纪初，作为重新从民族主义角度思考民族身份的一部分，加尔各答艺术家鲁宾卓纳斯·泰戈尔（Rabindranath Tagore）和他的学生有意识地从西方风格中解脱出来。这些今天被称作孟加拉画派的艺术家们，通过融合拉吉普特、莫卧儿、日本和拉斐尔前派的元素，发展出了一套附属于国际反物质主义运动的独特风格。自 1915 年之后，国际现实主义开始持续地影响着南亚艺术，打开了各种创造性适应的大门。今天，南亚的当代艺术是世界上最有活力、最多产的一部分，越来越多的艺术家大胆地采用个性化的表达方式去与次大陆的社会、文化和本土背景相协调。

276

进一步阅读书目：

Archer, W. G. (1973). *Indian Paintings from the Punjab Hills: A Survey and History of Pahari Miniature Painting*. London: Sotheby Parke Bernet.

Bajipai, K. D. (1997). *Five Phases of Indian Art*. Jodhpur: Rajasthan-Vidya Prakashan.

Banerjee, A. C. (1983). *Aspects of Rajput State and Society*. New Delhi: Rajesh Publication.

Beach, M. C. (1992). *The New Cambridge History of India: Mughal and Rajput Painting*. Cambridge, U. K.: Cambridge University Press.

Brown, P. (1981). *Indian Painting under the Mughals, a. d. 1550 to a. d. 1750*. Oxford, U. K.: Clarendon Press.

Coomaraswamy, A. K. (1916). *Rajput Painting: Being an Account of the Hindu Paintings of Rajasthan and the Punjab Himalayas from the Sixteenth to the Nineteenth Century, Described in Their Relation to Contemporary Thought, with Texts and Translations*. London: Humphrey Milford.

Coomaraswamy, A. K. (1927). *History of Indian and Indonesian Art*. New York: E. Weyhe.

Craven, R. C.. Jr. (1997). *Indian Art: A Concise History* (Rev, ed). London: Thames & Hudson.

Craven, R. C., Jr. (Ed.). (1990). *Ramayana: Pahari Paintings*. Bombay: Marg Publications.

Desai, V. N. Painting and Politics in Seventeenth Century North India, Mewar, Bikaner and the Mughal Court. *Art Journal, 49*(4), 370 - 378.

Gascoigne. B. (1971). *The Great Moghals*. New York: Columbia Univeristy Press.

Goswamy, B. N., & Fishcer, E. (1992). *Pahari Masters: Court Painters of Northern India*. Zurich. Switzerland: Artibus Asiae.

Harle, J. C.. (1974). *Gupta Sculpture*. Oxford, U. K.: Clarendon Press.

Huntington, S. L. (1985). *The Art of Ancient India: Buddhist, Hindu, Jain*. New York: Weatherhill.

Kramrisch, S. (1933). *Indian Sculpture*. New York: Oxford University Press.

Mitter, P. (1994). *Art and Nationalism in Colonial India, 1850 - 1922: Occidental Orientations*. Cambridge, U. K.: Cambridge University Press.

Randhawa, M. S.. & Bhambri, S. D. (1981). *Basholi Paintings of the Rasamanjari*. New Delhi: Abhinav Publications.

Randhawa, M. S., & Galbraith, J. K. (1968). *Indian Painting: The Scene, Themes, and Legends*. Boston: Houghton Mifflin.

Randhawa, M. S.. & Randhawa. D. S. (1980). *Kishangarh Painting*. Bombay: Vakils, Feffer & Simons.

Rowland, B., Jr. (1970). *The Art and Architecture of India: Buddhist, Hindu, Jain*. Harmondsworth, U. K.: Penguin.

Rowland, B., Jr. (1963). *Evolution of the Buddha Image*. New York: Asia Society.

Saraswati, S. K. (1975). *A Survey of Indian Sculpture*. Calcutta: Munshiram Manoharlal.

Topsfiled, A. (1984). *An Introduction to Indian Court Painting*. London: Victoria and Albert Museum.

Welch, S. C. (1977). *Imperial Mughal Painting*. New York: George Braziller.

Welch, S. C. (1984). *India: Art and Culture, 1300 – 1900*. New York: The Metropolitan Museum of Art.

Welch, S. C., & Beach, M. C., (1976). *Gods, Thrones, and Peacocks: Northern Indian Painting from Two Traditions, Fifteenth to Nineteenth Centuries*, New York: Asia House Gallery.

William, J. G. (1982). *The Art of Gupta India: Empire and Province*. Princeton: NJ: Princeton University Press.

Zebrowski, M. (1983). *Deccani Painting*. Berkeley and Los Angeles: University of California Press.

德巴西什·班纳吉（Debashish Banerji）文

蔡萌 译　陈恒 校

Art — Southeast Asia　东南亚艺术

从装潢精美的陶器和小青铜器具，到印度尼西亚爪哇岛上雄伟的婆罗浮屠塔，以及柬埔寨吴哥窟极为庞大的寺庙建筑群，东南亚诸多令人叹为观止的艺术和建筑一方面是革新与创造性的成果，另一方面也是跨文化影响的产物，这种影响尤其来自印度教和佛教。

东南亚艺术传统是世界上独具特色和令人印象深刻的艺术遗产之一。从古至今，大陆以及东南亚海岛上的国家便是艺术革新的中心地带，同时也是外来艺术影响的接受者和转化者。"印度支那"（Indochina）和"印度尼西亚"的名称暗示的便是其所受外来影响，但也掩盖了当地深厚的文化底蕴、创新和创造。

早期艺术

在泰国北部的小村庄里曾发现一些世界上最早的陶器和青铜制品。大约从公元前3600年起，班清（Ban Chiang）和农诺他（Non Nok Tha）等地便开始制作精美的陶器。班清最古老的代表性作品是一件浅灰色的雕刻陶器。大约公元前1000年后，当地人开始制作一种陶罐，用赭红颜料在米黄底色上绘制精确的几何形状图案。最后一个阶段一直延续到公元前250年，这段时期制成了形状精巧的器皿，在其上常绘以呈复杂旋涡状的脉线为装饰。

东南亚青铜时代大约开始于公元前2000年，这个时期在农诺他发现了一些日常使用的器具。这些手工制品的发现表明，东南亚是世界上最早掌握了浇铸青铜工艺的地区之一。不过，东南亚真正大规模使用青铜的时间要比这晚很多，是在大约公元前500年到前350年左右。此后，在从东南亚大陆岛到海岛的广大地区，发现了数量众多且精美的作品。位于越南北部，因最早发掘地而得名的东山文化,出土了铜斧、铜瓶,而最著名的是 200 多件给人留下深刻印象的铜鼓。典型的铜鼓以脉线为装饰,在鼓面中间纹有太阳或恒星的图案,环绕着飞翔的鹭鸟或以同心圆形状出现的几何装饰。还有的铜鼓鼓面边缘饰有三维的青蛙图案,沿铜鼓边上的是长且窄的船,头戴羽毛的乘船者们如列队般排列。天体和水体等象征符号的运用会让人意识到铜鼓的宗教含义,但它们也可能会被用在战争、葬礼或庆典之中。

青铜器的出土地点可远达印尼西巴布亚省的森达尼湖。青铜器的广泛分布以及贯穿各个印度尼西亚群岛上的多样性风格表明,与罗马硬币和早期印度的物品一样,这些手工制品的交易早在佛教和印度教艺术于 9 世纪正式进入此地之前就已经开始了。很可能有强大的统治者在指挥和管理着这些精美而有价值的手工制品的生产及进出口。

印度的影响

278 位于东南亚西部的斯里兰卡与印度之间最早的联系形式,可能是来自印度和东南亚各个岛屿上商人之间的贸易往来。中国人同样是这一早期商业圈的一部分,而且他们作为佛教和印度教的朝圣者,有可能在传播这些宗教信仰方面扮演着重要角色。这一贸易究竟何时开始并不能准确地给出答案,但是印度和中国最早的记载似乎指向了 3 世纪在缅甸印度化了的扶南,以及以位于南苏门答腊岛上巴邻旁为中心的室利佛逝王朝(Srivijaya dynasty)。大量中国唐代的瓷器使苏门答腊岛遗址可追溯到 7—9 世纪。没有证据显示这里曾发生过来自印度的殖民或入侵。显然,是东南亚统治者们主动将外来的社会与宗教理念转化成了适应其本土社会的实用模式。

印度尼西亚

大约 800 年,来自印度的佛教和印度教艺术在中部爪哇岛的迪延高原盛行起来,出现了一系列精致的石头宗教建筑。在夏连特拉王朝(Sailendra,778—864)统治下,最早修建的是佛教建筑,其中便包括古印度尼西亚最令人印象深刻的舍利塔(stupa)——婆罗浮屠。

舍利塔是为了纪念佛陀而造的建筑,通常是将佛陀身体的一部分藏于这个巨大的"圣物箱"当中。舍利塔同样起到展现宇宙模型的功用——它指向神秘苍穹,且绕着一根轴旋转。在舍利塔上的雕塑带领参观者们拾级而上,通过佛陀不同的修炼境界:自日常世界的层次开始,历经佛陀生平故事之境,然后到达涅槃之国。婆罗浮屠正是按此意建造,只不过造型更为新颖,规模也更大。婆罗浮屠用了大约 5.7 万立方米的石头修建而成,被称为世界上最大的统一建筑艺术作品。阶梯向上延伸,引导人们通向建筑更高处的矩形塔层。在每一塔层向左转,会路经一个精雕细刻的浮雕,描绘着佛陀的生平,其中充满了 9 世纪爪哇岛上日常生活的各种细节。浮雕还刻有装有舷外支架的大型帆船以及宫廷女子,这一风格起源于 5 世纪的印度传统,但也用印尼独特的方式进行过改造。人们越往高处,就会遇到更多的佛陀坐像。到了最高处的矩形塔层,便能见到各色佛龛,佛龛中也供奉着三维的佛陀坐像。在更高的地方,塔层由矩形变作圆形,而浮雕则为多孔的钟形舍利塔所取代。通过这些小舍利塔的孔隙,可以看到独立的佛陀像。建筑顶端是圆顶的舍利塔,象征着整个婆罗浮屠的中心和轴心。

佛教与印度教王朝相互竞争,彼此取代,但这主要是在贸易和政治斗争方面,而非宗教基础上而言。事实上,我们给一个王朝贴上宗教标签,更多地是基于他们将膜拜的重点放在了某一个宗教身上,而非基于对其他宗教的排斥。这些王朝的宗教遗迹和雕塑往往对印度教与佛教的概念与形象混而兼用。在印尼最为杰出的印度教建筑是普兰巴南（Prambanan，或叫拉腊·琼河格兰建筑群[Lara Jonggrang complex]），是856年由国王拉图巴卡（Ratu Baka）下令所建的。它由三个高大的圣殿组成，每个圣殿分别供奉印度教的一位主神。中间最大的一座圣殿供奉的是湿婆。在其两侧较小的圣殿分别供奉毗湿奴和梵天。高大的圣殿象征着湿婆和他的妻子帕尔瓦蒂居住的圣山。尽管明显来源于印度，圣殿群的建筑却并非对印度建筑的直接照抄，而是进行了再阐释。与位于附近的婆罗浮屠一样，这里的雕像在印度本源的基础上有着细微变化，姿势与脸部表情变得更为柔和。圣殿的浮雕描绘了两部印度教最伟大的史诗：《罗摩衍那》（Ramayana）和《摩诃婆罗多》（Mahabarata）。在一面浮雕中有一个有趣的细节显示，其中的一幢建筑使用了线条透视法加以渲染——这比意大利人将这一技巧正式整理总结出来要早了500多年。更小一些的圣殿面朝这三个主殿，它们是为了供奉三位主神的坐骑：兰迪（Nandi），湿婆所骑的白公牛；迦楼罗（Garuda），毗湿奴所骑的神鸟；安格萨（Angsa），梵天所骑的天鹅。

随着13世纪伊斯兰教进入印尼，印度教-佛教统治者在爪哇岛上东迁，先后建立了新柯沙里王朝（Singasari，1272—1293）和满者伯夷王朝（Majapahit，1293—1520）。这两个王朝仍在继续建造雄伟的寺庙，例如新柯沙里寺和帕纳塔兰寺。最终，伊斯兰教成为爪哇岛上的统治宗教，而印度教-佛教统治者则迁往巴厘岛。尽管已经归化伊斯兰教，印度教史诗仍然在爪哇以及印度尼西亚其他地方的宫廷和日常文化中扮演关键角色。其中最著名的是皮影戏，以及随着加麦兰乐队（gamelan orchestra）伴奏、歌者吟唱印度教史诗《罗摩衍那》，而戴着面具的舞者翩翩起舞的表演。今天，巴厘岛是除了印度本土和印度海外聚居区之外唯一信奉印度教的

地区。

在巴厘岛上，艺术和宗教无缝衔接，浑然天成，几乎每个人都在以这样或那样的方式进行着艺术、音乐与舞蹈的创作。岛上寺庙、神殿和宫殿星罗棋布。岛上最大的活火山阿贡火山是居民的圣地，仪式在岛上主要的寺庙布沙基寺（Besakih）中进行，为的是维持宇宙的秩序。与普兰巴南一样，布沙基寺也供奉印度教三位主神，但建筑样式差别很大。众多的石阶延伸至山坡，在它上面的平台上有用茅草覆盖的木质建筑，意在仿效代表须弥山的宝塔。须弥山是印度教宇宙哲学中神所居住的山，是宇宙的中心。

柬埔寨

在柬埔寨，兴起于7世纪、在9—12世纪达到巅峰的高棉王国（Khmer Empire），结合印度教与佛教的影响，开创了同样令人为之惊叹的艺术。其中有名扬天下的世界遗产之一吴哥窟（Angkor Wat）。自1113年苏耶跋摩二世（Suryavarman Ⅱ，在位至约1150年）下令建造，到1250年竣工的吴哥窟是一个名副其实的艺术之城。它拥有一座大型石庙建筑群，四周环绕着护城河（护城河上有桥梁可通过），以及刻有各种雕塑的建筑和塔（吴哥窟正好位于矩形人工湖群中间，这些湖是供种植季节时的灌溉之用）。莲花蕾状的宝塔是建筑的一大特色，它本身是高棉人对印度教与佛教元素所做的别具一格的综合。建筑上的浮雕也运用高棉风格描绘了一系列主题，从印度教史诗到战争、到优雅舞动的少女。浮雕中的人物脸部经过精细的雕琢，下巴近似方形，嘴唇厚而宽，有的还蓄有弓形的胡子。眉毛仿佛流动着，越过了鼻丘上方，形成了"射手之弓"（archer's bow）的双重曲线，头发用平整而清楚的线条图案来进行渲染。所有人物总体看起来都在进行微妙的冥想。许多描绘动作场景的浮雕都会使用大量的人物形象，以及通过有韵律的、曲折回环的曲线组合来创造出动态的

这一石窟雕刻是柬埔寨吴哥窟寺庙群中雕塑的典型代表

图案。

尽管规模比吴哥窟小，附近的吴哥城也很著名。吴哥城的主要建筑叫巴戎寺（Bayon），在巴戎寺外围有高塔环绕。这些塔的一边均刻有巨大的脸部肖像，被认为是代表了阇耶跋摩七世（Jayavarman VII，约 1120—1215）——下令建造吴哥城的君主。雕像对他安详而沉静的风格化描述模糊了统治者与神之间的界限，意在暗示阇耶跋摩七世是一位"天王"（devaraja），也即兼具神性的国王。

缅甸

缅甸的大规模佛教运动开始于 1056 年国王阿奴律陀（Anawratha）时期，其王国从肥沃的伊洛瓦底江（Irawaddy River）流域扩展至萨尔温江（Salween River）三角洲。缅甸的佛教吸收进了一种叫作"神灵"（Nat）的本土信仰，这种"神灵"

对某一群体或物体拥有支配权。最初这些神灵是地方性的和不具人性的，例如一棵树，或者一个山坡的"神灵"。但是最终出现了多达 36 个全国性的"神灵"，每一个"神灵"都有着独特的生平和角色，他们成了许多缅甸艺术的重要题材。佛陀则被视作第 37 个"神灵"。因此在缅甸，佛教寺庙与纳信（"神灵"的房子）同样众多。最早的大型佛教场所是蒲甘城（Pagan）。从这个拥有大量寺庙的城市身上可以看出，当地的建筑形式是如何从脱胎于印度传统而转变为具有独特风格的缅甸传统的过程的。

也许最让人印象深刻的建筑是仰光的大金塔（Schwe Dagon stupa）。在 14 世纪的时候由勃固王频耶陀努（Binnya U）开始下令建造。此次所建的 22 米高的建筑，在 400 年中又经过了多次翻修。一次地震过后，1763—1776 年对它进行了重建，达到了今天所见到的 99.4 米的高度。这一白色、钟形的、由灰泥和砖块建成的建筑与斯里兰卡的原型建筑，尤其是 5 世纪位于斯里兰卡阿奴拉达哈普拉（Annuradhapura）遗址上的建筑，十分相像。大金塔四周环绕着不计其数的、像中国宝塔一样的寺庙和一系列的佛教雕塑。

泰国

在与缅甸蒲甘王国建立联系后，泰国的部落民族也皈依了佛教。北部的清迈（Chiengmai）和南部的阿瑜陀耶（Ayuthia）是这一新近宗教的早期传播中心。从一开始，泰国南部就成了柬埔寨高棉文明的天下。但是到了 1287 年，当莫卧儿入侵蒲甘后，泰国的三个酋邦经过联合形成了苏可达耶（Sukhodaya）王国，将佛教传到了泰国的各个地方。上座部佛教（Therevada Buddhism）在泰国的盛行使得其雕塑风格过早定型，因此很难辨识年代上的变化，但同样也使泰国的佛塔形象很容易识别：主体修长，塔尖高耸。

281

1767 年泰国首都迁往曼谷后，跟东南亚其他地区尤其是缅甸一样，泰国建造了许多华丽的木式建筑。位于皇宫群中的玉佛寺的典型特点是：陡峭的屋顶，在山墙上刻着龙纹。与缅甸和东南亚其他地区一样，山墙出现在两个建筑由内部向外延伸的交界部分。

中国和印度对越南的影响

公元前 2—公元 10 世纪期间，中国对越南文化产生了支配性影响，到了 13 和 14 世纪，这一影响再度出现。尤其是在民间传说和神话中，龙不仅成为一种象征，而且在艺术中也成了一种装饰性的图案（对越南农民而言，龙代表了

云、雨、雷和电四个神祇；对统治者来说，与在中国一样，龙成为权威与权力的象征）。关于龙的想象体现在雕塑、绘画和建筑中，而中国的影响在今天河内附近古螺堡（Co Loa citadel）的砖石文化（大约可以追溯到 10 世纪）中尤其突出。

受到早期印度教文明影响，由好几个不同族群的人口及松散国家联盟组成的占婆王国（Champa），兴起于越南南部和中部一个叫作安南（Annam）的区域。越南自 10 世纪获得独立以后，该地也相应获得了更多的自由，并减少了与爪哇之间的联系。占婆的寺庙受到印度教设计元素的影响，包括门廊上呈火焰形状的拱门高塔，外墙则有刻着浅浮雕的圆柱，上面雕刻着花和叶。砂岩的过梁和修饰性的角落雕刻着印度教的神或动物的形象。占婆雕塑非常有特色。雕塑人物在一些方面与高棉人的审美相似，都有着方形的脸部，嘴唇厚而宽，夸张的弓形眉毛往往像一条绳索一样横在前额上。光环一般用看起来像大量聚集的蠕虫一样的叶饰来表现。尽管这些形象十分威武，不过晚期经过打磨的雕塑人物则传递出朴素与神秘的安宁。

部落艺术

在东南亚的偏远地区——东南亚大陆的高地和印度尼西亚距离较远的海岛——许多部落要么抵制，要么错失了来自西部和北部城市的影响。这些地方存在着一些奇特的艺术传统，直到近来才吸引了外界的注意。在东南亚大陆的高地上，一些族裔群体例如赫蒙人、阿卡人和瑶人能够制作精细的、绣花并染色的服装，还能够制作尤其是以银为材料的艳丽饰品。

阮潘正（Nguyen Phan Chanh）的绢画作品《稻谷》（Re Lua，1960）。阮潘正是越南负有盛名的艺术家之一，他以颜料在丝绸上作画以唤起人们对乡村生活的记忆

印度尼西亚这些方面的文化尤其丰富。在苏门答腊西海岸对面的尼亚斯岛上，居民们建起了大型的令人印象深刻的房屋建筑。其中一座皇家宫殿有 20 米高，它下面有 100 多个巨型柱子作为支撑。在当地村庄里同时还制作有精良的石碑，用来缅怀逝者和举行奢华的宴会，以巩固并提升统治者的地位。在尼亚斯岛，东南亚许多有部落居住的其他地方如松巴岛、马鲁古群岛，以及苏门答腊岛上的巴塔克人和苏拉威西岛上的托拿加人，都有着精心制作的用来表明身份的饰品，这其中象征性的含义是十分丰富的。

苏拉威西岛上的托拿加人同样以其精致建筑而闻名，不过他们最高的艺术成就主要体现在葬礼仪式上。为了纪念一位身份尊贵的首领，当地人会举行一场无比奢华的盛宴，上百名参加者身着他们最为珍贵精美的服装和饰品载歌载舞。另外还要修建特制的房子，以款待客人并为葬礼的仪式服务。叫作"托托"(tautau)

的、真人般大小的木制雕像被放置在洞穴中，似乎要作为祖先名誉的见证。

现代艺术

今日，在整个东南亚依然盛行着上述这些历史悠久的艺术。我们仍然能在当地频频发现大量精美的纺织品、饰品、传统的武器和建筑。但如同当今世界的各种文化的命运一样，长久以来的生活方式和相应的艺术传统正在不得不经历着变迁。某种程度上，它们可以说会在当代经济、宗教、政治和技术的影响下继续存在或濒临消失。在东南亚大多数地方，如今正在创造更新的当代艺术形式，用以表达艺术家的个人观点以及当代社会政治环境。今天，不仅是东南亚的传统艺术，而且还包括当代艺术家尤其是那些来自菲律宾、印度尼西亚和马来西亚的艺术家的作品，都可以在纽约、伦敦和巴黎的博物馆与画廊中见到。

进一步阅读书目：

Barbier, J. P. , & Newton, D. (1988). *Islands and Ancestors*. New York: Metropolitan Museum of Art.

Bellwood, P. (1979). *Man's Conquest of the Pacific: The Prehistory of Southeast Asia and Oceania*. New York: Oxford University Press.

Bellwood, P. (1997). *Prehistory of the Indo — Malaysian Archipelago*. Honolulu: Univerisity of Hawaii Press.

Bernet Kempers, A. J. (1959). *Ancient Indonesian Art*. Amsterdam: Tropenmuseum.

Bulbeck, D. F. , & Barnard, N. (2000). *Ancient Chinese and Southeast Asian Bronze Age Cultures*. Taipei, Taiwan: Southern Materials Center.

Coedes, G. (1968). *The Indianized States of Southeast Asia*, Honolulu: University of Hawaii Press.

Coe, M. (2003). *Angkor and the Khmer Civilizations*, New York: Thames and Hudson.

Feldman, J. (1994). *Arc of the Ancestor*. Los Angeles: Fowler Museum.

Fontein, J. (1990). *The Sculpture of Indonesia*. New York: Harry N. Abrams.

Grosslier, B. P. (1962). *The Art of Indochina*. New York: Crown.

Holt, C. (1967). *Art in Indonesia*. Ithaca, NY: Cornell University.

Higham, C. (1996). *The Bronze Age of Southeast Asia*. Cambridge, U. K. : Cambridge University Press.

Jessup, H. (1990). *Court Arts of Indonesia*. New York: Harry N. Abrams.

Jessup, H. (2004). *Art and Architecture of Cambodia*, New York: Thames and Hudson.

Kandahjaya, H. (1995). *The Master Key for Reading Borobudur Symbolism*. Bandung, Indonesia: Yayasan Penerbit Karaniya.

Miksik, J. (1990). *Borobudur: Golden Tales of the Buddha*. Boston: Shambhala.

Rawson, P. (1967). *The Art of Southeast Asia*. New York: Thames and Hudson.

Soebadio, H. (1992). *Art of Indonesia: from the Collections of the National Museum of the Republic of Indonesia*.

282

New York: Vendome Press.

Somers Heidhues, M. (2000). *Southeast Asia: A Concise History*. New York: Thames and Hudson.

Taylor, P., & Aragon, L. (1991). *Beyond the Java Sea*. Washington, DC: Smithsonian Institution.

Wagner, F. (1959). *The Art of Indonesia*. New York: Crown.

White, J. C. (1982). *Ban Chiang: Discovery of a Lost Bronze Age*. Philadelphia: University of Pennsylvania Press.

杰罗姆·费尔德曼（Jerome Feldman）文

蔡萌 译　陈恒 校

Art — West Asia　西亚艺术

283　　　西亚有着漫长而复杂的艺术传统。从新石器时代开始，西亚视觉表达的本土形式不断受到来自东西方文化的影响。比如，古希腊文化在爱奥尼亚（Ionia）的传播、伊斯兰教的传入以及十字军东征，这些事件将壮丽的清真寺与马赛克、编织地毯和书本艺术带到西亚。

在早期，西亚艺术发展的中心主要集中在美索不达米亚、安纳托利亚和西地中海沿岸。公元前550—公元650年，波斯和希腊以及罗马帝国，包括拜占庭，统治西亚的各个部分。此外，这里还从更广泛的范围和地理跨度引进艺术传统。最后，7世纪以后，尽管其他传统也在此继续发展，但伊斯兰艺术在西亚逐渐成为占主导地位的视觉文化。

最早的手工艺品

西亚至今仍存在的最早艺术形式是来自新石器时代的定居点以及美索不达米亚。在安纳托利亚中央平原南部发现的加泰土丘（Çatal Höyük），存于公元前6500—前5650年，在这里发掘出了建筑、雕塑、装饰精美的陶器、壁画和似乎是充满活力的编织传统的遗迹。美索不达米亚的欧贝德（Ubaid）文化繁荣于公元前4300年之后，似乎为后来的苏美尔艺术提供了

基础。

由于20世纪大规模的发掘和学术研究，现在我们了解了伟大的美索不达米亚城邦的艺术成就。美索不达米亚城邦开始于苏美尔城基什（Kish），其最早的铭文可以追溯到公元前2600年左右，紧接着是拉伽什城（Lagash），苏美尔统治者古地亚（Gudea）统治这里大概到公元前2050年，还有乌尔城（Ur），在这里发掘出了重要的皇室用品及祭祀物品，并且还有一个巨大的金字形神塔（建造于公元前2100年左右）。公元前2334年，在苏美尔复兴之前，阿卡德国王萨尔贡（Sargon）建立了一个新的帝国，将尼尼微（Nineveh）作为其政治及文化中心。那个时期最著名的物品之一是一尊著名的尼尼微人的铜首，在2003年4月巴格达的伊拉克博物馆遭洗劫时被偷（具有讽刺意味的是，铜首在古代可能是被故意地切断，就像当代萨达姆·侯赛因在伊拉克的雕像残缺一样；当铜首被发现时，它的耳朵和眼窝的填充物好像是被故意剔除的）。在

数千件被偷窃的艺术品中,有一件标志性的物品是乌鲁克(Uruk)91 厘米高、雕刻的雪花石膏祭酒瓶(约前 3500—前 3000)。还有一件是同一时期用大理石雕刻的女性头像。博物馆抢劫案的发生引起了很多关于历史意识和身份认同的反思。赞拉伯·巴哈尼(Zainrab Bahrani)在他的文章《伊拉克文化遗产:古迹、历史和遗失》(Iraq's Cultural Heritage: Monuments, History, and Loss)中,写了很多关于乌鲁克祭酒瓶的细节——叙事艺术的早期范例之一——美索不达米亚人在战争时期最担心的是他们的古迹、文献和艺术品的安全(他解释道,担心同时失去记忆和认同感)。他撰写这篇文章 3 天以后,在 2003 年 6 月 11 日,有 3 个人开着一辆破旧的汽车将乌鲁克的祭酒瓶归还了博物馆。

后来巴比伦文明蓬勃发展,在伟大统治者、立法者汉谟拉比(Hammurabi,卒于前 1750)的统治下,创造了显著的不朽功绩。紧接着是亚述人的兴起。亚述人的艺术生产达到了一个新的高度,包括他们的宫殿豪尔萨巴德城(Khorsabad,创建于前 701),他们对巴比伦城进行了重建。其中巴比伦著名的伊斯塔尔门(Ishtar gate,创建于前 575)现存于柏林的帕加马博物馆。亚述的尼尼微和尼姆鲁兹的浮雕,现在被保存于世界各地的博物馆。

在安纳托利亚,公元前 2000 年,众多文明以独特的艺术传统繁荣起来。其中赫梯文明的首都哈图沙(Hattusas)展现了卓越的宝石及金属物品,其最好的作品保存在安卡拉的安纳托利亚文明博物馆。在安纳托利亚,尤其是乌拉尔图人(Urartians)、吕底亚人(Lydians)和弗里吉亚人(Phrygians),创造了丰富的历史物质文化遗产,如筑有石墙的防御城市、美丽的宫殿和精心制作的石头建筑。

波斯艺术传统

阿契美尼德王朝(Achaemenid,前 550—前 330)的波斯帝国,接着是马其顿亚历山人的马其顿王国(Macedon,亚历山大大帝于前 336—前 323 年在位)和塞琉古王朝(Seleucids,前 312—前 64),阿萨西斯王朝(Arsacids,前 247—公元 224),萨珊帝国(Sasanids,224/228—651),都创造了持续的艺术传统。这些艺术传统在某些方面可以从早期伟大的艺术中心波斯波利斯(Persepolis)、苏萨(Susa)、贝希斯敦(Bisitun)一直追溯到今天的艺术作品。大流士一世在波斯波利斯的宫殿以其巨大有凹槽的柱子和皇家典礼盛大的浮雕,向世人宣示了阿契美尼德宫廷典礼的威严和盛况。如同沙普尔一世(Shapur I,241—272 年在位)在泰西封(Ctesiphon)的宫殿遗迹,萨珊的砖结构建筑规模宏大,有巨大的曲线穹顶。萨珊的建筑和雕塑,仍存在于波斯波利斯附近的萨维斯坦(Sarvistan)、塔克伊·布斯坦(Taq-i Bustan)和纳克歇-洛斯塔姆(Nakhsh-i-Rustam),萨珊国王作为勇士、猎人和立法者的肖像证实了萨珊帝国艺术的政治重要性。大量贵金属物品同样展示了富裕的萨珊帝国的图景。同时,萨珊帝国的丝织品在那个年代是美丽、奢华和精湛技艺的一个缩影,不论是在西方还是东方。

安纳托利亚的希腊、罗马和拜占庭艺术

爱奥尼亚的希腊殖民者将希腊视觉文化传播到西亚大部分地区。如同希腊哲学,许多希腊艺术似乎已在爱奥尼亚殖民地形成。希腊古典建筑规则的延续——多利安式(Doric)、爱奥尼亚式(Ionic)、科林斯式(Corinthian)——和古典希腊艺术的内容反映在被发掘出的安纳托利亚的城市中,从早期城市阿索斯(Assos)、普林恩(Priene),到后来的希腊-罗马遗迹比如以弗所(Ephesus,这里的阿尔忒弥斯神庙[Temple of Artemis]是古代世界七大奇迹之一)、哈利卡纳苏斯(Halicarnassus,另一处古代世界七大奇迹

这是一只 9 世纪的陶碗,是最早将书法作为主要装饰元素的艺术品之一。碗中心的阿拉伯文字"ghibta"(意为"幸福")被重复书写。美国大都会艺术博物馆

之一)、帕加马(Pergamon,它的华丽的宙斯祭坛[Altar of Zeus,前 180]现保存在柏林)。在建筑和雕刻领域,爱奥尼亚艺术影响了希腊大陆艺术。而与希腊大陆艺术比起来,它的很多大神庙都更加壮丽,建造规模更大。

罗马统治下的西亚经历了令人印象深刻的城市扩张,经济繁荣引发了在艺术和建筑上的巨大投资。罗马人将希腊-罗马风格传播到了叙利亚、巴勒斯坦以及安纳托利亚的南部和埃及,还有例如帕尔米拉(Palmyra)、巴勒贝克(Baalbek),以及罗马城市以弗所,这些地区都展现了古代世界最令人印象深刻的艺术及建筑遗迹。希腊-罗马文化体也包含着土著居民。在这些人中,最著名的是阿拉伯纳巴泰人(Nabataeans),他们居住在公元前 4 世纪伟大的佩特拉城(Petra),希腊风格的岩石开凿的古迹,证明了古典艺术传统的普遍性。在别的地方也发现了这一时期的考古学遗迹,南至遥远的阿拉伯半岛。

4 世纪初,东罗马帝国首都君士坦丁堡(今土耳其伊斯坦布尔)的建立,对西亚,尤其是安纳托利亚和叙利亚地区的新基督教艺术风格的

发展起到了重要作用。拜占庭艺术风格大量借鉴了罗马在技术和风格上的遗产,包括马赛克和古典建筑设计。9—10 世纪,拜占庭艺术风格从晚期古典主义向中期拜占庭风格转化。罗马和拜占庭工程学的进步,例如筒形、穹拱和帆拱,极大地扩展了建筑内部的使用潜力。位于以弗所的有六个穹顶的拜占庭早期的圣约翰教堂(约 525 年)和伊斯坦布尔著名的圣索菲亚大教堂(约 537 年)都是利用这一技术的建筑。拜占庭时期的叙利亚和巴勒斯坦也建造了类似风格的建筑,其代表是西蒙·史泰来修士的修道院(约 490 年)和 6 世纪耶路撒冷的圣墓教堂。大约在同一时期,亚美尼亚东部的州和安纳托利亚南部,开始了长达几个世纪的发展,包括其艺术传统,即精致的石刻建筑和雕塑,以及独特的壁画和手稿画的传统。阿克塔玛圣十字教堂(Holy Cross at Achtamar),从 10 世纪初起,也许是中世纪许多亚美尼亚砖石教堂中最著名的建筑。11 世纪被地震毁坏的巴格拉提德王朝(Bagratid)首都阿尼的遗迹至今仍给参观者留下深刻印象。

西亚的早期伊斯兰教

632 年先知穆罕默德去世之后,伊斯兰教从阿拉伯半岛传播到中东、北非、中亚,西亚艺术也因此经历了重大的变化。与拜占庭帝国、萨珊帝国的文化不同,伊斯兰文化有着很深厚的关于国王和宗教人物的艺术图像传统,伊斯兰文化反映了先知对具象艺术的不信任,认为这是一种潜在的偶像崇拜和奢侈的象征。伊斯兰教传入之后的西亚艺术,正如人们所预料的那样,反映了一个已有传统适应新的需求和信仰的融合。第一个伟大的伊斯兰建筑是耶路撒冷的圆顶清真寺(约 680 年),该建筑在外形上反映了叙利亚教会集权制度,并且在装饰上使用了罗马-拜占庭马赛克技术。大马士革的大清真寺,建于

伊斯法罕星期五清真寺（Jameh Mosque）广场一景，朝向北部的"伊万"（iwan）结构。阿历克斯·霍尔库姆（Alex O. Holcombe）摄于 2004 年

巴泽雷克地毯（The Pazyryk Carpet），世界上已知最古老的地毯，可以追溯到公元前 5 世纪。到 14 世纪后期，伊斯兰地毯已成为欧洲物质文化的一个重要方面

8 世纪早期的伍麦叶王朝（Umayyas，661—750），实际上改建自基督教大教堂，这座教堂之前又是由罗马神庙院落改建而来的。伊斯兰文化反对人类和动物形象出现在公共艺术与宗教艺术中。早期的伊斯兰文明发展了和《古兰经》相关的阿拉伯书法，融合吸收了新的罗马蔬菜、花卉和几何纹饰，最终呈现了独特的伊斯兰形式，就是我们今天有时说的阿拉伯式纹样。

同时，在私人乡下狩猎小屋和城市宫殿，伊斯兰国家新的统治者悄悄地采用了奢华的艺术，以及萨珊帝国和拜占庭帝国的宫廷图像。如在叙利亚 8 世纪早期遗弃的宫殿中满是马赛克和绘画，有些甚至包括有场景，例如狩猎、日常生活场景和对罗马浴缸里女性艺人的裸体描写。从伍麦叶王朝的衰落到阿拔斯王朝（Abbasids，749/750—1258）的兴起，首都从大马士革迁到巴格达，引领了一个艺术辉煌时期，这些都记录在《天方夜谭》（*Arabian Nights*）中。随着政治重

287

1852 年加斯帕雷·佛萨提（Gaspare Fossati）的平版画，描绘了圣索非亚清真寺内宅（为妇女而保留的空间）的内部结构。该清真寺的前身是君士坦丁堡的圣索非亚大教堂。美国国会图书馆

世纪晚期的帖木儿帝国和 18 世纪的阿富汗人，都对西亚艺术带来了毁灭和重生。特别是塞尔柱王朝导致了一个很复杂且大规模的文化扩张，开始于伊朗塞尔柱王朝的四"伊万"（iwan，指一面开放带有拱顶空间），从中亚到摩洛哥，传遍整个伊斯兰世界。11 世纪的伊斯法罕大清真寺是它的第一个主要表现。塞尔柱王朝及其在伊朗的继任者，以及贾拉齐和安纳托利亚的艺术，经常使用人类和动物的形象。这些对人物、神话和现实生物的描绘，出现在各种各样的媒介中，如公共石头雕塑、建筑装饰，尤其是陶瓷和书籍艺术。

心迁到了东方的巴格达，这也加强了波斯文化对新兴伊斯兰风格的影响。同时，由于中亚突厥奴隶士兵的引进，通过丝绸之路和中国唐朝进行贸易，西亚艺术开始受到北方和东方的影响。10—11 世纪波斯东部城镇的繁荣，促进了城市中产阶级伊斯兰艺术向高品位的发展和文学的繁荣。其中，有熟知的故事与叙事诗经常反映视觉艺术。这一时期著名的刻铭文的陶器也反映了书法艺术已经应用于陶瓷装饰，并且借助格言和谚语来点缀可爱的餐具。

13 世纪蒙古人的入侵导致东部伊斯兰世界的大多数早期伊斯兰艺术和建筑遭到破坏，其留到今天的成果很少，这使得这个时期历史记载中灿烂的物质文化不易被理解，但也更加激发了人们的好奇心。

同时，十字军东征（1095—1291）进一步深化了东西方之间的联系，并促进了伊斯兰艺术的发展和传播。伊斯兰艺术如搪瓷玻璃、镶嵌的金属制品和无处不在的编织地毯被带到欧洲，在欧洲受到欢迎。到 15 世纪下半叶，西亚艺术发展出一种真正的国际伊斯兰风格，在帖木儿、乌兹别克、土库曼和奥斯曼帝国都有发现，表现在建筑装饰、书籍艺术和奢华品艺术等媒介上。从北部的撒马尔罕到伊斯坦布尔，再到南部的开罗和大马士革的马穆鲁克艺术（Mamluk art），这种国际伊斯兰风格在宫廷的资助下蓬勃发展。艺术家及其作品能够很容易地沿着商业路线前进，他们也从与中国和欧洲的贸易中获得了很多灵感，在很多方面丰富了伊斯兰文化。14 世纪后期，伊斯兰地毯已成为欧洲物质文化的重要方面。同时，伊朗和欧洲之间通过奥斯曼帝

东方入侵以及随后的伊斯兰帝国文化

从 11 世纪塞尔柱突厥人到来开始，西亚周期性地遭受东方的入侵。13 世纪的蒙古人、14

耶路撒冷的圆顶清真寺(The Dome of the Rock),摄于 1934—1939 年间。该建筑装饰使用了罗马-拜占庭的马赛克技术。美国国会图书馆

国的丝绸贸易,以及跨越地中海连接北非与奥斯曼土耳其和欧洲的海上贸易,增强了人们艺术及艺术商业的观念。埃及的马穆鲁克王朝(1250—1517),将其突厥民族特性、语言、风俗、艺术和伊斯兰本土艺术相融合,伸向更远的东方,艺术家自由地在伊朗和奥斯曼帝国之间游历。1500 年之后,西亚的伊斯兰艺术以两种伟大的宫廷风格为主导:一些集中在奥斯曼帝国伊斯坦布尔,另一些集中在大不里士、加兹温、伊斯法罕,这些都是萨非王朝(Safavid,1501—1736)的艺术中心。萨非王朝伊斯法罕是一座按计划建造的城市,它是在沙阿·阿巴斯一世(1588—1629 年在位)的统治下成形的。在这个时期的许多艺术家中,奥斯曼艺术家希南(Sinan,1489—1588)是著名的代表,其杰作是于 1572 年在埃迪尔内(Edirne)建造的谢利姆二世(Selim II)清真寺。此外,这一时期的著名艺术家还有萨非王朝宫廷画家苏丹·穆罕默德(Sultan Muhammad,活跃于 1520—1540)和雷扎·阿巴斯(Reza 'Abbasi,活跃于 1590—1635)。伊斯兰宫廷的专业画家最初是面向有限的富裕受众的,他们所从事的袖珍画和文字艺术由于对其他艺术形式的影响而变得重要,例如绘制带有装饰图案的地毯及纺织品和皇家绘画工作室首创的采用了丰富的植物、花卉、书法和几何图案的建筑装饰。

西亚晚期艺术

18—20 世纪西亚的艺术发展受到东方入侵和西方文化与商业的影响。欧洲的影响表现在17 世纪奥斯曼帝国和萨非王朝的绘画中。传统

风格的复兴与欧洲文化入侵的相互影响直到今天。18 和 19 世纪初，在奥斯曼帝国形成了一个伟大的书法时代。伊朗卡扎尔王朝（Qajars，1794—1925）在 19 世纪有很多有趣的创新，尤其是在绘画方面。在 20 世纪，传统艺术形式被重新注入活力，同时西亚艺术家开始在建筑、绘画及雕塑领域运用国际先进技术。许多 21 世纪最著名的西亚艺术家，试图实现伊斯兰传统和现代流派技术的融合。

进一步阅读书目：

Blair, S., & Bloom, J. (1994). *Islamic Art and Architecture, 1250 - 1800*. New Haven, CT: Yale University Press.

Ettinghausen, R., Grabar, O., & Jenkins-Madina, M. (2001). *Islamic Art and Architecture, 650 - 1250*. New Haven, CT: Yale University Press.

Grabar, O. (1987). *The Formation of Islamic Art* (Rev. and enlargeded.). New Haven, CT: Yale University Press.

Lloyd, S. (1969). *The Art of the Ancient Near East*. New York: Oxford University Press.

Mellaart, J. (1965). *Earliest Civilizations of the Near East*. New York: McGraw Hill.

Pollitt, J. (1986). *Art in the Hellenistic Age*. New York: Cambridge University Press.

Porada, E., & Dyson, R. (1969). *The Art of Ancient Iran: PreIslamic Cultures*. New York: Greystone.

Roaf, M. (1990). *Cultural Atlas of Mesopotamia and the Ancient Near East*. New York: Facts on File.

沃特尔·丹尼（Walter B. Denny) 文

张译丹 译　张忠祥 校

Art — World Art Studies　艺术——世界艺术研究

世界艺术——人类从早期起一直到今天制作的物品及制作技艺——为艺术史学家和世界历史学家的思考提供了视觉上的线索和参考。这一跨学科的领域，研究各种文化的资源和技艺以及风格与观念从一种文化向另一种文化的传播。

"世界艺术"这一新兴的领域研究包括：从时间上，人类自作为一个物种诞生以来至今；就空间上而言，横跨全球范围——从非洲到大洋洲、从欧亚大陆到美洲的各种艺术。艺术有很多定义，这里既包括物品也包括技艺，尤其是那些具有美学价值并在考古学和历史学的记录上留下其印迹的物品与技艺。尽管传统的、历史的理论和方法对研究世界艺术有一定帮助，但许多从事他们心目中一场方兴未艾的"世界艺术运动"的学者还使用了跨学科的方法，诸如考古学、人类学、艺术学，以及令人意外但又非常独特的神经生物学。

传统艺术史一直以来与"精致艺术"（意思常常是指由著名的人物根据西方文化创造的艺术品）相联系，而人类学被赋予了研究"非西方"文化和不知名"工匠"所做的"工艺品"的范畴。世

所有被称作民间艺术的事物都反映了控制与支配。

——西奥多·阿多诺（Theodor Adorno，1903—1969）

界艺术史研究则内涵更为多样化：表演艺术，如戏剧、舞蹈和音乐；语言和文学艺术；装置艺术和环境艺术；电子艺术；视觉艺术，如绘画、雕塑、建筑、陶瓷、纺织品及饰品（当代艺术史当然已经扩大了自身的"王国"，将许多曾被视作非传统的视觉类型都包含了进来）。那些用有形材料制成的物品为追溯以往提供了材料。因此，我们可以对世界艺术研究进行这样的概括：它指的就是那些能够被保存下来的，让人们观看、调查和欣赏的物品（或物品的可视化记录）。

艺术史学家探讨这些物品的内容、背景和含义，以及它们是何时、被谁、怎样，以及为什么而制作的。但世界艺术史学家则把"在环境中考察艺术品"的方法进一步向前（和向更深）推进，进行跨文化的比较。譬如，纤维艺术包含各种纺织品——壁挂、被子、挂毯、地毯及衣物——以及绳索和网。这里的每一样东西都包含一些程序和考量，反映着那些制作它们的特定群体的社会、经济和文化因素：对纤维进行操作、构造的方法与工艺（包括纺纱、织布、针织和编织与捻线的图案）；可供利用的材料和资源（如羊毛、丝绸、大麻或亚麻）；一件物品的用途或使用的场合（捕鱼、贸易、日常或节日的衣物）。将一种艺术品分解，分析一些特定的塑造它的因素，这种跨文化比较对于世界历史学家往往更有帮助、更具意义。

该领域的一些关键因素

既然世界的任何地方都在创造艺术，那么对世界艺术来说，最重要的便是展示人类神经与本质的普遍性——我们复杂的手眼协调和运用象征的能力（即用一事物代表另外一个事物）。历史学家大卫·克里斯蒂安（David Christian）注意到，通过象征符号进行的累积性的集体学习是人类在这个星球上占统治地位的"驱动变量"。世界艺术领域便是检视和解释这

很多年来，传统艺术史学家研究的是"精致艺术"，而将来自"非西方"文化或出自不知名"工匠"之手的"工艺"留给文化人类学者去研究。凯文·康诺斯（Kevin Conners）摄（www.morguefile.com）

一象征：作为一种物品的艺术（*artifact*，来自拉丁词语 *factum* 和 *arte*，字面意思就是"通过技艺生产的物品"）为我们提供了不间断的证据，证明它具有多面的符号行为和意义。这些行为和意义符号被产生出来，再通过具体的时空被置于环境当中。

在相对稍晚近一些的、有文字记载的年代之前，人类就在制作物品了。世界艺术提供了一个更为全面的人文历史，将我们全球性与历史性的理解扩展了几万年。当我们开始用文字记录历史时，世界艺术则继续在记录着人类的行为和努力。世界艺术提供给我们的这些可以见到的事物，能够被用作讨论并强化对任何历史时期的理解，以及去检验各种历史假设。因此世界艺术是一个透镜。通过它，历史学家可以探索在某一文化之下的个体如何创造性地表达自

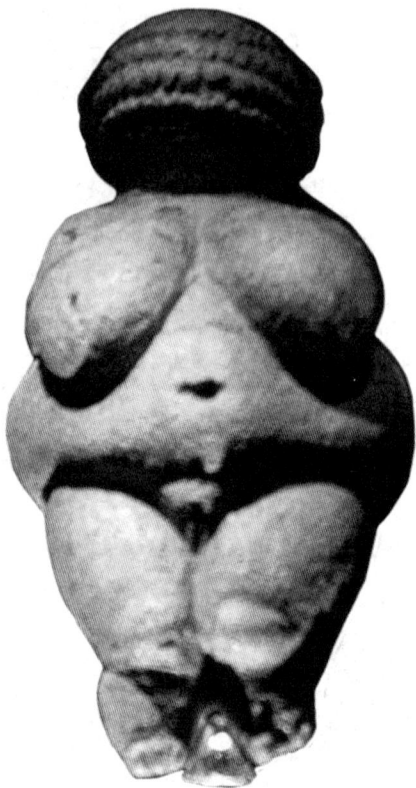

所谓的"维伦多夫的维纳斯"（Venus of Willendorf，前 24000—前 22000），是 1908 年于奥地利维伦多夫附近发现的一尊小石灰岩雕像

身，或社会怎样通过可视的工具交流与传播价值取向。世界艺术运动的焦点——远古的和正在不断出现的关于人类物质文化（艺术物品）和技艺（艺术制造的目的与方法）的见证——能够扩大研究的范围（这一原则得到大卫·克里斯蒂安的大历史理论的支持）和探明全人类的主题线索。

进化心理学家曾经探索过人类制作艺术品的个体和社会原因——例如象征财富与地位，传播价值观或反抗社会规范，帮助记忆——但他们还提出理论说，人类最初使用的艺术形式来自对身体在人类生存中扮演角色的观点。这些研究者指出，沙漏状女性身体的广泛吸引力与生育有关——生育后代能够让整个物种永久延续——这样便刺激了早期文化使用艺术材料

去代表女性身体（所谓的"维伦多夫的维纳斯"便是以肥胖形式出现的泥塑，旧石器时代一些类似的小型雕塑也证明了这一点）。其他一些学者，尤其值得注意的是贝特·哈根斯（1991），对以女性生育力作为史前雕像灵感的观念提出质疑，并且用令人信服的图像证据表明这些雕像是模仿动物的脑子。

人类所创造物品的特殊性和多样性反映了观念、技艺、材料或代表模型是以何种方式被（或没有被）传播、保存和转化的。因此世界艺术支持一些通过调查同时代的类型与技术，来对不同文化进行比较和对比的具体研究。通过比较中国汉代的墓葬绘画和浅浮雕以及古代罗马的马赛克壁面，能够阐明在 2 世纪两种不同的文化怎样理解和运用透视的概念。描绘普通的或用于仪式的死亡面具，能够用来比较非洲文明，例如在贝宁或埃及的文明与如约鲁巴（Yoruba）这样的部落社会。世界历史的领域同样可以用来支持特定的区域或时段的研究：一位研究公元 1000 年的学者可能发现，书写的材料、书写风格、使用的颜色、书写的目的，能够揭示写作者对于创造和神性的态度等方面。比较研究伊斯兰和欧洲中世纪书法，对于世界历史学家自己的领域也是大有裨益的。

佛陀形象的演化显示了古代希腊-罗马对神的表现形式如何在 2—6 世纪输出到印度犍陀罗地区（Gandhara），并影响了（笈多王朝，Gupta）标准化的佛陀样貌的形成。例如，在一个 5 世纪来自印度北方邦鹿野苑的高浮雕塑像中，一个肩膀宽阔的小人物站立着，通过手掌摊开的手势传递给人们一种放松的、优雅的姿势，雕塑的表现形式——薄而紧的长袍——突出了身体的纯洁与完美。这一笈多风格在亚洲范围内传播时也发生着改变，因此在不同的国家、不同的时间点，佛陀形象反映了不同的亚洲文化与风格。在云冈石窟中巨大的佛像雕塑（大约 460 年，中国山西省最早的佛像雕塑之一）正襟危坐，短而

风格化的衣饰悬于其宽广的肩膀上。这些特点显示了来自中亚的美学的突出影响，尽管其拉长的耳朵和额上的隆起会令人想起笈多佛陀形象的某些元素。

世界艺术因此有利于历史学家研究各种文化的资源和技术以及人与自然、精神或古代世界的关系。特别是对世界历史学家来说，它能帮助他们弄清楚风格与观念从一种文化向另一种文化的传播。

这一领域的方法与资源

迄今为止，世界艺术兴起的领域大多依赖于人类学家与艺术史学家的工作，因此这些领域的兴趣与偏见也一直以来对学者们产生着影响。在人类学家阿诺德·鲁宾（Arnold Rubin）眼里，世界艺术指的就是各种工艺或技术："（它是）一个工具与技艺的系统，人类通过它与环境发生作用，并且保证了自己的生存。"鲁宾更倾向于用折中的、跨学科的方法来研究艺术史，从而允许学者从"艺术在特定文化中被生产和使用的结构"入手，然后再"根据其所反映的社会、政治和经济系统去辨识出共同点和不同点"。视觉人类学强调反映在手势、仪式和庆典（以及艺术品）中的视觉符号，其关注焦点集中在影像和图片的使用上，而非主要是文本与档案的民族志。近年来，英国艺术史学家约翰·奥尼恩斯（John Onians）编纂了内容全面的《世界艺术地图集》（Atlas of World Art，2004），它将世界历史（从公元前 40000 年至今）划分为 7 个时期，是一部里程碑式的著作。对奥尼恩斯而言，地图是他的首要工具。

除了这些方法外，世界艺术研究还从以下研究者的见解中汲取了养分（也可能是受到了极大的恩惠）：神经学家与那些专研神经美学与神经-艺术史的，以及来自欧洲的社会科学和人文科学学者。两者都激发了世界历史的研究

（在这一探索进程中，两个最关键的人物分别是奥尼恩斯和来自荷兰的维尔弗里德·凡·达默[Wilfried van Damme]）。这些研究者和学者以人类神经学为起点，尝试着去解释人们在艺术上普遍的"先天禀赋"（givens，例如为什么对人类来说形状和颜色具有意义），以及在不同时空下艺术的可变性（为什么颜色和形状只有在特定的时间和地点才体现出特定的含义）。奥尼恩斯运用了关于镜像神经元（对模仿行为的生物学解释）、大脑启动（当大脑看到一个图像时，会自动地去再次搜索它）、神经可塑性（大脑的神经放电模式会受到感知活动的改变）的相关研究去解释艺术是怎样被感知和创造出来的。

代表整个世界艺术领域的新杂志——所使用的也是世界艺术的方法——劳特里奇出版社（Routledge）出版的《世界艺术》（World Art）在 2010 年 3 月开始征稿，把研究性的文章、论文、可视化作品以及世界艺术学者与相关领域学者的对话都包括在内。一些其他与世界艺术研究相关的杂志包括：《Res：人类学与美学》（Res：Anthropology and Aesthetics）和《第三文本：当代艺术与文化的批判视角》（Third Text：Critical Perspectives on Contemporary Art and Culture）。世界艺术资源中发展最快的是由博物馆或学术机构发布的在线影像和文本数据库，例如纽约大都会博物馆的藏品与在线栏目——时间轴。而为了获得关于一些特定区域的信息，学者们往往转而求助于地方性组织。例如，为了解更多关于大洋洲的艺术，你可以去"太平洋艺术协会"（the Pacific Arts Association）或"大洋洲社会人类学家协会"（the Association of Social Anthropologists for Oceania）查找相关资料。

趋势与挑战

正如以下 3 个例子所说明的，世界艺术往往

是否是语言和计数形式的辩论，会导致我们低估从使用这些交流系统中可以了解到的东西。

第二，人类及其文明怎样发展？这对世界历史和世界艺术研究来说都是中心问题。观念在何种程度上是传播与借鉴的产物？又在多大程度上是来自人们独立自主的创造？对这一问题，可以通过考察艺术品或其组成部分而得到一个来自"世界艺术"学科的答案。例如，通过考察中世纪不同宗教图像与文本之间的关系——如西欧亚大陆的《岛屿草书》(Insular Gospel)和东欧亚大陆的佛经——两个领域的学者都会发问：群体之间的借鉴和相互学习能起到多大的互惠作用？从历史上看，日本文化自身就是 1 000 多年互惠交流活动成果的一部分。日本贵族起初从亚洲大陆引进了佛教，接着又学习到了书写和其他美学形式。这些因素扩散开来，最终彻底地为

梵高的《唐吉老伯》(*Portrait of Père Tanguy*, 1887)。布面油画。19 世纪后期现代主义在欧洲的兴起吸纳了日本风。在此画的背景中，梵高还画了一些他收藏的或通过媒体见到的浮世绘（木板）作品

与近来世界历史研究的趋势和挑战相吻合。第一，这两个领域都拒绝欧洲中心论。但是，在许多传统学科中欧洲中心论的影响仍然徘徊未去。同时，在各个学科里英语和其他欧洲语言还占据着主导地位，这都导致学者将世界艺术运动错误地解释为只不过是关于由"非西方人"制作的"非西方艺术品"的一场运动。学者们甚至为在非西方文化当中语言和文字的存在标准而争论。例如，在 1450 年，印加帝国大约扩张至拥有 5 500 平方千米的领土，但它所用的并非拼音文字，而是"结绳文字"(*quipu*)——一种用不同颜色的绳子打结来表示的"语言"。印加人通过对绳子进行搓捻、打结、操控，以及标记绳子的颜色和位置来进行交流。关于结绳艺术究竟

其本土文化所改造吸收。这一互惠交流活动反映在日本浮世绘——一个体现对古代佛教与萨满教的内在价值进行了继承与革新的绘画形式——的发展和接下来的转型上。经过一段时间后，艺术家们使熟悉的绘画题材去适应变化了的技巧、版式、趣味与跨文化影响。雕刻者们将图画刻在木材之上，刻印者则选择色彩涂写于木板之上，并将已经变成一个协同创作的工作最终转化为纸版的艺术品。如果进一步去追踪这种互惠交流活动，就会发现，人们公认日本的浮世绘作品影响了 19 世纪欧洲的绘画，只不过很难去量化或断言这一影响是否如同西方现代主义对日本 20 世纪艺术的影响那样，具有同等的效力。

294

艺术是一种内在的激情，它能够紧紧抓住人类，将人类变成它的服帖的工具。而要履行这一艰难的职责，为艺术所捕获的人有必要在一些时候牺牲他个人的幸福，以及那些对普通人来说已经很值得一过的一切事物。

——卡尔·荣格（Carl Jung，1875—1961）

第三，考古学家和所有艺术史学家因同艺术品的物理与化学年代打交道而面临着共同的问题，因为他们用的都是同样的、某些时候是成问题的方法。物理年代依赖于发现物品的环境，即与其他被挖掘出土的物品是在同一地层或两者相邻；树木年代学（dendrochronology，对树木年轮的测定）仅仅只对树木存在的地点有用。化学分析可能会至少对物品造成部分损坏，并且代价昂贵，而对物品年代的碳测定近来需要进行重测。因此，许多地点和物品没有准确而可靠的年代。相比传统艺术史学家而言，世界艺术历史学家倾向于与更多的非西方物品打交道，并将他们的发现置于跨文化语境中进行更广泛的比较，他们因此也将发现自己的研究会同考古学一样，受到年代测定方法不足的阻碍。

当代澳大利亚的"梦"画。它受到洞穴壁画的启发，运用由点阵排列而成的圆圈、螺旋和线条去使人联想起一幅仿佛土著人祖先或其他超脱世俗的人在其中行走的鸟瞰风景图。凯文·康诺斯摄（www. Morguefile.com）

比较美学

欣赏世界艺术的美，需要暂时脱离熟悉的西方标准和习惯性观点——最为老生常谈的是，这些非西方艺术作品对常去博物馆的人来说，看完一件平均只需要 32 秒。因此许多博物馆今天尤其是在展示其非传统的艺术形式时，往往使用更为互动化和语境化的方法（但是，关于通过为每一个重要的艺术展品提供耳机来进行"引导游览"，究竟是有启发性的还是会产生负作用，观点差别很大）。

但是，世界艺术历史学家有充分的理由去运用经过时间检验的、标准的美学鉴赏方法。对形式要素和设计原则的分析，不论方法如何传统，仍然能够引导人们去对某一特定的风格进行理解与表达。形式要素包括线条、形状（二维）、形式（三维）、结构、空间（空间透视与负空间的各种形式）、颜色（色彩、色调和阴影）以及明暗（明或暗的程度）。设计原则包括平衡（左右对称或不对称的）、图形-背景关系、纹理、构图、图案、节奏、乐章、反差、加强、和声与整体。形式分析还解决真实与虚幻以及渲染与抽象之间的对立关系。对不同文化间美学形式的比较——例如，古代中美洲艺术家的绘画同古代埃及的相比显示了人类形象有着类似的复合视角，在图画当中头部、胳膊和腿部都是以侧面形式出现，而躯干则是正面相对——将会引发历史学家去探索：不同文化间的图式是独立发展的，还是经过互动发展起来的。

295

"美学"的观念(也就是指什么构成了美)随具体时空的变化而变化。在1世纪,朗吉努斯(Longinus)的论文《论崇高》(On the Sublime)指出,美学便是对美的经历。当代对于美学的描述包含了对于艺术品的情感反应,以及强调制作艺术品(或者参与制作)的人和观看者之间的共情。初学者和大众可以通过接触另外一种与此艺术品相关的艺术形式或它所被生产出来的文化环境,来达到这种共情的境界。例如,西方人也许并不熟悉澳大利亚的"梦"画——在这种绘画中,数以百计(甚或是千计)的点排列成圆圈、螺旋和线条状,从而使人们联想起澳大利亚风景的鸟瞰图(如果不是精神上的画卷的话),仿佛曾经有土著人的先祖或超脱世俗的人在其中旅行过一样。而如果(西方人)能同时通过运用他们的耳朵去听由迪吉里杜管演奏的音乐(一种本土的管乐器,出现于至少1 500年之前),这些观看者就可能会加强(或者扩散)在这些"点阵"图中对"他者"的视觉印象。这种通感的利用,尤其是当它包含一种可以引发情感反应的听觉艺术形式时,就能够作为一种工具去增强受众对其他并不熟悉的本土文化中的风俗、习惯和传统的理解。

世界艺术研究的未来

鼓励将世界艺术领域作为一种表达交流和信息运动的进程正在加速,并且通过广泛的游览观光(真实或虚幻的)以及其他在线资源而得到扩展。视觉和听觉的全球交流已经是老生常谈,而新的艺术领域,例如"视觉文化和世界艺术",正在成长当中。21世纪,当公共艺术(在公共场所展览或演出的艺术)、社区艺术(在社区内部或社区之间的人们通过合作创作的艺术),以及在工作室中的个体艺术家们使用了更多的科技时,世界范围内的艺术教育和组织也对此显示了持续的兴趣。世界艺术很适应后现代的胃口,因为它支持教育的多元化,并且能容纳多元的智能(见霍华德·加德纳[Howard Gardner]的《多元智能》[Multiple Intelligences],1993。他提出了这样的理论:每个个体能够以各种形式的智能——如语言、音乐和肢体运动等——进行独特的混合)。

世界艺术最热烈的支持者相信,这一领域有潜力变成教育的"世界之轴"。与此同时,世界艺术研究还能激发艺术史学家和世界历史学家的思考。

296

进一步阅读书目:

Adams, L. S. (2004). *World Views: Topics in Non-Western Art.* Boston: McGraw-Hill.

Anati, E. (1993). *World Rock Art: The Primordial Language.* Capo di Ponti, Italy: Edizionidel Centro.

Bahn, P. G. (1998). *The Cambridge Illustrated History of Prehistoric Art.* Cambridge, U. K.: Cambridge University Press.

Campbell, J. (1988). *Historical Atlas of World Mythology.* (Vols. I and II.). New York: Perennial Library.

Christian, D. (2005). *Maps of Time: An Introduction to Big History.* Berkeley: University of California Press.

Dissanayake, E. (1992). *Homo Aestheticus: Where Art Comes from and Why.* New York: Free Press.

Eliade, M. (1991). *Images and Symbols* (P. Mairet, Trans.). Princeton, NJ: Princeton University Press (Original work published 1952).

Gardner, H. (1993). *Multiple Intelligences: The Theory in Practice.* New York: Basic Books.

Hagens, B. (1991). Venuses, Turtles, and Other Hand-Held Cosmic Models. In M. Anderson & F. Merrell (Ed.), *On Semiotic Modeling* (pp. 47 - 60). New York: Mouton de Gruyter.

Holly, M. A. & Moxey, K. (Eds.). (2002). *Art History, Aesthetics, Visual Studies.* Williamstown, MA: Sterling and Fracine Clark Art Institute.

Keyes, R. F. (1999). *Creative Transformations: Japanese Prints from the Collection of William Green* [catalog essay]. Amherst, MA: Amherst College, Mead Museum Art.

Kleiner, F.; Mamiya.C.J.; & Tansey, R.G.. (2001). *Gardner's Art through the Ages*. (11th ed.). Fort Worth. TX: Harcourt College publishers.

Lazzari, M., & Schlesier. D. (2001). *Exploring Art: A Global Thematic Approach*. Fort Worth. TX: Harcourt College Publishers.

Lewis-Williams, D. (2002). *The Mind in the Cave: Consciousness and the Origins of Art*. London: Thames and Hudson.

Lowenfeld, V., & Brittain, W.L. (1987). *Creative and Mental Growth*, (8th Ed.). New York: MacMillan.

Nochlin, L. (1999). *Representing Women*. New York: Thames & Hudson.

Ochoa, G., & Corey, M. (1995). *The Timeline Books of the Arts*. New York: Ballantine.

Ohnuki — Tierney, E. (Ed.). (1990). *Culture through Time: Anthropological Approaches*. Standford, CA: Stanford Univerisity Press.

Onians, J (Ed.). (2004). *Altas of World Art*. London: Laurence King Pubiishing.

Onian, J. (2006). A Brief Natural Hisory of Art. In J. Onians (Ed.), *Compression vs. Expression: Containing and Explaining the World's Art* (pp. 235 – 249). New Haven, CT: Yale University Press.

Roughley, N. (6.). (2000). *Being Humans: Anthropological Universality and Particularity in Transdisciplianry Perspective*. New York: Walter Gruyter.

Rubin, A. (1989). *Art as Technology: The Arts of Africa, Oceania, Native American, Southern California*. Beverly Hills, CA: Hillcrest Press.

Schuster, C., & Carpenter, E. (1996). *Patterns that Connect: Social Symbolism in Ancient & Tribal Art*. New York: Harry N. Abrams.

Shlain, L. (1991). *Art & Physics: Parallel Visions in Space, Time, and Light*. New York: Quill/W. Morrow.

Stafford, B.M. (2001). *Visual Analogy: Consciousness as the Part of Connecting*. Cambridge, MA: MIT Press.

Taylor & Francis. (2010). Journal Details. *World Art*. Retrieved April 18, 2010. from http://www. Tandf. co. uk/journals/RWOR.

Urton, G. (2003). *Signs of the Inka Khipu: Binary Coding in the Andean Knotted-string Records*. Austin: University of Texas.

Van Damme, W. (1996). *Beauty in Context: Towards an Anthropological Approach to Aesthetics*. New York: E.J. Brill.

Venbrux, E.; Scheffield Rosi, P.: & Welsch, R. (2006). *Exploring World Art*. Long Grove, IL: Waveland Press.

Werness, H.B. (2000). *The Continuum Encyclopedia of Native Art: Worldview, Symbolism, and Culture in Africa, Oceania and Native North America*. New York: Continuum.

Westermann. M. (Ed.). (2005). *Anthropologies of Art*. Williamstown, MA: Sterling and Francine Clark Art Institute.

Zijlmans, K. & Van Damme. W. (Eds.). (2008). *World Art Studies: Exploring Concepts and Approaches*. Amsterdam: Vailiz.

凯瑟琳·金柏尔(Kathleen I. Kimball) 文

蔡萌 译 陈恒 校

297

Art — World History and Art　艺术——世界历史与艺术

298

世界史的研究方法和路径几乎不可避免地延伸到各个领域中,然而到目前为止,世界史与视觉研究领域,尤其与艺术史的联系还不紧密。最近的一些研究表明,这种情况可能会改变,非文本证据将对我们如何看待世界史起到更大的作用。

在 20 世纪上半叶,世界史的伟大先驱和普及者,如《历史研究》(*A Study of History*)的作者阿诺德·汤因比(Arnold Toynbee)、《西方的没落》(*The Decline of the West*)的作者奥斯瓦尔德·斯宾格勒(Oswald Spengler),将视觉艺术具体化视为对"伟大文明"活生生灵魂的特殊表达,而"伟大文明"的兴起和衰落就是世界史的核心。艺术权衡并反映了这些生命周期。

自 20 世纪 60 年代以来,美国的新世界史教育在很大程度上抛弃了针对单个文明的研究模式,以利于文明间的联系与比较,尤其是在一些更具体的领域,如商业、技术转让、疾病传播以及环境所受的影响等。在这种新的环境中,艺术的重要性也随之减弱了。那么,在 21 世纪,除了仅作为教科书的插图之外,艺术在世界史中还能扮演其他任何重要角色吗?

艺术: 插图或内容?

1963 年,威廉·麦克尼尔出版了书名带有误导性的著作《西方的兴起》(*The Rise of West*),并产生了很大的影响。这是一部一卷本的著作,广泛探讨了整个人类的过去,他寻求在全球史叙述中有效运用艺术和视觉材料。虽然他仍然将文明

作为该书的基石,但他使文明间的文化交流成了历史变迁的真正引擎——无疑,艺术将是这一进程中的重要组成部分。麦克尼尔不仅坚持使用插图(与世界史教科书一度流行的炫彩插图不同,这些插图都是画质很差的黑白图片),而且将它们与历史叙述紧密联系了起来。此外,他还让他的出版商芝加哥大学出版社委任出生于匈牙利的艺术家贝拉·贝西奥(Bela Petheo)为他绘制示意图和草图,以传达书中解释和叙述

约翰内斯·维米尔的《政府官员和高兴的女孩》(*Officer and Laughing Girl*,约 1655—1660)。帆布油画。画中的海狸皮帽激发了蒂莫西·布鲁克(Timothy Brook)对 17 世纪贸易影响的情景研究。纽约弗利克美术馆

的内容，尤其是关于文化交流与传播的内容。贝西奥的插图综合运用了文字、符号，以及人物的姿态、人物间的空间关系，将人物形象简单地呈现了出来。

后来包括麦克尼尔的著作在内的世界史教科书都使用艺术作品作为插图，但很少将之融入历史叙述本身。随着物质史的日益重要，人们对非物质文化的重视度下降。插图更像是破解文中障碍的工具，而诸如文化传播史等能通过艺术教授历史的课程似乎也减少了。当麦克尼尔接下来与他人合著宏观史的《人类之网》（*The Human Web*，2003）时，艺术已萎缩成了顺便提及的少数几行文字。这并不令人感到奇怪，因为在完成《西方的兴起》之后的岁月里，麦克尼尔身陷有影响的著作和系列讲座之中，着手处理历史中"更困难"的领域，例如军事实力、人口统计、疾病、环境等等。这些主题很难通过艺术提供的视觉强化（或视觉证据）得到解释。

但这不应该被理解成是一种批判。它反映出麦克尼尔时代对经济发展、权力和组织、物质文化的普遍兴趣。至于最后 50 年间其他有影响力的世界史家，从莱夫顿·斯塔夫里阿诺斯（Leften Stavrianos）到大卫·克里斯蒂安（David Christian）等，都是将世界史发展视为思想文化探索的重要领域的先导者。他们或遵循类似的路径，或另辟蹊径，但没有人去探索世界史的视觉层面。帕特里克·曼宁（Patrick Manning）的著作《世界史导航：历史学家创建的全球史》（*Navigating World History：Historians Create a Global Past*）使这一观点更为明确。他在该书的前言中号召"将世界史作为学术和教学的领域进行概览与评论"。该书还包括了一个被称为"文化史"的章节，关于非物质文化的讨论是这一章节的一部分，但它侧重强调人类学研究，所以艺术再次被边缘化了。这并不是因为作者有任何反艺术的偏见，而或许只是反映出了作者泛非主义者的背景。

世界史研究：艺术体现在哪里？

纵观世界史领域的研究型出版物，我们会发现历史学家所写的著作、专题论文、学术文章很少与艺术相关。世界史学会的官方期刊《世界史杂志》（*Journal of World History*）在其 20 年出版历程中仅发表了 2 篇完全意义上的艺术主题的文章——《朝圣者的艺术：瓷器文化》和《编织彩虹：世界史中的色彩呈现》，这 2 篇文章均出自罗伯特·芬雷（Robert Finlay）之手。英国发行的新期刊《全球史杂志》（*Journal of Global History*）在其头 4 年也是如此，直到 2009 年 7 月艺术史家皮娅·布兰卡奇奥（Pia Brancaccio）和世界史家刘欣如合写的《犍陀罗佛教艺术中的狄俄尼索斯和戏剧》（"Dionysus and Drama in the Buddhist Art of Gandhara"）一文发表。这篇文章提供了这样一种模式，即跨学科学术研究可以从一个主题中勾画出更多社会史和文化史的内容，尤其是在 1—3 世纪期间影响到现在印度北部及阿富汗东部地区的希腊主题。但是它对艺术证据（雕塑）的解释在世界史研究方法中是一种例外。

需要提及的是，除此之外似乎还有另一种例外。全球知名的中国明史学家提摩斯·布鲁克以 17 世纪荷兰艺术家约翰内斯·维米尔（Johannes Vermeer）作为其 2008 年的著作《维米尔的帽子》（*Vermeer's Hat*）的出发点。但在布鲁克讲述 17 世纪的欧洲人如何探寻以中国为中心的东方的财富，以及构建现代意义上相互联系的世界时，艺术几乎只是在这个情景故事之中附带的内容。他关注许多绘画作品中的细小物体（其中一个荷兰官员的海狸皮帽就成为该书的书名），以解释这些东西的由来以及它们到达荷兰的历史——涉及从新世界的开启和皮毛、烟草、白银的呈现，到与亚洲和香料岛屿的贸易，再到欧洲人风俗习惯、生活方式的改变。该书完全是带着优雅、魅力和智慧讲述的世界史。但它并没有用艺术去解释历史，不是透过艺术去审视世界史。

历史学家涉猎艺术史的更近期但更好的例子要数罗伯特·芬雷的著作（由之前所提的一篇文章扩展而来）《朝圣者的艺术：世界史中的瓷器文化》（*The Pilgrim Art：Cultures of Porcelain in World History*）。他探寻了中国陶瓷的发明，解释了为什么其他陶艺文化（又有谁不烧制陶器呢？）在烧窑极限温度和其他地区鲜有的特殊黏土方面无法与中国媲美；以及为什么当欧洲人的航海扩张将世界各大陆联系在一起时，创建了世界范围内独特的贸易网络。对艺术史来说最重要的是，好的瓷器是一件承载着各种文化的艺术品。当东方遭遇西方，中国和欧洲乃至世界所有地区都绘制在了一个中国瓷杯之上。到目前为止，这是我们对艺术成为真实全球史的有意义的组成部分的最深理解了。

当我们的目光从研究专著转向世界史教科书时，显然仍有许多事情需要去做。虽然教科书也试图利用有吸引力的插图和图表激起人们的兴趣，但它很少将之与艺术整合起来，或解释艺术为什么被创造、面向的观者是谁，或对所阐释历史的影响是什么。实际上，教科书很少给出关于艺术家的任何信息，甚至连艺术作品现处位置都未给出，这使得艺术更像一个花瓶，而不是历史的一个方面。频繁使用边栏或插页去解释插图会进一步使视觉图像与历史叙述分离而不是整合。

当然，例外情况也是存在的，主要体现在脱离传统的按地区、年代编排，转向按主题进行编排的教科书上。凯文·瑞利（Kevin Reilly）的《西方和世界：从古代世界至公元 1700 年的文明史》（*The West and the World：The History of Civilization from the Ancient World to 1700*）就是这方面的代表作，它是真正将艺术整合进了历史，而不是仅拿艺术作为装饰。从该书关

于"爱与性"章节中绘有情色画面的希腊花瓶到关于"公民与个体"的最后一章，作者用了一系列视觉材料去解释主要的社会、政治、文化的发展（后来在 2003 年发行的版本使读者的视野拓展到了 21 世纪，最后一章以"身份与全球文化"为题）。

坎蒂丝·古彻（Candice Goucher）、查尔斯·勒古恩（Charles Le Guin）和琳达·沃尔顿（Linda Walton）在 1998 年合著的《悬而未决：全球史专题》（*In the Balance：Themes in Global History*），是一本在编排上更偏向于主题性的著作。该书就包含了许多专门涉及艺术的部分，例如"死亡的艺术：公元 1500 年以前世界艺术中对死亡的表达"即围绕这一全人类的困境在全球范围内触及宗教和文化信仰；又如"文化的创造力和借鉴来的艺术"就有意识地呈现了新世界史的基本主题——跨文化的借鉴与革新。

然而，即便是这些教科书也只是触及运用艺术——尤其是现代更宽泛的视觉文化——进行历史分析的表面，而唯有当世界史的研究层面产生更多学术文章、专题论文以及细节具体的个案研究时，我们才能知道从哪里或如何将艺术整合到世界史当中去。

这种对当前艺术在世界史学界所扮演角色的消极评价，需要通过两个方面进行平衡：第一，加大艺术和视觉在世界史教育中的比重；第二，从其他学科中寻求可能的帮助。

世界史课堂中的艺术

有两个出版物表明艺术正在寻求在世界史课堂中更突出的地位。在 1997 年，当时既是高中教师又是世界史协会主席的海蒂·鲁普（Heidi Roupp）编辑了一卷名为《世界史教育：资料集》（*Teaching World History：A Resource Book*）的书，这是夏普（M. E. Sharpe）的"世界历史中的资料和研究"系列丛书的一部分。在其中关于教育策略和资源的 15 篇文章中，有 3 篇涉

及了视觉艺术。尽管 6% 似乎并不算很大的比例，但相比《世界史杂志》20 年间只有 2 篇涉及艺术的文章（不到 1%），这已具有重大意义。另一本世界史学会刊物《世界历史通报》(Bulletin of World History) 也具有重要意义，相比杂志，它更偏向于教学，时有涉及艺术在世界史教育中角色的文章发表。同高中教师在世界史学会区域性年会上显示出的对艺术层面日益增长的兴趣一样，它显示出将艺术融入历史运动可能更多是源于实践（教学），而不是理论（学术研究）。

但总体来说，这违背了世界史学会和世界史运动的一个基本原则，即教学需要依靠学术成果提供支持，学术成果也应该与教学相关。既然世界史家并没有产生大量涉及世界史中的艺术的学术成果，那么研究从何而来？最有希望的来源可能就是用洞察非文字资料的视角从其他学科中获得。

跨学科解决方案？

世界史总是混乱无序的——这里是指世界史对于标准的学术史没有明确界定。新世界史思想演进过程中的核心历史学家都是从其他学科获得观念和资料，例如威廉·麦克尼尔从文化人类学汲取灵感，又如世界经济史家彭慕兰 (Kenneth Pomeranz)、王国斌、安德列·贡德·弗兰克 (Andre Gunder Frank) 从经济学中汲取灵感。大卫·克里斯蒂安的《大历史》也从对元史学在 21 世纪的延续转向自然科学，如不断发展的生物学、地理学和天文学。那么，其他学科有可能将更多的视觉元素带入世界史吗？如果有，那为什么到现在还未发生呢？从某种程度上说，还是有可能的。

考古学

开阔视野至少可以追溯到农业革命和文字出现之前的社会，它意味着考古学证据对于构建全球过去遥远的历史至关重要。很少有世界史家会亲自参与考古挖掘，但他们肯定会用到考古发掘成果。无论是旧石器时代欧洲的天然石头、印有"维纳斯像"的陶瓶，还是非洲失落的城市或丝绸之路上的古代坟冢，他们都可能会感兴趣。新期刊《丝绸之路》(Silk Road) 就包含了跨欧亚联系和文化交流的大量考古证据。

但近期研究最令人惊奇的发现是，在以丝绸联系麦克尼尔所称的"全球可居住的世界"之前，泛欧亚模式和可能的联系就已经存在。语言学家维克托·麦尔 (Victor Mair) 和米里亚姆·罗宾斯·德克斯特 (Miriam Robbins Dexter) 在 2010 年合著了一本小书《神圣的展示：欧亚大陆神圣神秘的女性形象》(Sacred Display: Divine and Magical Female Figures of Eurasia)。令人吃惊的是，他们在书中暗示了女性在远古欧亚从中国到斯堪的那维亚地区社会中的显著地位。在该书中，他们的研究既用到了文本，也用到了视觉证据，将文本和图像综合了起来，并忽略了学科的界限，堪称典范之作。

对于现代社会而言，随着艺术的多样性及其在全球化时代的融合，文化人类学已成为完成了最重要工作的领域。在对无文字记录的小社会进行研究的过程中，人类学总是将艺术作为"象征文化"的重要组成部分，并令其范围上适用于全球。更近期的研究则发现，独立的当地文化几乎都参与到了全球交流之中，而文化人类学考察的就是不同社会和文化间的相互作用与影响（和世界史完全一样）。但相比世界史，它给予了艺术更多的关注。对于世界史来说，没有更多地促进这两个学科对话与交流是一种缺陷。温布鲁克斯 (Eric Venbrux) 等人出版的论文集《探索世界艺术》(Exploring World Art, 2005) 对世界史家来说是一个好的开端，哪怕它研究的案例只是巴布亚新几内亚塞皮克河谷 (Sepik River Valle) 等小社区，而不是中国或日本。

文化、视觉和传媒研究

302　　一些人类学家也考察更大社会的艺术。相比大部分历史学家，他们更接近文化研究、视觉研究、传媒研究等新领域。这些领域是电子互联时代的产物，对世界史来说它们是迄今为止更有前途的领域。但从一个世界史家的观点来看，他们的大部分学术成果都或令人失望，或毫不相关。这其中有许多原因。

　　首先，学术界弥漫着理论主义氛围，例如后结构主义、拉康主义、心理分析、解构主义等，他们说着完全不同的语言，对大部分实践历史学家来说像外国人一样。更严重的是，正如博学的艺术史家兼世界艺术理论家詹姆斯·艾尔金斯（James Elkins）所哀叹的那样，他们对电子影像出现之前所发生的"历史"兴趣寡然。最终，对于深挖史实的历史来说存在一个问题，即新领域的主要期刊长于后现代主义理论，而在史实甚至图像上有所欠缺，很少有非西方视觉文化的第一手研究。

　　世界史家不应该忽略这些探寻全球文化的新领域，尤其是在它们确实是全球性的时候。但辅助视觉证据最可靠的来源仍位于艺术史中。怎样才能保障旧有学科成为关联、观念、材料的来源呢？

艺术史

　　尽管"世界艺术"作为有意识的学术事业和课程设置的一部分，在很大程度上尚处于孕育时期，但近几十年来，艺术史在概念化、研究方式和教育方式上发生了明显变化。与世界史最相关的是，它变得不再那么欧洲中心化，也不再那么专注于风格的发展以及"伟大的艺术家和杰作"。

　　这一进程的程度不宜被夸大。由于伴随经济和文化全球化而来的全球意识的扩展，许多艺术史考察文章和教科书都将"world"一词整合到标题之中。但其覆盖范围更符合西方人所理解的标准，即从美索不达米亚和古埃及开始，经历古希腊罗马、中世纪、文艺复兴、现代欧洲和美洲。至于其他——几乎包括亚洲、非洲、前哥伦布时代的美洲、澳大利亚和大洋洲——平均只占到了总页数 1/4 到 1/3 的比重。然而，相比几十年前，这已是相当大的进步。

　　全球范围本身可能并不对世界史议题非常有用。它们通常由多名作者撰写，动辄上千页或好几卷，按年代或地区编排，且并不注重联系和比较。当然，这并不是说勤勉的世界史家在阐述不同文明间的文化交流时找不到例子可用。几乎所有艺术史教科书都会或多或少地讨论古希腊罗马艺术对犍陀罗佛教艺术的影响，并将其从印度北部传到中国的事实，作为艺术风格和观念长距离传播最引人注目的案例之一。类似的，日本风在 19 世纪晚期现代主义在欧洲的兴起有着重要的地位。

　　然而，这些为艺术史所设计的精美插图版教科书和在线图库也严重带有西方标准的印记，尚未摆脱"西方和其他地区"的模式。但对世界史学者和教师来说，它们仍是非常有用的插图资源。至于观念，世界史家则不得不从艺术史一些更新的趋势和出版物中寻找。

　　美国的《艺术通报》（*Art Bulletin*）和英国的《艺术史》（*Art History*）这两种主要的专业艺术史期刊，仍然严重偏向"西方艺术"。自 20 世纪 90 年代以来，关于世界其他地区艺术史研究的文章数量已上升至总量的 12% 左右，但还远低于其在更注意课程设置而不是艺术史家职业兴趣的教科书中的比重。而且，在这 12% 的比重中，只有少量文章涉及对世界史家特别重要的跨文化交流和比较的主题。从概念上说，艺术史学科似乎对全球化的方式仍不感兴趣。但确实是这样吗？　　303

　　或许与历史学相比，艺术史更是一个在理论变迁中苦苦挣扎的学科。这些理论——符号学、后结构主义等——似乎与注重实际、寻求史实、构建历史叙述的历史学家毫不相关。尽管如此，在世纪之交，对于尝试"艺术全球化"新途径的主要艺术史家来说，仍有许多重要的工作要做。

约翰·奥尼恩斯（John Onians）和他位于英国东英格兰大学的世界艺术研究学派，可能是对世界史来说最有意义的了。相比任何艺术史教科书，他与多位学者合编的巨著《世界艺术地图集》（Atlas of World Art），在覆盖范围上更全球化。无论世界史家发现他本能地采用艺术通用理论是否有用，他们都能够从他这一艺术史学科的开创性著作中受益。

相比美洲，世界艺术研究"运动"在欧洲更为活跃。它的视野非常宽广，涵盖了从最早期原始人类艺术创造的史前考古证据到当今的整个世界，并涉及从哲学到神经生物学的所有相关学科。通过源于莱顿大学研习班的大量已发表论文——《世界艺术研究：探讨观念和方法》（World Art Studies：Exploring Concepts and Approaches，2008），由基蒂·茨尔曼斯（Kitty Zijlmans）、维尔弗里德·凡·达默（Wilfried van Damme）编辑——判断，文化人类学似乎是世界艺术史最亲密的盟友。历史学家并未参与其中，这可能更多是由于历史学家对视觉缺乏兴趣，而不是世界艺术研究对其有任何排斥。

在大西洋的另一边，两个美国艺术史家正努力在理论水平上处理全球艺术史的问题。大卫·萨默斯（David Summers）在其著作《真实空间：世界艺术史和西方现代主义的兴起》（Real Spaces：World Art History and the Rise of Western Modernism，2003）中，就试图探讨"视觉艺术新理论和不断加强的全球意识对艺术史研究来说意味着什么"的课题。他坚信，不同的"真实空间"可以被融入非西方中心主义的普遍的艺术史中。詹姆斯·艾尔金斯就对西方艺术史局限于杰出人才和文化界限的叙述感到不满，不过他对游离于世界各种艺术和艺术史传统之外构建普遍的叙述更为质疑。在他众多出版的著作中，《艺术的故事》（Stories of Art，2002）可能是与世界艺术史理论、连带世界史理论最为相关的了。

研究的三种准则

这种由奥尼恩斯、萨默斯、艾尔金斯等艺术史家提出的新思维，对于联结艺术史和世界史十分重要。但实践世界史家或许会发现，考察跨文化交流和比较的特殊案例等更有限的研究，更能起到立竿见影的效果。这种密切专注的研究大多来自更年轻的艺术史家，且更容易契合世界史研究的三大准则：联系、比较、全球模式。

联系

这里列举一些"联系"——艺术中的跨文化影响，尤其是在艺术作为更大的文化、经济甚至政治模式一部分的地方——的例子。

作为连接东亚与西亚、欧洲商旅的贸易网络，丝绸之路一直是世界史和近代艺术史的重要内容。关于这方面西方传奇的根源可追溯到19世纪晚期，当时诸如斯文·海定（Sven Hedin）和斯坦因（Aurel Stein）等欧洲探险家将中亚沙漠掩埋保存下来的艺术和考古财富展示在了世人面前。更近期的考古成果和艺术研究显示，这种经过中亚的长距离贸易路线产生了大量文化交流。关于佛教从位于印度北部的发源地传到东亚的艺术记录已为人熟知，而新的发掘显示，中国与欧洲在中世纪有更多的联系，这一点则超出了我们之前的想象（期刊《丝绸之路》发表了大量这方面的学术成果）。劳伦·阿诺德（Lauren Arnold）在他的著作《高贵的礼物和教会的财富：公元1250到1350年间方济各会使团出使中国及其对西方艺术的影响》（Princely Gifts and Papal Treasures：The Franciscan Mission to China 1250 – 1350 and Its

304

《高贵的礼物和教会的财富》的作者劳伦·阿诺德指出，唐寅（1470—1523）所画卷轴（左图）与罗马圣母大殿被称为"*Salus Populi Romani*"（《罗马人民的救赎》）的油画（右图）存在惊人的相似。最有可能的情况是，传教士携带了罗马人作品的副本到达中国后激发了唐寅的灵感，使他模仿圣母玛利亚勾画了送子观音的形象。西尾修复工作室（Nishio Conservation Studio）

Influence on the Art of the West）就专门具体描述了"丝绸之路之旅"。至于其他方面的影响，阿诺德揭示了圣母和婴儿耶稣的形象是如何在 14 世纪被方济各会使团带入中国，进而转化成送子观音的。

关于"中国对于西方文艺复兴时期艺术的贡献"这一问题仍然存在异议，因为大部分艺术史家既不能接受阿诺德的观点，也不能接受日本艺术史家田中秀道（Hidemichi Tanaka）早先提出关于"中国对乔托（Giotto）产生了影响"的假设。但正如近 10 年来广受认可的著作所显示的那样，主流的西方艺术史已经意识到文艺复兴不完全是欧洲人的事情，而且展示了意大利

（尤其是威尼斯）与东地中海贸易伙伴伊斯坦布尔、开罗以及其他地方在艺术、建筑、文化上的联系（见杰里·布罗顿[Jerry Brotton]的《文艺复兴集市》[*Renaissance Bazaar*]，2002，以及他与丽莎·贾丁[Lisa Jardine]合著的《全球兴趣：东西方的文艺复兴艺术》[*Global Interests：Renaissance Art between East and West*]，1996）。

在接下来的欧洲航海扩张时代，特别是随着基督教的传播，这种跨文化联系超出了丝绸之路和地中海的范畴，波及全球。戈万·亚历山大·贝利（Gauvin Alexander Bailey）在 2001 年出版的《亚洲与拉丁美洲的艺术与耶稣会的传

305

教》(*Art and the Jesuit Missions in Asia and Latin America*)和贝利、约翰·奥马里(John W. O'Malley)编写的《耶稣会与艺术》(*The Jesuits and the Arts*),就是在前现代的全球化背景下研究视觉艺术。另一个艺术史家迈克尔·苏利文(Michael Sullivan)在其开创性的著作《东西方艺术的交流》(*The Meeting of Eastern and Western Art*)中,超出了耶稣的范畴,转向于欧洲与东亚(日本与中国)间的艺术交流。

自苏利文对东西方艺术无偏见的考察之后的 40 年里,其他艺术史家也更专注于研究东西方联系与亚洲内部交流。其中的一个例子显然就是现定居美国的阮圆(Aida Wong)的著作,她主要研究艺术的国际和跨国影响。她的著作《拨开迷雾:探索日本以及中国国画的兴起》(*Parting the Mists: Discovering Japan and the Rise of National-Style Painting in China*,2006)就使东亚 20 世纪的艺术史和文化史国际化了。她的另一部短一些的作品收录于布瑞吉·坦克哈(Brij Tankha)所编《过去的阴影:冈仓天心和泛亚主义》(*Shadows of the Past: Okakura Tenshin and Pan-Asianism*)一书中的《难陀婆数(1882—1966)的风景画:现代印度的日本主义和民粹主义》。这些作品甚至更像是世界史,或是通过艺术展现的世界史,因为它涉及泛亚思想的觉醒如何回应西方的殖民统治。

后来,在全球化的 20 世纪,这些联系就更为明显。这里仅列出在过去 1 个世纪研究东西方艺术交流的众多艺术史家中的 3 部作品:高岛(Takashima)与托马斯·里默(Thomas Rimer)合著、由日本基金会于 1987 年资助出版的《日本的巴黎》(*Paris in Japan*);帕尔特·米

特(Partha Mitter)的《现代印度的艺术与民族主义》(*Art and Nationalism in Modern India*,1995);丽莉亚妮·卡尔诺克(Liliane Karnouk)2004 年的研究成果《1910—2003 年的现代埃及艺术》(*Modern Egyptian Art*,*1910—2003*)。

这样的研究明显有助于世界史家追溯全球风格、全球文化的起源,以及关于它们所产生的文化特性的复杂问题。这同样可能是对于视觉及文化研究最有用的领域,而世界史家也不应忽略文化人类学家在论文集《探索世界艺术》(*Exploring World Art*,Ventrux et al. 2006)中所展示的对小社会的研究。在这些描述小社会和旅游艺术的论文之外,还有一些关于循环

306

日本歌川贞秀(Utagawa Sadahide,1807—1873)的这幅浮士绘显示出在横滨海边的一个荷兰家庭,背景中有一艘已抛锚的荷兰船只。作为用日本风格描绘欧洲对象的一个样例,这幅绘画证明了东西方的文化交流。美国国会图书馆

流行文化和艺术的例子存在,如日本动漫的传播,以及在很大程度上通过网络传播的其他跨太平洋流行元素。

比较

至少在艺术方面,比较研究并不如以前那么受欢迎,并且可能对世界史家寻求全球联系的网络,而不是文明间明显的差别来说,也不明显有用。1954 年,本杰明·罗兰(Benjamin Rowland)在他的一本小书《东西方的艺术:通过比较进行介绍》(*Art in East and West: An Introduction Through Comparisons*,该书只有 140 页,与后来动辄上千页的书相比是一本很容易上手的书)的前言中写道,他寻求的是"偶然的对应……而不是阐述一种文化对其他文化的影响"。

自那以后,人们增强了对文化影响的认识,而诸如"东方""西方"等类别也得了精确界定。但在艺术史家、社会科学家、世界史家兴趣重合的区域,比较的问题仍然存在。在不同时期、不同社会,艺术作为文化凝聚力、宗教信仰以及政治控制的工具是如何发挥作用的呢?回答这样的问题需要对"风格"(艺术语言)和社会理论有一些理解。例如,从法老埃及的斯芬克斯像、金字塔与古美索不达米亚的浮雕看纪念价值和政治权威。当然,宗教是跨学科方法的另一有前途的领域:圣像的意识形态功能、神圣遗址和建筑、艺术及传教事业等所有领域,都以艺术作为其信仰历史的基本材料。

全球模式

最终,随着元计划(奥尼恩斯的地图集或萨默斯的全球艺术理论)的停止,艺术史家开始寻求全球模式。当然,他们也寻求其他模式,但最明显的是后文艺复兴西方"现实主义"艺术在 19 世纪末 20 世纪初实质上在世界范围的传播,范围从德黑兰到东京、从莫斯科到曼谷,它被看成现代社会的重要组成部分(见约翰·克拉克[John Clarke] 1998 年出版的著作《现代亚洲艺术》[*Modern Asian Art*])。紧随西方化浪潮而来的是后现代时代、后殖民时代艺术和政治特性的融合。这些并不是国家议题,也不仅仅是艺术史议题。

在伴随着城市、国家、帝国出现的有记录历史的另一端,艺术除形式和风格在细节上有差别外,其功能应该是类似的。当时即便不是单线发展,也可能会存在一些模式,而艺术则可能是解开它们的钥匙。需要重申的是,对世界史家来说十分必要的是与考古学家、艺术史家进行对话,而不是仅看他们的研究成果。总的来说,随着世界史致力于为了不断增长的全球化的未来而创造全球史,艺术和视觉证据都太重要,在任何地方都与历史太相关,以至于不能被忽略。

进一步阅读书目:

Arnold, L. (1999). *Princely Gifts and Papal Treasures: The Franciscan Mission to China and Its Influence on the Art of the West, 1250 – 1350*. San Francisco: Desiderata Press.

Bailey, G. A. (2001). *Art on the Jesuit Missions in Asia and Latin America, 1547 – 1773*. Toronto: Toronto University Press.

Brancaccio, P. & Liu, X. (2009). Dionysus and Drama in the Buddhist Art of Gandhara. *Journal of Global History*, 4, 219 – 244.

Brook T. (2008). *Vermeer's Hat: The Seventeenth Century and the Dawn of the Global World*. London: Bloomsbury Press.

Brotton, J. (2002). *The Renaissance Bazaar: From the Silk Road to Michelangelo*. Oxford, U.K.: Oxford University Press.

Brotton, J. & Jardine, L. (1996). *Worldly Goods: A New History of the Renaissance*. Ithaca, NY: Cornell

307

University Press.

Clark, J. (1993). *Modernity in Asian Art*. Broadway, Australia: Wild Peony Lt'd.

Clark, J. (1998). *Modern Asian Art*. Honolulu: University of Hawaii Press.

Elkins, J. (2002). *Stories of Art*. London: Routledge.

Elkins, J. (2003). *Visual Studies: A Skeptical Introduction*. London: Routledge.

Elkins, J. (2007). *Is Art History Global?* London: Routledge.

Finlay, R. (2010). *The Pilgrim Art: Cultures of Porcelain in World History*. Berkeley: University of California Press.

Golomstock, I. (1990). *Totalitarian Art in the Soviet Union, the Third Reich, Fascist Italy and the People's Republic of China*. New York: Harper Collins.

Goucher, C., Le Guin. C., & Walton, L. (1998). *In the Balance: Themes in Global History*. Boston: McGraw Hill.

Haskell, F. (1993). *History and Its Images*. New Haven, CT: Yale University Press.

Levenson, J. (1991). *Circa 1492: Art in the Age of Exploration*. New Haven: Yale University Press.

Mair, V. & Dexter, M. R. (2010). *Sacred Display: Divine and Magical Female Figures of Eurasia*. Amherst, NY: Cambria.

Manning, P. (2003). *Navigating World History: Historians Create a Global Past*. New York: Palgrave Macmillan.

Mitter, P. (1995). *Art and Nationalism in Colonial India, 1850–1922, Occidental Orientations*. Cambridge, U.K.: Cambridge University Press.

Marceau, J. (1998). *Art: A World History*. New York: DK Publishing.

Onians, J. (2006). *Compression Versus Expression: Containing and Explaining the World's Art*. Williamstown, MA: Clark Visual Studies in the Arts.

Onians, J. (Ed.). (2004). *Atlas of World Art*. London: Oxford University Press

Parry, K., Gardener, I., & Lieu, S. (Eds.). (2005). *From Palmyra to Zayton: Epigraphy and Iconography*. Turnhout, Belgium: Brepolis.

Pasztory, E. (2005). *Thinking with Things*. Austin: University of Texas Press.

Reilly, K. (2003). *The West and the World: The History of Civilization from 1400 to the Present*. Princeton, NJ: Markus Wiener.

Rowland, B. (1954). *Art in East and West: An Introduction through Comparisons*. Cambridge, MA: Harvard University Press.

Sullivan, M. (1973). *The Meeting of Eastern and Western Art*. London: Thames and Hudson.

Summers, D. (2003). *Real Spaces: World Art History and the Rise of Western Modernism*. London: Phaidon.

Venbrux, E., Sheffield Rosi, P., & Welsch, R. L. (Eds.). (2005). *Exploring World Art*. Long Grove: Waveland Press.

Wong, A. (2006). *Parting the Mists: Discovering Japan and the Rise of National-style Painting in China*. Honolulu: University of Hawaii Press.

Winegar, D. (2006). *Creative Reckonings: The Politics of Art and Culture in Contemporary Egypt*. Palo Alto, CA: Stanford University Press.

郭适(Ralph C. Croizier)

李月 译　陈恒 校

Asia 亚洲

亚洲是一些世界最古老文明的发源地。世界史学家尽管一直在研究宗教、文化、地理、经济与语言的巨大的多样性,这些多样性会(且仍然会)带来冲突,但他们也同时在研究亚洲民族间的文化交流何以使他们各自得以保存独特的传统。

亚洲是世界上面积最大、人口最多、文化最具多样性的大洲。这块陆地结合了高度、深度、温度、降雨量、湿度、干旱与人口密度的极端值。从亚洲的一端到另一端的人们讲着数百种语言,还包含着不同形式的土地与人的关系,包括稀稀落落但迁徙流动的游牧群体、荒漠和丛林居民、大型的农业经济、强大的跨区域贸易体系、近来巨大的工业化区域。亚洲也包括着世界上发展最快的国家和最贫困、最落后的国家。

我们可以将亚洲分为 6 个基本的文化区域:(1)东亚,占主导地位的是中国和日本。(2)东南亚,主要是岛国与半岛国家,而且不存在占主导优势的国家或文化。(3)南亚,被印度主导,但包括伊斯兰和印度文化。(4)中亚,包括伊朗和几个原先属于苏联的国家。波斯(伊朗)文化极大地影响了这个地区,逊尼派伊斯兰教与什叶派伊斯兰教之间的交往也带来了影响。(5)西亚地区(不包括阿拉伯半岛),大多数是奥斯曼帝国及第一次世界大战后英国与法国保护国的后继国。在这个石油藏量丰富却政治动荡的地区,主要有土耳其、伊拉克、以色列与沙特阿拉伯。(6)北亚,是俄罗斯。这里的问题在于,由乌拉尔山、乌拉尔河、里海和高加索山北坡所形成的曲线是否将"欧洲"俄罗斯与该线以东更大的俄罗斯领土划分开来。在关于亚洲土地与民族的研究中,乔治·克雷西(George Cressey)认为这种划分在农业或者经济上是讲不通的;但是地理学者认可这种划分,因为自沙皇彼得大帝时期以来,俄罗斯精英采取了西方-东方的政治与文化立场。

从世界历史的视角来看,首先考虑的关键区域是西亚、南亚与东亚地区。除埃及与努比亚(Nubia)之外,这些是产生人类早期主要文明的区域。美索不达米亚文明在底格里斯河与幼发拉底河谷附近发展起来,形成与亚伯拉罕有关的诸教包括犹太教、基督教与伊斯兰教的发源地。亚洲宗教及其民族作为参与者和受害者都在世界历史上发挥了巨大的影响。

由于在这些宗教的追随者之间出现了敌意,许多人视彼此为势不两立的力量,他们对帝国与国家的冲突以及文明的兴衰负有责任。当然,这种分裂发展之深,继续影响着我们这一时代的历史。基督教与犹太教在 1 世纪后期彼此转向敌对关系,开始了怀疑与憎恨的漫长之路,这最终导致了第二次世界大战中对犹太人的大屠杀。在长达 8 个世纪的时间里,基督教与伊斯兰教军队为争夺对西班牙安达卢西亚的控制而处于战争状态。十字军在 1098—1099 年猛攻安条克与耶路撒冷,任意地杀戮作为异教徒的穆斯林与犹太人。奥斯曼土耳其帝国的统治者在 1453 年征服了君士坦丁堡(今土耳其伊斯坦布尔),灭亡了拜占庭帝国,并将圣索非亚大教堂转变成清真寺。他们还将军队派遣到东欧的战斗中去,在巴尔干半岛播下伊斯兰教的种子,这也为 20 世纪 90 年代塞尔维亚对波斯尼亚与科索沃穆斯林的怨恨与屠杀埋下了伏笔。在 1894—1915 年之间,土耳其军队对亚美尼亚基督徒的迫害,以 1915 年对亚美尼亚难民的大屠杀而告终。基督徒与穆斯林的对抗可以在 20 世纪 80 年代苏联占领阿富汗与之后的车臣战争中窥见一斑。如今涉及基督教、犹太人与伊斯兰教武装力量的看来很棘手的冲突，在以色列、巴勒斯坦与伊拉克继续上演。

无论如何，历史的任务不只是解释差异，而是检验由这些影响深远的宗教、文化以及认同它们的民族所表现出来的更宽广的主题。这些宗教全部奉行一神论。亚伯拉罕被广泛地视为一神论首创者。他们拥护一些特定的价值观，包括坚持一个神圣的创造者；有各式各样神圣的文本，内含亚伯拉罕一神教的基本规范；恪守人群关系的正义与宽容，并救济穷人。他们造就了世界上最宏伟的艺术、建筑、园艺、诗歌、冒险故事、哲学的沉思与历史的探究。尽管他们之间存在分歧和敌意，但是他们之间也有贸易、联姻、文化的交流，同时以不同的方式保留了彼此的文化传统。

近些年，历史学家已经开始重新审视这些共同主题，并肯定他们对于生活在全世界的民众的好处。但大部分与亚伯拉罕相关诸教的实践者仍然无法认同这些共同点。在这方面，最近 200 年的全球史中不断上升的主题是西方蔑视、剥削被认为停滞不前的亚洲，这不利于更好地相互了解。因此，当代历史学家面临的最紧迫任务是确认那些促进积极价值的实践以及伊斯兰教、犹太教与基督教西方之间交流的文献、历史年代与历史名人。

早期文明

南亚的早期历史为我们观察世界历史进程提供了另一个模型。早期文明在印度河流域应运而生，在这里，研究者发现了富有史前古器物的辉煌的城市遗址。不幸的是，被发掘的书面材料不包含重要文本，而且这些文献尚未被破译。直到最近，专家假设这种文化在公元前第 2 个千年中期被来自中亚的雅利安民族所征服。尽管

一幅 16 世纪的中国壁画，糅合了道教和佛教两种元素，这是亚洲的两种主要宗教。克里斯·豪威尔摄

如此,现今更多的专家认为,自然灾害更可能是古印度文明社会被废弃的主要原因。而印度河文明与之后的文明并没有发生文化上的断裂,之后这些人创造了吠陀文学(与古印度宗教文献相关)和恒河流域文明传统。如果这种论点成立,印度次大陆的文明连续性可追溯至 5 000 或 6 000 年前,而这反过来能够有助于解释为什么如此多的印度民众对印度教文本及传统的敬重与执着。

纵观这一地区的世界历史,一个值得注意的主题是佛教的崛起与传播。受古印度哲学家乔达摩·悉达多(Siddhartha Gautama,约前560—约前480)的生活和教义的启发,佛教扎根于印度北部,在孔雀王朝——国王佛教徒阿育王(Asoka,前 268—前 232 年在位)统治时期迅速发展起来。悉达多(被称为佛陀)传授一种精神修炼方法以帮助人们从普遍的苦难中获得解脱,因此这种修炼也能够适用于其他文化环境。

作为一位宗教皈依者,阿育王将悉达多的教义转化为行动,并派遣传教士前往克什米尔、南印度、锡兰(今斯里兰卡)与缅甸,历史学家罗林森(H. G. Rawlinson)将这些传教活动描述为"世界历史上最伟大的开化影响事件"。小乘佛教——佛教最早的形式,逐步扩展深入中亚与东南亚半岛居民。

310

在伟大的中亚地区贵霜国王迦腻色迦一世统治时期(约 120—162 年在位),一种全新的、扩展的佛教形式(大乘佛教)逐渐产生。在救赎和重生教义的影响下,大乘佛教传播到中亚,接着到中国、朝鲜、日本——部分由中亚传教士,或同样也由商人进行传播。位于中国西北部著名的敦煌石窟证明了这些信教者非凡的忠诚,他们有在途中超越难以置信的艰难困苦的能力,有洞见人类潜力的洞察力。我们仍然能够在遍及东亚的佛教徒中感受

日本艺术家安藤广重(Ando Hiroshige, 1797—1858)的浮世绘木版画:通往日本浅草区浅草寺的大门上挂着一只大纸灯笼。美国国会图书馆

到他们的想象力与活力。因此，他们要求历史学家理解宗教传播是如何克服文化障碍而得以在敌意与反对中幸存下来，并融入具有不同历史传统的文化。

佛教的第三种形式（喇嘛教）穿越喜马拉雅山到达中国西藏、蒙古以及俄罗斯东部地区，在那里继续繁荣。具有启发性的喇嘛视觉符号系统，强烈的宗教仪式与极度献身（体现在西藏拉萨与盖拉斯峰朝圣之旅中极度疲劳的跪拜仪式），以及它对因果报应和重生轮回教义的坚守，对东西方追求的物质主义构成了挑战。这种挑战仍然处于其早期阶段，而它的影响有待进一步确定。

具有讽刺意味的是，佛教在印度输给了复兴的印度教和入侵的伊斯兰大军，后者在 11 与 12 世纪重创了印度教和佛教团体。现今，与 7 亿甚至更多的印度教追随者一起，有多达 4 亿穆斯林生活在印度次大陆。这是一种不稳定的共居关系。在阿克巴（Akbar，1556—1605 年在位）与沙贾汗（Shah Jahan，1628—1658 年在位）统治时期，伊斯兰莫卧儿王朝处于鼎盛时期。这是一个文明的并在许多方面开明的政权，其中最著名的遗产是位于印度阿格拉的庄严的泰姬陵。不幸的是，时代已经发生了改变，自 1946 年英国在印度殖民（统治）时代结束和印巴分治以来，有数百万人在内战、宗教对抗以及仍在持续的克什米尔冲突中丧生。印度与巴基斯坦的冲突——现在都是有核国家——持续威胁着世界的稳定。如果想要削弱这些威胁，联合国可以有所作为。

中华文明

中国同样拥有 5 000 年或更久时间的文明。它独特的书写系统出现在公元前第 2 个千年的早期至中期。公元前 11 世纪关于天命的学说在周朝（前 1046—前 256）初期开始形成，这种学说认为一个统治者的权力是由神所授予的。随后不久，出现了最早的诗歌与历史文献。从这些早期传统中产生了儒家与道教的哲学，对中国政治与文化思维模式的塑造产生了极大的影响。在朝鲜、日本与越南同样如此。教育制度与官僚管理制度源自儒家思想，在官僚制度下农耕帝国得到管理，其历史开始产生，从道教中衍生出有与无的研究，中国人借此能够实践各种不同的生活方式，这些生活方式是官场生活之外的另一种选择。在这些有关存在的交替的概念上，又叠加了大乘佛教（Mahayana Buddhism），使中国文化从扩张与收缩的重复变动中——包括从异域民族的征服中——幸存下来，并将一种看待世界的独特视角保存至今。

从世界史的视角，我们可以在中国历史的背景中探索各类主题。一个主题是在游牧民族文明和在黄河与长江周围孕育出的强大的农耕国家之间的互动。这种互动可追溯到史前时代。它在周朝进入历史记录，并在汉朝的 400 年间成为占优势的主旋律。当时，游牧民族中的匈奴人是最主要的竞争者，汉朝的许多治国才能被用于努力将这些具有侵略性的劫掠者置于控制之下。在 4 和 5 世纪，突厥民族统治了中国北部许多地区。在宋朝统治时期，突厥人的角色被来自东北亚的契丹与女真族所取代。然后是蒙古政权，在成吉思汗时期统治了华北地区，其继承者夺取了对剩余地区的控制并在整个中国建立了元朝（1206—1368）。直到明朝（1368—1644）汉族人才将蒙古人赶回亚洲内陆，但是却无法征服他们。1644 年，另一个东北亚政权由满族人所领导，夺取了对华北的控制，建立了清朝（1644—1911/1912），在接下来的 40 年里它镇压了所有的反对者，在 18 世纪中叶使残存的蒙古政权臣服。

蒙古人同样在中亚、西亚利用杀戮进行统治并在短时期内泰然自若地蹂躏东欧。稍后的中亚帝国，如那些由帖木儿（Timur，1370—1405

年在位）所创建的帝国以及由巴布尔（Babur，1483—1530）所建立的莫卧儿王朝，是最初的蒙古政权的子孙，证明了成吉思汗与他的继承者所巩固的卓越而持久的军事与政治霸权。这就是这些政权的历史引起世界历史学家的注意的原因。尽管这些政权产生于边缘的、草原文化基础，却能在一或两代人之内孕育出富有经验的统治者，如忽必烈可汗（1215—1294）与阿克巴，并易于接受新观念与新人物。因此，意大利的马可·波罗家族成员能够在威尼斯与东亚之间进行旅行，罗马的天主教徒能在元大都建立教堂，中国的基督徒能去西亚旅行并远至法国。

在蒙古时代，伊斯兰教开始在中国扎根。伊斯兰教从 8 世纪开始传入中亚，取代了佛教与其他宗教。尽管如此，与佛教相比，伊斯兰教进入中国与东亚的过程一直受到限制。中国伊斯兰教的信教者回族群体居住在中国的西北与西南地区，并有少部分居住在别处，伊斯兰教是中华文明边缘地带实力最强者。它成功地渗透进东南亚，并已经成为马来西亚与印度尼西亚占主导地位的宗教与文化存在。

尽管西方对世界的"发现"通常可以追溯到由葡萄牙王子——被称为航海家亨利——所赞助的探险，以及那些如意大利探险家哥伦布与葡萄牙航海家达·伽马的探险，但这些人的活动在亚洲世界无人关注，因为亚洲世界有着更为庞大的政治与军事力量。从亚洲人的视角来看，直到 18 世纪后期才可以严肃地谈及西方的崛起。当时英属东印度公司侵入印度，并从政治与经济上控制了孟加拉。直到 19 世纪中叶，英国与美国的武装力量才成功地挑战了北京与东京的政府。

但是，从 19 世纪中叶开始，所有亚洲区域都遭受了来自西方国家与日俱增的压力。英国在印度，并一定程度上在伊朗建立了霸权。法国控制了东南亚，而荷兰占据了印度尼西

亚。英国势力还扩张到缅甸与英属海峡殖民地（现在的马来西亚与新加坡）。英国、法国、美国与稍后的德国都在中国争夺霸权，并通过外交与高压政策强迫中国政府屈服于设定通商口岸、片面最惠国待遇、不受所在国法律约束的法外特权以及势力范围。与此同时，在 17 世纪后期，沙皇俄国开始在东亚与中亚长驱直入。向东它蚕食了清朝政权的内陆地区，并通过灵活的外交手腕成功地割占了大片领土，现在已成为俄罗斯的一部分，包括至关重要的海参崴港口。到 19 世纪中叶，俄罗斯对亚洲的入侵开始与在英国统治下的中国西藏、阿富汗以及伊朗内陆地区发生摩擦，促成了为控制中亚小规模王国与公国的"大博弈"。由于沙皇俄国有部署强大军事力量的能力，这场博弈沙皇俄国与其继承者苏联注定会取得胜利。直到 20 世纪 80 年代苏联在阿富汗的失败，以及此后不久苏联解体，俄罗斯在中亚才遭到巨大的挫折。

崛起与衰落

对于是什么力量支撑了西方帝国主义的崛起与亚洲主权国家的衰落，长期以来有两种不同的基本观点。第一种看法是西方价值观有与生俱来的优越性，比如民主制度、资本主义市场经济。这种思想最先出自苏格兰经济学家亚当·斯密与法国启蒙运动者（18 世纪法国启蒙运动时期自然神论或唯物论的作家和思想家），后来又被德国社会学家马克斯·韦伯与其他人所发展。第二种是列宁主义者的观点，认为西方帝国主义是资本主义国家资产阶级剥削的延长（例如表现在贩卖鸦片上）并且必将崩溃，与此同时，社会主义革命在全世界取得胜利。在 20 世纪的大部分时间里，这两种观点为取得主导地位而斗争不已。

但是在西方的骄傲变得太自大之前，我们

313

　　每个人都为特别的使命而生,对使命的热望存在于每个人心中。

——鲁米(1207—1273)

应该回想一下非西方文明的深厚历史根源,并考虑后者的价值观念是如何能够影响未来的全球历史的。东方的文明不是不可避免在对抗西方世界中处于不利地位,正如 19 世纪末 20 世纪初日本快速崛起所表明的。现今中国在向前发展,在最近的 25 年间,中国经济一直保持在至少 7% 的年均增长率。中国都市的大片地区(一个有 4 亿～5 亿人口且还在快速增长的地区)已经转变成现代城市,拥有崭新的交通和通信等基础设施、工业厂房以及办公写字楼与高层住宅。珠江三角洲地区正成为世界工厂——就像 19 世纪后期的英国——沃尔玛是该地区的主要客户之一。印度落后中国约 20 年,但是班加罗尔的发展表明了印度在接下来的数十年中能够在别处获得什么样的成就。没有人能够无限期地压制这些有深厚历史根源的文化。被西方压制了 100 多年是一段漫长的时期,但是这样的时代早已经结束,至少对中国与印度来说是这样,对韩国、新加坡、日本等国来说也是这样。

　　对于亚洲的其他区域来说,未来不容乐观。在老挝、柬埔寨、缅甸、阿富汗、塔吉克斯坦、土库曼斯坦、孟加拉国与巴基斯坦,或者在伊拉克、巴勒斯坦与朝鲜,以及在印度与西伯利亚的一些农村地区,生活仍是艰难的。思索一下这些数据:2009 年阿富汗婴幼儿死亡率为每 1 000 个婴儿安全出生中就有 151.95 个死亡;老挝每 1 000 个安全出生婴儿里有 77.82 个死亡;在缅甸每 1 000 个安全出生婴儿里有 72.11 个死亡。相比之下,在日本每 1 000 个出生婴儿人数里只有 2.79 个死亡。阿富汗的识字率是 28.1%,老挝是 68.7%,缅甸是 81%,日本则为 99%。在上述国家,除了日本,女性的受教育程度则低得多。阿富汗的人均国内生产总值是每年 800 美元,缅甸是 1 500 美元,日本则是 34 100 美元。这些数据有助于解释,为何阿富汗与缅甸现为世界鸦片主要生产地,为何其仍然处于贫穷的状态。

　　是不得不走这条路吗? 2000 年之前,阿富汗在各个帝国的治理下曾繁荣昌盛,这些帝国由亚历山大大帝征服所带来的犍陀罗文化所滋养着;阿富汗曾经是世界上最伟大的佛教遗址之一巴米扬的所在地,直到 2001 年塔利班将之摧毁;丝绸之路的贸易活动为全盛时期的中亚带来了财富与机会。在阿拔斯与塞尔柱王朝的统治之下,乌兹别克斯坦的撒马尔罕成为世界上最富有、最有文化的城市之一,这里也是 11 世纪杰出的诗人与数学家莪默·伽亚谟(Omar Khayyam)的家乡;尽管遭受了蒙古人入侵的破坏,但是这座城市作为帖木儿帝国的首都发展到了一个新的高度,并建有世界建筑奇观之一。阿富汗的大夏是鲁米(al-Rumi,苏非派穆斯林神秘主义者)的出生地,他是世界上最有灵感的诗人之一。没有哪个区域没有荣耀或愚行,亚洲正是研究文明与其存在问题的丰富来源。

进一步阅读书目:

Armstrong, K. (1993). *A History of God: The 4000 - year Quest of Judaism, Christianity and Islam*. New York: Knopf.

Barks, C. (1997). *The Essential Rumi* (J. Moyne, Trans.). Edison, NJ: Castle Books.

Cohen, W. I. (2000). *East Asia at the Center*. New York: Columbia University Press.

Cressey, G. B. (1963). *Asia's Lands and Peoples* (3rd ed.). New York: McGraw-Hill.

Feiler, B. (2002). *Abraham: A Journey to the Heart of Three Faiths*. New York: HarperCollins Perennial.

Feuerstein, G., Kak, S., & Frawley, D. (2001). *In Search of the Cradle of Civilization: New Light on Ancient India*. Wheaton, IL: Quest Books.

Esposito, J. L. (1999). *The Oxford History of Islam*. New York: Oxford University Press.

Hopkirk, P. (1991). *The Great Game: On Secret Service in High Asia*. New York: Oxford University Press.

Jagannathan, S. (1984). *Hinduism: An Introduction*. Bombay, India: Vakils, Feffer and Simons.

Komaroff, L., & Carboni, S. (Eds.). (2002). *The Legacy of Genghis Khan*. New York: Metropolitan Museum of Art.

Landes, D. S. (1998). *The Wealth and Poverty of Nations: Why Some are so Rich and Some are so Poor*. New York: Norton.

Marks, R. B. (2002). *The Origins of the Modern World: A Global and Ecological Narrative*. New York: Rowman and Littlefield.

Rawlinson, H. G. (1952). *India: A Short Cultural History*. New York: Praeger.

Smith, J. (Ed.). (1999). *Radiant Mind: Essential Buddhist Teachings and Texts*. New York: Riverhead Books.

Thubron, C. (2000). *In Siberia*. New York: Penguin Books.

Weatherford, J. (2004). *Genghis Khan and the Making of the Modern World*. New York: Crown Publishers.

约翰·瓦特(John R. Watt) 文

顾海萍 译　焦汉丰 校

Asoka　阿育王

315　　在公元前 3 世纪的印度，在孔雀王朝进行了扩张之后，阿育王(孔雀王朝国王，前 268—前 232 年在位)开始在帝国境内传播佛教及其佛法原则。这是一种鼓励人们对一切生灵怀有社会责任、宽容和尊重态度的哲学。在阿育王统治期间，人们被鼓励多行非暴力之事，这也同时有利于增强和统一帝国。

阿育王统治古印度摩揭陀国的孔雀王朝的时间为前 268 年至前 232 年。这是由阿育王的祖父笈多孔雀(Candragupta Maurya，约卒于前 297 年)所建立的国家，时间约在前 321 年，也即马其顿的亚历山大大帝从印度西北部撤离后不久。帝国的都城设在华氏城(Pataliputra，今巴特那[Patna])。这是一个异常庞大、中央集权化和生命力持久的帝国。阿育王死后，国家走向衰落，于前 185 年为巽伽王朝(Sunga dynasty)所取代。

阿育王是印度民族历史叙事及印度与斯里兰卡佛教编年史中的杰出人物。他主要因摒弃战争与暴力、从印度教皈依佛教、赞助庇护佛教和他自己的一套有关道德与正当行为的新哲学观念(亦即佛法，巴利文作 *dhamma*，梵文作 dharma)而被人们记住。

在一番争夺王位的斗争之后，阿育王于前 268 年继其父亲宾头娑罗(Bindusara，卒于前 272 年)之后登得大位。在此之前，王位有 4 年时间都是空悬的。在父亲宾头娑罗在位时，阿育王即获得了管理塔克西拉(Taxila)和乌贾因(Ujjain)两省的行政经验。他的管理艺术在孔雀帝国时得到了很好的发展，这从笈多孔雀的首席顾问和大臣考底利耶(Kautilya)所撰的治国方略《政事论》(*Arthasastra*)中即可清晰得见。

身为国王，阿育王拓展了帝国的疆土。约前 260 年，他征服了羯陵伽(Kalinga，今奥里萨邦[Orissa])。此次征服的影响不同寻常。用阿育王自己的话说就是："众神所钟爱的(阿育王)感到自责,因为当一个独立的国家被征服时,对人们的屠杀、其死亡与被驱逐出境都令众神所钟爱的他感到极度痛苦,并让他的心灵承受极大的负担。"在征服羯陵伽之后,阿育王皈依了佛教,提倡非暴力,并且逐渐相信通过道德劝化而非战争,可以达到征服的目的。然而,有必要指出的一点是,只有在帝国构建完成并且除了南部几个友好王国之外,几乎整个印度次大陆都处于孔雀王朝的控制之下时,他才放弃了使用暴力。

在阿育王的支持下,佛教发展成一大宗教。在他统治期间,在华氏城召开的第三次佛典结集(前250年)上,与会者决定,佛教将积极寻求皈依者。阿育王还建造了众多的佛塔(舍利丘,reliquary mounds)和寺院,并派使团到周边国家,如锡兰(今斯里兰卡)去传播佛教。

作为一位视服从者为"我的孩子"的家长式统治者,阿育王试图向人们灌输自己的佛法观念。这是一种基于社会责任、担当、宽容与对一切生灵怀有尊重态度的人文主义哲学。有可能存在的一种情况是,佛法具有实用主义功能,即它能为一个异常多元和具有多种文化的帝国提供一套统一的意识形态。为保证佛法能在帝国全境实行,阿育王任命了一批特殊的官员。他自己则四处走,及时了解帝国境内发生的事情。

阿育王的话语通过那些刻上柱子和岩石的法令而抵达帝国的边远地带。在他在世时,情况是如此,在他死后继位的人中间,情况亦是如此。那些得以留存下来的阿育王柱(the Asokan pillars)是一些顶上饰以狮或公牛一类动物形象

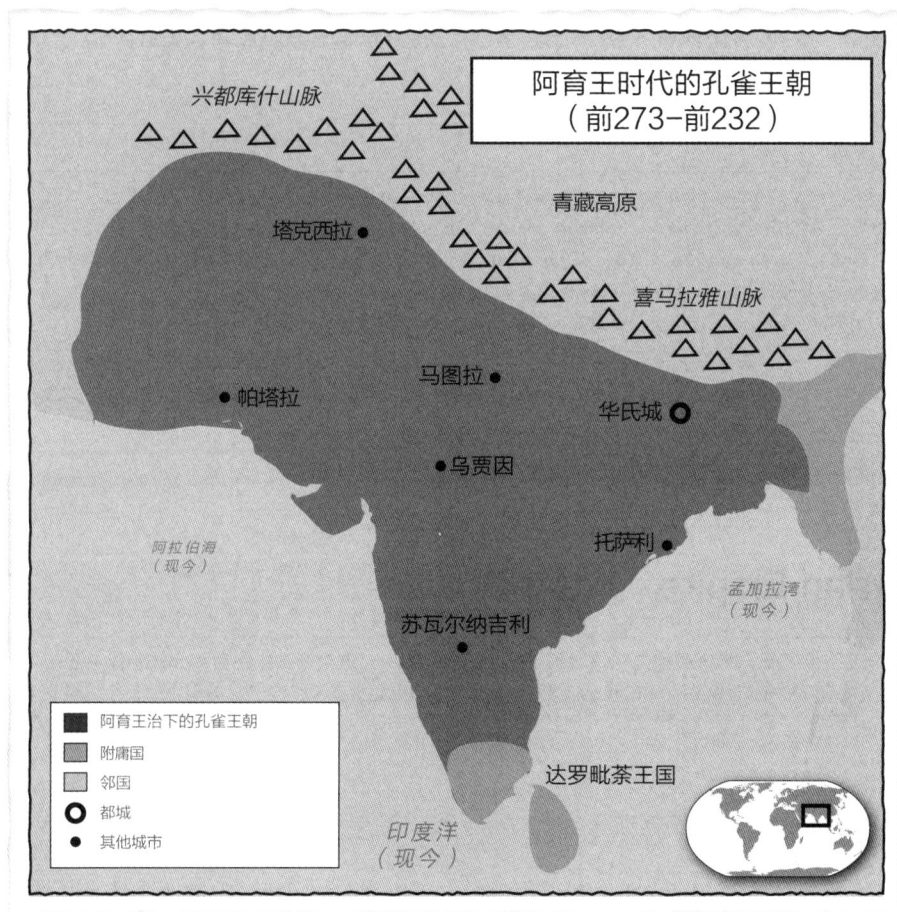

阿育王时代的孔雀王朝
（前273—前232）

兴都库什山脉
青藏高原
塔克西拉
喜马拉雅山脉
马图拉
帕塔拉
华氏城
乌贾因
阿拉伯海
（现今）
托萨利
孟加拉湾
（现今）
苏瓦尔纳吉利
阿育王治下的孔雀王朝
附庸国
邻国
都城
其他城市
达罗毗荼王国
印度洋
（现今）

的巨石(在鹿野苑,位于此类柱子上的狮子柱头是当代印度的国家象征)。正是通过诸种法令,阿育王才以一位重要历史人物的面貌从时间的迷雾中显现出来。1837年,英国碑铭学家詹姆斯·普林塞普(James Prinsep)破译了一则来自德里的柱子上的铭文,铭文提到一位国王"天爱(众神所钟爱的)(举止优雅的)毗耶达西"。人们将该铭文与那些在广大地域范围内发现的柱子和岩石铭刻联系在一起,这一广大地域从西北边的现今阿富汗绵延至东边的孟加拉国和南边的迈索尔(Mysore)。关于这些铭文人们已确定其来源,在锡兰佛教编年史中,它们被认为是阿育王所撰。

这些法令用地方语言或俗语(大多数是帕拉克里语、古代印度语或方言[Prakrit],但在西北部也有希腊语和阿拉姆语)写成。有一些铭文是阿育王作为一名居士向整个佛教虔信者、出家人共同体所做的声明。大多数铭文则是公开的宣示,以佛法的方式教导人们,或向人们详述阿育王的善事,例如建造医院和道路以及种植林荫树等。

按照其祖父和父亲的传统,阿育王同域外诸王国如印度西边的叙利亚、埃及、昔兰尼、伊庇鲁斯(Epirus)和马其顿,以及南边的锡兰和南印度诸王国,保持着外交联系。他派出使团到国外推广他的佛法观念。

历史学家已指出,我们需要将人们有关阿育王的理想主义的解释,同此外人们对他的实用主义倾向的承认结合起来考虑。他对暴力的摒弃是合乎时宜的。而他弘扬自己的佛法观念,正如前面所提到的,则很可能是为了统辖其帝国境内的多样人群而设计实施的。但即便如此,阿育王的名字还是因他对佛教的认可宣示和赞同非暴力而被载入史册。

进一步阅读书目:

Gokhale, B. G. (1966). *Asoka Maurya*. New York: Twayne Publishers.

Keay, J. (2000). *A History of India*. London: Harper Collins.

Thapar, R. (2005). *Asoka and the Decline of the Mauryas* (Rev. ed.). Delhi, India: Oxford University Press.

Thapar, R. (2002). *Early India: From the Origins to ad 1300*. London: Allen Lane.

Wolpert, S. (1982). *A New History of India*. New York: Oxford University Press.

曼达基尼·阿罗拉(Mandakini Arora) 文

刘招静 译 陈恒 校

Assyrian Empire　亚述帝国

亚述帝国第一个将近东地区各种文化统一到了一个政治体当中。这个帝国统治着今天被称作中东的区域,其极盛时期维持了大概有300多年(前9—前6世纪),我们今天仍然可以通过艺术和《圣经》等媒介感受到它的影响。

在亚述帝国的全盛时期,即大概公元前　　　900—前600年间,它被证明是当时世界历史上出现过的最庞大、最复杂的政治实体。亚述在公元前9世纪经过初步扩张后，便已经对我们今天称作中东的整个区域确立了统治地位。这一区域包括从当代伊朗的查格罗斯山到地中海东海岸，从土耳其南部的托罗斯山脉（Taurus Mountains）到波斯湾的广大地区。通过其帝国政策，亚述人在塑造古代近东的政治、文化和人口特征等方面起到了强大的推动作用，为后来《圣经·旧约》中上演的许多历史事件搭建了舞台，并且帮助保存了传统的美索不达米亚文明，使之传播到波斯和地中海世界。通过这些贡献，亚述人在中东乃至中东之外的文明发展史上留下了浓墨重彩的一笔。

起源与背景

亚述的起源与亚述尔城（Ashur，位于今天伊拉克的卡拉特·沙卡特［Qalat Sharqat］）的幸与不幸紧密相关，亚述也因亚述尔城而得名。

在公元前3000年后半段的大部分时间里，亚述尔城都是伊拉克南部冲积平原所孕育的苏美尔-阿卡德文明的北部前哨。但是，经历了标志公元前3000年结束的剧变之后，这个据点也被废弃了。亚述的编年史记载了亚述国王的谱系，将最早的亚述君主描述成"住在帐篷之中"的国王，这导致很多学者得出结论说，在公元前2000年初，游牧的亚述人使用了废弃的亚述尔城故址作为季节性的营地，并且经常在那里开展宗教仪式。这个据点最终成为亚述主神（也叫亚述尔）永久祭祀神庙的所在地，并使得一些曾经分散的游牧群体也在环绕着这一神庙的古代亚述故址上定居。亚述人国家的早期政治发展受到两个因素的影响：闪族和阿卡德人在伊拉克南部冲击平原上建立的城邦国家结构，以及早期亚述游牧民族的部落传统。

亚述尔城位于底格里斯河畔，在伊拉克北部城市摩苏尔以南约100千米，其地理位置兼具明显的优点和不利之处。亚述尔城所在之处一

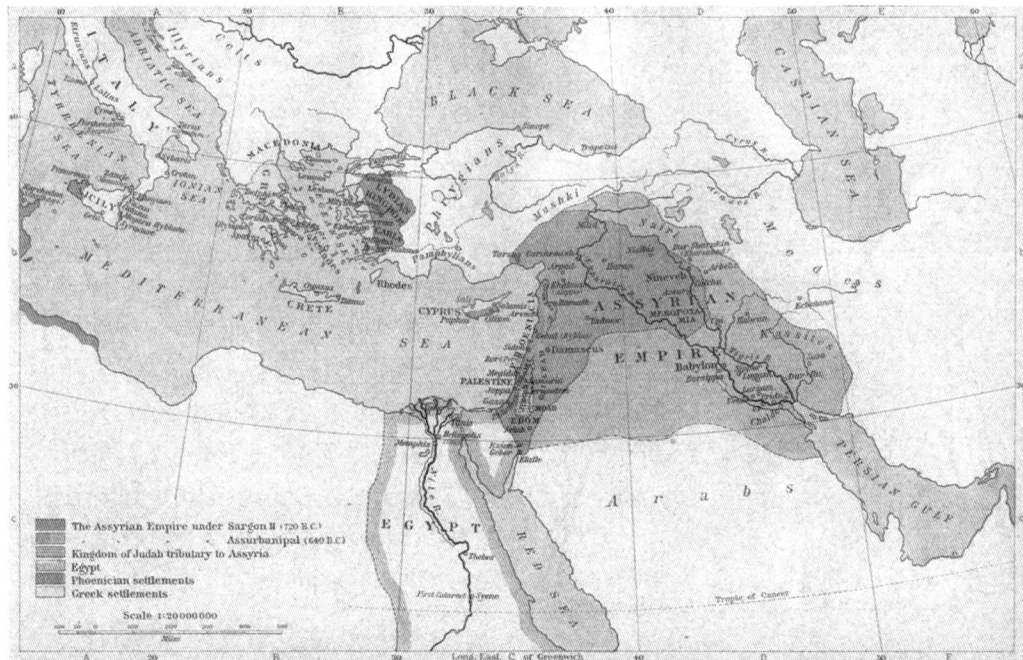

亚述帝国和东地中海地区，前750—前625。选自威廉·谢泼德《历史地图册》（*The Historical Atlas*，William R. Shepherd，1923）

年之内大部分时间都无法进行农业生产，这一事实意味着：其一，这个城市没有一个可靠的农业供应地；其二，亚述首都远离伊朗西部和土耳其东南部重要的金属与木材产地。因此，从一开始，亚述人就被迫将眼光投向他们所在的周边之外，去寻找建立和建设国家所需的资源与人力。亚述尔城地理位置的优势在于，它处于几条东西和南北商路的交汇处，充当了连接伊朗高原和波斯湾同东安纳托利亚与地中海地区的桥梁。

亚述尔城的环境和地理位置的优缺点自然影响到了亚述国家的发展。第一段引人关注的亚述历史阶段是由亚述商人在旧亚述时代（约前 1900—前 1750）建立的商业帝国。尽管亚述人在此期间并未控制超出亚述尔城附近的领土，他们却建立了一个广阔的商业网，前沿据点远达中安纳托利亚。在阿摩利人国王沙姆希-阿达德一世（Shamshi-Adad I，约前 1830—前 1776 年在位）的统治之下，亚述第一次发展成为一个领土国家。沙姆希-阿达德和他的儿子们一步步向外扩张，直至控制了上美索不达米亚（即今天的叙利亚和北部伊朗）大部分地区。但是，老亚

述国并未维持多久。在沙姆希-阿达德去世后不久，大部分亚述的统治地区都被巴比伦的汉谟拉比（Hammurabi，约前 1792—前 1750 年在位）夺取。在接下来的大部分时间里，亚述都生活在加喜特巴比伦王国（Kassite Babylonia）和米坦尼的胡里安帝国（Hurrian Empire of Mitanni）的阴影下，直到亚述鲁巴利特一世（Ashuruballit I，约前 1366—前 1330 年在位）统治时，亚述在国际舞台上都没有扮演引人注目的角色，而接下来的 150 年间，中亚述国再次在上美索不达米亚称雄。

也是在这一中亚述国时期，亚述第一次开始形成了帝国的政治结构。中亚述国结合了老亚述国时期沙姆希-阿达德所建立的君主传统，以及巴比伦和米坦尼王国的行政体制，创造出一个复杂的政治和行政机器，从而得以在古代近东的广大区域维持稳固的政治权威。但是在青铜时代晚期（约前 1500—前 1100），伟大君主之间的均势开始在公元前 13 世纪末崩溃，引起了一段动荡和大移民的时期，深刻改变了这个区域的政治与人口结构。而在青铜时代晚期的废墟上，亚述帝国赫然崛起。

新亚述帝国

新亚述帝国继承并超过了中亚述国的各方面成就。中亚述国的政治集权、帝国意识形态和军事主义倾向都以这样或那样的形式被新亚述帝国携带到了新亚述体系当中，而新亚述帝国的规模与效率在当时世界历史上是史无前例的。亚述的重新崛起是一系列相互关联的政治、经济与社会因素的结果，这些因素我们难以一一分拣和归类。这一区域的动荡历史，以及巴比伦和胡里安人国家的复兴，还有来自阿拉姆人的持续威胁，使得亚述人要想生存就必须强化其军国主义色彩。在

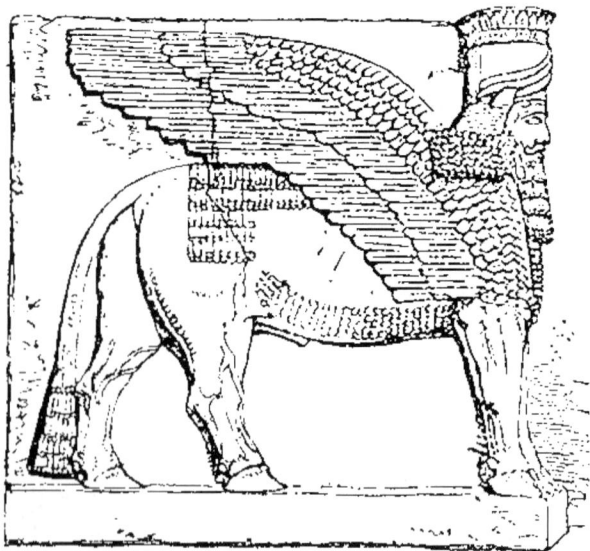

雕刻作品《有翅膀的公牛》，常在亚述神庙入口处见到，象征着精神与身体权力的融合

亚述国家的心脏地带,低效的农业技术和劳动力的短缺一直是重要问题。这些因素,再加之老亚述时代建立的商路被打断,以及资源富集区政治上的不稳定,都使得帝国扩张和政治控制成为解决日益减少的国库收入难题的一个有吸引力的途径。

不论是什么原因令亚述从国家过渡到帝国,最终的结果是令人惊奇的,因为亚述是第一个将古代近东这个多元文化盛行的地区统一成为一个整体的国家。

亚述尔-丹二世(Ashur-dan II,约前934—前912年在位)是首位在千年之交后进行频繁军事征服的亚述国王,他的统治因此被很多人认为是新亚述帝国开始的标志。这位国王将他的大部分精力花在了恢复以往中亚述君主统治区域的事业上。通过这些军事行动,他为他最负盛名的两位继承者亚述纳齐尔帕二世(Ashurnasirpal II,约前883—前859年在位)和沙尔马尼瑟尔三世(Shalmaneser III,约前858—前824年在位)的对外大力扩张打下了基础。

在亚述纳齐尔帕统治时期,亚述的扩张主义开始带有帝国性质。亚述的皇家传统要求亚述君主在常规军事征服活动中展示其权威和力量。但是,在亚述纳齐尔帕统治之前,大多数亚述军事活动至多只不过是对邻国土地的有组织的侵扰。亚述纳齐尔帕二世在新建立的行省中强化军事成果,改变了这个传统。这一军事成果的强化包括建立省会和前沿据点,

建立诸侯国联盟体系,以及在新征服的土地上对被征服的人民实施驱逐与重新安置。亚述纳齐尔帕还为后来的一系列国王开了或者迁都(从亚述尔到卡尔胡,再到杜-沙鲁肯,最后到尼尼微),或者在当前的首都建立新的皇宫,以作为帝国新的军事与行政中心的先例。

亚述行省系统的严密组织可能是在提格拉-帕拉萨三世(Tiglath-Pileser III,前745—前727年在位)时期形成的。提格拉-帕拉萨本人曾经担任过行省总督,后来篡夺了王位,因此深知给予行省首脑以过多自主权的危害。为了巩固对亚述广大领土的统治,提格拉-帕拉萨可能重组了政府结构,并创立了一个体系,在这一体系下直接对国王负责的官员监视行省政府的活动。亚述的放逐和再安置体系也在提格拉-帕拉萨时期达到顶峰。据古代的相关档案记载,有上万人被来回迁徙到帝国边境的各个地方。

当以撒哈顿(Esarhaddon,前680—前669年在位)征服了尼罗河三角洲和埃及的前首都

从一块亚述瓷砖残片中复制的描绘宗教领袖和勇士的图画

孟菲斯时,亚述的军事扩张到达了顶点。但是,埃及被证明是一株带刺的玫瑰,最终亚述人没能将之保住。以撒哈顿在他第二次征服埃及的时候去世,未竟的大业留给了他的孙子亚述巴尼拔(Ashurbanipal,前668—约前627年在位)。但在这个节骨眼上,亚述的帝国事业遭遇到了很大的障碍和困难。首先,前现代的交通技术使得管理遥远的行省代价高昂,而亚述人还想着要举全国之力去征服埃及。除此之外,亚述巴尼拔还与被以撒哈顿立为巴比伦国王的、他的半巴比伦人同父异母兄弟发生了内战。

亚述帝国最后几年的历史纪录保存得极少。尽管帝国的衰落往往被视为"突然的坍塌",但是标志着帝国终结的重大事件并非外来敌对集团所为,而是巴比伦人、米底人和其他的盟友最终摧毁了亚述心脏地带的城市,包括首都尼尼微也在公元前612年被毁。因此,帝国是从内部被毁灭的,而操作这件事的一个群体——巴比伦人,是帝国最为重要的组成族群之一——他们后来几乎原封不动地继承了亚述的领土。

亚述的遗产

亚述帝国之所以知名,一个原因是它在《圣经》当中经常被提到。可能《圣经》中最为著名的亚述国王是辛那赫里布(Sennacherib,约前705—前681年在位)。此人攻打过犹太王国,而

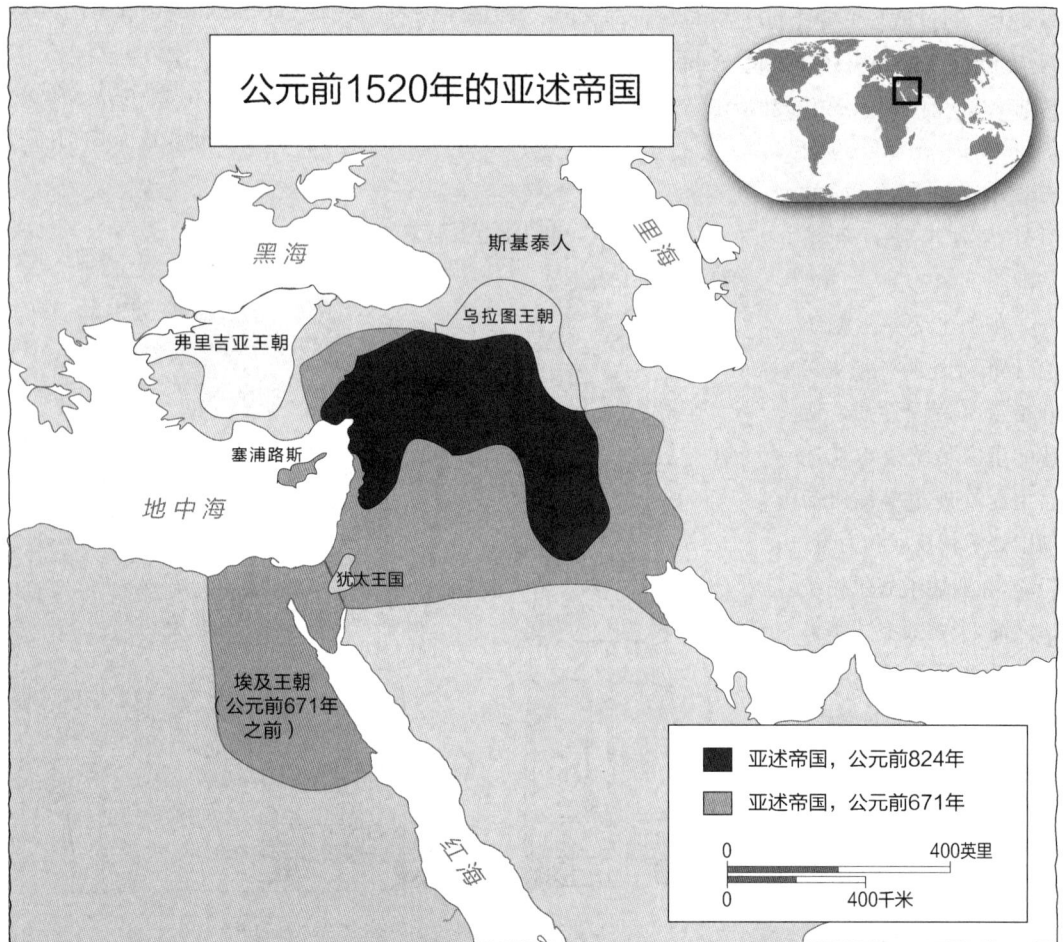

公元前1520年的亚述帝国

黑海
斯基泰人
乌拉图王朝
弗里吉亚王朝
塞浦路斯
地中海
犹太王国
埃及王朝
(公元前671年之前)
红海

亚述帝国,公元前824年
亚述帝国,公元前671年

0   400英里
0   400千米

帝国主义建立在对事实一贯的虚假陈述上,建立在主要是通过精心的挑选、夸张和削弱而发挥作用的权力上,它受到与此有利害关系的个人与利益集团的摆布,以扭曲历史的面貌为己任。

——霍布森(J. A. Hobson,1858—1940)

且在公元前 701 年希西家统治时期,围攻过耶路撒冷。亚述对于较弱的犹太王国的威胁是《圣经·旧约》中几章故事发生的背景(例如《列王记》和《以赛亚书》)。亚述人对《圣经·旧约》当中的世界有着深远的影响。

亚述作为一个帝国强权的形象也通过艺术的形式传递到了当代世界。在 19 世纪中叶,伊拉克北部的发掘不仅让大众见到了《圣经》故事当中的考古学证据,而且使欧洲的博物馆里充盈了不计其数的亚述珍宝。可能这些亚述手工制品中最为著名的是曾经作为亚述宫殿装饰的石刻护墙板。一些试图重新整理今天已经散佚了的护墙石板的研究声称,亚述艺术和建筑是表达亚述意识形态与文化的完整系统。但是,新亚述帝国的历史重要性既不体现在今天我们对它的认知上,也不在于亚述人对早期犹太-基督教世界所产生的影响。毋宁说,亚述的重要性在于:铁器时代在美索不达米亚兴起的亚述国代表了一个全新的政治发展水平。亚述人是第一个真正的帝国建设者,后来的帝国如波斯、希腊和罗马,正是在亚述所留下的遗产基础上进行自我建设的。

进一步阅读书目:

Brinkman, J. A. (1979). Babylonia under the Assyrian Empire, 745 – 627 BC. In M. T. Larsen (Ed.), *Power and Propaganda: A Symposium on Ancient Empires*. Copenhagen, Denmark: Akademisk Forlag.

Brinkman, J. A. (1983). Through a Glass Darkly: Asarhaddon's Retrospect on the Downfall of Babylon. *Journal of the American Oriental Society*.

Cogan, M. (1974). *Imperialism and Religion*. Missoula, MT: Scholars Press.

Cogan, M., & Tadmor, H. (1981). Ashurbanipal's Conquest of Babylonia: The First Official Report — Prism K. *Orientalia, 50* (3), 229 – 240.

Curtis, J. E., & Reade, J. E. (1995). *Art and Empire*. New York: The Metropolitan Museum of Art.

Grayson, A. K. (1991). Assyria, In J. Boardman. Et al. (Eds.). *The Cambridge Ancient History: Vol. 3. Part 2, The Assyrian and Babylonian Empires and Other States of the Near East, from the Eighth to the Sixth Centuries BC*. Cambridge. U. K.: Cambridge University Press.

Larsen, M. T. (Ed.). (1979). *Power and Propaganda: A Symposium on Ancient Empires*. Copenhagen, Denmark: Akademisk Forlag.

Machinist, P. (1983). Assyria and Its Image in the First Isaiah. *Journal of the American Oriental Society, 4* (103). 719 – 737.

Oates, J. (1986). *Babylon*. London: Thames & Hudson.

Oates, J. (1991). The Fall of Assyria (635 – 609 BC). In J. Boardman, et al. (Eds.), *The Cambridge Ancient History: Vol. 3. Part 2, The Assyrian and Babylonian Empires and Other States of the Near East, from the Eighth to the Sixth Centuries BC* (pp. 162 – 189). Cambridge, U. K.: Cambridge University Press.

Parker, B. J. (1997). Garrisoning the Empire: Aspects of the Construction and Maintenance of Forts on the Assyrian Frontier. *Iraq, 59*, 77 – 87.

Parker. B. J. (2001). *The Mechanics of Empire: The Northern Frontier of Assyria as a Case Study in Imperial Dynamics*. Helsinki, Sweden: The Neo-Assyrian Text Corpus Project.

Parker, B. J. (2003). Archaeological Manifestations of Empire: Assyria's Imprint on Southeastern Anatolia. *American Journal of Archaeology, 107*, 525 – 557.

Perkova, J. (1977). The Administrative Organization of the Neo-Assyrian Empire. *Archiv Orientalní, 45*.

Perkova, J. (1982). The Development of the Assyrian State. In H. Klengel (Ed.). *Gesellschaft und Kulturim Alten Vorderasien*. Berlin: Akademie-Verlag.

Perkova, J. (1987). The Administrative Methods of Assyrian Imperialism. *Archiv Orientalni, 55*.

Russell, J. M. (1991). *Sennacherib's Palace without a Rival at Nineveh*. Chicago: University of Chicago Press.

Russell, J. M. (1999). *The Writing on the Wall*. Winona Lake, IN: Eisenbrauns.

Saggs, H. W. F. (1984). *The Might that Was Assyria*. London: Sidgwick & Jackson.

Stronach, D. (1997). Notes on the Fall of Nineveh. In S. Parpola and R. Whiting (Eds.), *Assyria* 1995: *Proceedings of the 10th Anniversary Symposium of the Neo-Assyrian Text Corpus Project*. Helsinki, Sweden: The Neo-Assyrian Text Corpus Project.

Winter, I. (1976). Phoenican and North Syrian Ivory Carving in Historical Context. *Iraq*, 38, 1 - 22.

Winter, I. (1981). Royal Rhetoric and the Development of Historical Narrative in Neo-Assyrian Reliefs. *Studies in Visual Communication*, 7(2), 2 - 38.

布拉德利·帕克（Bradley Parker） 文

蔡萌 译 陈恒 校

Augustine, Saint　圣奥古斯丁

324

在于 386 年皈依基督教之后，神学家希波的奥古斯丁撰写了大量的作品，其中最为有名的是《忏悔录》和《上帝之城》。他对西方基督教和哲学所产生的深刻而持久的影响，使得他在大众广泛的赞誉而非教宗的诏令中成为圣徒。

希波的奥古斯丁是基督教从古代至中世纪盛期具有主导地位的神学家。他是一位多产的作家，撰写过 93 部书、数百封信和数以千计的布道词。354 年，他出生于罗马努米底亚行省（Numidia）的塔迦斯特城（Tagaste，今阿尔及利亚的苏格艾赫拉斯［Souk-Ahras］）。其父帕特里齐乌斯（Patricius）属中产阶层，为异教徒；其母莫妮卡（Monica）是一名虔诚的基督徒，是她让奥古斯丁在早年就登记成为一名慕道班成员的。

奥古斯丁在塔迦斯特和马达乌拉（Madaura）接受了拉丁文与希腊文的初、中级教育。为了接受更高一级的学习，他被送往迦太基，这是努米底亚行省的一座半异教性质的大城市。在这里，他与一位女性（未知名）私通，两人一起生活了 15 年，这位女性为他生有一子，名为阿德奥达图斯（Adeodatus）。

至此，奥古斯丁依旧放荡不羁。约在 373年，他走到了人生的一个转折点上：他从阅读西塞罗的《霍腾西乌斯》（*Hortensius*）中受到启发，而他的这一阅读旨在寻求"智慧"。受摩尼教（Manichaeism）的宇宙观和道德教导的吸引，奥古斯丁成为一名二元主义的诺斯替教信徒。9年后，在确信该宗教缺乏理性之后，他放弃了对它的信仰。384 年，在于塔迦斯特、迦太基和罗马从事修辞学教学工作约 10 年之后，奥古斯丁在当时西罗马帝国都城米兰接受了一项职务任命，成为一名修辞学教授和宫廷演说家。此时，已是寡妇的母亲莫妮卡跟随他来到米兰。母亲关心他的精神与经济方面的福乐，于是安排了他与一位女基督徒继承人的婚约。奥古斯丁解除了他和情妇的关系，但却留下了他们的儿子。在《忏悔录》中，他回忆起这段与情妇分离的经历所带给他的难以忍受的痛苦。

作为一名帝国代表，奥古斯丁面见过安布罗斯（Ambrose），后者是一位具有学者气质的米兰主教，其布道让奥古斯丁信服，使之相信一个人同时成为一名基督徒和一个知识分子是可能

的。然而,同安布罗斯之间的亲密友谊并没有继续发展,米兰的基督徒新柏拉图主义者在使他接受基督教方面发挥了更大的影响。386 年 7 月,按照《忏悔录》中富有戏剧性的说明,奥古斯丁皈依了基督。387 年,在辞去教授职位并终止同那位米兰女继承人的婚约之后,他于复活节星期天接受了安布罗斯的洗礼。新生命的曙光向他绽放,他决定重返非洲,建立修院。就在重返非洲的途中,莫妮卡去世,葬于意大利的奥斯蒂亚(Ostia)。在《忏悔录》中,奥古斯丁向母亲献上了一份颇具爱意的颂赞词。

尽管奥古斯丁爱且尊重自己生命中的两个重要女人——他的母亲和他的情妇,然而他的著述却将增强早期基督教的反女性主义倾向。他写道,只有男人才是按照上帝的真正形象创

桑德罗·波提切利(Sandro Botticelli)的《陋室中的圣奥古斯丁》(*St. Augustine in His Cell*,约 1480)。壁画。表现希波的奥古斯丁在韦斯普奇家族族徽(the Vespucci family coat of arms)下沉思

造的;而女人是按照上帝的形象创造的,但仅在她们作为男人的妻子、从事生殖这种意义上才成立。女性是肉欲的象征,尽管她们也能带着上帝的恩典获得拯救。

回到非洲后,奥古斯丁作为一名布道者和神学家的名声见涨。391 年,当他造访希波(Hippo 或称 Hippo Regius,今阿尔及利亚安纳巴[Annaba])这一口岸城市的时候,当地教会神职人员真正有意推举他成为司祭。396 年,他独自担任主教(他曾与瓦列里乌斯[Valerius]共同担任主教),此后一直担任此职,直到 430 年去世。

按照惯例,他既是教会方面的首席官员,亦是民事方面的地方行政官。他不知疲倦,争取时间过着一种半修道的生活,出席宗教会议,并撰写大量的神学篇章。原罪、恩典、预言、意志的自由、《圣经》、异端、哲学、历史和性等各种论题,都成为他关注的对象。

他的两部著述成为经典:《忏悔录》和《上帝之城》。《忏悔录》写于 397 年,该书显示出他对心理与精神的深刻洞察。虽然其中有关于他的童年与成年的一些细节,但是他的目的却在于赞颂上帝,对自己的罪孽表示忏悔,以及鼓励他人追寻上帝。《上帝之城》写于 414—427 年,其撰写受到一件惊天大事的触动:410 年罗马大洗劫。在该著作的第一部分,奥古斯丁着手表明,这一场灾难并不像某些罗马人所认为的那样是因异教神殿让位于基督教圣坛而起,而是缘于内部腐烂。在第二部分,他向人解释一种线性的而非循环的历史哲学。他认为,亚当与夏娃的罪孽的结果即在于两座城、两种社会的创建:人之城([the City of Man]或地之城[the earthly city])与上帝之城([the City of God]或天国之城[the heavenly city])。两者并非分离,而是交织在一起。只有在最后的审判到来时,两者才会分开。

在早期教会中,奥古斯丁最有名的事迹便

325

信仰就是相信你没看到的，而对该种信仰的回酬则是看见你所相信的。

——圣奥古斯丁（354—430）

是他同异端的斗争。在担任希波主教的头 15 年里，他主要同多纳徒教派（Donatism）展开争论。该教派是基督教内部在道德态度上十分严格的一支，在非洲拥有强大的力量。和多纳徒教派的观点不同，奥古斯丁认为，那些感到懊悔的背教者并不需要再洗礼，诸圣礼具有其自身的合法性，不管其施行者的恩典情状如何。在颁行了一道帝国法令后，事先已寻求同多纳徒教派诸主教会面可能性的奥古斯丁，不情愿地默许人们使用武力攻击多纳徒教派教堂。当时尚没有宗教自由这一观念。

奥古斯丁所与之斗争的其他学说教派分别为摩尼教和佩拉纠派（Pelagianism），前者乃他根据个人经历所了解。当最近一次抵达非洲时，佩拉纠派否认原罪完全败坏了人的本性这一点。和这一论断相反，奥古斯丁主张，亚当与夏娃之罪孽传递给了所有后代，已使人类中的每一个个体都疏离了上帝；只有通过洗礼，两者间的调和才能达成。

430 年 8 月 28 日，在汪达尔人包围希波城期间，奥古斯丁离世。对奥古斯丁的崇拜在欧洲迅速散播，他的圣徒身份的确立并不是任何教廷程序的结果（此时尚无这样的程序），而是缘自大众广泛的赞誉。1295 年，教皇卜尼法斯八世（Boniface VIII）宣布奥古斯丁为教会博士。

直到 13 世纪托马斯·阿奎那（Thomas Aquinas）出现之前，奥古斯丁对西方基督教的影响都无人可以比肩。此后，带有柏拉图式意味的奥古斯丁主义让位于带有亚里士多德式论说基础的经院主义。但在宗教改革期间，路德和加尔文复活了有关预言、宿命的奥古斯丁式观念；到更晚近，人们可以在帕斯卡（Blaise Pascal）、马里坦（Jacques Maritain）和约瑟夫·拉辛格（Joseph Ratzinger，在 2005 年被选为罗马教皇，称本笃十六世［Benedict XVI］）等人的著述中发现奥古斯丁对他们的影响，且其影响还存在于其他地方。另外，在一些"梵二"（Vatican II，指第二次梵蒂冈大公会议）会议文件中，我们亦可察觉奥古斯丁影响的存在。尽管在大多数事情上，奥古斯丁不能脱离他所处的时代，但作为一位神学家和哲学家，他却表现出了自己的独立性和原创性。

进一步阅读书目：

Augustine. (1958). *City of God* (G.G. Walsh, et al., Trans.). New York: Doubleday Image.

Augustine. (2001). *The Confessions* (R. Warner, Trans.). New York: Signet Classic.

Brown, P. (1967). *Augustine of Hippo*. Berkeley: University of California Press.

O'Donnell, J.J. (1985). *Augustine*. Boston: Twayne.

Wills, G. (1999). *Saint Augustine*. New York: Viking Penguin.

Wills, G. (2002). *Saint Augustine's Memory*. New York: Viking Penguin.

艾丽萨·伽里罗（Elisa A. Carrillo）文

刘招静 译 陈恒 校

Aurangzeb 奥朗则布

奥朗则布的侵略性政策使 17 世纪莫卧儿印度的领土扩张达到了顶峰，但也就此埋下了帝国最终解体的种子。穷兵黩武、沉重税收、围绕帝国政策所做的侵略性防御，以及对伊斯兰教的冷酷高压态度，是奥朗则布统治的特点。这诸般表现，在他 49 年的统治过程中，使帝国趋向分裂和削弱。

穆希-乌德-丁·穆罕默德·奥朗则布·阿拉姆格尔（Muhi-ud-Din Muhammad Aurangzeb 'Alamgir，1618—1707）是自 1526 年始便统治着当今南亚诸多地区的莫卧儿帝国诸伟大皇帝中的最后一位。尽管奥朗则布在 49 年的统治生涯（1658—1707）中显示出了自己的军事才干、管理智慧和政治主见，但他留下的遗产却是充满争议的。当他将莫卧儿帝国的边界成功推向最大极限时，帝国为此而进行的无休止战争却几乎将国力消耗殆尽，国家行政效率也降低了。奥朗则布旨在沿伊斯兰教边界重塑一种无所不包的莫卧儿政治意识形态和文化尝试，这也开启了莫卧儿帝国境内政治与宗教上的分裂进程。而这种分裂，他的继任者们无力化解。

由于早期的军事成就，奥朗则布于 1636 年被父亲（沙贾汗［Shah Jahan］）任命为德干行政长官，该地处于印度次大陆的中央位置。在此地任职至 1644 年后，他又先后担任西部地区古吉拉特邦的行政长官（1645—1647）、地处今巴基斯坦木尔坦的行政长官（1648—1652），以及再一次担任德干行政长官（1652—1658）。他亦在今阿富汗的地方指挥过对抗巴尔赫（Balkh，1646）和坎大哈（Kandahar，1649、1652）的远征。日积月累，这些职务使奥朗则布建立起了作为一位熟练老到的将军和充满活力的管理者的名声。

奥朗则布的长兄和政治上的主要对手——达拉希克（Dara Shikoh）对这位弟弟的日益上升的运势格外心怀警惕。至 17 世纪 50 年代中期，

帝国家族内部已现明显裂痕：奥朗则布的兄弟之一沙贾汗（Shah Jahan）站在达拉希克一边，而其他两位兄弟——舒亚（Shuja）和穆拉德·巴克什（Murad Bakhsh）则与奥朗则布结盟。当沙贾汗于 1657 年秋患病时，兄弟之间的紧张关系终于在一场激烈的手足相残中达到顶峰。在接下来的一年里，奥朗则布以一位新莫卧儿皇帝的形象出现：他战胜了来自其全部兄弟的军事挑战，夺取了父亲的皇位（其父于 1666 年在软禁中死去）。

从在位时起，奥朗则布就将莫卧儿帝国拖入了一条富于侵略性的扩张轨道。除了对西边的比贾布尔（Bijapur，1660—1661、1665—1666），莫卧儿军队还对比哈尔邦的帕拉茂（Palamau，1661）、东北部的库奇·比哈尔和阿萨姆（Cooch Behar and Assam，1661—1663），以及现在被分成孟加拉国和缅甸的阿拉干邦（Arakan，1664）采取行动。在接下来的数十年间，奥朗则布征服了比贾布尔（1686）和戈尔康达（Golkonda，1687）的德干苏丹国，并将莫卧儿帝国的权威覆盖至大半个南印度。不过即便如此，奥朗则布在军事上的表现仍是一个混杂体。此外，由于在阿萨姆莫卧儿家族无法取得长久的利益，所以他亦无法消解由马拉塔反叛者西瓦吉（Sivaji，约 1627—1680）或由其在德干的继承者们所带来的军事挑战。即使奥朗则布在 1681 年以后亲自掌管战场上的运作，并且在 1689 年成功虏获并处决了西瓦吉的儿子和继承人萨姆哈吉（Sambhaji），亦无法改变这一局面。最终，

未知名莫卧儿宫廷艺术家的《奥朗则布皇帝》(*Emperor Aurangzeb*)。不透明水彩与黄金。美国阿克兰艺术博物馆 (Ackland Art Museum)

针对马拉塔的数十年的战争阻碍了帝国对南部地区局面的控制,并导致莫卧儿帝国内部各阶层的士气一落千丈,使莫卧儿军队长期享有的不可战胜的光环遭受削损。

可以和奥朗则布对军事事务终其一生的兴趣相比的,是他在执政的头几十年里意在改善莫卧儿帝国管理体制的诸般尝试。当我们考虑到莫卧儿帝国财政的基石——帝国对土地收入税的征取时,这一点体现得尤为明显。然而,由于帝国对地方土地持有者所施加的压力日益加重,一系列反对莫卧儿王朝的暴动自 1669 至 1697 年在各种人群中被激起。至 17 世纪 90 年代,奥朗则布卷入德干战争,加之日益增强的政治不稳定情势,帝国统辖权威遭受削弱以及帝国财政承受长期严重不利影响的结果随之产生。

在成为皇帝之后,奥朗则布热衷于(在通常情况下也是毫无远见地)捍卫其个人的皇家特权。两个例子尤为明显。其一,奥朗则布甘愿在 1679—1681 年间触发拉吉普特人(Rajputs)的一场大规模叛乱,其目的在于保护他所享有的为马尔瓦尔(Marwar)安排王位候选人的权力。奥朗则布的行动具有重要的意义,因为这样一来许多拉吉普特人就被久远地疏离,而在此之前,这些拉吉普特人都跻身于莫卧儿王朝的最强力支持者之列。其二,奥朗则布的 5 个儿子都在反对各种帝国政策后遭到严厉谴责、下狱或永久流放等屈辱。17 世纪 80 年代末以后,奥朗则布还绕过他的几位儿子支持一个由贵族保皇派组成的小圈子。如此,奥朗则布最终致命性地破坏了其皇位继承人的权威。

然而,奥朗则布最终还是以他的以下尝试而最为人们所知:他旨在将帝国的政策与对伊斯兰经文的狭隘解释相协调,与此同时,他还试图采取有利于穆斯林臣服者的各项措施。奥朗则布的一些更具争议的措施还包括:授权给公共监察官,以执行伊斯兰教道德强制令(1659);对非穆斯林商人征收双倍关税(1665);终止帝国对音乐和艺术的保护与赞助(17 世纪 60 年代);重新征收吉兹亚(*jizya*,针对非穆斯林征收的人头税,1679);使穆斯林神职人员已获的帝国授地可以转让和继承(1690),同时否定印度教人士享受该种权利。奥朗则布的行为似乎蕴含了个人热情与政治考量,而这两者的结合最终使他丧失了各大强力的穆斯林选区对他的支持。奥朗则布的措施标志着一个关键性的(假如有时候仅仅只是象征性的)转变:它同过去的世纪里诸莫卧儿皇帝所采取的宗教兼容与宽容政策相背离。

1707 年 2 月,奥朗则布终老。随后,一场激烈的皇位继承战争在 3 个幸存的儿子中间上演。穆阿萨姆(Mu'azzam,被加冕为"巴哈杜尔·沙阿"[Bahadur Shah])在角逐中胜出,随即着手扭转其父亲实施的诸多政策。

进一步阅读书目:

Ali, M. A. (1997). *The Mughal Nobility under Aurangzeb*. New Delhi, India: Oxford University Press.

Faruki, Z. (1972). *Aurangzeb and His Times*. Delhi, India: Idarah-I Adabiyat-I-Dilli.

Habib, I. (1999). *The Agrarian System of Mughal India*. New Delhi, India: Oxford University Press.

Hallisey, R. C. (1977). *The Rajput Rebellion against Aurangzeb: A Study of the Mughal Empire*. Columbia: University of Missouri Press.

Hardy, P. (1976). Commentary and Critique. *Journal of Asian Studies*, 35(2), 257 – 263.

Pearson, M. N. (1976). Shivaji and the Decline of the Mughal Empire. *Journal of Asian Studies*, 35(2), 221 – 235.

Richards, J. F. (1975). *Mughal Administration in Golconda*. Oxford, U.K.: Clarendon Press.

Richards, J. F. (1976). The Imperial Crisis in the Deccan. *Journal of Asian Studies*, 35(2), 237 – 256.

Richards, J. F. (1993). *The Mughal Empire*. Cambridge, U.K.: Cambridge University Press.

Sarkar, J. (1972 – 1974). *History of Aurangzib* (Vols. 1 – 5). Bombay, India: Orient Longman.

穆尼斯·法鲁基(Munis Faruqui) 文

刘招静 译　陈恒 校

Australia　澳大利亚

最晚4万年以前,东南亚的土著就来到了澳大利亚。他们(以及澳大利亚大陆)与世界其他地区一直处于隔绝状态。直到贸易发展起来,才有所改变。首先是和北方的岛民发展起贸易,然后在17世纪和欧洲人发展起贸易,而此时的欧洲人正在扩张他们的帝国。当今澳大利亚是一个具有多样文化的多民族国家,它与西方有着紧密的联系,与亚洲的关系正面临着前所未有的挑战。

330

澳大利亚是西南太平洋中的一个主权国家,占据一片约770万平方千米的大陆。它是世界上唯一一个国土覆盖整个大陆的国家。在世界历史的大多数时间里,澳洲大陆是除了南极洲之外最与世隔绝的大陆。它的植物群(主要是硬叶植物[桉树植物]森林、金合欢属植物以及澳洲油桉丛)和动物群(主要是有袋目动物,它们用袋子来携带和哺育幼崽。还包括单孔目动物,或产卵的哺乳类动物)与众不同。除了南极洲之外,它是世界上最干旱的陆地,拥有大面积半荒漠。它深受被称作厄尔尼诺现象、拉尼娜现象的气候周期的影响,长期的干旱又不时被南方地区雨季巨大的降雨量与北方的季风气候打断。

澳洲大陆,最初是古老的超级大陆——冈瓦纳古陆(Gondwanaland)的一部分,此大陆还包括了南美洲与南极洲。直到最晚4万年前(也许早至6万年前)东南亚的土著居民到达这里之前,数百万年中澳洲大陆一直处于完全的隔绝状态。澳大利亚的原住民和自然环境间逐渐发展出一种亲密的关系,但是,由于有约3 500～5 000年之前引进的澳洲野犬(一种半驯养的犬科动物)作为帮手,他们也改造了自然环境。原住民绝大多数是狩猎-采集者,他们通过选择性地焚烧植被改变了森林的构成。"刀耕火种"使得森林中的空地更加空旷,更适合于狩猎有袋

古斯塔夫·穆策尔（Gustav Mützel）的《澳洲动物群落》（*Australian Fauna*，1880）。袋狼被认为（塔斯马尼亚虎，图中左边长得像狗一样的动物）已经灭绝，不过用袋子来携带和哺育幼崽的有袋动物现在依然数量庞大。纽约公共图书馆

动物。在人类定居之前，巨型动物包括袋狼（即塔斯马尼亚虎）、袋鼠以及袋熊类动物在森林中活动。但是在原住民的影响下，加上气候变化，至少袋狼灭绝了。原住民在数千年中逐渐占据了整个大陆。

欧洲人的殖民

这片陆地及其居民的隔绝状态在欧洲人占领之前数世纪已被打破。从至少 1720 年或还要早 300 年，贸易在澳大利亚的原住民与北方现今称为印度尼西亚与新几内亚的岛民之间发展起来。可能在欧洲人到来之前，从这些地方还传入了鼠与猫。在 17 世纪早期到中期，首先到来的欧洲人是西班牙人，然后是荷兰的海员，他们为了各自统治者的利益前来追求发展贸易与建立帝国。荷兰探险家塔斯曼（Abel Janszoon Tasman）"发现"（欧洲人的字眼）了新西兰与现在的塔斯马尼亚岛（Tasmania，塔斯曼称之为范

迪门地〔Van Diemen's Land〕），英国水手威廉·丹皮尔（William Dampier）在 1688—1699 年间探索了西澳大利亚的西北海岸。但是直到 1770 年，在一次海军太平洋探险的旅途中，詹姆斯·库克（James Cook）"发现"并宣称澳大利亚的东半部归英国所有。

1786 年，为应付严厉刑法实施下囚犯数量的增长，英国政府根据库克推荐的一个合适的地点——在今悉尼附近——决定建立一个罪犯流放地。1788 年 1 月 26 日，亚瑟·菲利普上尉以及超过 1 000 名囚犯（他们通常是从死刑减为长期徒刑）在今新南威尔士州建立了首个欧洲殖民地。刚建立的殖民地最初靠各种口粮作物存活下来，但是人们很快自主开发了沿海的猎捕海豹业与木材业。这个地区常有一些欧洲国家和新生的美国的捕鲸船到访；法国大革命和拿破仑帝国时期法国探险者也到此从事了科学研究。这表明英国的政治控制最初是松懈的。直到 1815 年法国在拿破仑战争中失败，情况才有所改观。从那时直到第二次世界大战，英国的海军霸权保证了其在澳大利亚的扩张。

最初受困于复杂的地形与浓密的沿海森林，1813 年欧洲人只将殖民地扩展到可畏的障碍蓝岭。其后，大分水岭以西肥美的牧地和耕地得到开发。在 1802 与 1803 年，其他的殖民地在范迪门地也建立起来，违法乱纪的囚犯们被发送到那里。在 1836 年，塔斯马尼亚岛的自由移民在澳洲大陆的南部海岸又开拓了一块殖民地，这就是后来的维多利亚。西澳大利亚的白人

331

殖民地始于 1829 年对天鹅河的殖民。在 1836 年,又一个南澳大利亚的自由殖民地加入名单。

融入世界经济

澳大利亚的历史总是与市场对初级产品的需求紧密相连,并且随着逐渐发展的世界资本主义经济的兴衰而起伏。到 19 世纪 20 年代,新南威尔士州已经发展了未来将成

卡塔曲塔圆石,艾尔斯岩地区,澳大利亚北部。凯文·康诺斯摄(www.morguefile.com)

为国家首个大宗经济产品的美利奴羊毛业。美利奴绵羊引自西班牙,非常适应澳大利亚干燥的气候环境,而且其羊毛经得住长时间的海上运输以到达欧洲的羊毛制品厂。依靠羊毛产业,到 19 世纪中叶,澳大利亚成为世界上人均最富有的国家之一。白人移民依据所谓无主土地或者“空地”的理论从原住民手中夺取土地,发展羊毛产业。无主土地理论不承认当地有合法的权力当局。英国政府仅仅是口头声称对该地拥有主权,因此移民们必须对抗那些抵抗的原住民以建立起他们的实际占有权。不管怎样,白人的疾病与枪支逐步地减少了欧洲人努力控制当地的障碍。

虽然获利颇丰,但是羊毛产业需要大量的土地和相对而言较少的劳动力来充当牧羊人,逐渐地牧场主控制了大量的地产。直到 1850 年英国终止流放囚犯到东部澳大利亚殖民地之前,这些拥有大量土地的牧场主——被称为“非法占用土地者”——都使用囚犯作为劳动力。19 世纪 40 年代,在关于土地的获得与偿付问题上政府与牧场主之间爆发了激烈的斗争。随着自

由移民的数量不断增长,焦虑不安的人们努力寻求终结这种将囚犯流放到殖民地的政策。但是社会环境因为 1851 年维多利亚金矿的发现而发生了深层次的改变。数以万计的欧洲人与美国勘探者以及中国劳工涌向金矿区。由于为矿区提供各种服务,墨尔本迅速成为澳大利亚最大的城市,而该世纪后期在昆士兰与西澳大利亚州也掀起了淘金热。黄金催生了人们对民主政治的强烈需求和追求自治的运动,这些在 19 世纪 50 年代中期于新南威尔士州与维多利亚州得到了实现。而其他的殖民地也迅速追随潮流。

墨尔本、布里斯班(在澳大利亚东北部昆士兰州的新殖民地,于 1859 年取得自治)以及悉尼这样的城市成了出口产品的贸易中转站(贸易中心),现在这片土地出产的产品不仅包括羊毛,而且还包括小麦与矿产品。在 19 世纪后期,澳大利亚迅速发展成为世界上最城市化的社会之一。然而许多财富仍然来源于土地,画家、诗人与小说家对于澳洲荒野表现出了强烈的兴趣,澳洲荒野塑造了澳大利亚人独特的、平等主义的和大男子主义的民族性格。

悉尼歌剧院。19世纪后期澳大利亚迅速发展成为世界上最城市化的社会之一。凯文·康诺斯摄（www. morguefile.com）

整个19世纪，由于欧洲的工业化进程，澳大利亚承受了来自欧洲的需求压力。当航速更快的帆船和蒸汽船出现，交通得以改善，澳大利亚殖民地与世界经济和欧洲的联系更前所未有地紧密起来。19世纪80年代，由于冷冻技术的发展，肉类的出口增长了。到1900年，养牛业扩展到澳大利亚北部，这里也是这个国家最后的边疆。从19世纪60年代到1890年，牛肉、羊毛和小麦带来了繁荣，工人工资也相对上涨了。自由移民，主要来自英国（包括爱尔兰），继续涌入，形成了种族上的白人社会，据说——有一小点夸张——英国人占到了98％。得益于社会治理和道德改革，一些城市出现了强有力的中产阶层。但是在19世纪90年代，澳大利亚被欧洲严重的经济大萧条深深地拖累。

阶级与种族，政治与统治

部分地由于此次经济衰退的结果，澳大利亚进入了一个资本家和劳工之间爆发尖锐阶级冲突的时期。紧随其后又爆发了激烈的罢工运动。不过这个国家却丝毫没有受到欧洲革命性的运动的影响。在这些产业冲突中，劳工运动失败，人们的注意力转到组建一个跟工会相联系的社会化民主化风格的政党——工党。此后在1899年的昆士兰，产生了世界上第一个（不过很短暂）劳工政府。这个国家也害怕其他种族会夺取权力。随着淘金热到来的中国劳工和矿工显现出了一种威胁，这成了殖民者防范反对的对象。19世纪80年代，在主要的殖民地，亚洲人都受制于限制性的移民法律。日本作为强国崛起，尤其是1904年日俄战争中战胜了俄国之后，又成为另一种威胁。对于外部威胁的恐惧以及改变阶级分立社会的紧张关系的愿望，令民族主义不断增长，并推动了成立联邦的运动。

1901年，政治面貌终因不同殖民地的联合而发生了改变：澳大利亚联邦由6个州组成，拥有一部一定程度上参考了美国宪法的成文宪法，但是没有《人权法案》，同时保留了英国议会制政府的威斯敏斯特体制，且仍效忠英国女王。随着劳工融入社会调解，即通过劳资仲裁制度维持高工资，联邦得到巩固。作为含蓄的妥协的一部分，非白人劳工将被拒绝入境以抚慰白人劳工（因而北方糖料种植园中在近乎奴隶般生存条件下工作的南太平洋诸岛合同雇工被遣送回家）。女性被联邦授予选举权，这是世界上类似改革最早的成就之一。同新西兰一起，澳大利亚以社会民主改革的重要场所而闻名。工党发挥了强大的影响力并主持了数个联邦或州的早期政府。

　　但这些社会成就与经济进步再次被世界历史性的外部事件所粉碎——这次是 1914—1918 年的第一次世界大战。虽然澳大利亚的内部事务是自治的，但它是英帝国的一部分，它的领袖要带领国家与母国一起参加到与德国对抗的战争中去。有将近 6 万名澳大利亚士兵在战争中牺牲。战争加剧了阶级、宗教与其他社会关系的紧张，因为许多爱尔兰-天主教血统的澳大利亚人反对引入征兵制。在这个问题上，执政的工党分裂了，国家开始进入保守的统治时期，这种状态一直持续到 1941 年才被打破。

　　同时，20 世纪二三十年代，由于世界经济的外部力量的深远影响，澳大利亚日益陷入困难的经济环境中。20 年代农产品价格在世界各地下降了，30 年代的经济大萧条重创了澳大利亚，就像在德国与美国一样。澳大利亚寻求并接受帝国特惠制关税以将国家与英国联系得更为紧密。来自日本的与日俱增的威胁同样紧密了澳大利亚与英国的联系。依靠英国海军，澳大利亚击退了威胁。但是在第二次世界大战中日本攻陷新加坡后，根据新工党政府的要求，澳大利亚被迫投向美国。成千上万的美军经过澳大利亚与日军作战，两个国家为击退日本人而一起战斗。盟军在第二次世界大战取得胜利之后，澳大利亚与美国形成了紧密的政治和战略联盟，并且在新出现的冷战期间与美国肩并肩。在"热战"中，澳大利亚同样与美国并肩而战，如 20 世纪 60 年代的越南战争、伊拉克战争（1991、2003—2009），以及阿富汗战争（始于 2001 年，澳大利亚于 2010 年卷入其中）。

　　就内部而言，由于冷战增加了对澳大利亚初级产品——特别是羊毛——的需求，战后澳大利亚再次繁荣起来。其国家的贸易条件相当令人满意。高标准的生活水平巩固了自 1949 年以后自由党持续 23 年的保守的政治统治。国家的社会构成发生了巨变，战后来自欧洲的难民在澳大利亚很受欢迎。为了给正在扩展的工厂与矿山提供所需要的劳力，来自意大利、希腊与其他欧洲国家的工人大量地涌入。结果，导致国家种族更加混杂，以盎格鲁-凯尔特人为主的国家不复存在，即以前由早期不列颠和爱尔兰移民以及本土血统组成的国家不复存在。随着 1964 年英国加入欧洲经济共同体，之前帝国与澳大利亚联邦的贸易优惠体系遭到破坏，澳大利亚与母国的联系进一步遭到削弱。澳大利亚现在得找到新市场，特别是在亚洲。在 20 世纪六七十年代，旧敌日本成为该国最大的贸易伙伴。20 世纪 90 年代后期以及稍后，中国隐约成为澳大利亚矿物资源的一个较大的进口商。在 2000 年之后，趋向亚洲的状态仍在持续，并且通过日益增长的亚洲移民得到加强。

　　直到 20 世纪 60 年代，自 1901 年开始实施的白澳政策才受到挑战。首先是允许亚洲留学生来澳，然后，随着来自中国台湾、中国香港、马来西亚与其他地区的亚洲移民一波又一波地涌入，发生了从 1970 到 2000 年的文化与社会变革。20 世纪 70 年代越南难民到来，80 年代黎巴嫩难民到来，2000 年之后来自非洲与中东的难民也加入人种混合。到 2001 年，澳大利亚人中有 22% 的人口是出生在国外的。由于不断变化的移民模式的结果，作为多种文化混合的一部分，在天主教与基督教新教教派之外又加入了伊斯兰教与佛教。虽然在 20 世纪 80 年代多元文化论被广泛接受，但非白人与穆斯林移民的涌进开始产生一种反多元文化主义，这被保守派政治家所利用。不同但类似的问题还有因澳大利亚对中国的依赖而产生的。澳大利亚的能源产品出口到中国，对澳大利亚的经济举足轻重，使得有关气候变化的激烈争论更加复杂化。通过向亚洲工业发电所供应大量的煤与汽油，

> 政府必须确保澳大利亚已为人口老龄化做好准备,而这需要政府尽最大的积极主动性以维持经济的强大,并确保国家安全。

——茉莉·毕肖普(Julie Bishop, 1956—)

澳大利亚的历史从 2000 年开始日益与全球对二氧化碳排放量的关注相关联。第三个引起不和的问题是与原住民的和解。在 20 世纪 90 年代,原住民取得了有限但意义重大的有关失地权的法律胜利,2008 年新劳工政府为前几代人所犯下的错误进行了正式的道歉,然而要求进一步"和解"与对 2 个世纪的歧视做出财政补偿的争论仍然存在。

到 2010 年,有着约 2 200 万人口的澳大利亚,一方面泰然自若地矗立于欧洲传统与美国的联盟之间,另一方面又与亚洲相联系。随着每一个重要时刻的到来,澳大利亚的命运都深深地被贸易、经济发展、移民与改变世界历史进程的战争格局所塑造。

进一步阅读书目:

Atkinson, A. (1997, 2004). *The Europeans in Australia* (2 vols.). Melbourne: Oxford University Press.

Blainey, G. (2001). *The Tyranny of Distance: How Distance Shaped Australia's History*. (Rev. ed.). Sydney: Macmillan.

Bowen, J. (2008). *Van Dieman's Land*. Melbourne: Black Inc.

Clark, C. M. H. (1962 – 87). *A History of Australia*. (6 vols.). Carlton, Victoria, Australia: Melbourne University Press.

Flannery, T. (1994). *The Future Eaters: An Ecological History of the Australasian Lands and People*. Chatswood, New South Wales: Reed Books.

Hancock, W. K. (1930). *Australia*. London: Ernest Benn.

Hirst, J. (1983). *Convict Society and Its Enemies: A History of Early New South Wales*. Sydney: Allen and Unwin.

Kingston, B. (1993). *The Oxford History of Australia. Vol. 3, 1860 – 1900: Glad, Confident Morning*. Melbourne: Oxford University Press.

McIntyre, S. (1999). *A Concise History of Australia*. Cambridge, U. K. : Cambridge University Press.

Reynolds, H. (1981). *The Other Side of the Frontier: Aboriginal Resistance to the European Invasion of Australia*. Kensington: University of New South Wales Press.

Robin, L. (2007). *How a Continent Created a Nation*. Kensington: University of New South Wales Press.

伊恩·蒂勒尔(Ian Tyrrell) 文
顾海萍 译　焦汉丰 校

Australia, Aboriginal　澳大利亚原住民

直至当下,人们还普遍相信生活在澳大利亚的原住民,从 4 万年前直到欧洲人到来之间,没有发生什么改变。也就是说,这里的社会一直停留在自然界的状态。然而,近来也有观点认为,当能够对自然环境施加控制时,原住民会随着自然环境的改变而改变。

传统观点一直将澳大利亚原住民(Aboriginal Australia)视作狩猎-采集人群的经典样例。也就是说,他们所置身其间的是一种前农业时代的社会———一块由和自然环境保持平衡关系的人们所居住的大陆。然而,以人类学家、考古学家、民族学家和本土原住民自身所具

有的各种更为近前的视角表明，这种刻板印象已在新近研究的帮助下从人们脑海中消除。如今，人们已意识到，在整个大陆上，在时间的进程中，存在着各种各样较之于人们以前所认为的要更为广泛的社会文化变化；它们在许多方面和附近的巴布亚新几内亚的园艺与农业型社会有交叠之处。原住民对自然环境及其资源有着相当的驾驭能力，并且以各种巧妙的方法经营着这一切。

社会、宗教、人口

尽管这块大陆上的人们操着 200 多种澳大利亚语言和多种方言，然而这里的原住民社会彼此之间还是存在着诸多相似点的。社会建基于亲属关系，而各宗族（继嗣群）所继承的土地则由以图腾为标识的祖先照管，这些"祖先"成形于早期的梦想时代（在原住民信仰中此乃创世的时代）。各种复杂的亲属关系和社会网络将这一大陆的各大板块联系在一起。贸易、交流和仪式为彼此之间的进一步黏合提供了动力。在某些情况下，贸易和交流网络从这一大陆的某个角落延伸到另一个角落。虽然基本上主张人人平等，但原住民社会还是存在拥有权力和影响力的长者——诸位被吸纳进宗教体系及其崇拜等级序列中的男性和女性。据保守估计，在欧洲人前来拓殖之际，这里的澳大利亚原住民人口大约有 30 万；不过最近的研究表明，在考虑由外人带入此地的疾病和冲突（殖民主义的副产品）所造成的灾难性后果

的情况下，这里的人口还是增长了二四倍。在这块大陆上，一些更为肥沃的地区例如东南部、东部和北部沿海一带，较之于世界上其他那些由狩猎-采集者居住的地区，人口要显得密集。

资源管理

就原住民的经济情况而言，土地和资源管理实践占据着核心位置。这些实践包括火的使用、加工技术和储藏。例如，就能量消耗而言，那些更加集约且成本更高的技术或策略就被用来处理贮藏之所，以为持续时间较长、参与人数众多、各群体交错的仪礼场合服务；这些仪礼每年都会持续几周、几月。在占整个澳大利亚大陆面积 2/3 的干旱与半干旱地区，人们对草种和其他种子进行管理，按量储藏，并制成面包以供日常之用。在这些条件恶劣的地区，广布的、有些松散的、开放的社会关系网络将那些相隔遥远的人们黏合在一起；这种关系网络发挥着一种安全协作机制的作用，当人们有需要时它可以被派上用场。在更为富集、湿润的地区，例如位于

澳大利亚北部地区艾尔斯岩（Ayers Rock, Northern Territory）上的原住民岩艺术（Aboriginal rock art）。凯文·康诺斯摄（www.morguefile.com）

337

热带地区的北部和位于温带地区的东南部，社会关系网络呈现出地理特征，反映出这里的人口更为密集，彼此之间更多的竞争性。在这里，非移栖的生活方式也更为常见。比如，在维多利亚州和墨累河（Murray）流域，人们往往在大型的土堆上建造村庄。人们白天黑夜都从事密集型捕捞；为了控制鳗鱼流及其产量，他们还广挖排水系统。沿着热带海岸和近海岛屿，专门的渔猎人群生气蓬勃地开展着其捕捞工作；他们主要驾着远洋独木舟捕猎儒艮（dugongs，一种类似于海牛的水生哺乳动物）。人们以"野生家用"（domiculture，人与未被驯养植物之间的一种共生关系）的形式来管理植物，一般以建更具定栖性质的宿营点为中心而展开。

塔斯马尼亚

塔斯马尼亚人（Tasmanians）同澳大利亚大陆之间的隔离大约已有 1.2 万年。然而，从生物学、语言学和文化意义上讲，他们和澳大利亚东南部的人群是联系在一起的。当然毫无疑问，他们所表现出来的一些差异，也反映出了其自身在文化方面的孤立和历史。例如，除了沿湿润的西海岸一带之外，相较于在环境上可与之比拟的澳大利亚东南部区域的人群之拓殖方式，他们的开拓方式似乎要更具流动性。他们的人口密度较之于澳大利亚东南部区域也要更低。人们不

再从事捕捞，而相关工具的配备总体上也较之以前更少，而这正适合更具流动特性的经济情形。考古研究表明，在过去的 4 000 年里，人们对雨林的利用要更加广泛，对在沿海一带所采用的方法策略也有重新安排，并且他们的人口沿着西部海岸可能有了扩张。

澳大利亚原住民的到来

大量的、时间上明确可考的考古遗址支持我们得出这样的结论：在 4 万年前的某个时期，原住民在澳大利亚开始进行拓殖；此时，巴布亚新几内亚和塔斯马尼亚都同澳大利亚（大澳大利亚）相连。然而，关于考古遗址的历史时间是否可以上溯至更早，目前人们正在不断开展相关工作的研究，彼此之间存在激烈争论。例如，

历史上的原住民，不再刻板地被人们界定为狩猎-采集人群，而是对自然环境及其资源拥有相当控制力的一族。美国国会图书馆

我们都是这个时期、这个地方的来访者。我们只是路过。我们在这里的目的是观察、学习、成长、爱……然后,我们回家。

——澳大利亚原住民谚语

最近有关一个蒙哥湖(Lake Mungo,新南威尔士州)骨架的时间再确定问题,人们就得出结论认为,该骨架的时间久远度是原来所测久远度的两倍多;而原测时间是在 3 万年前左右。所有的骨骼数据都可以和现在的原住民人口联系起来。

从语言上讲,各澳大利亚语言彼此之间具有诸多相似之处。不过,它们和澳大利亚之外的语言就几乎没有什么紧密关联了,只有巴布亚新几内亚的一些语言是例外。考古资料显示,至 3.5 万年前,人类的占居就已从热带区域向地处温带的环塔斯马尼亚冰川地带(Tasmanian glaciers)延伸了。至 3 万年前,这一大陆的大多数主要环境带都已有人居住;随后不久,该大陆的干旱中心地带亦有人居住。人类的居住似乎并未对这里易受原住民火烧方式影响的主要植被类型产生显著影响,动物方面的情形亦是如此。人们和现在已经灭绝的更新世动物群(包括巨型动物)似乎共存过数万年。在 1.8 万年前的盛冰期之后,位于大澳大利亚诸多环境带里的考古遗址的数量和人们对它们的使用都有所增加。这一总体趋势可能反映了气候条件的改善;这一趋势在 1 万年前以后的较湿润时期一直在延续;虽然在过去的 4000 年里气候变得更加干燥和更让人感到困难,然而前述趋势在这一时期却表现得最为明显。总体上,这一趋势表明原住民的人口规模和人口密度,即便在气候出现逆转的情况下也仍在不断增长。相关的文化变迁的考古学证据在 1.8 万年前之后就有了,但是在过去的 4000 年里最为显著。例如,从 4000 年前开始,澳大利亚东南部 1.3 万年前左右开始出现的墓地要显得更大、更复杂,而出现在澳大利亚东北部的岩绘艺术风格也变得具有高度区域化的特征。也正是在这个时候,在干旱和半干旱地区,草种的使用变得密集化了;人们在许多环境地带的占居也变得更加密集。这些地带包括:环境最恶劣的沙漠;一些热带近海岛屿;热带雨林;东南部湿地和高地。这表明,人口规模和人口密度以及更为集约、更具地理特征的社会经济模式都在提升。

因此,通过再考察我们发现,澳大利亚原住民尽管在文化上具有独特性,然而他们还是开始以多种微妙的方式表现出我们在其他大陆的狩猎-采集人群中也能够发现的一些相同模式和趋势。以前那种关于一个没有时间的族群生活在一块没有时间的大地上的观念,已经被一种更加鲜活或更具动态的图景展示所替代。

进一步阅读书目:

Altman, J. C. (1987). *Hunter-Gatherers Today: An Aboriginal Economy in North Australia*. Canberra: Australian Institute of Aboriginal Studies.

Bell, D. (1983). *Daughters of the Dreaming*, Melbourne, Australia: McPhee Gribble.

Butlin, N. G. (1993). *Economics and the Dreamtime: A Hypothetical History*, Cambridge, U. K.: Cambridge University Press.

David, B., & Lourandos, H. (1998). Rock Art and Socio-Demography in Northeastern Australian Prehistory. *World Archaeology*, 30(2), 193 – 219.

David, B., & Lourandos, H. (1999). Landscape as Mind: Land Use, Cultural Space and Change in North Queensland Prehistory. *Quaternary International*, 59, 107 – 123.

Dixon, R. M. W. (1980). *The Languages of Australia*. Cambridge, U. K.: Cambridge University Press.

Flood, J. (1995). *Archaeology of the Dreamtime* (New ed.). Sydney, Australia: Angus and Robertson.

Hynes, R. A., & Chase, A. K. (1982). Plants, Sites and Domiculture: Aboriginal Influence upon Plant Communities in Cape York Peninsula. *Archaeology in Oceania*, 17(1), 38 - 50.

Lourandos, H. (1980). Change or Stability?: Hydraulics, Huntergatherers and Population in Temperate Australia. *World Archaeology*, 11(3), 245 - 266.

Lourandos, H. (1997). *Continent of Hunter-Gatherers: New Perspectives in Australian Prehistory*. Cambridge, U. K.: Cambridge University Press.

Mulvaney, J., & Kamminga, J. (1999). *Prehistory of Australia*. Sydney, Australia: Allen and Unwin.

O'Connell, J.F., & Allen, J. (1995). Human Reactions to the Pleistocene-Holocene Transition in Greater Australia: A Summary. *Antiquity*, 69(265), 855 - 862.

Pardoe, C. (1995). Riverine, Biological and Cultural Evolution in Southeastern Australia. *Antiquity*, 69(265), 696 - 713.

Peterson, N. (Ed.) (1976). *Tribes and Boundaries in Australia*. Canberra: Australian Institute of Aboriginal Studies.

Smith, M. (1986). The Antiquity of Seed Grinding in Central Australia. *Archaeology in Oceania*, 21, 29 - 39.

Thorne, A.G. (2000). Age of the Lake Mungo 3 Skeleton: Reply to Bowler and Magee and to Gillespie and Roberts. *Journal of Human Evolution*, 38(5), 733 - 741.

Thorne, A., Grun, R., Mortimer, G., Spooner, N.A., Simpson, J.J., McCulloch, M., et al. (1999). Australia's Oldest Human Remains: Age of the Lake Mungo 3 Skeleton. *Journal of Human Evolution*, 36, 591 - 612.

Williams, N.W., & Hunn, E.S. (Eds.). (1982). *Resource Managers: North American and Australian Hunter-Gatherers*. Boulder, CO: Westview Press.

哈利·卢兰多斯(Harry Lourandos) 文

刘招静 译 陈恒 校

Austro-Hungarian Empire 奥匈帝国

340 　　1867 年签署的协定是奥地利的哈布斯堡统治者和匈牙利的马札尔贵族达成的妥协,这个协定创造了二元君主制的奥匈帝国。在奥地利-德意志人和马札尔少数族裔(匈牙利人)的联合统治下,帝国逐步壮大,并获得了经济上的发展。但是帝国臣民的民族多样性,导致了帝国在第一次世界大战中分崩离析。

　　哈布斯堡王室自从 1526 年以后一直统治着奥地利和匈牙利,1867 年签署的协定将其统治的君主国转变成了奥匈帝国。奥地利的外相博伊斯特(Friedrich Ferdinand von Beust, 1809—1886)和知名的匈牙利贵族安德拉西(Gyula Andrassy, 1823—1890)主导了这次妥协的最终谈判。当时在位的奥地利皇帝弗兰茨·约瑟夫一世(Franz Joseph I, 1848—1916 年在位)基本上将他的领土视作维持其王朝权力和威望的重要条件,他寻求赢回 1859 年意大利战争和 1866 年普奥战争中的损失,这两次战争剥夺了奥地利在意大利的领土,削弱了其在德意志的影响力。为了继续对抗普鲁士,奥地利必须与匈牙利进行合作。而匈牙利的领导者们则决心控制国内的非马札尔人(非马札尔人占国内人口的多数),他们希望在最大程度上维持自治的同时,与一个欧洲大国结成一个更大的整体。

二元君主制的本质

长期的磋商使占主导地位的奥地利-德意志人和马札尔人之间达成了妥协。协定实际上创造了两个不同的国家,一起组成一个议会制二元君主国。而弗兰茨·约瑟夫和他的继承者们的头衔成为奥匈帝国皇帝兼匈牙利国王,通过这种方式将两个独立且平等的国家结合起来。哈布斯堡的统治者任命共同的财政大臣、外交大臣和陆军大臣,其他则各自任命,分开设立机构,因此他们能保持对联合军队和外交政策的控制。而来自各自议会的代表们会轮流在维也纳和布达佩斯进行会晤以解决共同关心的问题。在这个协定下,很快就产生了统一的货币和邮政系统、一个中央银行、完整的铁路网和同一税率下的关税同盟。

尽管二元君主制并不稳定,但是政府还是有效地运作起来了,奥匈帝国得以在欧洲各势力的平衡中保持其重要地位。但是当时单一民族国家已经成为西方主要的国家形式。同时,美国、日本和一些欧洲国家的拓展殖民地成了帝国政治的主要模式。对比之下,弗兰茨·约瑟夫的帝国代表着一种不合时代潮流的模式,其本身也面临着内部矛盾和动乱的问题,对欧洲大陆的稳定构成了潜在的威胁。当时新生的美国正面临着奴隶制问题,奥匈帝国的问题与其相似,但是那些协定的缔结者并没有解决二元君主制将面临的民族问题。

协定以莱塔河(River Leitha)为界划分了弗兰茨·约瑟夫的财产。奥地利帝国(内莱塔尼亚[Cisleithania])包含主要处于多瑙河沿岸的德意志人及其古老世袭领地(埃尔布兰德[Erblande])高山地区的德国人、南部的斯洛文尼亚人、波希米亚王室土地上的捷克人、波兰人、罗塞尼亚人(Ruthenians,喀尔巴阡乌克兰人[Carpatho-Ukrainians])、加利西亚(Galicia)地区密集的犹太人和布科维纳(Bukovena)的罗马尼亚人。意大利人则定居在南蒂罗尔(south Tyrol)地区和亚得里亚海沿岸。在二元君主制下的其他地区,马札尔人定居在多瑙河和提萨河(Tisza)流经的平原地区及东部的特兰西瓦尼亚(Transylvania),斯洛伐克人定居在他们的北边,克罗地亚人和塞尔维亚人则在南部地区。波斯尼亚-黑塞哥维亚地区包含了大量的穆斯林人口。除了部分德意志人定居区散布在整个匈牙利王国外,罗马尼亚人占据了大部分特兰西瓦尼亚地区。没有一个地区的民族分布情况和历史边界相一致,也没有一个地区的边界能够避免将同一语言和同一文化的民族划分开来。在二元君主制地区,德意志人和马札尔人占总人

弗兰茨·泽维尔·温特哈尔特(Franz Xavier Winterhalter)的《奥地利皇帝弗兰茨·约瑟夫一世》(*Franz Joseph I, Emperor of Austria*, 1865)。布面油画。皇帝认为他的领土是维持王朝权力和权威的条件。私人藏品

口的比例不到一半，但是协定确保了他们的优势地位。和波兰人、罗塞尼亚人、罗马尼亚人、塞尔维亚人、意大利人一样，德意志人在二元君主制国家之外的本民族国家发展出了情感纽带。

帝国力量的来源

尽管在地理上缺乏凝聚力，同时又有民族主义力量的离心作用（反对中央集权），但是奥匈帝国还是设法让自己存活了下去，直到第一次世界大战才最终导致了帝国的分崩离析。帝国的臣民对弗兰茨·约瑟夫异常忠诚，这使得皇帝成为维持帝国稳定的重要因素。他长久的统治、值得尊敬的家族传承、坚定的风度举止和坚定不移地尽职尽责，为他赢得了广泛的忠诚和支持。他是哈布斯堡国家的化身，军队对这个化身的忠诚度依旧非常强烈，而军队管理人员则向不同背景的士兵和水手传授了实用的技巧并扩展了他们的生活经历。忠于职守同样在行政事务中处于重要地位，而其中的官僚在社会中扮演着越来越有影响力的角色。尽管帝国内的罗马天主教会和土地贵族逐渐丧失了权力，但是他们仍然承诺效忠于哈布斯堡王朝。

经济上的发展为奥匈帝国的联合提供了另一种资源。工业的发展，特别是波希米亚瓷器、纺织品和军备武器的出口，大大补充了匈牙利的农业生产能力。而铁路的建设、银行业的扩展和区域市场的一体化，导致了各个地区的相互依赖。所有这些加强了二元君主国家的经济互动。在另一方面，工业化也加剧了民族问题，而且越来越多的贫困农民由于人口压力纷纷涌入了大城市，进一步促进了社会的城市化。

维也纳在 1848 年大约有 40 万人口，而到了1914 年已经成长为拥有 160 万人口的大都市。原本德意志人占主导地位的人口构成在民族、语言、社会经济和文化上变得更加多元化。而在其他城市的中心地区，这种多元性也许有助

于知识分子和艺术家生活的繁荣兴旺。19 世纪晚期的维也纳培养了音乐领域的阿诺德·勋伯格和古斯塔夫·马勒，文学领域的亚瑟·施尼茨勒（Arthur Schnitzler）和雨果·冯·霍夫曼斯塔尔（Hugo von Hofmannsthal），绘画领域的古斯塔夫·克里姆特和埃贡·席勒，以及精神病学领域的西格蒙德·弗洛伊德。维也纳大学以其世界知名的校友而自豪，这些人涉及从历史学、哲学到经济学、医学和法学等各个领域。但尽管有这些光彩的成就，维也纳无法避免紧随庞大规模和多元性而来的分歧与冲突。和其他由弗兰茨·约瑟夫统治的地区一样，当经济预期、教育程度和社会教养得到了大幅度提升后，这里的民族意识和对附属地位的不满也变得越来越强烈。

奥地利的发展

普遍的民族问题总是会将政治问题复杂化。尽管奥地利宪法保证了很多基本权利，其中包括每个民族都有权利保留自己的语言、宗教和文化，民众拥有自己的投票权，但投票权是通过一个等级制度来运行的，而这个制度旨在保证德意志人在议会中的主导地位。1867 年后不久，弗兰茨·约瑟夫的宰相，实施自由主义的卡洛斯·奥尔斯佩格（Carlos Auersperg, 1814—1890）就实行了一系列改革，扩大了陪审团审判制度的运用范围，在初等教育阶段实行免费的义务制教育，削弱了天主教会对教育和婚姻家庭的控制，建立普遍征兵制，降低刑法的严苛性，宣布歧视犹太人为非法，所有基督徒在法律上享有平等地位。

1871 年，普鲁士的俾斯麦在击败法国后帮助威廉一世建立了德意志帝国，这粉碎了弗兰茨·约瑟夫重夺中欧地区统治权的希望。因为害怕失去奥地利境内的德意志土地，弗兰茨·约瑟夫组织了一个更加保守的政府，以卡尔·西吉斯蒙

342

343

德·冯·霍亨瓦特（Karl Sigismund von Hohenwart，1824—1899）为宰相。该政府内阁试图以联邦为基础来组织帝国，以安抚帝国内的斯拉夫人口。另外还试图赋予捷克人与马札尔人同等的地位，这激起了帝国两大统治民族的持续反对。但是霍亨瓦特政府赋予了加利西亚地区波兰人行政和文化上的自治权，进而保证了他们的忠诚。另一个以阿道夫·奥尔斯佩格（Adolf Auersperg，1821—1885）为首的自由内阁引入了议会代表的直接选举制度，结果遭到了捷克人的抵制，因为此项改革明显偏向城市选民和德意志选民。

持续的经济萧条与政治腐败，再加上自由主义者对安德拉西外交政策的反对，迫使弗兰茨·约瑟夫于 1879 年提名保守的波希米亚贵族爱德华·塔弗（Eduard Taaffe，1833—1895）为宰相。塔弗与斯拉夫人、神职人员以及德意志人的保守派组成了以"铁环"著称的政治联盟。他通过向支持者让步实现了政局稳定，但是并没有解决他们最深层的不满和奥地利政府面临的严重财政问题。1893 年他辞职后，政治危机再次出现。为了削弱愤愤不平的少数民族的反对势头，政府出台了一项选举法，赋予了所有男性公民以选举权，但是这并没有为议会制进程带来秩序。

匈牙利的地位

在二元君主制的这一边，匈牙利的领导者们被证明没有能力也没有意愿去解决臣民们的不满。马札尔人的地主控制了政治进程，并且利用他们的权力去同化和征服其他民族，在马札尔化的进程上不断努力。只有克罗地亚人拥有一定程度的行政自治，他们有自己的饮食、法庭和学校。卡尔曼·提萨（Kalman Tisza，1830—1902）是自由党的党魁，1875—1890 年间任匈牙利首相，他力图在支持协定的同时，提升

匈牙利在二元君主国中的地位。1890 年，弗伦茨·科苏特（Frenc Kossuth，1841—1914）领导复兴的独立党取得了对政府的控制权，他们迫切要求匈牙利在事实上获得独立。因此一直到 1910 年，匈牙利和奥地利的关系更加复杂化了。伊斯特万·提萨（Istvan Tisza，1861—1918）于 1903—1905 年、1913—1917 年担任首相，他改进了匈牙利的议程。他决心继续支持协定，同时，只要有可能，他也会致力于增强匈牙利的特权与影响力。

344

外交事务

面对国内持续不断的困境，奥匈帝国的领导者被迫采取了扩张主义的外交政策。出于王朝威望、军事安全和经济利益的缘故，帝国和皇家军队于 1878 年占领了波斯尼亚与黑塞哥维纳地区的土耳其省份。这些地区抵消了奥地利此前在意大利的领土损失，同时消除了奥地利对逐渐增强的南部斯拉夫民族统一主义的恐惧，后者旨在建立一个包括克罗地亚和斯洛文尼亚在内的独立的斯拉夫国家，也消除了奥地利对塞尔维亚政治意图的担忧，后者力图成为这个想象中的斯拉夫国家的中心地区，而此举也许会使奥匈帝国内部的少数民族动荡不安。但是这次占领使帝国与塞尔维亚、意大利和俄国的关系复杂化了，而俄国对巴尔干地区一直抱有野心，有鉴于此，奥匈帝国与德国在下一年结成了防御同盟。

奥匈帝国于 1908 年正式吞并波斯尼亚和黑塞哥维纳，此举进一步加强了各国对奥匈帝国的敌意。吞并行为加剧了原本就紧张的国际局势，欧洲各国就此提出了严肃的诘问，这加强了奥匈帝国对德国的依赖，德国为其提供了勉强但却极其重要的支持。吞并行动削弱了德国、奥匈帝国和意大利的三国同盟，使意大利开始疏远同盟。俄国却进一步坚定了对 1907 年三国协

约的承诺,从外交上将俄国、英国和法国维系到了一起。奥匈帝国的吞并行为激怒了南部斯拉夫地区的塞尔维亚人,这进一步加剧了东南欧的紧张局势。1912—1913 年的两次巴尔干战争没能满足塞尔维亚的领土要求,塞尔维亚民族主义者认为奥匈帝国要为这个结果承担责任。随后在 1914 年 6 月 28 日,与塞尔维亚首都贝尔格莱德有联系的波斯尼亚青年极端主义分子,在波斯尼亚首府萨拉热窝刺杀了奥匈帝国皇储弗兰茨·斐迪南大公和他的妻子。

第一次世界大战的后果

奥匈帝国感到自己受到了威胁,于 1914 年 7 月 28 日对塞尔维亚宣战。俄国站在塞尔维亚一边,德国则支持奥匈帝国,也是其唯一可靠的盟友。随后引发了各国的军事总动员,将巴尔干危机转变成了一场欧洲规模的战争。战争初期,奥匈帝国军队的伤亡人数接近 50%,损失了很多有经验的指挥官。但是军队仍然忠于弗兰茨·约瑟夫和二元君主制国家。在意大利、塞尔维亚和罗马尼亚的胜利重振了士气,虽然不能缓解国内民众的苦难,但让士兵和政府官员保持了足够的权威。随后的军事挫折、对个人权利的限制、装备短缺和对德国的依赖,重新点燃了民族主义的仇恨和野心。

哈布斯堡王朝的最后一位皇帝卡尔一世(Karl I,1916—1918 年在位)没能与法国和英国单独缔结和平协议,后者过晚地意识到有必要在胜利后肢解卡尔一世的帝国。1918 年春夏之交,德国和奥匈帝国发起的攻势最终崩溃了,这为随后二元君主制的突然解体铺平了道路。同年 10 月,各个民族集团的领导者在协约国承认的情况下,宣布了捷克斯洛伐克、南斯拉夫和扩展的罗马尼亚为独立国家。11 月中旬,卡尔一世宣布退位,随后领土缩水的奥地利和匈牙利成立了共和国政府。加利西亚成为新波兰的一部分。统治将近 400 年的哈布斯堡王朝就此终结,留下了几个继任的小国,它们将面临长期的民族冲突,而这造成了现在中东欧支离破碎的局面。

进一步阅读书目:

Bled, J. P. (1992). *Franz Joseph*. Oxford, U. K.: Blackwell.

Good, D. F. (1984). *The Economic Rise of the Habsburg Empire*. Berkeley and Los Angeles: University of California Press.

Jaszi, O. (1929). *The Dissolution of the Habsburg Monarchy*. Chicago: University of Chicago Press.

Johnston, W. M. (1972). *The Austrian Mind: An Intellectual and Social History, 1848–1938*. Berkeley and Los Angeles: University of California Press.

Kann, R. A. (1977). *A History of the Habsburg Empire, 1526–1918*. Berkeley and Los Angeles: University of California Press.

Kann, R. A. (1977). *The Multinational Empire: Nationalism and National Reform in the Habsburg Monarchy, 1848–1918*. New York: Octagon.

Kann, R. A. (1991). *Dynasty, Politics, and Culture*. Boulder, CO: Social Science Monograph.

Kontler, L. (2002). *A History of Hungary*. New York: Palgrave.

Macartney, C. A. (1969). *The Habsburg Empire, 1790–1918*. London: Macmillan.

May, A. J. (1960). *The Habsburg Monarchy, 1867–1914*. Cambridge, MA: Harvard University Press.

Rudolph, R. L., & Good, D. F. (Eds.). (1992). *Nationalism and Empire*. New York: St. Martin's Press.

Sked, A. (1989). *The Decline and Fall of the Habsburg Empire 1815–1918*. London: Longman.

Sugar, P. F. (Ed.). (1990). *A History of Hungary*. Bloomington: Indiana University Press.

约翰·米尔斯(John Mears) 文

焦汉丰 译　陈恒 校

345

Automobile　汽车

　　一系列的技术进步将 18 世纪仅供贵族娱乐的蒸汽机车转变成了现在总数约 6 亿辆的汽车,这些汽车挤满了世界发达地区的各条道路——同时汽车和燃料技术的革新很有可能继续下去。大量生产的私人车辆对地球人口产生了深远的影响,而这些影响并非全是积极的。

　　汽车已经成为 100 年来最具决定性的技术之一。汽车源于欧洲人对技术的好奇心,从原先革新的大众消费品,到现在世界上最大制造业的产品,汽车已经从根本上改变了全球经济和大部分人的生活方式,甚至对那些不开车的人也是如此。

　　最早的汽车是怪异和实用的奇怪混合物,其发明的年代远早于诸如亨利·福特(Henry Ford, 1863—1947)、兰索姆·奥尔兹(Ransom Olds, 1864—1950)、卡尔·本茨(Carl Benz, 1844—1929)、威廉·杜兰特(William Durant, 1861—1947,通用汽车公司的创建者)、詹姆斯·帕卡德(James Packard, 1863—1928)和克莱门特·斯图贝克(Clement Studebaker, 1831—1901)等人登场之时。在 15 世纪,意大利艺术家和工程师达·芬奇已经想到了一种能自动运行的车子,他留下的图纸显示这种车子带有基本的传动装置和转向系统。1510 年,文艺复兴时期德意志艺术家阿尔布雷特·丢勒(Albrecht Durer)用素描描绘了一辆复杂且笨重的皇家马车,由人力通过齿轮传动的曲柄进行驱动。

　　汽车的早期历史并没有显示出汽车技术在以后会产生深远的影响。从 19 世纪 70 年代的欧洲开始,一系列的研究和发明促成了 80 年代汽油动力汽车的第一次发展。19 世纪末和 20 世纪初汽车热爱者和发明者的国际性是当时科学技术文化的典型特征,技术和文化信息在大陆之间得到了迅速传播。

　　任何汽车的核心都是它的引擎,内燃机技术的发展是单独进行的,并且早于汽车的发明。内燃机领域的早期研究是为了提高蒸汽机的有效性和轻便性。

全速前进

　　直到 1860 年才出现了第一台实用的内燃机,而在以前制造一辆可运行的蒸汽机车是科学天才与怪人才会迷恋的事情,他们通常会因其中的困难而受到鄙视和嘲笑。尼古拉·库诺(Nicholas Cugnot, 1725—1824)是一位法国军事工程师,为奥地利女王玛丽亚·特蕾莎(Maria Theresia)服务,退役后于 1769 年开始在王室的委托下着手制造蒸汽动力的军事货车。现在的历史学家只能想象当时的场景,货车的时速也许只有 11 千米,但它确实能运行。这是世界上第一次汽车测试,成功地促使宽厚的王室为之提供进一步的资助,以期能制造出第二辆更大型号的车。库诺的第二辆货车是前轮驱动,锅炉挂在车辆的前面,这个设计导致了汽车重量分配的不平衡,驾驶员几乎无法控制车辆。

追随库诺的足迹

　　库诺之后的汽车发展中心转到了英格兰,但公众大都对技术突破的重要性漠不关心。毕竟,当时谁能想到这种连最慢的马都赶不上的古怪装置能具有实用性?

　　詹姆斯·瓦特(James Watt, 1736—1819)是一位苏格兰发明家,他的技术革新造就了蒸汽

位于伦敦的一辆 20 世纪 60 年代的汽车。当时，英国的奥斯丁(Austin)公司和日本的日产(Nissan)公司合作设计并生产了革命性的迷你汽车

时代，并在 1786 年获得了蒸汽机车的专利，但实际上并没有制造出来。瓦特非常害怕高压锅炉会发生爆炸，所以对于任何入住他家的房客，他都会在与他们签订的租约中加入特别条款，他所生活的希思菲尔德(Heathfield)政府也严禁蒸汽机车靠近房子。

在美国，蒸汽机的先驱们同样要面对嘲笑和非难。奥利弗·伊文斯(Oliver Evans，1755—1819)在今天并不为人所知，但是他在美国制造了第一辆机动式汽车——它同时还能在水中行驶。伊文斯还制造了美国历史上第一台高压锅炉，并为一家粮食加工厂创建了一套自动化系统，这预示了 150 年后亨利·福特的流水作业线。

蒸汽之梦的障碍

发明家们想方设法使他们的喷火式汽车具有更高的实用性。尽管如此，企业家沃特尔·汉考克(Walter Hancock)是第一位提供定期客运航线的人，而这曾是伊文斯的设想。在 1824—1836 年期间的某 5 个月内，汉考克利用 9 节蒸汽动力车厢为人们提供有偿的运输服务。

但是汉考克革命性的车厢服务并没有吸引多少顾客，他最终失败了。某个阴谋扼杀了蒸汽机车。这么说也许有些过分，但是强大的铁路利益集团的确在路上撒了些钉子。就像汽车制造业作家肯·铂迪(Ken Purdy)在他的经典著作《道路之王》(*Kings of the Road*)中所说："当时的铁路部门的确对蒸汽机车的竞争持悲观的看法，设计一些阴谋让那些暴发户知难而退，这对他们来说并不是什么难事。举例来说，原本对马车征收的 4 先令的关卡费，当对象是蒸汽机车时，这笔费用很轻易地就被提升到了 2 镑 8 先令。"

蒸汽机车在接下来的半个世纪获得了成功，特别是在美国。政府的印第安代理人约瑟夫·伦肖(Joseph Renshaw)将一个特别的创新型号投入使用，其外形像一个火车头，在内战前用来向偏僻的苏族(Sioux)部落运送物资和食物，尽管明尼苏达州内陆地区糟糕的路况让这一切变得不切实际。战后某些城市色彩鲜艳的蒸汽拖车则更加成功。在 20 世纪的头 10 年，蒸汽车在内燃机车的强烈冲击下顽强地生存了下来，诸如"斯坦利"(Stanley)、"自动机车"(Locomobile)和"怀特"(White)等品牌有不少支持者，这些人更喜欢这类车子的行驶里程、静音行驶以及无须手摇曲柄(在电力启动普及之前，这是内燃机车的必要装置)。最后一个优点是当时人们首要考虑的因素，手摇曲柄使用不当很容易造成骨折。

但是怀特和斯坦利的蒸汽车需要半个小时才能发动，同时人们对锅炉爆炸的报道仍然心有

348

理想主义者是帮助他人实现富裕的人。

——亨利·福特(Henry Ford, 1863—1947)

一辆经过精心装饰且分层的德国家庭露营车正要开始它的欧洲之旅

余悸,而且它还需要消耗大量的木材燃料及水。1905 年以后,飞速发展的科技改进了内燃机,留给蒸汽机的市场越来越小了。

时事

电力汽车由电力火车和有轨电车的早期实验品发展而来,1859 年实用性蓄电池的发明让电力汽车有了实现的可能。1888 年,科罗拉多州布莱顿(Brighton)的马格努斯·沃克(Magnus Volk)制作了一辆三轮车,这也许是第一辆真正意义上的电力汽车。

在美国,电力汽车因被用作出租车而第一次产生了显著的影响,特别是在纽约这样的城市。到了 1898 年,电力汽车和货车公司已经拥有了 12 辆出租车——这些车子内部都比较完善,能适应绅士们的高帽子——在道路上不停地穿梭。就像当时的马车一样,司机坐在外部升起的平台上。

通过这些成功的小规模业务,电力汽车逐渐被人们接受。到了 1900 年,美国的司机可以

选择他们自己的动力形式,11 月,纽约举办了第一次国家车展,顾客一边倒地将电力汽车作为首选,蒸汽车紧随其后,内燃机车排在第三,只得到了 5% 的票数。那一年共出产了 1 681 辆蒸汽车和 1 575 辆电力汽车,内燃机车只有 936 辆。

拔去电源插头

内燃机车的电动式启动装置——断绝了电力汽车作为一种可行性产品的可能性——像电力汽车一样开始进军女性市场。1911 年明星起动机公司(Star Starter Company)的一则广告——"任何女性都能发动汽车"——描绘了一个场景,一位戴帽女子坐在一辆无曲柄式汽车的车轮上。从座位上发动,而不是从街上发动,这类汽车结合了早期电力汽车的最大优点。

再次充电

电力汽车后来不定时地再现于市场,主要是为了应对 1973 年石油输出国组织(OPEC)实行石油禁运引发的燃料危机。1959 到 1961 年期间,亨尼(Henney)电力汽车的实用性得到了认可,它以法国雷诺汽车的"王妃"(Dauphine)汽油动力车为原型。亨尼汽车的产量达到了 120 辆,这对于战后的电力汽车来说已经是很好的成绩了。

汽油动力汽车

1860 年,比利时发明家勒努瓦(J. J. E.

Lenoir)发明了一个类似于詹姆斯·瓦特双动式蒸汽机的内燃机。不同的是,当活塞上升时,煤气和空气的混合气体会被吸入汽缸内。这种混合燃料是由电火花来点燃的。勒努瓦的引擎虽然存在过热的问题,但仍然是一次巨大的商业成功。内燃机市场的大门正式打开了,各种类似的发明随之而来。其中最重要的是德意志发明家尼古拉·奥托(Nicolas Otto)的内燃机,他于1866年申请了专利,并在1867年的巴黎世博会上展示了这款内燃机,成功地赢得了金奖。奥托的内燃机与勒努瓦的不同,在点燃气体之前先要将其压缩,然后利用爆炸推动活塞,在活塞下面就形成一个接近真空的环境。奥托的内燃机重量将近1吨,最大输出功率为2马力。但是活塞是立式的,占用空间小,原来对于蒸汽机来说过小的空间却很适用于这种引擎。奥托的引擎立即获得了成功,在接下来的5年内他的公司很快就被6000份订单所淹没。到了1869年,奥托授予美国、英国、法国以及其他地区生产其产品的许可权。但是奥托的引擎需要煤气管将煤气输送到引擎内部,因此它就不能像后来的液体燃料引擎那样轻便。

19世纪70年代的内燃机需要先将气体压缩然后再点燃——这种特性使其不适合使用液体燃料。汽化器(carburetor)的发明让液体燃料的使用成为了可能。这种装置能将汽油蒸发,然后内燃机就能压缩并点燃气体。汽化器是德国人威廉·迈巴赫(Wilhelm Maybach)和戈特利布·戴姆勒(Gottlieb Daimler)公司的第一款产品。到了1885年,这两人将他们的汽油发动机安装到了一辆自行车上,进而产生了世界上第一辆摩托车。1886年,他们在四轮车上安装了汽油发动机,制造出了一辆汽油驱动的汽车。1890年,他们成立了戴姆勒汽车公司(Daimler Motor Company),并开始制造汽车。他们还将自己的发动机卖给了法国的标致公司。

1892年德国工程师鲁道夫·狄塞尔(Rudolf Diesel)为他的双动式液体燃料发动机申请了专利。他的发动机在运作时先将空气压缩使其温度上升至燃料的燃点,燃料进入后就会立即被点燃,进而产生动力,而不必进一步加热空气。狄塞尔的设计原理造就了一种更高效、更强劲的发动机,它以一种比汽油更精炼的产品作为燃料——我们现在称之为柴油。狄塞尔还想要挑战蒸汽发动机在船舶和火车领域的垄断地位——这个目标在后来的世纪之交成功达成了。

拥挤的交通

到了20世纪,汽车在欧洲和美国的城市中已是司空见惯的事物。但是要在世界范围内普及,汽车还需变得更加廉价和更具实用性。尽管不少发明家都试图让汽车更加平易近人,但是亨利·福特(Henry Ford)才是里程碑式的人物,他为普通大众制造了世界上第一辆廉价汽车。

350

1904年的别克车。由沃特尔·马尔(Walter Marr)为大卫·别克(David Buick)设计的第一批汽车之一。纽约公共图书馆

T 型车并不是他设计的第一辆汽车，福特在
1907 年开始设计工作，旨在为美国的中产阶级
制造一种他们能负担得起的实用汽车——在此
过程中，中产阶级因汽车的所有权被重新定义
了。1908 年福特正式推出 T 型车，价格为 850
美元，并通过广告词"就连你也能买得起"进行
宣传。1908 年的 T 型车并不是当时最便宜的汽
车，而且也没有进行大规模生产。但为了 T 型
车能抢占大众市场，福特开始革新汽车的生产
方式，这个革新福特称之为"大批量生产"。1913
年，福特在底特律的高地公园地区设立了一座
工厂，他在这里安装了第一套流水作业线。流
水线和机器生产只需少量熟练工人。福特新的
生产方法改变了产业劳动的特点，吸引了大量
移民劳动力，主要来自东欧、南欧和中东地区。
为了让这些工人从事以机器为基础且重复性的
工作，福特将他们的工资提高了一倍，日工资达
到了 5 美元，并削减了他们的工作时间，每天只
需工作 8 小时。福特的大规模生产技术造就了
更便宜且产量更大的 Ts 型车。

到了 1920 年，福特生产了超过 100 万辆的
Ts 型车。汽车材料的需求在世界经济和环境领
域引起了连锁反应。橡胶和石油等商品的需求
增长迅速——这在诸如巴西和荷属东印度群岛
创造了新的社会经济动力，后者的橡胶种植园
规模得到了极大扩展。除此之外，"一战"证明了
汽车在战争中的重要角色，因此，通过帝国体系
确保自身在中东、非洲和南亚的地位，才能获取
那些重要的原材料商品。制造几百万辆汽车需
要足够的橡胶、石油和钢铁，这极大地改变了世
界的环境：从美国的宾夕法尼亚到德国鲁尔工
业区，再到印度，各地的炼钢厂喷出了大量烟
雾；为了种植橡胶树，数百万英亩的热带雨林被
砍伐。从加利福尼亚海岸到中东地区的油井架
也已经开始出现了。

考虑到 Ts 型的大量生产，它们和其他廉
价的汽车不可避免地出现在那些当地人原先从

未见过汽车的地区。1904 年，福特在加拿大成
立了子公司来销售汽车。1910 年，福特的汽车
远销世界各地，包括毛里求斯、马来西亚和土耳
其。1911 年，福特在英格兰的曼彻斯特建立了
一家汽车装配工厂，以满足英国和欧洲日益扩
大的汽车市场。除此之外，美国汽车的年出口量
为 5 000 辆左右，其中大部分是福特汽车。虽然
1914 年"一战"爆发，但是美国汽车出口量一直
在持续增长，整个 20 年代也是如此。

"一战"后，福特的 T 型车开始丧失压倒性
的市场优势，其他厂商的竞争逐渐增强。通用汽
车公司的创新导致了竞争车型的激增，很多产
品拥有福特汽车所没有的功能。除此之外，在
20 世纪 30 年代，纳粹德国为普通群众引入了大
众汽车。但是，20 世纪 30 年代世界经济的持续
萧条使汽车市场的发展放慢了脚步。随后的快
速发展，特别是在亚洲地区，要到"二战"后才再
次出现。

战后的图景

"二战"以来，国际汽车市场发生了许多变
化。战后的美国毫无疑问是世界最大的汽车供
应商；但是到了 20 世纪 60 年代，全球汽车产业
开始向亚洲转移，韩国和日本发展出了全球性
意义的汽车工业。日本的企业如三菱在 20 世纪
30 年代就开始生产汽车，而日本的汽车工厂在
"二战"时遭受的破坏相对较小，因此在美国占领
期间，汽车工业成为最早被允许恢复生产的产
业之一。

1950 年朝鲜战争的爆发为日本提供了一个
汽车出口市场；到了 1952 年，日本国际贸易和产
业部门（Ministry for International Trade and
Industry，缩写 MITI）为日本汽车的出口创造了
有利条件。日本的厂商还与欧洲公司合作生产
了希尔曼（Hillmans）、奥斯丁（Austins）和雷诺
（Renaults）等汽车。1955 年日本国际贸易和产

业部门再次指导了汽车产业,制定了生产小型廉价汽车的策略。日本公司开始善于制造此类汽车,并为日本汽车制造业找到了可以超越欧美汽车的特定市场。到了20世纪60年代,美国的反主流文化者利用消费主义方式极力避免支持美国汽车产业以及与国防工业相联系的产业——他们转而购买日本汽车。

1973年的石油危机使人们更倾向于购买小型和节能高效的日本汽车。日本汽车产业出口的变化反映了当时国际市场对日本汽车需求的激增——从1960年的不足50万辆上升到1973年的700万辆。日本成为世界第二大汽车生产国,汽车产业和消费电子产业在战后成为推动日本"经济奇迹"的引擎。韩国则在20世纪70年代借鉴了日本模式,到80年代晚期,韩国成为继60年代的日本之后,第一个向工业化国家输出汽车产品的主要出口国。

现代: 动力和污染

1969年以来,美国汽车保有量的增速比其人口增长速度快6倍,比新驾驶员的增速快2倍。尽管美国的人口仅占世界的5%,但是美国汽车的保有量占世界的34%。美国新车的注册量以每年2%的速度在增长。人口最多的中国和其他新兴工业化国家将通过私家车的普及引领第三世界向现代化发起冲刺。印度是拥有10亿人口的世界人口第二大国,其国内的塔塔汽车公司(Tata Motors)将通过更可行的方式帮助印度人实现汽车梦,其生产的塔塔纳努(Tata Nano)是世界上最廉价的汽车,每辆只需2300美元。

因为全球范围内对私家车的狂热,再加上方便的购车渠道,专家们预测接下来的100年汽车保有量将出现大幅增长。但因为汽车要为1/3的废气排放量和1/4的全球温室效应负责,这种增长趋势必将给全球健康带来灾难性的后

果。对于世界上超过一半的城市来说,空气污染的最大来源是废气排放。世界银行估计,亚洲每年有数千人因严重的空气污染而早死亡。在希腊雅典,空气质量差的日子里死亡的人数增长了500%。在巴西圣保罗,拥挤的街道和污浊的空气迫使当局为司机们设计了一套轮换系统,以保证在任何特定时间有1/5的汽车不在路上行驶。在以色列的特拉维夫,汽车是个大问题,烟雾已经在特拉维夫和耶路撒冷附近导致了哮喘与支气管炎的爆发。而在捷克共和国的布拉格,烟雾迫使警察不得不设立路障以让主要的交通流量远离市中心。新加坡的司机则必须支付额外的费用,才能得到畅通出入高速公路的许可。

虽然我们已经意识到对私家车的持续依赖让我们付出了代价,但我们每年仍然要增加5000万辆汽车去加重地球的负担。无论是在中国还是美国,汽车都是轮子上的污染工厂。一辆汽油动力车平均每年要产生4.5吨的二氧化碳,这进一步加剧了全球温室效应。

运动型多用途车

尽管日本引领着低排放汽车的生产,但是高耗油的运动型多用途车(SUV)一直在快速增长,这抵消了清洁发动机技术所带来的进步。在美国更是如此。1985年运动型多用途车只占美国新车销售量的2%,到了2003年却成了最受欢迎的汽车款式,占汽车销量的25%以上;2004年占比为24.6%。没有一个国家像美国那样如此热衷于运动型多用途车,但是这类车在世界其他地区的道路上也越来越成为常见的事物。

在美国,运动型多用途车通常被认为是一种轻型卡车,因此被允许有更大的排量。根据一个名为"地球之友"的环保组织的测试,一辆大众的新"甲壳虫"(一种小型车)在使用期内会排放近49吨的二氧化碳,而一辆林肯"领航员"的排

放量则达到了90吨。美国国家科学学院的报告显示,轻型货车(包括运动型多用途车、皮卡和小型货车)的燃油效率为每升13千米(相当于30英里每加仑),每辆车在这上面的花费达到了1200~1300美元;但是它们只需符合联邦政府轻型货车的标准,大约为每升9千米(相当于20.7英里每加仑)即可。2000年,通用汽车公司和福特公司宣布将提高运动型多用途车的燃油经济性,但是汽车在这方面仍然落在后面。美国环境保护署(EPA)估计,如果一辆车的平均燃油经济性提高每升1.2千米(相当于3英里每加仑),二氧化碳的排放量每年将减少140吨,同时每年将节省250亿美元的燃料费用。

其他环境问题

除了尾气排放的问题,美国的城市平均有1/3的土地被用来服务车辆,包括道路、停车场和加油站。简·伦德伯格(Jan Lundberg)是一位反汽车(anti-car)的激进主义者,也是中止铺路联合会(Alliance for a Paving Moratorium)的创始人。他指出,柏油路覆盖了96 000平方千米的美国国土,1 600万公顷的农田就此消失了,这其中包括10%的可耕地(适合种植谷物)和2%的国土面积。

随着城市向郊外逐渐扩张,日常通勤的路程也在不断增长中。美国人每天在车上待1小时是相当普遍的事情。美国的家庭平均每天要坐10趟车,大多数是去购物、娱乐和社交。如果一个人的行程是16千米,那么大约有14千米是通过汽车完成的。虽然美国的州际公路系统已经完工了,但每天用在改善道路状况、修复道路和修建新路的费用仍然高达2亿美元。每年要投入480亿美元用于停车执法与交通管理,另外200亿美元用于道路的日常维护。而国家运输安全委员会预测,从1995到2015年,由交通拥挤造成的延误将会增长56亿小时,这将浪费280亿升汽油。联邦审计总署估计,因交通拥堵

造成的国家生产力的损失达到了每年1 000亿美元。每日高峰时段,州际公路上有70%的车流陷入走走停停的状态。

改造轮子

幸运的是,可替代燃料技术正在持续发展,内燃机引擎的替代品也许最终能变得实际可行。燃料电池技术在1839年已经在原则上被证明可行,这可以与汽车电池技术相比较:燃料电池和传统电池都能产生电力。两者的不同之处在于,传统电池的燃料和氧化剂都储存在内部,这意味着电池必须周期性地进行充电;而燃料电池正相反,它像一个汽车引擎,可以连续不断地运行,因为它的燃料和氧化剂并没有被密封在内部。

尽管目前有几种燃料电池,但是开发者们认为只有一种适应于汽车,即质子交换膜燃料电池(PEM)。虽然当代的燃料电池都是新近研究的产物,但是这些电池的技术问题大都已经解决了,最大的障碍是在世界范围内为氢气的生产和流通建设基础设施。配置燃料电池的公交车于20世纪90年代先于普通轿车出现在马路上。燃料电池汽车一直以小规模持续出现在人们的视线中(既非真正的雏形车,也非量产的汽车)。大多数汽车开发商已经在进行不同水平的燃料电池研发。除此之外,大多数工业化国家的政府实验室也在研究如何解决氢气的生产与流通问题。虽然目前燃料电池汽车已经出现在马路上,但是分析员表示,在2015或2020年之前,我们不要对氢动力汽车取代内燃机汽车抱太大的期望。当氢动力汽车真正来临时,我们将迎来更耐用的和零排放的汽车及货车的新时代。

汽车制造商不得不承认汽车的未来必须改变。从2007年开始的全球金融和经济危机让很多大型汽车公司陷入了财务困境,它们依赖于政府救助。再加上日益严重的环境问题,汽车制

353

造商不得不调整或放弃曾长期生产的低效的"油老虎"(gas guzzler)车型。现在,普遍要求向小型、高燃油效率和低油耗车发展,其中包括日本汽车制造商旗下的车型如丰田和本田。一种油电混合动力引擎的浪潮已经来临了。具有更高燃油效率和低排放涡轮增压的引擎得到了欧洲汽车制造商的青睐,并且在其他市场也越来越受欢迎。

未来之路

尽管人们将汽车视作发达国家的象征性符号,但是汽车对环境、经济和社会产生的影响不仅仅局限于富裕的国家。在 21 世纪,几乎每个国家都在制造自己的汽车及汽车零件,从橡胶到石油的汽车周边商品在全球政治经济中扮演着重要角色。汽车产业已经全球化了,汽车制造商将全球视作一个统一的市场,而不是有国界的分散市场。制造商也认为,他们的产品是无国界的,汽车及其部件能在欧洲、美国、亚洲和拉丁美洲无障碍地流通。但是,汽车造成的坏境挑战同样也是无国界的。

进一步阅读书目:

Angelucci, E., & Bellucci, A. (1974). *The Automobile from Steam to Gasoline*. New York: McGraw-Hill.

Bradsher, K. (2002). *High and Mighty: SUVs — the World's Most Dangerous Vehicles and How They Got that Way*. New York: Public Affairs.

Brinkley, D. (2003). *Wheels for the World*. New York: Viking.

Cardwell, D. (1995). *The Norton History of Technology*. New York: W. W. Norton.

Crabb, A. R. (1969). *Birth of a Giant: The Men and Incidents that Gave America the Motorcar*. Philadelphia: Chilton.

DeCicco, J.K., Martin, J., & Martin, T. (2000). *ACEEE's Green Book: The Environmental Guide to Cars and Trucks*. Washington, DC: American Council for an Energy-Efficient Economy.

Flink, J.J. (1970). *America Adopts the Automobile, 1895 – 1910*. Cambridge, MA: MIT Press.

Flink, J.J. (1990). *Automobile Age*. Cambridge, MA: MIT Press.

Georgana, N. (1992). *The American Automobile: A Centenary*. New York: Smithmark Publishers.

Jack, D. (2000). *Taken for a Ride: Detroit's Big Three and the Politics of Pollution*. New York: Four Walls Eight Windows.

Japan Automobile Manufacturers Association. (1995). *Japan's Auto Industry*. Tokyo: Author.

Kay, J.H. (1997). *Asphalt Nation*. New York: Crown Publishers.

Levine, G. (1974). *The Car Solution: The Steam Engine Comes of Age*. New York: Horizon Press.

Nadis, S., & MacKenzie, J.J. (1993). *Car Trouble: A World Resources Guide*. Boston: Beacon Press.

Pettifer, J., & Turner, N. (1984). *Automania*. Boston: Little, Brown.

Purdy, K. (1949). *Kings of the Road*. Boston: Atlantic Monthly Press.

Schiffer, B. M. (1994). *Taking Charge: The Electric Automobile in America*. Washington, DC: Smithsonian Institute Press.

Sears, S.W. (1977). *The Automobile in America*. New York: American Heritage Publishing.

Shnayerson, M. (1996). *The Car that Could: The Inside Story of GM's Revolutionary Electric Vehicle*. New York: Random House.

Sperling, D. (1995). *Future Drive: Electric Vehicles and Sustainable Transportation*. Washington, DC: Island Press.

Stein, R. (1961). *The Treasury of the Automobile*. New York: Golden Press.

Whitener, B. (1981). *The Electric Car Book*. Louisville, KY: Love Street Books.

354

Zuckerman, W.(1991). *End of the Road: From World Car Crisis to Sustainable Transportation*. White River Junction, VT: Chelsea Green.

杰姆·莫塔瓦利(Jim Motavalli)

安·约翰逊(Ann Johnson) 文

焦汉丰 译 陈恒 校

Aviation　航空

由莱特兄弟在 1903 年发明的飞机直至第一次世界大战来临才发挥其明显的实际作用,因为在这一时期,随着飞机被用于战争目的,飞机的速度、一次性航程和可靠性等得到了迅速提升。第二次世界大战期间,飞机制造业获得飞速发展,为今天的空中旅行——对亿万乘客来说一种安全而又负担得起的旅行——创造了条件。

355

人们相信,是威尔伯·莱特和奥维尔·莱特(Wilbur and Orville Wright)于 1903 年发明了飞机。人们之所以将莱特兄弟和所有那些在他们之前尝试建造这样一种飞行物的人区别开来,简单地说是因为莱特飞机可以进行持续的、有动力配备的和可控的飞行。空气掠过机翼产生升力,而飞机表面控制着部分空气,这样便有利于人们掌控方向——所有这些都由一台提供推力的引擎维系。

在接下来的 11 年里,飞机的发展等于在为如下这样一个问题寻找答案:几乎没有人知道要拿飞机来干什么。即便是在第一次世界大战开始时,航空的潜力仍然不清楚,至少对那些将军来说是如此。但是,飞机的灵活性很快便显示出来,其在战争中所担当的角色也变得多样:空对空战机、轰炸机以及观测平台。

战争经常带来技术上的快速进步。在"一战"开始时,大多数飞机都至少有双翼,而且是由木材和织物建造。然而,至战争结束时,德国的福克公司(Fokker Company)已在用焊接钢材桁

1911 年 5 月 5 日,悉尼阿斯科特赛马场(Ascot Racecourse, Sydney),哈蒙德(J. J. Hammond)——首位在澳大利亚用动力飞机运载乘客的飞行员和他的箱形风筝飞机(Boxkite plane)。萨姆·胡德(Sam Hood)供图。新南威尔士州立图书馆

架机身生产飞机,容克公司(Junkers Company)则完全用金属制造单翼飞机。速度、一次性航程和可靠性也随之提升。第一架四引擎飞机(俄国设计师伊戈尔·西科斯基[Igor Sikorsky]设计的"俄骑士"号 *Russky Vitaz*)是在战争之前诞生的,到战争结束时,多引擎巨型轰炸机已十分普遍。

两次大战之间的岁月——商业航空的黎明

在两次世界大战之间的那段时间里,航空的商业潜力得以爆发。飞机不仅运载乘客,还携带货物、邮件。与此同时,飞机的使用还从工业化世界内部向外拓展,遍及全球。

欧洲人最早建立常规的、持久的商业航空机制。许多从战争中遗存下来的、大型的、多引擎的飞机被加以改装,用来运载乘客。通过这些使用,一些欧洲国家建立了国家航空公司,以为人们提供欧洲大陆范围内的相关服务。另外,由于在世界范围内占有殖民地,这些国家还把飞机视作一种快捷的、将人们运往殖民地和把人们从殖民地运回来的方式。它们资助航空公司,是因为航空公司就是旗舰——声望与力量的显示。而且,还因为如果没有资助的话,航空公司会面临破产。

相形之下,美国在政府直接资助商业冒险的事情上要更为克制。由于缺少主要赞助人,飞机仍然还处在孤儿般的状态。美国政府通过航空邮件系统着实从财政上提供了支持,私人公司会空运航空邮件且有时候还运载付费乘机的旅客。不过,为提升空中客运而做出的努力还是相当少的。1930 年,航空史上的一个关键时刻来临:航空公司为人们空运邮件而人们为航空公司支付费用的方式要面临改组。和严格按照邮件的重量付费的方法不同,新的方式在于考虑邮件本身的体积大小。这促使飞机制造商开始设计新的、更大的飞机,以便能够通过封

闭式舱室来运载乘客。尽管这一规则只应用于美国,然而它还是在世界范围内出现了衍生物,因为它带来了现代的商业航班。

在全世界欠发达的国家或地区,飞机的价值亦得到展现。南美的航空公司利用诸如容克 F-12 等单引擎飞机将邮件运达边远的地区,而法国拉代科埃尔公司(Latecoeres)则将邮件自欧洲运往非洲西海岸,甚至穿越大西洋抵达巴西。

技术发展

尽管用木材做飞机建造材料的传统由来已久,然而用金属做飞机材料的情况却在普及性、流行度和使用上都有所提升。这种情况源于如下几件事情:有关金属特性的新知识;新型合金;新物质材料(如硬铝)取代旧的物质材料(木材)在文化上的被接受;以及由于不合格的木材构件所导致的飞机事故。

受压表壳(硬壳)机身制造技术的发展提升了飞机的内部可用空间。硬壳式机身就是一个壳腔,飞机内部所携带的东西在飞行中由机身的外壳来承受压力(硬铝式或混合式小划子就是硬壳式壳腔的一个例子)。

于 19 世纪晚期首次提出的可变螺距螺旋桨观念,直到飞机以每小时 300 多千米的速度正常运行时才变得切实可行。而固定的螺距螺旋桨则在低于这一速度的情况下也能运转良好。改变螺旋桨的螺距——桨叶与空气接触的角度——和在一辆自行车上安装齿轮这一传送装置有些相似。

研究人员发现,给引擎(发动机)装上一个外罩,既可以起到更好的冷却效果(此时期大多数的引擎都是风冷引擎),亦可以减小因风阻而造成的拉力。这最后一种装置带来了更高的效率和运行速度,世界各地的生产商迅速采纳了这一外罩设计。

20 世纪 30 年代,除了地面气象站为空中交

> 随着商业航空公司的到来，谚语"行在路上即是快乐旅行的一半"已不再适用。
>
> ——亨利·蒂尔曼(Henry J. Tillman，1863—1947)

通播送有关航线的气象状况信息外，新的导航工具亦可以帮助飞行员寻找他们的云中路线。这包括：在没有任何可视参照物的情况下，让一位飞行员仍然可以照常飞行的无线电导航以及陀螺仪。这种在没有任何机外可视参照物的情况下仍然可以照常飞行的能力，人们将之称作"盲飞"或"有仪器作辅助的飞行"。

1930年，英国人弗兰克·惠特尔(Frank Whittle)获得了飞机涡轮引擎专利。在他获得此项专利后不久，德国航空工程师汉斯·约阿希姆·帕布斯特·冯·奥海因(Hans Joachim Pabst von Ohain)独立构思并设计出了自己的涡轮引擎。惠特尔是第一个在1937年运行燃气涡轮飞机引擎的人，然而冯·奥海因的设计是最先真正给飞机提供动力的，这发生在1939年由其设计的引擎将一架 HE 178型飞机送入云端。英国和德国的涡喷飞机在第二次世界大战期间都参加了军事服役，但是两者都来得太晚了，且未能起到决定性的作用。

虽然这些技术上的发展提升了飞机的可靠性和实用性，然而水域仍然是大多数长途飞机在选择着陆表面时偏爱的对象。这是因为陆地跑道的建设和维护都需要成本，而水上不需要这种费用，并且地球表面的 7/10 都是水域，这能为飞机提供几乎无限制的、免费的跑道。欧洲诸国在全球范围内占有难以数计的殖民地，它们寻找到了飞机尤其是水上飞机这一理想途径来实现各自快速抵达世界其他地方的目的。英国一马当先，利用其大型水上飞机运载舰往返于全球各地，将乘客和邮件带往非洲、亚洲和南美。

就航空而言，其各方面的发展是在几乎没有什么广泛的公共支持的情况下实现的。通常，航空与其说是一种实际的追求，还不如说是一种运动，而且它还具有不同寻常的危险性。具有讽刺意味的是，许多技术上的进步都是在全球经济大萧条时期取得的。这些进步或发展背后的推力，有许多来自愿意支持新生技术以开发其潜力的政府，即便在被支持技术的市场价值依然让人怀疑的情况下也是如此。这种支持通常以军事资助的形式出现。在美国，这使几家飞机公司免于倒闭。

在"二战"中，飞机的用途和其在"一战"中的用途很相像：运输机、战略和战术性轰炸机、远程战斗机、观测平台，以及对地攻击机。比较显著的变化中，有一个是属于海军航空方面的：在"二战"中，人们引入飞机作为一种强有力的、从浮动机场(航空母舰)上起飞的海军武器。战争又一次带来了技术上的加速发展，这个庞然大物包括：自动驾驶仪的采用、有仪表作辅助的着陆系统、具有特别动力和复杂性的中冷涡轮增压引擎，以及为飞机设置第一排弹射座椅。尽管飞机在两次世界大战中的使用存在相似之处(这是一项技术成熟化的标志)，然而彼此之间还是存在显著的差异，其中两项为：大量的飞机被用于军事目的；此外，还有它们的性能问题。例如，"二战"中美国人和英国人在执行一次单项任务时，会定期派遣 1 000 多架轰炸机，每一架轰炸机携带几吨炸弹；波音 B-29 的一次性航程远达 6 500 千米，其携带的炸弹有效载荷为 10 吨；一架战斗机在有外加油箱的情况下能飞行近 2 000 千米。

随着飞机在战时的广泛使用，其可靠性不再是人们重点关心的问题。此外，由于战时大部分飞机都是从陆基机场开始起飞，所以新建的机场开始散布于大地。这些新建的机场，加上飞机引擎的改进和拥有更强的耐受性，宣告了"飞行船"时代的终结。而这种"飞行船"在过去一度是国际航空业的中流砥柱。

战后航空

在战时的飞机技术发展中，涡轮引擎所产生的影响最大，因为它大大提高了飞机的飞行速度。然而，研究人员发现，当飞机飞行速度达到声速（1马赫）时，它会面临可挤压（压缩）空气程度的问题。当一架飞机的速度达到1马赫时，它就会挤压（压缩）前方的空气从而产生冲击波。该冲击波会带来许多问题，其中最主要的问题在于如何控制这种冲击波。飞机的后掠翼呈35度角或更大角度时，飞机能够减缓这种挤压（压缩），从而减小冲击波控制方面的问题。

技术发展

以超声速即超过1马赫的速度飞行，成为航空工业中一件求而不得的事情。1947年，当人们解决了和空气压缩相关的一些控制上的问题后，X-1型飞机最终能够以超过1马赫的速度飞行。这一成功使真正的超音速飞机得以产生，而这种飞机几乎全部都被并且现在仍然在被用于军事目的。曾有两大不同类型的超音速飞机被人们建造出来，然而由于造价过于昂贵，其生产和使用最终只能被放弃。

随着飞机外形和动力方面的技术变得成熟，接下来的一个主要技术发展便是系统问题的解决：飞机系统的电脑化控制取代了原来直接的人力和机械干预。随之而来的便是由飞机系统革命所带来的无人机（Unmanned Aerial Vehicles，缩写 UAVs）——一种能够自主飞行或由地面飞行员控制的飞机——的产生。

曾经罕见的计算机，如今在现代飞机上几乎已随处可见，它控制或监测着几乎一切和飞行相关的事情。由于和全球定位系统中的卫星网络相连接，人们可以在卫星帮助下以很高的精确度为飞机导航，能够锁定其在世界上任何一个地方的位置，而且锁定范围可精确到几米之内甚至更小。

商业航空

"二战"结束后，英国人的涡轮引擎技术居世界领先地位。德哈维兰 DH 106"彗星"号（De Havilland DH 106 *Comet*）飞机于1952年开始服役，这是世界上第一架纯喷气式飞机。在之后的10年中，也有大量的其他喷气式飞机进入市场，包括：苏联图-104（the Soviet Tupolev Tu-104）、波音707、道格拉斯 DC-8（the Douglas DC-8）和卡拉维尔航空客机（the Sud Aviation Caravelle）。与竞争对手们不同的是，双引擎的卡拉维尔客机的建造基于一种全新的理念——在更小型城市之间的短途飞行——而非那种最适合更大型的、四引擎飞机的长途甚至跨洲飞行。卡拉维尔客机开创了商业飞机中的一个全新类型：短程客机。在此期间，飞行依然是一种高级别的、价格昂贵的、相当少见的活动。然而，规模经济迫使情况逐渐发生变化，商业航空公司在规模上有了提升。又或者，它们在同一飞机空间里安排了更多的座位，以降低票价。一旦奢

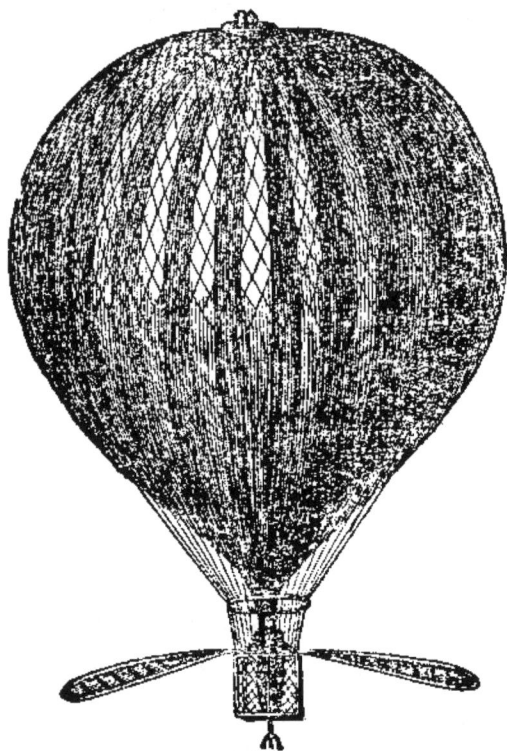

该热气球由文森特·卢纳尔迪（Vincent Lunardi）于1784年在伦敦首次启动，与此不同的是，莱特兄弟的在1903年问世的飞机能够进行持续的、有动力装置的和可控的飞行

358

侈的机器在空间容量上与头等有轨车并无二致,那么航空公司就会越来越多地模仿巴士公司。这一变化在波音 747 客机上得到了典型的体现,波音 747 是在 1970 年世人所能拥有的有两层舱面的最大型飞机。

社会影响

1927 年,查理·林德伯格(Charles Lindbergh)从纽约飞往巴黎,获得了奥泰格奖(Orteig Prize),该奖项颁给首度实现从前一城不间断飞往后一城的飞行目标者。林德伯格的影响远非只是创造了一个纪录。他的成功让许多人相信,航空不仅仅是游戏或玩乐。可以用来衡量他的影响的一个表现为:在紧接着他的飞行之后的几年里,航空乘客的数量激增。林德伯格飞越大西洋之前在数量上尚属微不足道的美国飞机乘客,在其飞越大西洋之后出现了激增态势,由 1927 年的 12 594 人增加到了 1928 年的 52 934 人。至 20 世纪末,拥有高飞行速度

（在很多情况下飞行速度将近每小时 1 000 千米)和极远一次性飞程的喷气式飞机,已经成为全世界商业航空公司的中流砥柱。这些飞行器中的庞然大物能够在自一地飞往另一地的航程中一次性携带 500 名乘客,其效率已对人类的流动产生了巨大影响。

尽管有经济危机、流行性疾病等对人类健康的威胁和恐怖主义,以及时不时的空难,然而全世界每年还是有无数的人在工作和娱乐的双重追求中,花上仅仅几个小时乘坐飞机飞越数千英里。2008 年,有多达 40.87 亿名乘客被送上天空。旅行曾经只是一种留给有闲、有钱的富人的奢侈品,然而现在却成了许多人皆可享有的东西。由于拥有将任何人快速带往任何目的地的能力,飞机在这个星球上几乎能做到无处不至。而这么多的航空旅行势必会对环境造成影响。在一个对碳排放和气候变化高度关注的时代里,航空业也必须要重视人们的这种高度关注,并对之做出自己的回应。

进一步阅读书目:

Constant, E. W. (1980). *The Origin of the Turbojet Revolution*. Baltimore: Johns Hopkins University Press.

Corn, J. J. (2002). *The Winged Gospel: America's Romance with Aviation*. Baltimore: Johns Hopkins University Press.

Gorn, M. H. (2001). *Expanding the Envelope: Flight Research at NACA and NASA*. Lexington: University Press of Kentucky.

Klemin, A. (1929, October). American Passenger Air Transport. *Scientific American*, 141, 325.

Komons, N. A. (1989). *Bonfires to Beacons: Federalcivil Aviation Policy under the Air Commerce Act, 1926 – 1938*. Washington, DC: Smithsonian Institution Press.

Miller, R., & Sawers, D. (1968). *The Technical Development of Modern Aviation*. London: Routledge & Kegan Paul.

Schatzberg, E. (1994, January). Ideology and Technical Choice: The Decline of the Wooden Airplane in the United States, 1920 – 1945. *Technology and Culture*, 34 – 69.

Singer, B. (2003). *Like Sex with Gods: An Unorthodox History of Flying*. College Station: Texas A & M University Press.

Tomayko, J. E. (2000). *Computers Take Flight: A History of NASA's Pioneering Digital Fly-by-wire Project*. (NASA Publication SP – 2000 – 4224). Washington, DC: National Aeronautics and Space Administration.

Trimble, W. F. (1995). *From Airships to Airbus: The History of Civil and Commercial Aviation*. Washington, DC: Smithsonian Institution Press.

克里斯蒂安·格尔泽(Christian Gelzer) 文

刘招静 译 陈恒 校

Aztec Empire 阿兹特克帝国

墨西哥中部的阿兹特克帝国通过帝国制度维系了近100年。作为地区霸主，阿兹特克人控制了无数的城邦，从中获取权力和财富。幅员辽阔、实力强大的帝国吸引了西班牙入侵者前来寻求财富与宝藏，这些入侵者带来了疾病和先进武器，最终导致了阿兹特克人的失败与帝国的陨落。

从1430年开始直至1521年被西班牙征服，阿兹特克帝国一直统治着墨西哥中部。在鼎盛时期，其领土范围从墨西哥湾沿岸沿伸到北太平洋，从墨西哥城以北160千米处一直到今天的危地马拉边境。它包含高原、宽阔和狭窄的山谷、令人生畏的山脉以及翠绿的热带森林。

祖先

作为中美洲最后一支强大的政治力量，阿兹特克人借鉴了一系列早期文明的经验与成就。在墨西哥中部，伟大不朽的特奥蒂瓦坎城

从150年到约750年一直蓬勃发展。除了所征服的很遥远的地区外，这座城市建立了强有力的区域控制，它从事贸易并在政治上影响了远至今天危地马拉的低地玛雅地区。后来，从950年直到约1150年间，托尔特克人的主要区域中心图拉城（Tula，今伊达尔戈［Hidalgo］）逐渐强盛。它与位于尤卡坦半岛北部的奇琴伊察（Chichén Itzá）有着密切联系。然而，图拉城并没有照着早前特奥蒂瓦坎文明或后来阿兹特克文明的方式发展成帝国。

阿兹特克人利用了很多特奥蒂瓦坎的经验来发展自己的帝国：他们的首都特诺奇蒂特兰（Tenochtitlán）是按照网格布局来规划的（就像特奥蒂瓦坎）。他们在国家层面上从事活人献祭，他们在建立帝国的过程中征服了遥远的地区，他们在其万神殿中给予羽蛇神（Quetzalcoatl）和特拉洛克雨神（Tlaloc）特殊的地位，而两者都曾以不同形式出现在特奥蒂瓦坎。从图拉和托尔特克那里，阿兹特克人似乎理解了强权政治，而且他们将其统治的合法性建立在托尔特克人的基础之上。阿兹特克人也崇拜托尔特克人的成就，并且几乎将其神化，把自己所欣赏的所有美术与文化成就（如历法和文字）归功于托尔特克人。阿兹特克人对他们的前辈的欣赏不仅在于这些模仿，还包含他们保有的特奥蒂瓦坎的图像，以及在阿兹特克大庙地区暗窖中作为祭品的其他古代遗物。

帝国的根基

墨西哥盆地为阿兹特克帝国的权力所在地。这个多湖的山谷对于许多人来说一直是一个受欢迎的居住地,特奥蒂瓦坎就位于它的北部地区。大约从 1200 年开始,几个狩猎及采集群体从干旱的北部沙漠向南移动进入更肥沃的地区。离开原来的家乡阿兹特兰(Aztlan,至今仍未找到确切地点)后,这些团体中的 7 个在奇科莫兹托克(Chicomoztoc)或称为 7 个洞穴里停留了下来,位于今天墨西哥北部不明区域。同时,历史记录提供了他们多样的部族身份,这些群体向南移动并选择在墨西哥盆地周围的山谷,以及河谷的东部、南部和西部定居。他们把自己安置在特斯科科湖的阿科尔华(Acolhua):定居在湖西的特帕奈卡(Tepaneca)、霍奇米尔卡

(Xochimilca)和查尔卡(Chalca)在盆地的南部定居下来;还有定居在邻近山谷的马特拉特津卡(Matlatzinca)、特拉胡卡(Tlahuica)、修埃克托津卡(Huexotzinca)。他们在相邻的山谷安顿下来,并将自己的文化与原居住地人群相融合。

最后到来的是阿兹特克人,在经历了戏剧性的抵达以及与原住居民的动荡关系后,1325 年他们在特斯科科湖中的一个小岛上建立了自己的居住点。他们将其城市命名为特诺奇蒂特兰,它将变成一个巨大的都市并成为阿兹特克帝国的中心。

从 1325 到 1428 年,阿兹特克人在通向最终的帝国统治的道路上实行了长期的和被普遍认可的策略。他们作为骁勇的战士,曾为墨西哥盆地最强大的政治实体阿兹卡波特萨尔科城邦(Azcapotzalco,繁荣时期约为 1300—1428 年)充当雇佣兵。战场上的胜利为他们赢得了土地、进

362

特奥蒂瓦坎,为阿兹特克帝国期间的古代"上帝之城"。游客们漫步在"死亡大道",这条大道经过左边的太阳金字塔。阿图罗·德尔芬(Arturo Delfin)摄(www. morguefile.com)

贡者与财富,而他们用这些来增强自己在资源匮乏的岛屿上的定居地。他们将精力集中在建筑上,将市中心扩大至小岛范围之外,并深入到浅湖床以获得土地。最终(到 1519 年)这座城市已可容纳 20 万到 25 万人。在早期,他们也通过谈判达成具有战略意义的精英联姻,特别是与在南部盆地的科尔华坎王朝(Colhuacan)联姻。科尔华人(Colhua)声称继承了托尔特克人血统,并与其传统建立了系谱关系,这就给阿兹特克人提供了巩固的权力基础和统治合法性。伴随着这种长期形成的王朝联系,随后的阿兹特克统治者又成功地寻求与墨西哥盆地的其他王朝建立了有利的联姻关系。简而言之,阿兹特克人在盆地的第一个百年,为第二个百年的帝国统治提供了军事、政治、社会和经济基础。

帝国的成长

1428 年,强大的阿兹卡波特萨尔科城邦的年迈统治者去世。阿兹特克人和他们的邻居——特斯科科的阿科尔华人,利用接下来的内部权力斗争,征服了这个古老的权力中心。

雕刻复杂巨大无比的"太阳石",或称阿兹特克历法。位于墨西哥城。阿图罗·德尔菲摄(www. morguefile.com)

在战争过程中,阿兹特克人和阿科尔华人还与特斯科科湖西岸特拉科潘(Tlacopan)的特帕奈卡人走到了一起。这三个主要城邦形成了三方联盟,今天一般称为阿兹特克帝国或三方联盟(阿兹特克这个名字的意思是"阿兹特兰人",这个词并非日常用语。此前仅仅在学术上使用,并不作为指称的日常语词。直到西班牙人前来殖民后,今天的学者才经常使用该词来指称古典时代晚期在墨西哥盆地及其周围讲纳瓦特尔语的人)。他人经常根据他们的城邦和种族关系将其称为阿兹特克人、阿科尔华人、霍奇米尔科人、查科人等。在伊兹柯阿特尔(Itzcoatl,1426—1440 年在位)统治下的阿兹特克人和在内萨瓦尔科约特尔(Nezahualcoyotl,1418—1472 年在位)统治下的阿科尔华人发起了联盟的领土扩张大业。

1430 年,在巩固了新的政治地位之后,三方联盟的武装力量开始对墨西哥盆地进行侵略性的军事征服计划。被征服的城邦有义务定期向征服者提供贡品,但它们也有机会从三方联盟所征服的更为遥远的领域分享并获得奖赏。三方联盟的统治者也与这些进贡的城邦结成了联盟,通过有意的政治联姻巩固其统治地位。在贵族中实行的一夫多妻制有利于这种策略,它允许统治者同时和几个女人结婚,因而可以用这种方式建立无数联盟。但尽管如此,征服和联盟并不容易,例如,位于墨西哥盆地东南地区的查科,和三方联盟进行了断断续续持续了 30 多年的战争,最后才在 1453 年或 1465 年屈服于阿兹特克军事力量。

而在对查科的征服结束之前,阿兹特克及其盟友已经开始进行对墨西哥盆地以外城邦的军事征服。阿兹特克王蒙特祖玛·伊尔维卡米纳(Motecuhzoma Ilhuicamina,即蒙特祖玛,英语通常称为蒙特祖玛一世,1440—1468 年在位)花了他统治的第一个十年进一步巩固对墨西哥盆地的征服。他及随后的阿兹特克统治者阿克萨雅卡托(Axayacatl,1468—1481 年在位)、蒂索克(Tizoc,1481—1486 年在位)、威佐特尔(Ahuitzotl,1486—1502 年在位)、蒙特祖玛·霍科约津(Motecuhzoma Xocoyotzin,小蒙特祖玛或蒙特祖玛二世;1502—1520 年在位),以及顽强的内萨瓦尔科约特尔和他的儿子尼扎华尔庇利(Nezahualpilli,1472—1515 年在位;父子俩总共从 1418—1515 年在位)一道,领导了三方联盟对盆地之外的军事征服,最终促使墨西哥中部和南部都进入帝国的统治范围。在这些征服中,特拉科潘仍是参与最少的。

帝国的扩张并不是没有挫折。各省份经常起来反抗其领主们,因此必须重新进行征服运动。墨西哥统治者蒙特祖玛·霍科约津花费了大量军事力量,只是对此前征服过的城邦重申帝国的统治权力。事实上,该帝国可能在 1519 年西班牙人抵达时已接近最大领土范围:北至沙漠地区和相对缺乏吸引力的地区,东至墨西哥湾,西至强大的塔拉斯卡(Tarascans)部落,南至富裕的玛雅城邦。他们距离墨西哥盆地的遥远距离可能遏制了其征服活动,因为所有的旅行和运输都是靠步行或乘独木舟。只有通过专业商人的充满活力的商业活动,才能有效地获得宝贵的玛雅财富,他们中的一些人就受雇于阿兹特克人。

阿兹特克并不是不可战胜的。在 1478 或 1479 年,阿兹特克和塔拉斯卡之间的大规模战争导致了阿兹特克军队毁灭性的失败,因此三方联盟避免与塔拉斯卡进入另外一场大战。在帝国的范围之内也存在一些未被征服的城邦,其中最值得注意的是墨西哥盆地东部的特拉斯卡兰斯(Tlaxcallans),虽然被三方联盟国包围,却保持独立而不受阿兹特克的束缚;1519 年,它们还成为西班牙征服特诺奇蒂特兰的坚定的盟友。

在阿兹特克帝国短暂的 91 年的历史中,有更多严重的问题困扰着帝国。例如,从 1450 到 1454 年,一场灾难性的饥荒侵袭墨西哥中部,导致成千上万的人丧生,一些幸存者用他们的自由与海湾地区的托托纳克人(Totonacs)交换玉米。1503 年,毁灭性的洪水吞噬了大部分特诺奇蒂特兰,并催生了一个积极的重建计划。

阿兹特克帝国的结构与策略

帝国统治的首要目标是获得贡品,以定期献给帝国的最高统治者。被征服后,被统治的城邦同意定期提供当地出产的货物与商品,如玉米、辣椒、蜂蜜、原棉、衣物、木材制品、熏香、战士的制服和盾牌、绿岩、黄金、羽毛以及美洲虎皮。只要这些要求得到满足且城邦又没有反抗,帝国统治者对其臣服者的其他事务并不感兴趣。政治上,当地统治者通常被允许保留传统的政治地位。在被征服地区,阿兹特克人最引人注意和突出的存在是充当帝国贡品收集者的角色。偶尔,在反抗存在的地区,会任命总督等帝国官员或部署军事要塞。

这种松散的结构掩盖了一种经过深思熟虑的政治组织制度。在帝国的核心地区(墨西哥盆地),阿兹特克帝国将多数时间花在把被征服的城邦整合进其政治及经济网络。他们与地方统治者的王朝联姻,然后把这些王室联姻的子孙任命到被征服的城邦中去。新的统治者因此既拥有了统治当地的正统性,又有对帝国的忠诚。在某些情况下,新的行政职位被创建。在一些情况下当地统治者会被帝国统治者所选中的人替代。更巧妙的是,当帝国发起征服遥远

364

国家的军事冒险时,盆地里的城邦经常被要求(或邀请)参加。如果军事征服获得成功,这些臣服城邦的武士能获得礼物和头衔作为奖励,从而提高他们留在帝国内的兴趣,而他们不再仅仅依附于帝国,他们已经成为帝国的参与者。

越遥远的征服地区能带给征服者的利益越少。通常,许多被征服地区的勇士会被带到帝国首都作为献祭的祭品。对贡物的索取是不容商量和冷酷无情的,如果一支阿兹特克的军队行军通过,当地居民会被要求耗尽生存所需的资源以供给军队。

经过深思熟虑的战略被三方联盟用于建立和维护帝国对边远地区的控制。经济策略关注定期供给帝国贡品的城邦(在行政上被分组编进大省)。在墨西哥盆地之外,总共有 32 个这样的省,为帝国首都的统治者和人民提供了大量的经济支持:玉米与其他粮食被存储以应对可能的饥荒;战争用具用作军事用途;特定货品被储存起来并被分配作为礼物、佣金,或外贸物资;庞大的帝国官僚机构和昂贵的祭司活动得到支持;原材料被城市的工匠制作成贵族的奢侈品。帝国王室奢华的生活方式和富丽堂皇的生活得到了强化。帝国统治者通过恐吓、报复,维持着持续不断的贡物,对反抗的省份进行重新征服和收取加倍的贡物。随着帝国的不断扩张,另一个策略变得有用,这是一个边疆策略,需要沿着敌对边境地区,横跨至关重要的交通路线,或接近重要但争夺不休的资源的地区,建立附庸国。阿兹特克人会与这些城邦协商互惠互利的协议,以替代直接的军事征服,并通过礼物巩固关系。附庸国则通过以下方式为帝国服务:确保对边境的控制,保证为商人和军队开放交通路线,为帝国获取关键资源。通过这一战略,阿兹特克建立了一种管理他们边远地区事务的并不昂贵的方式。当然,尽管如此,不论是

沿着不稳定的边界还是在反抗的省份内部,帝国依旧会在特定的军事要地建立堡垒和卫戍部队。

阿兹特克帝国的崩溃

早在 1519 年,西班牙征服者的一小股军队就登上了墨西哥大陆。他们获悉了由蒙特祖玛统治的大帝国及其巨额财富,黄金宝藏的故事引起了西班牙人极大的兴趣。在埃尔南·科尔特斯(Hernán Cortés)的率领下,他们前往内陆计划征服这块富饶的土地。许多因素导致了西班牙人最终的胜利。西班牙人的武器有一些小的优势,他们使用滑膛枪、大炮,尤其是钢剑。马匹在战斗中提供了机动性和高度,凶猛的狗则引发本土战士极大的内心恐惧(当地土生土长的小狗通常被用作食物,完全不同于欧洲大型犬)。在激烈的战斗中,阿兹特克人作战的主要目标(但西班牙人不是)是捕获敌人以作为祭品,这导致了其无畏的冒险和很高的伤亡。最重要的是,阿兹特克人对被征服城邦和附庸城邦脆弱的控制力,并存在重要的未被征服的政治组织。科尔特斯提前利用了这种松散的组织,说服许多这样的城邦尤其是强大的特拉斯兰斯人,加入他征服的计划。最终,西班牙人的小型部队借助土著战士,其战斗力得到大大提升。毁灭的种子就内置在阿兹特克帝国的结构中。科尔特斯在征服后期使用的围攻策略使饥饿的特诺奇蒂特兰损失惨重,当时它缺乏盟友且民众罹患天花。天花是一种随欧洲人一起到来的疾病,而土著居民对其缺乏免疫力。蒙特祖玛已经死亡,他的继任者奎特拉瓦克(Cuitlahuac)也在围攻期间疾病缠身。1521 年 8 月 13 日,最后的阿兹特克统治者夸特穆克(Cuauhtemoc)被西班牙征服者俘获,标志着阿兹特克帝国在中美洲统治的终结。

365

进一步阅读书目：

Berdan, F. (2005). *The Aztecs of Central Mexico: An Imperial Society*, (2nd ed.). Belmont CA: Wadsworth.

Berdan, F. (2009). Moctezuma II: expansión del imperio mexica. *Arqueología Mexicana*, *XVII* (98), 47‑53.

Berdan, F., & Anawalt, P. (1992). *The Codex Mendoza*. Berkeley and Los Angeles: University of California Press.

Berdan, F., Blanton, R.E., Boone, E.H., Hodge, M.G., Smith, M.E., & Umberger, E. (1996). *Aztec Imperial Strategies*. Washington, DC: Dumbarton Oaks Research Library and Collection.

Boone, E. (Ed.). (1987). *The Aztec Templo Mayor*. Washington, DC: Dumbarton Oaks.

Carrasco, P. (1999). *The Tenochca Empire of Ancient Mexico: The Triple Alliance of Tenochtitlan, Tetzcoco, and Tlacopan*. Norman: University of Oklahoma Press.

De Sahagún, B. (1950‑1982). *Florentine Codex: General History of the Things of New Spain*. (A.J.O. Anderson & C.E. Dibble, Eds. & Trans.). Salt Lake City: University of Utah Press.

Díaz del Castillo, B. (1963). *The Conquest of New Spain*. (J.M. Cohen, Trans.). New York: Penguin.

Durán, D. (1994). *The History of the Indies of New Spain* (D. Heyden, Trans.). Norman: University of Oklahoma Press.

Gillespie, S.D. (1989). *The Aztec Kings: The Constitution of Rulership in Mexica History*. Tucson: University of Arizona Press.

Hassig, R. (1988). *Aztec Warfare: Imperial Expansion and Political Control*. Norman: University of Oklahoma Press.

Hodge, M.G., & Smith, M.E. (Eds.). (1994). *Economies and Polities in the Aztec Realm*. Albany: Institute for Mesoamerican Studies, State University of New York, Albany.

López Luján, L. (1994). *The Offerings of the Templo Mayor of Tenochtitlan*. Niwot: University Press of Colorado.

Matos Moctezuma, E., & Solís Olguín, F. (Eds.). (2002). *The Aztecs*. London: Royal Academy of Arts.

Quiñones Keber, E. (1995). *Codex Telleriano-Remensis: Ritual, Divination, and History in a Pictorial Aztec Manuscript*. Austin: University of Texas Press.

Solis, F. (2004). *The Aztec Empire*. New York: The Solomon R. Guggenheim Foundation.

Smith, M.E. (2003). *The Aztecs* (2nd ed.). Oxford, U.K.: Blackwell Publishing.

Thomas, H. (1993). *Conquest: Montezuma, Cortés, and the Fall of Old Mexico*. New York: Simon & Schuster.

弗朗西斯·伯尔丹(Frances Berdan) 文

顾海萍 译　焦汉丰 校

B

Babylon　巴比伦

古巴比伦是美索不达米亚地区一个重要的城邦。它的遗址在今天伊拉克巴格达市的正南部。作为一个在大约公元前 3000 年初建立的、相对规模较小的城市，巴比伦却一直是包括阿摩利(Amorite)、赫梯(Hittite)、加喜特(Kassite)和亚述(Assyrian)等在内的一系列重要王朝与帝国兴衰起落的中心。

在全盛时期，巴比伦是古代世界最为重要的城市之一。它座落在底格里斯河和幼发拉底河最靠近彼此的区域——美索不达米亚的中部。这一区域同时还是几个世纪里许多都城的所在地，如基什（Kish）、亚甲（Agade）、塞琉西亚（Seleucia）和巴格达（Baghdad）等。

这一城市古代的名称——巴比尔，可能来自在美索不达米亚的苏美尔语和阿卡德语之前的一种未知语言。在阿卡德语中，它被写作 bab-ili，意思是"上帝之门"；在苏美尔语中被写作 ka-digir-ra，也有同样的含义。Babylon 则是这个名字的希腊语版本。今天，我们将古美索不达米亚的南半部分——大概是从巴比伦南部到波斯湾的这片区域——称作巴比伦。但在古代，这片土地的名称则是苏美尔和阿卡德。

巴比伦王国对古代希腊和古代罗马的历史学家来说再熟悉不过。古代希腊历史学家希罗多德可能在公元前 5 世纪亲自到访过这座城市（当然也有可能是根据亲历者的报告写出的记载），他赞美这座城市道："它在壮观程度上超过了目前世界上所

这是一位艺术家所作对巴比伦空中花园的虚拟复原图，在图中可以见到树木成行的梯台和环绕的运河。选自约翰·亚历山大·哈默顿编《过去的奇迹》(*Wonders of the Past*，Sir John Alexander Hammerton [Ed.]，约 1923—1933 年出版)

知的任何城市。"古典作家们还异口同声地称颂巴比伦拥有古代世界最伟大的奇观之一：巴比伦空中花园。

巴比伦在《圣经》中常被提及。巴别塔被认为也在此地。巴比伦是尼布甲尼撒二世

对波斯皇帝居鲁士在公元前 539 年的入侵，巴比伦人表现出各种不同反应。选自爱德华·西尔维斯特·埃利斯《伟大国家的故事：从历史的黎明到今天》(*Story of the Greatest Nations：From the Dawn of History to the Present*，by Edward Sylvester Ellis，约 1901—1906 年出版)

(Nebuchadnezzar II，前 605—前 562 年在位) 在征服犹太王国后放逐犹太人的城市，据说还是但以理(Daniel)的故乡。因此，和这个区域很多其他城市不一样的是，巴比伦在消亡后并未被人们遗忘。即使在城市建筑被毁坏后很久，其遗址最北部的土丘仍然保留了 "Tell Babil" 的名称。被忘却的主要是这一城市在尼布甲尼撒之前的漫长历史。

不幸的是，几个世纪以来巴比伦的地下水位一直在上涨，因此，即使是考古学家也难以探寻这个城市最早的历史。前 3000—前 2000 年的遗址层大部分都被水浸泡。可能像亚述的尼尼微一样，这个遗址在有史记载之前很久便有人类活动，但我们却无法得知详情。我们对公元前 1000 年之前巴比伦的知识竟大部分来自其他古代城市的文献记载。

最早提到巴比伦的记载来自沙尔卡利沙利

(Sharkalisharri，约前 2217—约前 2193 年在位) 时代。沙尔卡利沙利是阿卡德国王，为帝国建设者萨尔贡(Sargon，约前 2334—前 2279 年在位)的后裔。该铭文也只是提到了巴比伦市里的两座神庙，而关于其早期的其他历史仍然甚少提及。

巴比伦第一王朝

在公元前 19 世纪初，巴比伦的历史上升为关注焦点。公元前 2000 年左右，美索不达米亚当地的苏美尔人和阿卡德人臣服于入侵的阿摩利人。阿摩利人是"西来者"，定居于河谷，并大体上接受了当地风俗。与阿卡德语一样，阿摩利语也是一种闪族语言，但是说这种语言的人没有将其形诸文字，而是仍然在文字记录中使用阿卡德语和苏美尔语。

阿摩利国王控制了几座美索不达米亚地区

打瞎别人眼睛的人,他的眼睛也应当被打瞎。

——汉谟拉比

的城市,巴比伦是其中之一。在接下来的 1 个世纪里,由苏姆-阿布姆(Sumu-Abum,前 1894—前 1880 年在位)建立的巴比伦阿摩利王朝巩固了对周边领土的统治。到了公元前 18 世纪早期,有包括巴比伦在内的 12 个王国统治着美索不达米亚和叙利亚这片地区。一些王国间建立了联盟,另一些王国间则经常发生战争。

汉谟拉比(Hammurabi,前 1792—前 1750 年在位)被认为是巴比伦第一王朝(也被称作古巴比伦王国)最伟大的国王。从登上王位起,他便强调自己是一位捍卫正义的国王。在那个时代通常用年号而不用数字纪年,汉谟拉比统治第二年的年号就体现了他对正义的重视:"汉谟拉比在他的王土上建立公平与自由的一年。"但是,直到汉谟拉比统治的晚期,他才制定了以其名而闻名的法典。当时,他已经将大部分美索不达米亚地区纳入了他的统治范围中,疆域从叙利亚的马里(在今伊拉克的北部边境)延伸到波斯湾。

尽管汉谟拉比并不是第一位立法者(在他接任王位之前,成文法已经在美索不达米亚存在了 200 多年),但他在位时制定的法律给后世带来了很深的影响,以至于接下来几代美索不达米亚的书吏,在长达几个世纪的时间里都抄写并研究他的法典。他的法典还对周边的人群产生了影响,例如赫梯人和迦南人(Canaanites),并最终影响了以色列人和《圣经》中的律法。

汉谟拉比膜拜很多神祇,为他们重修神庙,并在庙中供奉王座和礼品。但他还是将他所建立的大部分功勋归因于巴比伦的主神——马尔杜克(Marduk)。马尔杜克的神像被供奉在市中心一个宏伟的神庙里。马尔杜克崇拜自此起也成为美索不达米亚宗教的一个基本组成成分。

赫梯人与加喜特人

大约在公元前 1595 年,赫梯人(来自今土耳其和北部叙利亚的族群)洗劫了巴比伦,带走了很多巴比伦人俘虏。他们还掠夺了马尔杜克及其妻子萨潘莉托姆(Sarpanitum)的神像,带回赫梯人的领土上,在那里神像被放置了数十年。不幸的是,对于这件大事,今天我们所知甚少。在巴比伦的记载中,这件事几乎未被提及,而在赫梯人那里也只有简略记载。由于发掘早期的巴比伦地层极其困难,因此也没有任何相关的考古学证据。但很清楚的是,赫梯人并没有留下来统治巴比伦的打算。

由于几乎完全缺失文字记录,考古学证据也极少,在巴比伦被征服后的 1 个世纪中发生的事情便成为谜团。但是到了公元前 1500 年,一个新的外来族群——加喜特人,建立了对巴比伦的统治。他们的来历并不清楚,他们的语言仅仅从其个人姓名所提供的线索中为人所了解。与阿摩利人相似,他们受到了巴比伦人的同化,而且事实证明他们是胜任且能干的统治者。美索不达米亚在加喜特王朝统治的几个世纪里维持了统一和相对和平的状态。巴比伦的加喜特国王与安纳托利亚的赫梯国王、米坦尼的叙利亚国王以及埃及新王国的法老保持了经常性的联系。他们的通信在埃及和安纳托利亚被发现。信中显示,巴比伦国王赠送给埃及国王的礼物是马匹和天青石,而作为交换,他们希望得到黄金。在信中,他们还提到了通过联姻在彼此之间所建立的联盟。一些巴比伦公主成了埃及的王后。

到了公元前 13 世纪,一个新的强国——亚述在巴比伦北部崛起。自此,巴比伦和亚述成为美索不达米亚地区的两个头号强国,同时也是对手。尽管这一地区在公元前 12 和前 11 世纪经历了一次衰退,在此期间加喜特王朝覆灭,但这片土地分裂为两股势力的状态仍在持续着。

亚述帝国时期的巴比伦

在加喜特王朝式微的时期,自西部而来的

另外一个族群——阿拉姆人（Arameans）涌入了这片土地，有时是作为移民，有时是作为侵略者。阿摩利人和加喜特人的语言在获得统治地位后反而消失，而这些新来者所操的闪族语言——阿拉姆语却开始取代古老的阿卡德语，成为美索不达米亚人的口头语言。直到 1 500 年后的 7 世纪阿拉伯语传播开来之前，阿拉姆语都是这一地区占主导地位的语言。

在加喜特王朝末期和公元前 8 世纪之间，有 6 个王朝统治过巴比伦，但它们之中没有一个能够拥有汉谟拉比的王朝或者加喜特王朝那样的权势。它们与亚述人时而保持着良好关系，时而是敌对的，尤其当亚述风头正盛的时候。

亚述人似乎一直都很尊重巴比伦文化，也很敬仰巴比伦的神祇们。相对于其他邻居而言，亚述那些强大的统治者往往对巴比伦人特别优待。但尽管如此，战火经常在两地之间燃起，一些新的亚述国王或者宣布对巴比伦进行直接统治，或者在巴比伦扶立傀儡国王。

在公元前 8 世纪，第四波主要的定居者和侵略者族群出现在了巴比伦。他们是迦勒底人（Chaldeans），来自南部的沼泽地。虽然他们似乎与当地巴比伦人说同样的阿卡德语，多年来却一直被视作巴比伦人之敌。不过最终，与之前的加喜特人和阿摩利人一样，迦勒底人也成为巴比伦的主人。

新巴比伦时期

汉谟拉比的帝国灭亡 1 000 年之后，第二个巴比伦统治时期——新巴比伦王国开始了。巴比伦人与米底人（Medes）在公元前 612 年联合起来推翻了亚述帝国，并控制了美索不达米亚大部分地区。这个时代最有影响的人物是巴比伦的迦勒底国王尼布甲尼撒二世，他既是一位征服者，又是一位雄才大略的建设者。

在他统治下的巴比伦城市面积之广阔前所未见，整个城市宏伟壮丽，在历史上十分知名。这是希罗多德曾经详细描述过的城市，今天也已经被挖掘出土，并得到了部分的复原。其城墙有 18 千米长，至少有 8 个巨型正门，圈占了大概 850 公顷的土地。在城市内部，膜拜马尔杜克所建的金字形神塔（ziggurat，有阶梯的塔）高高耸立，在很远的地方便能看到。人们认为这是启发《圣经》作者创作巴别塔故事的原型。不幸的是，在古代这些神塔便已完全解体，以至于今天没有人能对塔的高度做出可靠估算。

在每一个地方，建筑都是由烧结砖砌成，而并非用美索不达米亚盛行长达 1 000 年的土坯砖。城市的整个地区都美轮美奂。例如通往伊斯塔门的游行大道，两面都是深湖蓝色的釉面砖，装点以刻着狮子和龙，呈黄色、黑色和白色的浮雕。

考古学家们未能找到著名的空中花园的可靠证据，在经典文献中这个空中花园被描述为建立在人工建筑物上的梯台式花园——之所以说是一个"奇迹"，因为在建筑顶上种树需要很高的灌溉技术。同时代没有任何记载提到过这个花园。希罗多德对巴比伦整个市区做了细致描绘，也根本没有提到有这样一个花园。因此，最近有人提出，这个花园实际上并不在巴比伦，而是位于亚述。因为亚述国王辛那赫里布（Sennacherib，前 705—前 681 年在位）的确曾经对人夸耀说，在他的首都尼尼微建有一个由渡槽灌溉的梯台式花园。

新巴比伦王国维持时间并不长，不到 1 个世纪。巴比伦末代国王是一位古怪的老人，名叫那波尼德（Nabonidus，前 555—前 539 年在位），他对马尔杜克神的年度祭祀置之不理，而深信月亮之神。巴比伦人似乎极度厌恶这位国王，因此在波斯皇帝居鲁士二世（Cyrus II，前 558—约前 529 年在位）于公元前 539 年入侵时，他们几乎未做什么抵抗。

波斯与希腊时期

最初，在波斯皇帝居鲁士及其继任者统治期间，巴比伦的生活没有多少变化。记载有巴比伦商人与企业家商业交易的楔形文字记录显示，巴比伦仍是一座富裕的城市。波斯皇帝们在巴比伦过冬，似乎很适应当地环境。一直到薛西斯一世（Xerxes I，前485—前465年在位）时期，情况都的确如此。但薛西斯一世被巴比伦人发动的一次叛乱所激怒，于是便将怒火撒在了尼布甲尼撒留下的美丽建筑之上，甚至捣毁了马尔杜克神庙。在此之后这个神庙是否进行过像样的重建，今天并不清楚。在平息了叛乱后，薛西斯还对巴比伦人课以重税。

到公元前330年，亚历山大大帝（前336—前323年在位）接管波斯帝国之后，便深为巴比伦的魅力所倾倒。他认为这将是他帝国的几个首都之一，并批准了重建马尔杜克金字形神塔的计划。工人们的确也清理好了金字形神塔的废墟预备施工，但直到亚历山大大帝去世，新的神塔也没有建立起来。这位马其顿国王可能是因为染上了疟疾，或者酒精中毒，于公元前323年6月13日在巴比伦去世。

亚历山大大帝在美索不达米亚的继承人塞琉古（Seleucus，前312—前281年统治巴比伦）并不像亚历山大大帝那样热爱巴比伦。他在北部90千米的地方建立了一个与之竞争的城市，以自己的名字命名为塞琉西亚。塞琉西亚于公元前275年成为首都。商业和贸易活动逐渐转移到此地，使得巴比伦对地方和帝国的经济变得不那么重要了。安条克一世（Antiochus I，前281—前261年在位）颁布诏书，下令所有巴比伦居民迁至塞琉西亚。但很明显的是，人们并没有都遵从这条诏令，因为巴比伦仍然有人居住，尽管它相比之前变得无足轻重了。到公元前1世纪，在仍然令人为之赞叹不已的巴比伦城墙内，仅仅只有少数建筑孤零零地矗立着。曾经为高楼所拱卫的大道已消失不见，变成了放牧的草地。

今天

自从蒙古人入侵和征服伊拉克后——第一次是1258年由成吉思汗之孙旭烈兀，1401年又由突厥勇士帖木儿——这个地区及其文物受损严重。在19世纪晚期，一队德国研究者开始发掘巴比伦的遗址。他们发掘了新巴比伦城的大片区域，并将许多个伊斯塔门运往柏林，这些伊斯塔门至今仍可在佩加蒙博物馆见到。后来，在伊拉克政府主持下，发掘工作继续进行。在20世纪晚期，自视为当代尼布甲尼撒或汉谟拉比的萨达姆·侯赛因（Saddam Hussein，1937—2006年，于1979—2003年担任伊拉克总统）令伊拉克文物局将巴比伦废墟复原成旧日辉煌的景象。效仿尼布甲尼撒的做法，他的名字也被刻在了用于重建的许多砖块上。建成的结果是一个令人着迷的去处，尽管考古学家们也惋惜地说，许多真正有考古学价值的废墟被现代重建的城墙所覆盖。美国2003年发动的伊拉克战争对巴比伦造成了进一步的损毁并导致文物流失。战争初期，在位于巴格达的伊拉克国家博物馆中数以千计的美索不达米亚文明的手稿与文物遭到洗劫；到2009年底，大约只有不到一半的被盗物品被追回。美军也遭受了各方批评，因其在古巴比伦废墟上建立了一个包括直升机起降场的军事基地，导致一些重要考古遗迹被破坏，其中就包括伊斯塔门的复制品。尽管伊拉克一直到2010年都还不是一个理想的旅游目的地，但在未来，那些场景仍将是激动人心而且是可能的：来自世界各地的游客被重新吸引到巴比伦，参观这个曾经是世界最伟大城市之一的遗迹。

进一步阅读书目:

Beaulieu, P.-A. (1995). King Nabonidus and the Neo-Babylonian Empire. In J. Sasson (Ed.), *Civilization of the Ancient Near East* (Vol. 2, pp. 969 – 979). New York: Charles Scribner's Sons.

Bryce, T. (1998). *Kingdom of the Hittites*. Oxford, U. K.: Clarendon Press.

Cook, J. M. (1983). *The Persian Empire*. New York: Schocken Books.

Hallo. W. W., & Simpson, W. K. (1998). *The Ancient Near East: A History* (2nd ed). New York: Harcourt Brace College Publishers.

Herodotus. (1972). *The Histories*. (A. de Selincourt, Trans.). New York: Penguin Books.

Horsnell, M. J. A. (1999). *The Year – Names of the First Dynasty of Babylon* (Vols, 1 – 2). Hamilton, Canada: McMaster University Press.

Kuhrt, A. (1995). *The Ancient Near East*. London: Routledge.

Leick, G. (1999). *Who's Who in the Ancient Near East*. London: Routledge.

Klengel-Brandt, E. (1997). Babylon. In E. M. Meyers (Ed.). *The Oxford Encyclopedia of Archaeology in the Near East* (Vol. 1. 251 – 256). Oxford, U. K.: Oxford University Press.

Klengel-Brandt. E. (1997). Babylonians. In E. M. Meyers (Ed.), *The Oxford Encyclopedia of Archaeology in the Near East* (Vol. 1, 256 – 262). Oxford, U. K.: Oxford University Press.

Nemet-Nejat, K. R. (1998). *Daily Life in Ancient Mesopotamia*. Westport, CT: Greenwood Publishing.

Oates, J. (1979). *Babylon*. London: Thames & Hudson.

Roaf, M. (1990). *The Cultural Atlas of Mesopotamia and the Ancient Near East*. New York: Checkmark Books.

Roth, M. T. (1997). *Law Collections from Mesopotamia and Asia Minor* (2nd ed). Atlanta, GA: Scholar Press.

Rothfield, L. (2009). *The Rape of Mesopotamia: Behind the Looting of the Iraq Museum*. Chicago: University of Chicago Press.

Roux, G. (1980). *Ancient Iraq* (2nd ed). Baltimore: Johns Hopkins Press.

Sasson, J. M. (1995). King Hammurabi of Babylon. In J. Sasson (Ed.), *Civilizations of the Ancient Near East* (Vol. 2, pp. 901 – 915). New York: Charles Scribner's Sons.

Snell, D. C. (1997). *Life in the Ancient Near East*. New Haven, C. T: Yale University Press.

Smmerfeld, W. (1995). The Kassites of Ancient Mesopotamia: Origins, Politics, and Culture. In J. Sasson (Ed.), *Civilizations of the Ancient Near East* (Vol. 2, pp. 917 – 930). New York: Charles Scribner's Sons.

Stiebing, W. H., Jr. (2003). *Ancient Near Eastern History and Culture*. New York: Longman.

Van de Mieroop, M. (1997). *The Ancient Mesopotamian City*. Oxford, U. K.: Clarendon Press.

Van de Mieroop. M. (2004). *A History of the Ancient Near East, ca. 3000 – 323 BC*. Oxford, U. K.: Blackwell.

阿曼达·波达尼(Amanda H. Podany) 文

蔡萌 译　陈恒 校

Bands, Tribes, Chiefdoms, and States
营居群、部落、酋邦和国家

文化人类学家埃尔曼·塞维斯于 1962 年提出了一个模型,依据人口多寡及人口密度,将人类社会大致分成四个发展阶段——营居群、部落、酋邦和国家。从营居群到国家,社会的复杂程度有着很大差别: 营居群仅仅是由几十人构成的松散组织,国家则是高度集权和高效的、由数百万乃至十多亿人口构成的社会。

从古到今，世界范围内人类社会的千差万别经常冲击和挑战着我们的理解力。尽管在西方，"原始社会"与"文明社会"的简单区分一直以来很流行，但这一区分却模糊了"原始"社会内部的各种差异，也无助于探讨从原始到文明的发展进程。在解决这些问题时，人类学发现一个依据四种不同社会政治复杂性水平建立起的模型十分有用，即营居群、部落、酋邦和国家这四个阶段。这些不同阶段的划分建立在跨文化民族志的数据（涉及文化研究）以及史前和历史的考古学证据之上。

在这个背景下，复杂性指的是社会将人口整合成更大规模、更多样化的组织以及更加密集居住的社群的能力。这一能力与政治整合和经济整合密切相关。政治整合的形式包括集中决策、等级权力关系。而经济整合则意味着个人和社群自给自足的能力被削弱，转而日益依赖于其他个人或组织供应食物等关键资源。美国人类学家埃尔曼·塞维斯（Elman Service，1915—1996）在1962年第一次提出了这一经典模型。经过小的修正，这个模型仍然在人类学家和考古学家当中作为普遍的描述性框架而广泛使用。

营居群

营居群是规模最小、社会政治状况最简单的人类组织。一个营居群通常由有血缘关系的几个家庭组成，他们在一起扎营居住，密切合作。营居群人口总数很少超过100，多数时候只有12或24人左右。大部分营居群的成员都是猎人、采集者或掠夺者，并不以种植作物或驯养家畜作为提供食物的手段。为了在环境中最大效率地利用野外食物，许多营居群过着流浪的生活。为充分利用各个季节所提供的"红利"和让正在减少的资源有时间恢复，他们在广大而没有确定边界的领地内四处迁徙。不过只有

当人口密度十分低的时候，这个战略才是可行的。营居群通常的人口密度要低于每平方千米2.5人。

当这种地广人稀的状况存在时，集中的政治控制很难：面对侵略性强或彼此有分歧的人群，人们可以选择离开或加入别的营居群。如此一来就没有正式的领导机构，营居群的决定需要一致同意，社会关系是高度平等的：年龄、性别和个人能力是决定社会地位的首要因素。某些位置——例如巫师或治疗者、好的猎人、好的采集者——更具价值，但这些必须通过行动才能获得。营居群也会欢迎更多有才能的人加入，多多益善。当有必要与其他家庭或营居群进行合作时（例如集体打猎），这些极具才能和受到尊敬的人便可以充当此情势下的头领。但是他们的权威也随着这一情势的结束而告结束，而他们试图在其他无关的问题上干涉他人的情况是不能被容忍的。当一个更为等级化的社群同这一组织接触时，往往希望与一个单独的头领打交道。但令其感到沮丧的是，这个头领无法用他的决定以及与其他组织订立的协议来约束整个营居群。

低水平的经济整合增大了政治控制的难度。营居群运用的技术也很简单，每个家庭都能制作所有需要的工具以获取生活必需品。这一物质生活上的自给自足催生了高水平的自治和居无定所的习性。加之缺少家畜去运送家庭财产，从而抑制了积累财富的想法。经济关系几乎都建立在互惠原则之上，如相互交换剩余食物以及象征性的、强化彼此关系的礼物。

人们通常视营居群为原初形式的人类社会，并认为这是大约公元前10000年农业发展起来以前人类的主要组织形式。但需要看到的是，大部分营居群都居住在不适合农业生产且生活物资十分匮乏的环境下。而那些生活在前农业时代，却居住于物资更为丰富环境下的人群，理应拥有更为复杂的社会组织。

消亡是国家的通常现实；血缘是一切事物——法律与战争——的基础。
——菲利普·詹姆斯·贝利(Philip James Bailey，1816—1902)

部落

一般情况下"部落"这个词指的是"原始"社会，因此我们会听到"部落艺术"和"部落战争"的说法。但在塞维斯的模型中，"部落"有着更为狭窄、更为具体的含义：一个由许多小社群——通常是半自治的营居群或村庄——组成的部落，并且自认为是一个单独的集体单位。这个单位的人数一般从数百人到上千人不等。尽管有些部落以劫掠为生，大多数却是以园艺或放牧为主业。

与营居群一样，部落一般实行平等的社会关系和非正式的领导。部落与营居群的区别在于，营居群更加独立，而构成部落的社群之间则更加强烈地感觉到彼此的联系。尽管这些构成社群在日常生活中保持了相当程度的自治，但当威胁（包括环境的压力，如作物歉收，以及遭遇外来者竞争）来临的时候，他们会团结在一起相互支持，表现得就像一个整体。促进这种合作的是跨联盟社群的社会组织，它能够创造和维系个人之间的关系，将部落成员黏合在一起。这些联盟社群包括诸如建立在血缘关系上的氏族、同年龄的组织，以及舞蹈和治疗等自愿性组织。

在一些更加复杂的部落之中，被称作"大人物"的权势人物成为本地的首领。与营居群的头领一样，"大人物"获得了地位，但没有正式的权力，他们地位的上升主要得益于操控互惠关系的技巧。通过积累剩余的食物和象征性的财富，他们变得有能力放贷，并可以通过赠予他人礼品，而在被归还或偿还前要求他人社会和政治上的支持。他们的地位很少是世袭的，不过，由于总是那几个人在特定时间内为地位而竞争，因此可以看到政治控制集中化的雏形。

1914 年中东地区贝都因部落的一些成员合影。这个部落由几个不同的血族团体组成，是行使政治功能的组织

为什么变得复杂？

在营居群和部落，每个家庭所求的只是满足其基本生活需要。而与之形成对比的是，在人口密度更高的情形下，需要更加复杂和昂贵的技术去增加食物产量。同时，获取资源竞争的加剧，也增加了调节和解决内部及外部社会冲突的需要。为了在一个更大型的社会中满足这些需要，出现了各种全职的专业人员：工匠、世俗和宗教的领导人以及战士。这些专业人员用他们的技能和服务支撑着更大型的社会，使之更具效率。而作为回报，他们也获取了由他们的服务而使之成为可能的剩余产品。

但是，这些专业人员也使在一个社会中获得资源与权力的难度增加，为一个以社会不平等为特征的等级制社会的出现准备了基础。关于如何实现精英对社会的管理的有益一面和剥削的一面的平衡是一个反复辩论的问题（也许

380

是一个永远无法取得结果的辩论，因为在每一个不同的社会、不同的时间，此种平衡都是各不相同的），但是专家们普遍承认社会的复杂性与社会不平等之间存在联系。需要指出的是，尽管带有平等主义意识形态的国家的确是存在的，但是真正平等的国家我们并没有见到。事实上，这些内部社会政治的分化正是使得一些社会比其他社会更"复杂"的原因所在。

酋邦

酋邦拥有大概从几千到数万的人口。尽管一些酋邦可能靠在富裕地区觅食为生，但大多数酋邦依赖精耕细作的农业或畜牧业为主要生存手段，从中获得稳定的食品剩余，以供养人数相对较少的"专业人员"。有学者对简单酋邦和高等酋邦做了区分：前者规模较小，拥有单一的精英阶层；后者则有着等级化的酋长以及"酋长之上的酋长"，酋长们建立了大型的政治组织——其代价是不同血统和世系的酋长们在竞争主导权时容易带来更加不稳定的政治局面。

酋邦是等级社会。高的社会地位往往并非通过其才能获得，而主要是靠任命或者继承。一些家庭或宗族为自己保留着高等职位——主要是少数几个全职官职，拥有得到正式认可的职责和权力。政治权力多多少少集中在最高统治者那里，他拥有为整个群体做决定并迫使不安分者就范的权威。这一权威通常是借由宗教获得合法地位的。通过宗教，这些世系便能依靠其神圣先祖的美德（这是普通人所缺乏的）而获得超自然的恩惠与权力。

酋长们通过再分配以及对剩余产品的征收（以进贡或税收的形式）与管理，也在酋邦的经济整合中扮演了重要角色。这些剩余产品首先是为了维持酋长世系的基本生活所需，但它们同时也会以支持依附于酋长家族的宗教与工艺专家的形式回馈给社会。剩余产品还会用在使

酋长地位合法化的宴会与礼品赠予上，为军事行动的拨款上，大型纪念建筑如神庙、宫殿或坟墓的建造上，以及用在急需之时的救生口粮供应上。

国家

今天，每个人都是国家的一部分。国家作为高度集中和高效的政治实体，可以容纳与整合10万乃至10亿多的人口。为了维持这一水平的强化管理与控制，国家拥有复杂的记录系统，并依赖数量众多的专职人员（他们往往聚居于城市）。这些城市——"城市"一词来源于拉丁词语"*civitas*"——与识字率一起，是文明的两大标志。只有劳动密集型农业才能为养活城市中密集居住的人口提供剩余食物。

酋邦可能只有两个社会阶层（酋长与普通人），而国家则至少有三个阶层：作为统治精英的"上层阶级"；作为官僚管理者和商人的"中间阶级"，他们一般都是识字的；以及作为"生产基础"的"下等阶级"，包括大部分手工业者和农业劳动者。这些社会等级也是世袭的，但社会流动的可能性（流动尽管不容易，但还是可能的）将阶级社会与种姓社会区别开。在种姓社会中，改变一个人社会地位的机会可以说是根本不存在的。为了在内部各种各样的、很多时候是多元文化的人口当中维持社会秩序，国家拥有正式的法典，并将使用武力的权力收归其指定的代表者。通过将解决冲突的职责交给国家官员而不是将它留给私人自行解决，国家将可能由血亲复仇和引起大型酋邦不稳定的派系斗争带来的危害降至最低。

国家运用再分配政策去供养国家机构或政府，但是社会中占主导地位的经济模式是市场交换。这种交换通过鼓励私人为了追逐利润而将资源从过剩地区转向短缺地区，使得政府能够免除承担资源分配这一危险的职责。国家则

381

通过认可标准化的交易单位,例如官方通货,以及在交易过程中变相向富人征税,鼓励市场交易。

国家的世界

相对于没有国家的社会而言,拥有集合大量劳动力和剩余商品能力的国家拥有巨大的优势。历史和考古学无数次印证了这一事实,并且记录了世界范围内社会政治单位数量越来越小而规模越来越大的趋势。在研究国家的过程中形成了一个概念——次级国家,指的是在邻国的影响和压力之下才转变成国家的社会。不过,这个趋势并非线性上升的,因为许多国家也会因为政治或者环境的不稳定而崩溃。在这些情形下,受此影响的人们只能从头再来,往往是从较低水平的社会政治复合体(往往是酋邦或部落)开始,因为新的环境只能支持这一水平的政治形式。

但是,这个普遍的(也有不同观点)被视为由人口增长所驱动的趋势,的确导致了非国家社会的急剧减少,尤其是在最近的几个世纪里。即使是在 20 世纪最初 10 年的中期,民族志学者们仍能找到自治的营居群、部落和酋邦来进行研究。但如今,在 21 世纪的开端,处在这些水平的社会政治体基本上绝迹了。因为营居群、部落和酋邦不再作为现实功能单位而存在,一些学者遂将这个从低水平到高水平的等级划分模型视作试图维护群体间不平等、维持"较不复杂"群体边缘化地位的工具。但是,这个模型依然是我们理解各种不同社会在社会、经济和政治等方面差异的有用框架。

进一步阅读书目:

Claessen, H. J. M., & Skalnik. P. (Eds.). (1978). *The Early State*. The Hague, The Netherlands: Mouton.

Cohen R., & Service, E. (Eds.). (1978). *Origins of the State: The Anthropology of Political Evolution*. Philadelphia: Institute for the Study of Human Issues.

Ehrenreid, R. C., Crumley, C., & Levy, J. E. (Eds.), (1995). *Heterarchy and the Analysis of Complex Societies*. Washington, DC: American Anthropological Association.

Feinman, G., & Neitzel, J. (1984). Too Many Types: An Overview of Sedentary Pre-state Societies in the Americas. In M. Schiffer (Ed.), *Advances in Archaeological Method and Theory* (Vol. 7, pp. 39 – 102). New York: Academic Press.

Fried, M. (1967). *The Evolution of Political Society*. New York: Random House.

Gilman, A. (1981). The Development of Social Stratification in Bronze Age Europe, *Current Anthropology, 22*(1), 1 – 24.

Johnson, A. W., & Earle, T. (2000). *The Evolution of Human Societies: From for Aging Group to Agrarian State* (2nd ed.). Stanford, CA: Stanford University Press.

Kristiansen, K. (1991). Chiefdoms, States, and Systems of Social Evolution. In T. Earle (Ed.). *Chiefdoms: Power, Economy, and Ideology* (pp. 16 – 43). Cambridge, U. K.: Cambridge University Press.

Maisels, C. K. (1999). *Early Civilizations of the Old World: The Formative Histories of Egypt, the Levant, Mesopotamia, India and China*. New York: Routledge.

Price, T. D., & Feinman, G. M. (Eds.). (1995). *Foundations of Inequality*. New York: Plenum Press.

Redman, C. L. (1978). *The Rise of Civilization: From Early Farmers to Urban Society in the Ancient Near East*. San Francisco: Freeman.

Service, E. (1962). *Primitive Social Organization*. New York: Random House.

Service, E. (1975). *Origins of the State and Civilization: The Process of Cultural Evolution*. New York: W. W. Norton.

伊丽莎白·雷根(Elizabeth Ragan) 文

蔡萌 译 陈恒 校

Barter　物物交换

用一种物品或服务和另一种物品或服务直接交换，其中不用到货币（金钱）这一交换媒介，这种交换行为被人们称作物物交换。由于一件物品和另一件物品之间的相对价值随需求、可获取条件和社会背景的变化而变化，因此物物交换并非天然的那么简单，而是通常会涉及复杂的社会关系。

物物交换可以被宽泛地界定为物品、服务之间的直接交换。它和有货币参与的交换行为相区分。后者在货币的参与下，可以实现购买行为与出售行为之间的分离。物物交换的观念和实践非常稳定地反映了所处社会的情境。例如，在一个太平洋岛屿上的社会里，人们所理解和践行物物交换的方式，就同当今美国社会里物物交换的做法不同。前者的物物交换可能和那些影响着某一岛屿与邻近岛屿之间关系的社交场合有联系，而后者的物物交换则可能涉及邻里之间某人为寻求水暖工帮忙而向他人让渡自己所留存的食物之事。

物物交换的特点

要想对物物交换做出任何意义上的精确界定都是有困难的。这是因为物物交换通常都涉及复杂的社会关系（尽管有许多人类学家已做出相反的论断，即物物交换总体上都缺乏社会关系）。社会人类学家卡罗琳·汉弗莱（Caroline Humphrey）和史蒂芬·休-琼斯（Stephen Hugh-Jones）承认，任何试图为物物交换提供一种总界定或模式说明的尝试，都会造成丢失物物交换行为所处重要社会情境的损失。不过，即便如此，他们还是对物物交换行为的许多特征做出了说明。

物物交换缘于人们对自己所没有的物品或服务的一种需求。例如，一个人拥有一头猪，但

20 世纪初，阿拉伯妇女在一处市场上分类整理物品（商品），以进行物物交换。美国国会图书馆

他可能想要一条独木船。参与交换的人都是自由和平等的。被拿来进行物物交换的商品的价值，并非由货币来衡量。针对用于物物交换的商品的价值，此时还没有独立的衡量手段。交换双方必须达成协议：被拿来交换的两方物品或商品在价值上是相等的（在此过程中，讨价还价通常是关键）。最后，买与卖的行为同时发生，虽然交易的完成（交付商品、履行服务）可能需要花费一些时间。

物物交换与经济研究

在欧洲的经济学中,有关物物交换的传统观点可以通过两个人的研究来加以理解。希腊哲学家亚里士多德就物物交换在交换行为发展中所起的作用做了探讨,其探讨是现存最早的。他的解释(《政治学》第 1 卷第 9 章)对于理解一种看似可能只是简单经济行为的活动之政治与社会影响,也具有重要意义。他指出,在最初的人类组织形式——家庭中,并不存在交换实践,因为它是自足的,交换实践发生在更大型社会群体得以发展、家庭之间开始分享东西时。亚里士多德声明,人们对不同物品或商品的相互需求,是这些交换行为得以发生的根本原因。对亚里士多德来说,物物交换的最初目的在于重建自然本身所具有的自足意义上的平衡。然而,他警示道:正是脱离了这种类型的交换,货币制造才出现在人们的视野中。这是一种在他不屑的眼光看来反自然的行为,因为它除了仅仅促使人们积累更多的财富外,发挥不了什么有益的作用。

在 1776 年的《国富论》一书中,亚当·斯密提出了一种有关物物交换功用的更为机械的看法。他认为,随着劳动分工的出现,每个人都只生产他所需要的全部物品的一小部分,他们不得不诉诸物物交换,而"这种活动通常肯定会进行得很不顺畅,并且操作起来常让人感觉尴尬"。因为一个人不是总能找到某个人,这个人拥有他所需要的物,而这个人又希望拿自己的物和他所提供的物进行物物交换。

正如斯密所解释的:

我们假设,一个人所拥有的某种商品的量多于他所需要的量,而另一个人所拥有的要少于他所需要的……一位屠夫的肉店里的肉量多于他实际所能消费的肉量,而一名酿酒师和面包师各自都想要购买一部分肉。然而,除了各自销售的产品外,这位酿酒师或面包师都没有什么可拿来进行交换的。而且,已经有人向那位屠夫提供他所急需的所有面包和啤酒。在这种情况下,他们之间没有可能发生交换行为。

为了缓解物物交换所带来的不便,人们发明了货币。对亚里士多德和斯密来说,物物交换是社会发展初期的一种具有特色的经济活动。

约 1901 年,希腊阿尔戈斯的市集日,老少人群都在为生活必需品而进行物物交换

不怎么费钱的物价值较低。

——米格尔·德·塞万提斯(Miguel de Cervantes, 1547—1616)

物物交换与礼物交换

在现代西方经济制度带来彼此之间的接触与整合之前，物物交换在欧洲之外的许多社会里扮演着重要的角色，其用途（以及不同的社会与经济价值的呈现）通常被探险者们记录下来，例如，当库克船长于 1744 年 4 月第一次造访马克萨斯群岛时，他用枪支交换别人的猪，不过他发现，猪的供应很快枯竭。在没有意识到动物在当地纪念性节日中所扮演的重要角色（这限制了出售方面的数量）的情况下，他以为是他和自己的船员们向交易市场提供了过多的枪支。

现代人类学家意识到，在商品交换和礼物交换之间存在一个重要的区别。他们认为，物物交换是商品交换的一种形式（商品就是诸如动物或汽车等被人寻求的、既有使用价值亦有交换价值的物）。如果说商品交换的目的在于获取商品，那么礼物交换的目标则在于使收受礼物之人（或群体）心怀某种义务之感。人类学家克里斯托弗·格雷戈里（Christopher Gregory）在一项关于此种区分的详细研究中提出，商品交换建立了一种被交换之物之间的关系，而礼物交换则建立了一种实施交换行为的主体之间的关系。如此，物物交换就被判定为一种物的交换，该种交换并不通过多少陌生人之手而（像礼物那样）同社会制度（体系）相连。人们假设，在这样一些交易当中，不存在任何形式的依赖关系（社会或政治义务）。事实上，这种区分并不是那么清晰可辨。例如，在礼物交换先于商品交换的情形中，有一种关系网络将两种类型的交换连在了一起。实际上，简单的物物交换行为可能经常是人们之间远为复杂的政治、社会与经济交往过程的组成部分。

当今物物交换

在今天看来，物物交换仍然是一种重要的经济活动，即便是在使用货币的社会里也是如此。尽管有亚里士多德和斯密的理论，人们还是不能将物物交换仅仅和原始经济体相连。物物交换已日益被商家所运用。如在美国，国际互惠贸易协会（International Reciprocal Trade Association）声明，2001 年各公司之间产品的物物交换价值额度超过了 75 亿美元。在美国，有许多物物交换俱乐部及协会，其存在即为低水平的交易创造方便，这种交易大都包含家庭物品的交换。而且，并非所有的物物交换都和强大的经济体相连。例如，在阿根廷，通货的价值减缩、银行的关闭和大规模的失业，导致物物交换方式的使用呈增长趋势。英国报纸《卫报》（*The Guardian*）报道，2002 年 4 月 25 日，随着现金的短缺，在布宜诺斯艾利斯出现了物物交换俱乐部（有时就位于购物中心之外），目的是使人们能够将自己生产或提供的商品与服务拿来交换。因此，物物交换是现代经济活动非常重要的组成部分，无论是在强大的经济体还是在较弱的经济体中都是如此。

进一步阅读书目：

Aristotle. (1962). *The Politics*. T. A. Sinclair (Trans.). Harmondsworth, U. K.: Penguin Books.

Aristotle. (1976). *The Nicomachean Ethics*. J. A. K. Thompson (Trans.). Harmondsworth, U. K.: Penguin Books.

Gregory, C. A. (1982). *Gifts and Commodities*. London: Academic Press.

Gregory, C. A. (1997). *Savage Money: The Anthropology and Politics of Commodity Exchange*. Amsterdam: Harwood Academic Publishers.

Hart, K. (1986). Heads or Tails: Two Sides of the Coin. *Man*, *21*(4), 637 - 656.

Humphrey, C. (1985). Barter and Economic Disintegration. *Man*, *20*(1), 48 - 72.

Humphrey, C., & Hugh-Jones, S. (Eds.). (1992). *Barter, Exchange and Value: An Anthropological Approach*. Cambridge, UK: Cambridge University Press.

Parry, J., & Bloch, M. (1989). *Money and the Morality of Exchange*. Cambridge, U.K.: Cambridge University Press.

Polanyi, K. (1968). *Primitive, Archaic, and Modern Economies: The Essays of Karl Polanyi* (G. Dalton, Ed.). New York: Doubleday.

Smith, A. (1998). *The Wealth of Nations*. Oxford, U.K.: Oxford University Press. (Original work published 1776)

肯尼斯·希迪(Kenneth Sheedy) 文

刘招静 译　陈恒 校

Benin　贝宁

385　　位于今天尼日利亚中南部的古老的贝宁帝国自 11 世纪起,便通过军事权力和贸易影响了非洲的大部分地区。在君主与寡头政治的复杂混合政体下,贝宁人民的生活水平可以跟世界任何其他大城市相媲美,直至 1897 年为英国人所殖民。

贝宁帝国是非洲最重要的帝国之一,它的建立可溯源到 11 世纪,并一直维持到 1897 年为英国所占领和殖民。贝宁是几内亚带(西非南半部的丛林地区)的众多大帝国之一,位于今天尼日利亚的中南部(与今天的贝宁共和国[旧称达荷美共和国]勿混淆)。

口述传统显示,贝宁人(他们今天自称埃多人)从东部迁徙而来。在 1000 年左右建立贝宁城之前,他们最开始是定居在伊莱-伊费(Ile-Ife)。人们对贝宁早期的历史知之甚少。根据口述传统记录,自奥吉索王朝(Ogiso dynasty)以后有 31 位国王,奥瓦多是其末代君主。奥瓦多因残暴无能而被国人驱逐,此后,贝宁便由一个委员会来集体统治,并推举其中一位酋长担任首领。

当委员会推举出的这个酋长试图使他的职位变成世袭时,此寡头政体实验便宣告失败了。由于危机无法解决,贝宁人民便要求奥杜杜瓦王室(Oduduwa,传说中伊莱-伊费的统治者)派出他的一个儿子来担任贝宁国王。奥杜杜瓦王室派出了其子奥然米延(Oranmiyan)。历史学家就奥然米延的故事是否代表贝宁遭到约鲁巴人的统治或征服这一问题存在争议。奥然米延最终失望地离开贝宁城,接替他担当"奥巴"(oba,自此以后对贝宁国王的称呼)的是他的儿子伊维卡一世(Iweka I)。此后贝宁的"奥巴"均自称是继承着奥然米延的神圣血统,这一血统也是王室权威的核心依托。

政治历史与转型

奥巴与委员会首领们之间的矛盾是贝宁帝国政治局势的中心问题之一。伊吾阿(Ewuare,1440—1473 年在位)是贝宁最著名的国王,正是他将贝宁从一个王国变成了帝国。在一场激烈的王位继承争夺战之后,他掌握了大权,并且实行了军国主义方针。贝宁征服了许多邻近的国家和人民,包括伊博人(Igbo)、约鲁巴人的一些王国以及尼日尔河三角洲沿岸的居民。帝国实行间接统治,当地的首领只要交纳贡品便可保留其权力。

伊吾阿重新规划设计了贝宁帝国的首都,将皇宫与市镇用宽阔的大道分隔开来。城市人口密集,街道垂直交叉,城市中的手工艺人、工匠、商人、铁匠和牧师组成了行会并且按长幼之序确定等级。伊吾阿建立了两个重要组织:皇宫酋长队和市镇酋长队。这两个组织的官员是他的最高级参谋,但都不是世袭的。此后随着时

386

1670 年贝宁城的历史场景,在英国正式将贝宁变为其在尼日利亚保护国一部分的 200 多年以前

间的推移，市镇酋长队成为皇宫方面势力主要的反对者。他们尤其针对的是皇宫方面势力的首领——禁军的指挥官伊亚斯(Iyase)。伊吾阿开创了一年一度的皇家庆典，将珊瑚珠作为皇室权力的标志。伊吾阿之后，在奥佐卢阿(Ozolua)、艾喜吉(Esigie)和沃霍华(Orhoghua)的统治下，帝国仍在继续其扩张事业。

最高祭司奥萨(Osa)和奥苏安(Osuan)掌握的教权对皇权起着补充作用。伊莫如(Emeru，神圣铜器的七位看护者)和沃顿(Ooton，皇室祖先的七位看护者)可以将他们超自然的权力转借给奥巴。同几内亚的许多族群一样，贝宁也有人殉的制度。但文字记录显示人殉仅限于皇家庆典，并且牺牲者数量有限。

在贝宁历史上，皇位继承的争议司空见惯。到17世纪，皇家世系已经变得十分散落，敌对双方之间更是时常为皇位展开激烈角逐。随着奥巴的权力被削弱，酋长的权力增强了。这一变动酿成了17世纪晚期伊沃克普(Ewaukpe)、阿

肯如阿(Akenzua)和欧德(Ode，他是此时的禁军指挥官伊亚斯)之间的混战。战争加强了埃佐末(Ezomo)——一位控制了乌泽布村的酋长——的权力。埃佐末能够任命自己的酋长，实际上成了"第二奥巴"。从这个时期开始，皇室艺术变得越来越花样百出并受到高度重视，因为它可以作为实施皇室控制的有力工具。从内战中走出来的贝宁在18世纪后半期保持了稳定与繁荣。19世纪贝宁的一部政治史，主要就是奥巴、埃佐末、伊格亥戊博·奥格比(Eghaevbon' Ogbe)与伊格亥戊博·奥利(Eghaevbo n' Ore)之间的复杂关系与相互往来。

贝宁与非洲

贝宁帝国很大程度上是由军事力量捏合在一起的。在帝国的间接统治之下，地方统治者享有很大的自治权。贝宁的军队确保了地方统治者一般会按要求进贡。地方统治者有时也会摆

贝宁的酋长们坐在新修的法院外面合影。这是沃特尔·艾格顿爵士1924年前所拍的照片。纽约公共图书馆

贝宁的国王对周边所有的人民都有着巨大的影响……他的权威扩展到许多的城市、城镇和村庄。在那个地区没有一位国王可以与他匹敌,没有一位国王能像他那样拥有如此之多美丽的城镇。

——沃尔夫特·戴普(Olfert Dapper, 1636—1689)

脱贝宁的控制,正如商业国家瓦里(Warri)在19世纪所做的那样。尤其是伴随着17、18世纪伊洛琳(Ilorin)、奥约(Oyo)和努佩(Nupe)地区的经济增长,贝宁同北部各个约鲁巴王国之间经常起冲突。总体来说,贝宁为整个地区的贸易提供了纽带,包括纺织品、玻璃珠、奴隶、象牙、胡椒、咖啡、棕榈油、木材、皮革、马匹和盐等商品。贝宁还通过豪萨族(Hausaland)参与了跨撒哈拉的贸易。

贝宁与世界

贝宁与欧洲人的第一次联系是在伊吾阿统治时期。第一批到访者为他们的所见所闻而惊奇,他们赞美了当地人的好客、街道的安全以及高水平的居住及卫生标准。记录显示,贝宁城居民的生活条件与当时世界其他主要大城市的居民不相上下。16—18世纪的欧洲人将贝宁看作一个高级的文明。葡萄牙人在艾喜吉统治时期向贝宁派出了传教士,但是并没有赢得多少皈依者。

随着欧洲对贩运非洲奴隶兴趣的日增,贝宁也参与了跨大西洋的奴隶贸易。尽管是一笔巨大的收入,但是奴隶贸易从未在贝宁经济中占主要地位,也和贝宁的领土扩张无关。学者们传统的看法是,奴隶贸易抹杀了人类生命在贝宁的价值,导致人殉规模的扩大。当代的学术研究则显示,19世纪欧洲对当地屠杀现象的叙述过于夸张,其实际意图是为欧洲在当地的征服活动寻求正当性。尽管遇到了强烈抵抗,英国人还是于1897年占领贝宁,将它合并到了英国统治下的尼日利亚保护国当中。这一征服终结了奥巴的政治权力,但奥巴制度仍然延续着。在中南部尼日利亚,有关贝宁帝国的记忆仍有不小的影响,奥巴也在很大程度上保留了仪式性和象征性的重要地位。

进一步阅读书目:

Ben-Amos, P., & Girshick, P. (1999). *Art, Innovation, and Politics in Eighteenth-century Benin*. Bloomington: Indiana University Press.

Ben-Amos, P., Girshick, P., & Thornton, J. (2001). Civil War in the Kingdom of Benin, 1689 – 1721: Continuity or Political Change? *Journal of African History*, 42, 353 – 376.

Bradbury, R. E., & Lloyd, P. C. (1964). *The Benin Kingdom and the Edo-speaking Peoples of South-Western Nigeria*. London: International African Institute.

Bradbury, R. E., & Morton-Williams, P. (Eds.). (1973). *Benin Studies*. London: Oxford University Press.

Dapper, O., & Jones, A. (1998). *Olfert Dapper's Description of Benin* (1668). Madison: University of Wisconsin.

Egharevba, J. U. (1968). *A Short History of Benin* (4th ed.). Ibadan, Nigeria: Ibadan University Press.

Ekeh, P. P. (2000). Contesting the History of Benin Kingdom. *Research in African Literature*, 31(3), 147 – 170.

Kaplan, F. S., & Shea, M. A. (1981). *Images of Power: Art of the Royal Court of Benin*. New York: New York University Press.

Nevadomsky, J., & Aisien, E. (1995). The Clothing of Political Identity: Costume and Scarification in the Benin Kingdom. *African Arts*, 28(1), 62 – 73.

Okpewho, I. (1998). *Once upon a Kingdom: Myth, Hegemony, and Identity*. Bloomington: Indiana University Press.

乔·提斯赫肯(Joel E. Tishken) 文

蔡萌 译 陈恒 校

Berlin Conference　柏林会议

389

与流行的看法相反,1884—1885 年的柏林西非会议并非只为了在欧洲大国之间瓜分非洲。以官宣所示,这次会议是为在刚果盆地建立自由贸易区,在非洲沿岸的新领地上树立秩序。当然在私下里,代表们在会议期间(不是在会议上)也就领土问题展开过谈判。

1884—1885 年的柏林西非会议是在德国首相奥托·冯·俾斯麦(Otto von Bismarck,1815—1898)和法国总理茹尔·费里(Jules Ferry,1832—1893)的联合倡议下召开的,同时也是对 1884 年 2 月 26 日《英葡条约》(the Anglo-Portuguese Treaty)的回应——通过该条约,英国承认了葡萄牙在整个刚果河河口的主权。法国和德国对这一单方面协定表示反对,因此他们邀请英国和葡萄牙参加将在柏林举行的国际会议。这一会议打算解决刚果河河口与刚果盆地的贸易自由、在刚果河和尼日尔河上的航行自由,以及当非洲海岸的新领地被占领时应当采取的形式等问题。在英国与葡萄牙答应参会后,其他在这一区域有利益瓜葛的国家如尼德兰、比利时、西班牙和美国也被邀请参加。国际刚果协会也列席了会议。国际刚果协会尽管表面上是一个标榜人道主义的非政府组织,但实则是实现比利时国王利奥波德二世帝国野心的工具,同时也能避免因此而危及比利时的中立地位。其他的参会国家则纯属来此观光,或者正如邀请信上优雅的句子所写:"为了保证会议能达成普遍的协定。"这些国家包括奥匈帝国、瑞典-挪威王国、丹麦、意大利、土耳其和俄国。邀请信在 10 月份发出,会议则于 1884 年 12 月 15 日召开。

会议

在会议开场期间,英国代表爱德华·马雷(Edward Malet)便清楚地阐述了英国的立场:尼日尔河是英国专属的势力范围,英国拒绝将它与刚果问题放在一起讨论。由于英国在尼日尔河上有着无可争辩的霸权,因此其他参会者也同意了英国代表的声明。会议名为"柏林西非会议",实则已经成了"柏林刚果会议"——这也是我们今天所通常认可的名称。有两个重要议题仍然有待解决:刚果自由贸易区的位置与面积,以及获取非洲海岸新领地的形式和程序。

会议的普遍意见是自由贸易区应尽可能增大。结果是批准了两个自由贸易带。第一个被称为"刚果盆地及其附属地",从大西洋延伸到中非东部大裂谷的大湖区。在海岸上,北部边界固定在南纬 2°302,同时洛奇河(Loge River)被作为南部边界。这一海岸出口因此极其狭窄,但在进入内陆后便立即呈扇形向南北方向开阔地展开。在其东部又划定了另一个自由贸易区,被称作东部海洋带,从大湖区向印度洋伸展。它的北部海岸边界固定在北纬 5°,南部边界则在赞比亚河口。这两个自由贸易区,即刚果盆地和东部地带,被合称为传统刚果盆地。

390

日程上的最后一个议题是新占土地的形式。这一点在历史上来讲最为重要,因为它给了柏林会议上欧洲列强瓜分非洲的理论以口实。但这并非事实真相。正如邀请信上所写,会议仅仅是讨论新的领地而非已经存在的领地,而且仅仅是关于非洲海岸的领地,并不涉及非洲内陆。这些限制非常容易理解。欧洲人和美洲人对内陆几乎一无所知,而为了讨论已经存在的主权或势力范围,他们必须要列出清单,一一罗列所有受关注的地区和被卷入的大国。当一个代表建议这么做时,法国大使说这样将会"相当于瓜分非洲",并非这次会议力所能及的事情。因此与会国决定,会议应严格按照邀请信的内容来进行,仅仅讨论非洲海岸的新增领地。也正因为这个缘故,会议的总议定书宣布,任一签署了议定书的成员若要占领新的海岸区域,或者在其上建立保护国,必须将其行动通知其他签字国,并要在当地建立有效的权威。鉴于未被占领的海岸土地极少,所以这个限制性条款实际上等于什么也没说。

柏林会议的后果

柏林会议经常被描述成欧洲列强瓜分非洲的会议。例如加纳第一任总统夸梅·恩克鲁玛写道:"瓜分非洲的最初计划在柏林会议上就安排好了。"许多教科书也采用了这个观点。非洲并非在柏林被瓜分,这一议题根本就不在会议日程上。不仅如此,瓜分非洲的想法实际上在会议上被明确拒绝过。

不过,在柏林的确进行着一些瓜分活动,但并不是在正式会议上而是在走廊上。这就完全成了两码事:会下瓜分的行为与原则和国际法无关,而只是商谈和政治交易。这不是要经过多边外交协商的会议内容,而只是一种双边外交。尽管瓜分行为是在会议期间发生,但并不是在会上发生。例如,比利时国王利奥波德二世建立刚果自由邦试图寻求他国的承认,并希望其疆界被他国接受,其中一些事项在会议召开之前便已办好,但自由邦和西方列强之间最重要的双边条约是在柏林签署的;其结果是,创造出了非洲最大的一块欧洲殖民地——刚果自由邦,后来演变成比属刚果。

进一步阅读书目:

Crowe. S. E. (1942). *The Berlin West African Conference*, 1884 – 1885. London: Longmans.

De Courcel, G. (1935). *The Influence of the Berlin Conference of* 1885 *on International Rights.* Paris: Les Editions International.

Forster, S., Mommsen, W. J., & Robinson, R. (Eds.). (1988). *Bismarck, Europe and Africa: The Berlin Conference, 1884 – 1885, and the Onset of Partition.* Oxford, U.K.: Oxford University Press.

Gavin, R. J., & Betley, J. A. (Eds.). (1973). *The Scramble for Africa: Documents on the Berlin West African Conference and Related Subjects, 1884 – 1885.* Ibadan, Nigeria: Ibadan University Press.

Keith, A. B. (1919). *The Belgian Congon and the Berlin Act.* Oxford, U.K.: Clarendon Press.

Nkrumah, K., (1967). *Challenge of the Congo.* New York: International Publishers.

Stenger, J. (1953). *Regarding the Berlin Act, or How a Legend is Born.* Zaïre, 8, 839 – 844.

Wesseling, H. L. (1996). *Divide and Rule. The Partition of Africa, 1880 – 1914.* Westport, CT: Praeger Publishers.

亨克·韦塞林(Henk L. Wesseling) 文

蔡萌 译　陈恒 校

Big History　大历史

391　　"大历史"是指将人类和地球的历史置于宇宙之内尽可能大的环境下进行研究。虽然 20 世纪 80 年代晚期的历史课上使用了"大历史"的概念，但"大历史"作为一个术语，最初是由大卫·克里斯蒂安 (David Christian) 在他为《世界史杂志》(*Journal of World History*) 撰写的一篇文章中提出来的。

如何描述"大历史"？或许一门典型的历史课即可以呈现它的研究规模和范围。这样的课程一般始于宇宙的起源，以及第一个星球和星系的产生，并考察现代宇宙论和天文学的一些核心观念；濒死恒星和超新星上第一个化学元素的产生使行星等化学上更为复杂的实体的产生成为可能，这也自然地导致了地球上自然和生物的产生。大历史的课程考察我们地球的起源和历史，以及地球——迄今为止我们所发现唯一确定存在生命迹象的星球——生命的起源和进化史，而对我们自身（智人）进化史的研究自然导向了对人类历史的考察。在这种大历史背景下，人类历史的独特性便彰显出来，因为我们可以看到传统历史教学范围中隐藏的庞大图景。我们会看到人类如何展示持续适应性与革新性等独特能力，使人们能够从生物圈中攫取越来越多的资源，并开始供养更多人口，最终创建更复杂的人类社会。而这又会在一个更复杂但更有力的循环中更迅速地产生新的适应性。在过去自农业产生以来的 1 万年里，我们能轻易看到人类通过文化交流不断增强的适应性，但显然，人类在旧石器时代的技术革新已能使我们的祖先在世界除南极洲以外的所有大陆定居。现在，我们可以看到，我们对持续、不断积累的革新的偏好也很危险。所以，大历史的课程不可避免会提出一些大的问题，质疑人类的未来及其与生物圈的关系，同时也关切我们的地球和宇宙作为一个整体的未来。

在 20 世纪 80 年代晚期，美国天文学家艾瑞克·柴森 (Eric Chaisson) 教授了大历史最初课程中的一门。澳大利亚的大卫·克里斯蒂安和美国的约翰·米尔斯 (John Mears) 紧随其后（实际上克里斯蒂安在

Ground: MPG/ESO 2.2m/WFI

HST WFC3/UVIS

Spiral Galaxy M83
Hubble Space Telescope ▪ WFC3/UVIS

NASA, ESA, R. O'Connell (University of Virginia), the WFC3 Science Oversight Committee, and ESO　　STScI-PRC09-29

哈勃太空望远镜拍摄的螺旋星系 M83。观察其他星系的形成有助于理解我们自己的星系。美国国家航空航天局

1991 年为《世界史杂志》撰写的一篇文章中创造了"大历史"一词）。现如今，虽然这样的课程有所增加，但总量仍然稀少。不过，大历史的课程已在俄罗斯、荷兰、埃及、澳大利亚、印度、韩国等地铺陈开来，类似的课程也在地质学部门被开设（例如，由沃特尔·阿尔瓦雷兹[Walter Alvarez]开设的课程）。这些发展至少部分是由于学生渴望对过去、总体学识以及对克服现代教育和学术知识碎化的方法有更统一的认识。

普世史：一个古代传统

现如今，大历史或许显得有些破格，不过它探讨的问题却非常古老。我们所知的大部分社会都试图用可获得的最好的信息去构建连贯而统一的整个过去，以解释我们所居住的宇宙的存在及本质，以及我们身处其中的社区。这是传统的创世神话所做的事。所有文学作品也都有大量类似关于起源问题的叙述。基督教宇宙观认为宇宙大约已存在 5 000～6 000 年，地球是其中心。这一论述构成了基督教世界历史思维的基本框架，并延续了 1 500 年之久。而且，时至今日，还有一些人仍然这么认为。甚至在科学革命动摇了基督教宇宙观的公信力之后，历史上的思想家仍在继续构建宇宙的时间和空间地图，只不过他们基于牛顿式科学提供的参数，运用了更世俗的思维传统。普世史形成于启蒙运动时期和 19 世纪。这也是黑格尔和马克思采用的传统。甚至通常被视为现代具体、实证历史研究先驱的兰克（Leopold von Ranke）也坚称，历史学的终极目的应该是普世史的形成，而且，他在晚年还试图亲自写一部这样的历史。

不过，现如今，我们已很难再记起书写普世史的这种传统，它在 19 世纪末突然、彻底地销声匿迹了。至于其销声匿迹的原因，我们至今尚不清楚。人们以国家主义视角审视过去，不倾向于研究社会间的共性，转而强调地理和文化上的独特性。自然科学声名鹊起，所有学科也随之更加严谨和精确，这也显示出经验主义的基础是多么薄弱，甚至对普世史最有趣的尝试也是如此。最终，历史学家抛弃了庞大的、思辨的历史，转向了具体、实证的研究。他们像兰克所做的工作一样，基于档案研究构建他们自己的知识体系。

许多历史学家或许希望，维持实证研究会

位于瑞典斯摩克卡伦（Smörkallen，东约特兰省阿拉瓦斯特拉[Alvastra]）铁器时代的墓葬于 1906—1907 年被发掘之后的 50 年里，放射性测量年代的技术改变了我们对过去的了解

在很大的范围内自发地产生对过去新的更"科学"的论述。毕竟,这种事情似乎在生物学中已经发生——在生物学中,达尔文已提供了一个通过专注实证研究得出宏大、统一理论的完美模式。但历史学中并没有宏大、统一的理论出现,而关于普世史的特殊观念更像是一种乌托邦。韦尔斯(H. G. Wells)在20世纪20年代尝试写了一本普世史,但其著作被专业的历史学家们忽视了,对于这种忽视,他们可能给不出一个很好的理由。像19世纪伟大的普世史一样,韦尔斯的《世界史纲》(*Outline of History*)包含了太多思辨成分,涉及的硬信息却极少,尤其是遥远的过去的内容。最终,许多历史学家开始认为,历史学与其他学科有一些根本性的不同。例如,柯林伍德(R. G. Collingwood)就认为,历史学与自然科学有所不同,因为它涉及一个充满着有意识行为的不可预知的世界,而不仅仅是一些事件。"自然界的事件都是单纯的事件,而不是科学家们(例如历史学家)努力要探索其思想的那些行动者的行动。"因此,历史学家的目标不是去寻求通用法则,而是去深入了解促成历史行为产生的思想。这也是历史学家在认识论上与自然科学家有所不同的原因。

在20世纪60年代,阿诺德·汤因比——少有的一些为过去忽视普世史而感到后悔的历史学家之一——在与作家韦德·梅塔(Ved Mehta)的一次会面中抱怨称:"无论微观史学家承认与否,他们所有的总结都是相关知识拼接而成,而且,他们认为人类历史是不可理解的和混乱的。"但他也相信微观史时日不多了。梅塔认为:"从史学视角来看,他们属于少数派,而汤因比,以及圣奥古斯丁(St. Augustine,汤因比感觉与他很相似)、波里比阿、罗杰·培根、伊本·赫勒敦(Ibn Khaldun)是多数派。"

50年之后,随着普世史以大历史的面貌重现,汤因比的评论显得更有先见之明。为什么一些历史学家要回到普世史的观念中来呢?主

要的原因是我们现在的普世史研究十分严谨而精确,而这在19世纪是不可想象的。这种维持了1个世纪的具体研究不仅体现在历史学中,还体现在地理学、古生物学、语言学、遗传学等邻近学科之中。它直接革新了我们对过去的理解,并在时间和空间上都有所扩展。同时,自然科学相比1个世纪以前更历史化。随着宇宙大爆炸理论的兴起,天文学变成了一门历史科学,板块构造论重新确立了自然科学的历史本质,DNA的发现揭示了生物进化的本质。有一种最根本的变化是新年代测量技术的出现,它革新了我们在所有范围内对过去的理解。在60年前,只有在有书面记录的情况下,我们才能确定历史事件的准确时间,所以没有一条可靠的历史脉络可延伸到几千年前,更早的年代则完全无从考据。在20世纪50年代,威拉德·利比(Willard Libby)基于常规放射性分解碳14发明了放射性测量年代的可靠新技术。随着放射性技术方法的改进,以及应用范围的更加广泛,并最终结合其他年代测量技术,我们会发现,我们不仅能够构建一条严谨的,可追溯到人类起源(大约10万年前)甚至地球起源(大约45亿年前)的历史脉络,而且能追溯到宇宙的起源——关于宇宙起源,我们现在可相当精确地追溯到137亿年前。这一耀眼的"年代学革命",为我们在所有范围内对过去进行新的科学的论述提供了年代框架。

大历史中的一些主题

在一个跨越众多不同时间、空间范围和多样的现代学科的学科中,存在主题的连贯性吗?显然,由于大历史考察宇宙、地球、地球上的生命以及人类的起源,它所叙述的关于起源的故事是连贯的。而统一的主题也同样出现了。所有在大历史的故事中显现出来的实体都很复杂:它们是根据特定模式合成的复合实体,并且展现出新奇的"突现属性"。

持续观察所有事物的变化，并让你自己认识到，没有什么能像改变旧事物、创造新事物更让宇宙热衷的了。

——马可·奥勒留（Marcus Aurelius，121—180）

它们同样以维持这种复杂性的重要源泉为特征。所以，像生物圈这样的复杂实体足够靠近一个星球，并从它不断向周边冷空间释放的巨大能量中受益，这一点并不令人意外。正如天体物理学家艾瑞克·柴森所说，这些能量的密度能使我们通过复杂程度对复杂实体进行一个松散的界定。这样的估算也显示出，生物体可能明显比星球或行星更为复杂，而现代人类社会可能是我们所知的最复杂的实体。这种考虑同样也显示出，复杂新形式的缓慢出现可以提供一个共同主题和一个共同的研究议程，促进不同学科的学者去探索关于复杂性本身的细小问题，以及在宇宙中发生的不同形式。

不断提升的复杂性这一主题同样显示出，人类历史可能尤为有趣。如果生物体因为其具备适应不断变化的环境的非凡能力而显得独特，那么人类则会因为其具备持续的适应力而与众不同。包括像猿这样高智商生物在内的大部分物种都受到其基因遗传的限制。而得益于人类语言卓越的高效性，允许我们大而精地交流所获信息，人类得以具备持续的适应性。其结果是，人类所获信息能够在文化上不断积累。

这也是为什么唯独人类可以持续发展新的行为模式，并用新的方式从环境中攫取资源。这种被我们称为"积累知识"的显著能力像自然选择构建生物物种演进史一样有力地构建了人类的演进史，并且其速度还要更快一些。最终，它诠释了规模不断增大、复杂性不断增加的人类社会。积累知识的能力是我们人类的荣耀，但也存在使人类衰败的潜在可能性，因为我们将这样的能力凌驾于整个世界之上，存在过度滥用的风险。

大历史和世界史

世界史和大历史有着自然的密切联系。大历史以传统历史类型所不能达到的最大视野去看待过去，并尝试从整体上去理解人类历史的轨迹。由于它意欲获取多个学科的信息，不像传统的兰克学派那样只局限于自有文字记载以来的几千年的历史，因此，它为世界史类型提供了一个自然框架，而这正是一个不断面临跨越国界的挑战（从核战争威胁到生态破坏）的世界所迫切需要的。大历史为构建现代人类历史提供了一个自然框架。

395

进一步阅读书目：

Benjamin, C. (October 2009). A Forum on Big History. *World History Connected*, 6(3), Retrieved July 29, 2010 from http://worldhistoryconnected.press.illinois.edu/6.3/index.html.

Brown, C. S. (2007). *Big History: From the Big Bang to the Present*. New York: The New Press.

Bryson, B. (2003). *A Short History of Nearly Everything*. London: Doubleday.

Chaisson, E. (2001). *Cosmic Evolution: The Rise of Complexity in Nature*. Cambridge, MA: Harvard University Press. [Pioneering Discussion of the Growth of Complexity in Big History].

Chaisson, E. (2006). *Epic of Evolution: Seven Ages of the Cosmos*. New York: Columbia University Press.

Chaisson, E. (2008). Cosmic Evolution: From Big Bang to Humankind. Retrieved August 20, 2009, from http://www.tufts.edu/as/wright_center/cosmic_evolution/docs/splash.html.

Christian, D. (1991). The Case for "Big History". *Journal of World History*, 2(2), 223 – 238.

Christian, D. (2003). World History in Context. *Journal of World History*, 14(4), 437 – 58.

Christian, David (2004). *Maps of Time: An Introduction to Big History*. Berkeley: University of California Press.

Christian, D. (2008a). Historia, Complejidad y Revolución Cronométrica [History, Complexity and the Chronometric Revolution]. *Revista de Occidente*, 323, 27 – 57.

Christian, D. (2008b). *This Fleeting World: A Short History of Humanity*. Great Barrington, MA: Berkshire

Publishing.

Christian, D. (2009). The Evolutionary Epic and the Chronometric Revolution. In Cheryl Genet et al. (Eds.), *The Evolutionary Epic: Science's Story and Humanity's Response* (pp. 43 – 50). Santa Margarita, California: Collins Foundation Press.

Christian, D. (forthcoming December 2010). The Return of Universal History. *History and Theory* (theme issue), *49*, 5 – 26.

Collingwood, R. G. (1994). *The Idea of History* (Rev. ed.). Jan Van der Dussen (Ed.). Oxford and New York: Oxford University Press.

Delsemme, A. (1998). *Our Cosmic Origins: From the Big Bang to the Emergence of Life and Intelligence*. Cambridge, U. K.: Cambridge University Press.

Genet, R. M. (2007). Humanity: *The Chimpanzees Who Would be Ants*. Santa Margarita, CA: Collins Foundation Press.

Genet, C. et al. (Eds.). (2009). *The Evolutionary Epic: Science's Story and Humanity's Response*. Santa Margarita, CA: Collins Foundation Press.

Hughes-Warrington, M. (2005). Big History. *Social Evolution & History*. *4*(1), 7 – 21.

Jantsch, E. (1980). *The Self-organizing Universe: Scientific and Human Implications of the Emerging Paradigm of Evolution*. Oxford: Pergamon.

Mehta, Ved. (1962). *Fly and the Fly-Bottle: Encounters with British Intellectuals*, Boston: Little, Brown and Co.

Snooks, G. D. . (2005). Big History or Big Theory? Uncovering the Laws of Life. *Social Evolution & History*. *4*(1), 160 – 188).

Spier, F. (1996). *The Structure of Big History: From the Big Bang until Today*. Amsterdam: Amsterdam University Press.

Spier, F. (2010). *Big History and the Future of Humanity*. Oxford: Wiley-Blackwell.

Swimme, B. & Berry, T. (1992). *The Universe Story: From the Primeordial Flaring Forth to the Ecozoic Era: A Celebration of the Unfolding of the Cosmos*. New York: Harper Collins Publishers.

Vélez, A. (1998). *Del Big Bang al Homo sapiens*. Medellín, Colombia: Editorial Universidad de Antioquia. (In Spanish).

Wells, H. G. (1920). *The Outline of History: Being a Plain History of Life and Mankind*. Garden City, NY: Garden City Publishers.

Wilson, E. O. (1998). *Consilience: The Unity of Knowledge*. London: Abacus.

大卫·克里斯蒂安(David Christian) 文

李月 译 陈恒 校

Biological Exchanges　生物交换

396　　在地球的大部分历史时间,除个别情况外,动植物和疾病的传播都是受地理区域限制的。人类或有意或偶然地促进了生物物种跨自然界限的交流。随着人类旅行机会的增多,生物交换的机会也随之增多,这通常会带来戏剧性的影响。

在地球有生命以来的大部分历史时期里,海洋、山脉等地理上的障碍分隔了这个星球,并抑制了大部分物种的迁移。只有鸟类、蝙蝠、可飞行的昆虫以及善于游泳的生物才可以一直逆势而动。得益于海平面的变化和大陆桥以及借助漂浮物在水面上航行，一些其他物种也可以偶尔为之。然而，对于大多数时期的大多数生物来说，生物进化是在独立的生物地理区域进行的。

大陆之间的生物交换

当人类开始长距离迁徙时，这种长期分离的局面便结束了。在很久以前的史前时期，原始人类（两足直立灵长类哺乳动物）就已经穿越非洲和欧亚大陆，他们偶尔会携带一个植物、种子、昆虫、细菌或啮齿动物迁徙，这些生物不可能自己迁移。在1万～1.2万年以前，随着人类开始人工培育动植物，人类开始有目的且更频繁地迁移物种。欧亚大陆的大部分动植物都很容易被人工培育或驯化，那些对天气或白昼时长非常敏感的动植物（有些开花植物会循着白昼时长繁茂盛开）最容易沿着东西走向的轴线传播。虽然欧亚和北非农牧业所依靠的人工培育动植物的传播经历了数千年，但按照过去的标准，这种传播几乎算是瞬间完成的。毫无疑问，由于当地生物圈遭到了人类带来的异域生物的入侵，这一传播进程对生物圈造成了严重破坏。实践证明，它同样对历史造成了严重破坏，使不能适应生物环境变化、疾病传播区域变化，以及由于农民、牧民，甚至后来国家的扩散所带来的政治境况变化的人群被消灭了。从中华文明到美索不达米亚文明等伟大的古代文明，就是在这种非欧亚生物交换的混乱中出现的。他们的社会都是基于交叉但不完全相同的一些动植物。

非欧亚地区的生物同质化也有局限。在公元前500年以前，北非和东亚的联系是十分微弱的。多样的地形和气候也限制了物种的传播。我们可以推测，当地区间交流盛行（例如帝国为人口和物品流动提供了有利条件）时，这一进程

会加快。例如，在中国的汉朝和罗马帝国时代，横跨亚洲被称为"丝绸之路"的贸易路线就是一个很好的路径，它促成了一次生物交换的小高潮。地中海就是在这一时期引入了樱桃，天花和麻疹也可能是这一时期被传入的。高粱经历了从东非到印度再到中国的传播过程，葡萄、骆驼、猴子也从西南亚和北非地区传入中国。

欧亚历史上至少出现了两次生物交换加强的时期。紧接着的一个时期发生在中国的唐朝早期，唐朝统治者们有着源自各个民族的文化和传统，他们在1个半世纪里表现出了对异域事物强烈的兴趣，包括贸易、技术、文化（例如佛教）以及动植物。其宫廷还引入了许多新奇事物：珍奇的生物、芬芳的植物、观赏性的花。就社会经济而言，这些新奇事物有很多并不重要，但也有一些十分重要，如从印度引入的棉花。唐朝在文化上善于接受新奇的动植物，其政治上也起到了促进作用。其在西部边陲的政治力量，以及750年以前的地缘政治状况，都推动了商旅交通，进而促进了生物交换。

在600—750年的1个半世纪里，中亚许多政治组织被频繁兼并，它们通过降低保护成本简化旅行交通。少数几个大帝国影响到了整个中亚地区，使中国、印度、波斯（今伊朗）的联系比往常更为安全，这种地缘政治状态在751年穆斯林击败唐朝军队，以及755年安史之乱动摇了唐朝根基之后，就分崩离析了。在那之后，地缘政治稳定性和像唐朝那样的异域事物接受能力也更多的是衰弱而不是增强，生物交换的机会也日益缺乏。

欧亚大陆生物交换加强的另一时期发生在13和14世纪蒙古统治的和平时期。到这一时期，可行的动植物交流都已经发生。然而，穿越中亚沙漠-草原走廊交通的改善可能促进了胡萝卜和某种柠檬被引入中国，而某种小米也可能因此被引入波斯。这一交通便利也很有可能导致中亚腹股沟腺炎的杆菌的迅速扩散，进而引

发了西欧亚和北非地区有史以来最严重的流行病黑死病。在这一时期,瘟疫很有可能也影响到了中国,只是关于这方面的证据模糊不清。

虽然欧亚(和北非)的生物交换永远没有真正完结,但它会在政治状况不利于地区间交流的时候缓慢下来。大约在 200 年左右以后,随着鼓励长距离贸易和旅行的罗马的和平与中国的和平局面被不断侵蚀,生物交换也缓慢了下来。到那一时期,甘蔗已从新几内亚故乡传播到印度,并在那里生根。小麦也尽可能在最大的范围内得到传播,牛、猪、马、羊、山羊的情况也是一样。尚可进行的生物交换越来越少了,甚至在政治、经济状况鼓励生物交换的时期也是如此。

与此同时,在其他大陆,类似的生物交换和同质化的进程也在进行,即便规模很小。在美洲,玉米从位于中美洲的故乡同时向南北扩散(在前哥伦布时代,北美洲南部地区已被有着共同文化特征的人群占据),但似乎由于适应不同白昼时长和不同纬度的困难,它的传播缓慢了下来。在非洲,班图人在 2 000 年以前的迁徙可能使许多种农作物遍布了非洲东部和南部地区,并且很有可能给非洲南部地区本来与世隔绝的人们带去了传染病。无论是在非洲还是在美洲,这类事件在生物学上和政治上必定是混乱的,只不过我们的证据不足而已。

就生物学而言,人类选择性地促进生物交换是选择性地选择某些能够轻易和人类活动相生共存的物种:人工培育的物种、共生共存的物种(能够获取食物的生物体或能从中获益但不对人类构成影响的物种)、能在被干扰的土地繁茂生长的植物(我们通常将许多此类植物称为"野草")。这些物种能够在人类通过迁徙或相互交流扩张的新领地上繁荣生长起来。对它们而言,历史进行了一次有益的转变。的确,从某种意义上说,人类是在为它们劳作,将它们基因的足迹更远更广地传播到各个大陆,并传播到未来。

生物交换与生物入侵

大陆间的生物交换也有很长的系谱。在 6 000~4 000 年以前,第一批迁往澳大利亚的人可能偶然将一些物种带到了那里。大约在 3 500 年以前,后来迁入澳大利亚的人有意识地引入了我们现在所知的澳洲野犬(一种很大的狗),这是澳大利亚史上的第一次人工培育。澳洲野犬在除孤立的塔斯马尼亚岛之外的所有土著居民群体中传播开来,并形成了野生集群。实践证明,它是一种出色的猎狗,使许多当地哺乳动物都灭绝了。狗(非澳洲野犬)也是美洲第一种人工驯化的动物,它最初是在冰河世纪晚期由第一批美洲定居者经西伯利亚-阿拉斯加大陆桥带入的。在这里,狗在减少当地大型哺乳动物数量上起到了重要作用,许多哺乳动物在人类到达北美洲和南美洲之后不久就灭绝了。人类最初到荒无人烟的岛屿定居,也给整个西南太平洋和波里尼西亚群岛带来了巨大的生态变化,包括从大约 4 000 年以前一直到数百年或 1 000 年以前新西兰沦为殖民地时期大量物种的灭绝。

所有这些例子都属于入侵"未开化"土地——之前没有暴露在人类社会及其旅行者面前或暴露在随着人类到来的刀耕火种状态之下的大陆或岛屿。实际上,这有助于解释一些令人关注的影响,尤其是关于澳大利亚、美洲、新西兰的一些物种在人类定居之后迅速灭绝的现象。

最终,人类开始将动植物、病原体从一个社区跨海迁移到另一个社区。在许多案例中,这样的迁移唯一的证据是输入物种本身的存在。到1000 年,南美洲特产番薯传到波里尼西亚,并最终传遍了整个大洋洲(太平洋中部和南部的陆地)。番薯是一种很脆弱的农作物,不能适应浮木航行:虽然没人知道它是什么时间由什么人通过什么样的方式被迁移的,但没人怀疑人类确实将它迁移了。最终,它变成了西太平洋地区、新几内亚高地的主食,也成了东亚岛屿和内陆的重要食物。

在公元 500 年以前的某一时期,另一种神奇的农作物完成了跨印度洋之旅。一些人把香蕉、亚洲山药、芋头带到了东非,由于这些农作物在潮湿环境中生长良好,所以它们很快便适应了当地的气候。而班图人扩张所带到非洲中部和南部地区的小米和高粱,则比较适应干燥的气候。大蕉(香蕉的一种)早已遍布从印度到新几内亚的野外地区。语言和基因证据显示,它们最早在 3 000 年前就到达了东非海岸,并于2 000 年前左右到达了非洲大湖区以西的森林地带,这恰好是班图人迁徙的时期。班图人的成功通常被归功于他们对铁器的使用,但也很可能部分归功于他们成功地接受了这些异域农作物。作为初到非洲东部和南部地区的外来者,他们很少致力于流行的生态模式建设,更较少积极进行尝试。香蕉、芋头、山药可能不止一次地被引入东非。而几乎可以肯定的是,它们在公元 500 年之前不久被移民者带入马达加斯加,而正如在马达加斯加一样,这些亚洲农作物也随着殖民史诗时代(但无文字记录)被农民带入中非潮湿的热带雨林地区。

许多其他重要的洲际生物迁移发生在 1 400年以前,主要发生在非洲和亚洲之间,因为这一路线对水手来说是障碍最小的。源于西非热带草原的珍珠粟,是现如今第六种最重要的谷物。

它在 3 000 年以前被引入印度,现在占到了印度谷物种植总面积的 10%。东非的高粱大约也在同一时期被引入印度,并成为仅次于大米的第二重要的谷物。高粱秆被用作印度的牛饲料。大约在 1 000 年以前,穄子也被传到了印度,它成了喜玛拉雅山麓和印度最南端社区的主食。非洲农作物传到印度主要是为印度提供了抗旱作物,这使水力不能得到保障的地区有了更可靠的收成。这些例子都显示出了从 3 000 年前

至 1 500 年前印度洋沿岸活跃的农作物交流。印度洋定期刮起的季风使这一地区在海事方面过早地发展了起来,并因此促进了生物交换。

在南亚获得非洲传来的新作物的同时,它也在向中东和地中海地区传播新作物。得益于阿拔斯王朝统治下的和平时期,在 10—13 世纪期间,阿拉伯贸易网络将糖、棉花、大米、柑橘从印度带到了埃及和地中海地区。这些植物以及随之而来的耕作技术,给炎热、瘴气熏天的北非、安纳托利亚、南欧带来了一次小的革命。它们使沿海平原定期得到了耕种,并自罗马帝国时代以来第一次得到了长期耕种。糖和棉花可以通过无技术、不流动的奴隶进行生产,它们的引入可能加速了奴隶的暴动,从而引发了地中海和黑海地区居民数个世纪的不安。在令人窒息的瘴气海岸——例如在黎凡特(Levant,位于地中海东岸的一个地区)、埃及、塞浦路斯、克里特岛、西西里岛、突尼斯、西班牙的安达卢西亚等地区的一些糖类生产中心——保持一支劳动大军,需要持续从自卫能力很差的农民中补足人力,这也促使奴隶贩子和劫掠者们到黑海沿岸或穿越撒哈拉大沙漠到非洲大西洋沿岸去获取劳力。原本基于苏斯(Sous)和德拉(Draa)河谷种植园经济的萨迪王朝时期的摩洛哥,将糖业生产和非洲奴隶产业结合了起来,获利颇丰。这种模式不久便被传到了加那利群岛和马德拉群岛等大西洋岛屿,之后又传到了美洲。

第二条生物交换的通路连接着地中海盆地和西非。尽管这条通路并不真正算是洲际的,但撒哈拉沙漠数千年来一直发挥着海洋的职能,正如阿拉伯语用"sahel"(海滨)形容西非沙漠边缘所暗示的那样。自大约公元前 3 000 年以来,撒哈拉持续的干旱使地中海和 sahel 分隔了开来,但在哥伦布穿越大西洋之前的 1 000 年里,一些未知的灵魂穿越了撒哈拉沙漠,将它们重新聚合在了一起。跨撒哈拉贸易主要经营盐、奴隶和黄金。不过,这种聚合还包括生物层面。高

大的马匹似乎就是通过跨撒哈拉贸易第一次出现在西非的。语言学的证据显示，它们来自北非的马格利布（Maghreb）地区。马匹最终成为sahel军事变革中的决定性因素，并创造了到14世纪时建立了帝国的骑士贵族阶层。齐洛夫（Jolof）、马里（Mali）以及桑海帝国，都是依靠骑兵构建军事力量，并通过劫掠奴隶发展经济的。如果经济条件允许，这些国家会饲养自己的战马。而如果经济条件不允许，就不得不从国外引进，其引进地通常是摩洛哥。无论如何，西非的社会、经济、政治史随着高大马匹的到来被导向了一个新的方向。

这些事件都显示出，在大航海时代来临之前，太平洋、印度洋、跨撒哈拉沙漠的贸易和殖民联系带来了有力地影响着历史进程的生物交换。哥伦布、葡萄牙人麦哲伦、英国海军上校库克以及其他人的航行，促进了生物的进一步交流，并将这一进程猛烈地传播到了在生物学以及其他方面都还相当孤立的土地上去。

生物全球化

1400年以后，水手们几乎将人类可居住世界的所有角落和缝隙联结成了在生物学上相互作用的整体。世界的大海洋和沙漠不再是分隔生物地理区域的障碍。世界变成了一个没有生物边界的整体，动植物和疾病能在可传播的生态条件下任意传播，只不过是传播得多快、多彻底取决于贸易模式、产品产量和政治。

哥伦布开启了跨大西洋生物交换的进程，有大量新的动植物被带到美洲。而在1500—1650年间，致命的疾病也在美洲肆虐。与此同时，非欧亚地区也从美洲获得了一些有用的农作物，其中较著名的有马铃薯、玉米和树薯。美洲的生态和社会被新的生物和文化重塑了。非欧亚地区的情况也是一样，只是相比之下其影响并不那么具有灾难性。新的食物促进了欧洲

和中国人口的增长，非洲的情况可能也是一样（无确定性证据）。正如玉米和番薯改变了中国的农业格局一样，玉米和马铃薯也改变了欧洲的农业格局，使进一步生产成为可能，也使不适于耕种小麦、大麦、黑麦、大米的土地得到了利用。在非洲，玉米、树薯、花生成了重要的农作物，直到现在，仍有2亿非洲人主要依靠树薯为生。而位于非洲东部和南部的许多其他地区则主要依靠玉米为生。

这些现代的生物交换有着政治用意和背景。欧洲帝国主义促进了欧洲（更通常情况下属于欧亚）动植物和疾病在美洲、澳大利亚、新西兰的传播，与此同时，这些动植物和疾病的传播也反过来推动了欧洲帝国主义的发展。欧洲人通常会引入有利于欧洲殖民者、欧洲势力、欧亚物种的生物区（一个地区的动植物），从而创建研究这一进程最重要的历史学家阿尔弗雷德·克罗斯比（Alfred Crosby）所说的"新欧洲"，包括澳大利亚、新西兰、北美大部分地区、巴西南部地区、乌拉圭和阿根廷。

在新欧洲之外，美洲地区也出现了一些新非洲区域。超过1000万非洲人通过奴隶贸易船只到达了美洲。黄热病和疟疾也随着这些船只而来，并深刻影响了美洲居民区。大米也被这些船只从非洲西海岸带到了美洲，后来在18世纪构成了南卡罗来纳州、佐治亚州沿岸经济的基础，其在南美洲的苏里南地区也十分重要。还有一些其他非洲农作物也传到了美洲，包括秋葵、芝麻以及不是通过奴隶贸易船只传播过来的咖啡。后来，虽然奴隶贸易结束了，但非洲对美洲的生态影响并未就此终结。之后又过了很长时间，非洲蜜蜂被引入巴西，并杂交产生了一种非洲化蜜蜂。这种蜂自20世纪50年代以来传播到了美洲大部分地区。

大航海时代将各个大陆联系在了一起，这是前所未有的。但航船并不是对所有物种来说都舒适的运输载体。出于某种原因——或由于

不能适应长途旅行,或由于船只不能提供必要的生存条件——航船滤掉了一些物种。蒸汽时代和后来的航空时代又进一步打破了生物交换的障碍,使各地出现了更多外来入侵的物种,并加速了旧有的和新的物种的扩散。

例如,19世纪末铁制船舶的出现开启了一个涉及世界港口和河口生物交换的新时代。在19世纪80年代之后,铁制船舶开始建立压载水舱,之后不久,特定的水舱变成了标准配置。因此,一艘从日本横滨出发前往加拿大温哥华的船会灌满水舱。而更通常的情况下,它会从日本海岸携带一些水生物种,穿越宽阔的太平洋,之后在普吉特海湾(Puget Sound)将来自日本的水和海洋生物卸下,再装载上要运往加拿大的货物。在20世纪30年代,日本蛤蚌就是搭着这样的便车到了普吉特海湾,并在那里的海床上生根,为不列颠哥伦比亚和华盛顿州创造了数百万美元的收入。在大约1980年,来自美国东海岸的一种水母毁掉了整个黑海的渔业。在1985或1986年,原生于黑海和里海的斑马贝从底特律的一个滩头蔓延到了北美各大湖泊及河流系统,迫使美国和加拿大花费数十亿美元防止其渗入城市水力系统、工厂以及核电站。

对北美各大湖泊更近期的一次生物入侵是原生于里海和黑海、被称为"鱼钩水蚤"的甲壳类动物。它最早于1998年出现在安大略湖,现已遍布北美各大湖区和纽约的手指湖,严重威胁到了水上运动、商业捕鱼,并破坏了湖区食物链。在20世纪七八十年代,苏联农业的衰败,以及从北美进口谷物贸易的扩大,产生了一种新的航运模式,迅速带来了破坏性的生物交换。到现在,有35 000艘远洋船只和3 000种海洋生物在任何时候都处于运动之中,联结着世界各大港口与河口的生态系统,这是前所未有的。时至今日,通过压载水舱,种类单一的生物交换仍在持续。交通运输和贸易在当前的规模下发展,动植物同质化的进程也在迅速进行着。

前景

从奥林匹斯山俯瞰地球上所有生命的整个历史,最近1万年间显示出了生态系统瞬间同化的过程,这可以说是地球历史的一个新纪元。通过贸易和旅行,人类将之前完全隔绝的生物圈联结在了一起,在一眨眼的工夫便重复了之前大陆漂移所发生的事情。在3亿～2.5亿年以前的某个时候,世界的陆地融合成了一个超级大陆,我们将之称为"盘古大陆"。生物原本彼此分离,但现在接踵摩肩;它们中的大部分在大约2.2亿年以前就灭绝了,这可能部分是由于这种新的密切关系(不过,还存在其他理论)。后来爬行动物在地球上生存了下来,并遍布全球。在最后的几千年里,人类再次将各大陆联结在了一些,从某种程度上说,海洋可能是引发地球史上第六次生物灭绝灾难的诱因(也有可能存在其他诱因)。

从次高一点看,其他前景便自己显现了出来。生物交换进程受到了交通运输技术的很大影响。船舶的革新、远洋船只、压载水舱、铁路和飞机,都能导致生物交换模式的变化和起伏。交通运输技术是左右生物交换的一个旋律。另一个旋律是政治的。

一些国家和社区特别热衷于引进外来物种。古代埃及和美索不达米亚的国王通过将他们的花园、动物园填满异域生物来彰显他们的威望。正如前面所提到的,中国唐朝显示出了类似的热情。托马斯·杰弗逊也曾尽全力促使大米和桑蚕在弗吉尼亚生根。后来,美国政府雇用了一支植物勘探队,专门搜寻全球有潜在利用价值的物种,并数以千计地引入美国。在19世纪,澳大利亚和新西兰以"水土适应性社会"为特征,其通常从英国进口所认可的外来物种。而现如今,美国、澳大利亚、新西兰,以及其他一些地区都要花费大量精力努力避免有害物种的进口，以求预先阻止生物入侵而不是助长。总而言之，生物入侵给美国造成的损失超过了洪水、飓风、龙卷风、地震等其他自然灾害所造成损失的总和。

除各地区对外来物种的处置之外，地缘政治的变化也会影响到生物交换。贸易和旅行——可能还包括生物交换——都是在和平时期扩展，而在战乱或劫掠、海盗时代萎缩。在帝国统一时期，一个单一力量强制维持着总体的和平，这或许能为生物交换提供最好的政治环境。相互竞争时期的国家无政府状况，则可能通过减缓贸易和旅行而阻碍生物交换，不过，移动的海陆军队会起到一定的促进作用。此外，帝国主义似乎也或鼓励或缓和了生物交换进程，例如植物园等。19世纪末，巴西橡胶种子被引入马来半岛，从而在东南亚开始了一种新的种植园经济。而实践证明，位于伦敦城外的英国皇家植物园是这一生物交换过程中的重要环节。政治在统一稳固的帝国主义和混乱无序的无政府状态间的左右摇摆，构成了生物交换史的另一个旋律。当然，这一旋律反过来又受到生物交换的影响，就像非洲热带草原马匹的案例一样。

我们只能假设生物交换史上存在这样的模式。要证明它的有效性需要大量的证据，而这样的证据几乎寻找无望。但可以肯定的是，过去1万年间的生物交换已经改变了历史，而接下来的1万年会相当不同：现存生物的交流会越来越少，因为许多生物的交流已经完成。然而，新生物种会偶尔脱离造物主的初衷，演绎出不可预见的剧幕。毫无疑问，它们中的一些会构建生物界的未来。

进一步阅读书目：

Burney, D. (1996). Historical Perspectives on Human-assisted Biological Invasions. *Evolutionary Anthropology*, *4*, 216 – 221.

Carlton, J. H. (1996). Marine Bioinvasions: The Alteration of Marine Ecosystems by Nonindigenous Species. *Oceanography*, *9*, 36 – 43.

Carney, J. (2001). *Black Rice: The African Origins of Rice Cultivation in the Americas*. Cambridge, MA: Harvard University Press.

Cox, G. W. (1999). *Alien Species in North America and Hawaii*. Washington, DC: Island Press.

Crosby, A. (1972). *The Columbian Exchange: Biological and Cultural Consequences of 1492*. Westport, CT: Greenwood Press.

Crosby, A. (1986). *Ecological Imperialism: The Biological Expansion of Europe, 900 – 1900*. New York: Cambridge University Press.

Curtin, P. (1993). Disease Exchange across the Tropical Atlantic. *History and Philosophy of the Life Sciences*, *15*, 169 – 196.

Dodson, J. (Ed.). (1992). *The Naive Lands: Prehistory and Environmental Change in Australia and the Southwest Pacific*. Melbourne, Australia: Longman Cheshire.

Groves, R. H., & Burdon, J. J. (1986). *Ecology of Biological Invasions*. Cambridge, U. K.: Cambridge University Press.

McNeill, W. H. (1976). *Plagues and Peoples*. Garden City, NJ: Anchor Press.

Mooney, H. A., & Hobbs, R. J. (Eds.). (2000). *Invasive Species in a Changing World*. Washington, DC: Island Press.

Watson, A. (1983). *Agricultural Innovation in the Early Islamic World: The Diffusion of Crops and Farming Techniques*. Cambridge, U. K.: Cambridge University Press.

麦克尼尔（J. R. McNeill）文

李月 译　陈恒 校

Birth Control 节育

节育涉及一系列的策略、设备(器械)、医疗护理、实践和程序,之所以设计出这一切,是为了有意识地阻止妊娠或分娩,或降低两者发生的可能性。在 20 世纪,人们进行节育的动机既有出自个人的选择,亦有源自对日益增长的人口的关切。在 21 世纪,节育被视作在性方面活跃的男女双方所应承担的责任。

节育的历史使我们能够理解一种旨在更广泛传播避孕信息的方案所产生的全球性反响,该种方案始于 20 世纪初。在大多数情况下,印度、日本、南非、加拿大、英国和美国等国的节育倡导者们都有着社会、文化和经济上的特权背景。节育的倡导者们发现,优生学的、马尔萨斯式的和人口统计学的论据,在为节育和避孕而寻求国家和国际层面的支持上最有说服力。一些倡导者还将节育要求同提升孕产妇健康状况和国家福祉联系在一起。

历史舞台上若没有历史演员,历史将是不完整的。20 世纪 20 年代以后,一起参与节育问题论争的"演员"有:玛丽·伯吉斯(Mary Burgess)、卡玛拉德维·恰托帕迪亚(Kamaladevi Chattopadhyay)、拉格努纳特·多恩多·卡维(Raghnunath Dhondo Karve)、考夫曼(A. R. Kaufman)、伊迪丝·郝-马提恩(Edith How-Martyn)、艾琳·帕尔默(Eileen Palmer)、纳拉扬·斯塔拉姆·帕德克(Narayan Sitaram Phadke)、阿里亚平·帕德马纳巴·皮莱(Aliyappin Padmanabha Pillay)、玛格丽特·桑格(Margaret Sanger)、乌尔萨拉·斯科特(Ursala Scott)、加藤静枝(Kato Shizdue)、玛丽·斯托普斯(Marie Stopes)和艾尔莎·伍德罗(Elsa Woodrow)。这份名单并非全部人员的展示,然而正如它所表明的:节育远不只是一种西方现象,它还是一场复杂的跨洲运动。它有一支积极的队伍,其内部成员通过跨国工作而相互支持,有时候也相互竞争。这支由活动家组成的队伍共同做出了一项全球性的努力——宣传。通过宣传,他们试图让自己所在国家内部和外部的人们接受他们富有争议的要求。

对许多倡导者来说,国内的反对情形和政治现实促使他们去寻求一种更大的、全球性的活动平台,从而赢得人们对其事业的支持,这一做法具有重要意义。例如,国际知名度和认可度为美国活动家玛格丽特·桑格的工作提供了极大的便利,因为她在美国需要面对人们对节育的强力反对,原因即在于《康斯托克法》(the Comstock Act,1871),该法禁止人们通过邮递系统传播任何避孕知识。类似的一项反节育法于 1892 年在加拿大通过,直到 1969 年该法才被废止。在此一时期,印度、日本或英国都没有关于节育的法律禁令。

国际会议与出版物

节育的早期倡导者在全球性的平台上开展工作,在相互之间展开对话、交流并借鉴观念,他们的这种实践早在 20 世纪 20 年代就开始了。他们的智识交流方式包括组织召开国际会议,例如分别于 1922、1925 年在伦敦、纽约两地召开的国际节育大会(International Birth Control Conference)。印度的倡导者如格帕里耶·阿鲁瓦利亚(Gopaljee Ahluwalia)出席了这两次会议,其做法和来自全球各地的其他许多参与者一样。另一次大型人口会议于 1936 年在印度组织召开,桑格在被邀请之列。

早期的倡导者也出版杂志，这成为一种重要的智识之所。在这种智识之所中，人们可以开展有关避孕和节育话题的国际交流与讨论。在那些于20世纪二三十年代在伦敦、纽约、马德拉斯和孟买出版的诸种杂志中，有《节育新闻》（*Birth Control News*，美国）、《节育评论》（*Birth Control Review*，美国）、《马德拉斯节育公报》（*Madras Birth Control Bulletin*，印度）和《婚姻保健》（*Marriage Hygiene*，印度）等。同样，这里所提供的名单也并非全面，毋宁说这只是一个指引性的东西，所指向的是国际上有关这一话题的出版物已丰富多样。倡导者们在全世界范围内为这些杂志物色文章。在这些杂志中，有许多都刊有特定的、关于全世界节育工作和诊疗服务的信息。

围绕这一话题，节育的倡导者们还出版大量的专著与其他图书，在全世界流通。在印度、南非、日本、英国和美国，节育的倡导者们阅读桑格和玛丽·斯托普斯（英国活动家）所写的书。除了有大群的节育倡导者阅读这些书外，那些意在控制其自身生育状况的普通人群也会阅读它们。在印度和南非，有许多桑格和斯托普斯的读者私下给这两位作者写信，就两位在书中所讨论的方法寻求进一步的解释说明。斯托普斯的《婚姻之爱》（*Married Love*）与《父母智慧：已婚者节育论》（*Wise Parenthood：The Treatise on Birth Control for Married People*）出版于1918年，在南非和英帝国的其他地方广泛流传。桑格的《被束缚的母性》（*Motherhood in Bondage*）和《新型母性》（*The New Motherhood*）在全世界流行。活跃于国际舞台上的节育活动家之间还赞同接受彼此所写的书。例如，桑格为纳拉扬·斯塔拉姆·帕德克1927年所写的《印度的性问题》（*Sex Problem in India*）撰写前言，使该书获得了殖民地印度内部读者的更大信任。

资金与技术支持

节育活动家在全球范围内为自己的工作寻求捐赠者的资金支持。例如，斯托普斯于1927年向印度王公们写信，寻求他们支持其在伦敦的诊疗工作，而印度的倡导者阿里亚平·帕德马纳巴·皮莱则寻求伦敦优生协会（London Eugenic Society）为他的杂志《婚姻保健》继续出版提供财政支持。桑格写信给伦敦优生协会的布莱克尔（C. P. Blacker），为她1935年的印度之行寻求基金援助。桑格1922年的日本之行则是由日本杂志《重建》（*Reconstruction*）资助的。日本的节育倡导者加藤静枝于1937年只身前往美国，为她在日本的工作募集资金。她在美国游历期间发表了有关节育的演说。

除了跨越国界的资金网络，人工辅助生殖技术也在全球范围内传播。20世纪30年代，斯托普斯向南非人提供避孕药。她的"建设性节育和种族进步协会"（Society for Constructive Birth Control and Racial Progress，缩写SCBC）旨在训练来自印度和南非的节育活动家。许多倡导者还访问在美国的桑格，希望获得有关方面的技术训练。来自南非"开普敦母亲诊疗委员会"（Cape Town Mother's Clinic Committee）的艾尔莎·伍德罗在1931年联系斯托普斯，就如何开办诊所和解决相关费用问题寻求后者的建议。她的组织同"建设性节育和种族进步协会"相连，并向斯托普斯订购避孕用品。1938—1939年，南非母亲福利会（The Mother's Welfare Society of South Africa）收到了来自斯托普斯的资助。在自己的多次印度之行中，桑格和她的助手伊迪丝·郝-马提恩随行携带避孕技术，并将之传授给印度的各个诊所。她们还向倡导者们展示妇科斑块，而这正是医生和倡导者用来证明不同避孕方式所导致的。

话语参数

节育的早期倡导者运用一系列知识理念来为避孕信息的传播提供令人信服的理由。许多倡导者发现,运用数值依据来说明问题是有意义的。在 20 世纪早期,极大地倚重于在大多数国家已变得日益可得的人口普查数据,对于工作的开展很有助益。例如,1931 年印度的殖民地人口普查显示,其人口出现了急剧增长。这一数据被用来支持一种马尔萨斯式的论证依据,旨在证明:节育是控制螺旋式人口增长的一种补救机制。民族主义者式的节育倡导者也迅速将民族国家贫困和民族国家的人口规模联系起来。然而,在节育的早期倡导者中,没有一个人呼吁进行资源再分配,从而缓解国家贫困。很有趣的是,强烈反对使用任何化学与机械避

1921 年为《妇女与新种族》(*Woman and the New Race*)一书所做的一则广告。玛格丽特·桑格关于避孕的倡导提醒人们:"如果你不读这本书,那么就不要抱怨自己因缺乏婚姻状态知识而可能生出的不快。"

孕手段的圣雄甘地似乎是最先呼吁资源再分配的人之一,其呼吁旨在为印度日益增长的人口问题提供一种解决方案。在道德与哲学层面上,甘地强烈反对节育,并在 1936 年同桑格就该问题展开了论辩。

印度的女性主义者如卡玛拉德维·恰托帕迪亚加入桑格和斯托普斯的队列中,为将节育当作提升妇女产孕健康状况的一种手段而做出解释说明。其理由在于:更低的孕产妇和婴儿死亡率是国民幸福的重要指标。节育活动家还认为,更低的生育率是现代性的标志,这对于那些被人们认为在生育率上要高于法国和加拿大等西方国家的非西方国家来说,尤其如此。法国和加拿大的生育率自 19 世纪晚期开始下降,这导致人们强烈反对在两国实行节育。

言辞与技术之间的紧张关系

考察各种节育倡导者的著作,可能会给人留下这样一种印象:它们在避孕技术上有某种具体的东西要提供给人们。然而,若更进一步考察,似乎是:国际节育运动在修辞层面的历史较长,而在技术层面的历史较短,在 1960 年避孕药发明和测试以前更是如此。

1930—1950 年,围绕最合适的避孕技术这一问题,节育活动家内部出现了极大的意见分歧。桑格和丽迪亚·德维尔比斯(Lydia DeVilbiss)向人们宣传推销一种杀精冲洗粉,该粉末曾在英国被测试。在美国南部的一些州,人们也使用这种粉末。它在印度也上市了。然而,在印度,妇女抱怨该物引起阴道刺激;她们还抱怨说,由于在自己的工薪族式家庭里缺乏私密性,她们用起来有困难。面对这些抱怨,皮莱向人们推荐孕套以作为最可靠的避孕方式。与此同时,斯托普斯声称她已找到理想的避孕方法,适用于伦敦的工薪阶层妇女和印度与南非的贫困妇女。斯托普斯所宣传的方法就是:使

社会遗传学的第一定律：独身并不遗传。

——佚名

用一种浸有橄榄油的废棉子宫托。但这一方法没有获得印度医生和倡导者们的赞同。

在印度，传统的医疗系统"阿育吠陀"（Ayurveda）的践行者们于 20 世纪 30 年代在诸如《甜蜜》（Madhuri）和《仙方》（Sudha）等地方语言杂志上推广他们的产品，而诸如《印度医疗公报》（The Indian Medical Gazette）等生物医学杂志则刊载商业市场上的避孕药广告。在这些广告中，大多数都向人们提供了拥有这些产品的当地药商的地址。不过在印度的医疗杂志上，有的广告提供的是位于伦敦的地址，这意味着节育技术在全球范围内的传播，而且消费者可以在全球性的市场上购买。然而，也应该指出，这些全球市场上的产品的消费者，尤其是印度等国的消费者，主要都是社会与经济领域的精英阶层人士，他们能负担得起购买这些产品的价格和相关国际邮资。

反节育的历史

20 世纪末 21 世纪初，学者的关注点已不再是庆贺节育事业先驱者们的工作，而是开始考察在不同的国家中那些拥有较少权力（力量）的社会与经济人群是如何看待这种工作的。美国的本土人群表示反对避孕技术，在他们看来，这是用来监管他们的性事而非授权给本土妇女以让她们可以做出明智生育选择的做法。在印度，节育运动的历史表明，印度女性主义者领袖

贝古姆·哈米德·阿里（Begum Hamid Ali）呼吁那些"不宜生育者"不要生育，而这正是她意在控制印度人口的热情之体现。同样，波多黎各学者讲述了一段有关波多黎各妇女的不幸历史：20 世纪 50 年代，这些妇女在并不知情且并未表示同意的情况下，成为一批用来测试避孕药的"豚鼠"。关于避孕药在 20 世纪 60 年代初得到更广泛、更规范引进之后的故事，我们需知它至少有两个面向。对于某些人来说，它是 20 世纪那些更为显著的医学成就之一。服药避孕被认为在妇女的解放运动中发挥了重要的作用；且如果考虑到 60 年代更大程度的性自由，那么情形就更是如此。但与此同时，避孕药也让其陷入了有关副作用和持续健康问题的大争议；此外，同样令人注意的是，它还引发了人们有关性滥交和青少年服用避孕药问题的争端。这些修正主义式的历史迫使我们去审视人类所付出的真实代价，而该代价是人们在为管理人的生殖事业而做出的诸种努力的过程中需要承担的。

未来的生殖健康议程

致力于生殖健康问题研究的女性主义学者不断问自己：未来的生殖健康议程应该是什么样的。女性主义研究者、政策制定者和活动家一致同意：未来成功的避孕技术将从民主的方式中产生；它关注当地人的需要和信仰，旨在让妇女做出明智的选择。

进一步阅读书目：

Accampo, E. A. (1996). The Rhetoric of Reproduction and the Reconfiguration of Womanhood in the French Birth Control Movement, 1890 - 1920. *Journal of Family History*, 21(3), 351 - 371.

Ahluwalia, S. (2000). *Controlling Births, Policing Sexualities: History of Birth Control in Colonial India, 1877 - 1946*. Unpublished doctoral dissertation, University of Cincinnati.

Anandhi, S. (1998). Rethinking Indian Modernity: The Political Economy of Indian Sexuality. In M.E. John & J. Nair (Eds.), *A Question of Silence? The Sexual Economies of Modern India*. New Delhi, India: Kali for Women.

Bullough, V.L. (Ed.). (2001). *Encyclopedia of Birth Control*. Santa Barbara, CA: ABC-CLIO.

Chesler, E. (1992). *Woman of Valor: Margaret Sanger and the Birth Control Movement in America*. New York:

Anchor Books.

Gandhi, M. K. (1947). *Self-restraint Versus Self-indulgence*. Ahmsdabad, India: Navajivan Publishing House.

Ginsburg, F. D., & Rapp. R. (1995). *Conceiving the New World Order: The Global Politics of Reproduction*. Berkeley and Los Angeles: California University Press.

Gordon, L. (1990). *Woman's Body, Woman's Right: Birth Control in America*. New York: Penguin Books.

Hopper, H. (2004). *Kato Shidzue: A Japanese Feminist*. New York: Longman.

Malthus, T. R. (1914). *An Essay on Population* (Vol. 1). London: J. M. Dent and Sons.

McLaren, A., & McLaren, A. T. (1997). *The Bedroom and the State: The Changing Practices and Policies of Contraception and Abortion in Canada, 1880 - 1997*. Toronto, Canada: Oxford University Press.

Musallam, B. F. (1983). *Sex and Society in Islam: Birth Control before the Nineteenth Century*. Cambridge, U. K.: Cambridge University Press.

Nueshul, P. (1998). Marie C. Stopes and the Popularization of Birth Control Technology. *Journal of History of Technology*, 39, 245 - 272.

Porter, R., & Hall, L. (1995). *The Facts of Life: The Creation of Sexual Knowledge in Britain, 1650 - 1950*. New Haven, CT: Yale University Press.

Raina, B. L. (1990). *Planning Family in India: Prevedic Times to Early 1950s*. New Delhi, India: Commonwealth Publishers.

Ramirez de Arellano, A., & Seipp, C. (1983). *Colonialism, Catholicism, and Contraception: A History of Birth Control in Puerto Rico*. Chapel Hill: The University of North Carolina Press.

Ramusack, B. N. (1989). Embattled Advocates: The Debates on Birth Control in India, 1920 - 1940. *Journal of Women's History*, 1(2), 34 - 64.

Smith, A. (2002). Better Dead than Pregnant: The Colonization of Native Women's Reproductive Health. In J. Silliman & A. Bhattacharjee (Eds.), *Policing the National Body: Race, Gender and Criminalization*. Cambridge, MA: South End Press.

Soloway, R. (1982). *Birth Control and the Population Question in England*. Chapel Hill: The University of North Carolina Press.

桑加姆·阿鲁瓦利亚(Sanjam Ahluwalia) 文

刘招静 译 陈恒 校

Bolívar, Simón 西蒙·玻利瓦尔

西蒙·玻利瓦尔的贵族背景、教育情况和他 1799 年的大游历经历,使他得以接触到拿破仑时代初期的欧洲革命者。1805 年,他发誓要将南美从西班牙人的统治下解放出来。21 年后,在经过了一系列的失败尝试、流放和历时 10 年的战争之后,他实现了自己的目标,从而为自己赢得了"解放者"的称号。

西蒙·玻利瓦尔,未来的南美解放者,于 1783 年出生于一个克里奥尔贵族家庭,该家族在加拉加斯周边拥有大量地产。他的父母双亲的个性差异明显(父亲是一个臭名昭著的花花公子,而母亲则是一个积极进取的人,打理着家中的地产),然而,玻利瓦尔在幼年时便成了孤儿。对孩提时代的玻利瓦尔影响最大的人,是一位名叫希波利塔(Hipólita)的女奴。是她在玻利

408

瓦尔叔叔的家中将玻利瓦尔带大,她是玻利瓦尔终其一生心怀爱戴的对象。玻利瓦尔是一个俊俏、活泼的男孩,他的姐妹和女性亲属都溺爱他。年轻时的西蒙并不是一个勤奋的学生,他宁愿在户外野外运动,也不想和老师在图书馆里打发时间。尽管如此,他还是展现出了自己的聪颖资质,并且得到了最好的教育,这种教育以他家里的资财而论是可以获取的,而且不受其不愿学习情形的影响。

对玻利瓦尔影响最大的老师是西蒙·罗德里格斯(Simón Rodríguez),他是一位非正统的自由思想家,后因翻译夏多布里昂(François René de Chateaubriand)的《阿达拉》(*Atala*)和利用裸体模特向学生教授解剖学而出名。1799

年,罗德里格斯带着正值青年、易受他人影响的玻利瓦尔前往欧洲,开始了一位典型绅士所需要的"大游历",以完成对他的教育。在马德里,玻利瓦尔被邀请和未来的国王斐迪南(斐迪南七世)一起打羽毛球。在回忆起自己在打球过程中不小心弄掉对方帽子的事情时,玻利瓦尔后来若有所思地说:"谁能预言……这是一个标志,它标志着有一天我会扯掉他王冠上的那颗最宝贵的珍珠呢?"师生俩继续行进,来到巴黎。在这里,他们在臭名昭著的芬妮·杜维拉尔(Fanny du Villars)所举办的沙龙上花费了不少的时间。此时法国正处于拿破仑时代初期。当玻利瓦尔和罗德里格斯见到了博物学家亚历山大·冯·洪堡(Alexander von Humboldt)和埃梅·邦普兰(Aimé Bonpland)时,他们用了不少时间来讨论伟人及其所倡导革命的命运。1805 年,在罗马的蒙特萨克罗(Monte Sacro),玻利瓦尔立下了一个象征性的誓言:他要将自己的同胞从西班牙人的枷锁中解放出来。

1806 年,玻利瓦尔经美国回到委内瑞拉。他与自己的新任妻子——一位名叫玛丽亚·特雷莎·罗德里格斯·德尔托罗(María Teresa Rodríguez del Toro)的年轻漂亮的西班牙女孩同行。从各方面来看,他对自己的妻子都忠心不二,当她到加拉加斯后不久因斑疹伤寒而殒命时,他遭受了毁灭性的打击。虽然在接下来的时间里他和许多女性保持着关系,然而玻利瓦尔自此再未结婚,也没有留下子嗣。相反,他把自己的注意力转向了当地政治,并接受了一项职务:亚热谷地(Yare Valley)的中尉首席大法官。1810 年,当一次立宪危机为西班牙裔美洲人议会(*cabildos*,镇议会)提供机会得以掌握临时权力,从而以国王名义进行统治时,玻利瓦尔感觉到,他的历史时刻已经到来。他以三人代表团成员的身份前往伦敦,希望为加拉加斯军政府求得英国的军事保护,此外或许还为了获得某种政治上的认可。事实证明,这些目标可能太过于

被称为"南美的解放者"的西蒙·玻利瓦尔的画像,马丁·托瓦尔(Martín Tovary Tovar)绘于 1883 年。来自《图片上的委内瑞拉史》(*Historia de Venezuela en Imágenes*),《国民报》(*El Nacional*),2001

判断来自经验，而经验来自糟糕的判断。

——西蒙·玻利瓦尔（1783—1830）

乐观了，然而玻利瓦尔在伦敦度过的短暂时光却开启了他对英式贵族改良主义和君主立宪制的不二热忱，这种热忱贯穿了他的余生。

当于1810年9月回到加拉加斯时，玻利瓦尔时年27岁。他是一个有魅力的人物，其智识训练和巨额财富确保了在人们考量国家所面临重大决策时，他的声音能被人们听到。起初，在西班牙保王派开始反击的情势不可避免之时，玻利瓦尔愿意在更有经验的弗朗西斯科·德·米兰达将军手下担任指挥官。然而，至1812年，玻利瓦尔开始怀疑起这个老男人的能力。在一段颇富争议的时期里，玻利瓦尔的驻军向保王派人士蒙特韦尔德（Juan Domingo Monteverde）的军队投降，米兰达被俘。玻利瓦尔的批评者视这一事件为背叛行径：既背叛了共和国，亦背叛了个人。玻利瓦尔自己则将之视为一种爱国行为：他将自己的同胞从米兰达的灾难性指挥下拯救出来，让他们不再进一步喋血。随着委内瑞拉第一共和国（1811—1812）的破灭，玻利瓦尔和其他爱国领导人逃亡至新格拉纳达（New Granada）和英属加勒比群岛，和他们一起的还有诸位同情其事业的领导者。

1812年，玻利瓦尔写下了他的第一篇重要政治论述——《卡塔赫纳宣言》（Cartagena Manifesto）。1813年，他宣布了旨在反对西班牙在南美统治的"至死战争"，并要将自己的整个生命和精力都献给这一事业；他向人们宣布第二共和国的诞生，并接受"解放者"头衔。接下来便是一场长达10年的残酷内战，使诸显赫家族的成员都身陷其中，彼此攻击，玻利瓦尔自己的家族也不例外。1816年，玻利瓦尔写下另一篇重要论述，人称《牙买加信函》（Jamaica Letter）；而此时他正试图为一场通向委内瑞拉的远征而募集人力、物力。他渡海经过海地，在那里他得到了黑白混血领袖亚历山大·佩蒂翁（Alexander Pétion）的进一步援助。作为交换，他承诺废除未来委内瑞拉共和国的奴隶制。玻

利瓦尔的多国部队最终也容纳了一大群英国士兵，人称"爱尔兰和不列颠军团"。此外，还包括一支由他自己培养的好战平民武装，人称"何赛·安东尼奥·派斯麾下的护林人"。

玻利瓦尔的部队于1817年进入大陆，虽然行进缓慢，但稳扎稳打。至1819年，他们已掌握了奥里诺科河三角洲的很大一部分地域，并在安古斯图拉（Angostura）建立了一个爱国者指挥部。在玻利瓦尔的密切注视下，他的铁杆拥护者们召集国会，宣布第三共和国成立，拟出宪法，并宣布"解放者"为第一任总统。受美国、英国、《1812年卡迪斯宪法》（Cádiz Constitution of 1812）和希腊罗马古典遗产的影响，《安古斯图拉宪法》（The Angostura constitution）规定权力和其他许多自由措施相分离。此刻，在被确认为合法的国家元首之后，玻利瓦尔继续向前推进他具有决定性意义的两大胜利：战胜博亚卡（Boyacá，1820）和卡拉沃沃（Carabobo，1821）的保王派。此后不久，南美北部的独立因交战一方的正式投降而得到保证，而库库塔国会（Congress of Cúcuta）则缔造了大哥伦比亚共和国。但总是不安分的玻利瓦尔无法让自己一直待在同一个地方并管理它，要知道，此时西班牙人的军队仍然停留在南美大陆。于是他让副总统桑坦德尔（Francisco de Paula Santander）管理国家，自己则离开了大哥伦比亚向西进发，加入秘鲁的解放事业中。1822年，在瓜亚基尔（Guayaquil）与其在半个地球范围内的唯一对手——阿根廷将军圣马丁进行了一次历史性会晤后，后者踏上了自我流放的征途，而玻利瓦尔这位解放者则以南美大陆独立运动的最高英雄形象出现在世人面前。至1826年，最后剩下的王室堡垒陷落，心怀感激的前秘鲁人省份自此采用"玻利维亚"（Bolivia）这一新名称以表示对"解放者"玻利瓦尔的纪念。

西蒙·玻利瓦尔完成了他的人生目标，他享受着自己作为大陆解放者的、让人难以想象

410

的名望和荣耀。然而事实很快证明,他无法治理那些领地。当爱国者们并没有兑现自己当初的承诺,即尽速解放奴隶时,原本就紧张的种族关系进一步恶化。而地区间的猜忌也很快表现出来。在支持去中央集权化、主张联邦制度的人,和像玻利瓦尔一样日益向往强力中央集权政府从而用它来化解不安现状的人之间,存在着一种日益增长的敌意。他的敌人很快就将他描述成一位衣柜君主,一心只想着为自己保住那顶美洲王冠。19世纪20年代后期,玻利瓦尔从一系列针对他的暗杀行动中幸存下来,有一次,当他刚跳出窗户,试图谋杀他的人已到了门口。

他变得越来越悲观,打算前往英国。然而,就在动身之前,已经筋疲力尽的玻利瓦尔死于肺结核,时为1830年12月。他留下的遗产是巨大的。他不仅激发了南美北部的独立运动,运用自己的突出军事才能打败了该地区的西班牙军队,并构想出一种大陆体制,成为现代泛美洲主义的先声。在美洲,他奠定了偶像般的地位。有两个南美共和国(玻利维亚和委内瑞拉)都以他的名字命名。此外,他的名字还成了一种国家通货的名称。

进一步阅读书目:

Brading, D. (1991). *The First America: The Spanish Monarchy, Creole Patriots and the Liberal State 1492 – 1867*. Cambridge, U.K. : Cambridge University Press.

Bushnell, D. (2003). *Simón Bolívar: Liberation and Disappointment*. New York: Longman.

Collier, S. (1983). Nationality, Nationalism and Supranationalism in the Writings of Simón Bolívar. *Hispanic American Historical Review*, 63(1), 37 – 64.

Cussen, A. (1992). *Bello and Bolívar: Poetry and Politics in the Spanish American Revolution*. Cambridge, U.K. : Cambridge University Press.

Lynch, J. (1983). Bolívar and the Caudillos. *Hispanic American Historical Review*, 63(1), 3 – 35.

Lynch, J. (1986). *The Spanish American Revolutions 1808 – 1826*. New York: Norton.

Lynch, J. (Ed.). (1994). *The Latin American Revolutions: Old and New World Origins*. Norman: University of Oklahoma Press.

Madariaga, S. (1952). *Bolívar*. London: Hollis & Carter.

Masur, G. (1969). *Simón Bolívar*. Albuquerque: University of New Mexico Press.

Slatta, R. , & De Grummond, J.L. (2003). *Simón Bolívar's Quest for Glory*. College Station: Texas A & M University Press.

Worcester, D. (1977). *Bolívar*. Boston: Little, Brown.

卡伦·拉辛(Karen Racine) 文

刘招静 译　陈恒 校

Bows and Arrows 弓箭

在人们发明枪支和火药之前的数千年里,弓箭一直是人类最有效的远距离射杀工具。它们的优势很明显,自首次出现于某个不确定地域起就一直在流传,经过不同文化中的人们的更变革新,最终传遍整个"旧世界"。当哥伦布到达美洲时,它们还依旧在沿美洲向南拓展。

被人们发现的那些散布于大半个地球的箭镞(箭头),可谓诸种具有考古价值的最常见物之一。在数量上,也只有那些陶器碎片超过了它们。不难想象,一支瞄准远处某个敌人或某头猎物的箭,是如何在通常情况下错失其目标,从而遗失在某个地方,不知多少个世纪过去都无人问津,直到我们偶然发现它时才重见天日的。然而,对于这些和人类其他制造物相分离的孤立分散的箭头,人们通常无法确定其历史时间,也几乎或完全不能告诉我们是谁制造并使用它们。

在北非及其之外的其他地方,有一些描绘弓箭手奔跑和射击场面的岩画,向世人表明,早在 1 万年前,箭术就已经逐渐成为当地人作战的主要方式。同样,不难理解的是,对于一种射程远超老式发射物的有效距离在百码之外可以伤人或杀人的武器而言,情形为什么是前述那样的。以及,不难理解,为何最先拥有它们的人能够无所顾忌地攻击其他人群。因此,一旦有致命威力的弓箭被人们发明出来,不管何时何地,它们都必定会传播开来。在有雕刻和文字记录开始补充那些零星的、未探明日期的箭镞(箭头)发掘物之前,它们已传遍整个欧亚大陆和非洲。

不确定的、古老的起源

关于弓箭如何变得那么有威力,人们几乎说不出任何缘由。在大约 3 万年前到 1.5 万年前之间的某个时间里,在亚洲或非洲的某个地方,人们必定已发明弓箭。它们可能源自某种小型的、软弦的弓,这种弓曾被人们用来快速旋动火钻(一根削尖了的棍子),只要旋动的速度够快,便能生火:通过将弓弦缠绕火钻,使钻头抵压一块木头,随着弓被来回迅速拉动,摩擦生热,便能点燃一堆特意准备好了的干火种。不过,那些大得多的、弹力足以推动致命之箭的弓,要比那些小型的、弹力较弱的、用来旋动火钻的弓难制造得多。

这些大型的弓需要设计成对称形状,需要用牢固的、有弹性的木料来制作以使它能够弯曲并能够一遍又一遍地恢复原形。而就那种牢固到足以拉弯这种弓的弓弦而言,制造工作无疑要更加困难;而将这种弦与这种弓的弓身两端牢牢相连,则同样更加困难,因为弓弦必须承受弓身带给它的反复的、突如其来的高强度张力与瞬间松缓的交替测验。能径直飞出的箭也难以制造。而将石制顶端牢牢附于木质箭杆(箭身)之后,并在后面添置一些适度修剪了的鸟羽以确保箭在空气中的平稳飞行,要做到这些也是需要精湛技术的。除此之外,还需要强力的胶黏物、某种轻薄的黏合材料。

为了解决在制造这类弓箭过程中所面临的所有这类问题,人类可能花了数个世纪的时间。而且,即便当他们知道如何制造这类弓箭时,他们也从未能保证生活于不同地区和不同地球气候带的人们能够找到合适的造箭原材料。不过,一旦这些强大的武器真的出现,那么邻里之间

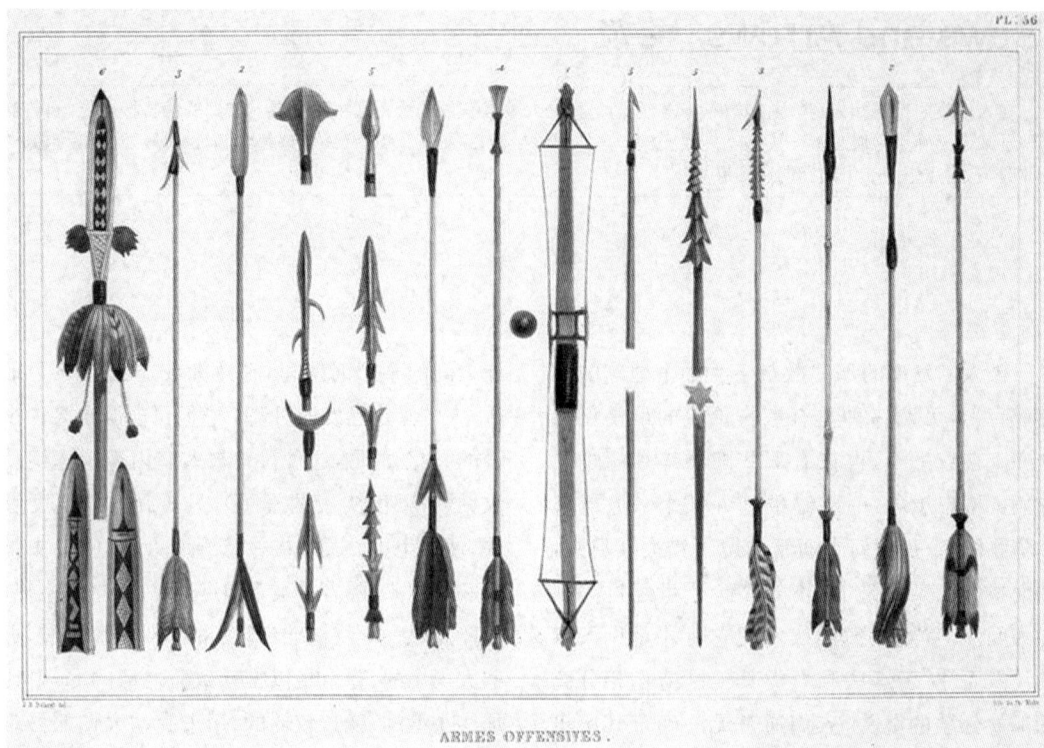

德伯莱（Jean Baptiste Debret，1768—1848）绘制展示了这些巴西箭和类似于长矛的武器，法语图示称作"进攻性武器"（*armes offensives*）

很快就会产生对它们的需求：用它们来做自我防御之用。倘若没有弓箭，他们就会被那些拥有弓箭的人迅速消灭。

跨文化创新

　　同样明显的是，人们在弓的设计上并没有停止进步。尤其是那种仅由木材制造、在世界大部分地区仍在被经常使用的弓，早在公元前2200年的美索不达米亚、两河流域已被更为复杂的复合式弓超越。在这一地区，有一尊石雕向人们展示了一位阿卡德王背着一把缩短了的弓，该弓的独特外形和后世草原游牧人群用来展示巨大射杀威力的复合式弓存在关联。复合式弓由木材、骨骼和肌腱等材质巧妙制成，如此一来它们的弹性和力量就得到了加强。它们有额外的优点：短，而且容易在马背上使用。正因

如此，这种强大的弓在约公元1700年后被步兵枪炮赶上并超越它们之前，一直都是欧亚草原勇士的无上利器。

　　当然更具威力的（亦难以制造得多的）弓要数弩弓，发明于公元前350年左右的中国。人们用双手（后通过缠绕绞盘）拉紧这种弓，然后扣动扳机，发射弓箭。利用绞盘，人们可以拉弯更硬实的弓（弓最终由钢制成）发射短型的金属箭，这种箭可以穿透大多数类型的盔甲。不过弩弓需要用金属部件来制作扳机和拉弓装置。除了在中国，曾有大量步兵使用这种弓成功地抵抗过外来入侵者，它们从来都没有成为人们广泛使用的武器。

　　在欧亚大陆和非洲内陆，弓箭扮演着不同的社会角色。如荷马的《伊利亚特》所言，古代希腊人认为弓箭手是懦弱的，因为他们并不暴露自己的身体，不像在肉搏战中那样，将自己的身体

暴露于受伤和死亡的风险之中。除了某些例外情形，欧洲人长期喜欢用长矛和剑，而非弓箭。所以，当加泰罗尼亚弩兵（Catalan crossbowmen）在西西里轻易击败了法兰西骑士（1282），以及当英格兰（通常是威尔士）弓箭手在百年战争（1337—1453）期间击垮了法兰西骑士时，他们的胜利让西欧的上层人士感到震惊。

然而，在草原上，自策马驰骋成为普遍活动时（至公元前 350 年）起，弓箭就在狩猎和战争中占据了主导地位。此外，由于骑手拥有更好的流动性这一优势，所以他们时常征服南边的文明地带人群，并将自己的游牧作战方式贯彻于大半个亚洲。中国人主要依靠步兵弓箭手来守卫城墙和领土，而日本武士则像欧洲人一样以面对面的刀剑对抗而非箭术为荣。

像美索不达米亚、两河流域的军队一样，古代埃及军队使用弓箭和战车（chariots）。不过对于撒哈拉以南的非洲，由于了解太少，历史学家不能就这一地区的人们在战争和狩猎中使用弓箭的情况做出详细的说明。而我们知道，澳大利亚土著在欧洲人到来之前从未学会使用弓箭。在美洲，在 100 到 500 年之间的某个时间里，弓箭出现在阿拉斯加的因纽特人中间，此后不久，它便向南传播到美洲印第安人部落中。

很可能正是弓箭的到来，使得在 500 年左右，沿太平洋海岸线一带的鲑鱼渔民被迫聚集到大型的村庄中以求自我保护。也可能正是由于来自北边的、拥有弓箭装备的人们所造成的骚扰困境，那些大约在公元前 500 年到公元 500 年间在俄亥俄河流域建造精致仪礼土台（墩）的霍普韦尔人最终消失了。无论如何，当大型的所谓密西西比拓殖点在 800 年后出现于卡霍基亚（Cahokia）、伊利诺伊（Illinois）和其他地方时，这里的人们已通过精心制作的土方工程和栅栏设计来防备敌方的弓箭攻击了。与此同时，托尔特克人（Toltecs）和他们的奇奇梅克（Chichimec）盟友将弓箭引入了墨西哥。然而在接下来的时间里，阿兹特克武士却拒斥弓箭，原因是他们发动战争的主要目的在于获得囚虏，然后将这些囚虏的心脏献给太阳神以确保神的眷顾。

在南美的大部分地区，在哥伦布到来之时，弓箭依然不为人所知。不过，生活在南美北部海岸线一带的阿拉瓦克（Arawak）部落，此时已使用弓箭来袭击加勒比岛屿上的泰诺（Taino）居民。而这一进程随着西班牙人的到来被打断。西班牙人拥有更强大的武器，通过将那些新的、能致人丧命的疾病带入此地，而加速了泰诺人的灭绝。

现藏于卢浮宫的纳拉姆辛碑（The Naram Sin stele），向我们展示了一位阿卡德王（约公元前 2200 年）背着一把缩短了的弓的情景。该弓的独特造型和后世草原游牧人群用来展示巨大射杀威力的复合式弓存在关联

欧洲商人提供了最好的武器,造成了他们自己的失败。

——撒拉丁(Saladin,1138—1193)

多年来对箭术的兴趣促使一些童子军自行制作弓箭。图片摄于 1929 年童子军周年纪念周(the 1929 Boy Scout anniversary week)——2 月 8—14 日

如果说弓箭的发明和传播深刻地改变了人类的事务,那么它们对于动物的影响又如何呢?对于一种远距离射杀动物群的武器所造成的影响,人们没有留下任何纪录,因此只能靠想象得知。猎物必须学会惊怕,学会在一旦感知有人类靠近时就要逃走。而且,首要的一点是,当弓箭新出现之时,射杀动物对于人类来说必定会容易得多。动物们开始使自己变得更加谨慎,从而使人类的再次狩猎变得更加困难,其速度到底有多快,人们无从得知,但可能是相当快的。不管怎样,没有哪种大的灭绝现象是由弓箭造成的,因为在将弓箭用于射杀动物很久以前,活动在诸岛屿和美洲范围内的人类已经能够使用长矛来消灭那些出来玩耍的、不谨慎的动物了。

进一步阅读书目:

Burke, E. H. (1971). *The History of Archery*. Westport, CT: Greenwood Press.

Carey, B. T. (2006). *Warfare in the Ancient World*. Barnsely, U.K.: Pen and Sword Books.

Grayson, C. E.; French, M.; O'Brien, M. J; & Glover, D. S. (2007). *Traditional Archery from Six Continents: The Charles E. Grayson Collection*. Columbia: University of Missouri Press.

Hardy, R. (2006). *Longbow: A Social and Military History*. Sparkford, U.K.: Haynes Publishing.

Mason, O. T. (2007). *North American Bows, Arrows, and Quivers: An Illustrated History*. New York: Skyhorse Publishing.

Payne-Gallaway, R. (2007). *The Crossbow: Its Military and Sporting History, Construction, and Use*. New York: Skyhorse Publishing.

Pope, S. T. (1925). *Hunting with the Bow & Arrow*. New York: G.P. Putnam's Sons.

威廉·麦克尼尔(William H. McNeill) 文

刘招静 译　陈恒 校

414

British East India Company　英属东印度公司

各股票持有人、股东组成了英格兰东印度公司(English East India Company,后来的英属东印度公司),以达到经海路进口亚洲商品的目的。随着英国王室强制实施垄断,东印度公司统治了其贸易据点,发动战争,甚至还征服了印度以保护其利益。而在印度出现的一次大规模反抗,促使英国政府控制印度这个国家,并于 1859 年解散了该公司。

英格兰东印度公司是一个英国贸易公司,负责进口亚洲商品,拓展英格兰和英国在亚洲的利益,并征服印度。该公司于 1859 年被解散,此时管理印度这个国家的权力已转移至英国政府手中。

英格兰东印度公司是作为一个股票持有者、股东公司在 1599 年建立起来的,经伊丽莎白女王的授权,在 1600 年获得了对东印度的贸易垄断权。英国人的这一创举是随荷属东印度公司和葡萄牙贸易商的成功而来的;后两者经海路绕过非洲之角从亚洲进口商品,超越了传统的商队。诸欧洲公司之间展开激烈竞争和频繁战斗,成为 17 世纪的时代特点。

在 17 世纪,来自亚洲的主要商品为胡椒和香料,国内市场上这两种商品的单价都很高。然而,一次成功的航行需要有规划、有力的支持和人的耐心,因为要完成这样一次航行大概需要两年的时间。贸易商所面临的危险包括风暴、难以应付的水域、海盗(尤其是欧洲的竞争对手)和疾病,这些都造成了水手和船只的常规损失。因此,有国家支持和股票持有人能够先行投资再等待回报的尝试就变得必不可少,当然最终的

英属东印度公司的标志,纸底丝面印制,上面载有箴言(译自拉丁语):"受英格兰国王和国会之命"。纽约公共图书馆

回报也是显而易见的。

从 17 世纪 40 年代开始,棉和丝绸成了重要的贸易商品。尽管因审美和异域特质而风靡欧洲的印花布实际上和欧洲人的品位相合,然而大多数布料还是来自印度。至 1700 年,英格兰东印度公司显然控制了欧洲的印度布料市场,其每年的进口量达到 100 万匹。进口导致了英格兰纺织业采取自我保护措施,以对抗域外竞争;为此还颁行了一项法律,仅允许生丝进口,而非丝绸布,如此以保证英格兰丝绸织工的工作。但该项法律的颁行对英格兰东印度公司几乎没有什么影响,因为该公司的许多市场是在欧洲大陆,并不受英格兰法律的约束。

在 17 世纪,贸易活动是以如爪哇的万丹(Bantam)和印度的马德拉斯(Madras)这类相对较小的贸易站或生产地为基地来进行的。这就为贸易提供了一个稳定的开拓点。在其中,外籍员工可以像基督徒所做的那样自由进行崇奉之事,并且在和当地统治者达成协议的情况下按照自己的法律来进行管理。当然,中国是一个明显的例外,在那里,除了澳门的葡萄牙人之外,域外之人都未被允许建立一个属于自己的稳固基地,所有的贸易都得通过受中国贸易规则约束的中国中间商来进行。

从大约 1750 年起,英格兰东印度公司越来越多地参与印度政治,并最终征服了印度这个国家。至于这种征服究竟是从一开始就有预谋的,还是为了公司的贸易起见而在支持地方局势稳定的过程中干涉了印度政治,从而导致一种未曾预见的后果,仍存争论。不过,一旦征服开始,公司就在当朝的莫卧儿帝国衰落之际,迅速获取了对印度部分地区的控制权。英属东印度公司所取得的大多数扩张成果都源自当地政府权威遭到的马拉塔人(Marathas)的威胁。马拉塔人是来自印度西海岸的一大族群,在 18 世纪时该人群的主要家族都加入了马拉塔同盟,

416

KANTON

这幅蚀刻作品描绘了 1668 年位于中国广州港的东印度公司船只——来自东印度公司使馆——在他们自广州至伦敦的行程中。约翰内斯·尼奥霍夫(Johannes Nieuhof)制

有一件事是肯定的……我们并不是要在英国或本土军队中获得任何官职委任……原因在于没有哪个英国人想在眼下某个印度人的命令下行事。要想让这种征服者和被征服者、统治者和被统治者、黑人和白人之间的情感烟消云散，我们还需要几代人的时间。

——昆瓦尔·阿马尔·辛格（Kunwar Amar Singh）

旨在借莫卧儿王朝的衰落而拓展马拉塔的力量。英属东印度公司向马拉塔人提供武器援助，而作为回报，从对方那里获取土地、权力和影响力。所以，在当地统治者对公司越来越产生依赖时，公司便获得了控制权和权威。这一进程一直持续到公司 1818 年的顶峰期，此时大半个印度都处于其直接或间接控制之下。这是"不情愿的帝国"的一个主要案例，是私人公司而非政府政策导致了它的扩张。

英属东印度公司将印度当作一个军事国家来统治，对印度的诸种传统和种姓制度进行僵化的理解和阐释，创建出一种缺乏弹性的社会制度。除了贸易，该公司旨在尝试的英国化进程也随着基督教传教士和英国价值观的涌入而开始。在诸种遭到攻击的习俗中，寡妇殉夫自焚便是一种。不过，英国人尝试将这种火焚习俗和更高的等级相关联，如此它便成了一种为更低等级人群所欲求的对象。其他旨在加强妇女地位的、反对"野蛮"传统的尝试也取得了类似的效果。

在经济上，在 19 世纪 20 年代，英国的工业革命破坏了印度的纺织业，并使东印度公司聚焦于新的贸易领域——主要向中国出售鸦片。这导致了 1839—1842 年和 1856—1860 年的两次鸦片战争，从而迫使中国为无约束的英国贸易开放国门。然而，鸦片并没有抵消英国从中国进口的所有商品贸易差，为了弥补赤字，从印度得到的白银被用来维持贸易平衡。就在同一时期，英国国会取消了东印度公司对印度（1813）与中国（1833）的贸易垄断权。

1857 年，数以百万计的印度人在大兵变中进行反抗。其结果是，英国国会于 1859 年决定从东印度公司手中接管印度政府，从而结束了该公司在一个帝国的历史上充当统治者的历史，继而完全消除了其在这个帝国的存在。

进一步阅读书目：

Bowen, H. V. (2008). *The Business of Empire: The East India Company and Imperial Britain, 1756 – 1833*. New York: Cambridge University Press.

Bowen, H. V. et al. (2006). *The Worlds of the East India Company*. Rochester, NY: Boydell Press.

Chaudhuri, K. N. (1978). *The Trading World of Asia and the English East India Company, 1660 – 1760*. Cambridge, U. K.: Cambridge University Press.

Lawson, P. (1993). *The East India Company: A History*. London: Longman.

Marshall, P. J. (1998). The English in Asia to 1700. In N. Canny (Ed.), *The Oxford History of the British Empire: The Origins of Empire* (pp. 264 – 285). Oxford, U. K.: Oxford University Press.

Marshall, P. J. (1998). The British in Asia: Trade to Dominion, 1700 – 1765. In P. J. Marshall (Ed.), *The Oxford History of the British Empire: The Eighteenth Century* (pp. 487 – 507). Oxford, U. K.: Oxford University Press.

Ray, R. K. (1998). Indian Society and the Establishment of British Supremacy, 1765 – 1818. In P. J. Marshall (Ed.), *The Oxford History of the British Empire: The Eighteenth Century* (pp. 508 – 529). Oxford, U. K.: Oxford University Press.

Washbrook, D. A. (1999). India, 1818 – 1860: The Two Faces of Colonialism. In A. Porter (Ed.), *The Oxford History of the British Empire: The Nineteenth Century* (pp. 395 – 421). Oxford, U. K.: Oxford University Press.

Webster, A. (2009). *The Twilight of the East India Company: The Evolution of Anglo-Asian Commerce and Politics, 1790 – 1860*. Rochester, NY: Boydell Press.

玛莎·埃贝森（Martha Ebbesen） 文

刘招静 译 陈恒 校

British Empire 英帝国

418

英国不仅在 17 和 18 世纪的世界贸易全球化进程中发挥了主要作用,在 18 和 19 世纪的工业革命中更是如此,一直到 20 世纪还在世界各个地区有着史无前例的影响力。但是由于经济困境以及美国崛起成为全球性大国,英帝国的盛况终难以继续维持下去。

从 17 世纪早期到 20 世纪的前 30 年间,英帝国至少经历了 5 次崛起和衰弱的过程。各个阶段帝国的统治区域不同,治国原则也不尽相同。其中唯一不变的是,这几个阶段英帝国都在不同程度上将势力伸向了海外。虽然没有一个帝国维持到现在,但是通过广泛使用的英语和世界范围内通行的英、美法律传统,我们还是能感觉到英帝国的强大。

英国强大国力的源泉

当世界上其他地区还处于人类发展的第二阶段(农业社会)时,英国社会已经进入了第三阶段(城市化、世界贸易和工业发展)。

英国不再受限于其可耕地所能产出的产品,许多国家的农田和森林向其提供了粮食、纺织品、建筑材料、交通工具(以马匹和饲料的形式)和燃料。但是,在很大程度上得益于 18 世纪的技术进步,现在英国通过大量进口商品就能满足这些基本的经济需求——至于那些建筑材料、交通工具和燃料的需求,大部分都能通过矿业得到满足,而不必占用英帝国或海外的任何可耕地。

英帝国将大量劳动力从土地上解放出来,

1629 年,英国获得了巴哈马群岛的首府拿骚(Nassau)。在 18 和 19 世纪巴哈马遭到了西班牙、海盗和美国的轮番攻击,直到 1783 年的英、美《凡尔赛和约》才使其重新归到英国的治下

这些人进入了商业和制造业中,英国的霸权得以遍及世界各个角落。到了 1800 年,英国海军已经成了海洋的主宰。因为英国在国际市场上的独特地位,利益和原材料源源不断地涌入英伦群岛,这促进了其国内市场的现代化。而现代化反过来进一步提高了英国国力。

英帝国的前三个阶段

在 17 和 18 世纪,英帝国进入了第一个繁荣时期。1600 年,东印度公司被赋予了皇家特许状和对印度贸易的垄断权。帝国长期以来一直采用名为"货栈"的沿海贸易站的形式在印度进行扩张,或者利用"工厂"(factory 这个词的传统含义)这种形式——工厂的生产要素(包括商品、食物储备和修船材料)被安置在仓库里,而土地则租自当地的王公。货栈也包含当地的代理人、当地法律专家、翻译员和中间人(他们被称为中介人,compradores 这个词源自葡萄牙语)等人的办事处和居所。通过这些货栈,东印度公司在当地获得了较大的影响力,特别是在东印度公司为当地政府提供武器和兵力的那些地区。但是当时英国人在印度大规模定居的情况还没有出现。

与此同时,英国于 1607 年在北美的弗吉尼亚以及 1620 年在马萨诸塞湾分别建立了殖民定居点。通过贸易和种植园委员会(Committee on Trade and Plantations,枢密院下辖的一个委员会),英国政府试图维持原先的重商主义政策,从殖民地进口原材料,同时要求殖民地购买宗主国的制成品。这样的政策旨在保证贵金属源源不断地流入英国。事实确实如此,部分证据显示英国垄断了北美东海岸地区的制成品市场,这也许有助于推进英国经济的现代化进程。

同时,对手法国的帝国传统在七年战争(1756—1763,美国称之为"法国-印第安人战争")中被终结,这场战争在很大程度上是为了争夺贸易机会。英国胜利夺取了法国的北美殖民地和在印度的据点。而作为报复,法国人为反抗英国的北美独立战争(1775—1783)提供资金——英国的税收和商业政策压制了殖民地的发展,这是北美革命双方斗争的原因(法国成功地支援了北美革命,但却导致了本国政府的破产,并为 1789 年的法国大革命铺好了道路)。

由于失去了北美殖民地,而英国自身的军队正在逐步扩张,对印度的政治控制也在逐步加强,英国的注意力开始转向印度本土以及加勒比海地区利用奴隶劳动力的糖料种植园。英帝国的第二个阶段就这样开始了,从 18 世纪 80 年代一直持续到 19 世纪 30 年代。与此同时,福音运动(Evangelical Movement)也在这个时候开始了——相较于 18 世纪英国的圣公会,福音运动是一场更强调个人承诺的新教运动,有着更严格的道德标准——大规模的中产阶级崛起并开始参与英国政治。很多人的生存状态比以往任何时候都要好,但他们环视四周,却震惊地发现其他人处在水深火热之中。罗伯特·克莱武(Robert Clive)和沃伦·黑斯廷斯(Warren Hastings)是东印度公司在印度的两位总督,他们受到伦敦当局的质疑,国会认为他们通过压榨印度人民为自己谋利。克莱武于 1774 年自杀;沃伦·黑斯廷斯受到弹劾,这场审判从 1787 年持续到 1795 年——最后被无罪释放。同时英国对印度的军事征服仍在继续着。

1832 年的国会改革扩展了英国社会中富裕选区的选举权,接下来中产阶级第一次发起了伟大的改革运动,那就是 19 世纪 30 年代在英帝国范围内废除奴隶制度(最初的废奴法案,后经修改于 1833 年获得通过)。奴隶制度的废除对加勒比地区的糖料种植业造成永久性的打击——也让英国成为一个更具人道主义精神的国家。

另外一个结果则是英帝国第三阶段的到来。加勒比地区不再是英国关注的焦点。其注

英帝国最大的失败就是 1781 年在北美的约克城向美国投降

意力转向了一系列新殖民地。因此，到了 19 世纪中叶，英国向澳大利亚、新西兰和南非地区输入了议会制度（英国分别于 1788 和 1840 年从土著人手中夺取了前两个地区；南非原本属于荷兰，后者从拿破仑手中夺取了这块土地作为前往印度的中途补给站）。

到了 19 世纪 50 年代，大部分殖民地定居点的自治机构已经形成。而那些小型前哨站和欧洲人较少涉及的地区则没有这种机构。而且殖民地的自治机构各不相同。此外，到了 1859 年，印度已经成了一家由英国政府管理的私营公司的财产。简而言之，帝国"体制"已经不复存在，现在只有殖民局（Colonial Office）负责派遣管理者并评估地方法律法规，也即仅剩下各种形式的帝国遗产。

英帝国第四和第五阶段

到了 19 世纪晚期，英国在与新兴工业化地区的经济竞争中逐渐丧失了优势，首先是欧洲大陆，其次是美国和日本。但是英国仍然保有两大关键优势。首先，伦敦仍然是世界金融中心。这座城市让英国在有形商品贸易出现逆差的情况下，仍能在总体上保持国际收支顺差（以无形的金融贸易的形式获取收益）。第二，英国抢先开始发展作为超级大国应具备的军事力量，英国拥有全球范围内的加煤港网络，以及上层阶级和中产阶级在帝国军队中服役的传统。

英帝国第四阶段是 19 世纪八九十年代与法国、新兴的统一的德意志帝国以及其他国家争夺非洲（还包括其他热带地区的殖民地）的物产。在 20 世纪，人们通常认为英国争夺这些殖民地是为了经济利益。但是当代学者认为，管理非洲内陆地区和南太平洋上的孤立岛屿是无利可图的行为。英国参与对非洲大陆的争夺另有三个原因，或者至少可以解释其所争夺的那一部分：（1）英国想要借此排挤其他欧洲列强的势力,或者避免遭受其他列强的排挤;(2)欠发达和工业化程度较低的社会,其边疆通常会出现周期性的不稳定;(3)就政府而言,希望利用廉价的胜利给新近获得选举权的选民(1884—1885年以后 4/5 的英国男性拥有选举权)留下好印象。

而在 20 世纪,国际联盟(League of Nations)的托管政策带来了英帝国的第五阶段。英国托管了不少地区,例如巴勒斯坦。在南非的第二次布尔战争(1899—1902)之后,英国国内不少人开始质疑英帝国政策的正义性。

1918 年以后的帝国事务被印度如何独立以及何时独立(1947)的问题所主宰。白人大规模定居的殖民地也是一个大问题(即加拿大,1867年建立联邦;澳大利亚,1901 年建立联邦;南非联邦,由战败的操南非荷兰语的布尔人于 1910年建立;新西兰,19 世纪 50 年代以后实行自治;最后是爱尔兰——1921 年《英爱条约》[Anglo-Irish Treaty]之后获得自由)。1919 年巴黎和会(结束了第一次世界大战)上的其他列强并不承认这些殖民地是独立国家,殖民地的代表不能以独立国家的身份签署《凡尔赛和约》,而只能在英国的签名下用印章表明其是英帝国的一部分。

1931 年的《威斯敏斯特法》(Statute of Westminster)创造了一个英联邦(British Commonwealth of Nations),赋予了所有自治殖民地独立地位以及维持独立外交关系的权利。在《威斯敏斯特法》下,当地议会和首相组成了新的政府,并最终选择了君主代表制度(总督制度)——这种模式起源于 19 世纪中叶——现在已经正规化。新独立的国家以这种模式,于 20世纪五六十年代脱离了英帝国,不少国家很快就抛弃了英式宪政体系和总督制度,转而支持自己的总统。尽管如此,这些国家仍然倾向于留在以英王为元首的英联邦内。

英帝国主义的意识形态

英国的印度行政长官纳瓦布(nawabs,统治者)为东印度公司效力,在 18 世纪晚期管理着印度地区,他们并不掩饰自己来印度的目的——既非为了某个崇高的目标,也不是因为他们对于印度人有任何的文化优越性。他们去印度的目的就是为了营利,在这个坦白的前提下,他们与印度社会中的富人们平等相处,因此出现了很多跨文化的婚姻和事务。

19 世纪前 30 年的福音运动使得英国人习惯于思考自己所作所为的道德基础——同时在英国残酷镇压 1857—1858 年的兵变之后——英国人逐渐形成了一种观念,认为自己为印度带来了秩序和经济进步,这是英国的使命,如果没有英国人压制和平息,印度人就会自相残杀。英国统治者不再与印度人一起治理这个地区,他们塑造出了一个坚忍和受难的自我形象。

在英国国内,随着 19 世纪中叶民众识字率的上升和教育的普及,很多人开始思考为何英国在很多方面都能走在世界的前面。看一下1851 年世界博览会的展厅就能发现,英国明显领先于世界:展厅中有一半产品出自欧洲西北部的这个岛屿,剩下的产品则来自世界其他地区;将两部分结合起来看,这是分析各个地区产出何种产品的很好样本。

英国哲学家穆勒(John Stuart Mill, 1859 年出版了《论自由》)和其他学者则看到了英国政治自由对经济的作用,以此解释英国全球霸权的原因。但是在博物学家达尔文出版了《物种起源》(*The Origin of Species*, 1859)以后,很多人开始论证种族优越性和生物优越性的思想。后人则简单地将英国的统治力和种族优越性视作理所当然的事情。举例来说,政治家丘吉尔终其一生,在情感上对帝国保持忠诚,他将所有教室内的地图涂成"英帝国红"。他于 1944 年对他的朋友安东尼·艾登（Anthony Eden）说过这样一段话，"不要干涉英帝国是我们的准则，我们不应该为了取悦国内哭哭啼啼的商人或任何肤色的外国人而削弱它或玷污它"。

第二次世界大战以后，很少有英国人会赞同这个观点。英国首相哈罗德·麦克米伦（Harold Macmillan）于 1960 年在南非做了名为《变革之风》（Winds of Change）的演讲，在演讲中他宣布非洲独立的日子即将来临——1956 年英帝国撤回了在苏伊士的驻军，非洲独立事实上已经成为不可逆转的趋势。在这个讲求平等的时代，英国发现自己成了新兴超级大国美国的弱势合伙人，而后者反对英国的帝国主义。此外，在"二战"结束后的一段时间里，英国陷入了经济困境。由于这两个原因，英帝国不能再维持下去了。到了 1970 年，大部分殖民地被赋予了独立地位。除了福克兰群岛和其他少数海外居民点（人口最多的是百慕大群岛，有 6.5 万人，从 1609 年开始一直是英国的殖民地），英帝国不再是世界第一的工业国家——尽管它的文化在世界范围内还发挥着重要影响，这是一个由英语国家或英语语言本身所主导的世界。

英语帝国

1492 年之后，来自旧世界的新来者发现自己身处新世界的土著人之中，后者没有接触过旧世界亚欧非地区——也即非洲、亚欧大陆和周边地区——的各种疾病，土著居民开始大量死去，而欧洲人经常主动参与这一过程（例如 18 世纪时他们将携带有霍乱病毒的毛毯送给了北美土著，19 世纪又随意射杀澳大利亚的土著）。在 1492 年后的 30 年之中，新世界的人口减少了 90%，在随后的 90 年内剩余的人口又减少了 50%。而到了 19 世纪，塔斯马尼亚岛的原住民几乎完全消失了。

这样一来，留给英国定居者的生存空间就很大了。定居者包括寻找美好生活的穷人；但是同样包括非自愿的定居者，这些人原本是死囚，被减刑至流放（这个惯例于 1868 年被废除）。还包括经过仔细挑选的贫困家庭，政府向他们提供补贴，希望借此创建一个社会平衡的殖民地，同时消除英国本土的贫穷。爱德华·吉本·韦克菲尔德（Edward Gibbon Wakefield）在他的作品中强烈提倡这种形式的社会工程，他从《一封来自悉尼的信》（A Letter from Sydney，1829）开始就持有此种观点。殖民者利用欺骗手段从土著那里获取土地，如果此法行不通，就用武力夺取（例如在新西兰，从 1840 年的《怀唐伊条约》[Treaty of Waitaingi] 到 19 世纪 60 年代的毛利战争）。在澳大利亚，如在新西兰那样的不公平的欺骗手段或是谈判破例（在美国也是如此）则是多余的形式，澳大利亚的殖民者们并不认为土著居民具有文化价值或人的价值，因此也没资格占有土地，所以他们通常都是毫无限制地直接夺取。

在英帝国于 1807 年废除奴隶贸易之前，奴隶在世界范围内受到英国人的任意调遣。在 19 世纪，中国的"苦力"和印度的农民也处于相同的境地。这些奴隶和农民劳动者有助于亚欧非地区的人口血统在世界范围内的重新分布。这种影响在当代美国、加拿大、澳大利亚、新西兰、斐济和加勒比海地区仍然很明显。

这些重要的重定居国家，加上受英国影响的南亚国家和非洲国家，以及继续保持重要地位的英国本土和爱尔兰共和国，一起确保了英语在国际贸易、大众传媒和科研方面占据的优势地位，至少从 20 世纪初开始就是如此，当时英语取代法语成了主要的外交语言。

在另一方面，因为非洲内部已经被持续数个世纪的奴隶贸易削弱了，其在 20 世纪早期和中期，即有意从属于西方经济体系——向英国人控制的工厂和种植园征税，而税收可以通过

总有一天战争会结束的。我希望在人们使用这座桥的时候会想起这桥是怎样以及由谁建造的。建造者不是一群奴隶,而是军人——英国军人,尤其是被俘虏的英国军人。——影片《桂河大桥》(The Bridge on the River Kwai)中亚利克·基尼斯爵士(Sir Alec Guiness, 1914—2000)饰演的尼克尔森上校(Nicholson)。

英国货币进行支付。同时,英属加勒比海地区的种植园经济以及很多非洲和太平洋地区的种植园经济陷入了繁荣与萧条的循环怪圈之中,这严重阻碍了当地社会的脱贫之路。这种循环使这些社会在经济上成为专门的原材料而不是制成品产地。主要是由于英帝国霸权时期的商人和规划者的活动,很多社会在这方面变得过于专业化。

进一步阅读书目:

Andrews, K. R. (1984). *Trade, Plunder, and Settlement: Maritime Enterprise and the Genesis of the British Empire, 1480 - 1630*. Cambridge, U. K.: Cambridge University Press.

Bell, D. (2007). *The Idea of Greater Britain: Empire and the Future of World Order, 1860 - 1900*. Princeton, NJ: Princeton University Press.

Cain, P. J., & Hopkins, A. G. (2002). *British Imperialism, 1688 - 2000* (2nd ed.). Harlow, U. K.: Longman.

Cannadine, D. (2001). *Ornamentalism: How the British Saw Their Empire*. New York: Oxford University Press.

Colley, L. (2002). *Captives: The Story of Britain's Pursuit of Empire and How its Soldiers and Civilians were Held Captive by the Dream of Global Supremacy, 1600 - 1850*. New York: Pantheon.

Edney, M. H. (1997). *Mapping an Empire: The Geographical Construction of British India, 1765 - 1843*. Chicago: University of Chicago Press.

Eldridge, C. C. (Ed.). (1984). *British Imperialism in the Nineteenth Century*. London: Macmillan.

Fieldhouse, D. K. (1984). *Economics and Empire, 1830 - 1914*. London: Macmillan.

Galbraith, J. S. (1963). *Reluctant Empire: British Policy on the South African Frontier, 1834 - 1854*. Berkeley and Los Angeles: University of California Press.

Grove, R. H. (1995). *Green Imperialism: Colonial Expansion, Tropical Island Edens, and the Origin of Environmentalism, 1600 - 1860*. Cambridge, U. K.: Cambridge University Press.

Hall, C. (2002). *Civilising Subjects: Colony and the Metropole in the English Imagination, 1830 - 1867*. Chicago: University of Chicago Press.

Headrick, D. R. (1981). *The Tools of Empire: Technology and European Imperialism in the Nineteenth Century*. New York: Oxford University Press.

Hutchins, F. G. (1967). *The Illusion of Permanence: British Imperialism in India*. Princeton, NJ: Princeton University Press.

Levine, P. (2007). *The British Empire: Sunrise to Sunset*. Harlow, U. K.: Pearson Longman.

Louis, W. R. (Ed.). (1999). *The Oxford History of the British Empire*. New York: Oxford University Press.

Mackenzie, J. M. (1995). *Orientalism: History, Theory, and the Arts*. New York: Manchester University Press.

Mansergh, N. (1982). *The Commonwealth Experience* (Rev. ed.). Toronto, Canada: University of Toronto Press.

Melman, B. (1992). *Women's Orients: English Women and the Middle East, 1718 - 1918*. Ann Arbor: University of Michigan Press.

Packenham, T. (1991). *The Scramble for Africa: White Man's Conquest of the Dark Continent from 1876 to 1912*. New York: Avon.

Perry, J. H. (1971). *Trade and Dominion: The European Overseas Empires in the Eighteenth Century*. New York: Praeger.

Porter, A. N. (Ed.). (1991). *Atlas of British Overseas Expansion*. London: Routledge.

Porter, B. (1984). *The Lion's Share: A Short History of British Imperialism, 1850 - 1983* (2nd ed.). Harlow, U. K.: Longman.

Porter, B. (2004). *Absent-minded Imperialists: Empire, Society, and Culture in Britain*. New York: Oxford University Press.

Semmel, B. (1993). *The Liberal Idea and the Demons of Empire: Theories of Imperialism from Adam Smith to Lenin*. Baltimore: Johns Hopkins University Press.

Thornton, A. P. (1985). *The Imperial Idea and Its Enemies: A Study in British Power* (2nd ed.). New York: St. Martin's Press.

424

Walvin, J. (1992). *Slaves and Slavery: The British Colonial Experience*. Manchester, U.K.: Manchester University Press.

Wrigley, E. A. (1988). *Continuity, Chance, and Change: The Character of the Industrial Revolution in England*. Cambridge, U.K.: Cambridge University Press.

爱德华·比斯利（Edward Beasley）文

焦汉丰 译　陈恒 校

Buddha　佛陀

佛陀（悉达多［Siddhartha］，传统认为其生卒年为约前 566—前 486；但更有可能为约前 463—前 383）生为一位印度王子，他的追随者将他奉为神，不过在他一生中，他和其他印度圣人并没有什么不同。由于他的信徒按照他所创的智慧与慈悲先例，寻求一种寺庙生活，劝服俗众通过捐赠土地和其他财富来支持他们，故而他——佛陀的影响与日俱增。

悉达多发现了一条解脱苦难、实现自由的道路，并教导人们行此道路。该道路在长达 2000 多年的时间里，在全世界范围内塑造了佛教徒们的生活。他以智慧和慈悲为中心向人展示了一种有关人类存在的视域。他为男男女女们建立了寺庙共同体；在其中，许多世纪以来，高度沉思的生活被人们践行和延续。他建议国王和贵族们行明智之管理。他为俗众设立了戒律，该戒律继续型塑着全世界人们的生活。在 2000 多年的时间里，他的生平和教导对中亚、东亚和东南亚的宗教、文化与历史产生了深远的影响。自 19 世纪以来，欧洲和美国的许多人也都被他的视域所触动。

悉达多出生于今尼泊尔释迦部族一个占统治地位的家族。由于有关他生平的第一手文字材料和有关巴利文类的佛教经典文本都是在他死后很久才出现，并且其中包含了传说主题，故而人们围绕它们的可信度还存有怀疑。在大概 29 岁时，悉达多不再满意于宫廷生活，并发现平常生活并不让人满意。因此，他踏上了一条旨在探索痛苦出路的宗教虔信征途。他随印度教大师们一起学习，然而他们的智慧和冥思做法并没有为他提供所要寻找的答案。在独自沉思中，他于 35 岁那年经历了一次转折性的启蒙。他的追随者们称他为佛，即"觉悟者"。由于在佛教传统中有诸多佛，因此悉达多通常被称为释迦牟尼佛陀（Sakyamuni Buddha），即释迦部族的圣人。

佛陀用"四圣谛"表达了他的洞见。四圣谛是佛教生活与实践的中心，亦是他的主要贡献所在。第一圣谛为：平素生活是不令人满意的，因为它无常。所有的快乐转瞬即逝，导致分离与苦难。第二圣谛为：生活之不令人满意的特质缘于人们渴念和追求无常之物与经历，追寻持久的快乐和安定，但需知这种快乐和安定是无常之物与经历所无法提供的。平常生活的一个标志即在于人们抱有一种基本幻象：在我们的经历之中，潜藏着一种恒常的、实存的自我。佛教导说，不存在这样一种恒久的自我。所有的事物，包括人类，都是由各种要素构成，它们总是在

我们所思塑造我们，我们成为我们所想。心灵纯净时，欢乐如影随形。

——佛陀（约前 463—约前 483）

有关佛陀的雕塑，一如此处这尊来自巴基斯坦北部犍陀罗地区（1 世纪）的佛雕，其所展现的佛陀的形象随着自印度向中亚和东亚的传播会发生改变。巴黎吉美博物馆（Musée Guimet, Paris）

槃，通常又被译作"寂灭"，并不是指完全的消灭。涅槃是渴求的寂灭；有时，它被比作吹灭一支蜡烛。由于渴念导致不令人满意的生活状态，所以让渴念寂灭就会带来宁静与幸福。涅槃也是无知状态的结束，故此它被视为无条件的、绝对的真知（真理）；该真理带来智慧与慈悲，结束渴念、追求与幻象的循环。涅槃不能通过概念来界定或理解，它是一种宗教状态，只有经历体验它才能完全理解领悟它。佛陀用一组否定性术语来描述它：不生、不长，亦无为。涅槃体现在"四无量心"：慈、悲、喜、舍。第四圣谛为"八正道"，它向人们展示了一种通往涅槃之境的生活方式。它包括三个阶段：第一阶段为智慧，包含正见与正思维；第二阶段为戒律（合德性或伦理的举止），包含正语、正业与正命；最后一个阶段为禅定，包含正精进、正念和正定。

通过建立寺院共同体，让身处其间的人都平等相待，而不管他们出自何种阶层或种姓，悉达多挑战了他所处时代的社会习俗。悉达多可能是历史上第一位为女性建立寺院共同体的人。他教导人们禅修，该冥思方式专注于每一时刻的直接体验，承认人的感觉、情绪和思维，而无须求取快乐时刻或摒除不快乐经历。

悉达多生活在印度北部和尼泊尔。在他去世后，印度皇帝阿育王在印度次大陆的许多地方推扬佛教，并派遣佛教传教人员前往亚洲其他地域，包括今斯里兰卡、克什米尔、喜马拉雅山、缅甸和位于当时中亚的巴克特里亚诸希腊化王国。通过这些努力，佛教开始成长为一种国际性宗教。

变，彼此间深深依赖。万生皆灭。

第三圣谛为一种充满希望的承诺：通过摆脱渴求，人们可结束不满意的生活状态。这种摆脱渴求的自由在巴利文中叫作"涅槃"（nibbana），在梵文中叫作"涅槃"（nirvana）。涅

进一步阅读书目：

Ling, T. (1973). *The Buddha: Buddhist Civilization in India and Ceylon*. Harmondsworth, U. K. : Penguin Books.

Nakamura, H. (2000). *Gotama Buddha: A Biography Based on the Most Reliable Texts* (G. Sekimori, Trans.). Tokyo, Japan: Kosei Publishing Company.

Nanamoli, B., & Bodhi, B. (Trans.). (1995). *The Middle Length Discourses of the Buddha: A New Translation of the Majjhima Nikaya*. Boston: Wisdom Publications.

Radhakrishnan, S. (Trans.). (1950). *The Dhammapada*. Oxford, U.K.: Oxford University Press.

Rahula, W. (1978). *What the Buddha Taught* (Rev. ed.) London: G. Frasier.

Walshe, M. (Trans.). (1995). *The Long Discourses of the Buddha: A Translation of the Digha Nikaya*. Boston: Wisdom Publications.

列奥·勒费布勒(Leo Lefebure) 文

刘招静 译 陈恒 校

Buddhism 佛教

在2000多年前的印度,悉达多成为"佛陀",他教导人们只有走消灭欲望和愚昧的正道才能避免苦难和悲伤。以佛陀的教义为核心的佛教现在已经成为世界上规模最大的宗教之一。

427

佛教是世界三大宗教之一(另两者为基督教和伊斯兰教),已有大约2500年的历史。从创立以来,对文化、各类事件和思想产生了重要影响。佛教致力于人的完善和最终的悟道,这主要通过信徒自身的努力来达到。

印度哲人悉达多创立了佛教,一般认为他的生卒日期为公元前566—前486年,但最近的研究表明悉达多差不多要比上述年份晚出生1个世纪。悉达多在悟道成佛以后被称为"佛陀"。他出生在古印度的一个小王国内,是释迦部族的王子,位于今尼泊尔境内。他拥有当时所有的奢侈品,过着表面上看起来称心如意的生活。他结婚生子,并且注定要继承他父亲的王位。但是在29岁那年,他了解了人类的真正命运:人类注定要生老病死。从此他开始不满于自己悠闲的生活。他的父亲极力避免让他接触这些东西,因为有预言声称,他的儿子如果不能成为伟大的国王,就会成为一名伟大的精神领袖。他父亲希望他成为强大的继承人,但这个希望最终破灭了,悉达多放弃了悠闲的生活,成了一位苦行者——一名流浪的圣人。

在6年的时间里,他向各式各样的古鲁(gurus,意为"导师")和圣人学习,抛弃了所有,只维持最基本的饮食。悉达多发现极端的自我虐待并不见得比极端奢侈和自我放纵好多少,因此他开始寻求"中间道路",这也是佛教的另一个名称。悉达多在菩提树下苦思冥想后悟道。佛陀最终达到了涅槃的境界——消灭所有欲望和迷惑——并在随后的45年中继续引导他人达到这种境界。通过辩论、寓言、教导和生活等形式,佛陀向人传授"真理和正义之道"(法句经Dhammapada)。经文(*sutta*,即释迦牟尼的话)"是正义王国的基础",对释迦牟尼的主要观点做了简明阐述。

基本教义

佛陀所说的"四圣谛"解释了人生在世的真理:(1)人生的本质是苦的,(2)业与烦恼是苦的根源,(3)断除欲望才能消灭痛苦,(4)只有遵从八正道才能消灭欲望。八正道定义包括正见、正思维、正语、正业、正命、正精进、正念、正定。佛陀没有制定很多戒律,但他列出了佛教徒必须遵守的"五戒":不杀生、不偷盗、不妄语、不饮酒

19 世纪 80 年代末日本京都的一处佛教徒墓地，包括开放的寺庙楼阁和人物雕塑

和不淫邪。

428 　　佛陀认为五蕴（*skandas*，身心的体验）造就了目前的我们，只有因缘（karma，即因果报应法则）通过我们的经历和体会来运行，而且永远都是如此。但是世间万物是无常的和短暂的。佛陀对来生或"神"的本质做了具体的陈述——人们能够领悟中间道路（Middle Way），但每个人必须去体验佛法（dharma）——最终实现涅槃。他对追随者最后的告诫是"以勤勉的姿态完成自身的救赎"。

佛陀之后——佛教在印度的传播

　　佛陀是一位有经验的老师，深知人们都需要引导。他建立了僧伽（sangha，佛教僧尼的社区）来进行他的工作，使人们能完成自身的救赎。佛陀曾指示僧伽，在自己死后，僧伽如果认为有必要，可以修改或删除任何教条。最后，佛陀要求他的弟子们成为"一盏照亮自身的明灯"。佛教为我们提供了一个体系，在其中指出了我们的错误之处，以及我们要靠自身的勤勉来纠正自身的错误而不是依靠神迹。

　　印度孔雀王朝的统治者阿育王是大力推广佛教的名人之一，他于公元前 268—前 232 年在位。在佛陀时代之后，孔雀王朝（约前 324—约前 187）从摩羯陀崛起，在亚历山大大帝于公元前 4 世纪 20 年代入侵印度之后，孔雀王朝迅速扩张，第一次将印度统一在一个王国的治下。阿育王皈依了佛教，并通过派遣使者及僧侣大力推广佛教，这样一来，当印度教仅限于印度国内时，佛教却成了世界性的宗教。在西方，人们将阿育王与君士坦丁相提并论，后者于 312 年皈依基督教，促进了基督教的传播与壮大。孔雀王朝时期，遍布王国内的石柱和石刻鼓励其臣民去追随佛法，禁止民众杀生与虐待动物，要求民众过正直的生活。和基督教一样，佛教也许为阿育王和孔雀王朝提供了一套行为准则，有助于其管理、扩大和巩固其王国。佛教也受益于这位国王的大力支持，得以传播至印度之外的世界。 429

小乘佛教、大乘佛教和金刚乘佛教

《大涅槃经》（Maha-Parinibbana Sutta，圆寂

日本日莲宗（Nichiren Buddhism）的大曼陀罗（Great Mandala）。这幅画轴包括以中文和中古梵文书写的题字，以及佛教保护神的图像与代表佛陀悟道的其他元素

之书）涉及了佛陀的最后时光和他的圆寂，这部经书很重要，因为佛陀并不认为自己是神。经书阐述了佛陀和阿难陀（Ananda）的关系，后者是佛陀的堂弟，也是他的弟子和贴身仆人。文本为我们展示了两位圣人之间友好和相互信任的关系。佛教历史上的第一次集结发生在佛陀圆寂后的几个月，目的在于组织和保留佛陀的教义。佛教的经藏（Suttas）大概在第二次或第

三次集结时被记录下来，后来成为佛教徒的信仰准则。

但是到了公元前 2 世纪和前 1 世纪，佛教开始出现分裂，后来逐步演化成包括小乘佛教（Theravada）、大乘佛教（Mahayana）和金刚乘佛教（Vajrayana）在内的几大教派。小乘佛教声称坚守佛陀的原始教义，伴随着寺院的扩展逐步传播到了东南亚、斯里兰卡、缅甸、泰国和柬埔寨。小乘佛教又名希那衍那（Hinayana），意为"小乘"。大乘佛教是更有适应能力的佛教，通过强调怜悯和变通，逐渐与各地的文化相融合，传播到了中国、韩国、日本和越南等地区。大乘佛教信徒逐渐发展出了菩萨（bodhisattva，一种具有慈悲精神的圣灵，为了拯救众生而放弃了涅槃的机会，被信徒当作神来崇拜）这个概念。金刚乘佛教又名密宗（Tantric Buddhism），逐渐向中亚方向传播，主要是西藏地区。

丝绸之路和佛教在中亚的传播

从 2 世纪开始到约 15 世纪，一条名为丝绸之路的贸易路线使中国到地中海地区和印度的旅行成为可能，并以前所未有的方式将世界各地区连接起来。各个宗教也通过丝绸之路找到了一条通往新世界和不同文化地区的路径。1 世纪，起源于印度的佛教传播到了贵霜帝国（Kushan），也就是现在的巴基斯坦和阿富汗地区。佛教衍生出了很多教派，修建了大量寺院，成为当时很多奢侈品特别是丝绸的消费者。佛教徒的寺院还为疲惫的旅行者提供了慰藉，佛教僧尼和他们的信徒得到了大量的丝绸以备仪式之用。佛教和丝绸存在着共生关系，佛教徒的增长扩大了对丝绸的需求，同时也增进了贸易和相互往来。

430

佛教的圣地源于舍利塔（stupas，用于保存佛陀骨灰和遗骨的古坟）。在中国，舍利塔的圆顶结构被拉长，成了有多层浮雕的宝塔，上面的浮雕通常描绘佛陀生活中的一些事件

丝绸之路上最早的佛教流派是大众部（Mahasanghikas）、法藏部（Dharmaguptakas）和说一切有部（Sarvastivadins），最后都可以归入大乘佛教的范畴。随着佛教逐步传入中亚和中国，朝圣者开始寻找佛教的起源地，拜访那些佛教圣地，并把经文带回家乡。在中国的史书上共出现了54位西行的佛教徒，最早可追溯至260年。

玄奘又名唐三藏，是一位中国的佛教僧侣。和其他僧侣一样，他希望通过寻找原始文献和拜访印度的佛教起源地，从而在更深层面上理解佛教信仰。629年，玄奘开始了其16000千米的旅程，并于645年返回中国。玄奘开始旅行的时候，正值唐朝的太宗皇帝开始重振中国，并使其成为中亚地区的一支强大势力。

玄奘在巴尔赫（Balkh）见到了舍利塔，在阿富汗地区的巴米扬（Bamian）遇见了两位重要的佛教人物。尽管很多先前佛教传播所及之地处于衰落之中，玄奘却发现克什米尔地区有100多座佛寺和5000多名僧侣。玄奘在印度的那烂陀寺（Nalanda）受到了数千人的欢迎，在这里他终于发现了活跃激荡的思想。敦煌的洞穴壁画描绘了玄奘返回中国的胜利旅程。玄奘于646年完成了记载其旅程的《大唐西域记》。唐太宗的儿子和继承人唐高宗在玄奘的提议下修建了大雁塔，用来保存圣人遗物和佛教经文。

之后，随着蒙古在12和13世纪的崛起，一个宗教交流和发展的混乱时期开始了。接下来的16和17世纪，随着地理大发现时期的到来，丝绸之路在文化和宗教交流中的关键作用最终衰减了。此外，穆斯林对长途贸易的控制加剧了中亚地区的伊斯兰化；中亚地区的人们显然很好地调整了自身的角色，使自己成为贸易关系中的主要参与者。贸易导致了进一步的文化交流，并成为传播伟大宗教的重要因素。

中国和日本的佛教

431

佛教、基督教和伊斯兰教传播到了各个地区，为了在异域土地上真正安家，它们经常调整自身以适应当地的文化，或者修改甚至改写其价值观和传统。佛教在中国传播时，更多地强调信仰中慈悲怜悯的方面，而不是小乘佛教严格的自律。基督教的聂斯脱利教派（Nestorian）在7世纪中叶传入中国后，曾利用道教或佛教术语，将《圣经》称为"经典"（sutras，意为源自吠陀经教义的戒律）。

佛教在1世纪传到中国，随后发展出众多大乘佛教的教派，其中包括天台宗（Tiantai）、华严宗（Huayan）、净土宗（Pure）和禅宗（Chan）。净土宗以一种全新的方式在普通民众中发展信徒，他们不要求民众掌握复杂的哲学教义。净土宗的信徒只需简单地反复吟诵阿弥陀佛的名字，就能在天堂或净土获得救赎。

432

宗教对于神秘主义就是科普对于科学。

————亨利·柏格森（Henri Bergson，1859—1941）

在一年中最热的季节，中国清朝的帝皇会到颐和园避暑，并在这里的大型佛寺举行崇佛活动

印度僧侣菩提达摩（Bodhidharma）因在 6 世纪将禅宗带到中国而闻名。禅（日语中为 Zen）这个字源自梵语中禅定（*dhyana*）这个词，意为"冥想"，所以禅宗就是重视冥想的佛教教派。禅宗的名人如慧能（638—713）和赵州（778—897）进一步发展了禅宗，因此到了 9 世纪，禅宗内名为"临济宗"和"曹洞宗"的主要流派已经非常成熟了。后来临济宗和曹洞宗作为禅宗流派传播到了日本。

早在 6 世纪，佛教就已经从中国传到了日本和朝鲜。在日本的镰仓幕府时期，也就是 1192—1333 年，佛教经历了戏剧性的发展和复兴。诸如日莲（1222—1282）等充满活力和富有魅力的人物成立了新的教派。在日本历史上，

中古是宗教气息最浓的时代。

在中国南宋时期，佛教的发展达到了一定程度，当时禅宗主导了中国的佛教教义。将临济宗引入日本的明庵荣西（1141—1215）和将曹洞宗引入日本的道元禅师（1200—1253）受到了文人的称颂。临济宗强调以心传心为达到觉悟和悟道的基本方法；曹洞宗则强调坐禅。荣西和道元两人都师承中国禅宗的大师，他们两人的悟道得到了师父的承认——这种证明禅宗世系的公文对禅宗非常重要，只有凭此文书他们才有资格在返乡后进行传道。在 12 世纪，越来越多的人开始欣赏道元的作品。直到当代，道元仍被视作日本最伟大的天才人物之一，也是日本禅宗最著名的人物。

在 13 和 14 世纪，随着中国的佛学大师进入日本传道，日本的禅宗越来越接近中国的禅宗。事实上，14 世纪兴起的寺庙组织的五山系统是以中国模式为原型的。比较讽刺的是，禅宗的这些发展并没有为其带来多少真正的信徒。禅宗的首要任务是向日本输入中国文化。日本和中国的禅宗大师们在宋朝时取得了较大的影响力和成功，主要是因为他们接触了当时的中国文化。

佛教和西方

早期的西方人大多是通过日本人对佛教有了初步了解。在 1893 年芝加哥的世界宗教会议上，8 名日本佛教徒作为日本佛教的代表出席了会议，其中 3 名是佛教僧侣。铃木大拙的作品为西方人打开了佛教的大门，禅宗开始得到推广。在 20 世纪上半叶，新形式的移民，以及那些皈依

433

非西方宗教的欧美人，一起推进了伊斯兰教、佛教、印度教、儒教（学）和道教对西方文化的重要影响。那些新老亚洲移民——中国人、韩国人、越南人——对佛教在西方扎根起到了重要的作用，让西方人（欧美人）接触到了亚洲的古老传统。

佛教在美国的传播可以归因于人们对困惑之摆脱的寻求，以及现代消费导向性社会所带来的迅速变化。那些专注于宗教事业的大师也促进了佛教的传播，如西尔维娅·布尔斯坦（Sylvia Boorstein）、创巴仁波切和乔恩·卡巴金（Jon Kabat-Zinn）等，他们极大地推广了佛教信仰。越南僧侣一行禅师对美国的佛教也产生了重要的影响。

铃木俊隆是一位日本僧人，他于1959年来到美国，定居在旧金山的一座小型寺庙中。1967年，他在加利福尼亚的塔撒加拉（Tassajara）建立了美国的第一座禅宗寺院。菲利普·开普鲁（Philip Kapleau）的《禅宗的三大支柱》（The Three Pillars of Zen，1965）是第一本探讨禅宗实践的英文书，这本书产生的影响远远超出了开普鲁的学生团体，因为当时很多美国人没有佛学上的导师，只能自己通过开普鲁的著作进行冥想和实践。亚洲很多佛教徒专注于僧伽，

434

但美国并不存在真正的僧伽。

佛教与变革

在20世纪的最后30年里，佛教在西方开始盛行，而禅宗成了一种家庭内的个人修行方式。是什么吸引了西方人皈依佛教信仰，特别是那些受过良好教育的专业人群？"与那些著名的西方宗教相比，佛教信仰与世俗的科学世界观能更好地共处。"（Coleman 2001）

现在的世界正变得越来越小，互联网为全世界的佛教团体提供了相互联系的方式，并开始储存大量的佛教经文手稿。网络也许为那些没有合格教师的信徒或者病人带来了希望。尽管如此，佛教却有其独特之处，适合个人独立的修行和冥想。佛教对西方人的吸引力是否会继续扩大还很难说。全球的消费文化不断扩展，亚洲的寺院和僧侣们也面临着艰难的抉择。佛教和世上其他伟大的信仰一样，已经找到了适应之法，因此得以经历多个世纪而流传至今。佛教继续保持其"中间道路"，为世界和平、慈悲怜悯和启示而努力。然而我们还是要回头看，从佛陀自己的话里寻找佛教的未来。佛陀曾经说过，世界上唯一永恒的东西就是变化。

进一步阅读书目：

Adler, J. (2002). *Chinese Religious Traditions.* Upper Saddle River, NJ: Prentice Hall.

Bentley, J. (1993). *Old World Encounters. Cross-cultural Contacts and Exchanges in Pre-Modern Times.* New York: Oxford University Press.

Broughton, J. (1990). *The Bodhidharma Anthology: The Earliest Records of Zen.* Berkeley and Los Angeles: University of California Press.

Buddhist Suttas: Major Scriptural Writings from Early Buddhism (T. W. Rhys Davids, Trans.). (2000). Escondido, CA: Book Tree. (Original work published 1881)

Burt, E. A. (Ed.). (1982). *The Teachings of the Compassionate Buddha.* New York: Penguin Books.

Chadwick, D. (1999). *Crooked Cucumber: The Life and Zen Teaching of Shunryu Suzuki.* New York: Broadway Books.

Coleman, J. W. (2001). *The New Buddhism: The Western Transformation of an Ancient Tradition.* New York: Oxford University Press.

Dhammapada: The Sayings of the Buddha (T. Byrom, Trans.). (1993). Boston: Shambhala.

Dumoulin, H. (1976). *Buddhism in the Modern World.* New York: Macmillan.

Dumoulin, H. (1994). *Zen Buddhism: A History: Vol. 1. India and China* (J. Heisig & P. Knitter, Trans.). New York: Macmillan.

Foltz, R. (1999). *Religions of the Silk Road. Overland Trade and Cultural Exchange from Antiquity to the Fifteenth Century.* New York: St. Martin's Press.

Goddard, D. (Ed.). (1966). *A Buddhist Bible.* Boston: Beacon Press.

Hakuin. (1999). *Wild Ivy: The Spiritual Autobiography of Zen Master Hakuin* (N. Waddell, Trans.). Boston: Shambhala.

Huang Po. (1958). *The Zen Teaching of Huang Po: On the Transmission of Mind* (J. Blofeld, Trans.). New York: Grove Press.

Hui-neng. (1998). *The Sutra of Hui-neng* (T. Cleary, Trans.). Boston: Shambhala.

Joshu. (1998). *The Recorded Sayings of Zen Master Joshu* (J. Green, Trans.). Boston: Shambhala.

Kapleau, P. (1989). *The Three Pillars of Zen: Teaching, Practice, and Enlightenment.* New York: Anchor.

Keizan. (1990). *Transmission of Light (Denkoroku): Zen in the Art of Enlightenment* (T. Cleary, Trans.). San Francisco: North Point Press.

Lin-chi. (1993). *The Zen Teachings of Master Lin-chi: A Translation of the Lin-chi Lu* (B. Watson, Trans.). New York: Columbia University Press.

Liu, X. (1998). *The Silk Road: Overland Trade and Cultural Interactions in Eurasia.* Washington, DC: American Historical Association.

Nagarjuna. (1995). *The Fundamental Wisdom of the Middle Way: Nagarjuna's Mulamadhyamakakarika* (J. L. Garfield, Trans.). New York: Oxford University Press.

Nukariya, K. (1973). *The Religion of the Samurai: A Study of Zen Philosophy and Discipline in China and Japan.* London: Luzac.

Prebish, C., & Baumann, M. (Eds.). (2002). *Westward Dharma: Buddhism beyond Asia.* Berkeley and Los Angeles: University of California Press.

Rahula, W. S. (1974). *What the Buddha Taught.* New York: Grove Press.

Shantideva. (1997). *The Way of the Bodhisattva: A Translation of the Bodhicharyavatara* (Padmakara Translation Group, Trans.). Boston: Shambhala.

Skilton, A. (1994). *A Concise History of Buddhism.* New York: Barnes & Noble.

Suzuki, D. T. (1956). *Zen Buddhism: Selected Writings of D. T. Suzuki.* New York: Image Books.

Suzuki, S. (1996). *Zen Mind, Beginner's Mind: Informal Talks on Zen Meditation and Practice.* New York: Weatherhill.

Tanabe, G., Jr. (1999). *Religions of Japan in Practice.* Princeton, NJ: Princeton University Press.

Threefold lotus sutra (B. Kato, Y. Tamura, & K. Miyasaka, Trans.). (1997). Tokyo: Kosei Publishing.

Vimalakirti sutra (B. Watson, Trans.). (1997). New York: Columbia University Press.

Wriggins, S. (1996). *Xuanzang: A Buddhist Pilgrim on the Silk Road.* Boulder, CO: Westview Press.

Wumen, H. (1997). *Unlocking the Zen koan: A New Translation of the Zen Classic Wumenguan* (T. Cleary, Trans.). Berkeley, CA: North Atlantic Books.

Yoshinori, T. (Ed.). (1999). *Buddhist Spirituality in Later China, Korea, and Japan.* New York: Crossroad.

435

菲利普·惠格姆(Phillip Whigham) 文

焦汉丰 译 陈恒 校

Byzantine Empire　拜占庭帝国

虽然历史学家们会就东罗马帝国是否在4或6世纪演变成了拜占庭帝国发生争论,但是以君士坦丁堡(今伊斯坦布尔)为基础的基督教文明的确成了欧洲的一支主要势力和东西方之间的重要纽带。即使在被奥斯曼土耳其征服以后,拜占庭在文化上的影响力仍然持续着。

436

拜占庭帝国是一个操希腊语的多种族的基督教国家,是东罗马帝国的延续,是一个脱胎于罗马帝国和古代地中海文明的实体,它没有明确的起始日期。很多人将拜占庭帝国的起源追溯至330年,当时君士坦丁一世(Constantine I)在古代希腊城市拜占庭(Byzantion,拉丁语为*Byzantium*)的旧址上为他的帝国营建了新都君士坦丁堡。其他一些人更倾向于将6世纪查士丁尼一世(Justinian I,527—565年在位)的统治时期作为拜占庭帝国的开端,他是最后一位以拉丁语为母语的皇帝,也是拜占庭第一个黄金时代的主导者,不论是好是坏,他的政策主导了随后拜占庭的历史。另一部分人则认为7世纪阿拉伯对北非和地中海东部地区的征服结束了这些地区的希腊罗马文明,这时候的拜占庭才作为一个独特的文明开始崭露头角。

6世纪君士坦丁堡(今伊斯坦布尔)圣索非亚教堂的穹顶结构象征性地为教徒礼拜提供了高耸的内部空间。1453年后,奥斯曼土耳其人新增了宣礼塔

无论开端是何时,拜占庭帝国的终结日期是 1453 年 5 月 29 日,当时奥斯曼土耳其的军队攻占了君士坦丁堡,这是昔日广袤帝国的最后一部分领土。但是这一事件并没有完全扼杀拜占庭的文化,它仍然鼓舞着后来东正教各国的人们,尤其是希腊人、俄罗斯人、乌克兰人、罗马尼亚人、保加利亚人和塞尔维亚人。除此之外,拜占庭还深刻影响了奥斯曼帝国的文化,特别是苏丹的宫廷文化。

拜占庭这个词是当代的术语。为了强调这个在 4—7 世纪期间形成的独特文明,历史学家创造了拜占庭这个词。但是拜占庭人自己却以罗马人自居,他们将自己的都城视作新罗马。

君士坦丁堡

君士坦丁堡非常理想地坐落于博斯普鲁斯海峡西岸,这条短小、狭窄的海峡将安纳托利亚和色雷斯划分开来,并且沟通了马尔马拉海和黑海。这座城市是东西方天然的交会之地,这是后来君士坦丁堡财富和人口增长的主要因素。6 世纪早期,君士坦丁堡的人口达到了最高的 50 万;随后 542 年的大瘟疫造成了人口的螺旋式下降,并再也没有恢复到原有水平。

君士坦丁堡因其地理位置和财富而成为世界历史上受围攻次数最多的城市之一。其庞大的三层城墙和优越的海港使其能抵抗哥特人、匈奴人、波斯人、阿瓦尔人、斯拉夫人、阿拉伯人、马札尔人、保加利亚人、佩切涅格人(Pechnegs)、维京人、罗斯人、塞尔柱突厥人、欧洲十字军以及其他民族的进攻。只有 1204 和 1453 年的两次例外,君士坦丁堡落入了外国军队的手中。

帝国的疆界

由于历史上的兴衰变化,帝国的疆界一直处于不断变化之中。6 世纪查士丁尼统治时期,

拜占庭的国土面积达到了历史峰值,包括意大利、西西里、北非、西班牙东南部、叙利亚-巴勒斯坦、埃及,最北到巴尔干地区的多瑙河流域,最南到安纳托利亚的亚美尼亚。伊斯兰教国家于 7 世纪崛起并开始扩展,拜占庭因此失去了叙利亚-巴勒斯坦、埃及和北非地区。在此之前,帝国已经丧失了其在西班牙和大部分意大利的据点,败给了当地的日耳曼人。9 世纪,北非的阿拉伯人侵者夺取了拜占庭的西西里。到了 1071 年,拜占庭失去了在意大利的最后一个据点巴里(Bari),这个前哨站落入了诺曼入侵者手中,但在此之前,拜占庭文明已经对意大利南部的文化留下了永久的烙印。正由于拜占庭对意大利南部的长期控制,希腊的思想文化和希腊语文献研究在所谓的中世纪时期并没有完全消失。

尽管领土有所缩减,但是一直到 1200 年,拜占庭帝国还保持着地中海东部大国的地位,因为其牢牢控制着帝国的核心区域——巴尔干、希腊和爱琴海诸岛以及安纳托利亚——虽然不时遭到敌对近邻包括巴尔干地区的保加利亚人和诺曼人以及安纳托利亚的塞尔柱突厥人的入侵。拜占庭领土的核心部分使其能够继续作为一个横跨欧亚两洲的帝国存在。拜占庭的商船和战舰在地中海和黑海地区继续畅行无阻,北非、西欧、亚洲腹地和西亚的商业中心都很容易到达。

但是 1204 年以后,由于西欧和奥斯曼土耳其人的征服,帝国的心脏地区开始大幅萎缩。到了 1400 年,拜占庭帝国只是从前的影子而已。

受上帝膏油礼的皇帝们

作为第一位基督教皇帝君士坦丁大帝(306—337 年在位)的继承者,拜占庭的皇帝们宣称自己的地位"与使徒相等",认为自己要为所有基督徒的福祉负责,而不只是帝国境内的基督徒。因此,拜占庭的外交政策只有一个目的

——对于基督教国家和非基督教国家都适用，即要求承认拜占庭皇帝是基督教世界的领袖，也是世上所有基督徒的保护者，无论这些基督徒身居何处。

作为正教（也就是正确的信仰）信仰和罗马正统的守护者，拜占庭皇帝一般采取防御性的军事及领土政策。和中国皇帝非常相似的是，对于那些端坐于拜占庭皇位的统治者来说，相对于要求那些近邻承认自己在世界上的独特地位，领土扩张通常就不那么重要了。尽管帝国有时也会出现像巴西尔二世（Basil II）那样著名的军人皇帝，他积极进取地扩展了拜占庭的版图，但是帝国的领导者们和中国的皇帝们一样，将军事行为视为万不得已的手段，他们更倾向于采取贿赂手段、外交联姻与令人惊叹的宫廷礼仪来压制潜在的和实际的敌人。

查士丁尼一世的交织文字是君士坦丁堡圣谢尔盖和巴克斯教堂内部柱头上精巧华丽设计的一部分

拜占庭及其邻国

作为一个位于连接亚非欧陆路和海路道路网地区的帝国，拜占庭雇用了大量外国人为自己服务，包括基督徒与非基督徒。具有突厥和西欧文化背景的各种雇佣兵在拜占庭军队中起着重要作用。

尽管在军事上的作风普遍保守，但是拜占庭皇帝们都有一种使命感，即向他们的异教近邻和平地传播基督教。这一点确实如此，向巴尔干地区和俄罗斯的斯拉夫人派遣传教士是9世纪拜占庭外交政策必不可少的一部分。与此同时，萨珊波斯的皇帝们则并不是特别热衷于让臣民皈依琐罗亚斯德教。之后的穆斯林也是

如此，7世纪下半叶他们代替萨珊波斯成为拜占庭的主要对手。

捍卫或传播信仰的圣战并不是拜占庭的理念。拜占庭人厌恶圣战，但有两起著名的战争例外。在希拉克略（Heraclius，610—641年在位）统治时期，拜占庭与波斯进行了你死我活的较量，后者旨在洗劫耶路撒冷，并试图夺取真十字架。这场战争有一定的圣战成分。而在1204年，第4次十字军东征占领了君士坦丁堡，拜占庭皇帝流亡到安纳托利亚的尼西亚，促成了他收回圣城君士坦丁堡的圣战理念，并最终在1261年成功夺回了君士坦丁堡。

拜占庭的文化输出

君士坦丁堡有大量的教堂，包括雄伟壮丽的圣索菲亚教堂，又名神圣智慧教堂（the Church of the Holy Wisdom），建于532—537年。圣索菲亚教堂及其更早的原型圣谢尔盖和巴克斯教堂（Church of Saints Sergius and Bacchus，即现在的小圣索菲亚清真寺[Kucuk aya sofya]），标志着一种全新的教会建筑形式开

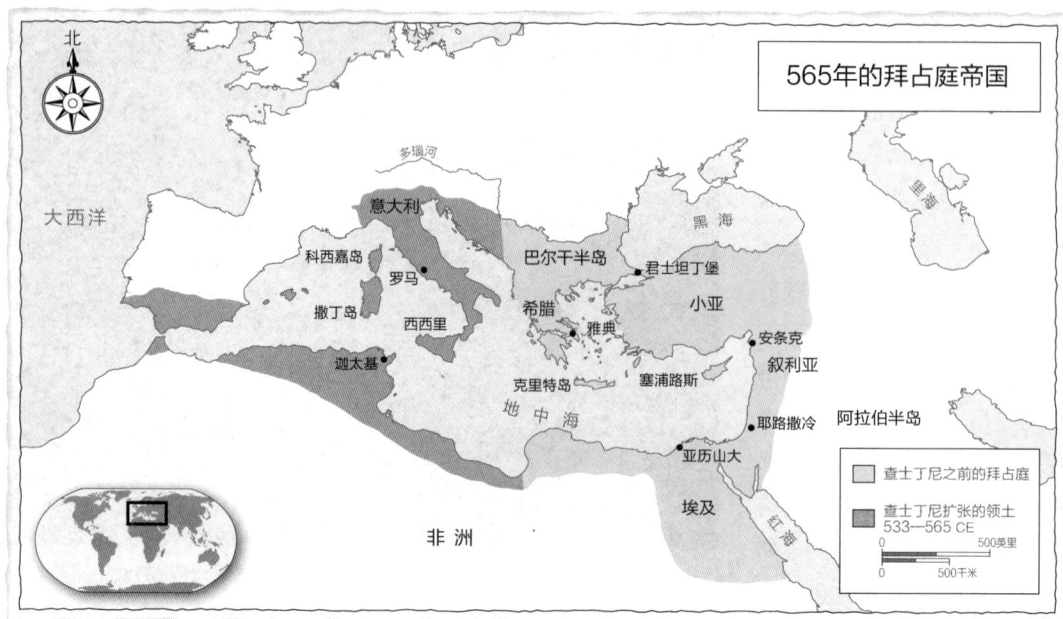

565年的拜占庭帝国

北

大西洋

多瑙河

意大利

科西嘉岛

罗马

撒丁岛

西西里

迦太基

巴尔干半岛

黑海

君士坦丁堡

小亚

希腊

雅典

安条克

叙利亚

克里特岛

塞浦路斯

耶路撒冷

阿拉伯半岛

地中海

亚历山大

埃及

红海

非洲

里海

查士丁尼之前的拜占庭

查士丁尼扩张的领土
533—565 CE

0　　　500英里

0　　　500千米

始崭露头角——也就是拜占庭穹顶教堂——这种设计风格很快风靡帝国内外。在 6 世纪拜占庭第一个黄金时代，拥有 5 个穹顶的圣使徒教堂（Holy Apostles）从君士坦丁堡最高的山冈上拔地而起。这座教堂是皇帝们的墓地，并且成为威尼斯的圣马可教堂和东欧众多斯拉夫教堂的最初原型。

除了大规模的建筑之外，君士坦丁堡（其他拜占庭的主要城市也是如此，比如塞萨洛尼基Thessaloniki）还是古代希腊和基督教的研究中心。世俗的希腊文化、哲学和科学——包括荷马、柏拉图和欧几里德作品研究，为拜占庭上层阶级的教育提供了文化内核。但是拜占庭人并不拒绝与他人分享这些知识。

拜占庭保存了大量古代希腊的文学和哲学文献，特别是柏拉图的《对话录》（Dialogues）。这些作品在 14 和 15 世纪直接传到了西方，意大利的人文学者得以如饥似渴地学习它们。在 9 世纪，哈里发马蒙（al-Mumūn）在巴格达建立了智慧宫。在这里，拜占庭学者和穆斯林学者通力合作，将大量古代希腊的科学知识译成阿拉伯语，特别是医学和其他实践科学的相关论述，

比如数学、地理学与天文学。这些文献从拜占庭的学校运到了巴格达，对伊斯兰世界产生了深远的影响。而在 12 世纪，亚里士多德和盖仑的著作开始流入西欧，主要来自穆斯林西班牙的安达卢斯（al-Andalus）。这些文献原先由拜占庭保存下来，然后翻译成阿拉伯语，最后又译成拉丁语，成为后来知识和教育革命的关键因素。这场革命有些人称之为"欧洲 12 世纪文艺复兴"。

9 和 10 世纪期间，拜占庭的世俗知识渗透到了伊斯兰世界（Dar al-Islam）的知识领域，而拜占庭的基督教研究则改变了斯拉夫人的文化。

860 年左右，君士坦丁（Constantine，又名西里尔 Cyril）和默多狄（Methodius）两兄弟在摩拉维亚传教，他们将福音书和其他大量教会文献从希腊语译成了斯拉夫语。罗马的天主教会将拉丁语的礼拜仪式和拉丁语教会文献强加给皈依者。与此相反，拜占庭教会则允许皈依者在礼拜中使用本民族语言，并阅读以自己民族语言写就的宗教文献。考虑到这一点，君士坦丁-西里尔创造了一种斯拉夫字母，他以希腊字母为基础，稍加修改以适应斯拉夫人的特殊发音习惯。

439

440

狄奥多拉女皇的交织文字。作为查士丁尼的妻子，她的交织文字只出现（但很明显）在圣谢尔盖和巴克斯教堂的外部

后来经过两兄弟的弟子的再加工，成就了西里尔字母。

除了创造新字母，君士坦丁-西里尔还帮助修改了一种斯拉夫人的神圣语言——古教会斯拉夫语，他以马其顿南部的一种方言为基础进行这项工作。因为两兄弟和他们的教会同事将《圣经》和大量宗教文献译成了古教会斯拉夫语，这种语言很快成为普世的教会语言。所有斯拉夫教会中的神职人员，不论原先操何种方言，现在都必须学习和使用这种语言。除此之外，该语言很快就成为一种灵活的文学创作工具。各种原创性的作品很快就与传入的宗教文献一起广泛流传，这其中包括圣君士坦丁-西里尔（Saint Constantine-Cyril）的传记和修道院编年史。

拜占庭的奠基时期（324—476）

324 年，身为西罗马皇帝，同时也是基督教拥护者的君士坦丁一世，击败并杀死了他的对手东罗马皇帝异教徒李锡尼（Licinius）。自 293 年以后，罗马帝国再次统一在一位皇帝的治下。

为了庆祝他的胜利，君士坦丁下令扩建拜占庭，并将之改名为君士坦丁堡（意为"君士坦丁的城市"）。新城落成于 330 年 5 月 11 日，此后君士坦丁一直留居城内，直到 337 年去世。

君士坦丁在晚年制定了相关原则，即教会享有合法地位，教会的教义与帝国法律有同样的效力。此后君士坦丁所有的继承者都是受洗的基督徒，甚至包括"背教者"朱利安（Julian，361—363 年在位）——他宣布放弃基督教信仰，并试图恢复异教崇拜。到了狄奥多西一世（Theodosius I，379—395 年在位），也就是最后一位同时统治帝国东西部的皇帝在位时期，教会和帝国政府之间的联姻算是彻底完成了。391 年，狄奥多西颁布了一系列反异教法令，并正式将基督教定为国教。

同时，在 4 世纪的最后 25 年中，越来越多的哥特人和其他日耳曼人开始跨过帝国的边界。尽管他们没有摧毁帝国的意图，但是他们的累积效应还是导致了西部帝国体系的崩溃。自 395 年以后，帝国东西部有各自的皇帝；而 476 年西部帝国的最后一位皇帝罗慕路斯·奥古斯都路斯（Romulus Augustulus）被废黜后，理论上意味着整个帝国又重新回到了一位皇帝的统治之下，也就是君士坦丁堡的芝诺（Zeno）成为唯一的皇帝。但在事实上，帝国西部已经成了由众多独立日耳曼王国组成的"马赛克拼图"，西部的文化也已经开始经历彻底的转型。

当西部正在遭受入侵和经历文化转型的时候，东罗马帝国则努力设法将日耳曼人引向西部；并由于自身的不稳定和内部分裂——其中很多分裂本质上都是宗教问题——因而无力给予西部实质性的帮助。

拜占庭的重建和防御（518—641）

在这个节骨眼上，查士丁尼大帝正式出现在历史舞台上，他首先是作为叔叔查士丁一世（Justin I）的首席顾问，然后是作为皇帝行使自己的权力。查士丁尼的行政改革振兴了帝国。但是由于战争耗资巨大，以及地中海范围内的大规模瘟疫夺去了帝国一半人的生命，加上伦巴底人对意大利的入侵以及斯拉夫人和阿瓦尔人对巴尔干地区的入侵，这些灾难大大消耗了他的国库收入。尽管有这些挫折，查士丁尼在位时期还是有不少艺术创新，政治机构也得到了精简。他统治时期主持的大规模城市重建计划让君士坦丁堡的外貌焕然一新。

603 年，萨珊波斯在拜占庭东部边界展开了凌厉的军事攻势，而到了 622—623 年间，更是有征服整个东罗马帝国的势头。随后，希拉克略皇帝领导拜占庭展开了反击，将战火烧到了波斯本土，最终在 628 年与战败的波斯达成了有利于拜占庭的和平条约。但是从某种意义上来讲，这场战争没有胜利者，两国都被这场持久且惨烈的战争耗尽了国力。

东罗马帝国的衰弱方便了斯拉夫人对巴尔干半岛的渗透，同时帝国外部也出现了新的威胁，来自阿拉伯的伊斯兰军队对拜占庭展开了攻击，他们于 633—634 年入侵了叙利亚-巴勒斯坦地区。耶路撒冷在 638 年陷落。到了 641 年希拉克略去世时，拜占庭已经失去了大部分埃及。

被围困的拜占庭（641—718）

到了 7 世纪，拜占庭已经进入一个成熟的文明时期，但这时也是拜占庭苦苦挣扎的时期。651 年，阿拉伯人征服了萨珊波斯；令人惊奇的是，他们却没能征服东罗马帝国。673 年，阿拉伯军队发起了对君士坦丁堡的围攻，拜占庭到了 677 年才成功突围，全凭一种名为"希腊火"的武器，这是一种混合了石脑油（naptha）和沥青的燃烧弹，进攻时投射到敌人的战船和军队中。717 年，阿拉伯人带着一支庞大的陆军和海军回来了，但是在第二年就被击退。在两次围城之间的这几十年中，巴尔干地区出现了一支新的敌对势力：保加利亚人。这一好战的异教民族离开了中亚地区，迁入了色雷斯北部，而拜占庭没有能力将其驱逐。从那以后，保加利亚王国即在随后的几个世纪对拜占庭构成持续的威胁，甚至在保加利亚人皈依了东正教后依然如此。

圣像破坏运动（726—843）

和许多拜占庭皇帝一样，成功指挥过君士坦丁堡保卫战的利奥三世（Leo III，717—741 年在位）也把自己塑造成了一位神学家。在 726 或 730 年，他开始实行圣像破坏政策，或名为偶像破坏运动。这项政策禁止生产、展示和崇拜任何偶像，也就是全面禁止上帝或圣人的偶像。尽管这项政策不受群众的欢迎，但一直是教会的官方教义，在实践中也是如此，直到 787 年摄政女皇艾琳（Irene）将其废除。815 年利奥五世（Leo V）再次实施禁令，而摄政女皇狄奥多拉（Theodora）于 843 年永久地废除了这项禁令。

尽管圣像破坏政策最终没能成为正式的教义，但还是加剧了拜占庭教会和罗马教会的分歧。当时大部分教宗是圣像崇拜的热心支持者。此外，在 8 世纪中叶，也就是在圣像破坏运动期间，教宗转而求助于一个法兰克武士家族，以期他们成为自己的保护人。查理曼（Charlemagne，即查理大帝）就来自这个加洛林王族（Carolingians），教宗利奥三世于 800 年的圣诞节将查理曼加冕为罗马帝国的皇帝。西部的拉丁世界从此有了自己的罗马皇帝，进一步加剧了与东部正教会的分裂。

君士坦丁堡布克里昂王宫(Bucoleon Palace)中的一幅罗马帝国晚期马赛克镶嵌画

马其顿王朝（867—1025）

随着巴西尔一世(Basil I，867—886 年在位)继承拜占庭的皇位，帝国迎来了最长寿，同时也是最成功的王朝。该皇室家族是亚美尼亚人的后裔，该王朝被称为马其顿王朝。在其统治下，拜占庭帝国进入了疆域扩张、繁荣兴旺、艺术创新的第二个黄金时代。

在巴西尔二世(Basil II，976—1025 年在位)时期，帝国达到了其威望和国力的顶点，巴西尔二世因其对保加利亚的征服而有了"保加利亚屠夫"(the Bulgar-Slayer)的称号。黑海几乎成为拜占庭的内湖，欧亚大陆西部地区没有其他的帝国能与之抗衡——包括巴格达的阿拔斯王朝、埃及的法蒂玛王朝(Fatimids)或德意志的奥托王朝(Ottonians)。

塞尔柱王朝和十字军（1071—1204）

1071 年 8 月 26 日，新兴的伊斯兰势力塞尔柱突厥人在安纳托利亚东部的曼兹科特(Manzikert)摧毁了一支拜占庭军队，并俘虏了皇帝罗曼努斯四世(Romanus IV)。虽然宽宏大量的苏丹阿尔普·阿尔斯兰(Alp Arslan)最终释放了罗曼努斯，但是曼兹科特战役的惨败还是为拜占庭敲响了警钟。1095 年初，因为塞尔柱突厥人正威胁着安纳托利亚，皇帝阿历克塞一世(Alexius I，1081—1118 年在位)请求教宗乌尔班二世(Urban II)号召西方的战士们应募拜占庭军队。但作为回应，教宗没有满足拜占庭对雇佣军的需求，而是发起了一场圣战，军队的领导权不属于拜占庭。此次战争旨在援救东方的基督徒，同时也是为了解放耶路撒冷。结果，造就了第一次十字军东征(1096—1099)。

第一次十字军东征的军队于 1099 年占领了耶路撒冷，并在叙利亚-巴勒斯坦的土地上建立了 4 个十字军国家。但是十字军经过拜占庭国土时产生了一系列冲突，加上此前十字军国家的建立，这让拜占庭人特别是他们的皇帝，对十字军的动机产生了怀疑。在 12 世纪，特别是第二次（1147—1149）和第三次十字军东征（1189—1192）期间，拜占庭的皇帝们采取策略削弱经过帝国国土的十字军，以防他们威胁到君士坦丁堡的完整。在西方人看来，拜占庭的这种自保政策是一种背叛行为，表明他们在情感上支持穆斯林。

但是拜占庭人与日俱增的不信任感并没能阻止第四次十字军的军队于 1204 年 4 月 13 日攻占君士坦丁堡。导致这次占领的因素比较复杂且无法预料。这 1 个多世纪以来的十字军东征引发了彼此之间的强烈敌意，并导致了军事冲突，最终以十字军攻占并洗劫君士坦丁堡而收场。

君士坦丁堡的拉丁帝国（1204—1261）

十字军征服君士坦丁堡后，建立了一个脆弱的帝国，从 1204 年一直持续到 1261 年，范围包括首都地区、希腊的大部分地区和爱琴海诸岛。同时拜占庭的几个流亡君主都宣称自己是拜占庭帝国的正统，其中最重要的几个位于安纳托利亚的尼西亚。

1261 年 7 月，来自尼西亚的拜占庭军队收复了未设防的君士坦丁堡。1 个月后，皇帝米海尔八世（Michael VIII）胜利进入城市。但这次胜利没有表面上那么有意义，部分希腊地区和爱琴海诸岛仍然处在西方人的控制之中。更严重的是，1204 年的事件打破了君士坦丁堡不可攻破的神话，一个文明就此被削弱了。

444

《基督，世界的统治者》（*Christ, Ruler of the World*）。这是圣索非亚教堂内的一幅马赛克镶嵌画。1085 年，东部的拜占庭教会与西部的罗马天主教会正式决裂，这幅画创作于 1 个世纪以后

真正的满足不是取决于我们所拥有的；一个木桶对第欧根尼已经足够了，但是整个世界对亚历山大还是太小。

——查理·凯莱布·科尔顿（Charles Caleb Colton，1780—1832）

借来的时间（1261—1453）

拜占庭帝国被严重地削弱了，几乎无力应对安茹的查理（Charles of Anjou，1227—1285）的阴谋。查理同时是西西里国王、亚该亚亲王（希腊南部）和耶路撒冷名义上的国王。查理将君士坦丁堡视为自己地中海帝国的首都。最后，地中海的不利局势导致了他的失败，查理本人也于 1285 年去世，拜占庭因此躲过一劫。

但是拜占庭人无法回避一支新兴土耳其势力带给他们的持续军事压力，他们就是奥斯曼人。在 1300 年左右，奥斯曼人开始从安纳托利亚西北部向外扩张。到了 1400 年，他们已经征服了安纳托利亚全境和大部分巴尔干地区，在事实上孤立了君士坦丁堡。但是拜占庭在此之后又获得了半个世纪的"缓刑"，因为跛脚者帖木儿（Timur，1336—1405）的穆斯林大军在 1402 年的安哥拉战役中击溃了奥斯曼军队，迫使他们放弃了对君士坦丁堡的封锁。直到 20 年后奥斯曼人才恢复了元气。

1451 年，19 岁的穆罕默德二世（Mehmed II）继承了苏丹的王位，开始筹划攻占君士坦丁堡。在切断了君士坦丁堡在黑海入口的通行线路后，他的军队在 1453 年 4 月 6 日发起了攻击，并于 1453 年 5 月 29 日成功地在城墙上打开了缺口。在君士坦丁大帝建城后的第 11 个世纪，拜占庭末代皇帝君士坦丁十一世（Constantine XI）在战斗中阵亡，他的尸体一直没有被找到。

一个帝国就此落幕，但拜占庭的文化还继续存在着。

进一步阅读书目：

Angold, M. (1997). *The Byzantine Empire, 1025 - 1204: A Political History* (2nd ed.). London: Longman.

Angold, M. (2003). *The Fourth Crusade: Event and Context.* Harlow, U.K.: Pearson.

Browning, R. (1992). *The Byzantine Empire* (Rev. ed.). Washington, DC: The Catholic University of America Press.

Evans, J. A. S. (1996). *The Age of Justinian: The Circumstances of Imperial Power.* London: Routledge.

Haldon, J. F. (1999). *Warfare, State and Society in the Byzantine World, 565 - 1204.* London: UCL Press.

Haldon, J. F. (2000). *Byzantium: A History.* Charleston, SC: Arcadia.

Harris, J. (2003). *Byzantium and the Crusades.* London: Hambledon and London.

Kazhdan, A. P. (Ed.). (1991). *The Oxford Dictionary of Byzantium.* Oxford, U.K.: Oxford University Press.

Laiou, A. E., & Maguire, H. (Eds.). (1992). *Byzantium: A World Civilization.* Washington, DC: Dumbarton Oaks Research Library.

Loverance, R. (1988). *Byzantium.* Cambridge, MA: Harvard University Press.

Mango, C. (1980). *Byzantium: The Empire of New Rome.* New York: Scribner.

Mango, C. (Ed.). (2002). *The Oxford History of Byzantium.* Oxford, U.K.: Oxford University Press.

Miller, D. A. (1969). *Imperial Constantinople.* New York: Wiley.

Nicol, D. M. (1993). *The Last Centuries of Byzantium, 1261 - 1453* (2nd ed.). Cambridge, U. K.: Cambridge University Press.

Rautman, M. (2006). *Daily Life in the Byzantine Empire.* Westport. CT: Greenwood.

Treadgold, W. (1995). *Byzantium and Its Army, 284 - 1081.* Stanford, CA: Stanford University Press.

Treadgold, W. (1997). *A History of the Byzantine State and Society.* Stanford, CA: Stanford University Press.

Whittow, M. (1996). *The Making of Orthodox Byzantium.* London: Macmillan.

Wilson, N. G. (1996). *Scholars of Byzantium* (Rev. ed.). Cambridge, MA: Medieval Academy of America.

阿尔弗雷德·安德里亚（Alfred J. Andrea）文

焦汉丰 译 陈恒 校